Quick Finder Map Inhaltsverzeichnis

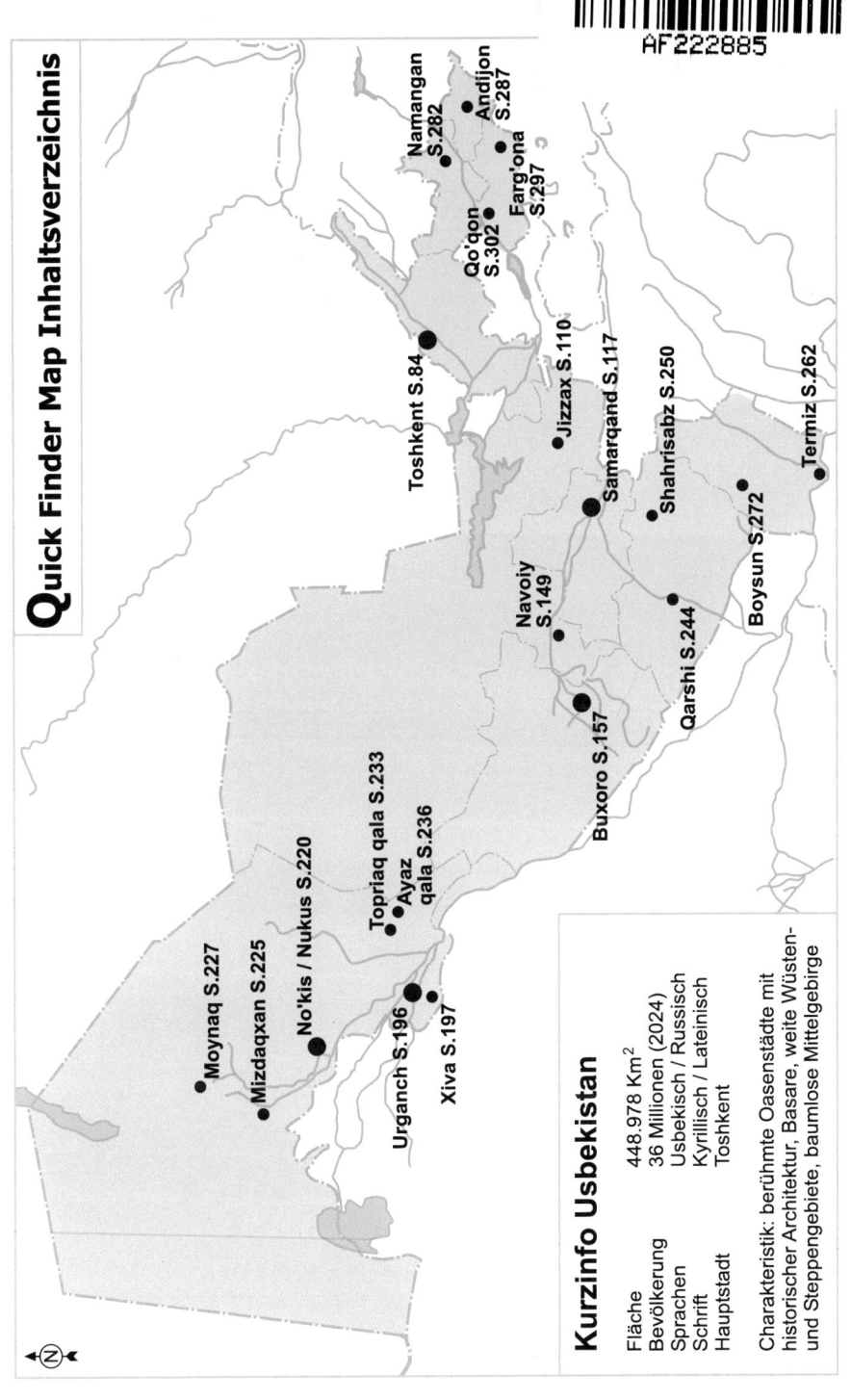

Namangan S.282
Andijon S.287
Farg'ona S.297
Qo'qon S.302
Toshkent S.84
Jizzax S.110
Samarqand S.117
Shahrisabz S.250
Termiz S.262
Boysun S.272
Navoiy S.149
Qarshi S.244
Buxoro S.157
Topriaq qala S.233
Ayaz qala S.236
No'kis / Nukus S.220
Moynaq S.227
Mizdaqxan S.225
Urganch S.196
Xiva S.197

Kurzinfo Usbekistan

Fläche	448.978 Km^2
Bevölkerung	36 Millionen (2024)
Sprachen	Usbekisch / Russisch
Schrift	Kyrillisch / Lateinisch
Hauptstadt	Toshkent

Charakteristik: berühmte Oasenstädte mit historischer Architektur, Basare, weite Wüsten- und Steppengebiete, baumlose Mittelgebirge

AF222885

© 2025 Gerald Sorg
Verlag: BoD · Books on Demand GmbH, Überseering 33,
22297 Hamburg, bod@bod.de
Druck: Libri Plureos GmbH, Friedensallee 273, 22763 Hamburg
ISBN: 978-3-7693-2627-7

Usbekistan

Reiseführer mit praktischen Informationen, Landeskunde und Reisezielen

Gerald Sorg

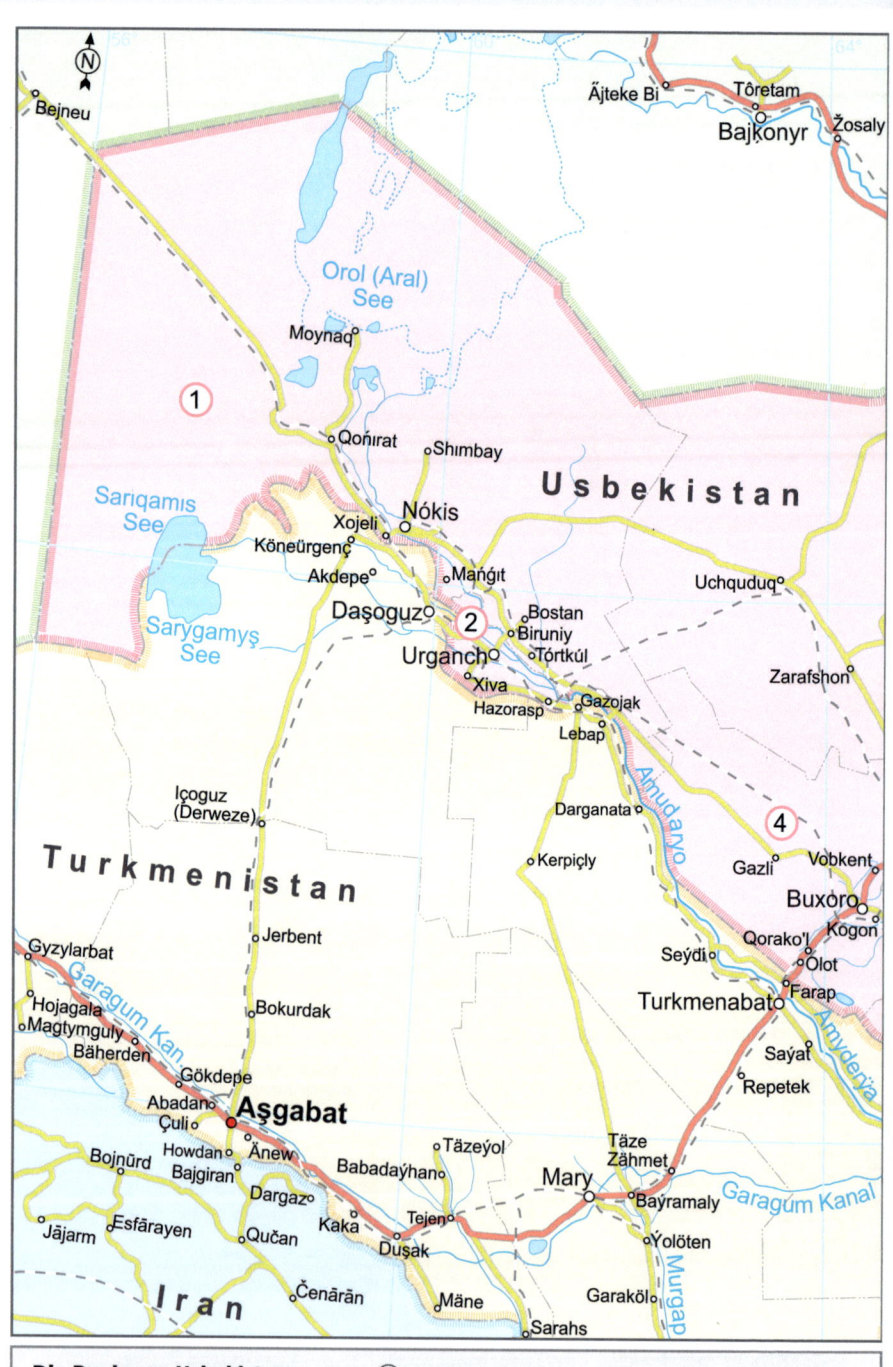

Die Regionen Usbekistans

① Republik Karakalpakistan

② Region Xorazm
③ Region Navoiy
④ Region Buxoro

⑤ Region Qashqadaryo
⑥ Region Surxondaryo
⑦ Region Samarqand

8 Region Jizzax
9 Region Sirdaryo
10 Region Toshkent
11 Region Namangan
12 Region Farg'ona
13 Region Andijon

Vorwort

Noch nie war es so einfach Usbekistan zu entdecken wie jetzt. Die Usbeken haben das touristische Potenzial ihres Landes erkannt und der aktuelle Präsident bemüht sich redlich, das Land weiter zu öffnen und Barrieren abzubauen. Die Corona Pandemie ist auch in Usbekistan seit 2022 überwunden, alle Restiktion sind gefallen.

Namen wie Buxoro und Samarqand klingen in unseren Ohren, die Karawanen der Seidenstraße ziehen vor unserem imaginären inneren Auge durch endlose Sanddünen. Ein orientalisches Traumbild aus tausendundeiner Nacht bestimmt unsere Vorstellungen von Usbekistan.

Wenn Sie an einem lauen Sommerabend vor dem beleuchteten Registon in Samarqand stehen oder die lange Fahrt nach Xiva durch die Hitze der Qizilqum Wüste auf sich nehmen, werden Sie ganz nah dran sein, an diesem Traumbild. Und genau das ist es, was eine Reise nach Usbekistan so unverwechselbar macht. Orientalische Exotik und Gastfreundschaft, bunte Basare, faszinierende Architektur, eine uralte Stadtkultur, lebendige Handwerkskünste und traumhaft grazile Tänze. Dazu die verschiedensten Landschaften vom Hochgebirge über die Oasengebiete mit ihren Baumwollfeldern bis zu kargen Wüsten und Steppen.

Dieses Land kann sich Ihnen als Reisender ganz unterschiedlich zeigen. Da gibt es zum einen die stark frequentierten Hauptsehenswürdigkeiten aus dem Hochglanzprospekt, die schicken Hotels und Restaurants. Nur wenige Meter abseits verbergen sich alte, verwinkelte Wohnquartiere. Wenn Sie durch diese Gasse wandern, sehen Sie fensterlose Lehmwände und Metalltore. Das ist die Abgrenzung nach draußen, dahinter beginnt das Familienleben. Wenn Sie das Glück haben, eingeladen zu werden und mit den Einheimischen auf dem Tapchan Tee schlürfen, wird man Ihnen mit besonderem Respekt und großer Höflichkeit begegnen. Dann ist es selbstverständlich, dass man gemeinsam isst, dass man Ihnen einen Platz zum Schlafen anbietet und am Ende wird man Ihnen noch Früchte für die Weiterreise mitgeben. Diese menschliche Wärme gegenüber Fremden hat mich in den Bann gezogen und bis heute nicht mehr losgelassen. Als Autor dieses Reiseführers ist es mein Wunsch Ihnen dieses faszinierende Land näher zu bringen, Ihnen zu ermöglichen die Sehenswürdigkeiten zu finden, die Schönheit im Kleinen zu sehen, die Grenzen und Mauern zu überwinden und einzutauchen in eine andere Welt.

Damit dies gelingt, gilt es einige Hürde zu überwinden. Ein Beispiel: Der Taxifahrer wird ihnen hoch und heilig versprechen dass er den Weg kennt und dennoch jeden "Bruder" (Aka) auf der Straße nach dem Weg fragen. Denn die Höflichkeit und sein Geschäftssinn verbieten es ihm zu sagen dass es nicht weiß wie er fahren müsste. Dann helfen Sie eben ein wenig: Geben Sie in eine der Offline-Navigationsapps (z.B. Mapsme, mapFactor) die Koordinaten des Zieles aus dem Buch ein und beschreiben Sie dann den Weg. Er wird voll des Lobes ob Ihrer Ortskenntnis sein und Sie haben wertvolle Zeit gespart.

Laden Sie die dafür notwendigen Kartendaten schon zuhause herunter. Ausreichender Speicherplatz auf einer SD Karte im Smartphone ist notwendig. Eine Powerbank erscheint ebenfalls ratsam, falls der Akku vor Erreichen des Zieles schlapp macht.

Um Ihnen die Routenplanung zu vereinfachen ist neben der Übersichtskarte auf den Seiten 4 und 5 jedem Regionen-Kapitel eine entsprechend zugeschnittene Detailkarte vorangestellt. Dies erspart Ihnen das Hantieren mit einer beigelegten großformatigen Übersichtskarte. Neben dem klassischen Inhaltsverzeichnis können Sie auch über die Quick Finder Map auf Seite 1 schnell die gesuchte Seite finden.

Auf Angaben zu Preisen wurde in diesem Buch bewusst verzichtet. Preise sind in Zentralasien nie in Stein gemeißelt und ändern sich saisonal stark. Um sich dennoch orientieren zu können, sind Unterkünfte nach Preiskategorien geordnet. Die Kategorien sind im Informationsteil unter dem Stichwort „Unterkünfte" zu finden (Seite 31).

Die besten Hotels und Restaurants der jeweiligen Kategorie werden immer zuerst genannt, weitere Alternativen folgen darunter. Auf Webseiten wie Tripadvisor oder booking.com können Sie weitere Informationen wie Bilder und Bewertungen einsehen. Im Sprachenteil wurden gemeinsam mit einer usbekischen Muttersprachlerin einige hilfreiche Begriffe und Sätze zusammenzustellen damit das Eis gebrochen wird und die Kommunikation in Gang kommen kann. Wer Grundkenntnisse in Englisch, Russisch oder Türkisch hat, tut sich dabei etwas leichter.

Wenn Sie zur Verbesserung dieses Buchprojektes beitragen wollen, lade ich Sie herzlich dazu ein mit mir in Kontakt zu treten. Meine E-Mail Adresse finden Sie im Impressum ganz am Ende des Buches. Ich freue mich über Ihre Zuschriften und werde garantiert antworten.

Über den Autor

Als ich 1996 mit einer schon recht betagten Ente (Citroën 2CV) zu meiner ersten Reise nach Zentralasien aufbrach, hatte ich nur eine sehr vage Vorstellung von Usbekistan. Mit eher rudimentärer Reiseliteratur und einem sowjetischen Autoatlas ausgestattet, navigierte ich kreuz und quer durch das Land. Als die Menschen mir vor Ort mit großer Offenheit und Gastfreundschaft begegneten wurde mir schnell klar, dahin möchte ich nochmals reisen. Auf diese frühen Erkundungstouren per Auto folgten zahlreiche weitere Reisen und auch längere Aufenthalte in Usbekistan.

Die gesammelten Erkenntnisse fasste ich in dem 2007 erstmalig herausgegebenen Reiseführer "Usbekistan und die zentralasiatischen Republiken" zusammen. Nach sechs aktualisierten Auflagen folgt nun dieser von Grund auf neu gestalteter Reiseführer der das Land Usbekistan in der zweiten aktualisierten Auflage in den Fokus nimmt.

Viel Freude beim Reisen und Entdecken mit diesem Reiseführer wünscht Ihnen
Gerald Sorg

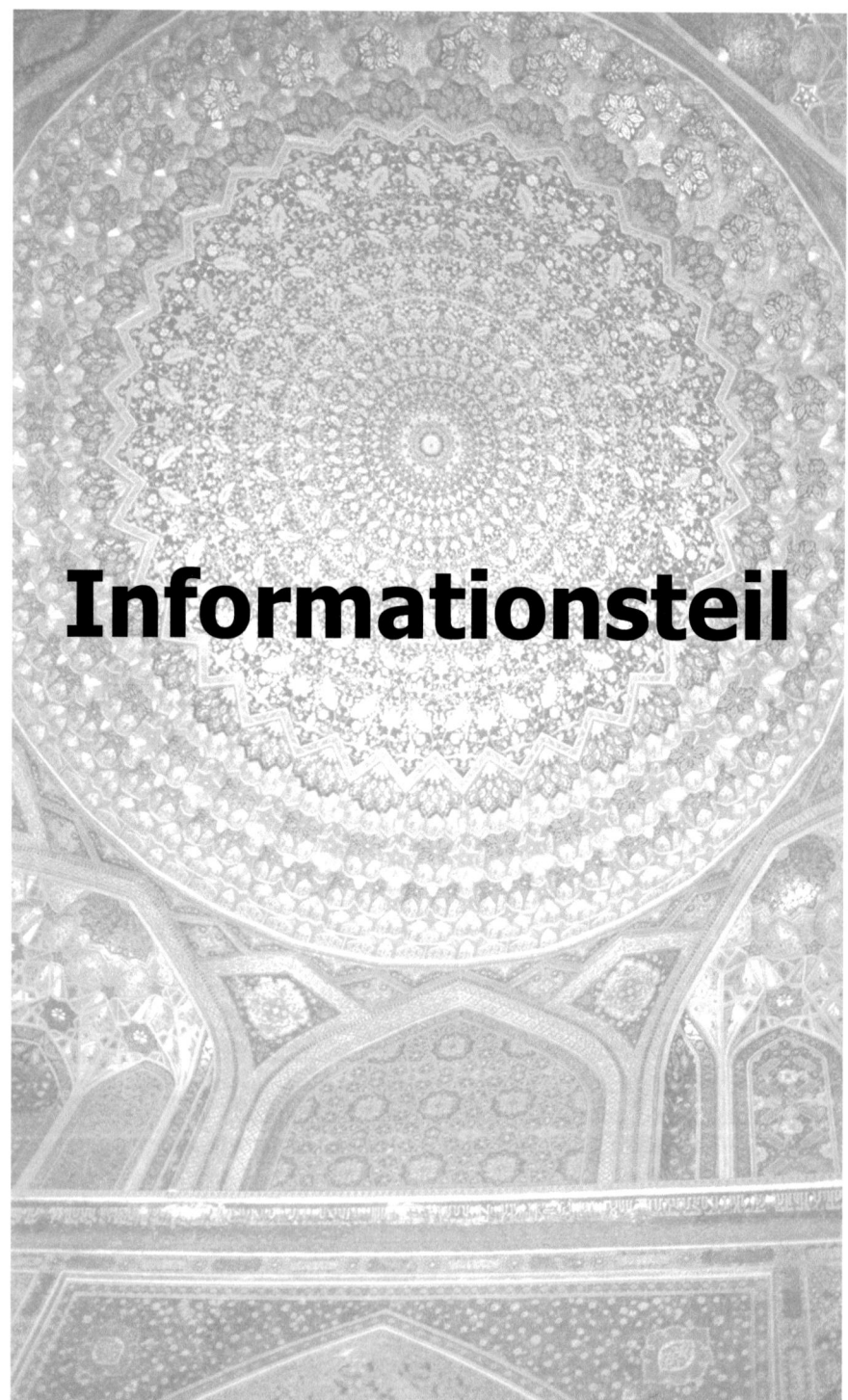

Informationsteil

Tillakori Medrese, Samarqand

Reiseland Usbekistan

Für die meisten Mitteleuropäer ist Usbekistan auch heute noch ein eher ungewöhnliches Reiseziel. Das liegt mitunter sicher daran, dass dieses Binnenland in seiner bisherigen Geschichte nur sehr sporadisch Austausch mit den europäischen Ländern pflegte. Die Wenigen die kamen, taten dies verkleidet als Wanderprediger und immer mit einer Koransure auf den Lippen. In der Sowjetperiode war eine Reisetour selbst für Bürger der sozialistischen Bruderstaaten nur sehr eingeschränkt möglich. Intourist war der Inbegriff für überhöhte Preise sowie miserable Standards der Hotels und Restaurants. Dazu konnte man ohnehin nur ausgewählte Reiseziele anschauen, meist verbunden mit dem obligatorischen Besuch eines landwirtschaftlichen Musterbetriebes oder einer Fabrik. In den 90er Jahren war das Reisen noch sehr abenteuerlich, es gab nach wie vor kaum Infrastruktur, nicht einmal in Samarqand oder Buxoro. Das änderte sich in den letzten Jahren sehr zum Positiven. Heute haben Sie selbst abseits der Touristenhochburgen die Möglichkeit Unterkünfte über das Internet zu buchen.

Warum Usbekistan?

Wir Europäer stellen uns bei Usbekistan Seidenstraßenkarawanen, blaue Kuppeln, Turbane und bunte Basare vor. Ungefähr so wie wir es aus Alladin oder Tausendundeinernacht kennen. Dieses Klischee trifft auf Usbekistan überraschend genau zu, auch wenn heute keine Kamelkarawanen mehr durchs Land ziehen und es in der blau überkuppelten Medrese WLAN gibt.

Die schönsten Seidenstraßenstädte Samarqand, Buxoro und Xiva liegen alle in Usbekistan und jede davon wäre bereits eine Reise wert. Dazu kommen die für uns exotische Landschaft, das Essen, die Sprache oder die Bräuche. Wenn man sich also auf dieses Land und seine Menschen einlässt, sind viele spannende Erlebnisse garantiert.

Leider sind Reisen in muslimische Länder in Zeiten von Taliban, Al Qaida und IS zum Teil auch riskanter geworden. Syrien oder der Irak sind Beispiele dafür. Usbekistan ist dagegen von solchen Entwicklungen bisher weitgehend verschon geblieben. Dies mag einerseits an dem eher gemäßigten Islam liegen der hier praktiziert wird, aber auch an dem rigorosen Vorgehen gegen islamistische Gruppierungen. Dazu kommen weitere Einflüsse die aus der nomadischen Tradition stammen. Einige Beispiele: Beshik Tui, Chatna Kilish oder Sunnat Tui, Nikoch Tui, Ostona Salom, Kelin Salom, Narvroz, Ko'pkari, Darboz und Kurash. Sprechen Sie Usbeken auf diese Begriffe an und lassen Sie sich diese einmal erklären. Eine gute Möglichkeit ins Gespräch zu kommen, den über das Wetter spricht man in Usbekistan nicht.

Reisegruppe oder Individuell

Die durchorganisierte Reise in einer mehr oder weniger großen Gruppe durch Usbekistan wird von zahlreichen deutschsprachigen Anbietern im Programm geführt. Je nach Anbieter können diese Programmreisen auch Schwerpunkte haben, zum Beispiel das Besichtigen der Seidenstraßenstädte, Wandertouren, Bergsteigerreisen oder eine Kamelsafari. Die Vorteile einer Pauschalreise sind die organisatorische Vorleistung von Flug, Unterkunft, Transport und Verpflegung sowie der Reisesicherungsschein im Falle der Insolvenz des Reiseveranstalters oder der Airline. Für Touristen mit wenig Zeit für die Vorbereitung oder solchen die die sprachliche Barriere fürchten ist dies sicher eine gute Variante. Nachteilig ist der meist geringere Kontakt zu Einheimischen aus der Gruppe heraus.

Bei individuellen Reisen durch Usbekistan ist es dagegen häufiger notwendig mit Taxifahrern, Bahnbediensteten, an der Rezeption in Hotels oder beim Auffinden des richtigen Weges mit den Einheimischen zu kommunizieren. Hier genügen dann meist auch nicht die Sprachenkenntnisse eines VHS-Grundkurses Russisch. Insbesondere beim Organisieren von Transportmöglichkeiten sollte man daher überlegen, wer hier behilflich sein kann (Rezeption der Unterkunft oder die Angestellten eines Reisebüros über das Handy). In den meisten anderen Situation kommt man auch so ganz gut durch. Da heute fast alle Leistungen auch bereits im voraus über das Internet bei usbekischen Reiseveranstaltern gebucht werden können ist dies vielleicht etwas teurer als vor Ort, aber auf jeden Fall komfortabler.

Die Reiseplanung

Im folgenden Abschnitt finden Sie Hinweise und Informationen für die Vorbereitung Ihrer Reise nach Usbekistan.

Klima und Reisezeit

Usbekistan ist klimatisch geprägt durch seine kontinentale Lage fern von den Weltmeeren. Daher sind die Temperaturunterschiede über das Jahr aber auch zwischen Tag und Nacht immens.

In Samarqand, Buxoro, Qarshi und generell im Farg'ona Tal herrscht winterkaltes semiarides Steppenklima vor. Das Frühjahr ist vergleichsweise regenreich, der Sommer trocken und heiß, der Herbst trockener als der Frühling, der Winter kalt aber meist schneearm.

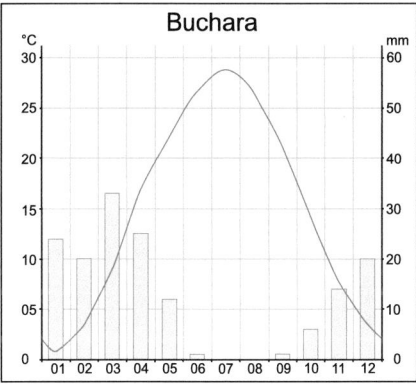

Toshkent, Guliston, Jizzax und Denov sind geprägt von subtropischem Klima mit etwas gemäßigteren Temperaturen, mehr Schnee im Winter und insgesamt höheren Niederschlägen.

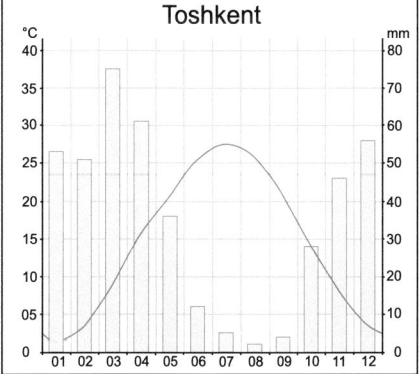

Winterkaltes, kontinentales Wüstenklima trifft man in Städten wie Urganch, Xiva, Nukus aber auch im südlich gelegenen Termiz an. Die Regentage sind selten und die Niederschläge dabei gering. Die Winter fallen hier deutlich kälter aus, die Sommer sind sehr heiß.

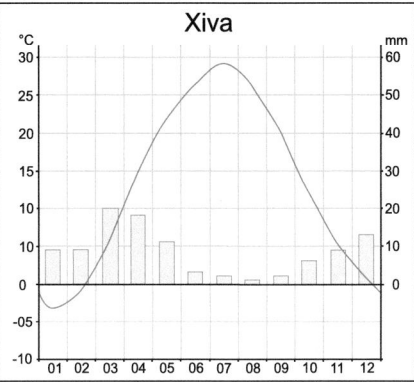

Das Frühjahrsfest Navro'z am 20./21.März markiert den Beginn der warmen Jahreszeit in Zentralasien. Der März ist der regenreichste Monat des Landes. Nun erblüht selbst die Wüste und zarte grüne Halme sprießen aus dem Wüstensand. Die Hügel der Mittelgebirge sind grün, Wildtulpen und roter Mohn blüht für wenige Wochen auf. Für Mitteleuropäer sind April und Mai die angenehmsten Reisemonate, wobei die Temperaturen bereits 30° erreichen können. Auch das Fotografieren von Landschaftsbildern gelingt mit blauem Himmel und weniger Dunst am besten. Wer es warm mag, wird sich auch Anfang Juni noch wohl fühlen. Die heißeste Zeit des Jahres, Chillah genannt dauert von Mitte Juni bis Mitte August an. Am heißesten wird es dabei in Termez und der Region Xorazm. Auch die Nächte kühlen kaum ab. September und Oktober zeichnen sich durch moderate Temperaturen, geringe Niederschläge und ein großes Angebot an frischem Obst aus. Wo nicht bewässert wird ist die Flora weitgehend vertrocknet und die Landschaft ist ockerfarben. Berge verschwinden bereits vormittags im Dunst. Durch die kontinentale Lage können die Winter recht kalt werden, obwohl Usbekistan genauso weit südlich liegt wie Italien. Im Januar und Februar gibt es auch in der Wüste etwas Schneefall.

Visum

Seit dem 15.01.2019 entfällt für Deutsche Staatsbürger und seit dem 1.02.2019 auch für Schweizer und Österreicher die Visumpflicht. Damit wird es für diese Staatsangehörigen möglich, sich 30 Tage visumfrei im Land aufzuhalten. Es genügt die Vorlage eines noch mindestens 6 Monate gültigen Reisepasses an den Grenzübergangsstellen des Landes.

Für Aufenthalte die länger als 30 Tage andauern oder für Bürger von Staaten für welche die Visumbefreiung nicht gilt ist die Beantragung eines Touristen,- Geschäfts-, Dienst- oder Einladungsvisums erforderlich. In solchen Fällen muss von der einladenden Firma, Dienststelle oder Privatperson eine Einladung beim Innenministerium beantragt werden. Der aus der Beantragung resultierende "Letter of Invitation", kurz LOI kann vom Eingeladenen beim usbekischen Konsulat vorgelegt werden. Nach einer Überprüfung erfolgt in der Regel die Visaausstellung.

Das Einbeziehen von Visumagenturen ist in der Regel nicht erforderlich. Bitte beachten Sie jedoch genau die Hinweise auf der Homepage des usbekischen Konsulates ihres Landes. Die Beantragung sowie die Rücksendung sind auch auf dem Postweg möglich. Visaanträgen wird in der Regel stattgegeben.

Bitte beachten Sie, dass Ihr Visum bei der Ausreise seine Gültigkeit verliert sofern es nur eine Einreise beinhaltet. Im Falle mehrerer Einreisen ist dies bei der Beantragung zu benennen und wird im Visum vermerkt.

Für Durchreisen bis zu einer Dauer von 72 Stunden sind Transitvisa erhältlich.

Visa aller Arten werden für Deutsche, Schweizer und Österreichische Staatsbürger in den usbekischen Konsulaten in Berlin, Frankfurt am Main oder Wien ausgestellt.

Einreisevisa erhalten Sie nicht an usbekischen Flughäfen oder anderen Grenzübergangsstellen. Daher ist die Beantragung in einem usbekischen Konsulat des Herkunftslandes oder einem Drittland obligatorisch. Die Verlängerung eines Visums in Usbekistan ist nicht möglich. Ein Überziehen der Geltungsdauer des Visums zieht empfindliche Strafen nach sich und sollte daher unbedingt vermieden werden. Prüfen Sie immer die Reisehinweise Ihres Landes.

Grenzübergänge

Die meisten Touristen aus Europa reisen per Flugzeug über den Internationalen Flughafen von Toshkent (TAS) ein. Darüber hinaus gibt es noch folgende internationale Flughäfen:

Andijon	AZN
Buxoro	BHK
Farg'ona	FEG
Qarshi	KSQ
Namangan	NMA
Navoi	NVI
Nókis / Nukus	NCU
Samarqand	SKD
Termiz	TMJ
Urganch	UGC

An den Landgrenzen können Reisende aus Drittstaaten an folgenden Grenzübergängen ein- oder ausreisen:

An der Grenze mit Turkmenistan:
"Xo'jayli", Xo'jayli - Köneürgenç
"Shovot", Daryolik - Daşoguz
"Pitnak", Pitnak - Gazojak
"Olot", Olot - Farap (Turkmenabat)

An der Grenze mit Tadschikistan:
"Sariosiyo", G'ayrat - Beshteppa (Tursunzoda)
"Jartepa", Jartepa - Sarazm (Pançakent)
"Oybek", Oybek - Fotehobod (Buston)
"Andarhon", Beshariq - Patar (Konibodom)
"Gulbahor", Gulbahor - Ajvaç (Šahritus)

An der Grenze mit Kigisistan:
"Do'stliq", Ko'rpa- Kyzyl-Kyštak (Oš)
"Xonobod", Xonobod - Beck Abad
"Izboskan", Izboskan - Byurgendyu

An der Grenze mit Kasachstan:
"G'ishtko'prik", G'ishtko'prik - Žibek Žolu
"Yallama", Yalama - Bauyrjana Konysbaeva
"Daut Ata", Qoraqalpog'iston - Tejen (Atyrau)

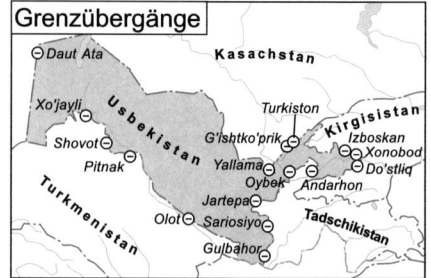

Reiserouten durch Usbekistan

Usbekistan Kurzreise (10 Tage)

1. Tag
Anreise nach Usbekistan per Flugzeug
2. Tag
Ankunft in Toshkent. Beschaffung von Bahn- und Flugtickets. Nachmittags Stadtbesichtigung Toshkent. Übernachtung in Toshkent.
3. Tag
Vormittags Zugreise nach Samarqand. Besichtigung der Altstadt und Neustadt. Übernachtung in Samarqand.
4. Tag
Besichtigen von Afrosiyob und Umgebung. Nachmittags Weiterreise zum Aydar Jurtencamp. Übernachten im Jurtencamp.
5. Tag
Abreise Jurtencamp, Besichtigung von Nurota, Karawanserei Rabat-i Malik, Deggaron Moschee, Vobkent Minarett. Ankunft in Buxoro und erster Stadtspaziergang am Abend. Übernachtung in Buxoro.
6. Tag
Besichtigung von Buxoro, Bahovuddin Naqshbandi Pilgerstätte, Sitorai Mohi Xosa, am Abend Chor Bakr Nekropole. Übernachtung in Buxoro.
7. Tag
Fahrt durch die Qizilqum Wüste nach Xiva, abends den Sonnenuntergang über Xiva geniessen. Übernachtung in Xiva.
8. Tag
Besichtigung von Xiva und dem Chadra Hovli., Übernachtung in Xiva.
9. Tag
Transfer nach Urganch. Flug nach Toshkent. Ausklang der Reise in Toshkent.
10. Tag
Rückreise ab Flughafen Toshkent

Usbekistan Kurzreise

Usbekistan Intensiv (17 Tage)

1. Tag
Anreise nach Usbekistan per Flugzeug
2. Tag
Ankunft in Toshkent. Beschaffung von Bahn- und Flugtickets. Nachmittags Stadtbesichtigung Toshkent. Übernachtung in Toshkent.
3. Tag
Zugreise nach Margilon. Besichtigung der Yodgorlik Seidenmanufaktur und dem örtlichen Basar. Weiterfahrt mit dem Taxi nach Farg'ona und Übernachtung dort.
4. Tag
Taxifahrt nach Rishton. Besichtigung der Töpferwerkstätten des Ortes. Weiterfahrt (Taxi) nach Qo'qon. Stadtbesichtigung Qo'qon. Zugfahrt nach Toshkent und Übernachtung.
5. Tag
Taxifahrt nach Beldersoy (Sessellift), Chimyon (Wandern) und zum Chorvoq Stausee (Baden). Auf der Rückfahrt nach Toshkent, Besichtigung des Parkent Heliokomplex. Übernachtung in Toshkent.
6. Tag
Flug nach Urganch. Transfer nach Xiva, abends den Sonnenuntergang über Xiva geniessen. Übernachtung in Xiva.
7. Tag
Besichtigung von Xiva und dem Chadra Hovli., Übernachtung in Xiva.
8. Tag
Bahnfahrt durch die Qizilqum Wüste nach Buxoro. Ankunft in Buxoro und erster Stadtspaziergang am Abend. Übernachtung in Buxoro.
9. Tag
Besichtigung von Buxoro, Bahovuddin Naqshbandi Pilgerstätte, Sitorai Mohi Xosa, am Abend Chor Bakr Nekropole. Übernachtung in Buxoro.
10. Tag
Weiterfahrt mit dem Taxi nach Nurota. Auf dem Weg nach Nurota besichtigen des Vobkent Minaretts, der Deggaron Moschee und der Karawanserei Rabat-i Malik. Besichtigung von Nurota und Weiterfahrt mit dem Taxi zum Safari Jurtencamp. Wanderungen in der Wüste und Kamelritt. Übernachtung in einer Jurte.
11. Tag
Nach dem Frühstück in der Wüste Fahrt nach Eski Forish zu einem Homestay am Rande

des Nurota Gebirges. Wandern oder Pferde-/ Eselritt in die Täler des Nurota Mittelgebirges. Übernachtung in einem Homestay.

12. Tag
Fahrt mit dem Taxi nach Samarqand. Besichtigung der Altstadt und Neustadt. Übernachtung in Samarqand.

13. Tag
Besichtigen von Afrosiyob und Umgebung. Nachmittags Weiterreise nach Shahrisabz. Besichtigung von Shahrisabz und Übernachtung dort.

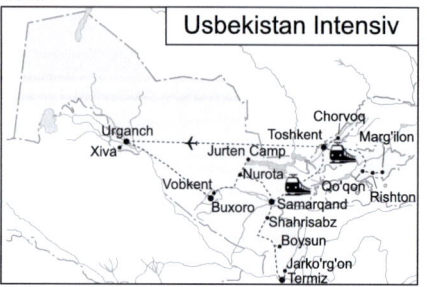

Usbekistan Intensiv

14. Tag
Fahrt mit dem Auto durch die wunderschöne Gebirgslandschaft von Surxondaryo bis nach Boysun. Auf dem Weg ein Abstecher nach Langar. Übernachtung in Boysun.

15. Tag
Nach einen Besuch des örtlichen Handwerkszentrums und des Basars Weiterfahrt und Besichtigung von Kampyrtepa und Alt-Termiz. Übernachtung in Termiz.

16. Tag
Besichtigung der stadtnahen Sehenswürdigkeiten sowie des Museums in Termiz. Ausflug zum Jarqo'rg'on Minarett. Fahrt mit dem Nachtzug nach Toshkent.

17. Tag
Rückreise ab Flughafen Toshkent

Usbekische Restaurants in D / CH /A
Wer sich kulinarisch und atmoshphärisch auf das Reiseland einstimmen möchte kann dies hier tun:

Restaurant Caravan, Wöllstädter Str. 11, Frankfurt am Main, Tel. +49 69 95909158

Restaurant Taste of Samarkand, 2x in Berlin Charlottenbg, Kreuzberg, +49 30 36444426

Restaurant Mumino's Food, Dr.-Karl-Renner-Str. 35, Enns, +43 6767034865

Die Top 10 der Sehenswürdigkeiten
Da es in Usbekistan hunderte wirklich besuchenswerte Sehenswürdigkeiten gibt fällt es gar nicht so leicht die absoluten Highlights des Landes herauszugreifen. Der Registon in Samarqand ist phänomenal schön, aber den schauen Sie sich vermutlich ohnehin an. Als Autor habe ich daher versucht, eine Top 10 darüber hinaus zusammenzustellen.

1. Labi Hovuz, Buxoro S.159
Hier kommt einfach alles zusammen, die weitgehend unverfälschte Atmosphäre des usbekischen Orients, alte Baudenkmäler, Einheimische und Touristen genießen gleichermaßen insbesondere am Abend die romantische Stimmung dieses magischen Ortes rund um das Wasserbecken.

2. Chorsu Basar, Toshkent S.86
Er ist nicht übermäßig hübsch und auch nicht der größte Basar, aber wir mögen ihn trotzdem am meisten. Er ist übersichtlich geordnet, schnell erreichbar und hat eine positive Ausstrahlung. Hier pulst die Hauptstadt des Landes und es macht Spaß sich einfach mal treiben zu lassen.

3 . Shohi Zinda, Samarqand S.124
Hier mischen sich Islam und Volksglauben zu dem was die Menschen bewegt und ihnen Halt gibt. Touristen bestaunen genau wie Einheimische die zweifellos schönsten Beispiele historischer Architektur in Zentralasien. Opulente Ornamentik, höchste Handwerkskunst eingetaucht in ein verschwenderisches Farbenmeer.

4. Arab Ota Mausoleum, Tim S. 146
Es liegt abseits und wirkt auf den ersten Blick eher unspektakulär. Das zweitälteste erhaltene Gebäude Zentralasiens wurde wegweisend für alle späteren Bauten. Und weil es so abgelegen ist, fühlt man sich wie ein Entdecker, wenn man endlich dort ankommt, in Tim, mitten in der Steppe. Fragen Sie nach dem Schlüssel, es lohnt sich.

5. Zomin Nationalpark S. 111
Nirgendswo im Land gibt es noch eine solch intakte Wachholderlandschaft wie hier. Das 1979 ausgewiesene Schutzgebiet lockt auch Einheimische zum Picknick und die Landschaft ist einfach nur spektakulär.

6. Langar Ota Mausoleum, Langar S. 258
Nicht nur der Weg dorthin ist lohnend. Auch dieser Ort hat etwas unverwechselbares. Die exponierte Lage des Mausoleums und der Blick von dort oben über die Umgebung wir jedem Besucher unvergesslich bleiben.

7. Jarqo'rg'on Minarett, Jarqo'rg'on S. 276
Es ist nicht nur das älteste erhaltene Minarett des Landes sondern kunsthistorisch betrachtet auch das Schönste.

8. Oq Tosh Felsgravuren S. 250
Zwar gibt es in Usbekistan so einige Stellen mit prähistorischen Felszeichnungen, doch die Oq Tosh Zeichnungen liegt landschaftlich sicher am schönsten. Die kleine Wanderung vom Dörfchen Kosagar zu den Felsen ist reizvoll.

9. Ayaz qala, Karakalpakistan S.236
Wer hier zeltet oder in den nahegelegenen Jurten übernachtet wird sicher mit einem wunderschönen Sonnenuntergang und einem fantastischen Sternenhimmel belohnt. Kaum eine zweite historische Festungsstadt Usbekistans ist so sehenswert wie diese.

10. Ichan qala, Xiva S.200
Diese noch immer weitgehend unverfälschte Altstadt stellt die perfekte Mischung aus Altstadthäusern und beeindruckenden Prunkbauten da. Eingefasst in eine rundum erhaltene Stadtmauer erlebt man hier ein orientalisches Märchen. Leider in Usbekistan selten geworden.

Airbus A320 der Fluggesellschaft Uzbekistan Airways

Anreise

Nonstop **Linienflüge** von D/CH/A nach Usbekistan bietet derzeit mit der Verbindungen Frankfurt/Main - Toshkent nur Uzbekistan Airways an (ca. 6h).
Von Zürich und Wien aus gibt es nur Flüge mit Flugzeugwechsel.
Preisgünstiger aber eben auch länger sind Flüge mit Flugzeugwechsel meist via Russland oder die Türkei. Das Angebot ist seit dem Ukraine Krieg geringer geworden aber immer noch vorhanden. Das Auswärtige Amt rät jedoch derzeit von Reisen in die Russische Föderation ab.

Bahnverbindungen von Europa führen meist über Russland. Aufgrund des Ukraine Krieges ist davon aber eher abzuraten. Die Alternative Route führt über die Türkei, den Iran und Turkmenistan. Doch dieses Unternehmen dürften selbst für Zug-Nerds eine Herausforderung darstellen. Tipp: auf https://rail.cc können Informationen zu möglichen Routen, Buchungsmöglichkeiten und Fahrplänen eingesehen werden.
Wer mit dem **Auto** anreist, hat es derzeit nicht gerade leicht. Die einzige realistische Reiseroute führt über die Türkei. Für die Durchreise durch den Iran ist das Carnet des Passage obligatorisch und der Turkmenistan Transit ist sehr teuer. Aserbaidschan hat bis auf weiteres seine Land- und Seegrenzen geschlossen.

Berlin-Istanbul-Teheran-Mashad-Mary-Buxoro-Samarqand-Toshkent (6.824Km, 80h)

Alle **Busverbindungen** in die Länder Zentralasiens wurden eingestellt.

Verkehrsmittel in Usbekistan

Autovermietung

Wer gerne selber die Strecke und Stops bestimmen möchte ist mit einem gemieteten Auto sicher am besten aufgestellt. Mit Sixt rent a car bietet nun der erste international tätige Autovermieter auch in Usbekistan seine Dienste an. Es gibt Anmiete/Rückgabe Stationen in Toshkent und Samarqand. Die online-Buchung kann von Europa aus erfolgen. Laut Sixt genügt ein in Deutschland, Österreich oder der Schweiz ausgestellter Führerschein. Eine Übersetzung des nationalen Führerscheines ist jedoch empfehlenswert.

Inlandsflüge

Inlandsflüge werden sowohl von Uzbekistan Airways als auch von Silkavia angeboten. Die meisten Verbindungen gehen von Toshkent aus die die Städte Buxoro, Namangan, Nukus, Qarshi, Samarqand, Termiz und Urganch. Der jeweils aktuelle Flugplan kann im Internet eingesehen werden. Flugtickets erhalten Sie in Reisebüros (Aviakassa). Die Ticketpreise sind vergleichsweise günstig. Geflogen wird mit Maschinen vom Typ Airbus A320-214, A330, Boeing 767-300; 787-8 und ATR 72-600.

Eisenbahnverbindungen

Die Eisenbahn ist als Verkehrsmittel äußerst beliebt, so dass eine möglichst frühzeitige Buchung über ein usbekisches Reisebüro unbedingt zu empfehlen ist. Diese Reiseveranstalter bieten auch Fahrpläne auf ihren Internetseiten an. Das Streckennetz ist auf der Homepage von Oʻzbekiston Temir Yoʻllari einsehbar.

Beachten Sie beim Fahrkartenkauf am Schalter, dass dort immer ein großes Gedränge ist und der Vorgang viel Zeit in Anspruch nimmt. Am VIP Schalter ist für einen geringen Aufpreis weniger Gedränge. Sehr stark ausgebucht ist die Verbindung Toshkent - Samarqand mit dem Schnellzug "Afrosiyob", sie dauert etwa 2h.

Weitere Verbindungen:
Toshkent - Urganch: ca.16h Nachtzug
Toshkent - Buxoro: ca. 8h Nachtzug
Toshkent - Buxoro: ca. 3h Schnellzug
Toshkent - Buxoro: ca. 6h Normaler Zug
Toshkent - Andijon: ca. 5,5h Normaler Zug
Toshkent - Termiz: ca. 15h Nachtzug

Es gibt in den Nachtzügen folgende Klassen:
Luks: 2 Betten, weich gepolstert, geräumig
Kupe: 4 Betten, weich gepolstert, eng
Platskart: Großraumabteil, sehr eng
In Schnellzügen nennen sich die Klassen VIP (Ledersessel), Business (breite Sessel) und Economy.

Fernbusse
In jeder größeren Stadt Usbekistans gibt es meist etwas außerhalb einen Fernbusbahnhof. (Avto Shoh Bekati). Die meist noch aus Sowjetzeiten stammenden Gebäude sind zwar häufig leer, dennoch halten hier die Busse oder fahren von hier ab. Es gibt leider keine offiziellen Fahrpläne. Fernbusse fahren meist schon am frühen Morgen ab. Erkundigen Sie sich bei Ihrer Unterkunft nach den Abfahrtszeiten. Die Fahrpreise sind sehr preiswert, die Busse allerdings auch nicht sonderlich sauber und meist in einem technisch schlechten Zustand. Fernbusse dürfen nicht über Bergpässe und nicht in Dunkelheit fahren.

Überland-Marschrutkas
Überall in Usbekistan sind Kleinbusse als Überland-Marschrutkas im Einsatz. Es ist erstaunlich wie viele Personen in so ein Fahrzeug passen. Sie sind vor allem in ländlichen Gegenden das beste Transportmittel um auf die Dörfer zu gelangen. Sie fahren nahe Basaren ab, seltener auch an Bahnhöfen oder Busbahnhöfen. Den festen Fahrpreis bezahlt man während der Fahrt oder beim Aussteigen unaufgefordert an den Fahrer. Die Fahrpreise sind günstig. Losgefahren wird, wenn alle Plätze belegt sind. Sie können an jeder beliebigen Stelle der Strecke zusteigen, sofern ein Platz im Fahrzeug frei ist. Auch Aussteigen ist überall möglich. Die Fahrt in einem Marschrutka ist ein authentisches, landestypisches Erlebnis das Sie auf jeden Fall haben sollten.

Überland-Taxis
Komfortabler und schneller reisen Sie in einem Überland-Taxi. Der Fahrer fährt auf festen Strecken von Stadt A zur Stadt B mit seinem normalen, nicht als Taxi gekennzeichneten PKW. Startpunkt ist meist der Basar oder eine ganz bestimme Stelle in der Stadt, z.B. nahe dem Bahnhof. Die sehr kleinen Modelle Tico, Matiz und Spark gehen zur Not für kürzere Strecken. Auf längeren Strecken sollten Sie einen Nexia oder Cobalt wählen. Am komfortabelsten sind Lacetti, Epica, Malibu oder Captiva. Russische Ladas oder Wolgas sind eher selten geworden. Vereinbaren Sie mit dem Fahrer **vor** dem Einsteigen und **vor** dem Einladen Ihres Gepäcks den Fahrpreis! Machen Sie sich in Ihrer Unterkunft schlau, was ein angemessener Preis sein kann. Taxifahrer können aufdringlich werden, also bleiben Sie bestimmt und lassen Sie sich nicht zu etwas drängen was sie nicht wollen. Die in Europa übliche Zurückhaltung gegenüber

Damas Minibusse in Qarshi

fremden Menschen existiert bei Taxifahrten nicht immer. Spätestens in der Fahrgemeinschaft werden Sie mindestens zum Freund (Dost, Drug) oder gar zum Bruder (Akka) /zur Schwester (Oppa). Man betet bei der Abfahrt das Omin. Sollte der Fahrer das vergessen, erinnern Sie ihn daran, er wird es sofort nachholen. Als Individualtourist werden Sie mit großer Sicherheit in so einem Taxi landen. Gepäck wird im Kofferraum transportiert und ist im Fahrpreis inbegriffen. Sie können etwas mehr bezahlen, dann erhalten Sie den Beifahrersitz. Oder Sie bezahlen für 2 Plätze, der bleibt dann auch frei. Kleinkinder fahren kostenlos, bekommen aber auch keinen Sitzplatz. Ansonsten zahlen Sie den normalen Fahrpreis pro Platz. Auch das Anmieten eines ganzen Fahrzeugs für Sie alleine ist natürlich möglich, dann bezahlen Sie alle Plätze. Sie können zwar jederzeit aussteigen, unterwegs ein Überland-Taxi für die Weiterfahrt anzuhalten ist meist etwas schwieriger. An Straßenkontrollpunkten aber auf jeden Fall nach etwas Wartezeit möglich. Der Fahrer hat das Ziel möglichst viele Fahrten am Tag zu machen, Fotostops sind daher zwar nicht unmöglich aber auch nicht sehr willkommen. Bei längeren Fahrten hält der Fahrer an einem Gasthaus zum Essen an. Mahlzeiten sind jedoch nicht im Fahrpreis enthalten. Decken Sie sich vor Fahrtantritt mit ausreichend Getränken ein, die Sie ins Fahrzeug mitnehmen. Die Klimaanlage bleibt in der Regel aus. Kontrollieren Sie vor dem Besteigen des Fahrzeuges ob sich das Fenster öffnen lässt. Häufig sind elektrische Fensterheber kaputt oder die Kurbel abgefallen. Bezahlen Sie den Fahrer am Zielort **nach** dem Ausladen des Gepäcks. Der Zielort (eine Adresse, ein Hotel, ein bestimmter Basar) sollten Sie dem Fahrer **vor** der Fahrt mitteilen, damit er sich darauf einstellen kann, wie weit er fahren muss. In Toshkent kann das auch eine Metrostation sein. Häufig kennen die Fahrer jedoch die Hotels oder Straßennamen nicht, nennen Sie ihm daher eine Landmarke : "Orientier XY Masjit" zum Beispiel.
Lokale Reiseveranstalter vermitteln auch Fahrer mit Fahrzeug. Diese mieten Sie dann komplett an und der Fahrer fährt die Route die vereinbart wurde. Er hält für Fotostops, Einkäufe, was auch immer. Sie bezahlen jedoch für das ganze

Fahrzeug plus einer Vermittlungsgebühr.
Insbesondere bei Fahrten zu entlegenen Sehenswürdigkeiten sind solche Taxis oft die einzige Möglichkeit in überschaubarer Zeit ans Ziel zu gelangen. Wenn Sie mehrere Tage reisen, sollten Sie jeden zweiten Tag den Fahrer wechseln.

Stadt-Taxis

Um in Städten längere Wegstrecken zu Fuß zu vermeiden ist es in Usbekistan denkbar einfach, ein Taxi zu nehmen. Dabei können Sie ein lizenziertes Taxi ähnlich wie in Deutschland telefonisch zu einer Adresse bestellen. Hier kann es sein, dass die Zentrale eine bestimmte Adresse oder ein bestimmtes Hotel nicht kennt. Daher macht es Sinn eine bekannte Landmarke in der Umgebung zu nennen. Von dort aus fragt sich der Fahrer dann durch. Navigationssysteme sind in Usbekistan derzeit noch kaum verbreitet. In Unterkünften kann das Bestellen des Taxis die Rezeption für Sie übernehmen. Alternativ können Sie sich an den Straßenrand stellen, den Arm herausstrecken und nach wenigen Minuten wird ein Fahrzeug anhalten. Sie teilen dem Fahrer durch das Fenster oder die geöffnete Beifahrertüre ihr Fahrziel mit. Ist der Fahrer mit dem Fahrziel einverstanden nennt er ihnen den Fahrpreis. Im Idealfall kennen Sie den ungefähren Preis und nennen diesen. Wenn der Fahrer nickt stimmen er dem genannten Preis zu. Es ist also auch wie im Basar üblich, den Preis etwas zu verhandeln. Der Preis wird dabei von der Qualität des Fahrzeuges, dem Fahrer und der Entfernung zum Ziel bestimmt. Ist der Fahrer mit dem von Ihnen genannten Fahrziel oder Preis nicht einverstanden fährt er gleich weiter. Es kann sein, dass nun bereits das zweite Fahrzeug auf Sie wartet. Dieses Vorgehen ist übliche Praxis bei den Einheimischen. Usbekische Frauen setzen sich also tagsüber durchaus in das Auto eines wildfremden Mannes. Wenn bereits ein Mann im Auto sitzt oder es schon dunkel wird jedoch eher nicht.
Staatlich lizenzierte Taxis sind meist in gelber Farbe und haben ein T auf der Türe. Zwar sind in diesen Taxis tatsächlich auch Taximeter eingebaut, diese werden jedoch kaum genutzt. Der Fahrpreis ist tendenziell etwas höher.
Unmittelbar vor Basaren, Bahnhöfen oder

Wartende Busse nahe dem Siyob Bauernmarkt in Samarqand

Geöffnet ist die Metro von 6:00 Uhr morgens bis 23:00 Uhr.

Stadt-Busse
In allen größeren Städten Usbekistan gibt es ein relativ enges Stadtbusnetz. Stadtbusse halten nur an den Bushaltestellen und verkehren auf der gleichen Route. Die Start- und

einem Flughafen warten Taxifahrer auf Kundschaft. Erwarten Sie an Flughäfen immer einen höheren Fahrpreis.

Metro
Die Toshkent Metropoliteni oder kurz Metro ist ein beliebtes Verkehrsmittel in der Hauptstadt. Sie erreichen auf den vier Linien relativ schnell und zudem konkurrenzlos preiswert Ihr Ziel. Die Fahrt auf der gesamten Chilonzor Linie mit ihren 17 Stationen dauert etwa 33 Minuten. Sie erreichen die Metro über Treppenzugänge die häufig auch Fußgängerunterführungen bei größeren Straßen darstellen. Die Einmaltickets gibt es an Automaten vor den Zugangsschranken. Für eine beliebig lange Fahrt innerhalb des Systems einschließlich Linienwechsel genügt ein Ticket. Der QR Code wird an der Zugangsschranken gelesen. Es ist in Metrostationen mit Sicherheitskontrollen zu rechnen. Diese können vor und nach der Zugangssperre stattfinden. Öffnen Sie den Beamten die Taschen, die Kontrollen sind meist nur oberflächlich.
Metrozüge fahren in keinem festen Zeittakt sondern entsprechend dem Andrang der Passagiere. Die bereits verstrichene Zeit seit dem letzten Zug sehen Sie auf der Anzeige. Der Takt bewegt sich zwischen 5 und 10 Minuten.

Endstation sowie die Nummer der Route steht auf einem Schild oder auf einer Digitalanzeige. Den Fahrpreis zahlen Sie dem Kontrolleur, nicht dem Fahrer. Gelegentlich erhalten Sie einen Fahrschein. In größeren Städten gibt es auch Expressbusse. In diesen wird ein etwas höherer Fahrpreis verlangt. Dennoch sind die Busse ein sehr preiswertes Transportmittel.

Stadt-Marschrutkas
Ähnlich wie Überland-Marschrutkas fahren Kleinbusse auch in Städten auf festen durchnummerierten Routen. Sie können überall zusteigen oder aussteigen und bezahlen den Fahrpreis unaufgefordert an den Kontrolleur oder Fahrer. Marschrutkas fahren auch in abgelegene Außenbezirke und sind schneller als die Stadt-Busse.

Straßenbahn
Das recht umfangreiche Straßenbahnnetz in Toshkent wurde 2016 stillgelegt. Die wenigen moderneren Straßenbahnwagen brachte man nach Samarkand. Dort werden seit 2017/2018 zwei Straßenbahnlinien eröffnet. Einmal vom Hauptbahnhof in südliche Richtung quer durch die Neustadt von Samarqand und einmal vom Hauptbahnhof bis zum Siyob Basar. Letztere ist auch für Touristen interessant.

Fahrradverleih

Zunehmender Beliebtheit erfreuen sich Mietfahrräder. In Usbekistan ist das Fahrrad bisher weniger Transportmittel als vielmehr Freizeitspaß in Parks. Daher nutzen vor allem junge Leute das Angebot einmal auf einem Drahtesel sitzen zu können. Vereinzelt bieten auch lokale Reiseagenturen Fahrräder zum Verleih an (Epic Trails, Asia Adventures, Marakanda Travel)

Esel/Kamele

Esel sind in ländlichen Gegenden Usbekistans ein weit verbreitetes Verkehrsmittel. Ganz gleich ob Sie eine anstrengende Bergtour planen oder ihren Kindern eine Freude machen wollen, ein Esel lässt sich unkompliziert und preisgünstig in jedem Dorf organisieren. Fragen Sie nach "eshaklarni ijaraga olish". Aber Vorsicht: Eshak, also Esel ist auch in Usbekistan als Schimpfwort bekannt.

In Jurtencamps werden Kamele für kleinere Ausritte angeboten. Mehrtägige Touren können Sie individuell über Reiseagenturen buchen. Weniger verbreitet sind Dromedare mit einem Höcker, es herrschen die Trampeltiere mit zwei Höckern vor. Die Kamelzucht wird in Usbekistan ausschließlich von ethnischen Kasachen betrieben.

Informationen von A bis Z

Botschaften

Botschaft: Pasolstwo (russ.), Elchixona (usb.)

Deutschland: Botschaft in Toshkent
Schweiz: Botschaft in Toshkent
Österreich: Honorarkonsulat in Toshkent oder Deutsche Botschaft

Die Adressen und Kontaktdaten finden Sie im Kapitel Toshkent A-Z. Honorarkonsulate bieten im Gegensatz zu Botschaften nur einen sehr eingeschränkten konsularischen Service an. Konsulate und Botschaften sind an Feiertagen des Reise- wie auch des Heimatlandes geschlossen. Botschaften helfen bei Pass- und Visaverlust sowie bei Diebstahl der Reisekasse. Sie gewährt dann einen Kredit, Konsularhilfe genannt, der mit Zinsen zurückbezahlt werden muss. Aktuelle Reisehinweise erhalten Sie über folgende Behörden:

Auswärtige Amt in Berlin
Tel.:030/5000 2000, www.auswaertiges-amt.de
Eidgenössisches Departement für auswärtige Angelegenheiten in Bern
Tel.: 58 4623153, www.eda.admin.ch
Bundesministerium Europäische und internationale Angelegenheiten in Wien
Tel. 1 901153775, www.bmeia.gv.at

Drohnen

Die Einfuhr und der Betrieb von Drohnen auch zu privaten Zwecken ist in Usbekistan nicht erlaubt.

Einkaufen

In dem quirligen Durcheinander eines Basars können Sie wirklich alles erstehen was man sich nur vorstellen kann. In größeren Städten gibt es meist mehrere Basare, jeweils einer für einen Stadtbezirk. An der Peripherie der Städte finden sich Großbasare. Basare sind aufgeteilt in Sektionen wie Lebensmittel, Kleidung, Stoffe, Hochzeitsausstattung, Haushalt, Baumaterialien, Autoteile, Blumen, Torten, etc..
In Toshkent gibt es zudem große Einkaufszentren mit Boutiquen, Dienstleistungen.
In ländlichen Gegenden sind dagegen häufig nur kleine Basare und "Tante Emma Läden" zu finden. Die Versorgung mit Lebensmittel ist bis auf die Gebirgsregionen flächendeckend gut.
Souvenirs werden häufig in touristisch frequentierten Moscheen und Medresen oder in Hotels und Museen angeboten. Seltener sind spezielle Souvenirläden.
Schreibwaren sind in Zentralkaufhäusern oder in Fachgeschäften (Kanzelar) erhältlich.
Buchhandlungen sind immer wieder ein Blick wert, denn es gibt ab und zu schöne Bildbände oder ein Kochbuch. Die Auflagen sind jedoch immer klein und schnell vergriffen.

Essen und Trinken

Die Gastronomie in Usbekistan hat sich seit der Unabhängigkeit sehr gut entwickelt. Es gibt sowohl eine große Anzahl davon, als auch eine große Vielfalt.
Für festliche Anlässe gibt es **feine Restaurants** mit teils hochwertiger Küche, auch in den gehobenen Hotels der Hauptstädte.
Die **Hotelrestaurants** in einfacheren Hotels sind eher nicht zu empfehlen. Frequentiert werden diese gerne von Partygesellschaften bei

denen die laute Musik wichtiger ist als ein gutes Essen. Dagegen ist die Verpflegung in privat geführten Hotels meist recht gut und es wird zumindest Frühstück angeboten.

Liebevoll folkloristisch eingerichtet sind **Themen-Restaurants**. Die Gäste sind nicht nur Touristen, auch Einheimische suchen sie gerne auf. Das Essen ist meist eher durchschnittlich. Diese Lokalitäten sind in der Hauptstadt und den Touristenstädten Usbekistans zu finden.

Preiswerte Kantinen (Kafe, Bufet, Stalowaja oder Ošhona genannt) mit einfachen, aber frisch zubereiteten Mittagessen sind sehr beliebt bei Einheimischen. Solche Einrichtungen finden Sie auch in Kleinstädten nahe dem Bahnhof, Busbahnhof oder Basar.

In Dörfern gibt es kaum Restaurants, dort geht man ins **Teehaus** oder auf den **Basar**. Diese bieten eher auf Zuruf auch Essen an. Eine Speisekarte gibt es meist nicht.

Zunehmend beliebt sind **Fast Food Restaurants**. Diese gibt es in allen größeren Städten. KFC und Wendys haben einige Filialen eröffnet.

Wer abends noch ein Bierchen zischen will, wird nur in den Städten fündig. Ähnlich einem **Biergarten** sind diese bis spät geöffnet. **Bars und Nachtclubs** gibt es nur in größeren Städten, tendenziell öffnen diese erst ab Mitternacht.

In Fußgängerzonen oder am Straßenrand sehen Sie immer wieder kleine **Tankwagen** die Waldbeeren- Fruchtgetränk (Mors) oder Malzgetränk (Kwas) anbieten. Beide Arten entspringen der russischen Getränkekultur.

Informationen zu usbekischen Spezialitäten finden Sie unter "Lokale Spezialitäten").

Feiertage

An den folgend genannten Feiertagen bleiben Behörden, Schulen, Universitäten, Firmen und die meisten Geschäfte geschlossen. Weitere Informationen zu bestimmten Feiertagen finden Sie auch im Kapitel Land und Leute.

1. Januar Neujahr
Da Usbekistan ein muslimisches Land ist, wird Weihnachten gar nicht gefeiert. Dafür ist der Neujahrstag umso wichtiger, auch wenn dieser Brauch erst mit den Russen Einzug hielt. Dafür werden auf öffentlichen Plätzen geschmückte Weihnachtsbäume aufgestellt. Feuerwerk wie bei uns gibt es zwar nicht, aber die Tischplatte

zuhause biegt sich unter der Last der Speisen. Natürlich bekommt jeder auch Geschenke.

14. Januar Tag der Landesverteidigung
Bei Paraden und Feiern werden die Streitkräfte des Landes und die Veteranen geehrt. Frauen schenken ihren Männern kleine Aufmerksamkeiten da sie in der Regel gedient haben.

8. März Internationaler Frauentag
Aus der sowjetischen Tradition stammend werden an diesem Tag die Frauen, Töchter, Mütter und Kolleginnen mit besonderer Aufmerksamkeit, Blumen und kleinen Geschenken bedacht.

21. März Navro'z
Diese mehr als 3000 jährige Tradition markiert die Tag- und Nachtgleiche im Frühjahr. Das im ganzen Orient begangene Fest wird ausgelassen mit Tanz und Musik gefeiert. Insbesondere die stundenlange Zubereitung des Sumalak ist ein wichtiger Bestandteil von Navro'z. In den darauffolgenden 13 Tagen besucht man die Verwandtschaft so dass mit erhöhtem Reiseverkehr zu rechnen ist.

9. Mai Tag des Sieges
Am 9.Mai 1945 kapitulierte das Deutsche Reich aus sowjetischer Sicht und der "Große vaterländische Krieg" ging zu Ende. In Usbekistan wird an diesem Tag den Toten gedacht und entspricht damit einem Volkstrauertag.

Wechselndes Datum Tag des Fastenbrechens
Dieser muslimische Feiertag, Ramadan Hayit oder Eid-al-Fitr genannt, markiert das Ende des Fastenmonats Ramadan und wird mit dem Besuch der Moschee, einem Festessen und Almosen an die Armen und Bedürftigen begangen

31. Juli Opferfest
Das Opferfest, auch Kurbon Hayit genannt gedenkt der Opferbereitschaft Abrahams, seinen einzigen Sohn Isaak zu opfern. Stattdessen wurde bekanntlich ein Tier geschlachtet. Diese Tradition besteht bis heute, wobei die Hälfte des Fleisches an Bedürftige gespendet wird. Es wird üppig gespeist.

1. September Unabhängigkeitstag
Dieser hohe offizielle Feiertag wird mit öffent-

lichen Veranstaltungen, geschmückten Straßen und teilweise auch einem offiziellen Feuerwerk begangen.

1. Oktober Tag der Lehrkräfte
Ebenfalls ein Überbleibsel sowjetischer Tradition. An diesem Tag überreichen die Schüler Ihren Erziehern und Lehrern kleine Geschenke und Aufmerksamkeiten. Die Schulleitung überreicht Blumen.

8. Dezember Tag der Verfassung
Dies ist ein arbeitsfreier Tag der jedoch jenseits der offiziellen Feiern kaum begangen wird.

Festivals
Usbeken lieben große Feste. Wer einmal eine usbekische Hochzeit erlebt hat, kann dies nachvollziehen. Da liegt es nahe, dass es auch große, internationale Festivals gibt die sowohl Einheimische als auch Touristen begeistern. Hier eine Auswahl der bekanntesten.

Silk and Spice Festival, Buxoro
Jedes Jahr im Mai/Juni wird in der Altstadt von Buxoro dieses bunte Fest rund um Kunsthandwerk, Tanz und Musik abgehalten. Mit einem Festumzug, beginnend an der Festung Ark zum Labi Hovuz wird das Festival eröffnet. Weitere Höhepunkte sind das Palov Sayli, also die öffentliche Zubereitung großer Mengen Palov, Modenschauen, Tanzvorführungen sowie verschiedene Kunsthandwerk-Workshops. Das Festival endet nach 3 Tagen mit einem großen Konzert auf dem Platz vor der Kalon Moschee.

Sharq Taronalari, Samarqand
Alle zwei Jahre findet das internationale "Sharq Taronalari" Musikfestival auf dem Registan in Samarqand statt. Musikgruppen aus der ganzen Welt treten hier auf und versuchen einen der Preise zu ergattern. Das Festival endet nach 4 Tagen mit einem großen Abschlusskonzert. Es ist ratsam, sich frühzeitig Tickets zu sichern. Die nächsten Festivals werden voraussichtlich im September 2026, 2028, usw. stattfinden.

Boysun Bahori, Boysun
Dieses Folkorefest findet alle 2 Jahre im April/Mai im Dorf Padang nahe der Kleinstadt Boysun statt. An zwei Tagen werden traditionelle Tänze, Musikvorführungen und Hand-

werkskunst der Region präsentiert. Die Region um Boysun gilt als besonders traditionsbewusst und bekam daher den begehrten UNESCO Welterbetitel. Es empfiehlt sich die Buchung über lokale Reiseveranstalter, welche sich um den Transport und die Unterbringung vor Ort kümmern. Nächstes Festival: vorraussichtlich 2026.

Atlas Bayrami, Marg'ilon
Noch recht jung ist das internationale Seiden-Fest in Marg'ilon. An fünf Tagen im September finden Sie eine große Auswahl von feinen Seidenstoffe, es werden Modenschauen und Workshops veranstaltet. Das Rahmenprogramm umfasst Palov-Wettbewerbe, Kurash Ringkämpfe, Kleinkunst sowie Musik- und Tanzdarbietungen. Veranstaltungsorte sind das Marg'ilon Handwerkszentrum und der Stadtpark in Marg'ilon. Das letzte Festival fand im September 2024 statt. Der nächste Termin dürfte in 2026 stattfinden.

Stihia Festival, Moynaq
"Worlds most isolated music festival" wird das Stihia Festival im Wüstenort Moynaq nahe dem früheren Aralsee genannt. Hier treffen sich junge Leute um einige Tage bei avantgardistischer Musik und Kunst zu entspannen. Erstmalig fand Stihia 2018 statt. Seither steigt die Party hier jährlich im Mai.

Frauen unterwegs
Usbekistan ist nach wie vor islamisch-patriarchalisch geprägt. Dennoch ist der Umgang insbesondere mit Touristinnen meist recht entspannt. Nötigungen sind eher selten, Übergriffe nicht häufiger als in westlichen Ländern. Viele Frauen berichten von sehr guten Reiseerfahrungen in Usbekistan. Dies liegt auch daran, dass im Haus meist die Frauen das Sagen haben. Die Kleidung darf auf dem Land etwas dezenter ausfallen. Ein Kopftuch ist nicht erforderlich. Die üblichen Hygieneartikel für Frauen sind auch in Usbekistan in zahlreichen Geschäften erhältlich.

Fremdenführer
Bei Reisegruppen ist eine deutschsprachige Gruppenführung meist im Preis inbegriffen. Führer oder Führerinnen mit Englisch- und zunehmend auch mit Deutschkenntnissen werden von Reiseagenturen und guten Hotels

vermittelt. Aufdringliche Guides gibt es in den Touristenstädten kaum.

Eine Alternative zu Fremdenführern sind Schüler und Studenten von Fremdsprachenschulen und Universitäten. Insbesondere die Goethe Institute in Toshkent sowie deren Sprachlernzentren sind hier Anknüpfpunkte.

Gastfreundschaft

Die Menschen Usbekistans sind sehr gastfreundlich. Insbesondere auf dem Land ist es eine Ehre, einen Gast zu bewirten. Dennoch sind viele Menschen auch zurückhaltend, da Sie denken, ihr Haus sei nicht fein genug für eine Einladung oder es fehlt schlicht am Finanziellen. So wurden wir als Fremde mitunter an den Reichsten im Dorf „vermittelt", als wir eine Unterkunft suchten.

Bitte geben Sie nach einer Einladung kein Geld, es könnte zu Missverständnissen führen. Bedanken Sie sich mit einem Bild von Ihnen oder kleinen Geschenken aus Ihrer Heimat. Werden Sie zu einer bestimmten Zeit zu einer Einladung erwartet, so gehen Sie möglicht nie mit leeren Händen hin. Einheimische bringen z.B. zwei Non Brote oder Süßigkeiten. Im Haus oder der Wohnung zieht man die Schuhe aus, da Teppiche ausliegen. Der Platz des Gastes ist in der Regel an der Wand (zum Anlehnen) und gegenüber der Tür. Dies gilt auch beim Sitzen auf den „Bettgestellen", Söre oder Taptschan genannt. Einladungen nehmen Zeit in Anspruch. Versuchen Sie Eile oder Hektik zu vermeiden, es wäre eine Geringschätzung der Gastgeber. Wenn Sie gehen wollen, bitten Sie den Gastgeber das „Omin"(Amen) zu beten, danach geht man auseinander.

Gefahren, Kriminalität

Usbekistan ist, wie der Rest der ehemaligen Sowjetunion, praktisch frei von offener Kriminalität gewesen. Die im Hintergrund agierenden mächtigen Familien Clans üben auf Fremde keinen Einfluss aus. Auch mit dem eigenen Fahrzeug wird man selten der organisierten Kriminalität begegnen.

Am ehesten könnten Sie mit der Miliz und anderen Bürokraten zu kämpfen haben. Diese bessern mit „Gebühren" oder "Strafen" ihr geringes Gehalt auf. Dies soll nun aber keine Rechtfertigung für Dreistigkeiten sein. Begeg-

nen Sie solchen Personen selbstbewusst aber höflich. Nehmen Sie sich etwas Zeit um ein Problem, z.B. Fehler im Visum, kleine Verkehrsdelikte, usw. auszudiskutieren. Sie sparen so eine Menge Geld und verhindern Korruption. Fordern Sie ggf. den Vorgesetzten (Natschalnik), ein Protokoll (Pratakol) oder eine Quittung (Kwitanzija). Sollten Sie Opfer einer Straftat werden, so können Sie von Amtspersonen am wenigsten Hilfe erwarten. Bitten Sie besser einfache Bürger um Hilfe. Wird ein Uniformierter handgreiflich, hilft nur noch lautes Schreien um Hilfe in Englisch oder Deutsch. Wenden Sie sich wenn möglich an die nächstgelegene Botschaft Ihres Landes. Es empfiehlt sich die Registrierung im Internetportal Ihres Außenministeriums.

Achten Sie im Gedränge von Basaren auf Taschendiebe und halten Sie am besten Rucksack und Gürteltasche immer mit der Hand bedeckt. In Usbekistan tragen übrigens nur Schulkinder Rucksäcke. Erwachsene eher eine Umhängetasche.

Wie überall auf der Welt gibt es auch in Usbekistan Gebiete, in die man als umsichtiger Tourist lieber nicht reisen sollte. Zu diesen Regionen zählen insbesondere die Grenzzonen (Pogranitschni Zona) abseits von Grenzübergängen. Grenzen sind teils vermint, umstritten oder einfach ein sensibles Gebiet.

Geld, Preise

Valuta

Die verbreitetste westliche Valuta Währung in Usbekistan ist der US Dollar. Diese Währung ist jedem bekannt und wird überall gerne in die Landeswährung So'm umgetauscht. Der Euro ist in den vergangenen Jahren populärer geworden und ähnlich beliebt wie der Dollar. Der Russische Rubel ist zwar gut bekannt, aber dennoch weniger geschätzt. Ähnlich ist dies auch bei anderen Valuten.

Die aktuellen Wechselkurse können sie in Wechselstuben oder Banken Usbekistans auf Schautafeln ablesen.

Usbekische Währung So'm

Die erste Serie der nationale Währung So'm wurde am 15. November 1993 eingeführt. Sie löste den sowjetischen sowie den russischen Rubel ab die beide noch im Umlauf waren. Die zweite Serie welche diese Übergangswährung ablöste ist seit 1.Juli 1994 offizielles Zahlungsmittel im Land. Die stetige Inflation der Währung hat sich weitgehend stabilisiert und bei 5 bis 6% pro Jahr eingependelt.

Das ursprünglich ebenfalls eingeführte Münzgeld ist aufgrund der Inflation heute nicht mehr im Umlauf. Derzeit sind folgende Geldscheine im täglichen Zahlungsverkehr gebräuchlich:

200 So'm	ikki yuz
500 So'm	besh yuz
1.000 So'm	bir ming
2.000 So'm*	ikki ming
5.000 So'm*	besh ming
10.000 So'm*	o'n ming
20.000 So'm*	yigirma ming
50.000 So'm*	ellik ming
100.000 So'm*	bir yuz ming
200.000 So'm*	ikki yuz ming

Die aktuelle Banknotenserie (*) wurde 2021 eingeführt. Durch das Erscheinen großer Nennwerte ist es etwas einfacher geworden auch größere Geldmengen umzutauschen.

Bargeld Umtausch

Meist beginnt die Vorbereitung der Reisekasse bereits bei Ihnen in der Heimat. Beachten Sie dabei, dass der Sortenkurs bei der Bank beispielsweise für US-Dollar nicht dem Wechselkurs entspricht, sondern meist wesentlich ungünstiger ist. In der Regel ist es daher günstiger Euro-Bargeld mit nach Usbekistan zu nehmen. Möglichst saubere, frische Scheine.

Seit 2017 ist der Schwarzmarkt weitgehen zum Erliegen gekommen und lohnt nicht mehr. Es ist nun sowohl für Einheimische wie auch für Ausländern möglich, unbegrenzt Valuta zu tauschen.

Wechselstuben oder Schalter sind mit "Obmen Valuty" oder "Change" gekennzeichnet. Der Ankaufkurs wird dabei mit "Sotib olish", der Verkaufskurs mit "Sotish" angegeben.

Es gilt der angegebene Sortenkurs der Wechselstelle, der durchaus unterschiedlich sein kann. Zählen Sie erhaltenes Geld immer sofort am Schalter nach. Prüfen Sie die Scheine. Diese können eingerissen, beschriftet oder verschmutzt sein. Für einwandfreies Geld das Sie geben können Sie auch einwandfreies Geld erwarten.

Für das Bezahlen auf dem Land sind kleine Banknoten vorteilhafter. Überlegen Sie sich bereits vor der Anreise wie Sie die eingetauschten Geldbündel transportieren. Der Umtausch von nationalen Währungen benachbarter Republiken ist oft nur in grenznahen Städten oder direkt an der Grenze möglich.

Erhalten Sie in Usbekistan Rückgeld in Euro oder Dollar, so achten Sie unbedingt darauf, keine zerrissenen, beschrifteten oder verschmutzten Scheine zu bekommen. Unter Umständen bekommen Sie diese nicht mehr los. Ein Rückumtausch (Sotish) von So'm in Valuten ist nur in Banken und nur gegen die Vorlage einer Umtauschquittung möglich, der Kurs ist dabei meist schlechter.

Geldautomaten

Mancher Tourist schätzt es, sein Geld an Automaten (Bankomat) erst dann zu ziehen, wenn es gebraucht wird. Die Zahl der Geldautomaten hat deutlich zugenommen, beschränkt sich aber weiterhin meist auf größere Städte. Jedoch sind Automaten zuweilen leer, zahlen nur kleine Summen aus oder es gibt Schwierigkeiten bei der Autorisierung mit der Heimatbank. Zudem die Gebühren sind nicht gerade gering. Daher sollte man nicht nur auf Geldautomaten setzen sondern auch Bargeld mitbringen.

Kreditkarten

Kreditkarten (Visa, evt. Amex, Diners, Mastercard) werden in vielen Hotels und Boutiquen als Zahlungsmittel akzeptiert. Geldautomatenakzeptieren Mastercard, Visa und seltener weitere Karten für das Abheben von Bargeld. Die Kommission beträgt zwischen 3 und 6 % des Umtauschwertes.

Geldaufbewahrung

Zugegeben, es ist riskant mit dicken Bündeln kleiner Banknoten in der Tasche zu reisen. Doch im Moment gibt es zumindest in ländlichen Gegenden kaum Alternativen. Viele Einheimische trauen den Banken nicht, und tragen ihr Barvermögen lieber im Stiefel oder am BH mit sich. Eine Gürteltasche oder ein unter der Kleidung getragenen Brustbeutel ist ein recht sicherer Aufbewahrungsort. Im Geldbeutel sollten Sie nur so viel Valuta haben wie Sie eintauschen möchten. Der neugierigen Blicke wegen.

Unterschiedliche Preise
Ganz gleich ob Sie in ein Museum gehen, in einem Hotel übernachten oder Bus-, Bahn- und Flugtickets bezahlen - werden Sie als Tourist erkannt, bezahlen Sie häufig einen höheren Preis als Einheimische. Das erscheint zunächst ärgerlich. Dabei sollte man aber bedenken, dass das durchschnittliche Bruttoeinkommen der Usbeken bei ca. 400 US $ / Monat liegt.
Behinderte oder Studenten erhalten gegen Vorlage eines international gültigen Ausweises häufig Ermäßigung.

Gesundheit
Rechnen Sie nicht zu sehr mit dem Gesundheitssystem vor Ort, da es entweder schlecht oder sehr teuer ist. Rüsten Sie Ihre Reiseapotheke so aus, dass sie sich gegebenenfalls selbst helfen können.

Vorsorge
Lassen Sie sich rechtzeitig vor der Reise nochmals gründlich sowohl von Ihrem Hausarzt als auch Ihrem Zahnarzt untersuchen und gegenbenenfalls präventiv behandeln. Weisen Sie den Arzt auf Ihre Reisepläne hin, er kann Sie auch über Impfungen informieren. Beachten Sie bitte, dass Impfungen nur in Abständen von 2-3 Tagen verabreicht werden können, um eventuelle Unverträglichkeiten feststellen zu können. Eine weltweite Reisekrankenversicherung erstattet unter bestimmten Voraussetzungen anfallende Medikamenten-, Behandlungsoder Rückführungskosten. Informieren Sie sich bereits vor dem Abschluss gründlich, welche Nachweise für die Erstattung erbracht werden müssen. Häufig erkennt man erst im Schadenfall, wie viele Ausschlüsse der Versicherungsvertrag enthält.

Reiseapotheke
Die beste Krankenversicherung in Usbekistan ist eine sinnvoll zusammengestellte Reiseapotheke. Diese sollten Sie möglichst immer in Ihrer Nähe haben, insbesondere in abgelegenen Regionen.

Wichtig: in Usbekistan gelten bestimmte Medikamente als Drogen und dürfen daher nicht eingeführt werden. Eine Liste der sensiblen Wirkstoffe und Produktnamen können

Sie auf der Homepage des auswärtigen Amtes herunterladen.

Die nachfolgende Liste kann eine Orientierungshilfe für Ihre Reiseapotheke sein:
- Kohletabletten oder Ähnliches
- Elektrolyttabletten/pulver
- Salbe bei Verzerrungen
- Desinfektionsmittel (Spray, Tücher)
- Wundpflaster
- Wundsalbe
- Erkältungsmittel (Husten, Nase, Fieber)
- Lippen(fett)stift
- Schmerz- und Kopfwehtabletten
- ggf. Reiseübelkeitsdragees
- Wasserentkeimungstropfen

Impfungen
Polio Auffrischung: Spritze beim Arzt, Schutzdauer 10 Jahre
Tetanus Auffrischung: Spritze beim Arzt, Schutzdauer 10 Jahre
Diphterie Auffrischung: Schluckimpfung, Schutzdauer 10 Jahre
Typhus: Spritze beim Arzt, Schutzd. 6 Mon.
Hepatitis A: Spritze beim Arzt, Schutzdauer 6 Monate, 14 Tage vor Abreise
Offiziell sind keine Impfungen in Usbekistan vorgeschrieben. Die oben genannten Immunisationen sind jedoch empfehlenswert. Impfungen können Nebenwirkungen hervorrufen oder Allergien auslösen. Impfstoffe sind darüber hinaus teuer und werden von den Krankenkassen nicht bezahlt. Doch bedenken Sie dass diese Krankheiten Ihren Urlaub und Ihre Gesundheit ruinieren können.

Durchfallerkrankungen
Am ehesten infiziert man sich beim Essen und Trinken und das ist nahezu unvermeidbar. Insbesondere in den ersten Tagen nach der Anreise reagiert der Organismus mit unterschiedlicher Empfindlichkeit auf einheimische Kost. Monte Zuma's Rache muss jedoch nicht immer von bakteriellen Verunreinigungen herrühren. Bereits die Anstrengung der Anreise, die Zeitumstellung und das fremde Klima belasten den Körper. Wenn einige Vorsichtsmaßnahmen beachtet werden, kann das Risiko vermindert und trotzdem die usbekische Küche genossen werden.

• Nach der Anreise möglichst in guten Restaurants europäische Gerichte wählen um den Körper zu entlasten. Möglichst nur geschältes oder gründlich in entkeimtem Wasser gewaschenes Obst, in den ersten Tagen keine Salate, kalte Speisen oder unpasteurisierte Milch zu sich nehmen. Gute Erfahrung haben wir mit Fertiggerichten gemacht, die mit abgekochtem Wasser zubereitet werden.

• Trinken Sie nie unbehandeltes Leitungswasser, kaufen Sie lieber Wasser in Flaschen. Alternativ: abgekochtes Wasser oder Entkeimungstropfen. Beachten Sie deren Einwirkzeit. Auch das Zähneputzen sollte nur mit entkeimtem Wasser geschehen.

• Essen im Straßenverkauf wird meist auf wenig gereinigtem Besteck und Geschirr angeboten. Packen Sie deshalb in Ihren Tagesrucksack ein kleines Schüsselchen und eigenes (Einweg-)Besteck.

• Waschen Sie sich häufig die Hände mit Seife.

Insektenbisse

Anders als in Mitteleuropa gibt es in Usbekistan wesentlich häufiger giftige Insekten und Kriechtiere. Daher beim Wandertouren feste, hohe Lederschuhe tragen, Schuhe vor dem Anziehen ausschütteln, keine Steine umdrehen, nicht in dunkle Erdlöcher oder Höhlen fassen.

Kartenmaterial

Aktuell, sehr detailliert und leicht verfügbar ist die kostenlose Open Street Map (OSM). Sie kann über App's wie maps.me optimal genutzt werden. Und zwar offline. Der offline Betrieb setzt aber das vorherige herunterladen der Kartendaten vorraus. Maps.me benötigt dafür nur wenig Speicherplatz.

Weitere Apps: Komoot, Here we go, City Maps 2 go, google maps (online), bing maps (online), apple maps (online).

Wer lieber die gute alte gedruckte Karte nutzt kann auf die Nelles Map „Central Asia" zurückgreifen. Sie wurde ursprünglich vom Autor dieses Buches recherchiert und gefertigt. Seit 2018 wird sie jedoch nicht mehr aktualisiert.

Kartenwerke

Vom gesamten Territorium der ehemaligen UDSSR gibt es recht präzise, detaillierte und mehrfarbige Militärkarten mit kyrillisch-russischer Beschriftung. Sie wurden in den Maßstäben 1:1Mio., 1:500 000, 1:200 000, 1:100 000 und 1:50 000 herausgegeben. Dieses topographische Kartenwerk, „Generalnij Štab" genannt, wird allerdings seit 1990 nicht mehr aktualisiert. Es ergeben sich dadurch teils erhebliche inhaltliche Abweichungen zur Realität. Für GPS: Pulkov 1942 Datum.

Viele dieser Karten können mittlerweile im Internet kostenlos heruntergeladen werden. Geben Sie dafür die Kartenbezeichnung in der Google™ Bildsuche ein, z.B. 200k--k43-25 für 1:200 000 oder 050k--k43-133-3 für 1:50 000 Blattübersichten sind ebenfalls im Internet zu finden. Anbieter von gedruckten Generalnij Štab Karten zum Kauf: East View Geospatial, USA

Kleiderreinigung

Diesen Service bieten zahlreiche Hotels im Land an. Fragen Sie die Etagenfrau im Hotel oder an der Rezeption: "Kirlarimni shu yerda yuvish mumkinmi?". Waschsalons sind in Usbekistan nicht verbreitet.

Maßeinheiten

In Usbekistan wird wie in Mitteleuropa das metrische System bei Maßeinheiten eingesetzt.

Museen

Die größeren Museen in Usbekistan sind in Usbekisch, Russisch und Englisch beschriftet. Generelle sind die Erklärungen aber recht spärlich. Eine Museumsführung lohnt also durchaus wenn man etwas mehr erfahren möchte. Leider sind fremdsprachige Führungen nicht immer verfügbar. Auch gedruckte Ausstellungsführer sind eher Mangelware.

Die Eintrittspreise für ausländische Touristen sind mit den unsrigen vergleichbar. Für das Fotografieren muss in der Regel zusätzlich bezahlt werden.

Museen sind häufig montags geschlossen. Dies gilt jedoch nicht für alle Museen des Landes. Die jeweiligen Öffnungszeiten finden Sie bei den Reisezielen.

Notfälle

In Notfällen sollte immer zuerst die Botschaft des Heimatlandes benachrichtigt werden. Dort kennt man gute Ärzte oder Krankenhäuser vor Ort, an die Sie weiter vermittelt werden. Sollte ein Rücktransport ins Heimatland notwendig werden, ist ebenfalls die Botschaft hilfreich. Gute Anlaufstellen für ärztliche Hilfe in den Städten sind in den jeweiligen Kapiteln angegeben.

Post, Paketdienste

Briefe (Xat), Postkarten (Pochta Varaq) und Päckchen (Banderol) sind in beiden Richtungen auch per Luftpost 2-3 Wochen unterwegs. Etwas schneller geht es mit privaten Paketdiensten wie Aramex, ASE, DHL, EMS oder FedEx, die Laufzeitenangaben in Arbeitstagen machen und meist auch einhalten. Postkarten gibt es in Souvenirläden und großen Hotels. Briefmarken (Markalar) sind in den Postfilialen und bei manchen großen Hotels am Serviceschalter zu bekommen. Die Briefmarken der Usbekischen Post (O'zbekiston Pochtasi) sind meist sehr schön gestaltet. Eine Übersicht bietet Ihnen die Homepage der Post: www.pochta.uz/en

Registrierung

Die Registrierung muss unabhängig davon, ob Sie mit oder ohne Visum einreisen zwingend erfolgen!
Die Art der Registrierung richtet sich nach dem Aufenthaltsgrund, also ob Sie als Tourist, als Geschäftsreisender oder als Gast im Land sind. Bei Nichteinhalten der Registrierungsvorschriften werden teils heftige Geldstrafen verhängt. Nur Transitvisa sind nicht registrierpflichtig. Meldebehörde: UVViOG.

Touristenaufenthalt oder Touristenvisum

Sie sind verpflichtet, innerhalb von 72 Stunden (Wochenende und usb. Feiertage nicht gerechnet) in einem lizenzierten Hotel einzuchecken und sich dort registrieren zu lassen.
Einzelne "Registrierlücken" sind ok, gar keine Registrierung ist nicht ok. Dabei gelten Fahrkarten eines Nachtzuges wie ein Registrierungsnachweis. Das Auswärtige Amt empfielt eine lückenlose Registrierung. Kinder unter 16 Jahren sind von der Registrierpflicht ausgenommen. In lizenzierten Hotels oder Gästehäusern erhalten Sie einen kleinen Zettel der die Lizenznummer der Unterkunft und die Aufenthaltsdauer in selbiger enthält. Diesen Zettel möglichst verlustsicher im Pass befestigen. Die Registrierung ist im Übernachtungspreis ent-

halten. Die Kontrolle der Registrierzettelchen bei der Ausreise sind jedoch nicht mehr so streng wie früher.

Geschäfts- und Dienstvisum

Diese Visaart wird durch Firmen oder staatliche Organisationen ausgestellt. Folglich sind diese für die Registrierung verantwortlich.

Besuchsvisum

Wer von einer usbekischen Privatperson nächtigen möchte, kann seine Registrierung online durchführen:
emehmon.uz aufrufen; linker Reiter (dlja fizicheskih liz); Perejti v razdel dlja fizicheskih liz; oben recht "Login"; Sign up; I am foreign citizen; Die PINFL/JSHSHIR bei einem Public Service Center (Xizmatlari markazlari ro'yxati) in Usbekistan erhalten; Adressenliste ist auf der Seite hinterlegt. Dort wird der Pass und ein Passfoto benötigt; PINFL und weitere Daten eingeben. SMS erhalten; Registriervorgang abschließen. Eine usbekische Kredikarte für den Bezahlvorgang ist ggf. erforderlich.

Gruppenvisum

Reisen Sie in einer Gruppe von mindestens 5 Teilnehmern und sind auf einem Gruppenvisum eingetragen ist der Reiseveranstalter für die Registrierung zuständig.

Sanitäre Einrichtungen

Die sanitären Einrichtungen in Hotels und Gästehäusern sind häufig ein gewisser Schwachpunkt. Es kann immer wieder zu Unterbrechungen in der Wasser- oder Stromversorgung kommen. WC's haben jedoch meist eine Wasserspülung. Selbst in den Jurtencamps. In Dörfern sind auch heute noch Plumpsklos verbreitet. Es ist zudem ratsam, eigenes Toilettenpapier mitzubringen, sofern man da anspruchsvoll ist.
Öffentliche Toiletten in Städten sind selten und recht verschmutzt. Besser vor dem Verlassen des Hotels nochmals zum WC gehen.
Öffentliche Badehäuser für Männer oder Frauen (Hammom) bestehen meist aus mehreren Räumen und bieten vom Dampfbad bis zum Ruhe- und Umkleideraum verschiedene Temperaturen. Die Hygiene ist unterschiedlich, die Preise sehr günstig. Es gibt nur selten Schließfächer für Wertsachen und Dokumente.

Tipp: Kontrollieren Sie **vor** Bezug eines Hotelzimmers insbesondere das Bad auf die Funktion von Dusche, Klospülung, Licht, Warmwasser.

Straßenkontrollen

In Usbekistan gibt es nach wie vor an einigen Regionalgrenzen, großen Straßenkreuzungen oder Ausfallstraßen von größeren Städten Kontrollposten der Straßenpolizei (YPX-Yo'l Patrol Xizmati). Auf Initiative des derzeitigen Präsidenten wurden 2018 einige Posten stillgelegt. In der Regel sind diese Kontrollen für Touristen ohne Bedeutung. Zeigen Sie auf Verlangen Ihren Pass und wenn es gewünscht wird, tragen Sie sich in ein Buch ein. Einheimische Fahrer bezahlen hier oft ein "Trinkgeld" um in Ruhe gelassen zu werden. Sind Sie Fahrer eines usbekischen Mietwagens, dann ist es erforderlich auch die entsprechenden Fahrzeugpapiere des Mietwagens vorzuzeigen.

Straßenzustand

Der Zustand der Hauptmagistralen hat sich in den letzten Jahren stark gebessert. Dennoch entsprechen die Straßen qualitativ nicht den Mitteleuropäischen. Straßengebühren werden nicht verlangt. Nebenstrecken werden mehr oder weniger gut in Schuss gehalten. Sie sind uneben, wellig und teils löchrig. Der Belag ist meist recht rauh. Gebirgsstrecken sind am schlechtesten und häufig nicht asphaltiert. Im Frühjahr bis Frühsommer sind diese Strecken zusätzlich durch Lawinen, Erdrutsche oder Starkregen beschädigt oder blockiert.

Stromspannung

Die Netzspannung beträgt 220 Volt. Flachstecker passen fast überall. Auch in Eisenbahnwaggons ist 220 V üblich.

Souvenirs

Das Angebot an Souvenirs in Usbekistan ist groß und vielfältig. Inbesondere in den Touristenstädten könnte man den ganzen Tag in Souvenirläden zubringen. Dabei reicht das Angebot von Keramik, Ziselierarbeiten und Holzschnitzereien, über Miniaturmalerei bis zu Leder- und Textilarbeiten.

Ebenfalls interessant sind die Basarbereiche für Hochzeitsausstattungen. Hier gibt es traditionelle Kleidung, Schuhe, Käppchen und vieles mehr. Alles glänzt und ist aufwändig dekoriert.

Ein interessantes Mitbringsel könnte auch eine schöne Holztruhe (Sandyk), ein blau-weißes Teeservice oder die Baumwollmatrazen (Kurpacha oder To'shak) sein, auf der Sie eventuell geschlafen haben. Sie können solche Alltagsgenstände zu Beginn ihres Urlaubs in Auftrag geben und genau nach Ihren Wünschen anfertigen lassen.

Wichtig bei allen antiken oder antik aussehenden Souvenirs ist eine Kaufbescheinigung mit dem Vermerk, dass es sich um kein antikes Stück handelt. Dies gilt vor allem für Teppiche. Ausgestellt werden diese Zertifikate beispielsweise in Museen. Lokale Reiseagenturen sind dabei hilfreich.

Tanken

In Usbekistan sind moderne Tankstellen recht weit verbreitet. Außerhalb von Toshkent ist die Versorgung mit Benzin seit Jahren problematisch. Die Qualität des Benzins ist mit meist nur 80 Oktan eher schlecht (zum Vergleich Eurosuper hat 95 Oktan). Es können auch mal nur 72 oder 76 Oktan sein. Das bedeutet einen höheren Verbrauch bei weniger Leistung. Die Versorgung mit Diesel ist noch schwieriger, insbesondere in der Erntesaison im September. Daher ist vom Fahren eines Diesel-Fahrzeuges in Usbekistan unbedingt abzuraten. Viele Autofahrer im Land sind auf Autogas (Propan) umgestiegen, da die Versorgung viel verlässlicher ist.

Dennoch horten Usbeken auf dem Land zuhause Benzin. Fragen Sie bei trockengefallenen Tankstellen, es wird nach wenigen Minuten jemand mit einem Kanistern oder einer Flasche auftauchen. Die Qualität ist allerdings oft schlecht.

Telefon, E-Mail, Internet

Am einfachsten ist der Erwerb einer Prepaid SIM Karte die in das mitgebrachte Handy eingelegt wird. Lassen Sie sich von Einheimischen beraten. Die Adressen der Verkaufsstellen usbekischer Anbieter finden Sie im A-Z Teil der Städtekapitel. Das Guthaben (Balans) kann über eine Tastenkombination abgerufen werden. Aufgeladen werden kann die SIM Karte bei den zahlreichen Telefonshops und an Automaten in Kaufhäusern. Die Netzabdeckung ist auf Hauptverbindungsstraßen und bewohnte Gebiete beschränkt. 4G ist am weitesten verbreitet, 5G kaum. Das beste Netz bietet Uzmobile, gefolgt von Beeline, UMS und Ucell Mobile.

Die Kommunikation über Festnetz ist eher mühsam und zeitaufwändig, die Verbindung häufig schlecht. In der Stadt gibt es kostenpflichtige öffentliche Telefone (Ko'cha Telefoni) entlang großer Straßen, bei oder in öffentlichen Gebäuden und im Telekomgebäude.

Ferngespräch (Halkaro Ko'ng'irok) können in Hotels oder örtlichen Telefongebäuden geführt werden. Das ist recht teuer, die Verbindung jedoch in der Regel gut.

Wie wählt man im Land (Festnetz)?

Innerhalb des Wählbezirkes wählen Sie die Ortsvorwahl (z.B. im Wählbezirk Namangan 69). Von außerhalb des Wählbezirks muss vor der Ortsvorwahl noch die 8 gewählt werden (z.B. von Toshkent in den Wählbezirk Namangan 869). Festnetznummern haben in der Regel 7 Stellen.

Bei Mobilfunknummern wählen Sie egal von wo die Netzvorwahl (z.B. 91 oder 92, 93, ...)

Die Vorwahl nach Deutschland ist 8/1049; Schweiz 8/1041; Österreich 8/1043

Die Kommunikation per E-Mail oder SMS ist weitgehend störungsfrei möglich. Tiktok, Telegram, WhatsApp, Facebook, Instagramm oder andere soziale Netzwerke sind in Usbekistan nach jahrelanger Einschränkung wieder zuverlässiger nutzbar. Es ist dennoch davon auszugehen, dass die gesamte Kommunikation überwacht wird. Dies ist vor allem für Einheimische riskant, denen Sie kritische Texte schikken.

Internetzugang erhalten Sie in Internetcafes oder über kostenlose/kostenpflichtige WLAN Hotspots in vielen Hotels und Restaurants. Auf dem Land ist das Internet weitgehend auf Schulen beschränkt. Generell ist die verfügbare Bandbreite gering.

Unterkünfte

In den Hauptstädten sowie den Tourismuszentren gibt es eine große Auswahl an Unterkünften, meist aller Preiskategorien. Insbesondere in der Hochsaison ist es ratsam, dass die gewünschte Unterkunft bereits lange im Voraus gebucht wird, da sonst alles belegt sein kann. Im Hochsommer und Winter können

Sie es auch darauf ankommen lassen, da es weniger Reisegruppen gibt. Ganz anders ist die Situation in ländlichen Gegenden. Dort gibt es entweder gar keine Unterkünfte oder nur eine kleine Auswahl.

Die in diesem Reiseführer angegebenen Unterkünfte werden in drei Preis-, nicht Qualitätskategorien unterteilt. Die Preise gelten für ein Doppelzimmer inkl. Frühstück der jeweils günstigsten Kategorie. Die Preise werden pro Zimmer und nicht pro Person angegeben.

Die qualitativ am besten bewerteten Häuser der jeweiligen Kategorie sind immer zuerst genannt.

Günstig	bis 50 €	**Doppelzimmer**

Mittel	51 - 100 €	**Doppelzimmer**

Luxuriös	mehr als 100 €	**Doppelzimmer**

Beachten Sie auch die saisonalen Unterschiede bei den Zimmerpreisen: Am günstigsten sind die Preise in der Nebensaison von Mitte November bis Mitte März. Etwas teurer ist die Zwischensaison von Mitte Juni bis Ende Juli oder Mitte August. Die höchsten Preise zahlt man von Mitte März bis Mitte Juni und von Mitte August bis Mitte November.

Reiseveranstalter oder Buchungsportale bieten teils weit günstigere Übernachtungspreise an als direkt im Hotel an der Rezeption. Die Preise müssen in Usbekistan an der Rezeption öffentlich einsehbar sein, werden aber meist in usbekischen So'm ausgewiesen.

Die aktuellen Preise können Sie bei den bekannten Internetportalen wie Tripadvisor, booking.com oder der lokalen Reiseveranstalter über das Internet erfahren. Dort kann man auch gleich buchen.

Unterkünfte können in Valuta, also in Euro oder US-Dollar oder So'm bezahlt werden. Kreditkarten werden zunehmend akzeptiert, hier insbesondere VISA. International anerkannte Jugendherbergen gibt es nicht.

Hotels

Die Hotelzimmer werden in Usbekistan meist in folgende Qualitätskategorien eingeteilt:
Standard: Kleines Zimmer, einfache Ausstattung, WC/Dusche meist auf dem Flur

Pollux (Superior): Kleines Zimmer, etwas bessere Ausstattung, WC/Dusche im Zimmer

Lux (Suite): Größeres Zimmer, gute Ausstattung, WC / Dusche im Zimmer

Günstige Zimmer haben den Charme einer Jugendherberge, einfach aber zweckmäßig. Die mittlere Preisklasse ist etwas plüschiger. Die luxuriösen Hotelzimmer sind entweder wirklich gut oder einfach überteuerte Mittelklassezimmer. Die meisten Hotels werden von privaten Unternehmen betrieben.

Diese Angaben sind selbstverständlich Orientierungswerte und können in alle Richtungen variieren.

Gästehäuser, Hostel, B&B

Diese einfacheren Unterkünfte gibt es in wachsender Zahl in den touristischen Städten. Die Zimmer sind meist hübsch eingerichtet, die Ausstattung reicht aber auch hier von spartanisch bis komfortabel. Es gibt teils auch Frühstück. Vorteil dieser Unterkünfte ist das bessere Angebot an Informationen und Dienstleistungen für Touristen.

Jurtencamp, Bungalowanlagen, Camping

Wer der Wüste ganz nahe sein möchte kann in eine Jurte nächtigen. Diese Jurtencamps bieten einfache sanitäre Einrichtungen und Verpflegung. Teils auch eine Kamelsafari.

Bei Einheimischen sehr beliebt sind die meist etwas abgelegenen Hüttenanlagen mit kleinen Bungalows. Zu buchen sind diese Angebote über einheimische Reisebüros besser Monate im Voraus.

Campingplätze oder Wohnmobilstellplätze gibt es in Usbekistan nicht. Jedoch erlauben Gästehäuser mitunter das Aufstellen des eigenen Zeltes im Garten.

Unterhaltung

Die Unterhaltungsmöglichkeiten sind vielfältig, teilweise auch direkt Touristenorientiert.

Mit Einheimischen kommt man schnell bei einem gemeinsamen Tee auf einem dieser „Bettgestelle" (Tapchan, So'ri) ins Gespräch. Nicht unüblich ist auch die Einladung zu einer Hochzeitsfeier. Hochzeiten sind in Usbekistan quasi Großveranstaltungen mit sehr vielen Gästen.

Theater-, Dramen-, Ballett- und Opernbühnen werden meist ganzjährig bespielt. Informationen erhalten Sie an den Aushängen vor dem jeweiligen Gebäude oder im Internet.

Große, meist internationale Festivals in Samarqand, Buxoro, Marg'ilon und Xiva ziehen Einheimische wie auch ausländische Touristen an. Näheres finden Sie in diesem Kapitel unter dem Begriff "Festivals".

Ein besonderes Erlebnis sind traditionelle Reiterspiele wie Ko'pkari, auch Buzkashi genannt. Reiseveranstalter bieten die Teilnahme an diesen häufig an größeren Feiertagen wie Navro'z stattfindenden Wettbewerben in ihrem Programm an. Alternativ auch lokale Reiseveranstalter.

Musik spielt in Usbekistan eine sehr große Rolle. Vorführungen traditioneller Musik wie der berühmte Shashmaqom finden in Toshkent beispielsweise im Konservatorium statt. Begleitet wird mit den landestypischen Musikinstrumenten. Auch über Usbekistan hinaus bekannt ist die folkloristisch angehauchte Popmusik von Künstlerinnen wie Sevara Nazarkhan, Yulduz Usmanova oder Rayhon Ganieva. Deren Konzerte in den großen Konzerthallen des Landes sind oft Wochen im Voraus ausgebucht.

Bei Einheimischen und vor allem bei Kindern und Jugendliche recht beliebt sind Aqua- und Freizeitparks. Die Parks sind in den jeweiligen Stadtkapiteln genauer beschrieben.

Vorwahlen

Von deutschsprachigen Ländern aus wählt man für Usbekistan die 00998 als Landesvorwahl. Die Ortsvorwahlen sind bei größeren Städten im A-Z Teil angegeben oder direkt vor der Rufnummer.

Wasser

Die Qualität des Trinkwassers in Usbekistan ist generell nicht so gut wie in Mitteleuropa. Daher sollte es immer vorher abgekocht oder mit Entkeimungsmittel behandelt werden. Trinkwasser in Flaschen entspricht internationalen Standards und ist auch für Kleinkinder unbedenklich. Es gibt sowohl Sprudel (Gazlangan suv/ Gazirovannaja Voda) oder Stilles Wasser (Gazlanmagan suv/Negazirovannaja Voda).

Zeitzonen

In Usbekistan ist der Zeitunterschied im Sommer Mitteleuropäische Zeit (MEZ) +3h, im Winter MEZ +4h. Es gibt keine Umstellung auf Winter-/Sommerzeit.

Zoll

Wenn Sie über eine der Grenzkontrollen nach Usbekistan einreisen ist das Ausfüllen einer Zollerklärung obligatorisch.

Bei der Einreise per Flugzeug gibt es wie in vielen internationalen Flughäfen einen grünen und einen roten Zolldurchgang. Wenn Sie pro Person mehr als 2000 $ in bar oder eine vergleichbare Geldmenge in einer anderen Währung und/oder Waren mitführen die nicht für den privaten Gebrauch bestimmt sind und/oder Waren mitführen die einer zollrechtlichen Behandlung bedürfen begeben Sie sich bitte zum roten Zolldurchgang. Dort ist es erforderlich, dass Sie eine Zollerklärung (Passenger's Customs Declaration) in **zweifacher** Ausfertigung ausfüllen. Formulare gibt es an Stehtischen im Flughafen oder Sie können dieses Formular im Internet vorab herunterladen. Ein Exemplar wird abgestempelt und an Sie zurückgegeben. Dieses Exemplar muss bei der Ausreise mit einem weiteren unmittelbar vor der Ausreise ausgefüllten Exemplar abgegeben werden. Bitte beachten Sie die Im- und Exportverbote auf der Rückseite. Grundsätzlich gilt zudem, dass nicht mehr Geld ausgeführt als eingeführt werden darf. Daher sollten die Angaben auf dem Formular wahrheitsgemäß sein. Das Ausführen von usbekischen So'm ist gestattet, sollte aber angegeben werden. Ferner sollten alle elektronischen Geräte

(Handy, Tablet, Kamera, etc.) mit einer ungefähren Wertangabe eingetragen werden.

Insbesondere bei der Einreise werden Handys und Tablets nach bedenklichen Inhalten stichprobenartig durchsucht. Verboten sind rassistische, faschistische, pornographische sowie gegen die usbekische Regierung gerichtete Inhalte.

Beim Export von wertvollen Souvenirs wie beispielsweise Teppichen sollte mindestens eine Kaufquittung oder besser ein abgestempeltes Zertifikat vorliegen in denen aufgeführt ist, dass sie **nicht historisch wertvoll** sind, und ausgeführt werden dürfen. Als Richtwert gelten 75 Jahre. Solche Schreiben stellen Museen oder das Kulturministerium aus. Wenn Sie keinen Herkunftsnachweis haben, können Sie auch an anderen Grenzen Probleme bekommen.

PASSENGER'S CUSTOMS DECLARATION № _____

Declaration should be filled by a person aged 16 years of old.
Necessary answer is marked in the corresponding box as «X».
It is recommended to keep declaration for the period of entry/departure to/from the Republic of Uzbekistan.

1. Information on a person:

(Surname)   (Name)

Date of birth: ____ ____ ____   Sex: male ☐ female ☐
     day   month   year

(Series and number of Passport)   (Residence country)   (Citizenship)

With me children under 16   Yes ☐ No ☐   Number _____

2. Type of movement: Entry ☐ Departure ☐

What country arrived from   Direct to what country
(country of departure)   (country of destination)

3. Purpose of travel:

Service ☐   Study ☐   Job ☐   Tourism ☐
Visit of relatives ☐   Treatment ☐   Permanent residence ☐   Commerce ☐

4. Information on baggage's availability: Yes ☐ No ☐

5. Information on availability and amount of national cash currency of the Republic of Uzbekistan, foreign cash currency, currency values, quantity of goods from precious metals and precious stones in any type and condition:

№	Name of currency	Sum/Quantity	
		In figures	In words
1.			
2.			
3.			

Goods from precious metals and precious stones in any type and condition:

1.			
2.			

6. Information on goods and means of transport:

№	Name of goods (features, number and date of licensing documents and issuing body)	Quantity		Value in US dollars
		In figures	In words	
			Total value	

Information on means of transport:

State number _____   Type, make _____

Land und Leute

Ko'pkari Reiterspiel

Naturraum Usbekistan

Die Geographie Usbekistans

Die Republik Usbekistan in ihren heutigen Grenzen liegt im zentralen Bereich des asiatischen Kontinents. Weite Teile des Landes können dem Tiefland von Turan zugeordnet werden.

Die nördliche Grenze Usbekistan verläuft größtenteils durch die Qizilqum Wüste, welche sich in Kasachstan fortsetzt. Im Westen teilt die Landesgrenze das Ustyurt Plateau, das teilweise auch in Kasachstan und Turkmenistan liegt. Die südliche Grenze des Landes folgt in etwa dem Fluß Amudaryo. Im Osten reicht das Staatsgebiet Usbekistans in den Talkessel des Farg'ona Tales hinein und durchschneidet einige Ausläufer des Zarafshon- und Hisor-Gebirges. Damit ergibt sich ein sehr abwechselungsreicher Naturraum welcher von der Mingbuloq Senke mit 12.8m unter dem Meeresspiegel bis zum Berg Hazrat Sulton mit 4643m Höhe reicht.

Gebirgsregionen

Die Bergregionen Usbekistans können in Hoch- und Mittelgebirge unterteilt werden.

Alle Gebirge sind weitgehend frei von Bäumen oder Wald, weisen jedoch in großer Höhe eine alpine Fauna und Flora auf.

Touristisch erschlossen ist das Chimgan Massiv mit dem großen Chimgan (3276m) nördlich der Hauptstadt Toshkent. Hier gibt es auch einige Liftanlagen die im Winter und zum Teil auch im Sommer in Betrieb sind. Die weiter nördlich liegenden Ugom und Piskom Berge sind nicht erschlossen und nur in mehrtägigen Bergtouren erreichbar.

Die territoriale Verbindung zwischen dem Farg'ona Becken und dem restlichen Landesteil wird über einen gebirgigen Korridor im Bereich des Kamchiq Passes hergestellt. Hoch über Angren erhebt sich der 3555m hohe Babaytog den man von der Straße und der Bahnlinie ins Farg'ona Tal gut sehen kann.

Weiter im Süden des Landes befindet sich der südliche Teil des Hisorgebirges. Im Gegensatz zum nördlichen, tadschikischen Teil gibt es hier keine Infrastruktur für Bergsteiger oder Bergwanderer.

Das langgezogene Nurota Mittelgebirge ist weitgehend kahl da es in einer ariden Zone liegt. An dessen Nordhängen ist ein sanfter Ökotourismus entstanden. Zwischen den kahlen Hügelketten drängen sich in den Tälern alte Nußbäume und Bergdörfer.

Weitgehend unbekannt und von Touristen kaum besucht werden die bunten Gebirgsausläufer im Süden Usbekistans. Hier gibt es einige sehr tiefe Höhlensysteme.

Oasengebiete

Da es in Usbekistan über weite Teile des Jahres kaum Niederschläge gibt, ist Ackerbau nur mit Bewässerung möglich. So entstanden Oasengebiete großen Ausmaßes wie beispielsweise die ehemalige Mirzacho'l Steppe. Das auch als Hungersteppe bekannte Gebiet hat eine Fläche von 500.000 Hektar und liegt zwischen Toshkent und Jizzax. Heute wird hier Baumwolle und Getreide angebaut. Mehrere in den 1950er und 1960er Jahren erbaute Kanäle leiten Wasser vom Fluß Sirdaryo auf die Felder.

Die von hohen Gebirgsketten umschlossene Farg'ona Taloase bezieht ihr Wasser hauptsächlich von den zahlreichen kleineren Gebirgsflüssen. Auch hier gibt es unzählige Kanäle welche die Versorgung der Felder bewerkstelligen. Daher wird der Talboden heute fast vollständig landwirtschaftlich genutzt.

Wesentlich älter sind die Flußendoasen am Zarafshon um Buxoro, am Amudaryo bei Urganch und bei Nókis/Nukus. Bereits vor 5000 Jahren entstanden hier große Städte mit Oasenfeldern.

Bewässert wird immer stoßweise, um den Boden feucht zu halten. Überschüssiges "Spülwasser" das für die Entsalzung benötigt wird, fließt über Kollektoren in die nahegelegene Wüste ab. Die wesentlich effizientere Tröpfchenbewässerung ist bisher noch kaum verbreitet.

Wüsten- und Steppengebiete

Die überwiegende Fläche Usbekistans besteht aus Wüstengebieten. Dabei gleicht die usbekische Wüste nicht dem Klischee endloser, vegetationsloser Sanddünen. Vielmehr ist sie gesprenkelt mit Büschen, Sträuchern und Stauden und erscheint daher vergleichsweise grün. Aus der Luft betrachtet werden die sichelförmigen Sanddünen sichtbar, die entsprechend der vorherrschenden Windrichtung angeordnet sind. Die Berge bei Uchquduq und Zarafshon ragen dabei wie Inseln aus dem Dünenmeer der Qizilqum hervor. Erlebbar wird die Wüste für Touristen beispielsweise in den Jurtencamps nahe dem Aydarkoʻl See. Auch entlang der Straße von Buxoro nach Xiva erhält man einen guten Eindruck von der Qizilqum Wüste.

Im äußersten Westen des Landes breitet sich eine extrem flache Lößebene, das Ustyurt Plateau aus. Es umschließt zwei abflusslose Senken, die Borsakelmas und Ogʻiyn Salzpfanne. Die Ebene bricht nach Osten abrupt an einer bis zu 100m hohen Abbruchkarte zum Aralsee und dem Turan Tiefland hin ab.

Flüsse und Seen

Das Gewässernetz Usbekistans wird bestimmt von den großen Strömen Amudaryo und Sirdayo. Ebenfalls eine sehr große Rolle spielt der Zarafshon. Auch die Hauptstadt Toshkent liegt an einem Fluss, dem Chirchiq, von welchem das Wasser des stadtbildprägenden Anhor Kanals stammt. Alle diese Flüsse unterliegen starken Schwankung durch Trockenperioden im Sommer und Herbst sowie Regen und Schneeschmelze im Winter und Frühjahr. Menschliche Eingriffe in diesen natürlichen Wasserhaushalt

durch Talsperren, die Entnahme großer Wassermengen für die Bewässerung von Feldern haben dramatische Veränderungen bewirkt.

Das einstmals größte Gewässer des Landes, der Aralsee hat insbesondere im usbekischen Teil seit den 1960er Jahren massiv an Fläche verloren und ist daher im östlichen Bereich heute eher eine Salzpfanne dessen Wasser zeitweise vollständig verdunstet. Es fällt schwer sich vorzustellen, dass hier bis etwa 1970 in großem Maßstab Fischfang betrieben wurde.

In seiner heutigen Form menschengemacht ist der nahe gelegene Sariqamish See. In der Vergangenheit wurde er immer wieder auch vom Amudaryo gespeist. Dazwischen fiel er wieder trocken. Heute werden vor allem Abwässer der Bewässerungswirtschaft eingeleitet.

Ebenfalls menschlichen Ursprungs ist der Aydarkoʻl See nördlich der Nurota Berge. Während der Sowjetperiode wurde der Shardara Stausee gebaut und als Überlauf die Senke der damaligen Tuzkan Salzpfanne genutzt. Bei den jährlichen Fluten infolge der Schneeschmelze wurden große Mengen überschüssigen Wassers in die Senke abgelassen, da sie der Stausee nicht fassen konnte. Damit bildete sich bis heute ein 180km langer, leicht salziger See.

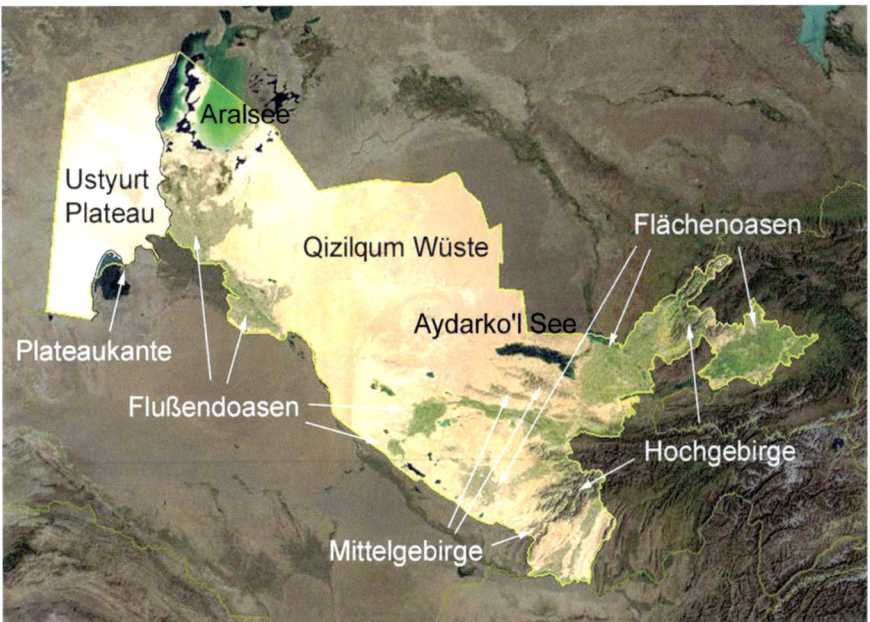

Die Topographie Usbekistans

Die Geschichte Usbekistans

Das Gebiet der heutigen Republik Usbekistan befindet sich seit Jahrtausenden im Brennpunkt von Völkern und Kulturen aller Himmelsrichtungen. In kaum einem anderen Landstrich dieser Welt lösten sich so viele Religionen, Ideologien und herrschende Mächte ab wie hier im Land zwischen den Strömen des Oxus und Jaxartes. Unter diesen Namen waren die beiden Lebensadern Amudaryo und Sirdaryo in der Antike bekannt. Transoxanien, das Land jenseits des Oxus wurde zum Sinnbild der Mischkulturen; Einflüsse aus Persien, Griechenland, Arabien, Sibirien, der Mongolei, China und Russland formten die Gene, die Sprachen und die Kultur. Hier trafen verschiedenste Religionen aufeinander oder lösten sich ab. Hier trafen Ackerbauern und Nomaden zusammen. Aber auch Vasallentum, Feudalreiche, Kolonialismus und Kommunismus. Das Gebiet Usbekistans profitierte vom Austausch der Künste, der Wissenschaft und des Handels als Transitland. Dadurch strahlte es auch kulturell aus, insbesondere nach Nordafghanistan und Nordindien.

Um die geschichtlichen Zusammenhänge besser zu verstehen, werden hier auch die an Usbekistan angrenzenden Länder in den Lauf der Geschichte mit einbezogen.

Urgeschichte

Trotz der Unwirtlichkeit weiter Gebiete Zentralasiens durchstreifen schon in der Zeit des Paläolithikum (120 000-35 000 v. Chr.) menschliche Wesen die Täler und Berghänge. Aus dieser Epoche stammen primitive Werkzeuge und Felsgravuren, die man in Höhlen und Grotten nahe des heutigen Shahrisabz fand. Das Skelett eines jungen Neandertalers, der dort in der Teshiktosh-Grotte verunglückte, gibt Auskunft über die Verhältnisse, in denen die Menschen damals lebten. Ebenfalls in der Gegend von Shahrisabz, westlich des Dörfchens Kasagar, entdeckte man Felsgravuren, die aus dem Mesolithikum (8000 v. Chr.) stammen. Auch das Farg'ona Tal wurde bereits seit dem Paläolithikum besiedelt. Im Geschichtsmuseum in Farg'ona dokumentieren die dortigen Funden anschaulich diese Zeit. Im Nebel von Mythen und Legenden uralter Überlieferungen des Altertums finden sich ebenfalls historische

Zeugnisse; so soll zu Zeiten Abrahams am Fluß Zarafshon nahe Samarqand eine befestigte Stadt vom sechsten Herrscher nach der biblischen Sintflut errichtet worden sein. Erst durch eine systematische Geschichtsschreibung, wie sie von Herodot etwa ab 450 v. Chr. begonnen wurde, weiß man wie die Menschen damals lebten. Die wichtigsten prähistorischen Siedlungsgebiete innerhalb der Grenzen des heutigen Usbekistans waren häufig Flußendoasen, in denen es bereits befestigte Städte gab. Dies waren Choresmien (am Ende des Amudaryo), Sogdien (am Ende des Zarafshon) und das Farg'ona-Becken. Die große Mehrheit der Bevölkerung Zentralasiens lebte als nomadische Hirtenvölker in den weiten Steppen. Abseits der Oasen wurde Ackerbau auch an Berghängen in Bewässerungswirtschaft betrieben. Eines der Hirtenvölker waren die Saken, ein skytischer Stamm, der unter anderem durch Felszeichnungen bei Čolpon Ata am Isyk-Kôl See nachgewiesen werden konnten. Bereits in dieser Zeit entstanden Formen und Muster, der Aufbau der Jurte und zahlreiche Gebrauchsgegenstände die sich bis heute erhalten haben.

Steinzeit bis Eisenzeit

wichtige Fundstätten
∩ Höhlen
● Altsteinzeit
▲ Jungsteinzeit
■ Eisenzeit
⚞ Felszeichnungen

Die Achämeniden

Transoxanien, das Land jenseits des Oxus, wie der Amudaryo in der Antike genannt wurde, war immer ein Zielgebiet fremder Mächte aus allen Himmelsrichtungen. Wie noch so oft in der späteren Geschichte Usbekistans fielen vom persischen Raum Armeen ein, um sich die fruchtbaren Oasen zwischen den Flüssen Oxus und Jaxartes einzuverleiben. Etwa um 530 v. Chr. waren dies die Achämeniden unter Kyros II. Die Satrapie Sogd wurde von Afrosiyob aus, dem heutigen Samarqand verwaltet. Kurzzeitig wurde auch die Oase Choresm erobert. Kaum waren die heimischen Völker unterworfen, mussten sie hohe Steuern abführen. Gold, Silber und Edelsteine wurden nach Persepolis und Susa gebracht, die dadurch wohlhabend wurden und zu großer Blüte gelangten. Unzählige Menschen verschleppten die Herrscher, gezwungen zum Kriegsdienst in Ägypten und Griechenland. Doch mit den Persern zog auch die erste Hochkultur mit Astronomie, Medizin und Literatur ein. Zudem verbesserten die Besatzer die Bewässerungstechniken wesentlich und rasch wuchsen die Oasen zu beachtlicher Größe. Der produzierte Überschuss ließ wiederum erste Handelsbeziehungen entstehen. Heute heißt die nördlichste Provinz von Tadschikistan Sughd und in ihr leben in einigen Bergdörfern noch Menschen die Jaghnobi sprechen, eine auf das antike Sogdisch zurückgehende Sprache.

Achämenidische Provinz Sogd

Der Feldzug Alexanders des Großen und das Reich der Seleukiden

Die hellenistischen Truppen Alexanders kamen nicht als Befreier von den Persern, sondern als weitere Besatzungsmacht und trafen daher auf erbitterten Wiederstand. Zwar zog Alexander siegreich in Marakanda (Afrosiyob) ein, doch erst drei Jahre später gelang es ihm die Provinz Sogdiana endgültig zu beherrschen. Alexander war nicht nur ein erfahrener Feldherr, er verstand es auch, die unterworfenen Völker politisch und kulturell in seinem Reich zu ver-

einen. So ließ er Städte wie Alexandria Margiane (Merw) oder Alexandria Eschata (Huçand) neu errichten und heiratete Roxane, die Tochter eines baktrischen Herrschers. Nach dem Tod Alexanders 323 v. Chr. zerfiel das Riesenreich rasch. Einer seiner Generäle, Seleukos, hatte nur kurz Erfolg bei der Rückeroberung der Ostprovinzen Baktrien und Sogdiana. Das von Baktra aus regierte Gebiet konnte jedoch gegen das starke Heer der Parther von Westen und der Reiterhorden der Kuschan aus dem Osten nicht bestehen.

Die Seidenstraße entsteht

Im Jahr 138 v. Chr. entsandte der chinesische Kaiser Hàn Wǔdì eine hundertköpfige Delegation unter Führung von Zhāng Qiān westwärts zu den dort siedelnden Yuèzhī (Tocharer), die vor den kriegerischen Xiongnú nördlich der Großen Mauer nach Westen geflohen waren. Ziel war ein Bündnis mit den Yuèzhī gegen die barbarischen Xiongnú. Doch diese überfielen die Abordnung des Kaisers. Zhāng Qiān überlebte und geriet für 10 Jahre in die Gefangenschaft der Barbaren. Schließlich gelang ihm die Flucht und er wanderte über den Pamir ins Farg'ona-Tal, von dem er während seiner Gefangenschaft märchenhaftes gehört hatte. Er sah dort nicht nur den Überfluss an Wein und Früchten sondern auch die sagenumwobenen blutschwitzenden Rösser. Tatsächlich waren einige Pferde dort vom Blut rotgefärbt, doch lag dies vielmehr an einem Hautparasiten als an der nachgesagten überirdischen Leistungsfähigkeit. Zhāng Qiān erkannte hier einen neuen Markt für die bereits weit entwickelten chinesischen Produkte. Nach 13 Jahren kehrte er zum Kaiser zurück und berichtete von seiner Reise. Dies war die Initialzündung für den regen Verkehr zunächst mit Zentralasien, später mit Persien

Alexandrinische Provinz Sogdiana

Seidenstraße in Usbekistan

und schließlich den römischen Provinzen am Mittelmeer. Der Begriff Seidenstraße ist noch recht jung. Ferdinand von Richthofen (1833-1905) prägte ihn, da in der Tat vorwiegend Seide gehandelt wurde. Aber auch Gewürze oder die Papierherstellung, der Buchdruck und das Schwarzpulver gelangten so nach Europa. Bis in das 13.Jh. n. Chr. erlebten die Städte entlang der Handelswege einen wirtschaftlichen Aufschwung der auch mit dem Austausch von Kultur, Religion und Sprachen einherging. Heute sichtbare Spuren sind Karawansereien und Sardobas, unterirdische Wasserspeicher.

Die Kuschaner
Vermutlich die Nachkommen der in Baktrien angesiedelten Yuèzhī gründeten um 50 n. Chr. am Oberlauf des Indus beim heute pakistanischen Peschawar das Reich der Kuschanen. Unter König Kanischka, einem geschickten Strategen, dehnte sich das Reich bis nach Nordindien, Afghanistan und Sogdiana (Gegend nördl. Termiz) aus. Der größte Verdienst der Kuschaner war der Aufbau und die Sicherung von Handelswegen, nicht nur der Seidenstraße. Auf eindrucksvolle Weise flossen hier Kunststile des Hellenismus, des Buddhismus, der Römer, Perser und Hindus zusammen, wie auch auf Münzen Kuschans zu sehen ist.

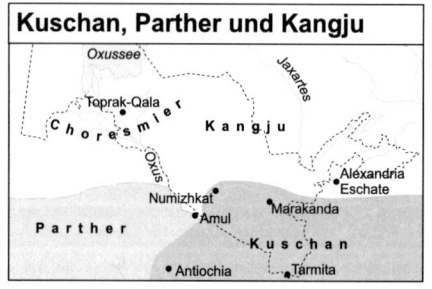

Kuschan, Parther und Kangju

Die Sasaniden
Kaum war der Schlachtenlärm der Kuschaner in den Felswänden des Karakorum verhallt und das Reich der Parther untergegangen, da entstand das mächtige Sasaniden-Reich im heutigen Iran. Während der 400-jährigen Geschichte dieses Imperiums konnte das Kerngebiet zwischen Amudaryo im Norden, Indus im Osten und Euphrat im Westen gegen alle einfallenden Nomadenstämme und Armeen anderer Herr-

scher erfolgreich verteidigt werden. Die Lehre Zarathustras wurde wieder zur Staatsreligion ernannt, ein hierarchisches Gesellschaftswesen entstand und die Steuern wurden vereinheitlicht. Auch im Bereich der Kunst, insbesondere der Architektur, entstanden Formen wie rechtwinkelig angelegte Straßennetze in Städten. Der Ivan, ein hoher Spitzbogen vor Eingängen von Moscheen und Medresen entwickelte sich genauso sowie Kuppelkonstruktionen auf quadratischen Grundrissen, die die spätere Bauweise der Araber und Türken noch lange stark beeinflussten. Während der Blütezeit zwischen 590 und 620 n. Chr. gelangte durch Handel sasanidisches Kunsthandwerk bis nach Byzanz.

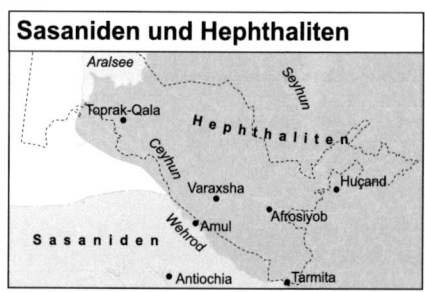

Sasaniden und Hephthaliten

Die Hephthaliten
Eines der Nomadenvölker, die den Sasaniden die Ostprovinzen vorübergehend streitig machten, waren die als besonders barbarisch geltenden Hephthaliten, besser bekannt als Hunnen. Aus den weiten Steppen des Nordens einfallend, eroberten sie weite Teile Zentralasiens. Sitz der Hunnen-Könige wurde Varaxsha, das heute nahe Buxoro unter dem Sand der Qizilqum Wüste begraben ist. Ihr Kunststil brachte der Kuschan-Kunst zwar eine Renaissance, wurde jedoch von Choresmien (südl. des Aralsees) bereits stark geprägt.

Die Kök-Türken, Araber und Chinesen
Das Urvolk der Türken an sich gab es eigentlich nie, vielmehr wurden sie von den Chinesen unter diesem Sammelbegriff (T'u-küe, Tujue) benannt. Es waren Nomadenstämme aus Sibirien, dem Altai und der Mongolei die sich allmählich nach Südwesten bewegten und gemeinsam mit den Sasaniden die Herrschaft der Hephthaliten beendeten. Doch damit war die gemeinsame Politik auch schon beendet. Ständige Gebiets- und Handelskriege prägten

Kök-Türkisches Reich

die Nachbarschaft der beiden Völker. Der Handel der Seidenstraße blühte und bescherte den Türken großen Wohlstand. Dabei spielte eine Allianz mit dem Oströmischen Reich gegen die Sasaniden eine entscheidende Rolle. Die Türken vermischten sich mit der ansässigen Bevölkerung sowohl ethnisch wie auch religiös. Der Schamanismus der türkischen Nomaden und der in Zentralasien vorherrschende, das Feuer verehrende Zoroastrismus verschmolzen zu einer Mischreligion. Durch Streitigkeiten kam es zur Aufteilung in ein west- und einen osttürkischen Teil. Dadurch geschwächt war der Niedergang des Türkenreiches durch die nach Westen drängenden Chinesen besiegelt.

Die mehrmalige Anwesenheit der Chinesen war meist sporadisch und nicht von langer Dauer. Zwar gelang es ihnen in mehreren Anläufen die Türken aus großen Gebieten Zentralasiens zu verdrängen, doch der immer stärker werdende Einfluss der Araber mit Ihrer erfolgreichen Islamisierung ließ eine Etablierung chinesischer Administration nicht zu. Der letzte Vorstoß wurde zur Zeit der sehr expansiven Tang Dynastie im 8. Jh. getätigt. Auslöser der schwelenden Konfrontation zwischen Türken und Chinesen war schließlich die Ermordung eines türkischen Khans durch einen chinesischen Gouverneur in Toshkent. Unter der Führung der arabischen Abbasiden und einigen Tibetern schlug das Türkenheer der Karluken die Chinesen bei Talas (im heutigen Kirgisistan) vernichtend. Dabei kamen zahlreiche Chinesen in Gefangenschaft, welche somit den Arabern in die Hände fielen. Denen gelang es nicht nur das Geheimnis der Seidenproduktion den Chinesen zu entlocken, sondern auch das der Papierherstellung. Dies geschah zu einer Zeit, in der sich der Islam stark ausbreitete.

Die Ausbreitung des Islam

Ausgehen von der arabischen Halbinsel drangen arabische Heere verschiedener Herrscherdynastien nach Westen bis nach Spanien. Im Osten überrollten Sie Kleinasien, Persien und Transoxanien. Wie die Chinesen hatten auch die Araber zu Beginn Ihrer Eroberungen große Probleme, die besetzen Gebiete zu halten. Unruhen in der Bevölkerung, aber auch Streitigkeiten in den eigenen Reihen, ließen die heidnischen Türken von Suğd (die Gegend am Unterlauf des Zerafshon) aus immer wieder erfolgreich angreifen. Zu Beginn des 8. Jh. hatte der arabische Heerführer Kutaiba ibn Muslim große Erfolge und eroberte in wenigen Jahren von Chorasan aus (heute Iran) die Städte Varaxsha, Afrosiyob und das Farg'ona-Tal. Im Jahr 751 siegten das Abbasiden-Kalifat schließlich über die Chinesen bei Talas. Doch nur wenige Jahrzehnte nach der Eroberung ging die politische Einheit verloren und die persische Elite befreiten sich schließlich von der arabischen Fremdherrschaft. Dies war die Dynastie der Samoniden, welche das damalige Numizhkat in Buhara umbenannten und zu Ihrer Hauptstadt machten. Der Islam blieb jedoch die vorherrschende Religion.

Samonidendynastie

Unter der Herrschaft der Samoniden kam Zentralasien vorübergehend zur Ruhe. Die hier entwickelten Formen und Konstruktionen der Kunst und Architektur beeinflussten die islamischen Bauten bis nach Bagdad. Dass jedoch nach wie vor auch noch zoroastrische Kunstelemente verwendet wurden, zeigt das Mausoleum des Samoniden Ismail ibn Achmad (874-907) in Buxoro. Es ist das wohl am besten erhaltene Bauwerk dieser Epoche. Trotz der sehr orthodoxen Ausprägung des Islam gelangte die Wis-

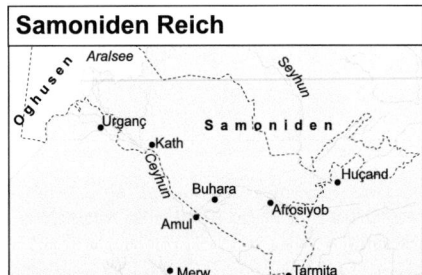

Samoniden Reich

senschaft damals zu außergewöhnlicher Blühte und brachte berühmte Intellektuelle wie Abu Ali ibn Sina (Avicenna), Al-Biruni, Rudaki oder Firdausi hervor. Sie legten so manchen Grundstein der Mathematik und Philosophie, auf dem bis heute aufgebaut wird. Doch auch auf dem Gebiet der Wirtschaftsbeziehungen erreichte das Samoniden-Reich eine äußerst erfolgreiche Verbreitung bis zur Kiewer Rus und der Nordsee. Zum ersten Mal verdrängte die Stadt Buhara das alterwürdige Afrosiyob als Hauptstadt. Es sollte das letzte persische Großreich in Transoxanien sein. Denn die von Osten kommenden türkischen Karachaniden nahmen den Samoniden Emir Abd al Malik im Jahr 999 gefangen.

Karachaniden und Ghaznawiden

Die nun islamisierten Türken mit iranischer Sprache und Sklaven der Samoniden nutzten eine Regierungskrise ihrer Herren und rissen als Dynastie der Ghaznawiden und Karachaniden die Macht an sich. Das Reich der Karachaniden wurde jedoch bereits wenige Jahrzehnte später nach Feudalstreitigkeiten in eine West- und ein Ostreich aufgeteilt. Die Ost-Karachaniden errichteten Städte wie Talas, Balasagun und Kashgar. Im Westreich wurden Buhara und Afrosiyob weiter ausgebaut Die Ghaznawiden unter Mahmud Ghaznawi dagegen errichteten südlich des Amudaryo ein bis zum Arabischen Meer und nach Nordindien reichendes Herrschaftsgebiet und verbreiteten dort die Lehre Mohammeds. Die Gründung Pakistans 1947 beruht letztlich auf der Ausbreitung des muslimischen Ghaznawidenreiches unter Mahmud von Ghazni.

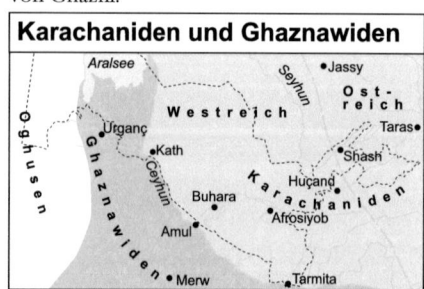

Karachaniden und Ghaznawiden

Seldschuken, Kara Kitai und Anuschteginiden

Von Ruhe im Land konnte keine Rede sein. In

Jahr 1025 nahm Mahmud von Ghazni einen der fünf Sohne des Oghuzen Khans Seldschuk gefangen und ließ ihn töten. Die Brüder sinnten auf Rache und griffen die Ghaznawiden an, welche sie 1040 bei der Schlacht von Dandanqan vernichtend schlugen. Tughrul, einer der vier Brüder zog bis Baghdad und wurde zur Schutzmacht der arabischen Abbasiden. Tughrul Beg wurde zum Sultan ernannt und unterwarf weite Teile Persiens und des Irak. Im weiteren Verlauf siegten die Seldschuken auch über Byzanz und errichteten so ein gewaltiges Reich das der türkischen Dominanz in der islamischen Welt den Weg bereitete. In Anatolien wurden zudem die Fundamente für das Osmanische Reich 200 Jahre später gelegt. Nach dem Tod Sultan Malik-Shahs brachen Nachfolgestreitigkeiten aus die schließlich zur Spaltung des Riesenreiches führte.

Im Osten sahen sich die Seldschuken mit den heranrückenden Kara Kitai konfrontiert. Verdrängt von den bereits expandierenden Mongolen drangen sie bis Kashgar und Balasagun vor und besetzten später weite Teile Zentralasiens. Die in Choresmien regierenden Schahs kannten ebenso wie die verbliebenen Reste der Ost-Karachaniden die Oberhoheit der Kara Kitai an. Doch nur um sich zu sammeln und im richtigen Moment davon zu befreien. Die schnell mächtig gewordenen Choresm Schahs der Anuschteginiden teilten sich 1210 mit den Kara Kitai das Land auf um es wenig später auch zu erobern. Es war die Ruhe vor dem großen Sturm der Mongolen.

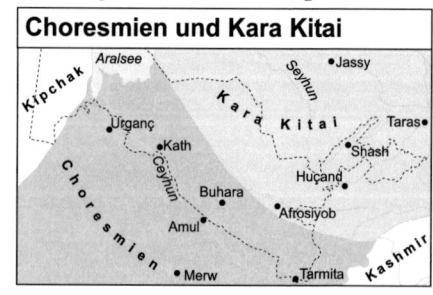

Choresmien und Kara Kitai

Feldzug der Mongolen

Die Mongolen waren damals wie heute Reiternomaden, die mit Ihren Rundzelten, Ger genannt, durch die Steppe zogen. Was sie dann schließlich zum größten und vernichtendsten

Feldzug aller Zeiten bewegte, bleibt bis heute rätselhaft. Vermutet wird folgende Geschichte: Der damals 39-jährige Temüdschin hatte es geschafft, einige Nomadenstämme um sich zu vereinen und ernannte sich zum obersten Khan, dem Dschingis Khan. Am Handel mit Zentralasien interessiert, schloß er einen Friedensvertrag mit den Choresm Shahs. Doch kurz darauf wurde eine Mongolische Delegation in Otrar (nord-westl. Šymkent) wegen Spionageverdachtes von einem übereifrigen choresmischen Verwalter niedergemetzelt. Ein tragischer Fehler, der sich bei einer zweiten Händlerdelegation ähnlich wiederholte. Damit war das Maß voll und mit dem bereits 51 Jahre alten Dschingis Khan an der Spitze ritt ein gewaltiges Heer vom Altaij nach Südwesten. Seine Söhne Tschagatai und Ogedei belagerten Otrar 5 lange Monate. Der Stadtverwalter Inaldschuk verteidigte die Stadt zwar tapfer, wurde dafür jedoch später schlimm bestraft: Sie füllten ihm flüssiges Silber in den Hals. Im Jahr 1220 fielen die Mongolen in Buhara ein, das daraufhin in Flammen aufging. Nun ging es Schlag auf Schlag. Eine Horde vernichtete erst Afrosiyob, dann Balch, Kabul und Peschawar, die zweite zog nach Westen und verwandelte Urganç und Merw zu Staub. Die Methode war einfach und brutal: wie aus dem Nichts tauchte ein riesiges Reiterheer auf, überrannte die Stadt, und ganz gleich ob Widerstand geleistet wurde oder nicht, brannten sie die Häuser nieder, schleiften die Zitadellen und schlachteten die Bevölkerung bis auf die kampftauglichen Männer und wenige Intellektuelle gnadenlos ab. Die Gefangenen wurden entweder bei der nächsten Eroberung einer Stadt an vorderster Front vorausgeschickt, oder als Sklaven in die Mongolei deportiert. Geradezu revolutionär war aber ihre Nachrichtenübermittlung und ein enges Spionagenetz. So konnten Nachrichten an nur einem Tag über eine Distanz von 500 km durch Reiterboten befördert werden, die schliefen dabei buchstäblich im Sattel. Nach der Rückkehr Dschingis Khans in seine Hauptstadt Karakorum zog er 1226/7 zu einer letzten Schlacht gegen die Tanguten südlich der Mongolei. Im Alter von 72 Jahren starb er und übergab das Riesenreich seinen vier Söhnen Dschoti, Tschagatai, Ogedei und Toloi. Ogedei

wurde zum nachfolgenden Groß-Khan gewählt. Da der älteste, Dschoti, bereits gestorben war, übernahmen die Enkel Batu und Orda das Erbe. Batu bekam die Territorien westlich des Ural zugeteilt und kämpfte sich mit seiner berüchtigten Goldenen Horde im Jahre 1241 bis Liegnitz (heute Legnica in Polen) und danach ein Jahr lang durch den Balkan. Als jedoch Ogedei in der Heimat starb, musste Batu seinen Europafeldzug abbrechen und nach Karakorum zurückkehren, um dort einen neuen Groß-Khan zu wählen. Orda wurde das Oberhaupt der Weißen Horde, welche die weiten Steppen zwischen Sibirien und dem Aralsee beherrschte. Tschagatai gründete das gleichnamige Khanat, das vom Tarim-Becken bis zum Amudaryo reichte. Toloi, der Jüngste, bekam das Mutterland des Mongolenreichs und die Hauptstadt Karakorum zugesprochen. Zwei seiner Söhne setzten die Expansion fort: Halugu sammelte bei Afrosiyob eine gewaltige Streitmacht, eroberte Persien und drang bis zum Kaukasus vor. Zwar schlug sein Plan Ägypten zu erobern fehl, doch konnte er mit der Gründung des Reichs der Ilchane eine bis 1365 dauernde Herrschaft über Persien errichten. Sein Bruder Kublai Khan unterwarf um 1280 das gesamte chinesische Reich der Sung Dynastie und wurde zum Gründer der Yüan Dynastie die bis 1368 das Reich der Mitte und Tibet regierte.

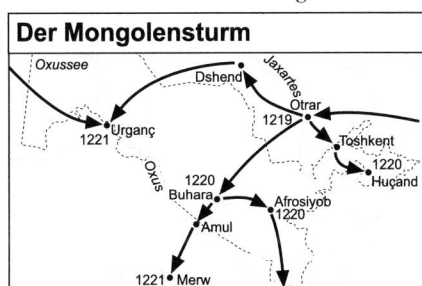

Der Mongolensturm

Amir Temur und die Temuriden

1336 wurde im südlich von Afrosiyob gelegenen Kesh (heute Shahrisabz) ein Mann geboren, der wie kein anderer das heute noch sichtbare historische Gesicht Usbekistans prägen sollte. Amir Temur war der Sohn des eher unbedeutenden mongolischen Clanchefs Taragai. Seine Familie hatte sich bereits weitgehend mit den türkischen Nomaden assimiliert, sprach jedoch persisch. Temur war von Beginn an macht-versessen und trickreich. Durch Intrigen und Kampf erlangte er 1370 den Titel des Emirs von Transoxanien. Eine ausgeprägte Rivalität trug er mit dem Khan der Goldenen Horde Tochtamisch aus. Ihn zunächst unterstützend trugen die beiden vier Schlachten aus, bei denen Tochtamisch immer verlor aber nie von Temur gefasst wurde. Dass Temur seinem Vorbild Dschingis Khan bei der Eroberung, aber auch der Vernichtung anderer Völker und deren Kulturen in nichts nachstand, bewies er auf neun Feldzügen von 1365 bis 1403, bei denen er ein Reich errichtete das von Konstantinopel und dem Kaukasus bis Delhi und Baghdad reichte. Wäre er 1405 nicht gestorben, seine Armeen hätten wohl auch noch ganz China überrollt. Begraben wurde der auf einer Körperhälfte erlahmte Temur im Mausoleum Go'ri Amir in Samarqand. Diese Stadt und das nahegelegene Shahrisabz erfuhren während seiner Regentschaft einen beispiellosen Bauboom der Superlative. Prächtige Mausoleen, überdimensionale Moscheen und Minarette, aber auch prunkvolle Paläste umgeben von märchenhaften Gärten forderten die damaligen Architekten und Handwerker zu Höchstleistungen heraus. Als Zeugnisse des unglaublichen Reichtums dieser Städte sollten sie dienen. Zahllose Handwerker, Philosophen und Wissenschaftler wurden aus dem ganzen Reich nach Samarqand gebracht, um dort dem großen Herrscher zu dienen. Um den Handel anzukurbeln, ließ Temur Straßen, Karawansereien und Kanäle erbauen. Handelswege, wie die Seidenstraße, wurden wiederbelebt und brachten zusätzlichen Reichtum. Auch Kunst, Handwerk und Architektur konnte aufblühen. Dennoch hatte sein Reich auch zahlreiche Schwachstellen: Uneinheitliche Verwaltungs- und Machtstrukturen, keine Wirtschaftsplanung und zudem eine unzureichende Nachfolgeregelung.

Zum Zeitpunkt des Ablebens von Amir Temur waren zwei seiner vier Söhne bereits im Kampf gefallen. Doch weder sein jüngster Sohn Shohruh noch Miranshox wurden als Nachfolger von Ihm bestimmt. Er glaubte schlicht nicht an ihre Fähigkeiten das Riesenreich zusammenzuhalten. Stattdessen bestimmt er einen seinen Enkel Pir Muhammad, der jedoch bereits zwei Jahre später ermordet wurde. Schließlich

konnte sich Amir Temurs Sohn Shohruh (1377-1447) durchsetzen, welcher von Herat aus weite Teile des ursprünglichen Reiches halten konnte. Seinen Sohn, Ulug'bek (1394-1449) setzte er in der alten Hauptstadt Samarqand als Verwalter ein. Doch an Macht und Kampf hatte Ulug'bek kein Interesse. Er ließ Medresen und ein Observatorium errichten und widmete sich der Mathematik und Astronomie. Wissenschaftler und Gelehrte aus dem ganzen Reich kamen nach Samarqand, um hier ein Zentrum des Wissens aufzubauen. Doch bereits in der Regierungszeit von Ulug'bek brach das Reich in die beiden Teile Chorasan und Transoxanien auseinander.

Die nachfolgenden Herrscher der Temuriden waren mehr auf Konkurrenzkämpfen denn auf die Festigung des Reiches aus. Die konkurrierenden Usbeken erlangten immer mehr Macht und so ging 1500 die Temuridenhauptstadt Samarqand und 1506 auch Herat verloren. Muhammad Bobur aus der Linie des Miranshox versuchte zweimal ohne Erfolg Samarqand von den Usbeken zurückzuerobern. Er wendete sich vom alten Reich ab und zog 1526 von seiner Hauptstadt Kabul aus siegreich gegen den Sultan von Delhi in Agra ein. Er starb vier Jahre später in Agra und wurde in Kabul begraben. Seine Nachkommen errichten die Herrscherdynastie der Großmogul, welche in Nordindien bis 1858 regierten und schließlich in Britisch-Indien aufging.

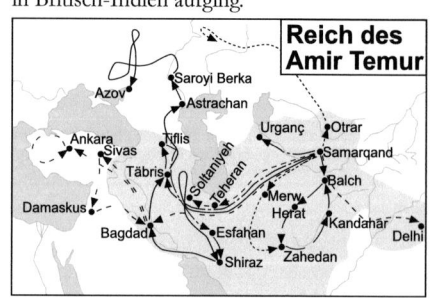

Usbeken und Kasachen

Aus dem großen Verbund vieler turko-mongolischer Stämme der Goldenen Horde vereinte der 1412 geborene Abu'l-Khair Khan die Ulus (=Stamm) Usbek, deren Namen sich auf Muhammad Usbek Khan (1282-1342) bezieht. Dabei steht Us oder Öz für "Neu" oder "Gut" und bek oder beg für "Herrscher".

Dieses Nomadenvolk sprach damals Tschagataisch, das ähnlich klang wie das heutige Usbekisch. Wer des Schreibens mächtig war, schrieb in persischer Schrift. Bereits unter Usbek Khan hatte die Oberschicht den sunnitischen Islam angenommen und die Scharia als Gesetzestext akzeptiert. In der Bevölkerung herrschte dagegen noch Schamanismus vor.

Auch wenn es Abu'l Khair Khan gelang, die Nomaden zu einen und die Temuriden mit plötzlichen Angriffen unter Druck zu setzen, stellte sich dennoch heraus, dass sich in dieser inhomogenen Völkerschaft eher sesshafte und eher nomadische Gruppen herausbildeten. Die Gruppe der Sesshaften vermischte sich mit der ansässigen, persischen Bevölkerung des Gebietes Movarounnahr (Lateinisch: Transoxanien) wodurch sie ihre mongolischen Züge etwas verloren. Diese Usbeken lebten in Dörfern und betrieben Bewässerungswirtschaft.

Die nomadische Gruppe verblieb in den weiten Steppen Südsibiriens zwischen dem Ural und Altai Gebirge und nannte sich fortan Qazaq oder Kasach (=Abenteurer, Rebellen).

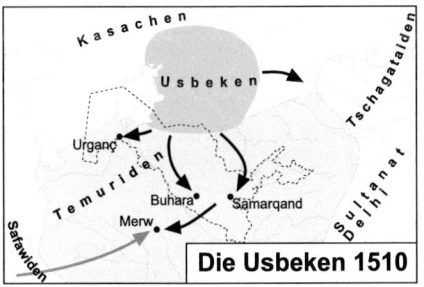
Die Usbeken 1510

Im Jahr 1510 kam es bei Merw zu einer Schlacht zwischen dem usbekischen Khan Muhammad Shayboniy und dem persischen Safawiden Herrscher Shah Ismail. Ismail hatte in seinem Reich die Shia eingeführt und die galt es nun gegen die von Norden vorandringenden sunnitischen Usbeken zu verteidigen. Weil Shah Ismail aus dieser Schlacht siegreich hervorging, blieb Persien schiitisch. Damit endeten jedoch auch die engen kulturellen Verbindungen zwischen Persien und Zentralasien, welche über viele Tausend Jahre bestand.

Während der Dynastie der Shayboniyden versuchten die Usbeken immer wieder die Herrschaft über ganz Zentralasien zu erlangen. In der langen Regierungszeit von Abdullah Khan II gelang es von der Hauptstadt Buhara aus für kurze Zeit Teile Chorasans bis Mashad und Chorasm zu erobern. Auch erhielten Kunst und Architektur nach dem temuridischen Bauboom wieder einen gewissen Aufschwung. Die Pest raffte 1590/91 jedoch das Volk dahin so dass sich spätestens mit dem Tod von Abdullah Khan 1598 die weitere Zersplitterung in einzelne Khanate fortsetzte.

Mit der Entdeckung des Seeweges um Afrika nach Indien in den Jahren 1497/98 durch Vasco da Gama und der Weltumsegelung Magellans 1519-22 verlor die Seidenstraße als Ost-West Handelsverbindung zunehmend an Bedeutung. Für die Usbeken bedeutete dies, dass damit die Haupteinnahmequelle aus dem Karawanenhandel wegfiel.

Die Khanate Zentralasiens

Nach dem endgültigen Untergang der Temuriden bildeten sich auf dem usbekischen Herrschaftsgebiet Khanate mit islamischer Rechtsprechung. In den Städten wurde weiter persisch geschrieben und gesprochen, auf dem Land herrschten Turkdialekte vor. Durch den Niedergang des Seidenstraßenhandels fehlte jedoch die wirtschaftliche Grundlage für einen erneuten Aufschwung von Kunst und Kultur. Die Khane regierten ihre Feudalreiche mit harter Hand. Dies berichteten Reisende aus Europa wie beispielsweise Nikolai Prschewalski, Sven Hedin oder Stoddart und Conolly. Die Region blieb Ausländern, insbesondere Nicht-Muslimen jedoch weitgehend verschlossen.

Das Khanat / Emirat Buhara (Buxoro)

Als Keimzelle der Usbeken-Khanate gilt das Khanat Buhara welches direkt auf das unter Abu'l-Khair Khan geeinte Usbekenreich zurück geht. Von diesem Verbund spaltete sich bereits 1512 das Khanat Chiwa ab. Etwa 200 Jahre später, 1709 wurde dann das Khanat Xuqand selbstständig, so dass das Buharische Khanat nur noch ein Rumpf war.

Regiert wurde das von Muhammad Shayboniy um 1500 errichtete Khanat Buhara bis ins Jahr 1599 von den Shayboniyden. Ihnen folgte die Dynastie der Dschaniden. Unterbrochen wurde deren Herrschaft durch ein kurzes persisches Intermezzo welches sich 1740 mit der Eroberung von Buhara und Chiwa durch den Perserkönig Nadir Shah ereignete. Zwar regierte der Dschaniden Fürst Abu'l Ghazi noch bis 1785, doch defacto herrschten bereits die aus Astrachan stammenden Mangiten. Sie gründeten das Emirat Buhara. Es gelang ihnen jedoch nicht, das Reich innerlich wirklich zu festigen. Geschwächt durch unzählige Feudalkriege unterlag die Armee von Emir Muzzavar 1868 den russischen Truppen des Generals von Kaufmann. Der russische Zar ließ Teile des Emirates, unter anderem die Stadt Samarqand annektierten. Dieses Gebiet ging im Generalgouvernement Turkestan auf. Das restliche Emirat Buhara wurde 1873 per Vertrag russisches Protektorat. Die buharischen Emire konnte bis 1920 nach innen weiter regieren, durfte jedoch keine eigene Außenpolitik betreiben.

Das Khanat Chiwa (Xiva)

Nach der erfolgreichen Abwehr eines erneuten Rückeroberungsfeldzuges durch den Temuriden Babur spaltete sich unter Ilbars 1512 das Khanat Chiwa vom restlichen, von Buhara aus regierten Usbekenreich ab.

Das Khanat musste immer wieder Angriffe meist von den jeweiligen Herrschern des benachbarten Khanates Buhara abwehren. Auch die nomadischen Turkmenen überfielen immer wieder Karawanen.

Im Jahr 1620 wurde dann Urgenç (heute Köne Ürgenç in Turkmenistan), welches sich nie von der Zerstörung durch Amir Temur 1388 erholt hatte als Hauptstadt vom aufstrebenden und besser geschützten Chiwa abgelöst.

Im Lauf der Jahrzehnte entwickelte sich das Khanat zu einem regelrechten Räubernest und dem größten Sklavenmarkt von ganz Zentralasien. Bereits 1717 erfolgte der erste Eroberungsversuch der russischen Zarentruppen, wohl auch weil immer wieder gefangene Russen als Sklaven in Chiwa gehandelt wurden. Er scheiterte.

Wie das Khanat Buhara wurde auch Chiwa 1740 vom Perserkönig Nadir Shah überfallen und der regierende Khan Ilbars II umgebracht. Der innere Friede im Khanat war jedoch nicht gegeben. Thronstreitigkeiten und Spannungen zwischen den nomadisierenden Kara-

kalpaken und Turkmenen mit der sesshaften Bevölkerung ließen keinen Frieden zu.

Derartig geschwächt kapitulierte 1873 auch dieses Khanat vor den angreifenden russischen Truppen nach kurzem Kampf. Die nördlich des Amudaryo Flusses gelegenen Gebiete wurden annektiert und dem Generalgouvernement Turkestan zugeschlagen. Die verbliebenen kleinen Restgebiete wurden russisches Protektorat.

Das Khanat Xuqand (Qo'qon)

Im Jahr 1709 trennten sich die östlichen Gebiete des unter Muhammad Shayboniy geeinten Usbekenreichs ab. Das Khanat umfasste ursprünglich ein Territorium von Jizzax über Toshkent und dem Farg'ona Tal bis zum Ysyk-Köl See. Das Regierungszentrum war dabei immer die Stadt Xuqand mit dem Palast des Khans. Zwischen 1774 und 1798 musste das Khanat zwar Tribut an die chinesische Oberherrschaft abführen, profitierte aber auch von den guten Handelsbeziehungen nach China. Die Produktion von Seide insbesondere im Farg'ona Tal bescherte dem Khanat großen Reichtum, der sich in einer stattlichen Anzahl von Medresen und Moscheen ausdrückte. Grenzstreitigkeiten um die Städte Jizzax und Istaravshan mit dem Emirat Buhara führten schließlich zur Eroberung von Xuqand durch die Söldnertruppe des Emirs. Diese Besatzung war zwar nur von kurzer Dauer, doch der Konflikt zwischen Xuqand und Buhara hielt an. Zudem schadeten dauerhafte Spannungen zwischen den Nomaden (Kirgisen, Kasachen) und sesshaften Bauern (Usbeken) die inneren Stabilität des Khanats. Von 1853 bis 1868 eroberten die Russen in zähem Kampf das Khanat Xuqand und Xudoyor Khan wurde Vasall von Sankt Petersburg. Das Protektorat bestand bis 1876 und wurde nach Unruhen annektiert.

Die Usbekischen Khanate

Die russische Eroberung

Welche Gründe bewogen das Zarenreich Russland, das islamisch geprägte und wirtschaftlich kaum entwickelte Zentralasien zu erobern? Es waren wohl in erster Linie wirtschaftliche Erwägungen. Durch den Bürgerkrieg in den USA fiel ein entscheidender Baumwolllieferant Russlands weg. Die Oasen entlang der Flüsse Amudaryo und Sirdaryo boten ideale Bedingungen für den Baumwollanbau. Zudem war das ausgehende 19. Jahrhundert geprägt vom Kolonialismus. In vielen führenden Nationen Europas war territoriale Ausdehnung Tagespolitik. Das Expansionsstreben der Briten von Britsch-Indien aus nach Kashmir und Afghanistan sowie die Bildung der chinesischen Provinz Sinkiang in Ost-Turkestan brachte Russland gewissermaßen in Zugzwang. Die militärische Schwäche und wenig gefestigten staatlichen Strukturen der Khanate boten zudem ein weiches Ziel für die vergleichsweise modern ausgestatteten Truppen des Zaren.

So schoben sich von Südsibirien aus die russische Vorposten immer tiefer in die weite Steppenlandschaft der drei kasachischen Khanate vor. Zunächst als Protektorate tituliert wurde von St. Petersburg die Besetzung und Besiedlung der nördlichen Steppenlandschaften durch Tataren und Kosaken angeordnet.

Als das Khanat Xuqand sich anschickte, die im Tian Šan beheimateten Kirgisenstämme zu unterjochen, boten sich die russischen Truppen als Schutzmacht an. Zusammen mit den Kirgisen eroberten sie nach anfänglichen Rückschlägen 1862 den Vorposten Xuqands, die Festung Pišpek (heute Biškek). Das nächste Ziel der russischen Armee war Xuqand selbst, das sich nach erbitterten Kämpfen 1864 ergeben mußte.

Ebenfalls 1864 fielen Džimkent (heute Šymkent), Aulie-Ata (heute Taras) und Verny (heute Almaty) in die Hände russischer Gouverneure. Im Mai 1865, so die etwas idealisierende russische Geschichtsschreibung, ereignete sich dann die dramatische Eroberung Tashkents. Mit einem bereits stark ausgedünnten Heer und entgegen der Anweisung des Zaren, Entsatz abzuwarten startete der ambitionierte General Černyaev eine Nachtangriff. Der blutige Häuserkampf gegen 30.000 Verteidiger

dauerte zwei Tage, dann fiel Tashkent. Verständlicherweise wurden nun auch die Mullahs in Buhara unruhig und erklärten den Russen den heiligen Krieg. 1868 trafen die Truppen General von Kaufmanns mit denen des Emirs zusammen. Doch wegen der technischen Überlegenheit der Russen war die Schlacht schnell entschieden. Samarqand und Buhara mußten kapitulieren. Um die mitten in der Wüste liegende Sklavenhandelsmetropole Xiva zu erobern bedurfte es allerdings einer besonderen Anstrengung. Aus mehreren umliegenden russischen Forts rückten Truppen quer durch die Wüste und ausgerüstet mit deutschen Kanonen an, um die Stadt, die noch heute ihren wehrhaften Charakter hat, 1873 endgültig zu erobern. Auch die Nomadenstämme der Turkmenen, die bereits dem Khanat Xiva mit ihren Überfällen große Probleme bereitet hatten, wurden für viele zaristischen Soldaten zum Verhängnis. Es wurde mit äußerster Härte gekämpft und erst nach mehreren Anläufen gelang es den haushoch überlegenen Russen 1881 die letzte Festung der Teke, Gökdepe nach erbittertem Wiederstand einzunehmen. Die Nachricht vom Gökdepe Massaker noch im Ohr waren die Turkmenen nach Verhandlungen bereit Merw, das zu diesem Zeitpunkt längst seinen einstigen Glanz eingebüßt hatte, kampflos den Russen zu übergeben. Damit kam der Eroberungsfeldzug des Zaren weitgehend zu seinem Ende.

Das "Große Spiel"

Höchst beunruhigt über den diplomatischen Erfolg der Russen in Merw, veranlassten die Briten den Schah in Kabul, Truppen in die Oase Pandjeh, dem heutigen Grenzort Serhetabat in Turkmenistan zu entsenden. Obwohl London unentwegt Kriegsdrohungen nach St.Petersburg schickte, griffen die Russen

1885 an und kämpften die Afghanen nieder. Die Situation zwischen den beiden Weltmächten war nun so gespannt, daß jeder mit einem Krieg rechnete. Überraschenderweise kam es nicht dazu. So wurde 1887 nach langen Verhandlungen die Nordgrenze Afghanistans wie sie auch heute noch verläuft, festgelegt. Doch damit war das ‚Große Spiel', wie es damals genannt wurde, noch lange nicht beendet. Es fand lediglich eine Verlagerung in die nur schwer zugänglichen Bergregionen des Hindukusch und Pamir statt. Zunächst sollten als Forscher, Mönche oder Handelsreisende getarnte Spione beider Seiten die unbekannten Gebiete erkunden, kartographieren und Handelsbeziehungen zu den einheimischen Herrschern aufbauen. Bis 1895 drangen dann zunehmend kleine Militärverbände der Russen und Briten jeweils in die Täler des Pamir und Hindukusch vor. Doch auch hier kam es nie zu direkten militärischen Kampfhandlungen zwischen den Eroberern. Im Jahr 1895 schließlich endete das Große Spiel mit einer Grenzvereinbarung bei der ein schmaler Landstreifen, der Wachankorridor zwischen dem russischen Grenzfluß Panž und dem britischen Gebiet Nordindiens beschlossen wurde. Er reicht östlich bis zum chinesisch beanspruchten Gebiet der Uiguren und trennte so die Gebiete der Kontrahenten. Der ursprüngliche Plan der russischen Generalität, am Golf von Oman einen eisfreien Hafen für die Kaiserliche Marine zu sichern war somit nicht umgesetzt worden.

Die Kolonialisierung Turkestans

Das Land war nun aufgeteilt und die Südgrenze des Russischen Reiches gefunden. Der Bau der Transkaspischen Eisenbahn von Krasnowodsk (heute Turkmenbaşy) über Samarkand nach Taškent in den Jahren 1880 bis 1903 löste bei den Briten enorme Ängste hinsichtlich einer großen Invasion Afghanistans oder sogar Indiens aus. Auch machten russische Militärs keinen Hehl aus ihren Absichten, weiter nach Süden vorzudringen. Doch die Pläne des Zaren waren andere und mit der Eisenbahn kam die tiefgreifende Russifizierung in den neu erworbenen Gebieten. Orthodoxe Kirchen wurden in den neuen, schachbrettartig angelegten Stadtteilen errichtet. Zudem entzog man den Koranschulen die finanziellen Mittel und eröffnete statt-

dessen russische Schulen. Die persische Schrift wurde durch das kyrillische Alphabet ersetzt. Die Landnahme durch Russen, Kosaken und Tataren fand jedoch vorwiegend in den Steppengebieten Kasachstans statt. Zu groß waren Respekt und Unkenntnis der etablierten Strukturen der Khanate, den hierarchischen Zusammenhängen in dieser muslimisch geprägten Gesellschaft. Der Umbau der Landwirtschaft war dennoch in vollem Gange. Um 1900 deckte Turkestan bereits über 30% des Bedarfs an Baumwolle im Russischen Reich und nur 16 Jahre später sogar 100%. Dafür musste nun Weizen aus Sibirien und Nordkasachstan importiert werden. Da es zunächst zu keinen drastischen Veränderung der Lebenssituation der Turkvölker kam, waren Aufstände gegen die Besatzungsmacht selten und lokal begrenzt. Doch mit dem Eintritt Russlands in den ersten Weltkrieg im Jahr 1914 sollten die Turkestaner zum Kriegsdienst eingezogen werden. Immer wieder kam es zu Unruhe, welche brutal niedergeschlagen wurden. Mehr als 200.000 Einheimische wurden getötet, 170.000 in Arbeitslager nach Sibirien verbannt, 300.000 aus ihrer Heimat vertrieben. Zudem wurden Lebensmittel und Tierherden insbesondere bei Kasachen und Kirgisen beschlagnahmt.

Die Oktoberrevolution in Turkestan

Das Revolutionsjahr 1917 sollte auch in Turkestan große Umbrüche mit sich bringen. Im Februar dankte der letzte russische Zar, Nikolaus der Zweite ab. Im April formierte sich in Taškent ein Kongress der Muslime Turkestans. Es entstanden unterschiedlichste Bewegungen und Zusammenschlüsse wie beispielsweise die Alasch-Bewegung von Kirgisen und Kasachen oder die Kokander Autonomie. Die Oktoberrevolution mit dem Sturm auf das Winterpalais in St. Petersburg brachte den Umsturz und die Machtergreifung der Kommunisten um Lenin und Trotzki.

Der Kokander Autonomie fehlte es jedoch an allem - Geld, Rückhalt, Militärische Kräfte so dass sie im Februar 1918 von der Roten Armee niedergeschlagen wurde.

Die eher konservativ eingestellte Alasch-Orda lehnte die Bolschewiki ab und versuchten sich mit den Ural-Kosaken und anderen zarentreuen Kräften zu vereinen. Doch die russischen Nationalisten dachten nicht daran, einen gleichberechtigten turkestanischen Nationalstaats zu unterstützen. Die Russen wollten weiter über die Minderheiten und nichtrussischen Völker dominieren. Somit wurde auch diese Bewegung von den Rotarmisten 1919 besiegt. Das Gebiet der Alasch-Orda gliederten die Sowjets in die Russische Sozialistische Föderative Sowjetrepublik als Kirgisische Autonome Sozialistische Sowjetrepublik ein. Dies war der Vorläufer des heutigen Kasachstans.

Weiter im Süden wurde aus dem ehemaligen Generalgouvernement Turkestan die Autonome Sozialistische Sowjetrepublik Turkestan. Sie schloss mit ihrem Territorium das ehemalige Khanat Chiwa nun als Choresmische Sowjetische Volksrepublik ein. Der letzte Khan Sayyid Abdullah Khan hatte am 2. Februar 1920 abgedankt. Drei Jahre später wurde die Volksrepublik Choresmien in die Choresmische Sozialistische Sowjetrepublik (Choresmische S.S.R.) umgewandelt.

Dem Emirat Buhara erging es nicht anders. Emir Alim Khan war es nach seiner Vertreibung 1920 aus Buhara trotz mehrfacher Versuche nicht gelungen, mit einem britischen Protektorat und den Basmatschen um Enver Pascha seine Macht wieder zu erlangen. So verloren die Pantürkischen Basmatschen den letzten Rückeroberungsversuch im Sommer 1922 trotz anfänglicher Erfolge gegen die Sowjets. Aus dem Emirat Buhara wurde die Sozialistische Volksrepublik Buchara mit Samarkand als Regierungssitz. Nur Zwei Jahre später wurde die Unabhängigkeit der Volksrepublik jedoch wieder aberkannt und nun als Sozialistische Sowjetrepublik Buchara in die Sowjetunion eingegliedert.

Mit der Niederschlagung aller Versuche dem

heraufziehenden kommunistischen System zu entfliehen, wurden nun mit der Zwangskollektivierung und der Enteignung von Grund und Boden das Fundament für den Umbau zur Planwirtschaft gelegt. Den äußeren Rahmen dafür bildete die ,Sammlung der russischen Länder' zu Sowjetrepubliken. Deren föderativer Zusammenschluss wiederum führte zur Gründung der Union der sozialistischen Sowjetrepubliken (U.d.S.S.R.) am 30. Dezember 1922.

Die Entstehung Sowjet-Usbekistans

Nach dem Tod Lenins 1924 beauftragte der nun an die Macht gekommene Josef Wissarionowitsch Stalin eine Kommission zur Festlegung der Grenzen innerhalb der U.d.S.S.R.

In den Jahren 1924 und 1925 folgten mehrere fundamentale Grenzverschiebungen in Turkestan. Auf dem 8. Kongress der Kommunistischen Partei Turkestans im Mai 1924 wurde die Aufteilung in nationalstaatliche Einheiten beschlossen.

Nach der formellen Auflösung der Turkestanischen A.S.S.R. wurde der nördliche Teil sowie die karakalpakische Autonome Oblast der Kirgisischen A.S.S.R. zugeschlagen welche wiederum im April 1925 in die Kasachische A.S.S.R. umbenannt wurde. Die Usbekische S.S.R entstand am 27. Oktober 1924 aus den Gebieten der ehemaligen Volksrepubliken und späteren Sowjetrepubliken Choresmien und Buchara sowie Teilen der Turkestanischen A.S.S.R.. Innerhalb der Grenzen der Usbekischen S.S.R. befand sich wiederum die Tadschikische A.S.S.R. die als Vorläufer der späteren 1929 gegründeten Tadschikischen S.S.R gilt. Der Grund für diese zunächst verschachtelte Konstruktion war das Statut der Sowjetunion, welches Regeln für die Ausrufung einer Sowjetrepublik vorsah, insbesondere der Mindestumfang der Bevölkerung. Des weiteren spielten auch wirtschaftliche und ethnische Gesichtspunkte eine Rolle. Die Sowjetisierung in der Usbekischen S.S.R. setzte die Vorherrschaft der Russischen Sprache als Behörden- und Geschäftssprache fort. Parallel dazu wurde ein großer Aufwand betrieben, eine neue usbekische Schriftsprache zu entwickeln. Ziel war die Schaffung einer einheitlichen, bisher nicht da gewesenen usbekischen Nation. Aber auch mit der Zurückdrängung des Einflusses der Religion durch die weitgehende Schließung von Moscheen und Medresen versuchte die Moskauer Führung einen atheistischen Sowjetbürger zu schaffen, dessen oberstes Ziel die Arbeit und die Ideologie des zum Kommunismus führenden Sozialismus sein sollte. Zudem gab es große Umbrüche in der Landwirtschaft. Mit der Zusammenlegung großer Ackerflächen wurde die Bewässerungsinfrastruktur sowie die Mechanisierung der auf den Baumwollanbau spezialisierten Landwirtschaft vorangetrieben. Um immer höhere Erträge zu erreichen setzte man große Mengen an Dünger und Pflanzenschutzmitteln ein. Insbesondere die Umwandlung der traditionellen Nomadenstrukturen in Kollektivfarmen, also Kolchosen, brachte ein Jahrhunderte altes System von Familienclans und Stämmen nahezu zum Erliegen.

Usbekische S.S.R. 1924-1936

Baumwollland Usbekische S.S.R.

Nach der Abtrennung der Tadschikischen A.S.S.R welche nun als eigenständige Tadschikische S.S.R. weiterbestand ging die seit Jahrhunderten usbekisch geprägte Stadt Huçand an Sowjetisch-Tadschikistan über. Dafür lagen die traditionell tadschikisch geprägten Städte Samarkand und Buchara in der Unionsrepublik Usbekistan. Es war ein überaus durchdachtes Konzept Stalins, historisch gewachsene

Strukturen zu zerschneiden und andererseits übergreifende neue Strukturen zu schaffen. Dies zeigte sich auch bei den Karakalpaken. Dieses kulturell und sprachlich den Kasachen näher stehende Nomadenvolk siedelte vorwiegend im Deltagebiet des Amu-Darja. Die Zugehörigkeit des seit 1918 autonomen Gebietes war Jahrzehnte lang umstritten zwischen der Usbekischen und der Kasachischen S.S.R. Auch nachdem die karakalpakische Autonome Oblast 1936 der Unionsrepublik Usbekistan

Usbekische S.S.R. 1936-1947

angegliedert wurde, erhoben die Kasachen bis Ende der 1990er Jahre weiter ihre Ansprüche. Auch am nördlichen Grenzbereich der Usbekischen S.S.R. wurde Gebiete der Qizilqum Wüste, welche überwiegend von Kasachen bewohnt wurden den Usbeken zugeschlagen. 1955 wechselte schließlich der gebirgige Bostandyk Distrikt an die Usbekische S.S.R. und wurde damit Teil der Region Taschkent.

Neben den territorialen Verschiebungen gab es auch umfangreiche wirtschaftliche Veränderungen in der Usbekischen S.S.R..

Um den Baumwollbedarf der gesamten Sowjetunion zu decken musste deren Anbau erheblich gesteigert werden. In der Usbekischen S.S.R. entstand ab 1938 der große Farg'ona Kanal, welcher das südliche Farg'ona Tal besser mit Wasser versorgen sollte. Der 350Km lange Kanal wurde wie viele weitere in Fronarbeit von der Bevölkerung mit Schaufeln ausgehoben.

Politisch gab die kommunistische Partei den Ton an. Geführt wurde die nur auf dem Papier selbständige Unionsrepublik vom ersten Sekretär des Zentralkomitees der KP.

Von allen ersten KP Sekretären Sowjet-Usbekistans tritt sicher Sharof Raschidow hervor. In den 24 Regierungsjahren prägte der erfahrende Diplomat die Geschichte des Landes entscheidend. Ihm ist es wohl auch zu verdanken, dass die Russifizierung und Zurückdrängung der usbekischen Kultur nicht noch mehr voranschritt. Unter Raschidow entwickelte sich ein ausgeklügeltes System welches die Moskauer Planwirtschaft mit erfundenen Zahlen in die Irre führte und so dem Land massive Geldmengen zufließen ließ. Das System flog 1983 auf und Raschidow beging einen rätselhaften Selbstmord. Heute gilt Raschidow in Usbekistan als Held, da er das System der Ausbeutung durch den ökologisch katastrophalen Baumwollanbau mit seinen eigenen Waffen schlug.

Mit dem Aufkommen von Perestroika und Glasnost ab 1985 brachten Intellektuelle auch in der Sowjetrepublik Usbekistan immer öfter gerade diese ökologischen Missstände ans Licht. Der schwindende Aralsee, die Versalzung des Bodens, Belastungen mit Pestiziden, die Giftgasproduktion im Aralseegebiet und viele weitere Umweltprobleme wurden nun offen benannt. Auch wurde offener über die Misswirtschaft, die verdeckte Arbeitslosigkeit und die Unterdrückung der Religionsausübung geredet und geschrieben. Zunehmend kam es zu regionalen Unruhen mit ethnischen und politischen Ursachen. Am 24. März 1990 wurde Islom Karimov zum Präsidenten des Obersten Sowjets der Usbekischen S.S.R. ernannt. Doch das sowjetische Usbekistan sollte bald Geschichte sein.

Usbekische S.S.R. 1947-1991

Die unabhängige Republik Usbekistan

Obwohl in der Usbekischen S.S.R. bereits 1989 Usbekisch als erste Amtssprache über das Russische erhoben wurde, fand während der Sowjetzeit nie eine Entwicklung zu von Moskau unabhängigen Strukturen statt, weder wirtschaftlich noch politisch. Unabhängigkeitsbestrebungen in Zentralasien waren daher im Gegensatz z.B. zum Baltikum auch eher Auto-

nomiebestrebungen innerhalb der U.d.S.S.R.. aus. Im März 1991 stimmte eine Mehrheit der sowjetischen Bevölkerung für den Erhalt der Sowjetuntion. Gorbatschow bereitete einen neuen Unionsvertrag vor der diese Autonomie realisieren würden. Es kam nicht dazu, denn die Führer der drei slawischen Republiken Russland, Belarus und Ukraine gründeten stattdessen die GUS.

Die Usbekische S.S.R. erklärte am 1.September 1991 seine Unabhängigkeit. Mit dem Austritt der Russischen Sozialistischen Föderativen Sowjetrepublik (R.S.F.S.R.) am 12.12.1991 war das Ende der Sowjetunion besiegelt. Die staatlichen Strukturen Usbekistans, einst getragen von der nun verbotenen KPdSU gingen unmittelbar in die neue Liberaldemokratische Partei Usbekistans (Oʻzlidep) über. Der letzte Parteichef der usbekischen KP war nun der Parteichef der Oʻzlidep, er hieß Islom Karimov. Bereits in der Endphase der Sowjetunion formierten sich usbekische Oppositionsparteien wie Birlik oder Erk die gegen ökologische und ökonomische Missstände protestierte. Der von der KP stark geprägte Islom Karimov kriminalisierte und verbot alle diese säkularen Gruppierungen innerhalb von nur zwei Jahren, so dass nur noch eine Schein-Demokratie übrig blieb. Mehrere Bombenexplosionen in Toshkent 1999 führten zu einer noch repressiveren Gesetzgebung, juristischer Willkür und der massiven Unterdrückung der freien Meinungsäußerung. Hinter den Kulissen tobte ein Machtkampf der Clans und der ewige Kampf zwischen dem Geheimdienst SNB und dem Innenministerium. Die Unzufriedenheit der Bevölkerung eskalierten 2004 in ersten Großdemonstrationen in Qoʻqon. Im März und Juli des gleichen Jahres kam es zu mehreren Bombenanschlägen in der Hauptstadt Toshkent. Offiziell wurden Islamisten dafür verantwortlichgemacht, doch Experten vermuten einen versuchten Staatsstreich. Durch die massive Unterdrückung religiöser Strukturen im Fargʻona-Tal kam es im Mai 2005 in der Stadt Andijon zur Meuterei, zu Demonstrationen und zur Besetzung von Behörden. Diese wurden vom Militär blutig niedergeschlagen, die Rede war von einem Massaker.

Karimov reagierte auf seine Art. Um seine Machtbasis weiter zu stärken integrierte er die etablierten und sehr mächtigen Clan-Chefs wie Jurabekow aus Samarqand, Inojatow aus Toshkent oder Kamilow aus Jizzax. Sie wurden Minister, Berater oder Chef des Geheimdienstes SNB. Zwar gelang es keinem, Karimov vom Thron zu stürzen, sie behielten jedoch großen Einfluss bis über seinen Tod hinaus.

Wirtschaftlich stand das Land 1991 vor gewaltigen Herausforderungen Zunächst musste die wirtschaftliche Entflechtung angegangen werden. Energienetze, Verkehrswege und Produktionsketten spannten sich weit über die neuen nationalen Grenzen. Insbesondere die Bewohner der Städte litten unter einer lückenhaften Versorgung mit Grundnahrungsmitteln. Die ohnehin nur schwach entwickelte Industrie kollabierte weitgehend.

Aufgrund einer großen koreanischen Minderheit im Land gelang 1992 der Aufbau einer bis heute erfolgreichen Automobilproduktion, zunächst unter der Regie von Daewoo, ab 2008 unter General Motors. Generell stagnierte die Wirtschaft jedoch über viele Jahre. Sowohl die Abschottung gegenüber ausländischen Investoren als auch restriktive Wirtschaftsgesetze des Landes liesen ein dynamisches Wachstum nicht zu. Karimov führte Usbekistan zudem gegenüber seinen Nachbarn zunehmend in die Isolation. Aufgrund auf ohnehin bestehenden Ressentiments gegenüber Kirgisen und Tadschiken machte Karimov keinen Hehl aus seiner persönlichen Abneigung gegenüber den Führern aller Nachbarländer. Im geopolitischen Sinn fuhr das Land einen Zickzack Kurs zwischen den USA, Russland und einer relativen Neutralität.

Zwar wurde der überproportionale Anbau von Baumwolle im Laufe der Jahre zugunsten einer auskömmlichen Getreideproduktion zurück gefahren. Doch die Interessen der starken Baumwoll-Lobby im Land die zudem mit Fronarbeit durch Schüler und Studenten bei der Baumwollernte ihren Profit zu maximieren wussten, sind nach wie vor sehr stark.

Die Folgen des massiven Eingriffs in den natürlichen Wasserhaushalt zeigen sich nun nach dem Ende der Sowjetunion noch stärker. Jede der Republiken Zentralasiens agierte nun eigenständig und ohne Rücksicht auf die Nachbarn. Die Schmelzwasserflut im Frühjahr fällt

nun noch größer aus, da Kirgisistan und Tadschikistan das Wasser nicht mehr wie früher reguliert sondern ungehindert abfließen lassen. Dies führt dazu, dass Sperrwerke am Unterlauf mit den Wassermengen nicht mehr umgehen können und diese in Senken ablaufen. Dadurch entstand der riesige Aydarko'l See.

Weiterhin werden im Land umfangreiche Bodenschätze wie Erdgas, Kohle, Gold und Uran abgebaut. Vieler dieser Unternehmen gehen bereits auf die Sowjetzeit zurück.

Die Flugzeugproduktion der ehemaligen Chkalov Werke, einstmals der Stolz der Sowjetrepublik wurde 2014 auf Anordnung von Karimov beendet. Heute werden hier Auto-Ersatzteile und landwirtschaftliche Maschinen hergestellt.

Der zunehmende Tourismus im Land der sich jedoch primär auf wenige Städte konzentriert führt neben entsprechenden Einnahmen auch zu einer weiteren Öffnung des Landes.

Nach dem Tod Islom Karimovs 2016 kam der zu diesem Zeitpunkt amtierende Ministerpräsident Shavkat Miziyoyev an die Macht. Dieser praktiziert seither einen offeneren Politikstil sowohl nach innen wie auch nach außen. Nach vielen Jahren besuchte er innerhalb kürzester Zeit alle Nachbarstaaten und vereinbarte mit diesen bilaterale Vereinbarungen. Innerhalb weniger Monate entstand im Land eine regelrechte Aufbruchstimmung. Zwar sind für die Bevölkerung teilweise realen Verbesserungen zu spüren, aber die "Traditon" durch ein Referendum die eigene Amtszeit zu verlängern setzt auch Mirzoyoyev fort. Dennoch hat die Regierung zahlreiche europäische Staaten von der Visumpflicht befreit um den Tourismus weiter zu fördern.

Usbekistan tut sich aufgrund der engen wirtschaftlichen Verknüpfungen mit Russland schwer sich im Hinblick auf den Ukrainekrieg eindeutig zu positionieren.

Zeittafel zur Geschichte

Jura	Dinosaurierspuren im Hisor-Gebirge und westlich Termiz
Paläolithikum	Funde von Felsgravuren und Skeletten im Hisor-Gebirge
Mesolithikum	Funde von Felsgravuren nahe Kitob
8000-4000 v.Chr	Indo-Iranische Stämme siedeln im Farg'ona-Becken
530-330 v. Chr.	Achämeniden fallen in Transoxanien ein
329-323 v. Chr.	Feldzug Alexanders, Gründung von neuen Städten
312- 64 v. Chr.	Seleukos erobert Baktrien und Sogdiana
ab 138 v. Chr.	Handel entlang der Seidenstraße entsteht
50-250 n. Chr.	Kulturelle Blütezeit unter den Kuschan-Herrschern
224-651 n.Chr.	Sasaniden schaffen hierarchisches Gesellschaftswesen
457-560	Renaissance der Kuschan-Kunst unter Hephthaliten
580-800	Türken vertreiben Hephthaliten, Blüte der Seidenstraße
650-751	Chinesen dringen wiederholt bis Transoxanien vor
661-874	Eroberung und Islamisierung durch Araber
819-999	Blüte von Kultur und Wissenschaft unter Samoniden
977-1187	Aufteilung des Reiches unter Karachaniden und Ghaznawiden
1030-1157	Merw wird unter Seldschukenherrschaft islamisches Zentrum
1204-1242	Mongolen erobern und zerstören Asien und Teile Europas
1282 -1342	Muhammed Usbek Khan führt die Goldene Horde zur Blüte
1336	Amir Temur wird als Sohn eines lokalen Aristokraten in Kesh geboren
1365-1404	Temur erobert weite Teile Zentralasiens
1405	Temur stirbt als alter Mann in Otyrar
1407-1449	Kulturelle und Wissenschaftliche Blüte unter Ulug'bek
1501-1598	Erfolgreiche Ausbreitung der Schaibaniden unter Abdullah Khan II
ab 17. Jh.	Die Khanate Buxoro, Qo'qon und Xiva entstehen
1717	Russische Truppen gründen Krasnovodsk (heute Turkmenbaşy)
1848	Russland besiegt die Große Horde der Kasachen
1862	Festung Pischpek wird von Russen und Kirgisen erobert
1864	Khanat Qo'qon fällt nach erbitterten Kämpfen
1865	Toshkent wird nach blutigen Straßenkämpfen Russisch
1868	General Kaufmann gewinnt die Schlacht gegen das Emirat Buxoro
1873	Khanat Xiva wird russisches Protektorat
1880	Baubeginn der transkaspischen Eisenbahn in Krasnovodsk
1881	Die letzte Bastion der Turkmenen wird erobert
1887	Festlegung der Nordgrenze Afghanistans
1888	Eisenbahnlinie erreicht Toshkent
1895	Eroberung des Pamir abgeschlossen
1917	Februarrevolution und Sturz des letzten Zaren
1917	Oktoberrevolution der Bolschewiki
1920	Ausrufung der Volksrepubliken Buxoro und Xorazm
1924	Festlegung der Grenzen der Sowjetrepubliken
1924	Usbekische und Turkmenische SSR entstehen
1929	Tadschikische Sowjetrepublik entsteht
1936	Kasachische und kirgisische Sowjetrepubliken entstehen
1941-1945	Verlagerung von Rüstungsindustrie nach Zentralasien
1948	Erdbeben zerstört Aşgabat, Tausende Tote
ab 1960	Aralsee beginnt zu schrumpfen
1962	Karakum-Kanal erreicht Aşgabat

1966	Schweres Erdbeben zerstört Toshkent
1969	Durch eine Schmelzwasserflut entsteht der Aydarko'l See
1977	Eröffnung der ersten Metrolinie in Toshkent
1985	Gorbatschow initiiert die Politik von Glasnost und Perestroika
1989	ethnische Unruhen im Farg'ona-Becken
1989	Usbekisch wird Amtssprache und ersetzt damit Russisch
1991	Scheitern der Reformierung der Sowjetunion
1991	Unabhängigkeitserklärung der Republik Usbekistan und Verbot der KP
1991	Gründung der Gemeinschaft Unabhängiger Staaten (GUS)
1991	Islom Karimov wird zum Präsidenten Usbekistans gewählt
1992	Republik Usbekistan erhält eigene Verfassung
1992	Mitgliedschaft Usbekistans in UNO und KSZE
1992	Verbot der Oppositionspartei ‚Birlik'
1994	‚Freie Wahlen' des Parlaments mit zwei Parteien
1994	Einführung der neuen Währung ‚So'm'
1995	I.Karimov wird erneut bis 2000 zum Präsidenten gewählt
1997	2500 Jahrfeier Buxoro's
1999	Bombenanschläge in Toshkent vermutlich gegen Islom Karimov gerichtet
2000	Islom Karimov wird erneut im Amt bestätigt.
2000	Fernstraßenausbau Angren - Qo'qon über Kamchik Pass fertiggestellt
2001	Usbekistan stoppt Gaslieferung an Kirgisistan wegen Grenzkonflikt
2002	Der Präsident lässt seine Amtszeit per Referendum verlängern
2002	Bundeswehr richtet auf Flughafen Termiz Stützpunkt ein
2003	Die Landeswährung wird konvertibel, Schwarzmarkt geht zurück
2004	Mehrere Sprengstoffanschläge erschüttern das Land
2005	Der Kôkaral-Damm trennt den Nordteil des Aralsees ab
2005	Unruhen in Andijon kosten vielen hundert Zivilisten das Leben
2005	Amerikaner müssen Militärbasis in Usbekistan räumen
2007	Erneute Wahl Karimovs zum Staatspräsidenten bis 2015
2008	Die Todesstrafe wird vollständig abgeschafft
2010	Unruhen in Oš zwischen Kirgisen und der usbekischen Minderheit
2010	Kirgisistan wird erste parlamentarische Republik Zentralasiens
2012	Erster Hochgeschwindigkeitszug fährt nach Samarqand
2014	Östlicher Teil des Aralsees erstmals seit dem Mittelalter ausgetrocknet
2014	Eröffnung von Usbekistans größter Moschee in Toshkent
2015	Präsident Islom Karimov wird für weitere 5 Jahre im Amt bestätigt
2016	Die neue Bahnstrecke in das Farg'ona Tal wird eröffnet
2016	Der langjährige Präsident Karimov stirbt im Alter von 78 Jahren
2016	Ernennung von Shavkat Mirziyoyev zum neuen Staatspräsidenten
2017	Der Devisen-Schwarzmarkt wird beseitigt, der So'm massiv abgewertet
2017	Mirziyoyev besucht als usbekischer Präsident wieder die Nachbarstaaten
2018	Die Stadt Xiva wird an das Eisenbahnnetz angeschlossen
2019	Visumpflicht wird für zahlreiche Nationalitäten aufgehoben
2020	Corona Pandemie lasst Touristenzahlen massiv einbrechen
2022	Solarpark Tutly mit einer Leistung von 130.000 Gigawatt eröffnet
2023	Referendum: Reform der Verfassung und weitere Amtszeiten für Mirziyoyev

Zeugnisse der Kulturen im heutigen Usbekistan

Um die Baustile der heute noch erhaltener Architekturdenkmäler geschichtlich besser einordnen zu können, sind hier Beispiele der verschiedenen Zeitepochen aufgelistet. Weitere Informationen finden Sie auf den angegebenen Seiten.

Steinzeit und Eisenzeit
Teshiktosh Höhle, nahe Derbend S.274
Sarmishsoy Felsgrav., nahe Karmana S.150
Oq Tosh Felsgravuren, nahe Kosagar S.250

Achämeniden und Griechen/Makedonen
Nurota (Nur) Festungshügel, Nurota S.55
Ayaz qala, nahe Bostan S.236
Afrosiyob (Marakanda), Samarqand S.130

Seidenstraße
Rabot-i Maliq, nahe Navoiy S.152
Handelshaus Abdullah Khan, Buxoro S.165
Karawanserei Olloquli Khan, Xiva S. 207

Kuschan und Parther
Fayoztepa, nahe Termiz S.270
Zurmala Stupa, nahe Termiz S. 268
Tarmita Zitadelle, nahe Termiz S.269

Sasaniden und Hephthaliten
Topraq qala, nahe Beruniy S.233
Shilpiq daxma, nahe Nókis S.230
Varaxsha, Buhar Oase S.186

Samoniden
Arab Ota Mausoleum, Tim S.146
Samoniden Mausoleum, Buxoro S.173
Qirqqiz Palast, Termiz S.264

Karachaniden und Ghaznawiden
Kalon Minarett, Buxoro S.167
Mag'oki Attoriy Moschee, Buxoro S.164
Jarqo'rg'on Minarett, Jarqo'rg'on S.276
Deggaron Moschee, Toshravot S.154
Vobkent Minarett, Vobkent S.188
Chashma Ayub Mausol., Xayrabotcha S.188

Mongolen
Qusam ibn Abbos Kompl., Samarqand S.129
Sayid Alovuddin Mausoleum, Xiva S.203

Temuriden
Ruhobod Mausoleum, Samarqand S.135
Go'ri Amir Mausoleum, Samarqand S.133

Ok Saroy Palast, Shahrisabz S.251
Bibixonim Moschee, Samarqand S.121
Bibixonim Mausoleum, Samarqand S.124
Ulug'bek Medrese, Samarqand S.119
Ulug'bek Medrese, Buxoro S.166
Ulug'bek Medrese, G'ijduvon S.190
Ulug'bek Observatorium, Samarqand S.132
Dor ut-Tilovat Ensemble, Shahrisabz S.253

Shayboniyden
Mir Arab Medrese, Buxoro S.170
Ko'kaldosh Medrese, Buxoro S.161
Kuppelbasare, Buxoro S.163
Qo'sh Medresen, Buxoro S.175
Qo'q G'umbaz Moschee, Qarshi S.245
Naqshbandi Pilgerherb., Karakushxona, S. 191

Usbekische Khanate
Xo'ja Ahror Vali Medrese, Samarqand S.137
Sherdor Medrese, Samarqand S.119
Tillakori Medrese, Samarqand S.121
Nodir Devonbegi Medrese, Buxoro S.161
Nodir Devonbegi Pilgerherb., Buxoro S.159
Kalon Moschee, Buxoro S.167
Bolohovuz Moschee, Buxoro S.172
Chor Minor Torhaus, Buxoro S.161
Hazrati Xizr Moschee, Samarqand S. 124
Chor Bakr Nekropole, nahe Buxoro S.192
Kalta Minor Minarett, Xiva S.200
Muhammad Amin Khan Medrese, Xiva S.200
Juma Moschee, Xiva S.205
Ko'hna Ark Festung, Xiva S.201
Muh. Rahim Khan II Medrese, Xiva S.202
Toshhovli Palast, Xiva S.208
Xudiyor Khan Palast, Qo'qon S.303

Russische Kolonialzeit
Islomxo'ja Medrese, Xiva S.204
Romanov Palast, Toshkent S.91
St. Aleksey Kirche, Samarqand S.139
Museum f. angew. Kunst, Toshkent S.93

Sowjetische Unionsrepublik
Museum f. Geschichte, Toshkent S.93
Uhrenturm, Toshkent S.94
Erdbeben Denkmal, Toshkent S.94
Chorsu Basar, Toshkent S.86

Unabhängige Republik Usbekistan
Hazrat Imom Moschee, Toshkent S.90
Xo'ja Ismoil al Buxoriy Pilgerstätte S.145
Muh. al-Buhari Museum, Buxoro S.172
Zentrum isl. Zivilisationen, Toshkent S.97

Politik und Verwaltung

Die Verfassung Usbekistans

Die Unabhängigkeit Usbekistans bahnte sich in mehreren Schritten an. Bemerkenswert dabei ist, dass die Sprache der Auslöser wurde. Am 21.10.1989 wurde Usbekisch zur ersten und alleinigen Amtssprache der Usbekischen S.S.R. erhoben. Bis dahin war es die russische Sprache. Fünf Monate später und noch Monate vor der Unabhängigkeitserklärung wurde das Präsidentenamt als zentrales staatliches Organ etabliert. Es folgten das Verfassungsgericht, Nationalflagge, Wappen, Hymne und schließlich die Unabhängigkeit am 31.August 1991. Nach vielen Entwürfen und Änderungen trat am 8. Dezember 1992 schließlich die Verfassung Usbekistans in Kraft. Während in der Sowjetunion das Primat der Politik über die Rechtsordnung vorherrschte, galt es nun, die Kluft zwischen Politik und Volk wieder zu schließen. Doch leider gelang dies nicht wirklich. Zu stark waren die vorhandenen Strukturen und Interessen.

Die Regierung Usbekistans

Der Präsident bestimmt die Richtlinien der Politik. Er regiert mit Dekreten und Weisungen und hat somit eine enorme Machtfülle. In den Medien wird der Präsident als Vater der Nation dargestellt. Er steht dem Ministerkabinett vor, welches aus dem Ministerpräsidenten, dessen Stellvertretern, den Ministern und den Vorsitzenden der staatlichen Komitees und anderer staatlicher Organisationen sowie dem Vorsitzenden des Ministerrates der Republik Karakalpakistan besteht. Wie machtvoll diese Organisationen tatsächlich sind, musste der Präsident immer wieder erleben. Die mächtigen Clans spielen dabei im Hintergrund eine durchaus entscheidende Rolle.

Das politische System

Die Theorie der Verfassung und deren politische Umsetzung sind in Usbekistan bis heute meilenweit voneinander entfernt. Das Land gilt nach wie vor im internationalen Vergleich als "Harte Autokratie". Auf dem Demokratieindex der Uni Würzburg belegt Usbekistan Platz 144 von 177. Der Mangel an Verfassungstreue und Rechtsstaatlichkeit zieht sich daher durch alle Ebenen der Politik und Verwaltung.

Das Parlament Oliy Majlis besteht aus zwei Kammern und ist laut Verfassung das oberste repräsentative Organ des Landes.

Die obere Kammer, der Senat setzt sich aus 100 Senatoren zusammen, ausgesuchten Vertretern des Präsidenten, gewählten Vertretern der Regionen, der Stadt Toshkent und der Republik Karakalpakistan. Das Gremium hat keine Entscheidungsgewalt und nur eine empfehlende Funktion. Das lange, weiße Gebäude am Mustaqillik Platz ist der Sitz dieser Institution.

Senatsgebäude in Toshkent

Im großen Kuppelbau nahe der Metrostation Milly Bog' ist die untere Kammer, das Parlament beheimatet. Es setzt sich aus 150 Abgeordneten zusammen, die alle 5 Jahre bei der Parlamentswahl vom Volk gewählt werden. Aktuell gibt es fünf Fraktionen: Die Liberaldemokratische Partei (O'zLiDeP), die demokratische Partei der nationalen Wiederbelebung "Milly Tiklanish", die Volksdemokratische Partei (XDP), die sozialdemokratische Partei "Adolat" sowie die Mitglieder der Umweltbewegung Usbekistans. Alle diese Parteien sind Systemparteien, das heißt sie haben zwar ein politisches Programm, das sich aber nie in Opposition mit dem Präsidenten begibt. Wie austauschbar die Parteien sind demonstrierte Kamimov selbst, als er 2007 von der Volksdemokratischen Partei in die Liberaldemokratische Partei wechselte. Die Aufgabe der gesetzgebenden Kammer wird also faktisch vom Präsidenten mittels Dekreten ausgeübt. Wirkliche Oppositionsparteien sind seit der Unabhängigkeit ausgeschlossen.

Die autonome Republik Karakalpakistan, die mehr als ein Drittel der Landesfläche ausmacht hat ein eigenes Parlament, den Joqarg'i Ken'es in der Hauptstadt Nukus. Es besteht aus einer Kammer mit den selben Fraktionen wie in Toshkent. Die 65 Abgeordneten verabschieden alle die autonome Republik betreffenden Gesetze in Nukus, allerdings immer im Einvernehmen mit dem Präsident Usbekistans.

Die Verwaltungsgliederung des Landes

Die Republik Usbekistan besteht aus 12 Provinzen (Viloyat), der autonomen Republik Karakalpakistan und der Hauptstadt Toshkent mit Provinzrang. Jeder Provinzregierung steht ein Gouverneur, Hokim genannt vor, welcher direkt dem Präsidenten unterstellt ist. Die größeren Städte (Shahar) einer Provinz sind in der Regel kreisfrei. Alle Provinzen sind in Bezirke bzw. Stadtteile, Tuman genannt, untergliedert. Als kleinste Verwaltungseinheit gilt schließlich die Mahalla.

Die Wirtschaft Usbekistans

Das Bruttoinlandsprodukt Usbekistans teilt sich in folgende Bereiche auf (Stand 2022):

Landwirtschaft	25,2%
Industrie	26,7%
Bauwirtschaft	6,7%
Dienstleistung	41,4%
Transport/Kommunikation	7,0%
Handel	7,0%
Nettosteuern	7,6%
BIP	80 Mrd. US$

Baumwollanbau

Usbekistan ist ein Agrarstaat und etwa die Hälfte der landwirtschaftlichen Nutzfläche wird für den Anbau von Baumwolle genutzt. Dies hat eine Tradition die zumindest in diesem Umfang bis auf die Zarenzeit im 19 Jahrhundert zurückgeht. In der Sowjetära wurde die

Baumwolle zum Symbol Usbekistans stilisiert. Architektur, Bildung, Kultur und Freizeit, alles bekam einen Bezug zur Baumwolle. Dabei war der Anbau und die Ernte der Baumwolle immer die Sache des Staates. Dies hat sich bis heute kaum geändert. Bauern pachten vom Staat Ackerflächen, nutzen Saatgut und Maschinen der staatlichen Baumwollfarmen und verkaufen am Ende die gereinigte Baumwolle zum einem vergleichsweise niedrigen Preis an die staatliche Baumwollbörse. Diese wiederum verkauft die Rohstoffe auf dem Weltmarkt oder an inländische Firmen zur weiteren Verarbeitung. Der zwangsweise Einsatz von staatlichen Angestellten, Ärzten, Studenten und sogar von Schulkindern brachte das Baumwollgeschäft des Landes jedoch in die Kritik. Mit Präsident Mirziyoyev hatte dies jedoch bald ein Ende. Auch mit deutscher Unterstützung wurden nun die Standards verbessert, effizientere Methoden bei Anbau und Ernte umgesetzt und die Wertschöpfung im eigenen Land gefördert. Der von der USA wegen Kinderarbeit und Zwangsarbeit betriebene Baumwoll-Boykot wurde 2022 aufgehoben.

Baumwollsammelstelle in Chust

Übrige Landwirtschaft

In zunehmendem Maße wird in Usbekistan wieder Getreide angebaut, so wie dies vor der russischen Kolonialisierung der Fall war. Getreide benötigt dabei weit weniger Wasser als die Baumwolle. Neben recht großen Mengen an Weizen gibt es bei Termiz und in Xorazm auch ausgedehnte Reisfelder. Zudem wird Mais als Futterpflanze angebaut.

Wer über den usbekischen Basar schlendert, bemerkt das vielfältigen Angebote an Obst und Gemüse. Verbreitet sind verschiedene Sorten Melonen, Granatäpfele, Feigen und Trauben. Auch Nüsse, insbesondere Erdnüsse, Pistazien und Walnüsse gedeihen in Usbekistan hervorragend. Das Obst wird in zunehmendem Maße zu Fruchtsäften oder Trockenfrüchten im Land weiterverarbeitet.

Entlang von Bewässerungskanälen findet man vielerorts Maulbeerbäume. Deren Blätter werden für die Seidenraupenzucht, die im Farg'ona Tal ein wichtiger Nebenverdienst darstellt, benötigt. In dunklen, beheizten Schuppen werden die Raupen gefüttert und die Kokons an die Seidenfabriken verkauft.

Kohle, Gas, Erdöl und Energie

Die Fördermengen von Gas und Öl sind seit Jahren eher stagnierend. Zum einen ist die Infrastruktur veraltet, zum anderen wurden kaum noch neue Felder erschlossen. Es fehlt am Kapital vor allem aus dem Ausland. Präsident Mirziyoyev hat daher ein Investitionsprogramm von 2 Mrd. US$ aufgelegt, bei dem in den kommenden Jahren erheblich in die Fördertechnik und in Raffinerien investiert werden soll. Die usbekischen Autofahrer sind es bereits gewöhnt, Benzin ist schwer zu bekommen, denn das meiste Öl wird exportiert. Metangas und zum Teil auch Propan sind dagegen sehr verbreitet. Die Gasfelder liegen hauptsächlich im Bereich Buxoro und Qarshi. Erdöl wird im Süden des Landes bei Termiz gefördert. Kleinere Felder gibt es auch im Farg'ona Becken.

Braunkohle wird im Tagebau Angren abgebaut und vor allem zur Energiegewinnung im nahegelegenen Kraftwerk genutzt. Nahe Boysun und Denov in der Provinz Surxondaryo wird Steinkohle gefördert. Die Fördermengen steigen seit 2 Jahren wieder stärker als zuvor.

Die Umstellung auf erneuerbare Energien erfolgt in Usbekistan eher langsam. Der Solarpark Tutly bei Samarqand mit einer Leistung von 100 MW ist ein positives Beispiel. Usbekistan hat sich zum Ziel gesetzt, bis 2030 30% seines Stroms aus regenerativen Quellen zu beziehen.

Und Usbekistan fördert seit über 50 Jahren große Mengen Uran in den Bergen östlich von Toshkent besitzt aber keine Atomkraftwerke. Das Unternehmen Rosatom baut nun bis 2028/2030 zwei Reaktorblöcke. Zwei weitere sollen folgen. Das Atomkraftwerk mit einer Gesamtleistung von 4800 MW soll am Ufer des Tuzkan Sees errichtet werden.

Gold

3,5km lang, 2,5km breit und mehr als einen halben Kilometer tief. Die Muruntau Goldmine ist damit nicht nur die größte offene Goldmine der Welt, sondern stößt auch die höchste Menge an Gold aus. Jährlich werden in Usbekistan etwa 83 Tonnen des Edelmetalls gefördert. Damit ist Usbekistan auf Platz 12 der weltweit größte Goldproduzenten. Geologen vermuten, dass sich im Boden der Qizilqum noch weitere 5.300 Tonnen Gold befinden.

Industrieproduktion

Aufgrund der Sanktionen gegen Russland stiegen die usbekischen Warenexporte nach Russland stark an. Davon profitierte insbesondere die Lebensmittelindustrie sowie die Landwirtschaft.

Ebenfalls einen hohen Anteil haben Textilexporte. Die Herstellung von Garnen und Stoffen sowie Bekleidung wächst dynamisch. Ebenfalls im Aufwind ist die usbekische Automobilindustrie. Vom schweren LKW über PKW und Anhänger bis zum Motorroller wird mittlerweile alles in Usbekistan produziert. Maschinen dagegen werden weiterhin gerne aus Europa importiert.

Autoproduktion in Usbekistan

Gesellschaft und Alltag

Volksgruppen und Minderheiten

Die Bevölkerung Usbekistans ist historisch bedingt immer ein Schmelztiegel verschiedenster Völkerschaften gewesen. Heute leben etwa 100 Ethnien im Land, davon nach offiziellen Angaben 84,5% Usbeken, 4,8% Tadschiken, 2,1% Russen, 2,4% Kasachen und 2,2% Karakalpaken. Zu den kleineren Minderheiten zählen Tataren, Turkmenen, Kirgisen, Uiguren, Aserbaidschaner, Juden und noch einige hun-

dert Deutsche (ehemalige Wolgadeutsche). Neben Usbekistans Gesamtbevölkerung von 34,5 Mio. Einwohnern (Stand 2023) leben 3,5 Mio. ethnische Usbeken als Minderheit in Afghanistan, in Tadschikistan 1,1 Mio. und in Kirgisistan 0,7 Mio.. Weitere nennenswerte usbekische Minderheiten gibt es zudem in Kasachstan, Turkmenistan, Russland und China.
Die Usbeken sind keine homogene Gruppe sondern bestehen aus 92, andere Quellen nennen 97 Stämmen. Aus diesen Stämmen haben sich zeitweise Herrscherdynastien wie beispielsweise im Emirat Buxoro die Mangiten oder die aus die Kiyad die Shayboniyden entwickelt. Heute sind sich die meisten Usbeken ihrer Stammesherkunft kaum noch bewusst.

Mahalla

Den Begriff Mahalla kann man wohl am besten mit Nachbarschaft übersetzen. Profan betrachtet ist sie ein Wohnviertel mit einer kleine Moschee, vielleicht einem Bäcker, früher einem Brunnen und einem Badehaus. Aber Mahalla bedeutet eigentlich mehr als das. Diese soziale Struktur gibt es seit vielen hundert Jahren und Sie überstand selbst die Sowjetunion. Die Mahalla als "Schicksalsgemeinschaft" spielt eine große Rolle im Zusammenleben auf dem Land und mit gewissen Einschränkungen auch in der Stadt. Jeder kennt jeden im Viertel. Meist ist der Mullah oder eine andere angesehen Person als Vorstehen (Aksakal) bestimmt. Ihnen obliegt eine gewisse richterliche Autorität die meist auch akzeptiert wird. Im Mahalla werden daher viele Dinge des Alltags in eigener Regie geregelt. Es wird Streit geschlichtet, Ehen geschlossen oder geschieden, Begräbnisse abgehalten. Wichtiger Bestandteil ist die Nachbarschaftshilfe (Hashar). Bei Arbeitseinsätzen werden Kanäle gereinigt, die Moschee des Wohnviertels neu gestrichen oder Feste organisiert. Jeder kann beim Hausbau durch die Hashar auf Mithilfe der Nachbarn hoffen und muss dabei lediglich die Verpflegung und das Material beisteuern.

Usbekisches Haus einer Großfamilie

Wenn man sich ein klassisches Wohnhaus in Usbekistan betrachtet, wird einem schnell klar, dass hier ein anderes Familienverständnis herrscht wie bei uns in Mitteleuropa. Es besteht aus mehreren Wohneinheiten die einen zentralen Innenhof, den Hovli umschließen. Zur Straße hin gibt es kaum Fenster und nur ein großes Tor. Im Innenhof wird unter dem Schatten der Weinpergola auf einem So'ri, auch Tapchan genannt gegessen, Tee getrunken, beratschlagt und in heißen Nächten auch geschlafen. Es gibt eine "Sommerküche", einen kleinen Gemüsegarten mit Obstbäumen und ein Waschbecken. All dies wird von mehreren Familien gemeinschaftlich genutzt. Die Großeltern wohnen hier genauso wie die Eltern und die Kinder sowie deren Kinder. Meist drei bis vier Generationen. Man kann sich wohl zurückziehen und hat auch eine gewisse Privatsphäre, aber dennoch begegnet man sich täglich. Auch wenn das Zusammenleben der verschiedenen Generationen sicher nicht einfacher ist als bei uns in Europa prägt es den Zusammenhalt der Familie erheblich. Er gilt nicht als Nesthocker, wenn der jüngste Sohn (Kenja Og'il) im Elternhaus bleibt und dort seine Familie gründet. Im Gegenteil, es ist sogar dessen Pflicht, für die Eltern im Alter zu sorgen. Wofür dann eine Kinderkrippe oder ein Altenheim? In der Sowjetunion wurde darauf keinen Wert gelegt. Man baute große Wohnblocks mit kleinen 50qm Wohnungen in Plattenbauweise. Heute ist das wieder etwas anders. Der Staat verhilft jungen Familien zu einem eigenen Haus, auch mit einem Hovli hinter dem Tor. Aber es ist kein Mehrgenerationenhaus und es ist uniform um Kosten zu sparen. Sie werden zu Tausenden am Stadtrand oder in Dörfern gebaut und mittels günstigem Kredit an junge Familien verkauft. Denn Miete ist in Usbekistan generell verpönt.

Religionen und Volksglaube

Der Reisende mag sich wundern, wie liberal Muslime leben können. In Usbekistan ist dies erlebbar. Frauen mit Kopftuch oder Hijab sind selten, dass Lautsprecher der Moschee zum Gebet rufen ist eine Ausnahme und in der Choyxona wird auch mal ein Schnaps getrunken. Alles nicht so streng? Nicht ganz. Usbekistan ist tief verwurzelt in einem mystischen muslimischen Glauben der das ganze Leben beeinflusst. Atheisten gibt es kaum, pro forma Gläubige ebenso. Es wird gläubig gelebt ohne es zu zeigen. Jahrzehntelang war dies eine Überlebensstrategie in der Sowjetunion. Dies hat sich bis heute so erhalten, denn die aktuelle politische Führung beobachtet die Moscheen mit einem argwöhnischen Auge. Frommes Verhalten macht verdächtig, schnell wird Islamismus vermutet.

Etwa 90% der Bevölkerung sind sunnitische Muslime, allerdings in einer zentralasiatischen Ausprägung. Sie ist gemischt mit dem lange hier verbreiteten Zoroastrismus, dem Sufismus und sogar dem Buddhismus.

An Navro'z beispielsweise ist es mancherorts noch immer verbreitet, dass Jugendliche kleine Feuer anzünden, um diese herumtanzen und auch darüber hinweg springen. Das mittwochsfeuer (Chorshanba Sururi) soll dabei bewirken, dass man alles Negative hinter sich im Feuer lässt.

Besonders verbreitet ist der Sufismus. Eine stille, spirituelle, meditative, nach innen gekehrte Ausprägung des Islam. Sufis werden oft als Heilige verehrt, deren Grabmale sollen an sie erinnern. Das eigene Grab nahe eines solchen Schreines gilt als besonders erstrebenswert. Die Mausoleen der Heiligen können aber auch Pilgerstätte sein. Davon gibt es im ganzen Land unzählige. Ein gutes Beispiel ist der Pilgerkomplex Bahovuddin Naqshband, einem der wichtigsten Religionsstifter Usbeki-

stans in der Nähe von Buxoro. Man zieht sich schön an, bringt ein Picknick mit, die Kinder tollen ausgelassen umher. Es werden Amulette, Heilkräuter und religiöse Schriften angeboten. Fraue kriechen unter einem abgestorbenen Baum hindurch, dies soll gegen Rückleiden helfen oder Kinderlosigkeit.

Der Volksglaube an übersinnliche Kräften, den bösen Blick oder Unglück bringende Verhaltensweise sind allgegenwärtig. Die Fingernägel nie bei Dunkelheit schneiden, den Friedhof nur frühmorgens aufsuchen, zur Sicherheit über die Schulter spucken.

Ärmlich gekleidete Frauen laufen mit einem Pfännchen rauchenden Isiriq durch den Bus um die bösen Geister zu vertreiben und um einen Almosen zu bitten. Es gibt unzählige Gegebenheiten und Alltagssituationen die vom Volksglauben zeugen.

Islamismus

Es wird geschätzt, dass ca. 5-10% der Muslime in Usbekistan islamistisches Gedankengut vertreten. Insbesondere im konservativ geprägten Farg'ona Tal sind die Menschen dafür erreichbar. Die dem "Islamischen Staat" nahestehende "Islamische Bewegung Usbekistans" ("O'zbekiston islomiy harakati") oder der lokale Ableger der Hizb ut-Tahrir schüren

Koranschüler, um 1910

den Hass auf die Regierung, den Westen, das Christentum. Junge Männer ohne Perspektive und sozialen Halt sind anfällig und werden als Selbstmordattentätern rekrutiert. Zahlreiche Terroranschläge in westlichen Ländern wurden von eben diesen jungen Usbeken verübt. Der Staat reagiert mit Verboten und Einschüchterung, denn es gibt Kräfte, die das säkulare System durch ein radikalislamistisches Kalifat ersetzen wollen.

Verhaltenskanon

Usbekistan ist nicht Japan und kein Usbeke erwarten von Ihnen, dass Sie als Tourist oder Geschäftspartner alle Feinheiten der usbekischen Kultur bestens kennen. Doch Sie können mit dem Einhalten bestimmter Regeln ihrem Gegenüber Respekt zeigen und so eine höhere Akzeptanz erreichen.

Als Gast werden Sie in aller Regel vom Hausherrn persönlich an der Hof- bzw. Wohnungstür Empfangen und Verabschiedet. Es gilt als unhöflich, ein jüngeres Familienmitglied oder die Ehefrau zur Begrüßung bzw. zum Abschied zu schicken. In usbekischen Häusern zieht man immer die Straßenschuhe aus. Wenn möglich vermeiden Sie es, mit leeren Händen zu einer Einladung zu erscheinen. Wenn Sie kein Souvenir aus Europa haben, ist auch Schokolade oder zwei Non-Brote in Ordnung.

Frauen schütteln bei der Begrüßung und Verabschiedung kaum die Hände, ein Nicken bei Männern/Fremden, das Berühren der Ellbogen oder eine Umarmung bei Frauen/Bekannten ist üblicher. Unter Männern ist der (kräftige) Handschlag mit Augenkontakt immer angebracht. In gemischten Personengruppen wird die älteste oder "wichtigste" männliche Person zuerst begrüßt.

Die Sitzordnung an einem Tisch oder auf dem Tapchan ist eigentlich immer gleich: Der Platz möglichst weit von der Eingangstüre und der Toilette wird dem höchstrangigen männlichen Gast angeboten. Weniger ranghohe Männer und Frauen verteilen sich auf die übrigen Plätze. Als Paar können Sie gerne nebeneinander sitzen, auch wenn es bei Einheimischen eher so ist, dass die Frauen sich auf die eine und Männer auf die andere Seite setzen. Denn es ist unschicklich dass sich Frauen längere Zeit mit (fremden) Männern unterhalten. Dass ein

Was es in Usbekistan nicht gibt

Jedes Land ist ein wenig anders und Dinge die wir für völlig Selbstverständlich halten gibt es in anderen Ländern kaum oder überhaupt nicht. Hier ist eine sicher unvollständige Liste von Dingen die es zumindest derzeit in Usbekistan nicht gibt.

Zuccini
Spezi (Orangenlimonade/Cola)
geordnete Warteschlangen
Bahntickets zum selber ausdrucken
Graffiti
Knödel/Klöße
Tattoos (sehr wenige)
Baustellenabsicherung
Radwege
Cabrios
Currywurst
Senf Mittelscharf
Mc Donalds
Brettspiele für Kinder
Taximeter
Autobahn
Schulranzen
FKK
Gummibären
Parkscheinautomat
Strafzettel für Falschparken
Mülltrennung
Pfand auf PET Flaschen
Blutwurst
Fachwerkhäuser
Atomkraftwerke
Datenschutz
Weihnachtsmarkt
Campingplätze
Wald
Karneval / Fasching / Fasnacht
Wunschkennzeichen
eingetragener Verein
Paketabholstation
Am Zebrastreifen halten
Rauhfasertapete
Privates Eigentumsrecht an Grund und Boden
Demonstrationsrecht, Meinungsfreiheit
Pendlerpauschale
Filialen eines schwedischen Möbelhauses

Mann zwischen zwei Frauen sitzt ist auch keine gute Idee, das soll Unglück bringen. Wenn Sie den Tapchan verlassen müssen, gehen Sie hinten den Rücken an den anderen Personen vorbei.

Das Putzen der Nase in Gegenwart anderer Personen gilt als absolutes "No-Go". Man sollte den Raum verlassen, sich am besten auf die Toilette begeben und dort schnäuzen. Das kann bei einer Klimaanlagen-Erkältung ganz schön nerven.

Da es in Usbekistan nach wie vor gängige Sitte ist den Palov ohne Löffel mit der rechten Hand zu essen, ist die linke Hand dem "unreinen" Geschäft auf der Toilette vorbehalten. Freilich gibt es auch in Usbekistan Linkshänder, doch auch die sind dieser Regel unterworfen.

Das Trinken von Tee ist in Usbekistan allgegenwärtig. Bitte lehnen Sie eine Tasse Tee nie ab, es könnte als Ablehung des Gegenübers missverstanden werden. Soviel Zeit muss sein.

Wenn Sie mit Usbeken in ein Restaurant gehen ist es unüblich und auch verstörend, wenn von Ihnen danach eine getrennte Rechnung verlangt wird. Es zerstört die Harmonie des Zusammenseins. Vielmehr einigt man sich im Vorfeld wer wen einlädt und dieser zahlt dann alles.

Einladungen können ganz schön lang werden und wenn man den Wunsch verspürt, nun endlich ins weiche Hotelbett zu sinken gibt es Mittel und Wege dies höflich dem Gastgeber zu vermitteln.

Bitten Sie den Gastgeber um den letzten Tee oder dass er das "Omin" bete. Danach heißt es für alle "Kosh, turdik", lasst uns aufbrechen.

Usbekistan liegt in Asien. Und in Asien sagt man nicht "Nein". Dinge können "schwierig" sein, oder sollten "nochmals überdacht" werden. Die Mitteleuropäer sind berüchtigt für ihre Effizienz und Direktheit. Es ist daher besser diesem Klischee nicht zu entsprechen.

Dass man mit der halben Welt per "Du" ist, entspricht nicht den Gepflogenheiten in Usbekistan. Hier ist es eher das andere Extrem. Jüngere Personen sprechen ältere Personen immer per "Sie" an und platzieren nach dem Namen noch den "Ehrentitel" Opa für Schwester und Aka für Bruder, also z.B. Nargiza Opa oder Shavkat Aka. Dabei spielt es keine Rolle ob man nun verschwistert ist oder nicht. Eltern werden von ihren Kindern immer mit "Sie" angesprochen.

Senioren begegnet man mit dem allergrößten Respekt. Kinder lernen diese von Anfang an. Als Tourist sollten Sie bei einer Konversation auf Russisch, Usbekisch oder Deutsch besser immer beim "Sie" bleiben. Oder Sie sprechen Englisch, dann ist es ja egal.

Viele Dinge sind den Usbeken heilig. Das gilt auch für das Brot (Non). Es unachtsam auf den Boden zu werfen, wird schnell böse Blicke auf sie ziehen. Brotkrumen werden daher bewusst z.B. unter einem Baum ausgestreut.

Lokale Spezialitäten

Entsprechend der nomadischen Herkunft der Usbeken werden viele Gerichte in einem großen Kochkessel, Qozon genannt, gekocht. Er ähnelt einem Wok. Diese Kochkessel gibt es je nach Anlass und Zahl der zu bewirtenden Personen in verschiedenen Größen im Haus. Die Gerichte der Usbeken sind tendenziell fleischlastig, sehr Fett- und Ölhaltig. Dabei kommen sowohl pflanzliche Öle beispielsweise aus Baumwollsamen oder tierische Fette (Schaf, Ziege, Rind, Geflügel) zum Einsatz. Auf die Bedürfnisse von Vegetariern oder Veganern wird in Touristenhotspots zunehemend eingegangen. Im Land ist diese Ernährungsweise aber eher selten.

Zu jedem Gericht gibt es Beilagen wie Fladenbrot (Non, Patyr), Salat aus Gurken, Tomaten und Zwiebeln (Shakarop oder Achiq-Chuchuq), manchmal auch ein Schälchen Qatiq. Die Hauptspeisen sind sehr vielfältig und reichen von Suppen, über Teig- oder Reisgerichte bis hin zu reinen Fleischgerichten. Hier werden einige typische Gerichte kurz vorgestellt, die mit * markierten Gerichte sind auch in der öffentlichen Gastronomie erhältlich:

Die **Qaynatma Sho'rva*** ist die bekannteste Suppe der usbekischen Küche. Ihr Name bedeutet "durchgekochte Suppe". Die Hauptzutaten sind Rindfleisch am Knochen, Karotten, Kartoffeln und Zwiebeln. Je nach Geschmack bzw. Saison werden auch Tomaten, Paprika oder Kichererbsen sowie Gewürze und frische Kräuter hinzugefügt. Es gibt sie in vielen auch regionalen unterschiedlichen Varianten.

Die **Mastava** ist eine dicke Reissuppe. Für Mastava verwendet man ein wenig Fleisch, Öl, Zwiebeln, Kartoffeln, Tomaten, Karotten und Reis. Die Zutaten werden zuerst kleingeschnitten und der Reihe nach vorgebraten, dann gießt man kochendes Wasser zu und gibt den Reis hinzu. Beim Servieren wird diese Suppe oft mit einem Esslöffel Qatiq und Pfeffer nachgewürzt.

Noch reichhaltiger ist **Moshho'rda**. Zu dieser Reissuppe wird noch Mosh, also kleine grüne Mung-Bohnen hinzugefügt.

Statt mit Reis werden **Ugro** Suppen mit geschnittenen Teignudel angereichert. Alle weiteren Zutaten variieren saisonal und regional. Diese Nudelsuppen sollten nicht mit Lag'mon verwechselt werden, deren Nudel nicht geschnitten sondern gezogen werden.

Lag'mon* besteht überwiegend aus von Hand angefertigten Teignudel und einer dicken Fleisch- und Gemüsesuppe die man über die Nudeln gießt. Sie ist auch in Kirgisistan und bei den Uiguren Chinas sehr verbreitet. Lag'mon enthält meist nur mageres, kleingeschnittenes Rindfleisch und ist daher sehr schmackhaft.

Auch wenn **Norin** in der Gastronomie kaum angeboten wird, weil die Herstellung so aufwendig ist, ist es vor allem in Toshkent sehr beliebt. Es besteht aus gepökeltem, luftgetrocknetem Fleisch und handgemachten sehr schmalen Bandnudeln. Das Gericht wird kalt serviert.

Ebenfalls aus Nudelteig gefertigt sind **Chuchvara*** (auch Baraq genannt). Sie ähneln in der Form den Tortellini Italiens. Die Füllung besteht aus Hackfleisch und Zwiebeln. Chuchvara werden meist in der Brühe angeboten.

Etwas größere Teigtaschen nennt man in Usbekistan **Manti***. Dieses Gericht ist in ganz Asien verbreitet. Die Teigtaschen enthalten neben Fleisch auch kleingeschnittenes Gemüse und werden auf einem Teller angerichtet.

Das Nationalgericht **Palov*** enthält prinzipiell immer Reis, Zwiebeln, Karotten und Fleisch, dazu Gewürze. Varianten enthalten zusätzlich noch Kichererbsen, Sultaninen, seltener ganze Knoblauchknollen, ein gekochtes Vogelei, Quitte oder Mungbohnen. Palov wird in der Öffentlichkeit meist zum Mittagessen frisch zubereitet, da dies mehrere Stunden dauert. Abends angebotener Palov ist aufgewärmt. Im Farg'ona Tal gibt es Palov auch mit rotem Reis (Devzira). Diese Reissorte hat ein rötliches "Silberhäutchen" welches beim Entspelzen sichtbar wird. Diese Reissorte gilt als die Edelste in Zentralasien.

Ein beliebter Snack für zwischendurch sind im Tandir gebackene **Somsa***. Die runden oder dreieckigen Teigtaschen enthalten entweder eine Kartoffel- oder eine Fleischfüllung. Sie werden häufig auf Basaren angeboten und sind in ganz Zentralasien und auch darüber hinaus anzutreffen.

Auf jedem Basar oder am Straßenrand rauchen die obligatorischen **Schaschlik*** Grills.

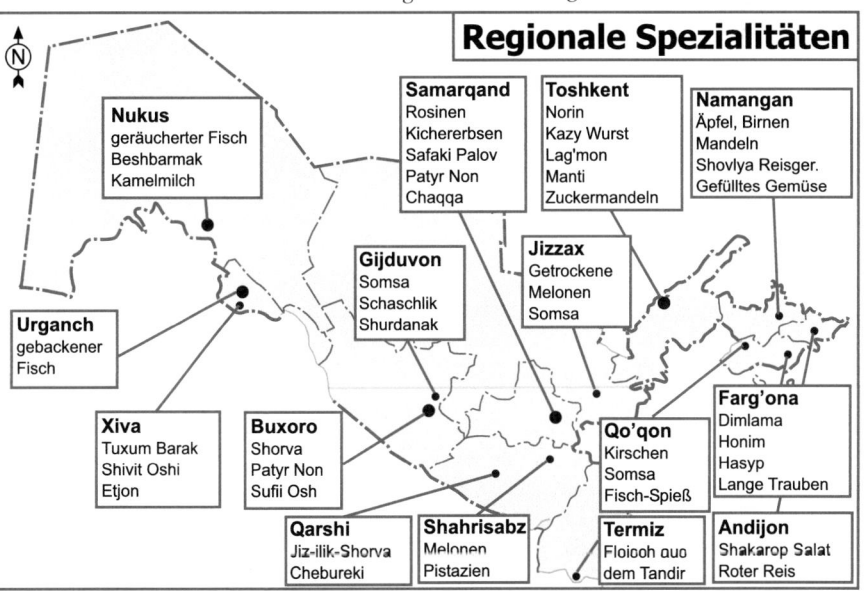

Regionale Spezialitäten

Nukus
geräucherter Fisch
Beshbarmak
Kamelmilch

Samarqand
Rosinen
Kichererbsen
Safaki Palov
Patyr Non
Chaqqa

Toshkent
Norin
Kazy Wurst
Lag'mon
Manti
Zuckermandeln

Namangan
Äpfel, Birnen
Mandeln
Shovlya Reisger.
Gefülltes Gemüse

Gijduvon
Somsa
Schaschlik
Shurdanak

Jizzax
Getrockene
Melonen
Somsa

Urganch
gebackener
Fisch

Farg'ona
Dimlama
Honim
Hasyp
Lange Trauben

Xiva
Tuxum Barak
Shivit Oshi
Etjon

Buxoro
Shorva
Patyr Non
Sufii Osh

Qo'qon
Kirschen
Somsa
Fisch-Spieß

Qarshi
Jiz-ilik-Shorva
Chebureki

Shahrisabz
Melonen
Pistazien

Termiz
Floiooh auo
dem Tandir

Andijon
Shakarop Salat
Roter Reis

Mariniertes Rind- oder Hammelfleisch wird abwechselnd mit Speckstücken auf Spieße gesteckt und gegrillt. Gutes Schaschlik ist dabei sehr zart und angenehm aromatisch. Eine Variante ist **Qiyma Kabob*** bei dem das Fleisch mit Zwiebeln durch einen Fleischwolf gedreht wird. Das um die Spieße geformte Hackfleisch wird ebenfalls auf dem Grill gebraten. Zu den Fleischspießen werden mit Essig beträufelte Zwiebelringe gereicht.

Wer wenig Lust auf Fleisch hat, kann insbesondere in Xiva den **Shivit Oshi*** probieren, grüne Nudeln mit Gemüseragout. Ebenfalls in Xorazm gern gegessen werden die großen, frittierten Teigtaschen **Gumma*** mit verschiedenen Füllungen. Eher wie Ravioli in Größe und Form sind die mit saurer Sahne servierten **Tuxum Barak*** Teigtaschen, welche einer Mischung aus Ei und Milch gefüllt werden.

Tandir und Ochok

Der Tandir ist eine seit vielen Jahrhunderten bewährte und fortentwickelte Konstruktion eines kuppelartigen Ofens. Die in Usbekistan eingesetzten Bauformen werden entweder von oben oder von vorn beschickt. Auf dem Land hat so gut wie jede Familie ihren eigenen Tandirofen und backt auch täglich frisches Brot darin. Die Tandirglocke wird häufig bei professionellen Ofenbauern gekauft und dann in der Sommerküche eingebaut. Um die Wärme länger zu halten, ist er zuweilen auch von einer Erdfüllung umgeben. Im Tandir werden auch viele typisch usbekischen Spezialitäten gebakken oder gegart. Angeheizt wird der Tandir mit Reisig vom Baumwollfeld, später werden getrocknete Dungfladen aufgelegt. Feuerholz ist in Usbekistan rar und somit teuer. Teilweise wird auch Gas als Brennmaterial genutzt. Das Aufheizen des Tandir dauert etwa 2 Stunden. Im Ofen herrscht dann etwa eine Stunde lang relativ konstant eine Temperatur zwischen 400 und 500° C. Danach werden die leicht angefeuchteten Brotfladen oder Somsa an die Innenwand geklebt.

Der Ochok ist der usbekische Herd, welcher meist neben dem Tandir gebaut wird. In ihm ruht der gusseiserne Qozon Kessel in dem viele Gerichte wie Suppen oder Palov gekocht werden. Selbst zum Färben von Garnen kann dieser Kochplatz genutzt werden. Beheizt wird der Ochok von unten. Der Brennraum wird aus Ziegelsteinen gemauert und verputzt oder mit Fliesen verkleidet.

Tapchan, Hontaxta und Dasturxon

Der Sammelpunkt in einem usbekischen Haus ist in der Regel der Tapchan. Er wird in Usbekistan auch als So'ri bezeichnet. Der Tapchan wird im Innenhof (Hovli) aufgestellt und kann aus Holz oder Metall sein. Ein Tapchan misst etwa 2 x 2,5 Meter. Damit ist er auch als Schlafstätte für zwei bis drei Personen geeignet. Insbesondere in heißen Sommernächten ist das Schlafen auf dem Tapchan sehr viel angenehmer als im Haus. Mitten auf dem Tapchan steht häufig ein niedriger Tisch, der Hontaxta.

Alternativ zum Hontaxta wird einfach ein Tischtuch (Dasturxon) auf dem Boden ausgebreitet. Auf dem Tischtuch werden die Speisen, Teller, usw. abgestellt. Um den Hontaxta oder das Dasturxon Tuch herum werden mit Baumwolle gefüllte Matten (Kurpacha oder To'shak) gelegt auf denen man sitzt oder liegt. Um den Komfort etwas zu erhöhen sind oft auch große Kissen oder weiche Rollen (Bogchan) vorhanden.

Im Haus oder der Wohnungen wird auf dem Boden gesessen und gegessen, auch wenn dort eine klassische Polstergruppe vorhanden ist. Hier gilt das selbe wie auf dem Tapchan. Entweder sitzt man um einen niedrigen Tisch oder ein Tischtuch auf dem Boden. Im Winter wird unter den Hontaxta Tisch eine als Sandal bezeichnete Wärmequelle geschoben. In ihm sind heiße Steine oder Sand, welcher die Füße wärmt.

Tisch und Stuhl gibt es in Usbekistan natürlich auch, dies gilt aber nicht als landestypisch.

Tapchan: Ein beliebter Platz zum Verweilen

Sandyk

Als die Usbeken noch Nomaden waren, war dies das größte "Möbelstück" in der Jurte. Auf dieser Holztruhe werden die Schlafmatten tagsüber gelagert. Heiratet ein Paar bekommt es auch heute noch eine Mitgift oder Aussteuer (Sarpa). Diese beinhaltet zumindest auf dem Dorf auch eine Truhe in die Stoffe und andere Textilien verstaut werden. Diese Holztruhe, Sandyk genannt gibt es in vielen Varianten und Größen auf dem Basar zu kaufen. Meist sind sie auf der Vorderseite mit buntem Metall verziert, es gibt aber auch eingravierte Muster oder sogar kunstvolle Schnitzarbeiten. Handwerker fertigen diese auf Anfrage an.

Ein Sandyk Truhe aus Buxoro

Beshik

Unmittelbar nach der Hochzeit wird vom jungen Paar das erste Kind erwartet. Kommt es dann zu einer Schwangerschaft, wird dies in aller Regel nur im engsten Familienkreis kund getan. Zu groß ist die Angst vor dem bösen Blick. Werdende Väter haben im Kreissaal nichts zu suchen und werden nach draußen verbannt. Bekommt die junge Mutter einen Sohn, so stellt dies für sie eine Aufwertung ihres Status in der Familie des Bräutigams dar. Der Name des Kindes wird traditionell nicht von den Eltern, sondern den Großeltern väter-

licherseits festgelegt. Ein Imam spricht den gewählten Namen dem Kind dreimal in jedes der beiden Ohren und betet für das Kind und die Eltern.

In einer kleinen Zermonie wird das Baby von der ältesten Frau in der Nachbarschaft zum ersten mal in das Kinderbettchen (Beshik) gelegt. Kunstvoll aus hölzernen Drehteilen gefertigt und in weiten Teilen Usbekistans auch bunt bemalt ist es die erste Schlafstätte für den jungen Erdenbürger. Um das Kind vor bösen Geistern zu schützen wird in das Bettchen ein Stück Brot, eine Zwiebel, eine Peperoni, Knoblauch und ein kleines Messer gelegt. Den bösen Blick abwehren soll ein Vorhang der über das Kinderbett gelegt wird. Das Baby wird mit breiten Bändern auf dem Bett festgeschnallt, damit es nicht herausfallen kann. Statt Windeln ist im Wiegenboden ein Behälter für die Notdurft eingebaut. Die Babies verbleiben im Beshik für 12 Monate.

Beschik Kinderbettchen auf dem Basar

Usbekische Bekleidung

Auch heute noch allgegenwärtig ist die klassische, schwarz-weiße Do'ppi oder Kalpak, also das quadratische Käppchen der Männer mit weißen oder silbrigen Stickereien darauf. Wenngleich die übrige Kleidung der usbekischen Männer weitgehend der europäischen Kleiderordnung angepasst ist, so wird doch auf diese Kopfbedeckung noch vielfach wert gelegt. Die Weißbärtigen alten Männer tragen mitunter noch die traditionelle Kleidung, eine weite Pluderhose die in den Schaft der hohen Lederstiefel (Maxsi) gestopft wird. Um die Lende wird ein seidenes Tuch (Belbog) gebunden. Darüber, je nach Jahreszeit, ein gefütterter oder dünner knopfloser Umhang (Chopon), schlicht mit grauen oder blauen Streifenmu-

Die klassische Bekleidung auf dem Land

stern verziert. Auf dem Kopf natürlich die Do'ppi, umwickelt mit einem weißen Tuch, das Schweiß aufnimmt und der fehlenden Haarpracht wegen auch vor der Sonne schützt. Die Stadt Chust in Farg'ona Tal sowie Shahrisabz gelten als bekannte Herstellungsorte für diese Käppchen.

Usbekische Frauen kleiden sich nicht nur in ländlichen Gegenden mit einem bis zu den Waden reichenden Kleid. Darunter oft eine weite Hose. Die Haare werden von einem bunten Kopftuch vor der Sonne und dem Staub geschützt. Gerade in Usbekistan sind die Frauen nur selten verschleiert und tragen das Kopftuch nicht zwingend aus religiösen Gründen. Jüngere Frauen, insbesondere unverheiratete Mädchen sind mit knielangen Kleidern, darunter auch Leggins oder Hosen bekleidet.

Enge Hosen oder eben nur Hosen sind vor allem bei älteren Frauen verpönt. Auch tragen usbekische Frauen nur bei festlichen Anlässen Kleider aus Atlas Seide.

Bei Hochzeitspaaren sind meist nur die Frauen traditionell gekleidet, wenngleich in Usbekistan viele auch in Weiß die Hochzeit feiern. Auf dem Basar in Toshkent kann man jedoch durchaus auch traditionelle Hochzeitskleidung und Brautschmuck ‚von der Stange' bekommen.

Jurte

Die Jurte spielt bei den bereits sehr lange sesshaften Usbeken kaum mehr eine Rolle. Sie ist heute vereinzelt nur noch in den Region Surxondaryo, Navoiy und der Republik Karakalpakistan anzutreffen. Häufig sind die Besitzer gar

keine Usbeken sondern ethnische Kasachen, Kirgisen oder Karakalpaken. Auch haben diese Jurten meist ihre ursprüngliche Funktion als Wohnstätte verloren und werden als Touristenunterkunft oder zur Unterbringung von Gästen bei Familienfesten genutzt.

Kasachische Jurte in der Qizilqum Wüste

Kunst, Kultur und Architektur

Durch die vielen kulturellen Einflüsse von außen entstand in Usbekistan eine Vielfalt von Traditionen die sich beispielsweise in der Malerei, angewandter Kunst, Musik, Tanz, Architektur und Festen darstellt. Besonders prägend dabei waren die iranischen Urvölker, die nomadischen Turkvölker, die Chinesen, Araber sowie in den letzten zwei Jahrhunderten die Russen.

Malerei

Es war jahrhundertelange Praxis, dass man bei Eroberungszügen nicht nur Gelehrte, sondern auch Künstler in die eigene Hauptstadt brachte um dort von ihrem Können zu profitieren. Insbesondere orientalische Handwerker waren immer gefragt und wurden gebraucht, um neue prachtvolle Moscheen, Minarette, Paläste oder Koranschulen zu dekorieren. So lässt sich erklären, dass im Iran, in Nordindien und in Usbekistan ähnliche Maltechniken für die Ausgestaltung angewandt wurden.

Waren es in der Frühzeit figürliche Felsmalereien, später Wandbemalungen die besondere Szenen festhielten so entstand nach der islamischen Eroberung ein ganz neuer Stil der vorrangig Ornamente, Muster und die Kalligraphie einsetzte.

Besonders in der Epoche der Temuriden im 14. und 15. Jahrhundert erfuhr die bildende Kunst eine unglaubliche Blühte. Vieles von dem was wir in Museen und an Gebäuden bestaunen können, stammt aus dieser Zeit.

Insbesondere der Miniaturmalerei von Persern wie Kamol od-Din Bekhzod, einem der größten Künstler des späten Mittelalters können wir es verdanken, dass wir eine Vorstellung vom damaligen höfischen Leben erhalten.

Einige hundert Jahre später erreichte die bildende Kunst mit Ahmad Donish (1826-1897), Maler, Poet und Schriftsteller in den Diensten des Emirs von Buxoro einen weiteren Höhepunkt.

Die Tradition der Malerei des 20. Jahrhunderts welche Sie in den Museen Toshkents und in Nukus bewundern können lebt bis in unsere Zeit fort. So bieten zeitgenössische Künstler Tag für Tag ihre Werke in der Fußgängerzone "Broadway" in Toshent an.

Tanz

Hinter den dicht verschlossenen Türen des Harems führten Tänzerinnen schwermütige, melancholische Choreographien auf. Sie sollten dem Khan oder Emir etwas Abwechselung bieten. Auf den Straßen trugen Frauen schwere Rosshaarschleier (Paranja). Es galt die Scharia. Anfang des 20.Jh. jedoch verbrannten mutige Frauen ihren Schleier und begehrten auf. Viele mussten mit dem Leben dafür bezahlen, wie auch Nurxon Yo'ldoshxo'jayev in Mag'ilon. Sie wurde von ihrem eigenen Bruder umgebracht. Auch Tamara Hanum (1906–1991), eine gebürtige Armenierin verbrannte den Paranja. Sie trat als erste Tänzerin öffentlich auf und befreite den usbekischen Tanz von seiner Melancholie. Muharam Turg'onbaeva gründete die ersten Tanzensembles des Landes. Zwischen 15.000 und 20.000 Gesten beinhalten die komplexen Tanzstiele aus Xorazm, Buxoro und Farg'ona.

Tänze aus Farg'ona zeichnen sich durch eine scheu-kokette, feine und sehr ausgefeilter Mimik aus. Arme und Beine fließen und gleiten so harmonisch wie Seide. Buxorischer Tanz dagegen wird in prächtig mit Gold bestickten Gewändern aufgeführt. Die Choreographie ist prunkvoll mit scharfen Gesten und erhobenen Schultern. Der persische und jüdische Einfluss ist hier unverkennbar. Der Tanzstil in Xorazm ist der fröhlichste der drei usbekischen Tanzrichtungen. Er enthält humoristische Elemente, ist lebhaft und manchmal auch clownesk. Die Schritte sind klein den man tanzt auf einer Fläche so groß wie eine Lag'an Palovplatte.

Tänzerin Katja Daniela Hillebrand

Musik

Die moderne usbekische Musikszene ist sehr lebendig und klingt sehr angenehm. Die traditionelle, klassische Musik des Landes ist jedoch wesentlich fremdartiger und daher auch in keiner Weise mit der europäischen Klassik vergleichbar. Die Radiosender in Usbekistan senden einen interessanten Mix aus lokaler Musik Zentralasiens und aus aller Welt. Sie sind dabei weit weniger auf englischsprachige Musik fokussiert wie dies in Mitteleuropa der Fall ist.

Traditionelle Musik

Die klassische usbekische Musik entstammt der

persisch dominierten Hofmusik Buxoros. Vom 16. bis 20. Jahrhundert breitete sie sich auch in andere Landesteile aus. Dieser als Maqom bezeichnete Musikmodus wird in unzähligen, auch improvisierten Varianten gespielt. Am bekanntesten ist der Shash Maqom. Er ist in sechs Maqomat, also instrumentale und vokale zyklische Großformen unterteilt, die einen grundsätzlich gleichartigen äußeren Aufbau, jedoch jeweils andere Tonalität und Ausdrucksqualität haben.

Mit dem Untergang der Monarchie ging zunächst auch diese mündlich weitergegebene Kunstmusik verloren. In den 1950er und 60er Jahren wurde eine Rekonstruktion versucht, die jedoch nicht mehr dem persischen Original entsprach. Die politisch motivierte "Usbekisierung" zerstörte dabei die innere musikalische Logik, so das Urteil der Musikhistoriker. Aufgeführt wird der usbekische Shash Maqom z.B. im Konservatorium in Toshkent und der verkürzte Chahar Maqom in Qo'qon. Dort, im Farg'ona Tal ist auch das "Große Lied" (Katta Ashula) beheimatet. Dieser unbegleitete Festgesang von drei bis vier Männern zeichnet sich durch voluminöse Stimmen und dem Einsatz eines Tellers zur Verstärkung des Vibrato aus. Zu den bekanntesten Komponisten traditioneller usbekischer Musik zählen Turgun Alimatov und Muhammadjon Mizayev.

Neben dem bekannten Maqom und Ashula gibt es im Sinne der Volksmusik auch rituelle Lieder (Koshuq), Epen die in einem Sprechgesang vorgetragen werden (Dastan), Klagelieder (Yig'i) und instrumentelle Melodien (Cholgu Kui). Alle diese Gesänge und Musikstücke begleiten vor allem die ländliche Bevölkerung auch heute noch durch ihren Alltag und ihre Festtage. Insbesondere in der Region Boysun sind diese musischen Traditionen noch sehr lebendig und wurden von der UNESCO sowie der usbekischen Akademie der Wissenschaften systematisch erforscht.

Moderne usbekische Musik

Während der Sowjetperiode gab es nur eine kleine Popmusikszene wie die bekannte Gruppen Yalla, Sado oder die Sängerin Nasiba Abduallaeva. Das änderte sich nach der Unabhängig drastisch. Musikpioniere wie Yulduz Usmanova, Sevara Nazarxon, Sogdiana oder Rayhon Ganieva prägten diese Musikszene entscheidend. Heute ist usbekische Musik sehr divers. Sie umfasst alle Stilrichtungen und Stimmungen, mal lustig (Bojalar) oder melancholisch (Rayhon), eher klassisch (O. Nazarbekov) oder progressiv (Budur). Eine Klasse für sich ist sicher Yulduz Usmanova mit ihrer unerreichten Virtuosität und künstlerischen Bandbreite. Kostproben bieten Radiokanäle wie Radio Grand, O'zbegim Taronasi Radio oder A'lo FM über das Internet.

Literatur

Die usbekische Literatur entwickelte sich auf der Basis der reichen Folklore und mündlichen Überlieferungen. Erlebnisse wie die Unterdrückung durch Besatzer oder den eigenen Herrscher wurden in teils langen epischen Gedichten zum Ausdruck gebracht.

Der Epos Alpomish über den Mut und die Tapferkeit einer Heldengestalt entstand wohl im Altai und wurde von den Oghusen nach Transoxanien gebracht. Er gilt heute als ein Denkmal der orientalischen Literatur.

Mit durchaus hintersinnigem Humor und scharfem Spott wurde Xoja Nasreddin Afandi zur Legende. Auf ihn gehen zahlreiche Märchen, Legenden und Erzählungen zurück die zum Nachdenken anregen sollen

Die Literatur des 11. Jahrhunderts war geprägt von religiösen Normen der islamischen Moral. In Lehrgedichten sollten Koranschüler eben diese Normen aber auch die Sprache und Ausdrucksformen erlernen.

Dann folgte für die Literatur das goldene Zeitalter der Temuriden. Die Religion trat wieder etwas zurück und es entstanden die unvergänglichen Werke des Dichters, Denkers und Politikers Alisher Navoiy. In seinem Werk "Hamza" vereinte er die fünf Dastans "Wunder guter Menschen", "Farhod und Shirin", "Layla und Majnun", "Sieben Reisende" und "Alexanders Mauer". Er schrieb im damals noch wenig verbreiteten Tschagataisch und setzte sich mit dieser Vorläufersprache des heutigen Usbekisch intensiv auseinander.

Ebenfalls in die Epoche der Temuriden und gleichzeitig auch deren Ende markiert das Werk "Boburname" des großen Dichters, Herrschers und Begründers der Moghul Dynastie in Nordindien, Zahir ad-Din Muhammad Bobur.

Bobur verfasste diese Autobiographie in Tschagataisch und wurde dabei vom berühmten "Shahname" der Persers Firdavsi inspiriert. Nach einer gewissen Stagnation im Bereich der Literatur brachte das junge 20. Jahrhundert gleich eine ganze Reihe namhafter usbekischer Literaten hervor. Zu den bekanntesten zählen Muqimi, Hamza Hakimzoda Niyoziy, Abdulla Qodiry, Oybek, Go'fur Gu'lom und Hamid Olimjon.

Angewandte Kunst

Als Tourist werden Sie der Flut von Souvenirs in Usbekistan kaum entgehen. Aber warum auch? Sie ist vielfältig, meist auch wirklich kunstvoll und zudem erschwinglich. Nehmen Sie daher besser den größeren Koffer mit ...

Ziselieren

Die usbekische Metallziselierung birgt unzählige Gravurtechniken in sich. Neben Tellern und Schalen werden auch Messer und Scheren verziert.

Die Messing- oder Kupferrohlinge werden dabei in eine Plastikmasse eingegossen, welche als Unterlage dient. Mit kleinen Hämmern und Meiseln werden dann die vorgezeichneten Muster aus dem Material herausgearbeitet. Bereits Schulkinder beherrschen diese bemerkenswerte Kunst. Es gibt Künstlergruppen in Samarqand, Qo'qon, Marg'ilon, und Toshkent. Als kreativste Gruppe gelten jedoch die Künstler Buxoros.

Keramik

Die Kunst des Formens und Bemalens von Keramiken in Usbekistan scheint unübertroffen. Insbesondere die etwa 100 Künstler im Dorf Rishton im Farg'ona Tal sind dabei sehr produktiv. Ein großer Teil der in Usbekistan angebotenen Keramik stammt von hier. Grundtöne sind blau und türkis. Die Ornamente sind teilweise von extremer Feinheit.

Auch in der Kleinstadt G'ijduvon nahe Buxoro wird diese Kunst der Keramikherstellung von Generation zu Generation weitergegeben. Hier sind die Grundtöne eher Braun und Gelb. Die Ornamente wirken sehr frisch und bunt, jedoch nicht so fein wie in Rishton.

Goldstickerei

Archäologen fanden nahe Toshkent goldbestickte Kleidungsstücke aus dem 1. und 2. Jh. n. Chr. und in arabischen Schriften fand man Hinweise auf Goldstickereien beim Kök-Türkischen Adel im 8. Jh. n. Chr. .

Das Goldsticker-Handwerk hat in Usbekistan daher schon eine sehr lange Tradition. Kunden im 18.Jh. waren in erster Linie die Adeligen und ausgeführt wurde das Handwerk fast ausschließlich von Männern.

Im 19. Jh. breitete sich das Anwendungsgebiet immer weiter aus, es wurden neben prunkvollen Gewändern nun auch Vorhänge, Messerscheiden oder Pferdegeschirr damit verziert.

Ab der Mitte des 19.Jh. wandelte sich die Kundschaft langsam, nun wurden auch weniger wohlhabende Bürger mit Goldstickerei Verzierungen bedient.

Nach dem Krieg, etwa ab der 60er Jahre des 21.Jh. wurde das Handwerk immer mehr automatisiert, Maschinen übernahmen nun die Stickereiarbeiten. Es wurden nun auch große Wandbehänge vor allem für Hochzeiten angefertigt. Die Muster und Ornamente werden aber nach wie vor von Xizmakash-Künstlern entworfen

Insbesondere in Buxoro hat sich seit der Unabhängigkeit eine immense Vielfalt der Goldstickerei, "Sardusi" genannt, entwickelt. Unterschieden wird die klassische enge Bestickungstechnik "Samindusi" von der ausgedünnten Bestickung "Guldusi".

Stickerei

Diese im ganzen Land verbreitete Handwerkstechnik bringt eine Vielzahl von verschiedenen Produkten hervor. Sehr bekannt sind Wandbehänge (Suzane). Die eingesetzten Muster sind floral, ornamental oder figürlich. In die Gegend um Boysun ist das Motiv zweier Mädchen mit Hirschen typisch. In Buxoro werden auch sehr schöne Kissenbezüge (Bolish) mit Granatäpfeln, Blüten und Ranken auf einem beigen Gewebe angeboten. Die Stapel der Schlafmatten werden mit einem "Borpush" abgedeckt um sie vor Staub und Licht zu schützen. Über Hochzeitspaaren spannt man einen kunstvoll bestickten Samtstoff (Ximildik) wie ein Baldachin auf und in Shahrisabz stellt man traditionell sehr schöne bestickte bunte Käppchen (Do'ppi) her. Sie können eine quadratische oder runde Grundform haben. Die weit verbreiteten silbern oder weiß bestickten schwarzen Kappen der Männer werden heute meist maschinell in Fabriken hergestellt.

Teppiche
Wenn Sie im Internet nach usbekischen Teppichen suchen treffen Sie meist auf einen geknüpften "Buchara-Teppich" in einem roten Grundton. Mit sehr großer Wahrscheinlichkeit ist dieser Teppich jedoch im turkmenischen Stil. Früher wurden Turkmenen-Teppiche hauptsächlich in Buxoro gehandelt, daher der Name.
In Dörfern handwerklich hergestellte Teppiche (Palas oder Alasha) sind meist gewebt und haben Streifenmuster. Solche Web-Teppiche werden fast ausschließlich von Frauen hergestellt. Als Rohstoff wird Schafwolle oder Baumwolle verwendet. Junge Mädchen lernen zunächst das Spinnen von Fäden, später dann auch das Weben am Webstuhl. Diese Palas Teppiche sind recht preisgünstig und in den meisten Fällen auch echt usbekisch.
Es werden folgende Web-Teppicharten unterschieden:

Koxma	Einfache Streifenmuster
Gʻajari	mit gemusterten Zierbändern
Terme	Hochwertige, feine Webteppiche
Takir	Schußfäden bilden große Muster
Okenli	Webteppich mit gestickten Mustern

Geknüpfte Teppiche gibt es natürlich auch, diese werden jedoch häufig in Fabriken hergestellt. Handgeknüpfte Teppiche haben in der Regel geometrische Unregelmäßigkeiten. Ein perfekter Teppich dagegen ist sicher aus der Maschine. Auch unterscheidet man chemische Färbstoffe und Naturfarben. Letztere sind eher blass und wirken "alt". Die edelsten Teppiche sind natürlich die Seidenteppiche. Da Seidenteppiche recht teuer sind, ist die Gefahr groß, über's Ohr gehauen zu werden. Sind Sie hier also ganz besonders vorsichtig und kaufen Sie solche Teppich nur direkt beim Hersteller. Dort erfährt man viel über die Herstellung und Arten der Teppiche. Führungen in Teppichfabriken vermitteln usbekische Reiseveranstalter. Das Museum im Ark in Buxoro zeigt zudem eine große Sammlung sehr schöner Stücke.

Filzteppiche
Filzen ist eigentlich eine Domäne der Nomaden Kirgisistans und Kasachstans. Doch auch in usbekischen Dörfern ist das Herstellen von Filzprodukten, insbesondere Filzteppichen (Kigʻiz oder Tekiymet) verbreitet. Diese werden im Außenbereich oder in Jurten verwendet, da sie die Kühle des Bodens reduzieren. Die großen Wellenmuster erinnern an griechischer Ornamente und genau auf diese Ursprünge, das Gräko-Baktrische Reich werden diese Formen zurückgeführt. Die Muster werden dabei in kontrastierenden Farben mit einer schmalen Umrisslinie ausgeführt. Filzteppiche sind ein weiteres Indiz für die nomadische Herkunft der Usbeken.

Seide
Die Seidenzucht gilt als eines der ältesten Handwerksgewerbe in Usbekistan. Die Geschichte der Seidenraupenzucht und Seidenverarbeitung geht bis in die Antike zurück. Von dieser langen Geschichte zeugen sowohl etliche Manuskripte und Fundstücke als auch die unzähligen Maulbeerbäume landesweit, einige von ihnen sind bereits mehrere hundert Jahre alt.
Jedes Frühjahr werden in vielen Dörfern Usbekistans Seidenraupen gezüchtet und damit etwa 26.000 Tonnen Seidenkokons produziert. Der größte Teil wird ins Ausland verkauft, der Rest im Inland zu Rohseide verarbeitet. Die Seidenraupenzucht ist ein wichtiger Nebenverdienst für die Familien und alle helfen mit. Die Zweige der Maulbeerbäume müssen geschnitten und mit dem Eselkarren nach Hause gebracht werden. Dort wird der Schuppen mit der Zucht geheizt, denn die Raupen mögen es warm. Schließlich pflückt man die Kokons aus den Ästen. Im Schuppen müffelt es gewaltig und das Freßgeräusch der Raupen ist gruselig. Also keine einfache oder angenehme Arbeit.
Die Weiterverarbeitung der Kokons erfolgt größtenteils in Manufakturen. Gefärbt wird heute wieder mit Naturfarben. Alle großen Seidenfabriken wurden schon vor Jahren geschlossen. Von der Bindetechnik, mit der die Fadenbündel gefärbt werden stammt der verbreitete Begriff "Ikat".
Prinzipiell werden in Usbekistan zwei Seidenstoffarten unterschieden:
Bei den Seidensorten Khan Atlas, Atlas, Shoyi und Podshohi bestehen die Kett- und Schußfäden aus reiner Seide. Sie unterscheiden sich durch die Dichte und die Luftdurchlässigkeit des Gewebes.

Dagegen sind Stoffe wie Adras, Banoras oder Pasma Mischgewebe bei denen die Kettfäden aus Seide und die Schußfäden aus Baumwolle sind. Diesen preiswerteren Stoffe fehlt dabei der seidige Glanz weshalb man sie gut von reiner Seide unterscheiden kann.

Neben reinen Baumwollstoffen wird auch Synthetik in Ikat Optik angefertigt. Die Stoffbahnen sind in der Regel zwischen 35cm und 75cm breit.

Holzarbeiten
Ähnlich fein wie die Keramikmosaike sind auch die Erzeugnisse der Holzschnitzer Usbekistans. Höhepunkte dieser Kunst sind wunderschöne, geschnitzte Türen oder die riesigen Säulen in den Moscheen. Aber auch kleine Gebrauchsgegenstände wie Schatullen, Koranständer oder Schneidebrettchen werden von Künstlern hergestellt, die in den Touristenstädten tätig sind. Die Ornamente sind häufig floral und geometrisch.

In Usbekistan fertigen Schreiner und Tischler auch heute noch Jurten, Werkzeuge und Musikinstrumente an. In den Dörfern gibt es auf den Basaren traditionelle Möbelstücke wie Truhen (Sandyk), Sitzpodeste (Tapchan, So'ri), Babywiegen (Beshik) oder niedrige Tische (Hontaxta).

Es werden die lokalen Holzsorten wie Pappel, Platane, Nussbaum oder Aprikose verwendet.

Navro'z
Das Frühlings- oder Neujahrsfest wird in weiten Teilen des Orients am 21.März zur Tagundnachtgleiche gefeiert. Die Wurzeln reichen etwa 3000 Jahre in die Region Chorasan, das nordostiranische Bergland zurück. Für die Zoroastrier Persiens hat das Fest auch eine religiöse Bedeutung, in Usbekistan ist es jedoch ein rein weltliches Fest.

Begonnen wird Navro'z mancherorts bereits am Mittwoch vor dem 21.März mit dem Chorshanba Sururi, dem Mittwochsfeuer. Dabei treffen sich Jugendliche und entzünden ein Feuer über das einige Mutige auch hinwegspringen. Dabei hofft man auf die reinigende Wirkung des Feuers, das alles Schlechte hinweg nimmt. Unmittelbar vor Navro'z bereiten die Frauen das traditionelle Sumalak zu. Das Eindicken des Weizengerichtes dauert ca. 12-15 Stunden vom Abend bis zum nächsten Tag. Dabei wird

gesungen, ausgelassen getanzt und gebetet. Jede Frau, die gerade am Rühren ist, darf sich dabei etwas Wünschen.

Und dann heißt es überall: "Navro'zingiz muborak bolsin!" in Deutsch etwa ein "Frohes Navro'z Fest!". Im Haus wurde alles gründlich geputzt und die ganze Familie kleidet sich neu ein. Neben den offiziellen Feiern besucht die Bevölkerung auf Festplätzen Attraktionen wie Tauziehen (Arqon Tortish), Hammel- und Hahnenkämpfe, (Qochkor Suzish und Horoz Oyin), Luftseilakrobaten oder Kurash Ringkämpfe (Siehe dort). Auch werden Verwandte und Bekannte besucht und kleine Geschenke vorbeigebracht, natürlich auch etwas Sumalak.

Kurash
Der Ringkampf Kurash wird wie auch das Reiterspiel Ko'pkari in den Wintermonaten und auch um Navro'z veranstaltet. Dabei messen sich Männer im Ringkampf und es gilt den Gegner zu Boden zu ringen. Es gibt dabei keine Begrenzung im Alter oder Gewicht, wobei es natürlich Sinn macht, das ebenbürtige Kämpfer gegeneinander antreten. Es gibt einige vorgeschriebene Regeln, feste Griffelemente und technische Verfahren, die man dabei beachten muss. Obwohl es bei den Kämpfen recht ruppig zugeht, wird großen Wert auf Fairness gelegt. Ein Schiedsrichter überwacht den Kampf aus unmittelbarer Nähe. Auf solchen Wettbewerben gibt es neben Ruhm und Ehre natürlich auch Preisgelder oder Sachpreise zu gewinnen.

Ko'pkari
Ko'pkari, auch Buzkashi, Kokmari oder Uloq genannt sind traditionsreiche Reitturniere, welche meist im Winter stattfinden. Dieses ungestüme Reiterspiel ist ein Sinnbild für die nomadische Herkunft der Usbeken.

Nomaden trafen sich in Winterquartieren um sich zu messen oder einfach Spaß zu haben. Heute werden auf dem Land Turniere angesetzt und die Bevölkerung strömt. Die Regeln und der Ablauf sind so simpel wie hart. Die Reitern stellen sich in einer Reihe auf. Weit vor Ihnen liegt ein gefüllter Sack, der einen toten Tierkörper darstellen soll. Nach Anpfiff galoppieren alle zu dem Sack und wollen diese ergreifen. Dabei entsteht ein wilder Tumult denn es gilt, diesen Sack in den Zielkreis zu tragen und dort die Peitsche in die Luft zu reißen. Aber selbstverständlich wollen das alle. Um erfolgreich zu sein, werden auch Gruppen gebildet die sich gegenseitig helfen. Als Preis winkt in den ersten Runden ein Radio oder ein Teppich, nett zum Warmwerden. Doch in den kommenden Runden wird der Preis immer wertvoller bis hin zu Grundstücken, Autos oder Pferden. Dann geht es richtig zur Sache.

Architektur

Es mag den Besucher usbekischer Baudenkmäler verwundern, dass er trotz der Jahrtausende alten, extrem wechselhaften Geschichte Zentralasiens heute praktisch durchgehend islamische Architektur antrifft, bei der die ältesten noch erhaltenen Gebäude aus dem 10.Jh. stammen.

Dies hat vor allem zwei Gründe: Zum einen wurde während der Islamisierung Zentralasiens beim Bau von öffentlichen Gebäuden statt der bis dahin üblichen ungebrannten Lehmziegeln auf haltbarere gebrannte Ziegel umgestellt. Natürliches Gestein stand in den Oasengegenden nicht ausreichend zur Verfügung, so dass vorwiegend gebrannte Ziegel zum Einsatz kamen. Zum anderen wechselte die Religion bis heute nicht mehr, weshalb Kultbauten von Andersgläubigen nie in größerem Maße zerstört wurden. In der Sowjetphase wurden diese jedoch häufig vernachlässigt, umgewidmet oder als bauliches Denkmal ohne Funktion profanisiert.

Die meisten heute noch erhaltenen Gebäude stammen aus der postmongolischen Zeit, denn damals wurden die meisten Städte durch die Feldzüge Dschingis Khans und Amir Temurs ausgelöscht. Doch Temur war es auch, der gewaltige Moscheen, Mausoleen und Paläste in Usbekistan errichten ließ. Seine legendären Großbauten und Parkanlagen waren überall in

seinem Reich verstreut, die meisten jedoch in der Temuriden-Hauptstadt Samarqand.

Charakteristisch für usbekische Seidenstraßen-städte war deren Aufteilung in eine stark befestigte Zitadelle, den von der Stadtmauer umgebenen Schachristan mit Wohnhäusern, Basaren sowie Handwerkervierteln und der Vorstadt, Rabat genannt. Diese Vorstädte waren zwar auch von einer Mauer umgeben, doch hatten diese nur eine geringe militärische Funktion. Mittelpunkt der Stadt und des Lebens in ihr war und ist der Basar. Während der Sowjetzeit wurde jedoch in vielen Städten dieser Kommunikations- und Handelsplatz aus der Stadtmitte auf das Land ausgelagert, denn die historisch gewachsenen, nicht immer sauberen Marktviertel mit ihren schiefen Lehmhäusern und Buden waren den modernen sowjetischen Stadtplanern ein Dorn im Auge. Zwar wurden bereits in der Spätphase der Sowjetära einzelne Bauten saniert, so z.B. die Bibixonim Moschee in Samarqand, doch die Qualität der ausgeführten Arbeiten war dabei sehr gering. Nach der Unabhängigkeit wird nun ein ungleich höherer Aufwand betrieben, die alten Bauten zu rekonstruieren und zu erhalten. Die Regierung hat erkannt, dass der Tourismus ein wichtiger Wirtschaftsfaktor ist und dies auch der nationalen Identität förderlich ist. Die Herangehensweise ist jedoch nach wie vor sehr sowjetisch. Alte, gewachsene Stadtviertel werden abgerissen, so dass die sakralen Gebäude etwas verloren in großflächigen Grünanlagen stehen. Auch die Profanisierung setzt sich fort. Das Ergebnis sind heute praktisch ausgestorbene Innenstädte, die eher wie eine sterile Touristenzone wirken.

Auch bei den Wohngebäuden vollzieht sich ein Wandel. Die Zeit der großen Plattenbauten aus normierten Betonfertigteilen ist weitgehend vorbei. Wer zu etwas Geld gekommen ist, lässt sich eine Villa im Fantasiestil errichten. Die Regierung baut einheitliche Fertighaussiedlungen die dem klassischen usbekischen Haus (Ui) mit Innenhof (Hovli) ähneln.

In einem solchen Innenhof wird nicht selten ein kleiner Garten mit Blumen, Gemüse und Obstbäumen angelegt. Der Zugang zum Innenhof erfolgt über eine meist überdachte Einfahrt mit einem großen Tor zur Straße hin. An die schattenspendenden Wein-Pergolen schließen sich ein oder mehrere Wohnhäuser an. Diese sind je nach Wohlstand mehr oder weniger mit Möbeln ausgestattet. Meist sitzt man auf dem Boden. Gegessen und Geschlafen wird im selben Raum, wobei es in der Regel einen Empfangsraum und daneben einen der Öffentlichkeit nicht zugänglichen Raum der Frauen gibt. Die Küche ist in einem separaten Gebäude oder unter einer der Pergolen. Da fast keine Vorräte im Haus aufbewahrt werden ist eine Speisekammer nicht üblich.

Paläste von Herrschern wie beispielsweise der Toshhovli in Xiva sind im selben Schema errichtet, erstrecken sich aber oft über zwei Stockwerke und sind entsprechend reich mit Zierelementen ausgestattet.

Diese Zierelemente haben sich in Jahrhunderten aus den verschiedensten Kunstrichtungen der Völker Zentralasiens, den wechselnden Beherrschern dieser Völker und den Handelspartnern entlang der Seidenstraße entwickelt.

Persien spielte dabei immer eine herausragende Rolle und so verwundert es kaum, dass man heute im Iran ähnliche Moscheen und Medresen antrifft wie in Xiva oder Samarqand. Regionale Unterschiede in der Ornamentik und den verwendeten Farben sind aber in jedem Fall bemerkbar. Man bedenke jedoch, dass eine Medrese in Buxoro beispielsweise nie nur von buxorischen Bauleuten und Künstlern errichtet und gestaltet wurde. Vielmehr bildeten sich Spezialisierungen heraus - die Malerei aus Xorazm, die Säulen aus Qo'qon und der Marmor aus Samarqand. Das ist selbst heute noch so, denn die Bauwerke müssen regelmäßig renoviert werden.

Nachfolgend werden einige architektonische Grundformen der historischen Bauwerke dargestellt:

Konstruktionselemente
Mauerwerk
Bis in das 10. Jh.n.Chr. hinein wurden öffentliche Bauten meist in Lehmbauweise, also mit luftgetrockneten Lehmziegeln (Gisht) ausgeführt. Für Wohngebäude und Befestigungsbauwerke galt dies auch weit darüber hinaus. Der Lehm wird dabei mit Stroh vermischt um eine höheren Dämmwert gegen Hitze oder Kälte zu erhalten. Dieser ökologisch hervorragende Baugrundstoff wird auch heute noch verwendet, heißt Paxsa und ist für das kontinentale Klima in Usbekistan ideal.

Die wenigen heute noch erhaltenen frühen Bauwerke mit gebrannten Ziegeln setzten diese meist quadratischen Ziegel (Pishiq-Gisht) auch als Zierwerk ein. Sehr schön ist dies beim Samoniden Mausoleum in Buxoro zu sehen. Aufgrund der geringen Holzvorkommen in Zentralasien war das Brennen von Ziegeln mit großen Aufwand und Kosten verbunden. Als Brennmaterial wurden und werden pflanzliche Stoffe wie Schilf, Dornenbüsche oder Baumwollhalme verwendet.

Um Festungsbauwerke wie Stadtmauern zu errichten, wurden zwei Schalungsmauern errichtet und dazwischen Erde eingefüllt.

Iwan und Peshtoq
Abweichend von der zunächst vorherrschenden griechischen Architektur entwickelten die Parther Persiens um die Zeitenwende die neue Bauform des Iwan. Die Vorderseite eines griechischen Säulentempels erhielt einen zunächst offenen, später von einem Tonnengewölbe überbauten Vorraum. Dabei wurde das Gewölbe entweder als Rundbogen ausgeführt wie bislang in der Antike üblich oder ab dem 1. Jh. v. Chr. auch als Spitzbogen. Ein sehr schönes Beispiel für einen tiefen Iwan ist das Mausoleum Sulton Saodat bei Termiz.

In der weiteren Architekturgeschichte Transoxaniens wurde der Iwan zunehmend zum Kunstobjekt. Statt eines rechtwinkeligen Iwans wurde nun ein halbierter oktagonaler Grundriss gewählt (Siehe Tillakori Medrese in Samarqand). Im Inneren der Gebäude wiederholt sich das Iwan Thema in einer meist rechtwinkeligen Nische, die mit kunstvollen Stalaktitengewölbe (Muqarnas) ausgestattet ist. Im Fall einer Moschee wird diese Nische Mihrab genannt.

In vielen Moscheen und Medresen Usbekistans trifft man eine geometrisch angelegte vier Iwan Anlage an. Dabei sind im Innenhof jeweils zwei Iwane geometrisch gegenüberliegend errichtet. Vor die Eingangshalle (Iwan) ist in der Regel eine Prunkfassade (Peshtoq) gesetzt. Sie erhielt im Laufe der Geschichte die unterschiedlichsten Formen der Gestaltung: geschliffene Ziegel, glasierte Ziegel. geschliffene glasierte Ziegel oder glasierte Reliefziegel. Einen guten Überblick der Fassadengestaltung erhalten Sie in der Shohi Zinda Nekropole in Samarqand.

Kuppeln und Gewölbe

Ganz entscheidend für die frühe Architektur in Transoxanien war die Kunst des Wölbens. In Ermangelung von Bauholz, bzw. Balken wurde bereits 4000 Jahre vor der Zeitenwende mit überkragenden Gewölben und Sprengwerk mit zwei oder drei Ziegeln gearbeitet. Ab dem 3. Jh.

raum zwischen der relativ flachen Innen- und der melonenartig ausgewölbten Außenkuppel vorgesehen. Gemauerte und hölzerne Stützen verteilten die Last der Außenkuppel auf die Innenkuppel. Repräsentative Gebäude wie das Mausoleum Go'ri Amir verlangten jedoch nach größeren Innenräumen. So erweiterte man den

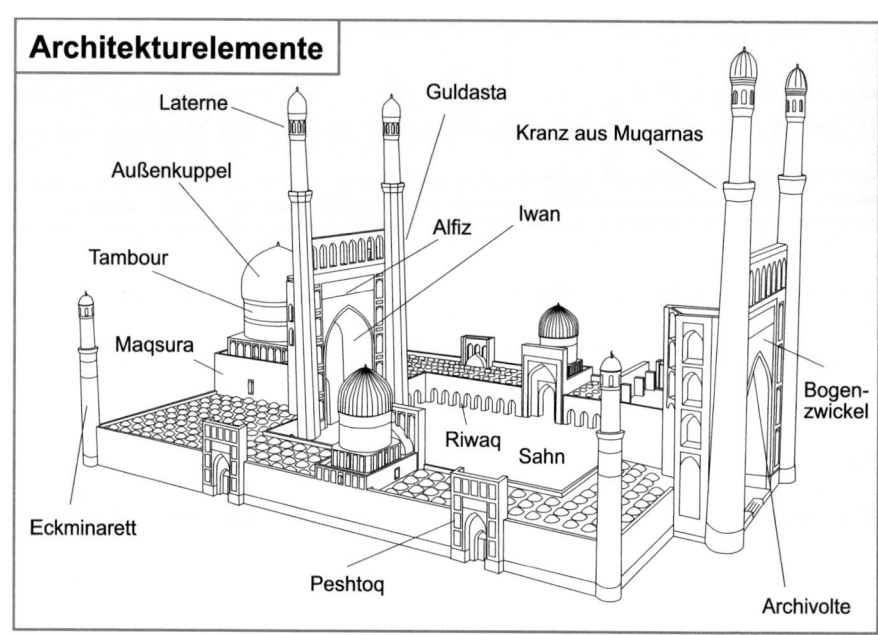

Architekturelemente

Laterne, Guldasta, Kranz aus Muqarnas, Außenkuppel, Alfiz, Iwan, Tambour, Maqsura, Bogenzwickel, Riwaq, Sahn, Eckminarett, Peshtoq, Archivolte

v. Chr. entstanden auch Gewölbe mit Radialschichten meist noch in der für die Antike typischen runden Form. Etwa 500 Jahre n. Chr. setzte sich dann zunehmend der Spitzbogen sowohl bei Tonnengewölben als auch bei Kuppeln durch. Diese Form geht vermutlich auf die Form der Jurte zurück, die insbesondere in Zentralasien ebenfalls ein solches Spitzbogen Profil inne hat.

Bei Kuppeln bestand die Herausforderung darin, von einem rechteckigen Grundriss auf eine runde Kuppel überzugehen. Die ältesten noch erhaltenen Bauwerke zeigen neben nischenartigen Trompen auch Frühformen der Muqarnas, einem Stalaktitengewölbe. Zunächst gab es die Kuppeln in einfacher Ausführung, das heißt Innen- und Außenkuppel waren identisch. Durch die Einführung der dekorativen Tamboure wäre jedoch das innere Raumgefüge disharmonisch geworden. So wurde insbesondere in der temuridschen Epoche ein Hohl-

Hauptraum zu jeder Seite mit Nischen und erhielt somit einen kreuzförmigen Grundriss. Um immer größere Kuppeln ohne störende Säulen zu konstruieren verlagerten die Baumeister die Tragestruktur nach außen. Diese Bänder leiten die Kräfte auf die tragenden Wände ab. Ein schönes Beispiel ist die Xonaqo Abdulazixzon im Bahovuddin Naqshband Pilgerkomplex. Die Ausgestaltung der Außenkuppel wird in glatte und rund gerippte Formen unterschieden. Die glatten Kuppeln sind in Usbekistan meist monochrom in einer Farbe gestaltet. Muster oder Schriftzeichen wie im Iran oder Irak trifft man in Usbekistan nur selten an. Gerippte Kuppel wirken besonders plastisch und sind in der Herstellung sehr aufwendig. Die Zahl der Rippen korrespondiert häufig mit einer heiligen Zahl aus dem Koran.

Säulen und Pilaster

Die in Usbekistan schon seit vielen hundert Jahren nahezu unverändert eingesetzte Form der Holzsäulen teilt sich in vier Bereiche auf. Die Säulenbasis (Kursi), die Kugel am unteren Ende des Schaftes (Ko'zagi), der sich nach oben verjüngende Schaft (Ustun) und schließlich das Kapitell (Ustunning).

Die Holzsäulen ruhen als Schutz vor Bodenfeuchte meist auf einem steinernen Block der nicht selten mit Ornamenten verziert ist.

Am schmalsten ist die Säulen am Übergang von der Basis zur kugelartigen Kuzaga. Dieser Bereich ist nicht selten mit einem Metallring umgeben. Die Kuzaga ist meist vollständig mit ornamentalen Schnitzereien verziert. Diese setzen sich am Schaft fort bis hinauf zum Kapitell. Diese sind zuweilen zu einem breiten Kranz aus Muqarnas ausgebildet. Alternativ dazu wurden auch Kapitelle eingebaut, die an persische oder griechische Formen erinnern.

Welchen großen Wert die Holzsäulen hatten wird dadurch deutlich, dass man diese beim Abriss eines alten Gebäudes nur ungern wegwarf, sondern wieder in das neue Gebäude einbaute.

Steinsäulen wurden in Usbekistan nur sehr selten eingesetzt. Aufgrund von Erdbeben bewährten sie sich nicht (siehe auch Bibixonim Moschee).

Pilaster, also angedeutete Säulen als Schmuckelement sind in Usbekistan an nahezu jedem Peshtoq zu sehen. Sie folgen den Kanten des Portales innen und teils auch außen. Im Aufbau ähneln sie den Holzsäulen und werden häufig als steinerne Zöpfe ausgebildet.

Fenster, Türen und Tore

Bis in die Mitte des ersten Jahrhunderts nach Christus gab es kein Fensterglas, denn dessen Herstellung wurde beispielsweise in Syrien erst im 7. Jh. entwickelt. Man verwendete im Winter stattdessen Tierhäute, dünn geschnittenes Alabaster oder aus China stammendes Papier um den Wind draußen und die Wärme drinnen zu halten. In den heute noch erhaltenen mittelalterlichen Gebäuden wurden als Sicht- und Sonnenschutz kunstvolle wabenförmige Fenstergitter geschaffen. Das traditionelle usbekische Haus hat in der Regel gar keine Fenster (Deraza) nach außen. Das Leben ist dabei völlig nach Innen zum Hof (Hovli) gerichtet. Heute sind einfache Holzfenster üblich.

Ausdruck künstlerischen Schaffens sind auch die Türen, selbst bei gewöhnlichen Wohnhäusern. Diese werden aufwendig geschnitzt und mit ebenfalls kunstvoll geschmiedeten Beschlägen versehen.

Eine Dimension größer und noch reicher verziert sind die Tore der öffentlichen Gebäude. Auch heute werden moderne Moscheen häufig im alten Stil erbaut (z.B. Hast Imom oder Minor Moschee in Toshkent) und mit entsprechenden Holztoren ausgestattet.

In Wohnungen und Privathäusern werden heute vorwiegend Metalltüren eingebaut.

Kasettendecken

Der Blick nach Oben zur Decke lohnt sich meist, denn die lokalen Baumeister gaben sich große Mühe bei der Gestaltung der Decken. Insbesondere bei offenen Moscheen (Namazgoh Moscheen) oder in Palästen wurden von Säulen gestützte Kassettendecke eingesetzt. Die Bemalung ist sehr bunt und meist ornamental. Zur hervorhebung der Muster sind die Decken auch reliefiert.

Im zentralen Element einer solchen Schmuckdecke wurde häufig eine kleine Kuppel eingelassen die mit Muqarnas ausgefüllt wurde. Eine Besonderheit sind Oberlichter wie in der Jome Moschee in Xiva.

Muqarnas

Stalaktitengewölbe, in Arabisch Muqarnas ge-nannt sind ein ganz wesentlicher Bestandteil der historischen Architektur Usbekistans. Die Technik entstand ab Mitte des 10. Jh., das älteste noch erhaltene Bauwerk mit dieser Nischendekoration ist das Mausoleum Arab Ota in Tim. Von Zentralasien und Persien aus verbreitete sich diese Technik über den gesamten islamischen Kulturraum.

In nahezu jedem temuridischen Bauwerk sind Muqarnas entweder in Mihrab Nischen, Iwan Decken, Minarettkränzen oder in Trompen zu sehen.

Um Muqarnas herzustellen werden die Teilelemente zunächst genau berechnet. Daraufhin wir ein Modell aus Holz angefertigt. In die Negativform wird nun Gips gegossen. Teilweise nutzte man aber wegen des geringeren Gewichtes auch Pappmaché. Das zusammengefügte Gewölbe ist dabei nie selbsttragend, sondern wird an Holzstangen regelrecht aufgehängt. Mit Muqarnas kann ein faszinierendes, beinahe verwirrendes Kunstwerk geschaffen werden, das mit einer opulenten Bemalung zum Höhepunkt eines Gebäudes avanciert.

Dekorationselemente

Bis zur Islamisierung Transoxaniens wurden repräsentative Bauten sowohl mit Ornamenten als auch mit figürlichen Darstellungen verziert. Letztere hatten wegen der geringen Alphabetisierung zudem einen dokumentarischen Zweck. Sie zeigen Jagdszenen, Kämpfe oder Staatsempfänge meist um den darauf abgebildeten Herrscher zu huldigen. Mit der griechischen Eroberung durch Alexander den Großen kam auch die hellenistische Kunst nach Zentralasien. Wellenornamente sind beispielsweise ein prägendes Stilelement das sich bis heute in der angewandten Kunst finden lässt. Maßstäbe setzten die Griechen, in dem Sie den neuen Werkstoff Gips, und damit die Stuckarbeiten ins Land brachten. Die als Gansh bezeichneten Gipsarbeiten prägen seit vielen Jahrhunderten die Architektur Usbekistans und sind bis heute populär. So entstanden nun auch plastische Wandfriese mit Figuren, Blumen, Ranken oder geometrischen Formen. Durch den Einfluss des Zoroastrismus aus Persien und des Buddhismus aus Indien wurde der Formenschatz nochmals reicher und verschmolz zunehmend mit dem Hellenismus.

Ausgehend von der arabischen Eroberung Zentralasiens und der damit verbundenen Einführung der arabischen Sprache als Lingua Franca des Islam entstand ein starkes kulturelles Band zwischen den islamisierten Völkern. Die Anfänge der islamischen Architektur in Buxoro sind nur schemenhaft zu erkennen. Die wenigen, erhaltenen Zeugnisse wie beispielsweise das Kalon Minarett oder das Samoniden Mausoleum zeigen jedoch deutlich, dass die Formensprache des frühen Islam viele vorhandene Kunstformen übernahm. Abbildungen von Gestirnen, Tieren oder Pflanzen waren dem ursprünglichen Islam fremd. Prägend waren hierbei vor allem ornamentale Muster aus Persien. Schmuckpanele mit eckigen Linienmustern (Girix) und kunstvoll mit Arabesken verzierte Koransuren bildeten zunehmend die Dekoration der hohen Portalfassaden (Peshtoq). In der vormongolischen Periode vom 12.Jh. bis zum frühen 13. Jh. war der

Einsatz von farbig glasierten Kacheln eher die Ausnahme oder wurde nur dezent eingesetzt.

Mit dem mongolischen Vernichtungsfeldzug sanken viele Städte in Schutt und Asche. Er war eine Zäsur in der Kunst und Architektur, die bewirkte, dass nun Neues ausprobiert, Städte großzügiger und weiträumiger angelegt wurden. Ab dem 14.Jh. löste insbesondere Amir Temur einen gewaltigen Bauboom aus. Nun wurden glasierte Ziegel flächenhaft eingesetzt, Kuppeln mit Tambouren erhöht und gewaltige Schmuckfassaden errichtet. Baumeister aus allen eroberten Ländereien brachten ihre spezifische Kunst nach Mawara'unnahr, dem Gebiet des heutigen Usbekistan. Insbesondere Städte wie Samarqand, Sharisabz und Qarshi blühten nun auf. In Buxoro dauerte es bis zum 16. Jh. bis auch dort wesentlich dezenter als in Samarqand die neuen Dekorationstechniken Einzug hielten. Doch die Glanzzeit der architektonischen Entwicklung war nun schon vorüber. Nur in Xiva entstanden dank des florierenden Sklavenhandels noch bedeutende Neubauten.

Bilder, Muster und Ornamente

Die figürlichen Darstellungen der Antike wurden auf Lehmwänden mit Mineralfarben ausgeführt. Zur Akzentuierung umriss man Farbflächen mit schwarzen Linien. Die Griechen brachten die räumliche Tiefe und Perspektiven in die Wandgemälde. Auch wurde die Ausarbeitung der Gemälde immer feiner und detailreicher. Sie waren somit der Wegbereiter für die Buchmalerei und die Miniaturmalerei späterer Jahrhunderte.

Die Formen der Ornamente entwickelten sich bis zur arabischen Eroberung in immer feinerer Ausprägung. Insbesondere die Funde in Afrosiyob zeigen bereits geometrische Großformen, kombiniert mit verschlungenen Ranken, Blättern und Blüten.

Die Islamisierung hat diese Kunst also nicht erst nach Zentralasien gebracht, sondern sie weiterentwickelt und zur höchsten Blüte entfaltet.

Schaut man sich die Ornamente genauer an, sind bestimmte Grundstrukturen zu erkennen. Die eckigen, streng geometrischen Linienstrukturen, Girih genannt gehen häufig von einem Stern aus. Im nachfolgenden Beispiel ein achteckiger Stern, welcher aus zwei Quadraten jeweils um 45° versetzt entsteht.

Setzt man die Linien des Sterns fort, so ergibt sich ein Muster wie es beispielsweise in der Kassettendecke des Tosh Hovli Palastes in Xiva zu sehen ist.

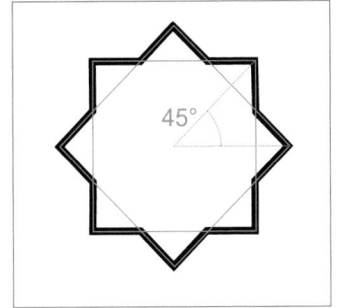

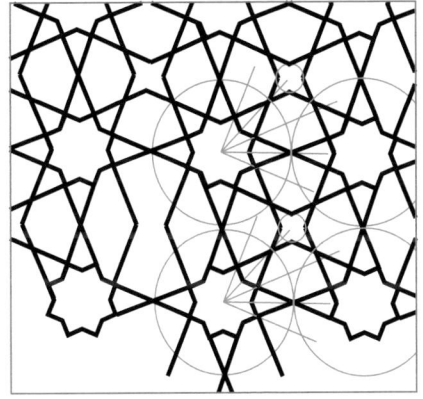

Es gibt auch Ausgangssterne mit einer höheren oder niedrigeren Eckenzahl die dadurch die unterschiedlichsten Ornamente ergeben.

Ranken mit sich gabelnden Blättern (Arabesken) werden ebenfalls häufig als Ausschmückung von Großformen, Kalligraphien oder als Hauptbestandteil eines Panels verwendet. In Kombination mit stilisierten Blüten, Früchten oder Baumwollkapseln ergeben sie florale Themen. Da praktisch alle Bauelemente mit Ornamenten gestaltet wurden, ist die Ausprägung mannigfaltig: Decken, Türen, Fenster, Säulen, Säulensteine, Stuckfriese, Panele, Gewölbe aber auch unterschiedliche Basismaterialien wie Holz, Keramik, Gips oder Metall.

Die absolute Perfektion im Entwurf und der Umsetzung endlos erscheinender Ornamente zeugt von dem hohen Niveau der Künstler und deren Motivation immer wieder Neues zu erschaffen.

Bei aller Geometrie und Mathematik die sich hinter diesen Ornamenten verbirgt, darf jedoch nicht vergessen werden, dass durchaus auch bildhafte Gemälde von Landschaften mit Bächen, Bäumen und sogar Tieren in der islamischen Kunst Usbekistans vorkommen. Selbst das Antlitz eines Menschen, wenn auch als Sonne "getarnt" pragt auf der Sherdor Medrese in Samarqand.

Schriftzeichen und Kalligraphie

Antike Schriftzeichen gelten als Glücksfall der Geschichtsschreibung, denn Sie geben Auskunft über Herrscher, Schlachten oder alltägliche Vorkommnisse. Altpersische Schriften, die wie die arabische Schrift von rechts nach links geschrieben wurden ähneln dieser im Duktus. Persisch war über viele Jahrhunderte die beherrschende Sprache der Gelehrten und auch Tschagataisch, die Vorläufersprache des usbekischen wurde in persischen Schriftzeichen niedergeschrieben. Doch erst die Islamisierung beförderte die Kunst der Schrift, die Kalligraphie in den Rang eines bestimmenden Dekorationselementes. Um die Bedeutung der Koransuren angemessen darzustellen entwickelten sich zwei wesentliche Schriftfamilien die sich wiederum in zahlreichen Unterformen ausprägten. Die Kufi Schrift ist der älteste arabische Schriftstil. Die aufsteigenden Linien stehen im 90° Winkel zur Grundlinie und enthält keine Punkte (Diakritika). Eine Abwandlung ist die Quadratkufi welche auf großen Wandflächen angewendet wurde. Dem ungeübten Auge erscheinen Sie wie Geometrien, tatsächlich sind es jedoch Buchstaben die würfelartig angeordnet sind.

Die zweite Schriftfamilie besteht aus sechs kursiven Schreibstilen. Am bekanntesten ist die Naschi Schrift. Bei der Verzierung von Gebäuden wurde jedoch eher auf die Thuluth mit sehr biegsamen Buchstaben, großen Oberlängen und schwungvollen Endungen gesetzt.

Die Schriften wurden häufig mit geometrischen Mustern oder Ranken hinterlegt, um möglichst wenig leere Fläche zu hinterlassen.

Baukeramik

Die Bauweise der Antike mit ungebrannten Lehmziegeln Gebäude zu errichten schränkte die Gestaltungsmöglichkeiten der Fassade auf die Form des Baukörpers und relativ grobe Formen wie angedeutete Säulen (Pilaster) und Zinnen ein. Insbesondere die Vergänglichkeit der Lehmarchitektur durch Wind und Wetter ließ eine solche Aussendekoration als wenig sinnvoll erscheinen. Es entstand daher eine sehr nach innen gerichtete Bauweise, die beim traditionellen Wohnhaus (Hovli) bis heute Bestand hat.

Dies änderte sich mit der Einführung gebrannter Ziegel ab dem 9./10. Jh. n. Chr.. Entweder wurden die meist quadratischen Ziegel nun als gestaltendes Objekt eingesetzt wie beispielsweise beim Samoniden Mausoleum in Buxoro, oder die unglasierten Ziegel wurden gezielt in eine Form gebracht, um als dekoratives Element zu dienen, z.B. bei der Fassade der Moschee Mag'oki Attoriy ebenfalls in Buxoro. Dabei wurden die Ziegel geformt und dann gebrannt oder als Rohlinge gebrannt und dann zugeschnitten oder geschliffen.

Mit der Kenntnis der Glasur etwa ab dem 12.Jh. begannen die damaligen Baumeister insbesondere in Blautönen glasierte Kacheln an prominenter Stelle (z.B. als Zierband unter der Laterne eines Minaretts oder als Panel über einem Eingangsportal) anzubringen.

Schriftbeispiel Kufi

Schriftbeispiel Thuluth

Schriftbeispiel Quadratkufi

Mit dem Einfall der Mongolen und der damit großflächigen Zerstörung der Städte waren auch neue Ideen bei der Gebäudegestaltung gefragt. Die Dynastie der Temuriden waren es schließlich, die großflächig glasierten Kacheln anbringen ließen.

So wurden unglasierte Ziegelwände mit Koransuren oder geistliche Begriffe mittels Quadratkufi Technik optisch aufgelockert. Detailreiche Formen entstanden als farbiges Mosaik oder wurden wie ein Gemälde auf die Ziegel aufgetragen und dann gebrannt.

Auch wenn die Herrschaftsperiode der Temuriden vergleichsweise kurz war, so war sie doch wegweisend. Was wir heute in den Städten Usbekistans bestaunen sind vor allem Bauwerke aus dieser Epoche. Mit dem schwindenden Seidenstraßenhandel ging nicht nur die wirtschaftliche Grundlage, sondern auch der interkulturelle Austausch verloren, der für diese Kunst von großer Bedeutung gewesen war. Den besten Überblick über alle Techniken der Baukeramik erhalten Sie in der Nekropole Shohi Zinda in Samarqand.

Bemalung und Farbgebung

Bei Ausgrabungen in antiken Palästen Transoxaniens wurden nicht selten farbenfrohe Waldmalereien aufgefunden. Diese Farben waren mitunter noch sehr gut erkennbar und konserviert. Es ist also anzunehmen, dass es immer das Bestreben dieser Wüstenvölker war, sich mit frischen Farben zu umgeben. Dies erklärt auch, dass beispielsweise Deckenmalereien mit in unseren Augen eher grellen Farben gestaltet wurden und werden.

Farbe ist jedoch auch ein Mittel um Wichtiges hervorzuheben und so eine Tiefenwirkung von Vorder- und Hintergrund zu schaffen. Deutlich wird dies bei arabischen Inschriften die meist im hellsten Farbton weiß ausgeführt wurden. Weltliche Mitteilungen oder Rankenmuster erscheinen in dunkleren Farben. Den Hintergrund bildet häufig Blautöne bis ins Türkis gehend.

Im Islam werden die Farben tendenziell mit folgenden Eigenschaften in Verbindung gebracht:

Grün ist die Farbe des Islam und des Propheten. Sie ist auch die Farbe des Paradieses. In der

Architektur Usbekistans kommt sie jedoch eher selten vor und dann häufiger als Türkis.

Blau dagegen ist die mit Abstand am häufigsten eingesetzte Farbe. Sie wird mit dem Himmel und dessen Unendlichkeit gleichgesetzt. Auch soll sie den bösen Blick abwehren. Darum sind Amulette gegen den bösen Blick in Blau gestaltet.

Gelb hat eher ein negatives Image. Sie gilt als Ausdruck von Schwäche, des Neides und des Verrats. Sie kommt daher nur selten vor.

Rot ist die Farbe des Blutes und der Gewalt. Sie weist auf Gefahren hin. Wen wundert es daher, das sie in Gerichtssälen (Arzxona) zum Einsatz kam.

Eher ambivalent ist Schwarz. Einerseits ist sie die Farbe der Kaaba, der heiligsten Städte des Islam. Andererseits ist sie auch Ausdruck von Finsternis, allem Negativen, die Farbe von Gottes Zorn. Sie wird in der Architektur Usbekistans kaum eingesetzt.

Im Islam gilt nicht Schwarz als die Farbe der Trauer sondern Weiß. Tote werden daher in ein weißes Tuch gewickelt, denn Särge sind unüblich. Weiß steht aber auch für Reinheit und wird während der Pilgerreise (Hadsch) getragen.

Die Kuppel des Qoshgumbaz Mausoleums in der Shohi Zinda Nekropole

Stuck, Alabaster und Pappmaché

Alabaster (Alebastr) und Gips (Ganch) ist bereits in der frühen Antike als Baustoff für die Innendekoration verwendet worden. Jede damalige Hochkultur, Sumerer, Babylonier und Ägypter setzten sie in ihrer jeweiligen Architektur ein. So auch die Griechen. Mit Ihnen gelang die Kunst der **Stuckverzierung** nach Zentralasien. Sowohl in Afrosiyob als auch in Varaxsha wurden bei Ausgrabungen reliefierte und bemalte Stuckpanele gefunden.

Ab dem 10.Jh. setzte man Gips, teilweise auch Pappmaché für die Gestaltung von **Stalaktitengewölben** (Muqarnas) ein. Nach der russischen Eroberung setzte sich die Verwendung von Stuck als dekoratives Element sowohl in öffentlichen als auch in privaten Gebäuden fort.

Eine weitere Dekorationsform auf Gips-Basis ist die Kundaltechnik. Dabei werden auf einer glatten Gipsfläche zunächst die Ornamente aufgezeichnet. Nun wird in mehreren Schichten ein Füllstoff wie Qizil Kesak oder Gips gemischt mit Kleister mit dem Pinsel aufgetragen. Die etwa 2mm erhobenen Reliefflächen werden nun mit Blattgold vergoldet, die Hintergrundschicht meist ausgemalt. Damit ähneln die Reliefflächen den Goldstickereien auf Stoffen.

Reiseziele in Usbekistan

Islomxo'ja Medrese und Minarett

Die Region Toshkent

Die so vielfältigen Landschaften Usbekistans bilden sich bereits in der Region um die Hauptstadt Toshkent ab. Sie reicht von den vergletscherten Gipfeln des Piskom Gebirges im Norden bis zum träge dahinziehenden Sirdaryo Strom im Süden. Die Region Toshkent wird von der quirligen Millionenmetropole Toshkent bestimmt. Im Umland herrschen dagegen bewässerte Baumwollfelder, Bergbau und Energiegewinnung sowie teilweise touristisch erschlossene Gebirge vor.

Das Leben in der Hauptstadt Toshkent ist nicht mit dem Alltag der Landbevölkerung vergleichbar. Dieses Spannungsfeld wird besonders in dieser Region deutlich sichtbar. Für Usbeken vom Land ist ein Leben in der Hauptstadt aufgrund von Zuzugsbeschränkungen häufig unerreichbar.

Die höchsten Gipfel des Piskom Gebirges im nördlichen Bereich der Region Toshkent reichen bis zu einer Höhe von 4395m auf. Ein Gebiet das vorallem unerschrockene Bergsteiger herausfordert. Wesentlich leichter zu erreichen sind die Naherholungsgebiete Chimgan und Beldersoy (Ski, Bergwandern) sowie der Chorvoq Stausee.

Da die meisten Touristen in Toshkent mit dem Flugzeug ankommen und abfliegen lohnt es sich, für die Stadt ein bis zwei Tage und bei etwas mehr Zeitbudget weitere Tage auch für das Umland einzuplanen. Die Hauptstadt des Landes bietet neben vielfältigen kulturellen Angeboten auch gute Hotels und Restaurants. Zahlreiche Museen geben entweder vor- oder nachbereitend eine umfassende Übersicht zur Geschichte und Kultur des Landes.

Großer Chimgan, 3309m

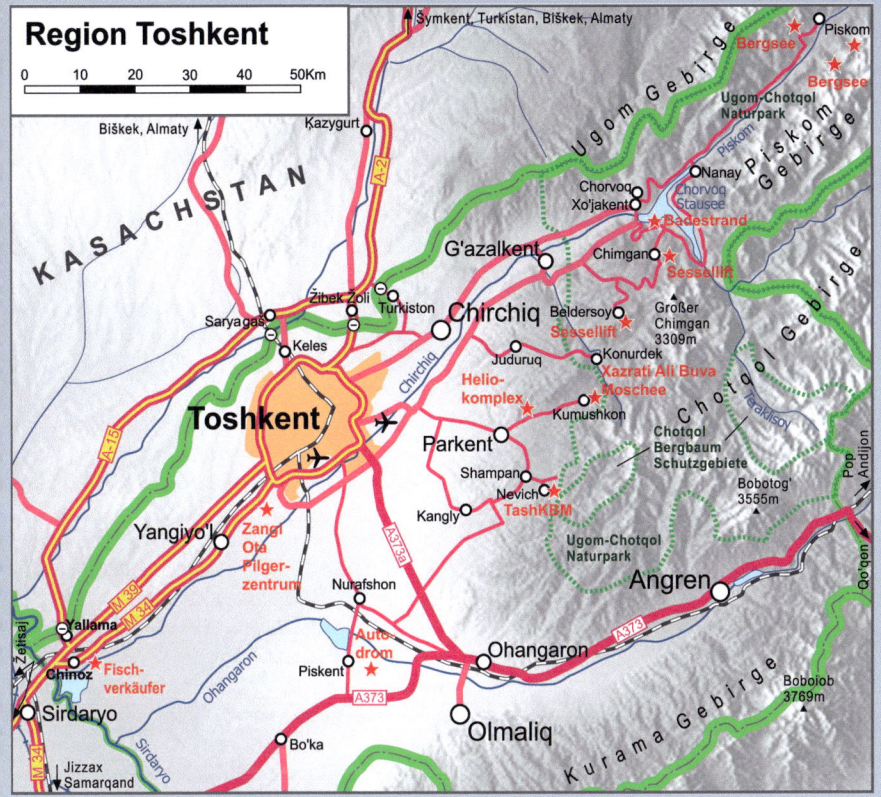

Die Highlights der Region Toshkent

● **Chorsu Basar** Tauchen Sie ein in die Welt des orientalischen Basars. Probieren Sie doch einmal usbekische Hochzeitskleidung an oder suchen Sie die besten Zuckermandeln.

● **Metro** An Glanz und Pracht sind die Stationen der Metro in Toshkent weltweit unübertroffen. Besondere Stationen sind Alisher Navoiy, Paxtakor, Mustaqillik oder Kosmonavtlar.

● **Sowjetische Architektur der Moderne** Toshkent war das Aushängeschild der modernen sowjetischer Stadtplanung und steht für eine mannigfaltige Formensprache und Monumentalität

● **Uthman-Koran** Bestaunen Sie das vergilbte Pergament von einem der ältesten Exemplare des heiligen Buches der Muslime im Herzen der Altstadt Toshkents

● **Ugom-Chotqol Naturpark** Im Sessellift durch die Landschaft des Chotqol Gebirges schweben oder auf einer vergessenen Panoramastraße bis zum Oqsokatasoy Wildbach vordringen

● **Hazrati Ali Buva und Zangi Ota Pilgerzentren** Erleben Sie die tief verwurzelte Volksfrömmigkeit der Usbeken in einem der Pilgerzentren im Umland der Hauptstadt

● **Technische Kuriositäten und Lost Places** Besichtigen Sie den Solarofen Heliokomplex oder das verlassene Weltraumforschungszentrum TashKBM nahe Parkent

Toshkent

Toshkent bedeutet ‚steinerne Stadt', ein durchaus zutreffender Begriff für die Zweimillionenmetropole Usbekistans. Sie ist heute nicht nur die größte Stadt Usbekistans, sondern auch die größte in ganz Zentralasien. Doch an ihrem heutigen Erscheinungsbild scheiden sich die Geister. Die einen bewundern die Moderne der wuchtigen Repräsentationsbauten, die anderen lehnen die zu Beton gewordene Sowjetideologie eher ab.

Jenseits dieser Geschmacksfrage bietet Toshkent seinen Besuchern jedoch viele spannende Entdeckungen, denn hier pulst das Leben des modernen Usbekistan. Darüber hinaus treffen Sie hier die beste Infrastruktur des Landes an. In den Großmärkten an der Peripherie der Stadt treffen Land- und Stadtbevölkerung kontrastreich aufeinander.

Geschichte

Toshkents belegbare Geschichte beginnt als Tschatsch, eine Bezeichnung die auf chinesische Quellen des 2.Jh. v. Chr. zurückgeht. Tschatsch ist eine Oase mit mehreren Siedlungen am Parak (Chirchiq) Fluß. Im Laufe der Zeit bildet sich eine der Siedlungen als Tschatschkand oder arabisch Schaschkand im Grenzland zu den nomadischen Türken heraus. Diese ursprüngliche Bezeichnung findet sich auch im Namen des bedeutenden Sufipredigers Abu Bakr Muhammad Qaffol Shashiy, dessen Mausoleum in der Altstadt steht.

Durch den zunehmendem Seidenstraßenhandel wächst die Stadt, unter den Samoniden Binkat genannt, weiter zu einer blühenden Handwerker- und Handelsmetropole. Im Stadtgefüge bilden sich vier Bezirke, Dahas genannt heraus: Shayxontohur, Sebzor, Beshyogoch und Ko'kcha. In deren Zentrum liegt der gemeinsamen Basar Chorsu (vier Wege). Zunächst sind diese Stadtteile sehr selbständig und haben auch ihren eigenen Bürgermeister (Hoqim). Erst 1784 gelingt es alte Konflikte zu überwinden und die Stadt zu einen.

Dennoch wird die ab dieser Zeit als Toshkent bekannte Stadt nie zu einem wichtigen politischen oder religiösen Zentrum der sich rasch einander ablösenden Reiche und Herrscher. Die wenigen heute noch erhaltenen historischen Bauwerke stammen aus der Zeit der Shaybo-

niyden die der Stadt zu Glanz und Wohlstand verhalfen. In den darauf folgenden Jahrhunderten spielt die heutige Hauptstadt Usbekistans keine wichtige Rolle mehr.

Toshkent verliert 1809 die faktische Selbstständigkeit und wird in das Khanat Qo'qon eingegliedert.

Als der russische General Černjaev 1865 die Stadt nach einer dreitägigen Schlacht einnimmt, wird sie ihrer historischen Bedeutungslosigkeit wegen systematisch zu Hauptstadt des Generalgouvernements Turkestan ausgebaut. Eine wahrhaft schmerzliche Degradierung so stolzer Städte wie Samarqand, Buxoro oder Qo'qon. Östlich der verwinkelte Altstadt entstehen die neuen Kolonialviertel der Besatzer.

Im Jahr 1898 erreicht die Transkaspische Eisenbahnlinie die Stadt und 1901 beginnt der Bau der Transarallinie nach Orenburg. Bereits um 1913 ist der Umfang der neuen Kolonialstadt größer als das ursprüngliche Stadtgebiet. Zentraler Mittelpunkt der damals 200.000 Einwohner zählenden Stadt ist der heutige Amir Temur Platz. Zu Beginn des 20. Jahrhunderts wird Toshkent wiederholt Schauplatz von Unruhen aufbegehrender Muslime, denen die taktlose, ignorante Vorgehensweise gegenüber den religiösen Oberhäuptern und den heiligen Stätten des Islam zu weit geht. Doch auch nach der Oktoberrevolution bekommt das Volk sein Grundrecht auf freie Religionsausübung nicht zugesprochen. Die nun zunehmend einsetzende Industrialisierung findet ihren Höhepunkt während des zweiten Weltkrieges, als zahlreiche Großbetriebe nach Toshkent umgesiedelt werden. Sie bleiben und bilden das industrielle Rückgrat der Region. Universitäten und Forschungszentren bringen eine wissenschaftliche Elite hervor, die eine neue, sowjetusbekische Kulturidentität schaffen.

Als am 26. April 1966 um 5:22 Uhr ein gewaltiges Erbeben die Stadt erschüttert und dabei nahezu die Hälfte der Gebäude zerstört, sterben Tausende Menschen und unzählige werden auf einen Schlag obdachlos.

Großzügig wird bei den Aufräumarbeiten aber auch so manches noch intakte Wohnviertel (Mahalla) abgerissen. Diese müssen dem sowjetischen Ideal einer modernen, repräsentativen Metropole weichen. Als dann 20% der neu

▲ *Post-Sowjetisches Toshkent: Die Hazrati Imom Jome Moschee*

Sowjetisches Toshkent: Das Museum der Geschichte und Kultur Usbekistans ▶

Blick auf das Piskom Gebirge

erbauten Wohnungen vornehmlich Russen zugeteilt wurde, kocht die Volksseele über und es kommt zu Unruhen die jedoch schnell wieder unterdrückt werden.

Mit der Einweihung der ersten Metro Zentralasiens 1977 bekommt die Hauptstadt ein komfortables und effizientes Massenverkehrsmittel. Die Metrostationen werden im sowjetischen Nationalstil gestaltet und sollen Paläste der Arbeiter sein. Monumentale Großbauten an breiten Prospekten verdrängen die koloniale Architektur zunehmend. Stadtbild prägend wird auch der 1985 fertiggestellte Fernsehturm mit 375m Höhe. Nach der Unabhängigkeit entstehen zunächst nur wenige Neubauten wie die des Parlamentes. Durch den wirtschaftlichen Aufschwung Usbekistans beschleunigt sich jedoch der Stadtumbau. Es entstehen neue Infrastrukturprojekte und die alten Mahallas werden noch weiter zurückgedrängt.

Orientierung in der Stadt

Der Mittelpunkt von Toshkent ist der Amir Temur Platz (Metro "Amir Temur Xiobony"). Von hier aus führt die Amir Temur shoh ko'chasi nach Norden zum Fernsehturm (Grüne Metrolinie). Nordwestlich erreichen Sie über die blaue Metrolinie die Altstadt und den Chorsu Basar. Der Bahnhof (Metro "Toshkent") und der Flughafen liegen südlich. Es gibt zudem zwei Ringautobahnen, den inneren Ring (Kichik halqa yo'li) und den äußeren Ring (Halqa avtomobil yo'li). Die meisten Sehenswürdigkeiten der Stadt können von einer der Metrostationen fußläufig erreicht werden.

Die Sehenswürdigkeiten in Toshkent

Das historische Toshkent

Die Spuren des alten Toshkent sind nicht auf den ersten Blick erkennbar, auch weil durch Erbeben und die Vernachlässigung alter Bausubstanz vieles verloren ging. Dennoch gibt es sie und im nachfolgenden werden die Bedeutendsten Objekte kurz vorgestellt.

Historisch betrachtet be-stand Toshkent aus vier Stadtteilen (Daha). Vom zentralen Chorsu Basar aus gesehen lag im Nordwesten Ko'kcha, im Nordosten Sebzor, im Südosten Shayxontohur und im Südwesten Beshyogoch. Von den östlichen Stadtteilen ist kaum noch etwas übrig.

Chorsu Basar ①

(Chorsu Bozori, Metro "Chorsu") Er war lange Zeit der größte Basar der Stadt und befand sich bis zum Beginn des 20. Jh in der Mitte der Altstadt von Toshkent. Trotz der jahrhundertealten Geschichte dieses Marktes ist das was wir heute sehen noch recht jung. Die große Kuppel und angrenzenden Gebäude entstanden 1988, der Portalbau bei den Garküchen in den 50er Jahren.

Schlenders Sie ein wenig und nehmen Sie die Atmosphäre des quirrligen Treibens auf. Das Marktgeschehen bietet unzählige Gelegenheiten für Fotos.

Es gibt in Toshkent noch 15 weitere Märkte. Diese werden im nachfolgenden Kapitel [Toshkent A-Z, Einkaufen] beschrieben.

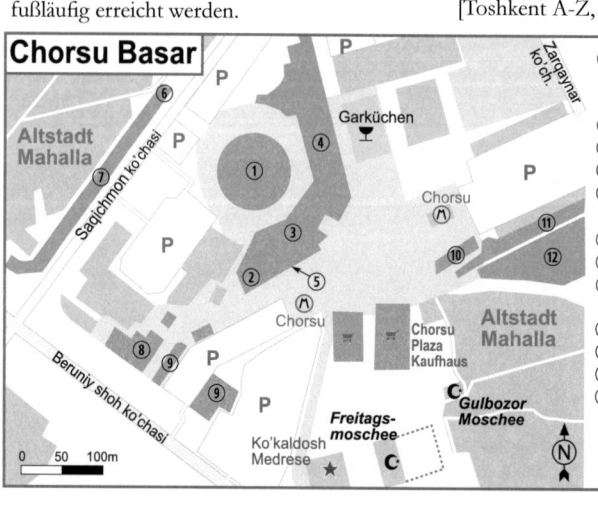

Chorsu Basar

① Milch- und Fleischprodukte, koreanische Feinkost im EG, Nüsse und Trockenfrüchte auf der Empore
② Gewürze
③ Reis, Besen
④ Gemüse / Früchte
⑤ Haushaltswaren, Keramik und Porzellan im UG
⑥ Musikinstrumente, Brotstempel
⑦ Holztruhen (Sandyk)
⑧ Hochzeitsaustattung, Stickereien, Souvenirs, Blumen
⑨ Stoffe, Kurpacha Matten
⑩ Beschiq Kinderwiegen, Kinderwagen
⑪ Schreibwaren, Schulausstattung
⑫ Bekleidung, Schuhe

Ko'kaldosh Medrese ②

(Ko'kaldosh madrasasi, 16.Jh., Metro"Chorsu")
Die Medrese des spendablen Nizom Kulbobo, rechte Hand des Khans mit dem Ehrentitel "Ko'kaldosh", übersetzt etwa mit Leibwächter, wurde 1551 erstmalig in Betrieb genommen. Das Gebäude wurde mehrmals bei Erdbeben stark beschädigt und beim Wiederaufbau verändert. Sehenswert ist auch der begrünte Innenhof. Seit 1999 arbeitet die Koranschule wieder.

Freitagsmoschee ③

(Juma masjidi, 10. Jh.-1997, Metro"Chorsu")
Auf diesem Hügel wurde bereits im Jahr 819 durch Emir Yaxya ibn Assad eine Freitagsmoschee errichtet. Es soll sogar die erste Moschee Toshkents gewesen sein. Aufgrund des schlechten baulichen Zustandes wurde 1451 mit dem Bau einer neuen Freitagsmoschee begonnen. Stifter und Initiator war Hodscha Ax Rohr Vali, ein bedeutender Leiter des Naqshbandi Ordens. Durch Erdbeben und Vernachlässigung während der Sowjetunion verfiel das Gebäude zunehmend und wurde 1996 abgerissen. Das aktuelle Gebäude entstand 2003, entspricht aber nicht mehr dem Vorgängerbau. Als Jumamoschee wird sie im Gegensatz zu einer Mahallah Moschee hauptsächlich zum Feiertagsgebet aufgesucht. Bis 1954 schloss sich an die Moschee auch eine Medrese an, die jedoch nur noch als Mauer in ihren Ausmaßen angedeutet wird. Wenige Meter nordöstlich befindet sich die kleine Gulbozor Mahalla Moschee.

Altstadtviertel ④

(Eski shahar mahalla, Metro"Chorsu") Die Sag'bon ko'chasi trennt die historischen Stadtteile Ko'kcha und Sebzor voneinander. Sie sehen niedrige, meist aus Lehm gebauten Häuser und kleine Mahalla Moscheen wie sie typisch sind für usbekische Städte. Es lohnt sich in diese ganz eigene Welt einzutauchen und diese zu erkunden.

Hazrati Imom Komplex ⑤

(Hazrati Imom majmuasi, Metro"Chorsu") Hier befindet sich das religiöse Zentrum der Stadt. Den Einheimischen ist es besser bekannt als Hastimom Komplex. Um einen weiten Platz und eine Parkanlage gruppieren sich Moscheen, Medrese, Mausoleen und die islamische Hauptverwaltung des Landes. Südlich schließt sich das noch im Bau befindliche monumentale Zentrum islamischer Zivilisationen an.

Baroqkhan Medrese ⑥

(Baroqxon madrasasi, 16.Jh., Metro"Chorsu") Das Gebäude hat eine bewegte Geschichte hinter sich. Zunächst entstand hier 1532 ein Mausoleum für den Vater eines Urenkels von Ulug'bek. Der Stifter, Navroz Ahmad mit dem Beinamen Baroqkhan gab dem Gebäude auch seinen Namen. Um 1450 und damit wenige Jahre vor seinem Tod veranlasste er die Erweiterung zu einer Medrese. So entstand der Vorbau und die Hujrazellen. Unter seinem Nachfolger erfuhr das Gebäude weitere Veränderungen und wurde beim großen Erdbeben von 1868 stark beschädigt. Bei Restaurierungen zuletzt 2007 wurde die Fassade mit für Toshkent eher unüblichen Mustern verziert. Heute beherbergt die Anlage Werkstätten und Souvenirshops.

Qaffol Shoshiy Mausoleum ⑦

(Qaffol Shoshiy maqbarasi, 16.Jh., Metro"Chorsu") Geboren 903 im damaligen Shash, gilt er als Stadtheiliger und trägt zudem den Ehrentitel Hazrati Imom. Schon in seiner Jugend begann der gelernte Schlosser Bücher zu lesen und Gedichte zu verfassen. Auf Reisen nach Xorazm und Baghdad erweiterte er sein religiöses Wissen und arbeitete sich intensiv in die islamische Rechtsprechung ein. Er verfasste unzählige theologische Bücher die zum Teil heute noch verlegt werden. Sein Grabmal wurde immer wieder neu aufgebaut. Das heutige Gebäude stammt aus der Zeit der Shayboniyden, welche das Mausoleum 1541 errichten ließen. Es diente vielen Pilgern und Anhängern als Unterkunft und Andachtsraum. Im 19.Jh. wurde das Mausoleum umgebaut und 2007 mit einer blauen Kuppel versehen.

Tilla Scheich Moschee ⑧

(Tilla Shayx masjidi, 20.Jh., Metro "Chorsu") Tilla Scheich Ota war ein erfolgreicher Schafhändler und spendete den Bürgern Toshkents diese ungewöhnliche Moschee, bestehend aus einem Winterraum mit zwei kleinen Türmchen und einer Sommermoschee.

Muyi Muboraq Bibliothek ⑨

(Muyi Muboraq kitobxonasi, 15. - 19. Jh.,

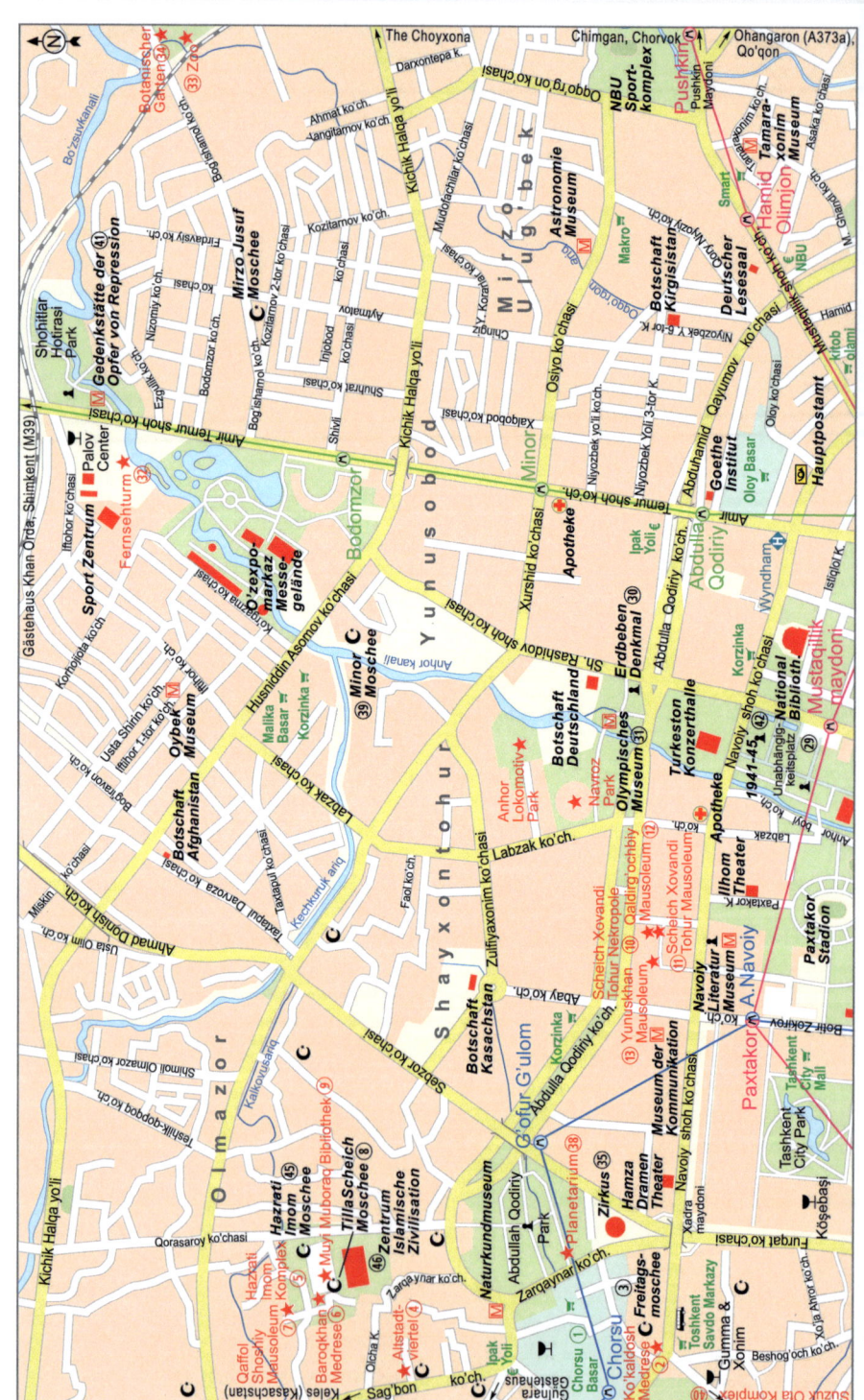

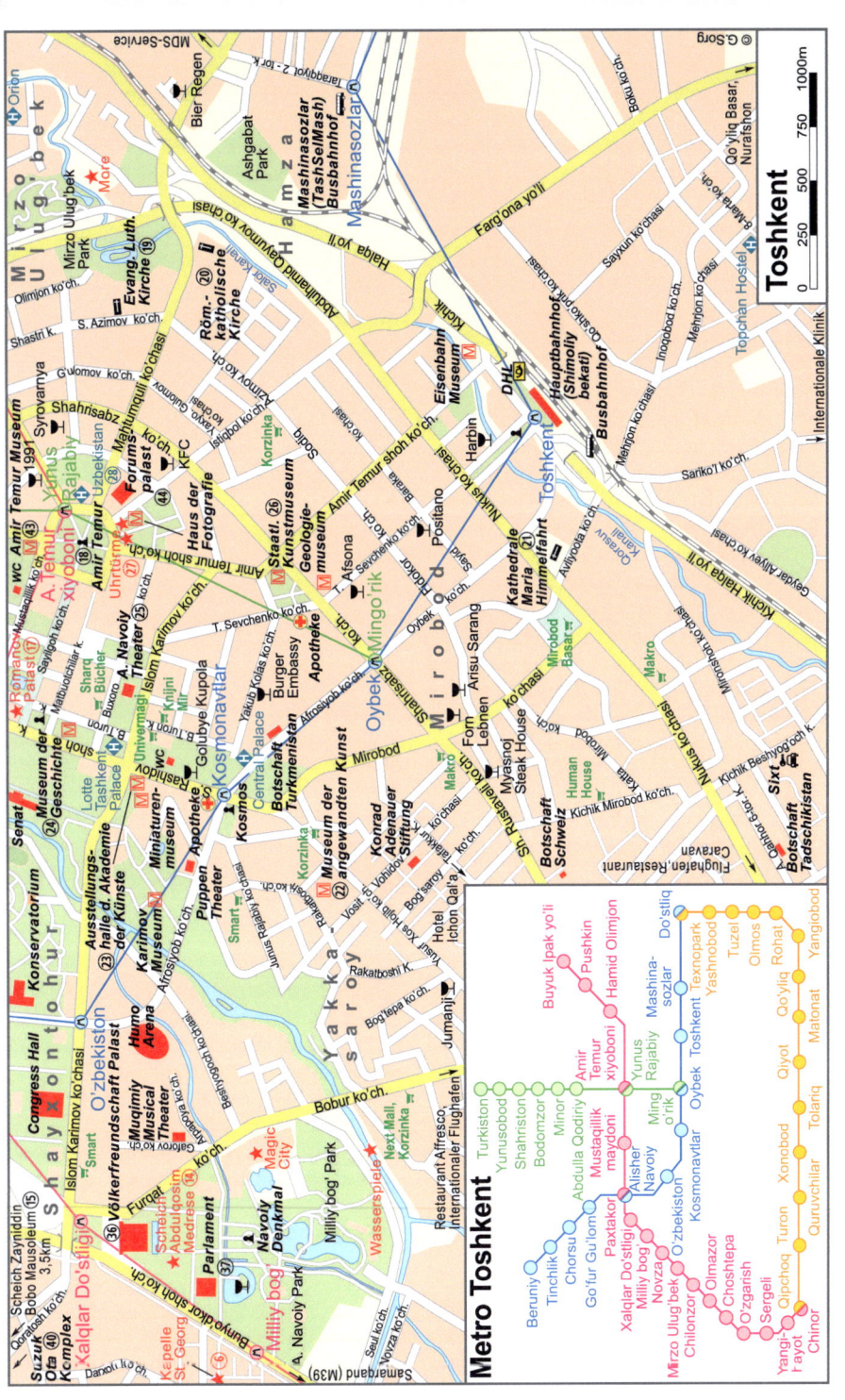

Toshkent

Metro Toshkent

Metro"Chorsu") Hodscha Ahrohr Vali soll an dieser Stelle den Bau einer Medrese angeordnet haben, bevor er wieder nach Samarqand zurückkehrte. Das aktuelle Gebäude von 1856 wurde als Aufbewahrungsort einer besonderen Reliquie genutzt: Einem Haar des Propheten Mohammed. Daher auch der Name Muyi Muborak. Ob die Reliquie heute noch hier aufbewahrt wird, ist nicht bekannt. Die kleine Medrese wurde 2007 nach einer grundlegenden Renovierung in eine Bibliothek umgewidmet und präsentiert den legendären Uthman Koran. Der Legende nach soll Amir Temur eines der fünf Exemplare des Korans von Kalif Uthman ibn Affan bei seinem Eroberungsfeldzug im Irak als Trophäe nach Samarqand gebracht haben. Eine andere Legende beschreibt, dass ein Kalif der Rum-Seldschuken den Koran als Geschenk dem Sufigelehrten Hodscha Ahrohr Vali gebracht haben soll. Mit sehr großer Wahrscheinlichkeit ist dieses Schriftstück nicht einer der fünf Uthman Korane sondern jüngeren Datums (9.Jh.) aber dennoch einer der ältesten Korane und damit ein bemerkenswertes Zeitdokument damaliger Kalligraphie. Geschrieben wurde er in altarabischer Kufischrift ohne Vokalisation. Die Handschrift wurde über die Jahrhunderte in der Bibixonim Moschee, später in der Hodscha Ahrohr Vali Moschee in Samarqand und schließlich auch im Mausoleum Langar Ota im Dörfchen Langar aufbewahrt. Die Russischen Eroberer um General Kaufmann sollen sich 1869 dem Koran bemächtigt und ihn nach St. Petersburg gebracht haben. Dort wurden auch eingehende Untersuchungen und Altersbestimmungen durchgeführt. Nach einer Zwischenstation in Ufa übergab Lenin im Jahr 1924 den berühmten Koran an die muslimische Verwaltung in Toshkent wo er seither verwahrt wird. Besucher können den Koran in einer Glasvitrine besichtigen. Geöffnet: Mo-Fr 9-12 und 14-17 Uhr, Sa 10-15 Uhr

Sheich Xovandi Tohur Nekropole ⑩

(Shayx Xovandi Tohur me'moriy ansambli, 14. Jh., Metro"Paxtakor") Vom historischen Stadtgebiet Shayxontohur ist nur noch sehr wenig übrig. Viele Mahallas mussten der sowjetischen Stadtplanung weichen. Wie eine Insel erscheint daher die Scheich Xovandi Tohur Nekropole.

Allerdings sind von den einst 16 Mausoleen, mehreren Moscheen und Medresen sowie einem großen Friedhof nur noch drei Gebäude erhalten geblieben. Den Mausoleen vorgelagert ist die **Islamische Universität** mit einem sehr schönen Iwan. Rechts neben diesem Universitätsgebäude an der Abdulla Qodiriy ko'chasi ist der Eingang zum Campusgelände auf dem die drei nachfolgend beschriebenen Mausoleen stehen.

Scheich Xovandi Tohur Mausoleum ⑪

(Shayx Xovandi Tohur maqbarasi, 15.-19.Jh., Metro"Paxtakor") Er gilt als Patron des Stadtteils Shayxontohur, lebte im 14.Jh. als angesehener Religionsgelehrter, Verfasser theologischer Handbücher und war Anhänger des Ahmad Yassaui Ordens. Das Gebäude ist sowohl außen als auch innen eher schlicht. Im Innenraum ist ein sehr schönes, helles Kenotaph und der Stamm eines alten Wachholderbaumes zu sehen, welcher einstmals vor dem Mausoleum auf dem Friedhof wuchs. An seinem Fuße soll bereits Alexander der Große einstmals Pause gemacht haben, so die Legende.

Qaldirg'ochbiy Mausoleum ⑫

(Qaldirg'ochbiy maqbarasi, 14.Jh, Metro "Paxtakor") Wer hier begraben wurde ist nicht bekannt. Vermutet wird der kasachischer Verwalter Tölebi, der einstmals der Stadt Toshkent vorstand. Interessant ist die äußere Kuppel, eine 12 seitige Pyramide die jedoch innen rund ist. Die geschnitzten Holztüren und die schönen Muqarnas des Grabraumes sind außerdem bemerkenswert.

Yunuskhan Mausoleum ⑬

(Yunusxon maqbarqasi, 14.Jh., Metro "Paxtakor") Es ist das älteste der drei Grabbauten und wurde vom Sohn des Bürgermeisters Yunusxon (1416-1487) errichtet. Er soll ein relativ enger Verwandter von Dschingis Khan gewesen sein, so steht es im Geschichtswerk Baburname des berühmten Zahiriddin Muhammad Bobur, Gründer der Moghul-Dynastie in Indien. Die Ausgestaltung des Innenraumes mit einer Pendentif Kuppel ist relativ bunt und enthält sehr schöne Muqarnas und Panjara Fenstergitter. Das Gebäude folgt einem recht ungewöhnlichen Grundriss in Form eines T. Das Gebäude wurde in den 1970er Jahren und nochmals nach der Unabhängigkeit Usbekistans restauriert.

Scheich Abdulqosim Medrese ⑭

(Shayx Abdulqosim madrasasi, 19.Jh, Metro "Bunyodkor") Auch vom historischen Beshyog'och Stadtviertel ist kaum noch etwas übrig. Rund um die Scheich Abdulqosim Mederese gabe es viele verwinkelte Altstadtgässchen. Als jedoch der damalige Komsomolpark (heute Milliy bog') mit seinem ausgedehnten See als Nacherholungsgebiet in den 1930er Jahren angelegt wurde, blieb eben nur diese Medrese stehen. Sie wirkt zwischen dem Parlamentsgebäude und dem monumentalen Istyqlol Palast etwas deplaziert. In der Sowjetzeit wurde sie mal als Flüchtlingslager, dann als Werkstätte und später auch als Bürogebäude genutzt. Heute sind hier Künstler zugange die ihrem Handwerk nachgehen. Einen historischen Moment erlebte das Gebäude 1865, als hier die Kapitulation der Stadt Toshkent nach der russischen Eroberung unterzeichnet wurde.

Scheich Zayniddin Bobo Mausoleum und Einsiedelei ⑮

(Shayx Zayniddin Bobo maqbasai va chillaxona, 7.-19.Jh, von Metro "Xalqlar Do'stligi" ca. 3,5km per Taxi; Lage: +41°19'26", +69°12'12") Zayniddin Bobo wird 1164 in Bagdad geboren. Sein Vater, ein bedeutender Gelehrter und geistlicher Führer schickt ihn bereits in jungen Jahren nach Toshkent, wo er im Stadtteil Ko'kcha in einer Einsiedelei meditiert und als geistliche Autorität missionierend in Erscheinung tritt. Die unterirdische Grotte (Chillaxona) ist mit einer Art Observatorium ausgestattet, die es ermöglicht, genau die Tag- und Nachtgleiche zu bestimmen. Ausgehend von diesem Zeitpunkt wird der gesamte muslimische Kalender berechnet. Aufgrund dieser Einrichtung wird der Hügel, auf dem sich der heutige Friedhof im Stadtteil Ko'kcha befindet auch als "Hügel der Weißen genannt". Zayniddin Bobo starb hochbetagt und Amir Temur ließ in seinem Gedenken im 14. Jh. ein erstes Mausoleum errichten. Das heute erhaltene Gebäude stammt jedoch aus dem späten 19. Jh. Der eher schlichte Bau enthält Gebetsräume und zwei G'orxona genannte Grabräume. Nahe dem Mausoleum direkt an der Uygur ko'chasi befindet sich die große Ko'kcha Moschee (2011). Sie bietet bis zu 6000 Gläubigen Platz.

Toshkent im Zarenreich

Die wenigen noch erhaltenen Bauten der Kolonialzeit fallen durch die meist unverputzten Ziegelfassaden und die klassizistischen Formen auf. Viele der niedrigen Wohnhäuser ausserhalb des Stadtzentrums der Neustadt wurden ebenfalls im "russischen Stil" errichtet. Hinter deren Eingangstor befindet sich meist ein kleiner Innenhof (Hovli). Beheizt werden die Häuser oft heute noch mit gusseisernen Kanonenöfen.

Kapelle Sankt Georg ⑯

(Ibodatxona Svatiy Georgiy, 1865, Metro "Milliy Bog' "; Lage: +41°18'19", +69°13'54") Als 1865 unter dem Kommando von Tschernjaev die zaristischen Truppen nahe dem Kamolon Tor die Stadtmauer durchbrachen und so die Stadt in drei Tagen eroberten, fielen 24 russische Soldaten. Auf usbekischer Seite waren es Hunderte. Den russischen Gefallenen wurde diese kleine Kapelle gewidmet. Sie stand zunächst in einem kleinen Park nahe dem Kamolon Friedhof. Um 1917 beschädigten Bolschewiken die drei Meter hohe Kapelle und gaben das Land usbekischen Familien. Es ist das älteste noch erhaltene russische Bauwerk auf usbekischem Boden und frei zugänglich.

Romanov Palast ⑰

(Romanov qarorgohi, 1891, Metro "Mustaqillik maydoni") Der Palast wurde im Auftrag von Nikolaj Konstantinowitsch Romanov, einem Verwandten des letzten Zaren erbaut. In dem architektonisch interessanten Gebäude lebte er in Verbannung wegen einer Affäre, bei der er in Ungnade fiel. Er veranlasste viele positive Entwicklungen wie den Bau einer Seifenfabrik, von Bewässerungskanälen und führte den Verkauf von Kwas aus Tankwagen ein. Zudem war er Kunstmäzen und seine Kunstsammlung bildete den Grundstock für das heutige Kunstmuseum des Landes.

Amir Temur Platz ⑱

(Amir Temur xiyoboni, 1882, Metro "Amir Temur xiyoboni") Mit der Gründung der kolonialen Neustadt wurde auch ein neuer Mittelpunkt abseits der ursprünglichen Stadtstruktur definiert. Er sollte in seiner Geschichte sowohl Park als auch Repräsentationsfläche sein. Der Eroberer Toshkents, Mihail Tschernjaev ließ

1882 vor der damaligen Militärkommandantur einen kleinen Park anlegen. Nach dem Tod des ersten Generalgouverneurs von Turkestan Konstantin von Kaufmann stellte man 1913 ein großes Standbild eben dieses Gouverneurs auf und nannte den Platz Kaufmanskij Skver' oder Konstantinovskij Skver'. In den Folgejahren entstanden um den Platz das Knaben- und Mädchengymnasium sowie die Auslandsbank, welche heute noch erhalten sind. Doch bereits 1919 wurde es im Zuge der Revolution wieder demontiert und nur der Granitsockel blieb zunächst stehen. Kurzzeitig trug der Platz den Namen der Revolutionärin Spiridonova, dann Platz der Revolution. Von einer Kanzel aus Granit wurden Reden gehalten, Kanonen vermittelten den Geist des Umbruchs. Nach der Beendigung des Zweiten Weltkrieges ließ die Stadtverwaltung 1949 eine Statue Stalins errichten. Auch der übrige Platz wurde neu gestaltet und mit dem Glockenturm versehen. Er behielt jedoch seinen Namen, Platz der Revolution. Als Stalin in Ungnade fiel, holte man ihn 1961 wieder vom Sockel. Die kolonialen Platanen waren nun schon stattliche Bäume und spendeten dem neuen originellen Denkmal für Karl Marx Schatten, welches 1968 aufgestellt wurde. Es stellte eine Fackel aus rotem Granit mit dem bärtigen Karl Marx als Flamme dar. Nun kehrte etwas Kontinuität am Karl Marx Platz ein. Eisdielen und ein Pavillon im orientalischen Stil, in dem Blumen angeboten wurden luden zum Flanieren ein.

Nach der Unabhängigkeit musste Karl Marx 1993 jedoch Platz machen für einen neuen Helden: **Amir Temur auf einem Pferd.** Ebenfalls am Platz wurde zu seinen Ehren ein runder Museumsbau eröffnet. Leider wurden die nun mächtigen Platanen 2009 gefällt und der Park verlor seine angenehme Kühle im Sommer. Den aktuellen Schlußpunkt in der Gestaltung des Amir Temur xiyoboni stellt das mächtige **Forumsgebäude** dar, welches 2009 eingeweiht wurde.

Evangelisch-Lutherische Kirche ⑲

(Yevangel-Lyuteran cherkovi, 1896, Metro "Amir Temur xiyoboni") Das neugotische Kirchengebäude wurde von Bediensteten des Zarenreiches mit deutschen und baltischen Wurzeln errichtet. Nach der Oktoberrevolution

schränkten die staatlichen Stellen den Gottesdienst jedoch immer weiter ein, die bekennenden Gemeindemitglieder wurden verfolgt und in Arbeitslager verbannt. Beim starken Erbeben 1966 wurde die Kirche beschädigt, jedoch als Probenraum des Konservatoriums notdürftig in Stand gehalten.

Stalin veranlasste in den 40er Jahre des letzten Jahrhunderts die Deportation von ca. 40.000 Wolgadeutschen nach Usbekistan. Er befürchtete, dass die Wolgadeutschen die anrückende Deutsche Wehrmacht unterstützen würden. Doch obwohl es nun viele Deutsche in der Stadt gab, durfte kein Gottesdienst gefeiert werden. Zwar erhielt die Gemeinde 1993 die Kirche wieder zurück, doch die Gemeindemitglieder wanderten nun als Spätaussiedler nach Deutschland aus. Heute umfasst die evangelisch-lutherische Gemeinde noch ca. 150 Mitglieder. Gottesdienste finden in russischer und deutscher Sprache statt.

Römisch-Katholische Kirche ⑳

(Rim-Katolik cherkovi, 1912, nur per Taxi erreichbar) Das Schicksal der einzigen katholischen Kirche in Toshkent ist wirklich bemerkenswert. Da der Bau anfangs nur sehr schleppend voranging, kam schließlich die Oktoberrevolution in die Quere. Das halbfertige Gotteshaus wurde für die verschiedensten weltlichen Zwecke genutzt und es verfiel zusehends. Erst 1976 begann eine substanzerhaltende Restaurierung der Ruine von staatlicher Seite. Nach der Unabhängigkeit Usbekistans wurde die Kirche schließlich im Jahr 2000 fertiggestellt und geweiht, 88 Jahre nach ihrer Grundsteinlegung. Die Orgel wurde dabei von einer deutschen Gemeinde gestiftet. Es finden regelmäßig Messen in Russisch, Englisch, Polnisch und Koreanisch statt.

Russ.-Orthodoxe Kathedrale Maria Himmelfahrt ㉑

(Rus-pravoslaviyo ibodathona xudo ota-onasining o'limi, 1902-1905, Metro "Toshkent") Es gab insgesamt vier größere russisch-orthodoxe Kirchen in Toshkent. Die bedeutendste wenn auch nicht die älteste davon ist die Kathedrale nahe dem Bahnhof. Sie wurde mit öffentlichen Mitteln erbaut und ist mit einer reichen Ikonostase ausgestattet. Zwischen 1933 und 1945 waren Messen durch die Bolschewiken verboten und die Kathedrale zweckentfremdet. Während des Erbebens 1966 geriet das Dach in Brand und das Gebäude stürzte beinahe ein. Im Jahr 2010 weihte die Gemeinde den neuen, wesentlich vergrößerten Glockenturm ein. Zudem befindet sich auf dem Gelände noch eine Entnahmestelle für geweihtes Wasser, eine Taufkapelle und die Kirchenverwaltung.

Sowjetisches Toshkent

Das große Erdbeben von 1966 war eine tiefe Zäsur für die Stadtentwicklung von Toshkent. Dies ist auch in den heute noch erhaltenen Baudenkmälern abzulesen. Dominierte zunächst noch die Neugotik und der Klassizismus, auch stalinistischer Zuckerbäckerstil genannt, so änderte sich dies ab der 60er Jahre des vergangenen Jahrhunderts. Der sowjetische Modernismus wurde hier in allen Varianten umgesetzt. Einerseits bestand die Notwendigkeit, schnell und preiswert neuen Wohnraum zu schaffen. Andererseits wollte man auch die sowjetische Ideologie einer nationalen usbekischen Identität transportieren.

Museum der angewandten Kunst (22)

(O'zbekistan amaliy san'at muzeyi, 1937, Metro "Kosmonavtlar") Eine Ausstellung des nationalen Handwerks 1937 bildete den Grundstock für die Gründung dieses Museums. Teile der Ausstellungsräume stammen von einem reichen Diplomaten des Zaren, welcher seine Kunstsinnigkeit in der Ausstattung seines Hauses zum Ausdruck brachte. Es bietet nun einen angemessenen Rahmen für diese eindrucksvolle Ausstellung usbekischen Kunsthandwerks welches immer eine herausragende Rolle in den Künsten des Landes spielte.

Ausstellungshalle der Akademie der Künste (23)

(Rassomlar akademiyasining markaziy ko'rgazmalar zali, 1974, Metro "Kosmonavtlar") Die hellen, lichtdurchfluteten Ausstellungsräume beherbergen neben wechselnden Ausstellungen auch Kunstfestivals wie beispielsweise die die Int. Biennale der kontemporären Kunst. Das Museumsgebäude im modernistischen Stil hat eine aus nichttragenden Betonfertigteilen zusammengefügte Fassade welche wie ein Scherenschnitt anmutet. Weitere Fronten sind mit Mosaiken gestaltet.

Museum der Geschichte (24)

(O'zbekistan tarixi davlat muzeyi, 1970, Metro "Mustaqillik maydoni") Von außen erscheint der Kubus leicht, regelrecht schwebend. Das Muster der Vorhangfassade rezitiert die Formensprache historischer Gebäude. Und so entsteht der Bezug zur Ausstellung im Innern des ehemaligen Lenin Museums. Hier finden Sie die Ergebnisse der unzähligen Ausgrabungen und aller Geschichtsepochen des Landes konzentriert auf zwei Ausstellungsebenen. Im Erdgeschoß sehen Sie zeitlich begrenzte Sonderausstellungen. Im ersten Stock wird chronologisch die Geschichte des Landes von der Urzeit, Frühzeit, Mittelalter, die drei Khanate sowie die russische Eroberung und Kolonialzeit dargestellt. Im obersten Geschoß finden Sie Exponate der Revolution, der Sowjetzeit und der jüngeren Geschichte nach der Unabhängigkeit. Im Untergeschoß sind ein Souvenirladen und das Archiv untergebracht. Die Beschriftung in Englisch ist sehr spärlich, Audioguides oder Museumsführer gibt es leider nicht. Es ist daher sinnvoll das Museum am Ende der Reise zu besichtigen, um die Ausstellungsstücke besser einordnen zu können.

Alisher Navoiy Opern- und Balett-Theater (25)

(Alisher Navoiy opera va balet teatri, 1947, Metro "Amir Temur xiyoboni") Bereits 1939 wurde mit dem Bau des neuen Theaters begonnen. Durch die Kriegsjahre kam es jedoch zu Verzögerungen und schließlich stellten japanische Kriegsgefangene 1947 das Gebäude fertig. Die Theatergruppe entstand bereits 1929 um Muhiddin Yokubov, entwickelte sich zu einer der bedeutendsten der Sowjetunion und wurde 1966 zum Bolšoij Teatr, also zum Großen Theater erhoben. Die Innenräume sind prächtig mit Stuck ausgestattet und neben den Aufführungen unbedingt einen Besuch wert. Mit dem gegenüberliegenden Hotel (Lotte City Hotel) bildet es ein Ensemble im Zuckerbäckerstil.

Staatl. Kunstmuseum (26)

(O'zbekistan davlat san'at muzeyi, 1974, Metro "Oybek"/"Ming o'rik") Diese Kunstsammlung geht auf das Jahr 1918 zurück, als die Romanovsche Kunstsammlung verstaatlich wurde. Heute umfasst die Dauerausstellung 50.000

Exponate welche chronologisch und nach Kunstrichtungen geordnet sind. Zwar steht die Bildende Kunst im Vordergrund, es wird jedoch auch Angewandte Kunst gezeigt. Das aktuelle Museumsgebäude ist ein Ersatzbau für ein durch das Erbeben zerstörte Gebäude der damaligen Volksuniversität. Das Museum wurde zuletzt 1997 modernisiert.

Uhrtürme ㉗

(Kurantlari, 1947-2009, Metro "Amir Temur xiyoboni") Vom Amir Temur Denkmal aus gesehen der rechte Uhrturm wurde 1947 errichtet. Spannend an dem Turm ist die Geschichte der Turmuhr. Sie soll als Kriegsbeute aus der Stadt Allenstein in Ostpreußen nach Toshkent gebracht worden sein. Seither fehlt im alten Rathaus von Allenstein (heute Olsztyn in Polen) die Turmuhr. In Toshkent baute man quasi um die Uhr herum einen Turm. Beim Erdbeben 1966 wurde die Uhr beschädigt, konnte aber wieder instandgesetzt werden. Über die Jahrzehnte wurde der Uhrturm zum Wahrzeichen der Stadt. Den zweiten Uhrturm errichtete man als spiegelbildliche Kopie 2009. In ihm tickt allerdings eine Uhr aus der Schweiz.

Hotel Usbekistan ㉘

(O'zbekiston mehmonxonmasi, 1974, Metro "Amir Temur xiyoboni") Auf den ersten Blick denkt man bei diesem Gebäude vielleicht an Honigwaben. Tatsächlich kann man mit der gebogenen Fassade interessante Perspektiven fotografieren. Probieren Sie es doch einfach mal aus.

Unabhängigkeitsplatz ㉙

(Mustaqilliq maydoni, 1966-2005, Metro "Mustaqilliq maydoni") Die Geschichte dieses Platzes reicht bis in das Zarenreich zurück. General von Kaufmann lies hier die russisch-orthodoxe Kathedrale Voennyj Sobor mit einem Glockenturm errichten. Nach der Revolution wich sie dem Roten Platz mit einer ersten Lenin Statue. Auf dem Aufmarschplatz trat hier an Feiertagen die Massovka, die in Formationen tanzenden oder marschierenden Menschenmassen an. Der 1966 bis 1972 neu angelegte Lenin Platz band bereits die heute noch vorhandenen, jedoch umgebauten Regierungsgebäude ein. Überragt von einem nun 30m hohen Lenin auf seinem roten Granisockel.

Nach der Unabhängigkeit wurde Lenin durch einen stilisierten Globus ersetzt, welcher die Umrisse Usbekistans zeigt. Am Sockel prangt das Staatswappen. Einige Jahre später fügte man die Bronzeskulptur einer jungen Frau mit einem Baby hinzu. Diese Skulptur würde wohl auch in eine christliche Kirche passen. Sie bildet eine Allegorie zum Monument der trauernden Mutter in der nahegelegenen Gedenkstätte der Weltkriegsopfer. Leider nicht mehr erhalten sind die Wasserfontänen südlich des inselartigen Finanzministeriums. An heißen Tagen bot der Sprühnebel eine willkommene Abkühlung. Der lange, weiße Gebäuderiegel am Platz ist der Senat, die obere Kammer der Regierung. Der Turm des Finanzministeriums in der Mitte des Platzes wurde nach den Anschlägen auf das World Trade Center 2001 um einige Etagen gekürzt. Das lange schmale Gebäude ist das Kabinett der Minister Usbekistans. Zum Neujahrstag wird auf dem Unabhängigkeitsplatz jedes Jahr eine gewaltige, bunt geschmückte Tanne aufgestellt (Yangi yil archasi).

Erdbebendenkmal ㉚

(Jasorat yodgorlik majmuasi, 1976, Metro "Abdulla Qodiriy") Das Erdbeben von 1966 war mit 5.3 Punkten kein besonders starkes. Doch die Erdstöße hielten über zwei Wochen an. Insbesondere die kolonialer Bausubstanz wurde dabei mürbe und fiel zusammen. Die meisten Schäden entstanden in der Neustadt. Die Lehmhäuser der Altstadt hatten wohl Risse, standen aber noch. Trotzdem kamen die Bagger und rissen Mahalla um Mahalla ein. Somit hatte das Erdbeben einen sehr großen Einfluss auf das Stadtbild. Und auf die Bevölkerungsstruktur. Denn viele der Aufbauhelfer bekamen eine Wohnung versprochen und blieben. Damit kam es zu einer wesentlichen europäisierung Toshkents. Das Denkmal soll daher vor allem an diese Aufbauleistung erinnern die nach dem Beben initiiert wurde.

Olympisches Museum ㉛

(Olimpiya shon shurat muzeyi, 1976, Metro "Abdulla Qodiriy") Die ursprüngliche Funktion als Museum der Völkerfreundschaft der Sowjetrepubliken endete mit einem Dekret des Präsidenten 1994 zur Gründung eines olympischen Museums. Auf zwei Etagen werden sehenswerte Medaillien und Andenken sportlicher Ereignisse, insbesondere von Olympiaden ausgestellt. Der Rundbau befindet sich in unmittelbarer Nähe zum Erbeben Denkmal und dem Anhor Kanal.

Fernsehturm ㉜
(Teleminora, 1985, Metro"Shahriston" oder "Bodomzor") Die 375m hohe "Rundfunkrakete" von Toshkent ist derzeit der höchste Fernsehturm in Zentralasien. Von der Plattform in 100m Höhe kann man bei klarer Sicht nahezu die gesamte Stadt überblicken. Oberhalb der Aussichtsplattform (Tomosha maydoni) gibt es das Restaurant "Koinot" auf zwei sich drehende Ebenen: Im roten Restaurant (Alvon zali) werden einfache Speisen und diverse Getränke angeboten; die untere Ebene (Movij zali) ist geschlossen. Nach oben transportiert wird man mit einem Lift der Schweizer Firma Schindler.
Folgendes ist beim Besuch des Fernsehturms zu beachten: Handys, Kameras oder Tablets dürfen nicht nach oben mitgenommen werden und müssen in Schließfächern eingeschlossen werden. Bringen Sie Ihren Reisepass mit. Die Kontrollen sind sehr streng und gründlich. Der Eintrittspreis für Ausländer ist vergleichsweise hoch und kann nur in US$ bar bezahlt werden. Der Turm ist montags geschlossen.

Zoo ㉝
(Hayvonot bog'i, 1924-1997, nur per Taxi erreichbar) Die Ursprünge des Toshkenter Zoos gehen auf eine Menagerie in der ehemaligen Sommerresidenz des Generalgouverneurs zurück. Der Bau des heutigen Zoogeländes neben dem botanischen Garten wurde 1997 abgeschlossen. Es können 350 Tierarten besichtigt werden, zudem gibt es ein Meeresaquarium, Kinder können Kamele oder Esel reiten.

Botanischer Garten ㉞
(Botanika bog'i, 1950, nur per Taxi erreichbar) Wer im botanischen Garten Toshkents gepflegte Blumenrabatten mit kleinen Schildchen erwartet ist hier sicher falsch. Dieser botanische Garten ist wild und ungestüm. Die Wege werden zwar größtenteils offengehalten, ansonsten führt allein die Natur hier das Regiment. Was aber nicht heißen soll, dass es hier nichts zu entdecken gibt. Fahrradverleih.

Zirkus ㉟
(Sirk, 1973, Metro"G'ofur G'ulom") Der Toshkenter Zirkus blickt auf eine lange Geschichte zurück und hatte bereits 1819 eine feste Stätte. Über die Jahre traten Wanderzirkusse aus den verschiedensten Ländern hier auf. Im Jahr 1942 wurde hier der erste Nationalzirkus der UdSSR gegründet. Das erste Zirkusgebäude fiel dem Erdbeben von 1966 zum Opfer und wurde 1973 durch den 1999 renovierten ufoartigen Neubau ersetzt. Im Zirkus finden täglich hochkarätige Vorstellungen der international renommierten und preisgekrönten Zirkusgruppe sowohl für Kinder als auch für Erwachsene statt. Die aktuellen Vorstellungen können Sie an den Aushängen einsehen.

Metrosystem
(Metropoliteni, 1977-2001) Im heißen Sommer sind die kühlen Röhren eine Wohltat. Zudem gibt es in der Stadt kein Transportmittel das einen so günstig und so schnell zu seinem Ziel befördert. Und dort steigt man zudem in einer sehr schön gestalteten, blitzsauberen Haltestation aus. Diese Vorteile nutzen Tag für Tag bis zu 300.000 Passagiere. Die Stationen der roten und blauen Linie öffnen zwischen 5 Uhr und Mitternacht, die grüne Linie fährt von 6 Uhr bis 23 Uhr. Fotografieren ist seit 2018 erlaubt.

Völkerfreundschaft Palast ㊱
(Xalqlar Do'stligi saroyi, 1981, Metro"Xalqlar Do'stligi") Diese Veranstaltungshalle ist einer der Höhepunkte sowjetischer Architektur der Moderne. Wie ein Raumschiff mit unzähligen Raketendüsen, steht es startklar auf dem weiten Platz. Im Konzertsaal finden das ganze Jahr über Großveranstaltungen wie Konzerte und Unterhaltungsshows statt. Die Figurengruppe davor erinnert an ein usbekisches Ehepaar, das im zweiten Weltkrieg 15 verwaiste Flüchtlingskinder, darunter auch ein Deutsches bei sich aufnahm.

Toshkent im unabhängigen Usbekistan
Anfangs folgte die Gestaltung Toshkents kaum einem einheitlichen Stil oder einer einheitlichen Formensprache. Zahlreiche Wohn- und Geschäftsgebäude, selbst Regierungsbauten wurden schnell mit Glasfassaden chinesischer Herkunft "modernisiert". Bei späteren Neu-

bauten wurden dann vermehrt alte Bauformen und -verfahren wieder zum Einsatz gebracht - freilich modern interpretiert. Die Liebe der Usbeken zu Parks und Brunnen hat zudem zu mehr Parkflächen geführt hat. Die jüngsten Bauten wie Tashkent City versuchen die Stadt für ihre Bewohner lebenswerter zu gestalten.

Parlament und Parks ㊲
(Oliy majlis va parklari, 1997, Metro "Milliy bog'") Das mit einer Säulenkolonnade umgebene Parlamentsgebäude wurde als Nachfolger des Obersten Sowjets im ehemaligen Komsomolpark errichtet. Umgeben ist es vom ruhigen Navoiy Park mit Skulpturen bedeutender Usbekischer Persönlichkeiten. Ganz auf Freizeitspaß ausgerichtet ist dagegen der Milly bog' mit Tretboot, Fahrrad Parcours und dem Disneyland nachempfundenen Magic City Familienpark.

Planetarium ㊳
(Planetariy, 2003, Metro "G'ofur G'ulom") Die Astronomie in Usbekistan hat eine lange Tradition, Mirzo Ulug'bek spielte dabei eine herausragende Rolle. Bereits 1874 wurde in Toshkent die erste Sternwarte eingeweiht. Sie trug mit vielen Entdeckungen zum planetarischen Wissen bei. In dieser Tradition steht das Planetarium welches das Wissen über den Weltraum populärwissenschaftlich aufbereitet.

Minor Freitagsmoschee ㊴
(Minor jome masjidi, 2014, Metro "Bodomzor") Wie die Suzuk Ota Moschee im Stadtteil Shayxontohur ist auch die Minor Freitagsmoschee ein Vertreter der modernen Großmoscheen der Stadt Toshkent. Wegen ihrer weißen Farbgebung wird sie auch Weiße Moschee (Oq masjidi) genannt. Sie kann im Hauptgebäude bis zu 2400 Gläubigen Platz bieten und ist mit einer lichtdurchfluteten Kuppel ausgestattet. Die beiden formschönen Minarette sind jeweils 38m hoch. Es ist durchaus spannend, diese moderne Moschee mit alten, historischen Moscheen zu vergleichen.

Suzuk Ota Komplex ㊵
(Suzuk Ota jome masjidi, 2019, Metro "Chorsu", Koratosh ko'ch.,+41°19'7", +69°13'39") Mustafokul wurde von seinem Vater liebevoll "Suzuk", mein Geliebter genannt. In seinem Leben spielte er für viele Mitmenschen eine wichtige Rolle, denn er förderte als Lehrer ihre

Talente. Ihm ist dieser schön gestaltete Komplex aus Moschee, Mausoleum, Künstlerhäusern, Park und Hotel im Stadtteil Shaxontohur gewidmet.

Gedenkstätte der Opfer von Repression ㊶
(Qatag'on qurbonlari xitorasi muzeyi, 2002, Metro "Shahriston") Diese Gedenkstätte beschreibt chronologisch in zehn Abschnitten die Verfolgung, Vertreibung oder Unterdrückung von Menschen in Usbekistan. Dabei wird ausschließlich auf die Zeit vor der Unabhängigkeit eingegangen. Die Beschriftung ist in Usbekisch, Führungen in Englisch werden leider nicht angeboten. Das Museumsgebäude ist sehr prächtig mit Schnitzereien, Stuck und Malerei ausgestattet. Zur Gedenkstätte gehört auch der Park mit einem Pavillon. Bei Grabungen wurden an dieser Stelle Massengräber entdeckt.

Gedenkstätte der Kriegsopfer ㊷
(Xotira maydoni, 1999, Metro "Mustaqillik maydoni") Der zweite Weltkrieg war zunächst fern und abstrakt für die Usbeken. Doch schon bald mussten Sie an die vorderste Front und ein Land verteidigen von dem sie einst selbst erobert wurden. Die vielen Opfer sind auf Messingtafeln verewigt, das ewige Feuer erinnert daran: "Nichts ist vergessen, niemand ist vergessen". Es ist Tradition, dass Brautpaare an der Skulptur der trauernden Mutter Blumen niederlegen.

Amir Temur Museum ㊸
(Temuriylar tarixi davlat muzeyi , 1996, Metro "Amir Temur xiyoboni") Um einen großen, prächtig verzierten Kuppelsaal sind die Geschichte und architektonischen Höhepunkte der Temuriden-Dynastie dargestellt. Im Mittelpunkt des Kuppelsaals steht eine verkleinerte Nachbildung des Koranständers der Bibixonim Moschee in Samarqand. Auf ihm liegt der ebenfalls nachgebildete Uthman Koran. Modelle der bedeutendsten Temuridischen Bauwerke sind im Obergeschoß zu sehen. Auch wenn die Exponate nicht wirklich herausragend sind, lohnt der Besuch wegen der großen Wandgemälde und opulenten Innenausstattung.

Intern. Forumspalast "Usbekistan" ㊹
("O'zbekiston" halqaro anjumanlar saroyi, 2009, Metro Amir Temur xiyoboni) Er ist das wichtigste Repräsentationsgebäude des Landes, vorgesehen für Staatsakte, Konferenzen und bedeutende kulturelle Veranstaltungen. Sein Äußeres zeigt einerseits Beispiele historischer Elemente wie die Gesichter der Sherdor Medrese in Samarqand, andererseits auch moderne Designelemente wie die gläsernen Ecken. Richtig spannend wird es jedoch, wenn man das Foyer betritt. Das Interieur wurde maßgebliche von Deutschen Planungsbüros entworfen und stellt eine Art usbekische "Space odyssey" á la Stanley Kubrick dar. Intensiv wird mit Geometrie, Licht, Raum und Farben gespielt um eine wirklich beeindrukkende Atmosphäre zu erzeugen. Leider werden derzeit keine offizielle Führungen durch das Gebäude angeboten.

Hazrati Imom Moschee ㊺
(Hazrati Imom masjidi, 2007, Metro"Chorsu") Mit dem Bau der Hazrati Imom Moschee (auch Hastimom) im Jahr 2007 wurde das religiöse Zentrum Toshkents neu gestaltet. Die beiden 53m hohen Minarette, die Säulen aus indischem Zedernholz, der grüne, türkische Marmor und die reiche Verzierung der Moschee geben dem Gebäude eine beeindruckende Erscheinung. Die Moschee ist eine aktive Gebetsstätte.

Zentrum islamische Zivilisation ㊻
(Islom sivilizatsiyasi markazi, 2024, Metro "G'ofur G'ulom") Mit diesem Megaprojekt will Präsident Miziyoyev ein Zeichen setzen, dass der Islam eine friedliche und intelligente Religion ist. Finanziert wird das Kulturzentrum von Oligarch Alisher Usmanov. Das Gebäude soll zukünftig den berühmten Uthman Koran beherbergen. Im Erdgeschoss wird ein modernes Museum der Errungenschaften der islamischen Welt eingerichtet.

Verkehrsverbindungen

Internationaler Flughafen Islom Karimov Toshkent (TAS)
(Islom Karimov xalqaro aeroporti Toshkent) Der Flughafen in Toshkent besteht aus vier separaten Terminalgebäuden:
Terminal 1 (Tranzit Sali) für Transitreisende.

Terminal 2 (Xalqaro Aeroporti - 2) für Intern. Abflüge/Ankünfte jeweils getrennte Gebäude
Terminal 3 (Mahalliy Terminali - 3) für Inlandsflüge.
Informationen zu internationalen Verkehrsverbindungen finden Sie im Informationsteil Kapitel "Anreise".
Vom Terminal 3 bietet **Uzbekistan Airways** Flüge nach Nukus (tägl.), Urganch (tägl.), Buxoro (tägl.), Samarqand (Mi, So), Termiz (Mi, Sa, So), Farg'ona (Fr, Sa, So), Namangan (Mi, Do, So) und Qarshi (Di, Fr) an.
Silkavia fliegt nach Namangan (Mo, Mi, Sa), Termez (tägl.), Qarshi (tägl.), Samarkand (tägl.), Navoiy (Di, Do, Fr, So) und Buxoro (tägl.).
Diese Angaben unterliegen Änderungen. Sollte die Wechselstube in der Ankunftshalle geschlossen sein, gibt es eine weitere in der int. Abflughalle oben.

Erreichbarkeit:
Terminal 1 und 2: Buslinie 11 (ab Metro Xalqlar Do'stligi), 40 (ab Bahnhof), 67 (ab Amir Temur Platz), Marshrutka 17m (ab Chorsu), nächst gelegene Metrostation "Toshkent" nahe dem Bahnhof (4,7km), Taxis warten vor dem Gebäude.
Terminal 3: Buslinien 11 (ab Chorsu), 77 (ab Chilonzor), Taxis warten vor dem Gebäude.
Bus 11 und 77 **verbindet beide Terminals**.

Hauptbahnhof Toshkent
(Toshkent shimoly vokzali) Bahntickets sollten immer möglichst frühzeitig gekauft werden. Lokale Reisefirmen können dies für Sie erledigen, da das Gedränge an den Fahrkartenschaltern sehr zeitraubend und anstrengend ist. Sie benötigen Ihren Reisepass und usbekisches Bargeld für den Ticketkauf.

Die Usbekische Staatsbahn (O'zbekistan Temir Yo'llari) betreibt die sehr beliebte, klimatisierte **Schnellzuglinie "Afrosiyob"** tägl. von Toshkent nach Samarqand (2,5h), Buxoro via Samarqand (4h), Qarshi via Samarqand (3,5h). Die **Eilzuglinie "Sharq"** fährt tägl. von Toshkent nach Samarqand (3,5h) und Buxoro via Samarqand (6h).
Mit der **Eilzuglinie "Ozbekiston"** kommt man Mo, Mi, Do, Sa, So von Toshkent nach Andijan (5h).
In **Nachtzügen** (To'ng'li Poezd) ist man zwar

länger unterwegs, kann aber schlafen: Von Toshkent nach Xiva via Urganch (tägl., 14h), Olot (Mo, Mi, Fr, So; 9,5h), Termiz (tägl., 14h), Andijan tägl., 6h).

Erreichbarkeit:
Der Hauptbahnhof von Toshkent liegt südlich des Stadtzentrums. In unmittelbarer Nähe befindet sich die Metrostation "Toshkent" und ein Busbahnhof welcher von folgenden Buslinien angefahren wird: 9t, 13t ,14, 16, 22, 26, 40 (Int.Flughafen, Terminal 2), 46, 52, 55, 62, 69, 70; Marschrutkas 19i, 67m

Fernbusbahnhof Toshkent und Hippodrom Busbahnhof

(Toshkent avtovokzal/Hippodom avto bekati) Das riesige Gebäude des Fernbusbahnhofes bietet einige Services und ist Ausgangspunkt der meist frühmorgens abfahrenden Fernbusse. Eine nahe gelegene Alternative ist der quirrlige Busbahnhof nahe dem Hippodrom. Tickets erhalten Sie direkt im Bus, am Ticketschalter oder Online.
Vom Fernbusbahnhof und vom Hippodrom Busbahnhof fahren **Busse** nach Samarqand (5,5h), Buxoro (10h), Termiz (11h) und Nukus (20h). Grenzüberschreitende Verbindungen: Šymkent (Kaz), Türkistan (Kaz), Qysylorda (Kaz), Almaty (Kaz), Astana (Kaz) und Biškek (Kg).
Privatbusse und Sammeltaxis fahren vom Hippodrom Parkplatz aus zu vielen Zielen südlich, nördlich und westlich der Stadt.

Erreichbarkeit: Der Fernbusbahnhof ist am einfachsten mit der Metro (Station "Olmazor") erreichbar. Ferner passieren die Buslinien 32, 41, 100 und 116 den Busbahnhof. Bus 100 fährt weiter zum Hippodrom Basar.

Qo'yliq Busbahnhof

(Qo'yliq shoh bekati) Wenn Sie per Straße in das Farg'ona Tal reisen möchten ist dies der beste Ausgangspunkt. Große Busse dürfen auf dieser Strecke nicht fahren. Daher bieten sich hier ausschließlich Taxifahrer an, die mit Ihren **PKW's** Passagiere transportieren.

Erreichbarkeit:
Die Busse 12, 15, 93, 110 oder die Marschruta-linien 163M, 190M fahren nach Qo'yliq Bozori, Qo'yliq-Z1 oder Qo'yliq-Z2

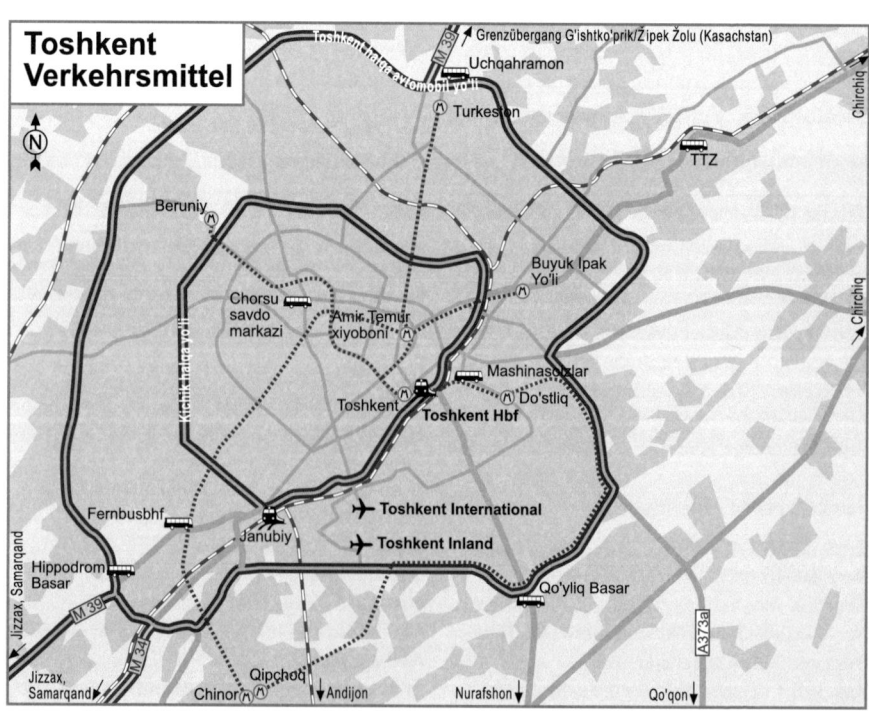

Verkehrsmittel in Toshkent

Die Toshkent Metropoliteni oder kurz **Metro** ist ein beliebtes Verkehrsmittel in der Hauptstadt. Sie erreichen auf den vier Linien relativ schnell und zudem konkurrenzlos preiswert Ihr Ziel. Eine Fahrt auf der Chilonzor Linie von der Station Olmazor bis zur Station Buyuk Ipaq yo'li dauert etwa 22 Minuten. Sie erreichen die Metro über Treppenzugänge die häufig auch Fußgängerunterführungen bei größeren Straßen darstellen. Leider sind die Stationen nicht barrierefrei.

Den Fahrpreis bezahlt man an den Ticketschaltern in der Metrostation. Es gibt Papiertickets mit einem QR Code für eine Fahrt. Diesen an das Lesegerät der Engangsschranke halten. Ab dem Kauf bis zur Entwertung sollten aber nicht mehr als 30 Minuten vergangen sein, denn dann werden sie ungültig.

Zudem gibt es an den Ticketschaltern auch blaue ATTO-Guthabenkarten zum Preis von 15.000 So'm. Davon sind 10.000 So'm Guthaben. Die Karte kann an Automaten oder am Schalter mit neuem Guthaben aufgeladen werden. Bei einem Guthaben unter 1.400 So'm wird die Karte gesperrt wird. Um die Karte wieder nutzen zu können muss erneut Guthaben eingezahlt werden.

Der Fahrpreis einer Fahrt beinhaltet beliebig viele Umstiege auf andere Linien.

Es ist in Metrostationen mit Sicherheitskontrollen zu rechnen. Diese können vor und nach der Zugangssperre stattfinden.

Metrozüge fahren in einem flexiblen Zeittakt entsprechend dem Andrang der Passagiere. Die bereits verstrichene Zeit seit dem letzten Zug sehen Sie auf der Anzeige. Der Takt bewegt sich zwischen 5 und 10 Minuten. Geöffnet ist die Metro von 5 Uhr morgens bis 23:30 Uhr.

Die grünen **Stadtbusse** sind meist modern, aber häufig sehr voll. Den Fahrpreis bezahlt man beim Ticketverkäufer. Auch hier kann man mit der ATTO Karte bezahlen. Expressbusse kosten etwas mehr. Die Arbeitszeit der Buslinien ist verschieden, beginnt jedoch meist gegen 5:30 Uhr und endet zwischen 19:30 und 22:00 Uhr

Alternativ zum Bus kann das **Marschrutka** genommen werden. Diese fahren auf festen Routen, sind etwas teurer als der Bus, halten aber überall. Die Arbeitszeit der Marschrutkas ist nicht geregelt und dauert tendenziell etwas länger als die der Buslinien. Nachts fahren jedoch auch sie nicht.

Dann sind **Taxis** die einzige Alternative. Viele Toshkenter sind es gewohnt, ein Auto anzuhalten und auch nachts ist dies in der Regel ohne Probleme möglich. Sollten Sie einen Abflug mitten in der Nacht haben, können Sie ein Taxi zu ihrer Unterkunft bestellen.

Den Verlauf der Routen aller öffentlichen Verkehrsmittel können Sie dem Stadtplan "Yo'lovchi transporti yo'nalishlari sxemasi" entnehmen. Zudem gibt es Internetseiten/ Apps, welche die Bus- und Marschrutkalinien sowie deren Fahrzeiten genau abbilden, z.B. www.tashtrans.uz oder wikiroutes.info

Toshkent von A bis Z

Apotheken

Dori-Darmon No.1 Stadtteil Yakkasaroy, Sh. Rashidov Shoh ko'ch. 40A, Tel. 256 12 42, Metro "Kosmonavtlar"

Dorixona 03, Stadtteil Mirobod, T. Shevchenko ko'ch. 22, Tel. 146 03 03, Metro Ming o'rik

Neben Filialen der Ketten Dori-Darmon und OXYmed gibt es zahlreiche weitere Apotheken (Dorixona) im gesamten Stadtgebiet.

Auto- und Fahrradvermietung

sixt rent a car, Kichik Besoyog'och ko'chasi 104a. Geöffnet: Mo-Fr 9:00-18:00 Uhr (Abholung/Abgabe außerhalb dieser Zeiten kostet extra), Tel. 71-120 90 10 83

Fahrradverleih auf dem "Broadway"

Bibliotheken

Nationalbibliothek (Milliy kutubxonasi) Stadtteil Yunusobod, A. Navoiy shoh ko'chasi 1, Tel. 232 83 94,

Deutscher Lesesaal (Nemis kutubxonasi) Pushkin ko'ch., Ecke A. Qayumov ko'ch., 2. Stock. Tel. 237 12 93, Metro "Hamid Olimjon", Geöffnet: Mo-Do 10:00-13:00 und 14:00-17:00 Uhr

Botschaften

Afghanische Botschaft Stadtteil Shayxontohur, Taxtapul Darvoza ko'ch. 352, Tel. 140 41 32, Geöffnet: Mo-Fr 9:00-12:00 Uhr

Kasachische Botschaft Stadtteil Shayxontohur, Abay ko'ch. 1a, Tel. 231 61 74, Geöffnet: Mo-Fr 9:00-12:00 Uhr

Kirgisische Botschaft Stadtteil Yunusobod, Niyozbek yoli 6-tor ko'ch. 30, Metro "H. Olimjon", Tel. 237 47 94, Geöffnet: Mo-Fr 9:00-11:30 Uhr

Tadschikische Botschaft Stadtteil Yakkasaroy, Abdullah Qahhor 6-tor ko'ch. 61, Tel. 54 99 66, 54 84 13, Geöffnet: Mo-Fr 10:00-12:00 Uhr

Turkmenische Botschaft Stadtteil Mirobod, Afrosiyob ko'ch. 19, Metro "Kosmonavtlar", Tel. 256 94 06, Geöffnet: Mo, Di, Mi, Do 9:00-13:00 Uhr

Deutsche Botschaft Stadtteil Yunusobod, Sharof Rashidov shoh ko'chasi 15, Tel. 120 84 40, Geöffnet: Mo-Do 8:00-12:30, 13:00-17:15 Uhr, Fr 8:00-14:00 Uhr

Östereichische Staatsangehörige vertreten durch die Deutsche Botschaft

Schweizer Botschaft Stadtteil Yakkasaroy, Shota Rustaveli ko'chasi 1-berk ko'ch. 4, Metro "Oybek", Tel. 120 67 38, Geöffnet: Mo-Do 9-16:30 Uhr, Fr 9:00-13:30 Uhr

Bücher und Bildbände
Kitob olami, Mustaqillik ko'ch. 6-7, Geöffnet: Mo-Sa 9:00-21:45 Uhr, So 9:00-18:00 Uhr

Sharq ziyokori kitoblar, Buxoro ko'ch. 26, Ecke Buyuk Turon ko'ch. Geöffnet: Mo-Fr 9:00-18:00 Uhr, Sa 9:00-16:00 Uhr

Knijni Mir, Buyuk Turon ko'ch, östl. Kaufhaus MUM, Geöffnet: Mo-Sa 9:00-19:00 Uhr

Einkaufen
Basare
Chorsu Basar, Haushaltsartikel, Lebensmittel, Souvenirs, Metro "Chorsu"

Oloy Basar, Amir Timur ko'chasi, Lebensmittel, Haushaltsartikel, Metro "Abdulla Qodiriy"

Es gibt insgesamt 16 Basare in Toshkent, mindestens einen pro Stadtteil. Weitere **Großbasare** befinden sich an der Peripherie der Stadt:

Hippodrom Basar, Bekleidung, Schuhe, Haushalt, Mo geschlossen, Metro "Olmazor"

Qo'yliq Basar, Bekleidung, Schuhe, Haushalt, Baustoffe, Mo geschlossen, südöstl. Stadtrand

Kaufhäuser
Toshkent Univermagi, Stadtmitte, Islom Karimov ko'chasi 17

Tashkent City Mall, Stadtteil Shayxontohur, Botir Zakirov ko'ch.

Toshkent savdo markazy Stadtteil Shayxontohur, Alisher Navoiy ko'ch. 3a

Mega Planet savdo markazy Stadtteil Yunusobod, Metro "Yunusobod", A. Donish ko'ch.

Next Mall Stadtteil Yakkasaroy, Bobur ko'chasi 6

Samarqand Darvoza, Stadtteil Shayxontohur, Koratosh ko'ch., Ecke Samarqand Darvoza ko'ch.

Supermärkte
Korzinka/Smart, Filialen: siehe Stadtplan

Makro, Filialen: siehe Stadtplan

Souvenirs
Besonders geeignet für den Einkauf von Souvenirs ist die **Abdul Qosim Medrese**, da man dort auch sieht, wie diese Kunstwerke entstehen. Die Museen für dekorative und angewandte Kunst sowie Kunst der Republik Usbekistan haben jeweils eine Souvenirabteilung. In der Lobby großer Hotels finden sie meist ein teures Souvenirgeschäft. Bunte Seide mit dem Flammenmuster, Stickereien, Keramik oder Holzartikel finden sie preiswert und in großer Auswahl auf dem Chorsu Basar.

Human House, Kichik Mirobod ko'chasi 43, Bekleidung und Souvenirs, Geöffnet: tägl. 10:00 -19:00 Uhr

Geldwechsel
Das Wechseln von US-Dollar/Euro ist in **Wechselstuben** (Obmen Valuta), bei Banken und Hotels üblich. Ab und zu verlangen diese dafür den Reisepass.

Usbekische Nationalbank (NBU), Stadtteil Mirzo Ulug'bek, Movarounnahr ko'ch. 66b Ecke Mustaqillik shoh ko'chasi, Metro Hamid Olimjon, Geöffnet: Mo-Fr 9:00-17:00 Uhr. Weitere Banken in Tashkent: Agrobank, Aloqabank, Asaka Bank, Kapitalbank, Ipak Yo'li Bank, Ipoteka Bank, Qishloq Qurilish Bank, Turon Bank, Microcreditbank, Hamkorbank

Hotels und Unterkünfte (Auswahl)
Luxuriös
Hotel Lotte Tashkent Palace
(Lotte City Hotel), Stadtmitte, Buyuk Turon ko'ch. 56, Tel. 120 58 00, neoklassizistisches Hotel mit angenehmer Ausstattung

Hotel Wyndham
(Ex-Dedeman), Stadtteil Amir Temur shoh ko'chasi, Ecke Navoiy shoh ko'ch., Tel. 120 37 00, gutes Businesshotel der gehobenen Mittelklasse, zentral gelegen

Hotel Ichon qal'a
Stadtteil Yakkasaroy, Tafakkur ko'chasi 68, Tel. 231 98 98, Kuriose Mischung aus Barock und ein wenig Orient, ruhige Lage im Botschaftsviertel

Mittel
Hotel Uzbekistan
Stadtmitte, A. Temur xiyoboni, Tel. 120 77 77, Sowjet Klassiker, renoviert aber eher kleine Zimmer, beste Lage, typisches Touristengruppenhotel, nahe Metro "Amir Temur xiyoboni"

Hotel Central Palace
Stadtteil Mirobod, Afrosiyob ko'ch. 2, Metro Kosmonavtlar, Tel. 340 22 22, modernes Mittelklassehotel, Pool, zentrumnahe Lage

Gästehaus Khan Orda
Stadtteil Yunusobod, Amir Temur ko'ch., +41°22'11"N, +69°17'8"O, Tel. 277 70 02, schön gestaltetes, einfaches Kleinhotel

Günstig
Topchan Hostel
Stadtteil Mirobod, 8-Marta ko'chasi 104, "Orientier Zeloni Basar", Tel. 90 319 99 98, interessant gestaltetes Hostel, auch für Familien geeignet, leider etwas abgelegen

Gulnara Gästehaus
Stadtteil Sobir Rahimov, Ozod ko'ch. 40, Tel. 98-360 07 74, Altstadthaus mit ruhigem Innenhof, einfach aber sauber, Lage: +41°19'42"N, +69°13'46"O

Hotel Orion
Stadtteil Mirzo Ulug'bek, Salar ko'ch. 18/1, Tel. 237 36 83, neutral modern eingerichtet, einfach, gutes Preis-Leistungsverhältnis

Krankenhäuser
Notfallnummer der Deutschen Botschaft:
Tel. +998-93-181 54 06

Tashkent International Clinic (TIC), Stadtteil Mirobod, Sariko'l ko'ch. 38, Tel. 291 01 42, 291 07 26, 120 11 20, 120 11 44

MDS-Service, Stadtteil Hamza, Botkin ko'ch. 110, Haus 3, Tel. 140 00 80

Kulturleben
Überwiegend klassische Musik wird im **Konservatorium** (O'zbekiston davlat konservatoriyasi) dargeboten. Es gibt zudem ein Kursangebot. Infos/Karten am Eingang, Olmazor ko'chasi, Metro: "O'zbekiston". Konzerte des staatlichen philharmonischen Orchesters und anderer Künstler finden in der **Turkeston Konzerthalle**, Navoiy shoh ko'chasi statt.
Für Ethnopop Konzerte usbekischer Künstler wie Rayhon, Sevara Nazarhan, Shoh Jahon oder Yulduz Usmanova geht man in den **Xalqlar do'stligi Palast**, Islom Karimov ko'chasi. Wer lieber ein Theater- oder Ballettstück besuchen möchtekann dies im prunkvoll ausgestatteten **Alisher Navoiy Theater (GABT/SABT)** tun. Das Bühnenbild ist sehr realistisch, der Eintritt vergleichsweise günstig. Kartenvorverkauf am Eingang: täglich von 10 -15 und 16-18 Uhr, Tel.: 233 90 81, Spielzeit ist von September bis Mai. Im **Il'xom Theater**, Paxtakor ko'chasi 5, ist die avantgardistische Theaterszene zu finden. Tel. 241 22 41. Nicht nur für Kinder interessant ist das **Puppen Theater** (Qo'g'irchoqlar teatri) gleich neben dem Präsidentenpalast. Es ist möglich die Puppen auch mal selber auszuprobieren. Vorstellungen in Russisch oder Usbekisch. Tel. 256 73 95

Kulturzentren, Stiftungen, Kirchen
Goethe-Institut (Olmonija madanijat markazi), Stadtteil Yunusobod, Amir Temur ko'ch. 42, Tel. 140 14 70, Metro "Abdulla Qodiriy"

Konrad Adenauer Stiftung, Stadtteil Yakkasaroy, Zarbog' ko'chasi 38, Tel.: 215 52 01

Friedrich Ebert Stiftung, Stadtteil Mirzo Ulug'bek, Qibray/ Musa Djalil ko'ch 8, Tel 140 02 62, Lage: +41°19'27" N, +69°19'39" O

Deutsche Evangelisch-Lutherische Kirche, Stadtmitte, Sodiq Azimov ko'chasi 37, Tel. 133 82 46

Polnische Römisch-Katholische Kirche, Stadtmitte, Sodiq Azimov 5-tor ko'chasi, Tel. 233 70 35

Museen und Ausstellungshallen

Museum der Geschichte und Kultur Usbekistans (O'zbekiston xalqlari tarixi muzeyi) Stadtmitte, Sharof Rashidov ko'chasi; Kompakte Darstellung der Geschichte des Landes auf 3 Etagen. Modernistisches Museumsgebäude; Geöffnet: Di-So 10:00-17:00 Uhr, Mo geschlossen

Museum für dekorative und angewandte Kunst (Amaliy San'at Muzeyi), Stadtteil Yakkasaroy, Rakatboshi ko'ch. 15; Sehr schönes Museumsgebäude mit attraktiven Exponaten usbekischer Handwerker und Künstler; Geöffnet: Mi-Mo 9-17 Uhr, Di geschlossen

Staatliches Kunstmuseum (O'zbekiston davlat san'at muzeyi), Stadtteil Mirobod, Amir Temur Shoh ko'chasi 16, Metro "Oybek"/"Ming O'rik"; Dauerausstellung mit Gemälden und Skulpturen primär des 19.Jh.; Geöffnet: Mi-Mo 10:00-17:00 Uhr, Di geschlossen

Alisher Navoiy Literaturmuseum (Navoiy adabiyot muzeyi) Stadtteil Shayxontohur, Navoiy Shoh ko'chasi 69, Metro "Paxtakor"/"Alisher Navoiy"; Zeigt das reiche literarische Erbe Usbekistans mit Werken vom 15.-20.Jh.; Geöffnet: Mo-Fr 10:00-17:00 Uhr

Amir Temur Museum (Temuriylar tarixi Muzeyi), Stadtmitte, Amir Temur Xiyoboni,; Prunkvolles Museumsgebäude der Temuridendynastie; Geöffnet: Di-So 10:00-17:00 Uhr, Mo geschlossen

Eisenbahnmuseum (Temir yo'l texnikasi muzeyi) Stadtteil Mirobod, Turkiston ko'chasi 6, nahe dem Bahnhof; Freigelände mit zahlreichen Lokomotiven und Waggons; Geöffnet: Mi-So 9:00-18:00 Uhr

Naturkundemuseum (Davlat Tabiat muzeyi) Stadtteil S. Rahimov, Zarqaynar ko'ch. 1, die umfangreiche naturkundliche Sammlung besteht seit 1876 und zeigt die gesamte Fauna und Flora des Landes. Geöffnet: Mo-Sa 9:00-17:00 Uhr

Geologiemuseum (Geologiya muzeyi) Stadtteil Mirobod, Taras Shevchenko ko'chasi 11, Ecke Shahrisabz ko'ch., Metro Oybek/Ming O'rik; Besucher können in 12 Hallen wunderschöne Mineralien, Versteinerungen und die Geschichte des Bergbaus besichtigen. Geöffnet: Derzeit geschlossen (Umzug)

Tamaraxonim Museum (Tamaraxonim xotira muzeyi) Stadtteil Mirzo Ulug'bek, Tamaraxonim ko'chasi 1, Metro "Hamid Olimjon"; Wohnhaus der berühmten Sängerin und Tänzerin die den usbekischen Tanz entscheidend geprägt und entwickelt hat. Ausstellung mit zahlreichen Erinnerungsstücken dieser hoch angesehenen Usbekin; Geöffnet: Mo-Fr 10:00-17:00 Uhr

Museum der Kommunikation (Aloqa tarixi muzeyi) Stadtteil Shayxontohur, Navoiy shoh ko'chasi 28A, Metro "Paxtakor"/"Alisher Navoiy", Im Museum werden Kommunikationswege wie Post, Telefon, Radio, Funk und Fernsehen dargestellt. Geöffnet: Mo-Sa 9:00-18:00 Uhr

Miniaturen Museum (Kamoliddin Behzod sharq miniatyura san'at muzeyi) Stadtmitte, Sharof Rashidov ko'chasi 40A, Metro "Kosmonavtlar"; Wechselnde Ausstellungen vorwiegend iranischer und usbekischer Künstler in der Miniaturenmalerei wie Niyozali Xolmatov. Gezeigt werden auch historische Manuskripte Behzods, dem Meister der Meister dieses Genres. Die ausgestellten Werken reichen vom 12.-16. Jh. . Geöffnet: Di-Sa 10-18 Uhr;

Astronomie Museum (Astronomiya Muzeyi) Stadtteil Mirzo Ulug'bek, Osyo ko'chasi, Im Gebäude des Astronomischen Instituts Ulug'bek; Kleines Museum mit historischen Fernrohren, Sextanten, auf dem Gelände befindet sich auch das älteste Observatorium Usbekistans. Vor dem Besuch anrufen: 235 81 02

Haus der Fotografie (Fotosuratlar Uyi) Stadtmitte, Istiqbol ko'chasi 4, Metro "Amir Temur xiyoboni"; Das ehemalige Geschichtsmuseum wurde in einem interessanten Art Déco Stil 1934 errichtet und zeigt wechselnde Ausstellungen nationaler und internationaler Künstler der Fotografie und Gestaltung. Geöffnet: Di-Sa 10:00-17:00 Uhr

Ausstellungshalle der Akademie der Künste (Rassomlar akademiyasining markaziy ko'rgazmalar zali) Stadtmitte, Sharof Rashidov ko'ch. 40, Metro "Kosmonavtlar"; Wechselnde Ausstellungen bildender Kunst der Gegenwart. Geöffnet: Di-So 10:00-17:00 Uhr

Post, Paketdienste
Hauptpostamt UZPOST (Toshkent pocht-amti), Stadtmitte, Shahrisabz ko'ch. 7, Ecke Tolstoj ko'chasi; Tel. 233 47 49; Geöffnet: Mo-Sa 9:00-17:00 Uhr

DHL, Stadtteil Mirobod, Turkeston ko'ch. 4, 250m nordöstl. des Hauptbahnhofs, Metro "Toshkent", Tel. 120 55 25, Geöffnet: Mo-Fr 9:00-18:00 Uhr

UPS, Stadtteil Chilonzor, Bunyodkor ko'chasi 52, Ecke Farhod ko'ch., Metro "Chilonzor", Tel. 120 38 38, Geöffnet: Mo-Fr 9:00-18:00 Uhr

Reiseveranstalter in Toshkent
Advantour
Arostr Travel
Asia-Travel Uzbekistan
Dolores Uzbekistan
Enjoytravel Uzbekistan
Manzaratourism
Marakanda Travel
Novotours Uzbekistan
Orexca
Roxana Tour
Samarkanda Travel
Uzbek-Travel
Mit diesen Begriffen können Sie über Suchmaschinen die Homepage erreichen.

Registrierung
Touristenvisum: Registrierung muss innerhalb von 3 Tagen ausschließlich über Hotels erfolgen. Nur Registrierung ohne Übernachtung: Hotel Olimpiya, Olmazor Tumani, Muxbir ko'ch. 2, Tel. 229 44 65, Marschrutka 109 oder 113
Hinweis: Personen die mit einem Touristen-visum einreisen, aber keinen Hotelaufenthalt vorsehen, droht die Ausweisung.

Einladungsvisum: Bei der UVViOG des Stadttei-les in dem Sie wohnen. Erkundigen Sie sich bei

Einheimischen dieses Stadtteils wo dies ist.

Geschäftsvisum: Die einladende Firma oder Organisation übernimmt die Registrierung beim UVViOG.

Restaurants (Auswahl)
Usbekisch
Palov Center, Stadtteil Yunusobod, Iftihor ko'ch. 1, nahe Fernsehturm, bei Einheimischen sehr beliebt, Palov bis ca. 12 Uhr mittags

Gumma & Xonim, Stadtteil Shahontohur, Qoratosh ko'ch., +41°19'9"N, +69°14'1"O, Tel. 77 072 44 44, Take away Gumma und Xonim

Chorsu Garküchen, Chorsu Basar, verschie-dene Garküchen mit einfachen und preiswer-ten Gerichten wie Somsa, Schaschlik, Sho'rva

Afsona, Stadtteil Mirobod, T. Shevchenko ko'ch. 30, Tel. 252 56 81, usbekische Küche in angenehmer Umgebung, Palov auch abends

The Choyxona, Stadtteil Mirzo Ulug'bek, Salor Yoli ko'ch. (+41°19'57", +69°18'49"), modern und edel interpretiertes Gastronomiekonzept

Kafe Sim Sim, Stadtteil Chilonzor, Muqimiy ko'ch. 15, Tel. 253 54 34, Atrium unten und Einzelzimmer oben mit schöner Deko, Lüster

Caravan, Stadtteil Yakkasaroy, A. Qahor ko'ch. 22, Ecke M.Tarabi ko'ch. Tel. 152 75 55, beliebt bei Touristen, Kunstgallerie im Haus

Türkisch
Köşebaşi, Tashkent City, Boulevard 5, Tel. 93 300 70 70, modisch, eher teurer, gute Kulinarik + Service, Aussenbereich, beliebt

Libanesisch
Cafe 1991, Stadtmitte, Mustaqillik shoh ko'ch. 7, Ecke Istiqlol ko'ch., Tel. 90 919 91 00, barock-orientalischer Schick, auch Vegetarisches

Forn Lebnen, Stadtteil Mirobod, Tel. 71 256 43 32, preiswerte arabische Spezialitäten wie Manakish in vielen Varianten, Hummus, Labneh

Koreanisch
Arisu Sarang Stadtteil Mirobod Fidokor (Chexov) ko'ch. 40, Tel. 252 55 45, authentisch koreanische Gerichte, attraktives Ambiente

Chinesisch
Harbin, Stadtteil Mirobod, T. Shevchenko ko'ch., Tel. 95 169 59 10, sehr gute, günstige Gerichte, einfaches Lokal direkt am Anhor K.

Deutsch
Bier Regen, Stadtteil M. Ulug'bek, Ladova ko'chasi 25, Tel. 99 108 08 08, Bratwurst mit Kartoffeln, sonst eher weniger "Deutsch"

Tschechisch
Dudek, Stadtteil Chilonzor, Muqimiy ko'chasi 42, Tel. 90 990 59 55, rustikal eingerichtete tschechische Bierstube, Bier gut, Essen so lala

Italienisch
Affresco, Stadtteil Yakkasaroy, Bobur ko'ch. 14, Tel. 129 90 90, geschmackvoll eingerichteter Italiener mit witzigem Deckengemälde

Syrovarnya, Innenstadt, Shahrisabz ko'ch. 31b, Tel. 90 815 31 31, modernes Resto mit Schauküche und eigener Käseherstellung

Positano, Stadtteil Mirobod, T. Shevchenko ko'ch. 38, Tel. 99 300 01 11, der Edel-Italiener, hochwertige und ansprechende Gerichte

Pakistanisch/Indisch
Shalimar, Stadtmitte, Shahrisabz ko'ch. 33, Tel. 97 443 37 86, beliebtes Restaurant, Daal, Paratha, Curries, leckeres Naan Brot

Besonderheiten
Golubye Kupola, Stadtmitte, S. Rashidov shoh ko'ch. 77, Tel 256 27 27, wiederbelebter Klassiker aus alten Zeiten, üppige Deko,Essen mäßig

Jumanji, Stadtteil Yakkasaroy, Yusuf Xos Hojib ko'ch. 62/2, Tel. 255 42 00, sehr beliebt bei Expats, umfangreiches internationales Menü

Myasnoj Steak House, Stadtteil Yakkasaroy. Sh. Rustaveli ko'ch. 13a, Tel. 78 148 10 01, sehr hochpreisiges Fleisch in allen Variationen

Fast Food
KFC, Shahrisabz ko'ch, Ecke Istiqlol ko'ch.

Burger Embassy, Yakub Kolas ko'ch. 12, Tel. 78 113 07 73, Burger und Sides aller Art

Schwimmbäder
Aqualand, Stadtteil Yunusobod, Chinobod ko'chasi 61, Tel. 212 01 54, tägl. 9:00-20:00 Uhr, Einlass bis 18 Uhr, Rutschen, 4 Becken, Cafeteria

Limpopo Akvapark, Stadtteil Mirobod, Eski Sariko'l ko'chasi, Tel. 291 35 51, tägl. 10:00-22:00 Uhr, Minirutschen, 2 Becken, Bar

MyMore, Stadtteil M. Ulug'bek, Movarounnahr ko'chasi 21, Tel. 99 138 33 00, tägl. 10:00-22:00 Uhr, Einlass bis 18 Uhr, Riesenrutschen, Wellenbad, 4 Becken, Cafeteria

Stadtrundfahrten
Tashkent City Tour, Abfahrt der roten Doppelstockbusse vor dem Hotel Uzbekistan von Di-So ab 9, 10, 12, 13, 15, 16 Uhr, Tagweise zusätzliche Fahrten, Dauer 2h mit 3 kurzen Stops, kein WC im Bus, offene Plätze oben mit Sonnenschutz, Audioguide (nur Englisch) in der Sitzlehne, Kopfhörer beim Fahrer, Veranstalter: Aznur Travel, Hotel Uzbekistan, 3. Stock.

Telefon, SIM Karten für Handys
Ucell, Shahrisabz ko'ch.1, Ecke A. Temur ko'.
Beeline, Tashkent City Mall, B. Zokirov ko'ch.
UMS, Furqat ko'ch. 163, Zugang Beshyog'och
Uzmobil, A. Temur ko'ch, Metro A. Qodiriy

Vergnügungsparks
Magic City Park, Stadtteil Chilonzor, Furqat ko'ch. , Tel. 202 77 99, Themenstraßen mit viel Gastronomie, Aquarium, Märchenschloß, Kino, Fahrgeschäfte, Bowling, Indoorspielplatz, Berufserlebniscenter für Kinder; Geöffnet: tägl. 10:00 - 22:00 Uhr

Lokomotiv Park, Stadtteil Mirzo Ulug'bek, Temur Malik ko'chasi 66, Tel. 205 09 00, Attraktionen für Kleinkinder, Kinder bis 15 Jahre und die "Extreme Zone" für Erwachsene, Geöffnet: tägl. 10:00-23:00 Uhr

Anhor Lokomotiv Park, Stadtteil Shayxontohur, Labzak ko'chasi , Tel. 95 193 94 94, Kleiner Vergnügungspark mit Mini-Fernsehturm, div. Attraktionen für Groß und Klein, große Kartinghalle, Geöffnet: tägl. 10:00-23:00 Uhr

Vorwahl von Toshkent
aus dem In- und Ausland: 71(Festnetz)

Sehenswertes in der Region Toshkent

Zangiota (Zangi Ota Pilgerzentrum)
(Zangi Ota majmuasi) Dem hoch verehrten Sufi Scheich Oy Hodscha ibn Mansura, mit dem Beinamen Zangi Ota (dunkelhäutiger Vater) wurde hier von Amir Temur eine Hommage erbaut: Das Zangi Ota Mausoleum (Zangi Ota Ziyoratgohi, 14.Jh) mit insgesamt vier Kuppeln. Der mosaikgeschmückte Peshtoq wurde von Ulug'bek im 15. Jh. hinzugefügt. Zangi Ota verdingte sich als Schafhirte, war jedoch vor allem bekannt für seine große Hilfsbereitschaft und seine Frömmigkeit. Als Anhänger des Ahmad Yassaui Sufi-Ordens predigte er in Toshkent und errang dabei großen Respekt. Links daneben einige Hujra Zellen des einst geschlossenen Innenhofes der Medrese. Die Namozgoh Moschee (19.Jh) befindet sich rechts neben dem Zangi Ota Mausoleum. Erst 2015 kam die ganz vorn befindliche neue Moschee und das 31m hohe Minarett dazu. Auf dem angrenzenden Friedhof hinter dem Zangi Ota Mausoleum ist dessen Frau Ambar Bibi begraben. Sie wird ebenfalls als Heilige verehrt und es ist Brauch, dass junge Frauen dreimal das Gebäude im Uhrzeigersinn umrunden, um Gesundheit und Fruchtbarkeit zu erlangen.

Erreichbarkeit:
Von der Metrostation Olmazor 11Km mit dem Taxi auf der M34 in den Vorort Zangiota. Lage: +41°11'49", +69°09'29"

Parkent
Die Kleinstadt mit etwa 35.000 Einwohnern ist Ausgangspunkt für Touren zu verschiedenen Zielen in der Nähe die nachfolgend beschrieben werden.

Erreichbarkeit:
Vom Großbasar Qo'yliq am südöstlichen Stadtrand von Toshkent fahren Marschrutkas und Sammeltaxis nach Parkent zum dortigen Basar.

Solarforschungseinrichtung Heliokomplex Quyosh
Gebündeltes Sonnenlicht wie bei einem Brennglas ist das Grundprinzip der **Forschungseinrichtung Heliokomplex** (Quyosh Heliokompleksi) nahe Parkent. Der 1987 in Betrieb genommene Solarofen besteht aus 62 beweglichen Spiegeln, die das Sonnenlicht auf den Hauptspiegel automatisch ausrichten. Dieser wiederum konzentriert das Sonnenlicht, so dass Temperaturen bis 3000° Celsius in wenigen Sekunden erreicht werden können. In der Sowjetära wurde die Einrichtung für die Erprobung und Erzeugung von Materialien für das Militär und die Raumforschung genutzt. Heute ist die Anlage zwar noch in Betrieb, aber in einem weit geringeren Maße produktiv tätig. Für ein kleines Entgelt kann die Anlage besucht und alles auch fotografiert werden.
Eine zweite, etwas kleinere aber leistungsfähigere Anlage existiert in den französischen Pyrenäen.

Erreichbarkeit:
Vom Basar in Parkent sind es 9Km bis zum Heliokomplex oberhalb des Dorfes Changi-Hisorak mit einem Taxi. Lage: +41°18'46", +69°44'24"

Kumushkon (Xazrati Ali Buva Moschee)
Folgt man der Straße vom Ort Changi-Hisorak 9Km weiter nach Osten erreicht man das Dörfchen Kumushkon, welches direkt am Rande der Chotqol Berge liegt. Auf einem Bergrücken, hoch über dem Parkentsoy ragt die 2010 errichtete Xazrati Ali Buva Moschee (Xazrati Ali Buva masjidi va ovliyo bo'loq) auf. Sie ist eingebettet in einen Pilgerpark mit Picknickplätzen, einer heiligen Quelle unter einer Platane und einem steinernen Koran. Die Einheimischen messen dem Ort magische Kräfte zu. Der Ausblick lohnt auf jeden Fall.

Erreichbarkeit:
Von Parkent aus ist Kumushkon mit einem Sammeltaxi oder einem individuellen Taxi erreichbar, je nach Verfügbarkeit.

Weltraumforschungseinrichtung TashKBM
Der Wettlauf zum Mond war 1969 auf seinem Zenit angelangt, als nahe dem Dörfchen Nevich das Konstruktionsbüro für interplanetare Weltraumforschung **TashKBM** (Toshkent mashinasozlik binosini loyihalash byurosi) eingerichtet wurde. Als Zulieferer der führenden Raumfahrtbüros in Russland sollten hier Komponenten für Raumsonden entwickelt und getestet werden. Zum Beispiel LB-09, eine

Bohr- und Probeentnahmeeinrichtung welche mit der Landesonde Luna-24 ein 2,6m tiefes Loch in den Mond bohrte. 1981 und 1985 folgen dann ebensolche Geräte für die Venus-sonden Venus-13, Venera-14 und Vega-1. Diese funktionierte auch bei 500°C und einem Druck von 95 Atmosphären erfolgreich. Darüber hinaus entstanden hier diverse Forschungsge-räte für die sowjetischen Raumstationen Saljut und die legendäre Mir. Höhepunkt war jedoch die Entwicklung von Radioastron, dem größten Weltraumteleskop der Welt. Begonnen in den späten 1980er Jahren bleib das Projekt zwei Jahrzente lang unterbrochen. Erst 2011 wurde Radioastron in Russland fertiggestellt und in eine elliptische Erdumlaufbahn geschossen. Heute steht der riesige Hangar verlassen in der schönen Landschaft am Rand der Chotqol Berge. Teile der Anlage wurden 2019 abgeris-sen und auch der große Hangar ist vielleicht schon bald verschwunden. Hier wurde definitv Weltraumgeschichte geschrieben, ein besonde-rer Ort. In der Umgebung von Nevich gibt es viele Weinberge und sogar einen Ort mit dem Namen Shampan. Im Spätsommer werden hier die Trauben eimerweise an der Straße zum Kauf angeboten.

Erreichbarkeit:
Vom Basar in Parkent sind es 20Km mit einem Taxi bis zum TashKBM Gelände. Der riesige Hangar ist unübersehbar. Lage: +41°11'17.47", +69°47'49.44"

Chimgan, Beldersoy, Ugom-Chotqol Naturpark 🏛 UNESCO
Chimgan (auch: Chimyon) ist mit einem Sessel- und einem Schlepplift das beliebe-ste Wintersportgebiet der Toshkenter auf ca. 1500m Höhe. In unmittelbarer Nähe zum Ort ragt der 2096m hohe Kleine Chimgan (Kichik Chimgan) auf, von dessen Gipfel man einen sehr schönen Rundblick auf den Chorvoq Stau-see und die Berge des Ugom-Chotqol Natur-parks genießen kann. Der Aufstieg beginnt an der Talstation des alten Sessellifts über den Gul'kam Pass (russ.: Pesochnyj Pass, 1832m) und dauert bis zum Gipfel ca. 2-3h.

Unterkünfte:
Mittel
Hotel Nebesa Chimgan, Tel. 71-200 88 87, Lage: +41°32'47.23", +70°1'53.41"

Resort Sky-Village Chimgan, Tel. 71-200 22 32, Lage: +41°32'8.01", +70°1'41.93"

Resort Archazor Chimgan, Tel. 71-252 00 26, Lage: +41°32'18.74", +70°1'19.28"

Günstig
Hotel Asia Chimgan Chimgan, Tel. 90-188 61 28, Buchung über Page-Tour, Lage: +41°31'23.04", +70°0'29.64"

Bitte beachten: Insbesondere im Winter sollte man schon frühzeitig buchen. Dann sind die Preise etwa doppelt so hoch wie im Sommer.

Etwas weiter südlich ragt der Gipfel des Großen Chimgan (Katta Chimgan, 3309m) empor. Die mit ca. 4h kürzeste Aufstiegsmöglichkeit star-tet an der Talstation des neuen Sessellifts von Chimgan und führt über den Westgrat hinauf zum felsigen Gipfel.
Wer lieber gemütlich über das Beldersoy Tal schweben möchte kann sich in den 2,6km langen Sessellift von **Beldersoy** setzen (ganzjährig). Im Winter führt ein weiterer Lift bis auf den Gipfel des Kumbel (2306m). Von dort hat man einen herrlichen Panoramablick und im Sommer werden kurze Pferdeausritte ange-boten. Hauptsaison ist der Winter mit den höchsten Preisen in den Unterkünften.

Unterkünfte:
Mittel
Hotel Beldersoy Oromgohi , Beldersoy, Tel. 90-176 38 26

Der **Naturpark Ugom-Chotqol** (Ugom-Chotqol davlat biosfera qo'riqxonasi) wurde 2016 als UNESCO Naturerbe ausgezeichnet und ist in weiten Teilen touristisch noch uner-schlossen. Nachfolgend werden zwei Ausflugs-möglich-keiten beschrieben.

Ausflug ins Oqsokolotasoy Tal
Vom kleinen Dorf Juduruq östl. von Chirchik führt eine wenig frequentierte Asphaltstraße durch eine wunderschöne Berglandschaft bis ins **Oqsokolotasoy Tal** (20-30km). Zwar ist die Straße stellenweise schlecht, doch die Strecke malerisch. Am Wildbach Oqsokolota-soy angekommen kann man in der **Jagdhütte "Konurdek"** eine Angelerlaubnis erwerben. Die Gegend bietet viele schöne Picknick-plätze.

Ausflug ins Piskom Tal
Weit im Norden der Region Toshkent, befindet sich im langen **Piskom Tal** das kleine Dörfchen Piskom. Es ist Ausgangspunkt für Touren zu den wunderschön gelegenen türkisfarbenen **Bergseen Urungach** (Urungach ko'li, 1508m) im Westen sowie **Badak** (Badak ko'li, 1785m) und **Ixnachkul** (Ixnachkul ko'li, 2404m) im Osten. Die Bergtouren erfordern einige Tage Zeit und entsprechende Ausdauer. Übernachtet wird in Zelten. Manzara Tourism oder Uzbek-Travel bieten geführte Touren zu den Seen an.

Erreichbarkeit:
Die Stadtbusse 16, 19, 24 und 49 fahren bis zum Busbahnhof TTZ im äußersten Nordosten von Toshkent. Von dort fahren Marschrutkas, Taxis und Busse nach Chirchiq, G'azalkent oder bis Xo'jakent. Am Busbahnhof in G'azalkent warten Sammeltaxi auf Fahrgäste nach Chimgan oder Beldersoy. Beldersoy und Chimgan sind etwa 5km voneinander entfernt.
Die Jagdhütte Konurdek ist nur mit arrangiertem Transportmittel erreichbar. Ein robustes Fahrzeug oder ein gutes Mountainbike ist empfehlenswert. Gleiches gilt auch für die Fahrt nach Piskom. Die Strecke (37Km von Nanay am Chorvoq Stausee bis Piskom) ist teilweise nicht asphaltiert.

Chorvoq Stausee
Der **Chorvoq Stausee** (Chorvoq suv ombori) wurde zwischen 1963 und 1970 für eine regelmäßige Wasserversorgung der darunterliegenden Städte, insbesondere Toshkents angelegt. Seine Staumauer ist 768m lang und 168m hoch und damit die höchste des Landes. Der Stausee kann auf einer landschaftlich reizvollen Asphaltstraße umrundet werden. Einen Kieselstrand mit verschiedenen Wassersport Angeboten gibt es beim Hotel Charvoq Oromgohi.

Unterkünfte:
Mittel
Hotel Charvoq Oromgohi westl. von Yusupxona gelegen, Tel. 90-176 62 50

Resort Krokus Park Yusupxona, Tel. 90-356 18 07, Lage: +41°36'59.86",+70°2'16.50"

Erreichbarkeit:
Die Stadtbusse 16, 19, 24 und 49 fahren bis zum Busbahnhof TTZ im äußersten Nordosten von Toshkent. Von dort fahren Marschrutkas, Taxis und Busse nach Chirchiq bzw. Xo'jakent. Nahe der empfehlenswerten Choyxona "Chinara's" südlich des Chirchiq Flusses (+41°37'24", +69°56'30") warten Taxis auf Passagiere zu den Zielen rund um den See. Von diesem Parkplatz aus sind es 11Km bis zum Hotel Chorvoq Oromgohi und dem Badestrand des Hotels, 14Km bis Yusupxona und 80Km um den gesamten See herum bis zum Ausgangspunkt.

Blick auf den Chorvoq Stausee und die Ugom-Chotqol Berge

Die Regionen Sirdaryo und Jizzax

Bis Ende des 19.Jh. war die staubige Mirzacho'l, auch Hungersteppe genannt, von den Karawanenführern gefürchtet. Dieses Dreieck zwischen Toshkent, Jizzax und dem tadschikischen Huçand stellte den östlichsten Ausläufer der Qizilqum Wüste dar. Mit dem Bau vieler Bewässerungskanäle in der Sowjetzeit hat sie jedoch ihren Schrecken verloren. Durch intensive Bewässerung ist die Region Sirdaryo heute stark landwirtschaftlich geprägt, jedoch touristisch wenig interessant, da die Dörfer meist aus den 50er und 60er Jahren des vergangenen Jahrhunderts stammen.

Ganz anders dagegen die Region um die Provinzhauptstadt Jizzax. Östlich von ihr reichen uralte Wacholderwälder bis zu den Felsen des Turkistongebirges hinauf, während im ariden Nurota Mittelgebirge mit seinen grünen Tälern voller Walnussbäume in zahlreichen Homestays das usbekische Landleben kennengelernt werden kann.

Zomin Nationalpark

Regionen Sirdaryo und Jizzax

Die Highlights der Regionen Sirdaryo und Jizzax

● **Tamerlans Tor** Erkunden Sie die historischen Inschriften am berühmt berüchtigten Tor Tamerlans, benannt nach Amir Temur, an dem schon so manche Karawane überfallen wurde.

● **Xonbandi Staudamm** Ein Staudamm mitten in der Wüste? Dazu noch viele tausend Jahre alt. Erfahren Sie, weshalb sich jedes Jahr die lokale Bevölkerung an diesem Staudamm versammelt.

● **Nurota Bergnußbaumschutzgebiet** Zu Fuß oder mit dem Esel die grünen Taloasen des Nurota Gebirges entdecken und frisches Brot direkt aus dem Tandirofen genießen.

● **Jizzax - Eine usbekische Modellstadt?** Statt verwinkelten Altstadtgassen gibt es hier breite Boulevards, die Heimatstadt von Sharof Rashidov ist rätselhaft modern.

● **Zomin Nationalpark** Entdecken Sie die einzigartig erhaltene Naturschönheit der Ausläufer des Hisorgebirges an der Grenze zu Tadschikistan.

● **Sa'd ibn Abu Vaqqos Pilgerstätte** Blicken Sie vom malerisch gelegenen Pavillon lokaler Baumeister hinab auf den See und die im Schatten der Bäume sitzenden Pilger

● **Suffa RT-70 Radiotelekop** Das nie vollendete riesige Radioteleskop ist ein Relikt der sowjetischen Weltraumforschung und befindet sich seit Jahren im Dornröschenschlaf

Jizzax

Der Name Jizzax kann mit "Festungsstadt" oder "Befestigte Siedlung" übersetzt werden. Sie wurde im 10. Jh. erstmals als Karawanenstation zwischen den Oasenstädten Samarqand und Schasch (heute Toshkent) erwähnt. Die strategische Lage erklärt sich aus den örtlichen Gegebenheiten, der nahen Jilanuti Passhöhe zwischen dem Nurota- und dem Turkiston gebirge und Tamerlans Tor, ein Engstelle im Tal des Sangzor Flusses, ebenfalls ganz in der Nähe von Jizzax. Bis auf die schmucklose **Hodscha Nuriddin Hoji Medrese** (1903) ist jedoch von der einstmals mit einer Stadtmauer umgebenen Altstadt nichts mehr erhalten. Am 30.Oktober 1866 kam es zu einem verheerenden Angriff der zaristischen Truppen unter General Romanovskijs. Dabei wurden 6000 Menschen der Stadtbevölkerung getötet und weitere 2000 gefangen genommen, bei gerade einmal 60 russischen Gefallenen. Bilder von 1871 zeigen jedoch, dass die Stadt bis auf die Zitadelle noch weitgehend intakt war. Am 13.Juli 1916 brach in Jizzax eine Rebellion der lokalen Bevölkerung gegen die russischen Kolonalverwalter aus, die jedoch rasch niedergeschlagen wurde. Berühmt und verehrt ist der bekannteste Mann der Stadt, Sharof Rashidov. Von 1959 bis 1983 war er quasi der Regierungschef der Sowjetrepublik Usbekistan und versuchte dabei der ungehemmten Russifizierung und Verbreitung des Atheismus entgegen zu wirken. Ihm wurde 2017 das **Sharof Rashidov Denkmal** auf dem zentralen Platz vor dem Hotel Uzbekistan zu seinem 100. Geburtstag gewidmet. Heute ist Jizzax vor allem Ausgangspunkt für Ausflüge nach Zomin oder ins Nurota Gebirge.

Unterkünfte:
Mittel
Hotel Za'faron, Islom Karimov shoh ko'ch 100a. Tel. 78-771 78 88, ehem.Hotel Nur/Fayz

Hotel Afrosiyob, Islom Karimov shoh ko'chasi, Tel. 72-223 55 56

Hotel Grand Royal, Qodirjon Imomov ko'ch. 47a, Tel. 72-222 66 55

Erreichbarkeit:
Alle Züge auf der Strecke Toshkent - Samar-

qand halten auch in Jizzax. Der Bahnhof befindet sich im Süden der Stadt. Fernbusse umfahren die Stadt auf der Umgehungsstraße, wenn sie nicht als Fahrziel Jizzax haben. Ganz in der Nähe des Bahnhofs, neben dem Qo'q-Basar warten Sammeltaxis und Marschrutkas auf Passagiere in alle Richtungen (z.B. nach Yangiqisloq, Eski Forish, Sentob, Zomin).

Sehenswertes in den Regionen Sirdaryo und Jizzax

Tamerlans Tor (Ilan-Utin Schlucht)

Bevor die Umgehungsstraße von Jizzax gebaut wurde, floß der gesamte Verkehr durch das tief eingeschnittene Tal des Sangzor Flusses, die Ilan-Utin Schlucht (Ilan-Utin Jari). Die engste Stelle der Schlucht ist als Tamerlans Tor (Temur darvozasi) bekannt. Dort wo heute die Bahnlinie verläuft gab es früher einen schmalen Fahrweg durch eine noch wesentlich engere Schlucht. Durch den Bau der Bahnlinie, der Autostraße und eines Kanals wurde die Engstelle durch Sprengungen erweitert. Historisch bedeutend sind zwei **Felsinschriften** nahe dem Bahndamm auf der Nordseite der Schlucht. Die erste in Persisch verfasste Inschrift ließ Ulug'bek 1425 nach einer siegreichen Rückkehr gegen die Mongolen anbringen. Rechts daneben wurde im Auftrag von Abdullah Khan 1571 in den Felsen gemeiselt, dass er mit 30.000 Mann siegreich gegen Dervish Khan und Babakhan gezogen war. Das Blut der Feinde soll den Sangzor Fluß dabei rot gefärbt haben. Oberhalb dieser beiden Inschriften ließ Nikolai II. 1898 eine Marmortafel anbringen, die die Fertigstellung der Eisenbahn verkündete. Darüber das Wappen des Zaren. Beides verschwand schon während der Oktoberrevolution.

Erreichbarkeit:
Die Schlucht liegt 11Km südwestlich von Jizzax an der Straße nach Samarqand. Die Felsinschriften sind von der Autostraße nicht erreichbar und liegen etwa 100m entfernt. Wer die Inschriften sehen möchte, kann beim Dorf Qorasoy, etwa 6Km nach Jizzax die Hauptstraße verlassen. Im Dorf Qorasoy vor dem Bahndurchlass nach links dem Fahrweg entlang dem Sangzor Fluß für gut 4,5Km folgen. Dann den dortigen Bahndurchlass nutzen. Bis zu den Inschriften sind es weiter 480m zu Fuß.

Sa'd ibn Abu Vaqqos Pilgerstätte

Sa'd ibn Abu Vaqqos gilt als einer der engsten Weggefährten des Propheten Mohammed und der dritte Moslem, der sich zu der neuen Religion bekannte. Er führte die Eroberung Persiens und Transoxaniens durch und leitete eine diplomatische Mission nach China. Bei einer Schlacht nahe dem Dorf Avliyo wurde Abu Vaqqos verwundet. Ihm zu Ehren wurde im 19. Jh. von Baumeistern aus Jizzax eine Gedenkstätte errichtet. Der **Pavillon** auf einer Anhöhe besticht durch seine großen Panjara Gitter. Rund um den kleinen See der von heiligen Quellen gespeist wird, picknicken Pilger im Schatten der großen Bäume. Die **Parkanlage** (Sa'd ibn Abu Vaqqos Ziyoratgohi) ist sehr schön gestaltet und daher beliebt bei der einheimischen Bevölkerung.

Erreichbarkeit:
Die Pilgerstätte liegt am Rande des kleinen Dorfes Avliyo etwa 19Km südöstlich von G'allaorol entfernt. Marschrutkas und Sammeltaxis fahren ab der Straßenkreuzung in Kangli nahe G'allaorol auch nach Avliyo. (Lage Kreuzung M39: +40°0'42", +67°36'5"; Lage Pilgerstätte: +39°53'54", +67°41'33")

Zomin Nationalpark

Der 1976 gegründete Zomin Nationalpark (Zomin halq parki) ist bei ausländischen Touristen ein immer noch weitgehend unbekanntes Highlight Usbekistans. Dank einer passablen Asphaltstraße ist der Park bequem erreichbar.
Vom kleinen Örtchen **Zomin** folgt man dem Zominsuv flussaufwärts, vorbei an einem Stausee bis zum eigentlichen Parkeingang. Schon bald bemerkt man den dichten Bewuchs mit teils uralten **Wacholderbäumen** (Archalar). Hoch über dem aus Sowjetzeiten stammenden **Sanatorium** erhebt sich der felsige Gipfel des **Tokalichuk** (3809m). Unmittelbar daneben führt eine **Seilbahn** (Dor yo'li) hinauf zum Suffa Plateau. In der ersten Kehre hinauf zum Suffapaß ist der **Sharillak Wasserfall** (Sharillak sharshara) ein beliebter Picknickplatz. Weiter der Straße folgend, erreicht man den **Löwenbrunnen** (Sherbuloq), dessen kalziumreiches Wasser wie Milch schmeckt. Nach überqueren des **Suffa Passes** (Suffa dovoni, 2482m) schweift der Blick über das weite **Suffa**

Plateau. Es gehört bereits zum **Zomin Schutzgebiet** (Zomin tog'-archa davlat qoriqxonasi). Inmitten des Plateaus steht das seit 2007 unvollendete **Suffa Radioteleskop RT-70.** Es wurde wegen fehlender Finanzmittel nie vollendet. Mit 70m Durchmesser wäre es eines der größten Stationen weltweit geworden.
Eine besondere Attraktion ist die 300m lange **Hängebrücke** (Osma ko'prigi) über die 150m tiefe Schlucht des Kattashir. Teilweise mit Glasboden. Wem das zu heikel ist, der kann auch den **Skywalk** daneben benutzen.
Die tiefen **Schluchten** des oberen **Ettikechu** und des **Chortangi Flusses** (Ettikechu va Chortangi Jarlari) sind die Heimat seltener Schwarzstörche und Bartgeier.
Die einzigartige Fauna und Flora dieser Bergregion lohnt definitiv einen Besuch. Lokale Reiseveranstalter sind hilfreich bei Transport und der Buchung von Unterkünften.

Unterkünfte:
Luxeriös
Hotel Ramada encore, Suffa Plateau, Tel. 72-221 51 55, modernes Resort Hotel

Hotel Wyndham Garden, Suffa Plateau, Tel. 72-221 53 55, Gym, Spa, Balkon

Resort Grand Zamin, Uriklisoy, +39°39'20", +68°30'12"; Tel. 91-595 71 51, 95- 504 71 51; 2 Ferienhäuser und ein Hotel mit 6 Zimmern

Erreichbarkeit:
Von Jizzax fahren Sammeltaxis oder Marschrutkas bis zum Basar der Kleinstadt Zomin (60Km). Von Zomin aus können Sie ein Taxi bis in den Park nehmen (Zomin Basar - Suffa Pass: 52Km).
Auch von G'allaorol sind die beiden Schutzgebiete über eine rauhe Piste erreichbar.
Bitte beachten sie, dass für den Aufenthalt im Nationalpark eine geringe Gebühr erhoben wird.

Xonbandi Damm

Jedes Frühjahr hört man bereits von weitem das Rauschen - von Wasser - in der Wüste. Dieses Kuriosum gibt es nun schon seit mindestens 700 Jahren, eher noch länger, denn da sind sich die Historiker nicht ganz sicher. Der Xonbandi Staudamm (Xonbandi to'g'oni, 10.-13.Jh) ist 50m breit und 15,25m hoch, besteht aus Bruchstein und weist 9 kleinere Öffnungen auf. Einstmals staute er einen See von 1,5Km Länge auf, doch das Staubecken ist längst mit Sedimenten angefüllt. Wenn sich dann im Frühling das Oberflächenwasser der Ebene zwischen dem Nurota Gebirge und den Xonbandi Bergen hier sammelt, rauscht es über die Dammkrone in die Tiefe. Dieses Ereignis lockt Jung und Alt aus der ganzen Umgebung an und man genießt den Sharshara (Wasserfall) mit allen Sinnen.

Erreichbarkeit:
Von Bog'don (früher: Yangiqishloq) Ortsmitte sind es 13,5Km nach Norden bis zur Siedlung Xonbandi. Entweder mit Sammeltaxi oder Individualtaxi. Lage: +40°30'33", +67°16'25"

Nurota Bergnußbaum Schutzgebiet

Nurota bedeutet "Vater des Lichts". Das Nurota Mittelgebirge zwischen der Flussoase von Samarqand und dem großen Aydarko'l See gelegen wird von einem Himmel überspannt wie er blauer kaum sein kann. Wer das typisch usbekische Landleben in einer ariden Mittelgebirgslandschaft erleben möchte, der ist im **Nurota Bergnußbaum Schutzgebiet** (Nurota tog'li yong'oq mevali daraxtlar qo'riqxonasi) genau richtig. Hier hat in den letzten Jahren ein bevölkerungsnaher Ökotourismus Fuß gefasst. In sechs grünen Tälern des ansonsten baumlosen Nurota Gebirgszuges liegen die Dörfer Uxum, Eski Forish, Asraf, Majrum, Sentob und Hayot. Genießen Sie die Ruhe, ehrliche Gastfreundschaft und einzigartigen Walnüsse (Yong'oq) oder Pistazien (Pista) welche im September gerntet werden. Alle Dörfer sind an das Stromnetz angeschlossen. In jedem Gästehaus können Esel angemietet werden. Handy Empfang gibt es meist nur von einer Anhöhe in der Nähe der Gästehäuser. Geschlafen wird auf dem Boden auf Baumwoll-Matten (Kurpacha). Einige Gästehäuser bieten auch Betten an, die jedoch nicht wirklich bequemer sind.

Bog'don (auch Forish, Yangiqisloq)

Einziger Ort in der Umgebung mit einem regulären **Basar**. Hier befindet sich das Infobüro der lokalen Reiseagentur "Nuratau Travel" zur Vermittlung von Gästehäusern in der Region oder den Jurtencamps nahe dem Aydarko'l See. Auch wenn Sie schon online gebucht haben, können Sie hier die Leistungen bezahlen und

erhalten die Registrierung. Im Übernachtungspreis ist in der Regel Vollpension enthalten. Das Büro befindet sich an der Hauptstraße, Amir Temur ko'ch. 34, neben dem Bushalteplatz. Tel. 90-265 06 80

Eski Forish

Das Dorf (1100 Ew.) wurde im 16.Jh. vom Buxorischen Emir Abdulla Khan gegründet. Die noch ältere Siedlung in den nahen Bergen wurde daraufhin verlassen. Die Ruinen sind noch zu sehen. Zudem gibt es dort alte **Wachtürme, Felsgravuren** und drei verlassene **Moscheen** in der Umgebung.

Unterkünfte in Eski Forish:
Gästehaus Zamira, Eski Forish qishlogi, Hr. Normuhammed Shaqiev, Fr. Zamira Shaqieva; max. 6 Pers., heißes Wasser, 2 Tapchans, Bergführerservice, Tandir Ofen, Bach im Garten

Asraf

Hier leben 18 Familien, es gibt zwei Quellen und eine Grundschule. In den Bergen wurden **Felsgravuren** entdeckt welche auf eine lange Besiedelung hinweisen. In den Gebräuchen unterscheidet sich das Dorf von seinen Nachbarn, da die Bewohner aus dem Zerafshan Gebirge Tadschikistans stammen.

Unterkünfte in Asraf:
Gästehaus Yahshigul, Asraf qishlogi, Hr. Bobojon Kozokov, Fr. Yahshigul Kozokova; max. 16 Pers., 4 Zimmer, heißes Wasser, Gemüsegarten, 2 Tapchans, Tandir Ofen, Bach im Garten

Uxum

Axm bedeutet "Mutige Kämpfer" in sogdischer Sprache. So erklärt sich wohl der Name von Uxum. Es ist eines der größten Dörfer und erstreckt sich auf 15Km entlang des Uxumsoy Tales. Es gibt zwei Schulen und drei **wasserbetriebene Mühlen**. Am Dorfeingang sind Reste einer sehr **alten Befestigungsmauer** (Shaxi Ali) gegen nomadische Überfälle zu sehen. Oberhalb des Dorfes zeugen auch die Ruinen einer **Festung** (Xonkeldi) von diesen Zeiten. In den 50er Jahren des letzten Jahrhunderts wurden über 600 Familien in andere Regionen umgesiedelt, um dort Baumwolle anzubauen. Daher gibt es viele Häuserruinen in Uxum.

Auf dem Land ist der Esel das Taxi für Jung und Alt.

Nussernte im Nurota-Gebirge

Oberhab des Dorfes sind ca. 2000 Jahre alte **Felsgravuren** (Qadimiy Petrogliflar) zu sehen.

Unterkünfte in Uxum:
Gästehaus Djumagul, Uxum qishlogi, Fr. Djumagul Kasimova, großer Garten, max. 12 Pers., 3 Zimmer, Außendusche, WC

Gästehaus Ulug'bek, Uxum qislogi, Hr. Ulug'bek Ergashev, 24 Pers., 6 Zimmer, WC, Dusche, Tandir, Garten mit Bach

Hayot
Nach einer Legende soll eine Quelle nahe dem heutigen Hayot auch bei der größten Dürre noch Wasser gespendet haben. Daraufhin wurde der Platz "Hayot", also "Leben" genannt. Auch hier gibt es eine Grundschule, **Getreidemühlen** und eine **alte Festung** (Shaxi Korg'on). Wie in Uxum mussten auch hier viele Familien Haus und Hof aufgeben um in anderen Regionen zu arbeiten. Oberhalb des Dorfes gibt es ein weitläufiges Gehege in dem **Riesenwildschafe** (Nurota Argali) gehalten werden. Den Böcken beim Kampf zuzuschauen ist recht unterhaltsam. Weit oberhalb von Hayot ragt der Gipfel des Hayotboshi 2169m in die Höhe. Er ist der höchste Berg des Nurota Gebirges.

Unterkünfte in Hayot:
Gästehaus Shiringul, Hayot qishlogi, Hr. Parda Musaev, Fr. Shiringul Musaeva; max. 16 Pers. 5 Zimmer, separater Waschraum, heißes Wasser, 1 Tapchan, Tandir Ofen, kleiner Bach im großen Garten, Argali Gehege in der Nähe

Majrum
Es ist heute nicht mehr viel übrig vom alten Majrum, einem tadschikischen Dorf hier in den Bergen. Als stummer Zeuge einer längst vergangenen Zeit steht jedoch noch der 1500 Jahre alte **Morgenländische Lebensbaum** (Biota Orientalis). Lage: +40°34'57', +66°43'28". Von seinem Alter zu Boden gedrückt wird er von der lokalen Bevölkerung hoch verehrt. Mit kleinen Stofffetzen werden ihm Wünsche nach Gesundheit, einem Baby oder einem passenden Ehemann anvertraut. Nach einer Legende sollen Alexanders Soldaten den Baum gepflanzt haben. Unmittelbar daneben sind die Reste einer **ehemaligen Moschee** und deren Holzsäulen zu sehen. Die Materialien für den Hausbau zu verwenden wäre ein Sakrileg, denn sie gelten als geweiht.

Unterkünfte in Majerum:
Gästehaus Muhammad Ali, Majerum qislogi, Hr. Qoldosh Mirzaev Qoldosh, Fr. Muhabbat Mirzaeva, 12 Pers. 4. Zimmer, 2 Duschen, 2 WC, Garten, haben eigene Nutztiere

Sentob (auch Sentyab)
Neben drei Wassermühlen und zwei Grundschulen gibt es hier sogar einen Friseur. Sentob ist eines der größeren Dörfer am Nordhang des Nurota Gebirges. Wie die meisten anderen Dörfer hier ist es mehrheitlich mit ethnischen Tadschiken bewohnt. Diese haben hier auch die längste Siedlungsgeschichte. Usbeken wurden hier erst ab dem 13. Jh. sesshaft, Kasachen vor etwa 100 Jahren, nachdem sie das Nomandenleben aufgaben. Von Sentob aus kann der **Bergsee Fozilmon**, Lage +40°31'60", +60°35'22" oder ein nahegelegener Wasserfall erwandert werden.

Unterkünfte in Sentob:
Gästehaus Komil, Sentob qishlogi, Hr. Komil Davronov; max. 9 Pers., 3 Zimmer, WC, Außendusche, Komil kann Dutar spielen, sehr schöne Aussicht

Gästehaus Rahima, Sentob qishlogi; Hr. Gulmurod Zarifullaev, Fr. Rahima Zarifullaeva; max 16 Pers. 4 Zimmer, separates Badehaus, 2 Tapchans, die Familie stellt Kurpacha Matten her, bieten auch vegetarische Kost an

Gästehaus Maysara, Sentob qishlogi, Hr. Momin Bozorov, Fr. Maysara Bozorova; max. 16 Pers., 4 Zimmer, WC, Dusche, Hammam, der Gastgeber ist Musiklehrer und spielt die Dutar, ein traditionelles Saiteninstrument

Erreichbarkeit:
Von Toshkent, Haupt-Busbhf. (nahe Metro Olmazor) fährt ein **Bus** tägl. ca. 13Uhr (4,5h) nach Bog'don (auch Yangiqisloq/Forish). Von Toshkent, Hippodrom Busbhf. zahlreiche Busse/Marschrutkas bis Jizzax Olmazor Busbhf. außerhalb der Stadt an der M39. Von dort Marschrutka No.1 bis Shahar Busbhf. Von hier gibt es zahlreiche Verkehrsmittel bis Bog'don. Vom Bog'don Basar fährt ein Bus 5:30 Uhr (4,5h) nach Toshkent.

Die Region Samarqand

Samarqand - das klingt nach blauen Kuppeln, schlanken Minaretten und quirligen Basaren. Echter Orient eben. Wer Samarqand noch nie gesehen hat wird diesen imaginären Maßstab an die Wirklichkeit anlegen und vor Ort feststellen, dass sich hier die orientalische Pracht großartig entfaltete. Der Grund ist in der Zeit der Entstehung dieser Bauten zu suchen, der Regierungszeit der Temuriden und wohl auch am Anspruch Amir Temur's selbst, sich nur mit dem Größten und Prächtigsten zufrieden zu geben.

Die zweitgrößte Stadt Usbekistans ist aber auch eine lebenswerte Stadt mit guter Infrastruktur und hoher Wirtschaftskraft. Sowjetische Monumental Architektur ist hier kaum anzutreffen, dafür unzählige Mahallas die jedes für sich gewissermaßen ein Eigenleben entwickeln.

Die Strahlkraft einer solch bedeutenden Stadt wie Samarqand überblendet schnell einmal die kleinen und größeren Schätze des Umlandes. Doch gerade bei der Seidenstraße ist der Weg das Ziel und daher sind auch die Sehenswürdigkeiten entlang dieser alten Karawanenroute bemerkenswert und einen Abstecher oder Umweg wert.

Amir Temur

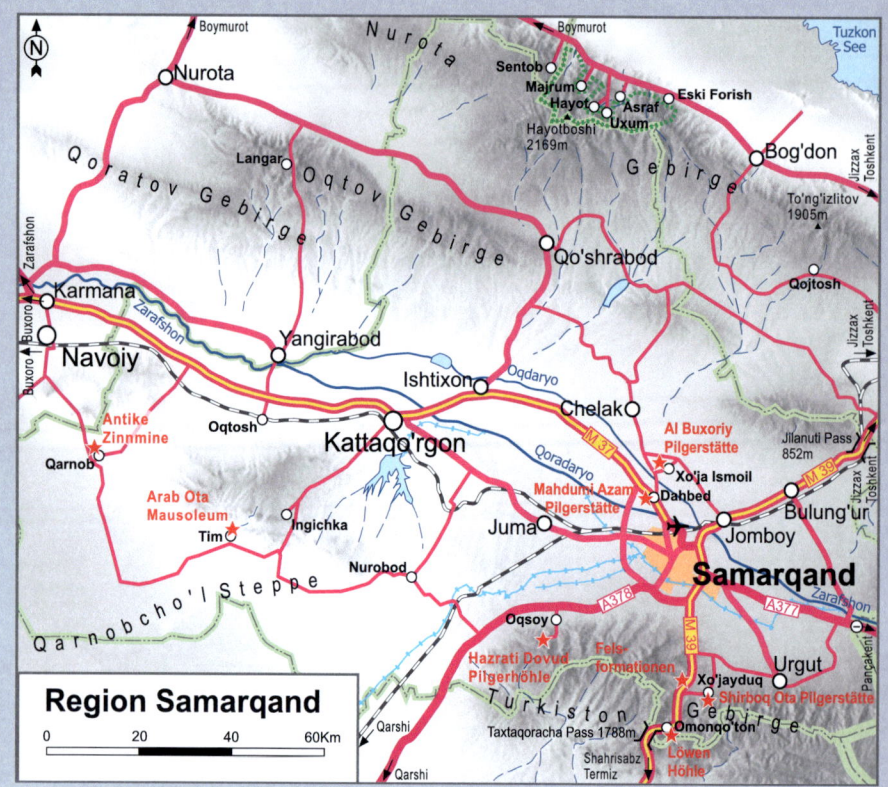

Die Highlights der Region Samarqand

• **Registon, Shahizinda, Bibixonim, Go'ri Amir** Genießen Sie die Höhepunkte Samarqands und entdecken Sie dabei weitere Kleinode in dieser märchenhaften Stadt aus 1001 Nacht

• **Gumbaz Synagoge** Lernen Sie die schönste Synagoge Zentralasiens kennen und erkunden Sie im **Regionalmuseum** die wechselvolle, bewegende Geschichte des Judentums in Usbekistan

• **Papiermühle** Beim Besuch der Konig'il Papiermühle in Samarqand können Sie der archaisch anmutenden Herstellung von Papier zuschauen, so wie es die Chinesen einstmals entwickelten

• **Pilgerzentren** Entdecken Sie einige dieser Oasen der Ruhe aus alten, knorrigen Bäumen, spiegelnden Wasserbecken, bunt verzierten Portalen, Decken und Kuppeln im Süden Samarqands

• **Arab Ota Mausoleum in Tim** Die Reise zu diesem abgelegenen eher unscheinbaren Bauwerk lohnt sich, denn es ist eines der ältesten Zeugnisse der islamischen Architektur

• **David Höhle** Erklimmen Sie gemeinsam mit Einheimischen die 1303 Stufen hinauf zu einem Aussichtsberg und erkunden Sie weshalb die dortige Höhle so große Anziehungskraft hat

• **Basar in Urgut** Tauchen Sie ein in den geschäftigen Trubel des orientalischen Basars und handeln Sie einen guten Preis für einen der wunderschönen Suzani Wandbehänge aus

Samarqand 🏛 UNESCO

„Alles was ich über die Schönheit Afrosiyobs gehört habe ist wahr - nur dass es sogar noch schöner ist als ich es mir vorstellte"
Alexander der Große, 329 v. Chr.

Geschichte

Bereits nach der letzten Eiszeit leben hier am Fluss Qoradaryo Menschen, wie Funde im Stadtgebiet Samarqands und der Umgebung beweisen.

Vor etwa 2500 Jahren beginnt dann die dokumentierte Geschichte der Stadt Samarqand, damals als Afrosiyob bekannt, heute ein ausgedehnter Erdhügel nördlich der heutigen Altstadt.

Die Stadt blüht und sieht viele Herrscher kommen und gehen, darunter auch Alexander den Großen, dem der anfangs erwähnte Ausruf zugesprochen wird. Religionen, Sprachen und Kulturen formen weit mehr als ein Jahrtausend lang die vollständig aus Lehm erbaute Metropole, bis Dschingis Khan sie 1220 plündern und zerstören lässt. Bis heute verharrt sie in diesem trostlosen Zustand.

Doch Amir Temur ließ südlich von Afrosiyob eine neue Stadt bauen und nennt sie Samarqand was so viel wie "fette Stadt" bedeutet. Die Flussoase ist fruchtbar und es gibt hier Nahrungsmittel im Überfluss. Der stetige Zufluss von Schätzen, Künstlern und Baumeistern aus den eroberten Provinzen ermöglicht es ihm die Stadt noch schöner und größer zu errichten. Die prosperierende Seidenstraße machte sie zur bedeutendsten Stadt ihrer Zeit, zum Drehkreuz zwischen Orient und Okzident. Amir Temur war zweifelsohne ein Despot, denn er befahl die kühnsten Bauwerke seiner Zeit zu errichten und das in kürzester Zeit. Den Bauleitern drohte er mit dem Tod, sollte etwas nicht gelingen.

Die Stadtmauer, welche zum Teil auf steilen Abbrüchen errichtet wurde hat sechs Tore, wobei die Zitadelle mit dem Palast Amir Temurs nochmals von einer Mauer umgeben ist. In der Umgebung stehen dem Herrscher und seinem Harem neun Parks und Gärten zur Verfügung. Doch weder die Stadtmauer noch die Parks existieren heute noch.

Sein Enkel Mirzo Ulug'bek, ein weiser Mann, trat Temurs Erbe an. Selbst Mathematiker und Astronom, förderte er jedoch eher die Bildung und macht Samarqand zur Stadt der Wissenschaft. Höhepunkte seines Schaffens waren die in seinem Observatorium erstellten Sternentafeln und die Einrichtung der Ulug'bek Medrese.

Doch dies ist den islamischen Gelehrten ein Dorn im Auge und so zerfällt das Großreich Amir Temurs nach der Ermordung von Ulug'bek. Die Stadt verliert an Bedeutung, die großen Bauwerke verfallen zunehmend. Nach der russischen Eroberung Samarqands 1868 legen die neuen Herren westlich der Altstadt eine fächerartig angeordnete Neustadt an. Nun entstehen Kirchen und koloniale Ziegelbauten wie sie heute noch zu sehen sind. Die Erschließung der zaristischen Kolonie Turkestan manifestiert sich auch im Bau der Transkaspische Eisenbahn, welche 1888 Samarqand erreicht. Auf den Gleisen der neuen Bahnstrecken reisen erstmals Europäer in das legendäre Samarqand. Doch schon 1917 ergreifen die Kommunisten die Macht und verdammen die historischen Bauten als Relikte des Feudalismus. Diese verfallen immer weiter, denn das Augenmerk liegt nun auf der Modernisierung der Stadt, Fabriken und Universitäten werden errichtet. Der 1925 erhaltene Status als Hauptstadt der usbekischen Sowjetrepublik geht bereits fünf Jahre später an Toshkent verloren. Vielleicht war dies eine glückliche Fügung, denn so verblieb die Stadt in ihrem

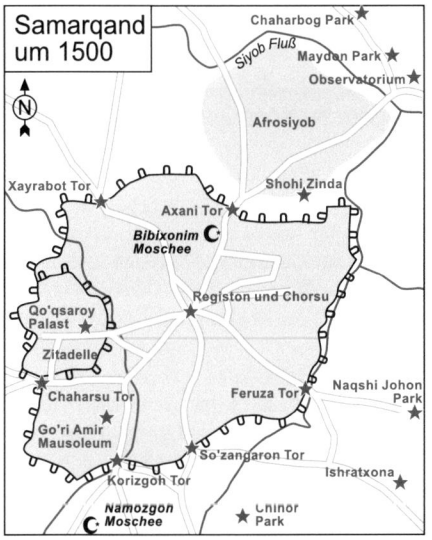

Dornröschenschlaf.

Gegen Ende der Sowjetära begannen erste Restaurierungs- und Aufbauarten, die jedoch leider nicht sehr professionell durchgeführt wurden, wie man an der Bibixonim Moschee sehen kann.

Erst mit der Unabhängigkeit Usbekistans kam ein Hauch der alten Zeit in die Stadt zurück, denn jetzt erstrahlen die Bauwerke der Temuriden wieder im Glanz von damals.

Auch ein Teil des unabhängigen Usbekistans ist Islom Karimov. Er wurde hier geboren und zu Grabe getragen. An ihn erinnert ein schlichtes Denkmal nahe dem Registon und sein Mausoleum neben der Hazrati Xizr Moschee.

Heute ist Samarqand eine usbekische Stadt mit persischer Prägung. Ethnische Usbeken sind hier eine Minderheit. Das dem Persisch verwandte Tadschikisch wird jedoch eher zuhause gesprochen. Ein beliebtes Souvenir der Stadt ist übrigens das Samarqander Brot "Patir Non" mit einem festen und üppigen Teig.

Orientierung in der Stadt

Samarqand zählt etwa eine halbe Million Einwohner und ist damit in etwa so groß wie Dresden.

Der Mittelpunkt des touristischen Samarqand ist zweifelsohne der Registon. Für die lokale Stadtbevölkerung ist eher der Siyob Bazar das Zentrum. Die Sehenswürdigkeiten des alten Samarqand reihen sich wie Perlen auf einer Kette vom Go'ri Amir Mausoleum über den Registon entlang der Islom Karimov ko'chasi, Afrosiyob bis zum Ulug'bek Observatorium im Nordosten der Stadt auf. Da es Sinn macht, den Registon zu verschiedenen Sonnenständen des Tages zu besuchen, stellt er einen guten Ausgangspunkt dar. Von dort kann man zu Fuß alles bis Shohizinda erkunden. Für Afrosiyob und weiter ist bei entsprechender Hitze ein Taxi eine gute Wahl. Zumindest für den Rückweg.

Auch das Go'ri Amir Mausoleum und die Neustadt kann man gut zu Fuß erreichen. Allerdings ist für das Geschichtsmuseum wieder ein Taxi sinnvoll. Die weiter südlich des Zentrums liegenden Ziele (Xo'ja Ahror Vali, Xo'ja Abdi Birun, Xo'ja Abdi Darun, Ishratxona) können während einer etwas längeren Taxifahrt erkundet werden (ca. 17Km).

Planen Sie für den Besuch der Stadt zwei ganze Tage, für die Umgebung entsprechend mehr ein.

Der Flughafen liegt nördlich und der Bahnhof nordwestlich der Altstadt.

Die Sehenswürdigkeiten in Samarqand

Registon Ensemble ①

(Registon ansambli) Er gilt als einer der schönsten Plätze der islamischen Welt, einst religiöser und urbaner Mittelpunkt der Stadt Samarqands. Die scheinbare Geometrie der Portale, Minarette und Fassaden beeindruckt vor allem aus der Frontal-Perspektive. Der etwa 60x70m große Platz hatte im Laufe der Geschichte nicht immer diesen Zuschnitt. Zu Zeiten Amir Temurs existierte hier lediglich der **Chorsu Kuppelbasar** umgeben von Marktständen, Karawansereien und Ladengeschäften. Er wurde auf Veranlassung von Amir Temur's Frau Tuman Oko im frühen 15. Jh. errichtet. Das heutige Gebäude ist ein Ersatzbau aus dem 18. Jh. Von hier führten die wichtigsten Straßen zu den Stadttoren.

Ulug'bek ließ den Platz erweitern und 1415-1420 die genau nach Mekka ausgerichtete **Ulug'bek Medrese** errichten. Ebenfalls am Platz waren damals die große Moschee Alikeh Kokaltosh (1437) und die kleinere Mukatta Moschee. Quasi schon in der Kosh Anordnung mit der Ulug'bek Medrese wurde eine kleine Pilgerherberge errichtet. Im Norden begrenzte die Mirzoi Karawanserei den Platz, deren Einkünfte die Ulug'bek'sche Medrese finanzierte.

Von 1501 bis 1510, im Zeitalter der Shayboniyden Dynastie wurden auf Veranlassung von Shayboniy Khan auf der Ostseite des Registons zwei sich gegenüberliegende Medresen errichtet. Sie sollten auch als Mausoleen selbiger Dynastie dienen. Die Kenotaphe sind heute auf einem hohen Podest, **Daxma** genannt nordöstlich des Registon zu finden. Diese beiden Medresen ließ der Shayboniydische Emir Yalangto'shh Bahodir 1617 abreißen um seiner **Sherdor Medrese** Platz zu machen. Diese wurde zwischen 1619 und 1636 genau symmetrisch auf derselben Zentralachse und in derselben Höhe wie die Ulug'bek Medrese errichtet. Allerdings mit der Konsequenz, das es dabei nicht möglich war eine Gebetsnische gen Mekka einzubauen. Doch Flexibilität bewies der Auftraggeber auch bei der Gestaltung: Die Darstellung eines menschlichen Gesichts und von Tieren am Eingangsiwan widerspricht eigentlich den Suren des Koran.

Die fehlende Gebetsnische wurde schließlich in der **Tillakori Medrese** (1646-1660) ebenfalls unter Yalangto'shh eingebaut. Wenn auch hier wieder mit einem Kompromiss. Abweichend von der Symmetrie befindet sich die Mihrab Nische unter der großen blauen Kuppel im linken Flügel des Gebäudes. Dafür wurde diese Halle (Maqsura) um so prächtiger ausgestaltet. Die Tillakori Medrese sollte als Moschee im weiteren Verlauf die damals bereits baufällige Bibixoniym Moschee und die abgetragene Alikeh Kokaltosh Moschee ersetzen. Seit 2001 ist das Registon Ensemble UNESCO Weltkulturerbe. Aber nicht nur das. Der Registon steht sinnbildlich für eine ganze Stadt, ihren Charakter und ihre Bewohner: erhaben, stolz, majestätisch. Geöffnet: Tägl. 8:00-19:00 Uhr.

Ulug'bek Medrese ②

(Ulug'bek madarasasi, 1415-1420) Sie war eine der angesehensten islamischen Universitäten der damaligen Zeit, da Ulug'bek die besten Wissenschaftler des Orients hier lehren ließ. Mathematik, Astronomie aber auch Philosophie waren Unterrichtsfächer der Talib Schüler. Nach der Ermordung Ulug'beks änderte sich jedoch der Stundenplan und es wurde nun vor allem islamische Theologie studiert. Yalangto'sh, der Vollender des Registon Ensembles muss von den ausgeglichenen Proportionen der Ulug'bek Medrese so beeindruck gewesen sein, dass er selbige grundlegend renovieren ließ und quasi als Blaupause für die gegenüber erbaute Sherdor Medrese nutzte. Der Zahn der Zeit, Erdbeben und Abrissorgien setzten dem ehrwürdigen Gebäude schwer zu. Die Minarette hingen gegen Ende des 19. Jh. so schief, dass sie jederzeit umstürzen konnten. So wurde ab 1920 mit Sicherungsarbeiten begonnen und diese umfassende Restaurierung erst Ende der 90er Jahren des letzten Jahrhunderts abgeschlossen. Es grenzt daher fast an ein Wunder, dass wir dieses Bauwerk in dieser, wenn auch nicht mehr ganz originalen Form bewundern können.

Das Gebäude hat eine Grundfläche von 81x56m. Der Peshtoq ist mit sternförmigen Mosaikmustern gestaltet, ein Hinweis auf die Astronomie. Jedes Feld der seitlichen Bänder enthält Quadratkufi, also geometrisch stilisierte arabische Schriftzeichen von Worten oder Suren des Koran. Der Iwan ist etwa doppelt so hoch wie die Hujrazellen auf zwei Stockwerken.

Das gesamte obere Stockwerk ist rekonstruiert, da es komplett abgetragen war. Alle vier Minarette sind reine Zierobjekte und sollen die optische Balance der Gebäudemasse herstellen. Auch sie sind mit Quadratkufi verziert. Den Abschluss bildet jeweils ein dreifacher Muqarnakranz. Die beiden hinteren Minarette sind jedoch nur noch teilweise erhalten. Im Innenhof fällt auf, dass die Firstlinie der Iwane mit der Oberkante des Obergeschosses bündig ist. Auch treten die Iwane nicht aus der Grundrisslinie hervor, so dass ein quadratischer Innenhof entsteht. Ferner sind auch die beiden seitlichen Iwane echte Zugänge, ähnlich wie bei der Bibixonim Moschee. Der Zugang vom Haupteingang führt durch einen langen Gang hinter zwei Hujrazellen in den Hof. Dieser indirekte Zugang soll gedanklich eine "Pause" zur Außenwelt herstellen.

Die Medrese war von 1420 bis ins späte 17. Jh. als Universität in Betrieb. Dann wurde der Lehrbetrieb wegen der schlechten Bausubstanz eingestellt und das Gebäude zweckentfremdet. Heute werden die Räume als Werkstätten und Verkaufsräume genutzt.

Sherdor Medrese ③

(Sherdor madrasasi, 1619-1636) Dem aufmerksamen Betrachter wird das **Grab** vor dem Eingangsportal auffallen. Einer Legende nach solle es einem spendablen Metzger gehören der all die hungrigen Bauarbeiter immerzu mit Fleisch versorgen ließ. Dafür gebührte ihm dieser Ehrenplatz.

Was den ehrgeizigen Auftraggeber Yalangto'sh Bahodir (1576-1656), Stadtgouverneur und Untergebener des Emirs von Buchara angetrieben hat, dieses Gebäude errichten zu lassen wissen wir nicht. Doch in vielen Details hat er sich an dem 200 Jahre älteren Gebäude Ulug'beks orientiert. So hat auch diese Medrese einen quadratischen Innenhof, zwei Geschosse mit Hujrazellen und die Proportionen der Iwane, des Peshtoqs und der Minarette sind mit dem älteren Vorbild übereinstimmend. Doch dann hören die Gemeinsamkeiten bereits auf. Der Aufbau des Gebäudes ist weit weniger komplex, dafür der Innenhof größer. Die Ornamente wirken üppiger, filigraner und farbenfroher. Auch konnte aufgrund der Lage des Einganges keine Moschee eingerichtet werden. Die seitlichen Iwane sind reines Zierwerk, denn sie enthalten keine Türe nach außen. Es ist davon auszugehen, dass die Anlage von vier Minaretten umgeben war, die hinteren beiden sind jedoch nur noch als Stümpfe vorhanden. Betrachtet man den Peshtoq des Hauptein-

während die Sonne der Weisheit über ihm aufgeht. Dies legen auch Inschriften auf dem Gebäude nahe, dass er sich hier ein Denkmal setzen wollte. Der Name "Sherdor" lässt sich vom persischen Begriff "Sher" für Tiger und "Dor" für Haus herleiten.
Der Peshtoq und die flankierenden Minarette vorn sind deutlich niedriger als beim Gegenüber, um das Gefälle des Geländes auszugleichen. Der Ornamentschmuck der Minarette ist zwar fast identisch mit denen der Ulug'bek Medrese, wegen der geringeren Höhe aber gedrängter. Über den Eckhallen thronen mächtige, gerippte

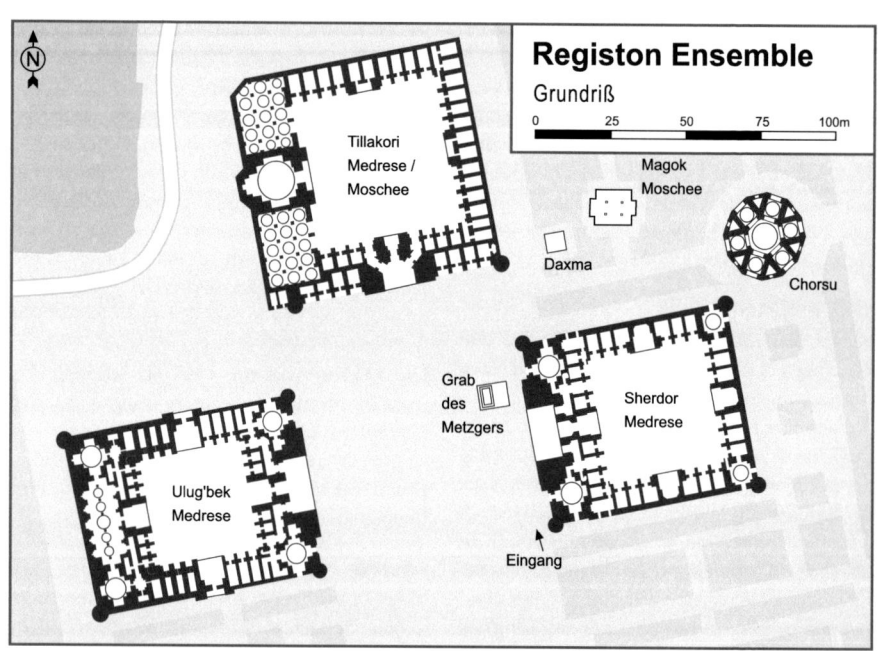

ganges, so fällt das spiegelbildliche Mosaik eines recht naturgetreu dargestellten Aral-Tigers auf, der eine Jeiran Gazelle jagt. Noch ungewöhnlicher ist das Gesicht mit mongolischen Gesichtszügen das gleich einer Sonne über dem Rücken des Tigers aufzugehen scheint. Yalangto'sh hat sich dabei wohl am Wappen der persischen Safawiden Dynastie orientiert, welches einen Löwen mit einer Sonne darüber zeigt. Experten glauben dass sich der selbstbewusste Yalangto'sh mit diesem Bild auch selbst beschrieb: stark und furchtlos wie ein Tiger der seine Feinde vor sich hertreibt,

Kuppeln wie sie vielleicht einstmals auch auf der Ulug'bek Medrese vorhanden waren. Sie sitzen auf schlanken Tambouren, welche ihrerseits verziert mit Zierbändern kunstvoll über Muqarnas in die Rippen der Kuppel übergehen.
Auch die Sherdor Medrese musste sich zahlreichen Restaurationen unterziehen, erst in den 1920er und 1930er Jahren, dann wurden in den 1950er Jahren die Minarette ins Lot gebracht und 1962 die hofseitige Fassade hergerichtet. Im baumlosen Innenhof finden zeitweise Folkloreveranstaltungen oder Modeschauen statt. Die Hujras dienen heute als Souvenirläden.

Tillakori Medrese ④

(Tillakori madrasasi, 1646-1660) Zu Zeiten von Yalangto'sh blickte man zwischen den beiden Kosh-Medresen Ulug'bek und Sherdor auf die baufällige Fassade der Mirzoi Karawanserei. Wohl kein besonders schöner Anblick. Hinzu kam, dass die großen Moscheen Bibixonim und Alikeh Kokaltosh zunehmend verfielen und kaum mehr genutzt werden konnten. So ergab es sich, dass mit der Tillakori Medrese ein drittes Gebäude eben dieses einmalige Ensemble schuf, wie wir es heute kennen. Tillakori - die Goldgeschmückte. Mit ihrer üppig goldverzierten Maqsura Halle übertrifft sie an Prunk wohl viele andere Bauwerke der Region. Doch auch die bauliche Anordnung ist bemerkenswert. Der Westflügel, überwölbt mit einer glatten, blauen Kuppel die jener der Bibixonim ähnelt, diente als neue Hauptmoschee von Samarqand. Ungewöhnlich ist der Tambour welcher überwiegend mit Ornamenten und nicht wie sonst üblich mit großer, umlaufender Kufischrift verziert wurde. Die übrigen Gebäudeflügel enthalten einstöckig bzw. doppelstöckig angeordnete Hujrazellen. Damit wurde eine Nutzung auch als Medrese möglich. Die breite Front des Gebäudes wird flankiert von zwei eher gedrungen wirkenden Türmen die von einer überkuppelten Laterne abgeschlossen werden. Die Fassade ist aufgelockert durch die tiefen Arkadennischen welche den Zugang zu den vorderen Hujrazellen ermöglichen. Sie setzen sich im halb-oktagonalen Iwan des Haupteingangs fort. Damit grenzt sich das Gebäude deutlich von den beiden anderen Gebäuden am Platz ab und zeigt mit seiner Bauweise eher auf die in Buxoro üblichen Merkmale von Medresen hin. Der Zugang in den Innenhof erfolgt diagonal abgeknickt durch einen relativ kurzen Zugangsweg. Im Innenhof springen die Peshtoqs leicht in den Hof vor und haben auch eine geringere räumliche Tiefe. Sie sind Zierelement und Zugang zu den dahinterliegenden Hujrazellen zugleich.

Auffällig ist die Neigung der linken Gebäudeecke vorn. Die dahinterliegenden Studentenzellen waren Ende des 18.Jh. eingestürzt, so dass die Statik litt. Wie bereits bei den anderen Medresen waren auch hier zahlreiche Restaurierungsarbeiten notwendig. Die Heraus-

forderung, die Bausubstanz zu erhalten ist nach wie vor gewaltig. Denn Regenwasser, aufsteigende Nässe und der Salzgehalt in den Ziegeln führen regelmäßig zu Schäden. Dem steht ein recht begrenztes Finanzbudget gegenüber.

Das Gebäude dient nun schon lange nicht mehr als Moschee, sondern ist jetzt eine Mischung aus Museum und Verkaufsräumen für Souvenirs.

Qo'shhovuz Moschee ⑤

(Qo'shhovuz masjidi, 1901) Die auch als Grüne Moschee (Ko'k masjidi) bezeichnete Mahallamoschee befindet sich an der Qo'shhovuz ko'chasi welche vom Registon nach Norden führt. Die von schlanken Säulen getragene Holzdecke der offenen Gebetshalle ist mit sehr schönen und gut erhaltenen Deckenmalereien verziert. Im schattigen Innenhof ist auch ein kleines, mit bunten Kacheln versehenes Minarett zu sehen. Den Namen erhielt die Moschee von den beiden sich gegenüberliegenden Wasserbecken (Qosh = Gegenüberliegend, Hovuz = Wasserbecken) im Innenhof.

Hodscha Zudmurod Moschee ⑥

(Xo'ja Zudmurod masjidi, 19.Jh.) Am nördlichen Ende der Qo'shhovuz ko'chasi schreitet man durch ein schönes Eingangstor in den Innenhof einer auf einem vorislamischen Tempel errichteten Mahalla-Moschee. Die stark renovierte, offene Hallenmoschee mit einem kleinen Minarett ist zwar erst 100 Jahre alt, es wurden jedoch Ziegel aus der Zeit der Seljuken, also aus dem 11. und 12. Jh. gefunden die nahelegen, dass an dieser Stelle schon sehr lange ein Gotteshaus steht. Es wird gesagt, dass hier in Gebeten geäußerte Wünsche unmittelbar in Erfüllung gehen.

Bibixonim Moschee ⑦

(Bobixonim masjidi, 1399-1404) Die größte und beeindruckendste Moschee der damaligen Zeit vereint bauliche Höchstleistung und fast völligen Verfall in ihrer Geschichte. Amir Temur ließ sie in nur 5 Jahren unmittelbar nach seinem erfolgreichen Indien-Feldzug errichten. Vorbild für Temur soll die gewaltige Quwwat-ul Islam Moschee und das Qutab Minaret im indischen Delhi gewesen sein. Ab wann die Bezeichnung Bibixonim (eine Ehrenbezeichnung) für diese Freitagsmoschee aufkam ist nicht bekannt, denn Sie wurde im Mittelalter einfach Juma masjidi, also Freitagsmoschee genannt. Da jedoch Amir Temurs Hauptfrau Saroy Mulk Xonim während der Abwesenheit ihres Gatten die Bauarbeiten maßgeblich überwachte und auch die gegenüberliegende Medrese in Auftrag gab, wurde die Moschee wohl mir ihr in Verbindung gebracht.

Die Bibixonim hatte bei ihrer Errichtung vier Ecktürme. Bis auf den nordwestliche Eckturm, dessen Stumpf noch erhalten blieb, wurden alle wieder neu aufgebaut. Über dem Sockel aus weißem Marmor ist ein umlaufendes Band mit hoher Kufischrift aus Koransuren zu sehen. Zwischen den schwarz-weißen Linien darüber sind in Türkis einige der 99 Bezeichnungen Allahs in Quadratkufi geschrieben, jeweils um $45°$ gedreht. Darüber wieder hohe Kufi einer Sure. Da diese Schrift keine diakritischen Zeichen und Punkte enthält, die eigentlich für das Verständnis notwendig sind, werden meist Schriftbilder von Begriffen verwendet, die dem koranfesten Gläubigen bereits geläufig sind. Abgeschlossen werden die rekonstruierten Türme mit einem dreifachen Ring aus Muqarnas. Dass diese Ecktürme höher waren, wird anders als beim Registon durch den oben aufgesetzten, mit Mustern verzierten Stumpf andeutet.

Betrachtet man die beiden mächtigen runden Eckminarette (Guldasta) seitlich des Eingangspeshtoqs, fällt auf dass in den türkisfarbenen Quadratkufis der Begriff Allah in dunkelblau hervorgehoben ist. Rekonstruiert wurden die Guldastas bis etwa zur Höhe des Eingangsiwans, also ca. 33m. Es ist aber davon auszugehen, dass die Türme eher 50m oder sogar noch höher aufragten. Der Bogen des Peshtoq hat eine Spannweite von ca. 20m und liegt damit etwas unter dem monumentalen Torbogen des Oq Saroy Palastes in Shahrisabz. Die Intention des dreifach in sich geschachtelten Eingangsportales sollte wohl den Menschen auf der Straße einfangen und ihn beim Eintreten in die Moschee klein machen vor Gott. Auf den damaligen Betrachter hat das Bauwerk sicher einen wirklich gewaltigen Eindruck gemacht.

Die Außenmauer, welche ebenfalls komplett neu aufgebaut wurde, zeigt von außen ausschließlich geometrische Ornamente. An der Innenseite sichtbare Auflager geben an, wie hoch die gewaltige Kuppelhalle (Riwaq) in etwa war. Sie ruhte auf 294 Marmorsäulen und genau das war ein großer Fehler. Denn während die in Usbekistan weit verbreiteten, speziell geformten Holzsäulen Erdstöße sehr gut abfangen können, stürzten die Marmorsäulen einfach um. Reste der Säulenstümpfe sind im 78 x 65m großen Innenhof (Sahn) noch zu sehen. Selbst aus Ziegel gemauerte Säulen wie bei der Kalon Moschee in Buxoro wären wohl besser gewesen. Dort in Buxoro kann man eine gute Vorstellung bekommen, wie der Innenhof der Bibixonim einstmals aussah. Unterbrochen ist die Außenmauer an jeder Seite von jeweils zwei Peshtoqs mit einem großen Tor. Um den

Lyuli - die "Zigeuner" Zentralasiens

Vielleicht sind Sie den dunkelhäutigen Lyuli (ausgesprochen: Löle) bereits auf dem Basar begegnet. Mütter mit Kindern auf dem Arm welche die Passanten anbetteln. Als vor etwa 1500 Jahren zahlreiche Nachfahren der indischen Ureinwohner, den Dalit, aus Nordindien auswanderten, siedelten sich einige in Byzanz an, die heutigen Roma. Andere zogen nach Ägypten und werden dort als Dom bezeichnet. Wieder andere blieben in Persien. Von diesen brachte Amir Temur auf seinen Eroberungsfeldzügen einige als Sklaven nach Samarqand. Sie gelten in Zentralasien heute als Lyuli oder in tadschikisch auch als Djugi und sind von der lokalen Gesellschaft weitgehend ausgeschlossen. Sie sprechen einen eigenen tadschikischen Dialekt vermischt mit indischen Begriffen, sind Muslime und bleiben unter sich. Einige Lyuli verdingen sich als Wanderartisten, als Bettler oder Wahrsager. Kavols sind Händler, Chistoni sind die Taschendiebe, die Sogutarosh schnitzen Holzlöffel und die Parihas bauen Tabak in den Dörfern an. Daher ist der Lebensstil keineswegs immer gleich. Trotzdem leben sie meist in sehr einfachen bis ärmlichen Verhältnissen, in einem separaten Mahalla, abgetrennt von der übrigen Stadtbevölkerung. Die meisten Lyuli Usbekistans sind in Samarqand beheimatet.

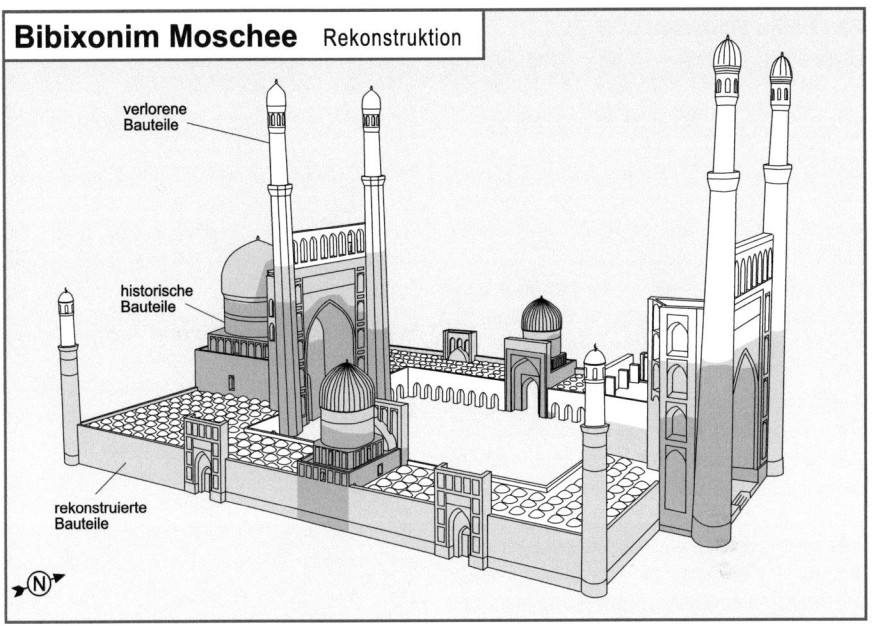

Bibixonim Moschee Rekonstruktion

verlorene Bauteile

historische Bauteile

rekonstruierte Bauteile

N

Zugang und das Verlassen der großen Anzahl an Gläubigen zu gewährleisten gab es insgesamt fünf Tore. Ebenfalls in den Seitenflügeln ragen die beiden von einer Rippenkuppel gekrönten Seitenhallen auf. Ähnlich wie die Kuppel im Mausoleum Go'ri Amir handelte es sich auch bei der Bibixonim um Doppelschalenkuppeln. Zwischen der niedrigeren Innenkuppel und der Außenkuppel war ein Hohlraum, in dem sich Holzverstrebungen befanden, die das Gewicht der Außenkuppel teilweise auf die Innenkuppel übertragen. Interessant ist, dass in den Seitengebäuden hinter dem tiefen Iwan ein überkuppelter Raum folgt. Diese Lösung war beim traditionellen Vier-Iwan-Schema neu.

Der gewaltige Koranständer aus Marmor in der Mitte des Innenhofes steht vermutlich schon immer an dieser Stelle. Auf ihm lagen einst in Holzrahmen eingespannte Seiten des Koran. Allerdings wohl nur Auszüge daraus. Der Volksglauben besagt, dass Frauen, welche unter dem Koranständer hindurchschlüpfen ihren Wunsch nach einem Kind alsbald erfüllt bekommen. Beachten Sie die feinen Verzierungen aus Ornamenten und Koransuren auf dem Marmor.

Bald noch gewaltiger wirkt der Qibla-Peshtoq mit der dahinterliegenden Maqsura Halle in der sich die Mihrab Nische befindet. Leider verdeckt der hohe Peshtoq die dahinterliegende Kuppel vollständig, so dass diese nur von ausserhalb der Moschee sichtbar war. Auch hier ragen zwei gewaltige Türme allerdings mit oktogonale Querschnitt in die Höhe. Oberhalb der mit streng geometrischen Sternenmustern ausgefüllten Spandrille ist ein Panel mit feinster Thuluth Kalligraphie auf blauem, geblümeltem Grund in mehreren ineinander verschlungenen Zeilen und unterschiedlichen Farben angebracht. Im Innern der Maqsura Halle blickt man zu der teilweise rekonstruierten Innenkuppel, welche kunstvoll ausgemalt ist. Die Innengestaltung wirkt vergleichsweise schlicht was darauf hindeutet, dass der Herrscher zu diesem Zeitpunkt bereits verstorben war.

Erdbeben, eine unzureichende Statik und der Zahn der Zeit haben bis ins 20. Jahrhundert hinein die prächtige Moschee weitgehend zerstört. In der Graphik oben ist zu erkennen, welche historischen Bauteile in den 1970er Jahren noch erhalten waren.

Die langjährigen Rekonstruktionsarbeiten begannen 1974 und wurden mitunter eher schlecht ausgeführt. Nach der Unabhängigkeit nahm die Rekonstruktion Fahrt auf. Der heutige Zustand gibt eine Vorstellung der früheren Dimensionen dieses gewaltigen Bauwerks. Geöffnet: Tägl. 8:00-20:00 Uhr.

Bibixonim Mausoleum ⑧

(Bibixonim maqbarasi, 1406) Amir Temurs Hauptfrau Saroy Mulk Xonim (1341-1408) soll eine sehr schöne und kluge Frau gewesen sein. Als Tochter des Qassan Khan ibn Yassaur, dem letzten Khan des Tschagataidischen Khanates wurde sie Prinzessin (Xonim) von Mogulistan genannt. Sie war eine Mongolin und direkte Nachfahrin von Dschingis Khan.

Saroy Mulk Xonim war bereits mit Amir Huseyin, dem Herrscher in Balch verheiratet als Amir Temur ihren Ehemann 1370 besiegte, hinrichten ließ und sich dessen Harem bemächtigte. Amir Temur und Saroy Mulk Xonim hatten sehr wahrscheinlich keine gemeinsamen Kinder. Dennoch war ihm die Verbindung zu ihr zwecks einer gewissen Legitimation als Herrscher wichtig, da er selbst keine verwandtschaftliche Linie zu Dschingis Khan aufweisen konnte. Sie genoss wohl recht großes Vertrauen und hatte daher Einfluss auf Ihren Mann, so dass sie diesen bei Abwesenheit vertrat. Im Jahr 1397 eröffnete Sie die nach ihr benannte Koranschule welche das später errichtete Mausoleum einschloss. Die Medrese ist heute aber nur noch mit Mauern angedeutet.

Das einst schwer beschädigte Mausoleum ist stark renoviert, die Kuppel und der Peshtoq sind angenäherte Rekonstruktionen. Das oktogonale Gebäude hat einen kreuzförmigen Innenraum dessen seitliche Erweiterungen mit wunderschön gestalteten Muqarnanischen verziert sind. Durch die großen Panjara Fenstergitter flutet das Licht herein und lässt die filigranen blau-goldenen Wandmalereien auf weißen Grund gut zur Geltung kommen. Auch die Innenkuppel ist üppig mit Muqarnas ganz in weiß ausgestaltet. Ungewöhnlich ist die offene Gruft in die man von einem umlaufenden Wandelgang hinabblicken kann. Links führt eine Treppe hinab.

Die Sarkophage wurden von sowjetischen Wissenschaftler untersucht, es konnte jedoch mangels eindeutiger Hinweise nicht zweifelsfrei geklärt werden, wer die bestatteten Frauen sind. Es wird jedoch angenommen, dass in der Dreiergruppe das rechte Grab Saroy Mulk, das mittlere ihrer Mutter und das linke ihrer Schwester gehört. In der Gruft sind zwei weitere Gräber. Geöffnet: tägl. 8:00-20:00 Uhr

Siyob Bauernbasar ⑨

(Siyob dehqon bozori) Das Basargelände blickt auf eine lange Geschichte zurück, denn es war früher direkt am Axani Tor gelegen, an dem die Bauern Ihre Produkte anlieferten. Der Basar ist recht überschaubar und lädt zum Verweilen ein. Am östlichen Rand gibt es eine Vielzahl von Souvenirläden. Am westlichen Rand finden Sie den Halteplatz für Kleinbusse in die Stadt und Umgebung.

Hazrati Xizr Moschee und Islom Karimov Mausoleum ⑩

(Hazrati Xizr masjidi, 1854; Islom Karimov maqbarasi, 2018) Das Axani Tor gegenüber der Südspitze des Afrosiyob Hügels war immer ein stark frequentierter Ort. Da war es folgerichtig, hier eine Moschee zu errichten, die **Hazrati Xizr Moschee**. Die Geschichte des Gotteshauses reicht jedoch viel weiter zurück. Laut einer Legende soll es hier bereits einen Feuertempel gegeben haben den die Araber im 8. Jh. niederrissen. An dessen Stelle ließ Qutaiba ibn Muslim, der arabische Eroberer Transoxaniens, eine der ersten Moscheen in der Stadt Afrosiyob errichten. Den Bauplatz nahe der Arzis Quelle zeigte ihm der legendäre Hazrati Xizr, Schutzheiliger der Reisenden und Suchenden.

Dem Ende 2017 verstorbenen ersten Präsidenten des Landes, **Islom Karimov** wurde im Januar 2018 neben der Moschee ein prunkvolles **Mausoleum** errichtet.

Von der Anhöhe der Hazrati Xizr Moschee hat man einen sehr schönen Blick auf den Siyob Basar und die Bibixonim Moschee. Ein Blick in den nahegelegenen Friedhof (Qabriston) vermittelt einen guten Eindruck der heutigen Friedhofskultur in Usbekistan.

Shohi Zinda Nekropole ⑪

(Shohi Zinda arxitektura ansambli, 11.-19. Jh.) *Durch die Enge der Gasse ist das Fotografieren nur mit einem guten Weitwinkelobjektiv möglich. Versuchen Sie am Eingang einen Führer (Rahbar) zu bekommen, da immer einige der Türen verschlossen sind.*

Von der Hazrati Xizr Moschee folgen wir einem Fußweg zur nahen Gräberstraße Shohi Zinda Als weiteres architektonisches Highlight Samarqands gilt die auch von vielen Pilgern besuchte Nekropole Shohi Zinda am Fuße des ehemaligen Afrosiyob. Entlang eines tief in die

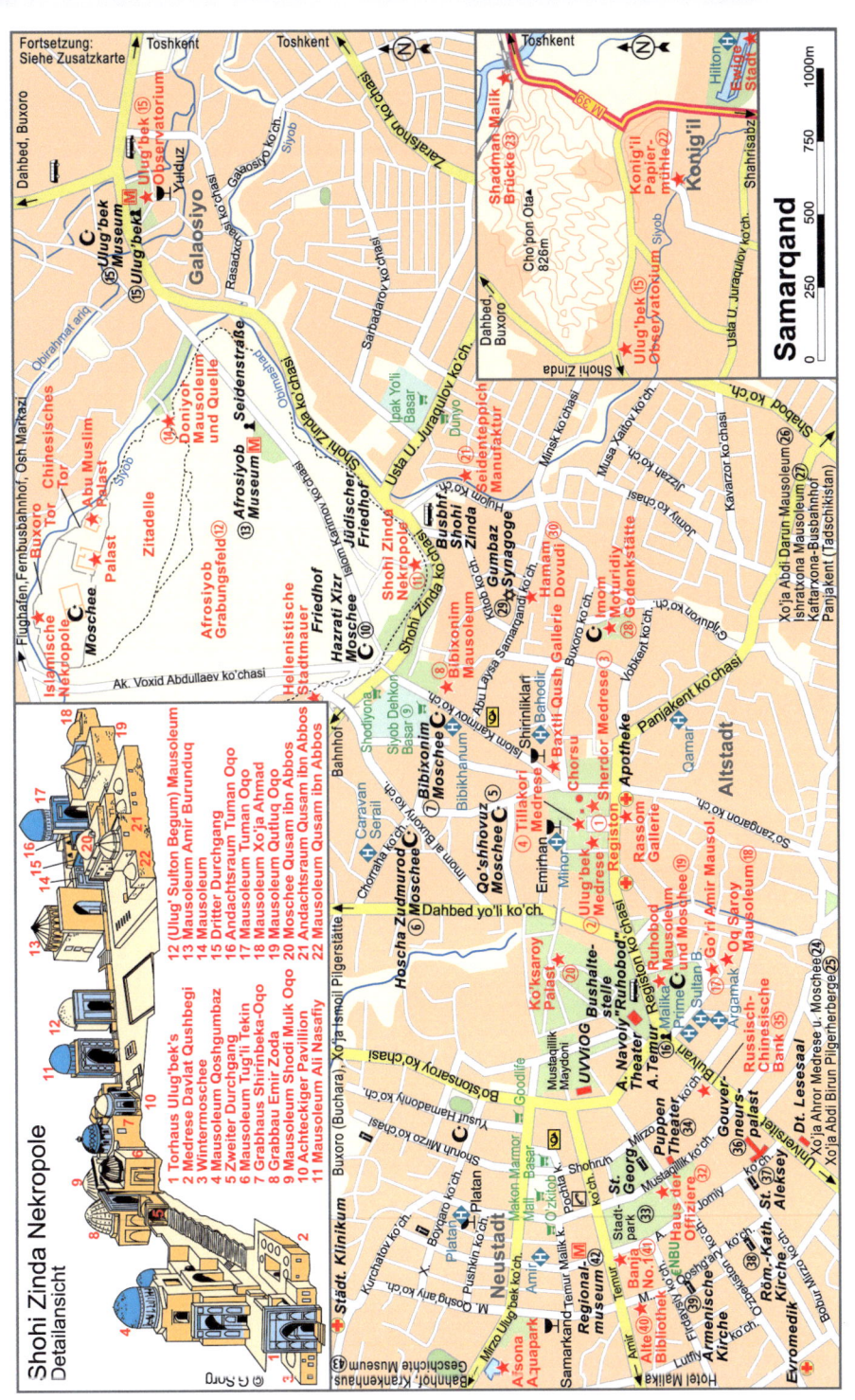

Samarqand

Shohi Zinda Nekropole
Detailansicht

1 Torhaus Ulug'bek's
2 Medrese Davlat Qushbegi
3 Wintermoschee
4 Mausoleum Qoshgumbaz
5 Zweiter Durchgang
6 Mausoleum Tug'li Tekin
7 Grabhaus Shirinbeka-Oqo
8 Grabbau Emir Zoda
9 Grabbau Emir Zoda
10 Achteckiger Pavillion
11 Mausoleum Ali Nasafiy
12 (Ulug' Sulton Begum) Mausoleum
13 Mausoleum Amir Burunduq
14 Mausoleum
15 Dritter Durchgang
16 Andachtsraum Tuman Oqo
17 Mausoleum Tuman Oqo
18 Mausoleum Xo'ja Ahmad
19 Mausoleum Qutluq Oqo
20 Moschee Qusam ibn Abbos
21 Andachtsraum Qusam ibn Abbos
22 Mausoleum Qusam ibn Abbos

Erde gebauten Hohlweges reihen sich die Grabhäuser bedeutender religiöser und weltlicher Persönlichkeiten aus unterschiedlichen Epochen wie an einer Perlenkette. Und dies kann man wirklich wörtlich nehmen, denn jedes einzelne Bauwerk ist eine Perle. Chronologisch entwickelte sich die Nekropole von Oben nach unten. Die ältesten Gebäude sind also am oberen Ende zu sehen.

Vor dem Eingangstor sehen Sie Ausgrabungen eines **Bades** (Hammom, 15.Jh.) für rituelle Waschungen.

Der Peshtoq des von Ulug'bek erbauten **Torhauses** (Darvozaxona/Birinchi chortoq, 1434) erinnert mit seiner dezenten Farbgebung an die Ulug'bek Medrese. Dies trifft auch für das Sternmosaik in der Spandrille zu. Blickt man in der nach allen vier Seiten offenen Halle (Chortoq) nach oben, sieht man dort eine zwölfeckige Kuppel, welche ihre Last über die Gewölbebögen und Zwickel auf die Ecken überträgt. Ein Novum in der damaligen Architektur Zentralasiens. Gleich rechts ist die teilweise rekonstruierte **Medrese Davlat Qushbegi** (Davlat Qushbegi madrasasi, 1813), mit einem kleinen Innenhof um den sich einfache Zellen anordnen. Der genaue Zweck des Gebäudes ist nicht zweifelsfrei geklärt, denn es könnte auch eine Pilgerherberge gewesen sein. Links vom Eingang befindet sich eine kleine **Wintermoschee** (Qishqi masjidi, 19.Jh.) und der offene Iwan einer **Sommermoschee** (Ayvon masjidi, 1910) mit einer bunt bemalten Holzdecke.

Während dem Begehen der ‚Himmelstreppe' dürfen sich die Pilger beim Zählen der Stufen nicht vertun, sonst müssen sie nochmal von unten anfangen oder ihnen bleibt der Weg ins Himmelreich verwehrt.

Das mit zwei hohen blauen Kuppeln versehene **Qoshgumbazli Mausoleum** (Qoshgumbazli maqbarasi, 1435) links der Treppe wurde früher dem Astronomen und Lehrer Ulug'beks **Kazi sade-Rumi** zugeschrieben, obwohl nie dessen Gebeine gefunden wurden. Andere Experten glauben, dass hier eher die Amme **Ulug' O'lja Oyim** vom Hofe Ulug'beks bestattet wurde. Der aufwändigen Architektur zufolge ist es aber wahrscheinlich eher eine seiner 13 Frau die hier ruhte. Man betritt den Komplex über den

größeren, südlichen Gebetsraum (Zioratxona) mit nur wenig schmückenden Muqarnas. Hier werden Pilgerutensilien angeboten. Unter der kleineren Kuppel mit einem auffallend hohen Tambour auf dem sich türkisfarbene Quadratkufi in Form von Swastikas befinden ist der eigentliche Grabraum. Die betörend schöne Innenkuppel aus einer unglaublich komplexen Muqarna-Konstruktion ist ein echtes Meisterwerk orientalischen Kunstschaffens.

Am Ende der Treppe angelangt, durchschreitet man den **zweiten Durchgang** (Ikkinchi chortoq, 18./19. Jh.) und wähnt sich in einem regelrechten Meer aus Blautönen. Die Gebäude dieser Gruppe stammen alle aus der gleichen temuridischen Zeitepoche.

Gleich rechts das **Tug'li Tekin (Emir Hussein) Mausoleum** (Tug'li Tekin (Amir Huseyn) maqbarasi, 1376), das einem hochrangigen Militärführer Amir Temurs mit Namen Emir Hussein und seiner Mutter Tug'li Tekin gewidmet ist. Bemerkenswert ist, dass auf der Frontseite gleich vier verschiedene Keramiktechniken, Cuerda Seca, quadratisches Kleinmosaik, geschnittenes Formmosaik und Relief-Fayencen eingesetzt wurden. Das Schriftband auf der rechten Seite ist leider verloren gegangen. Das Gebäude wurde bei einem Hangrutsch schwer beschädigt, so dass auch die Innendekoration verloren ging. Die gefächerte Kuppel ist jedoch angenähert rekonstruiert. Achten Sie hier besonders auf sie sehr schönen Säulen und Kapitele aus Relief-Fayencen.

Daneben befindet sich das **Shirinbeka-Oqo Grabhaus** (Shirinbeka-Oqo maqbarasi, 1386), das wahrscheinlich schönste Gebäude der mittleren Gruppe. Shirinbeka-Oqo war die Schwester Amir Temurs. Unter der Kuppel in Banna'i Technik ist ein kunstvoll ausgeführter, sechzehneckiger niedriger Tambour, durchbrochen mit Panjara Gittern. Bemerkenswert ist, dass die Gitter mit farbigem Glas ausgefüllt sind, ähnlich wie bei einem Kirchenfenster. Das Portal ist vollständig mit geschnittenem Formmosaik in Blau- und Grüntönen gestaltet. Im Innern fallen vor allem die kunstvoll ausgeführten Panele mit Landschaftsbilder im chinesischen Stil auf.

Schaut man nun auf die andere Seite sind dort ebenfalls zwei herrlich gestaltete Mausoleen. Links, direkt neben dem Durchgang das **Emir Zoda Mausoleum** (Amirzoda maqbarasi, 1386). Wer dieser Emir war ist leider nicht bekannt. Der Peshtoq weisst wie das gegenüberliegende Tug'li Tekin Mausoleum mehrere Keramiktechniken auf: Die auch in strahlendem Gelb gemalten Motivkacheln am unteren Ende der beiden Zierbänder sind Cuerda Seca, also mehrfarbig bemalt und dann gebrannt. Die Rosetten auf dem Schmuckband außen und im Kielbogen des Iwan sind Relief-Fayencen. Bemerkenswert sind auch die Quadratischen Reliefkacheln um die Türöffnung herum, welche in Quadratkufi den Namen Mohammeds zitieren. Sehr schön auch das nur teilweise erhaltene Schmuckband mit mehrfarbiger Thuluth Kalligraphie. Beachten Sie unbedingt auch die archaisch wirkende Kuppel von außen.

Rechts daneben dann das **Shodi Mulk Oqo (Turkon Oqo) Mausoleum** (Shodi Mulk Oqo (Turkon Oqo) maqbarasi, 1372-1383) Zu Grabe getragen wurde hier die Nichte Amir Temurs, Shodi Mulk Oqo und auch ihre Mutter Turkon Oqo. Die Fassade macht einen sehr luftigen Eindruck, da sie fast vollständig mit reliefierten Fayencen gestaltet wurde. Selbst die Muqarnas im Iwan wurden in dieser Technik ausgeführt. Ganz aus dem Rahmen des bisher gesehenen fällt der Innenraum welcher vollständig mit Kacheln ausgekleidet ist. Beachten Sie die Amulette in den Kuppelfeldern, welche den "Bösen Blick" abwehren sollen. Die Kuppel ist außen mit unglasierten Ziegeln ähnlich gebaut wie beim Tug'li Tekin Mausoleum.

Ebenfalls noch dieser Gruppe zugeordnet werden kann der kleine **achteckige Pavillon** (Sakkiz Qirrali (Musamon) maqbarasi, 1530 - 1540). Beachten Sie den Sockel aus unglasierten Ziegeln. Die Form des vermauerten Bogens ist sehr wahrscheinlich aus der vormongolischen Zeit. Archäologen fanden direkt neben dem Pavillon ein Mausoleum (nur Grundmauern vorhanden), in dem Frauen bestattet waren. Sehr schön ist die Bemalung der Innenkuppel welche erst vor wenigen Jahren rekonstruiert wurde.

Leider haben nicht alle Gebäude die Zeiten überdauert und so sind von diesen nur noch **rekonstruierte Grundmauern** übrig. Teilweise

wurden sie erst bei Ausgrabungen zwischen 2004 und 2009 entdeckt.

Auf der gegenüberliegenden Seite folgen **fünf Gebäude** die 2004-2005 zumindest angenähert wieder rekonstruiert wurden. Aufgrund fehlender Hinweise am oder im Gebäude kann über das genaue Alter und ihren Zweck nur spekuliert werden. Sie stammen jedoch allesamt aus dem 15. Jh.

Rechter Hand sieht man eine große Anzahl von Kenotaphen die ebenfalls bei Ausgrabungen gefunden und hier in Form einer Daxma aufgebaut wurden.

Das nächste interessante Gebäude ist das **Baumeister Ali Nasafiy Mausoleum** (Usto Ali Nasafiy maqbarasi) und sicher ein künstlerischer Höhepunkt der ganzen Nekropole. Es wird in die Zeit von 1460 bis 1479 datiert. Aus den Inschriften konnte man nur auf den Baumeister Ali aus Nasaf (heute Qarshi), jedoch nicht auf die Bestatteten schließen. Es ist ein wahrhaft prächtiges Gebäude. Drei Eigenschaften stechen besonders heraus: Die enorme Vielfalt geometrischer Kalligraphie, die harmonische Gesamtgestaltung des Peshtoqs und die zahlreichen, handwerklich sehr anspruchsvollen Relief-Fayencen bzw. Cuerda Seca Arbeiten außen wie innen.

Als erstes fallen die mit geometrischer Kufi ausgefüllten symmetrischen Bänder auf, welche Panele und Achteck-Sterne umschlingen. Diese Bänder sind ein bestimmendes Element auch bei der Gestaltung der Innenkuppel. Fantastisch sind die Achteck-Sterne, bei denen wirklich jeder Bereich mit Kufi Kalligraphie ausgefüllt wurde. Komplex gestaltet sind auch die acht rechteckigen Schriftpanele. Alles unterlegt mit Cuerda Seca Kacheln in den Farben Blau, Türkis, Gelb, Weiß und Rot. Im selben Stil sind auch die Säulen am Iwan Außenrand. Im Iwan können große florale Panele bewundert werden. Betritt man den Innenraum, so ist dieser eine Fortsetzung der Farben und Formen von außen. Jeder Quadratzentimeter wurde ausgefüllt mit feiner Keramik in den verschiedenen Herstellungstechniken. Sehr schön ist auch der sechzehneckige Tambour, welcher durch Ornament-Panele Panjaragitter andeutet. Die Kuppel wurde in den letzten Jahren neu aufgebaut, denn sie war verloren gegangen. Insgesamt war auch dieses Gebäude bis weit in das 20. Jh. in einem bemitleidenswerten Zustand. Die Muqarna Nische des Iwan war verloren und ist nun eine Rekonstruktion ganz in Weiß. Wer vor einigen Jahren hier stand, sah die traurigen Reste eines Peshtoq und Iwans, vereinzelt bedeckt mit blauen Kacheln, geschützt durch ein provisorisches Holzdach. Zunächst glaubte man es hier mit dem Eingangsportal der heute nicht mehr sichtbaren Tamg'och Bug'ro Khan Medrese aus dem 11. Jh. zu tun zu haben. Doch dies erwies sich als falsch. Vielmehr stammt das **Gebäude** (Nomsiz Maqbara) wohl aus dem Jahr 1385 und fällt damit in die Regierungszeit Amir Temurs. In verschiedenen Quellen wird zwar der Name **Ulug' Sultan Begum** im Zusammenhang mit diesem Grabbau genannt, doch ist dies eher ungewiss.

Es ist wirklich erstaunlich wie aus so wenigen Resten eine solch prächtige Zierfassade rekonstruiert werden konnte. Außergewöhnlich im Dekor ist die Verwendung von Goldfarbe auf den sternförmigen Girih Kacheln im Iwan. Die Muqarnas im Iwan sind überwiegend rekonstruiert (in weiß), das Innere neutral gestaltet da es hier keine historischen Reste gab.

Das nächste Gebäude auf der gleichen Seite war ebenfalls stark beschädigt, der Peshtoq vollständig eingestürzt. Lediglich im Iwan sind noch Keramikverzierungen vorhanden. Das dem Heerführer **Emir Burunduq** gewidmete **Mausoleum** (Amir Burunduq maqbarasi, ca. 1390) ist ungewöhnlich groß und soll damit wohl die Bedeutung dieses Mannes hervorheben. Der sechzehneckige Tambour ist seit jeher in dieser Form ohne Keramikschmuck. Die Kuppel darüber ist verloren gegangen. Nur die flache Innenkuppel ist sichtbar.

Unmittelbar an das Emir Burunduq Mausoleum fügt sich ein kleines **Mausoleum eines Unbekannten**. Die Front ist mit geschnittenem Formmosaik verziert und stark renoviert. Prinzipiell wird es bereits dem Tuman Oqo Komplex zugeordnet. Im Innern ist ein Souvenirgeschäft eingerichtet.

Der **dritte Durchgang** (Uchinchi chortoq, 14. Jh.) mit schönen Peshtoqs von beiden Seiten führt rechts zum Qusam ibn Abbos Komplex, links zur Moschee des Tuman Oqo Komplexes und geradeaus zu den Oberen Mausoleen.

Direkt links nach dem Durchgang führt eine zweite Tür zum **Andachtsraum** (Zioratxona) des **Tuman Oqo Komplexes** (Tuman Oqo majmuasi, 1404 -1405). Der schmale Peshtoq und der Iwan ohne Muqarnas ist vollständig mit geschnittenem Formmosaik in den Farben Blau, Türkis, Ocker und Weiß gestaltet. Die Schriftpanele wurden in Thuluth Kalligraphie mit großen Oberlängen ausgeführt: "Der Prophet sagte; möge Allah ihn grüßen; Eilt euch vor der Beerdigung zu Beten" und auf der Tafel links daneben "Eilt euch, vor dem Tod um Vergebung zu bitten". Im Inneren hat der Raum, der auch als **Pilgerunterkunft** (Xonaqo) genutzt wurde wenig Schmuck. Amir Temur soll hier einige Nächte verbracht haben. Rechts daneben das eigentliche **Mausoleum** von Tuman Oqo, eine der 18 Frauen Amir Temurs. Der Baumeister stammte aus Täbriz und folglich ist das Dekor persisch geprägt. Im Peshtoq bestimmt ein umlaufendes Schmuckband in Thuluth Kalligraphie, unterlegt mit türkisen Arabesken das Bild. Ebenso ein horizontales Band im Iwan. Das harmonische Ganze entsteht durch die Symmetrie und gute farbliche Abstimmung der Ornamente und floralen Muster. Der Pesthtoq wird von einem prächtigen Muqarna Gewölbe abgeschlossen. Im Innern sind die Kuppel und Wände meist in Blau und Gold auf weißem Grund bemalt. Es lohnt sich links um das Gebäude herum zu gehen, um auch die Außenkuppel, die Außenwände und den Tambour zu betrachten. Abweichend von den anderen Mausoleen sind hier die übrigen Außenwände mit Quadratkufi in Banna'i Technik gestaltet. An der Oberkante gab es ein Schriftband, welches größtenteils verloren ist. Den schlanken Tambour schmückt ebenfalls zierlich gearbeitete Thuluth Kalligraphie.

Hier ist der hintere Ein- bzw. Ausgang der Gräberstraße der jedoch verschlossen ist. Will man einen Eindruck der Shohi Zinda Nekropole von Außen bekommen, ist dies nur vom modernen Friedhof aus möglich.

Am oberen Ende der Gräberstraße steht das Mausoleum des **Hodscha Ahmad** (Xo'ja Ahmad Maqbarasi. ca.1360). Es unterscheidet sich in der Farbgebung und Technik sehr vom eben gesehene Tuman Oqo Mausoleum. Das Bauwerk wirkt ein wenig düster, wenn auch nicht dunkel, da alle dunklen Flächen von einem schmalen weißen Band umgeben sind. Die Keramik fast durchgehend reliefiert und dabei fantastisch detailliert. Besonders schön sind die Säulen unter dem Kielbogen und deren Kapitele, bzw. Basen. Ein Großteil der Keramik im oberen Bereich wurde 1961/62 erneuert. Als man 1922 das Mausoleum untersuchte fand man zwei Skelette in Holzsärgen. Dies ist insofern ungewöhnlich, als meist in steinernen Sarkophagen bestattet wurde. Wer Hodscha Ahmad war, weiß niemand mehr, doch der Baumeister wird ebenfalls genannt: Faxr i-Ali.

Rechts daneben befindet sich das **Shah Arab oder Qutluq Oqo Mausoleum** (Shox Arab/ Qutluq Oqo maqbarasi, 1361) welches nach Untersuchungen von Kunsthistorikern ebenfalls dem Baumeister Faxr i-Ali zugeordnet wird. Sehr wahrscheinlich ist hier eine adelige Frau hohen Ranges beerdigt. Jedoch ist die genannte Qutluq Oqo weder eine Frau noch eine Konkubine Amir Temurs gewesen. Im Dekor und der Technik ähnelt es sehr dem Hodscha Ahmad Mausoleum. Das Kalligraphische Band in einem ungewöhnlichen Schriftstil spielt sehr schön mit der Tiefe, bei der durch den Schattenwurf die Schrift besonders hervortritt. Die Muqarnas im Iwan sind symmetrisch mit den unterschiedlichsten Mustern gestaltet. Auf den Seitenwänden des Iwan über den aufwändigen Girih Panelen sehen Sie zwei Kacheln mit komplexer Quadratkufi. Die achteckigen Kuppel ist Ersatzbau für die ursprüngliche Kuppel, die verloren ging. Beachten Sie auch die sehr fein geschnitzte Eingangstüre.

Zurück am Dritten Durchgang betritt man nun den **Qusam ibn Abbos Komplex** (Qusam ibn Abbos majmuasi, 11.-15. Jh.) durch eine sehr schöne bemalte Holztüre (1405). Das Qusam ibn Abbos Mausoleum (11.Jh.) ist quasi die Urzelle von Shohi Zinda.

Um den hier beerdigten Schah Al-Kusam ibn Al-Abbas (translit. arab. Schreibweise), einem mutmaßlichen Cousin des Propheten rankt sich hartnäckig folgende Legende: Während seines Gebetes zu Allah in einem dunklen Kämmerchen der Stadt Afrosiyob sollen einige übereifrige Zoroastrier ihm hinterrücks den Kopf abgeschlagen haben. Unbeeinflusst davon, so die Legende, soll der Schah sein Gebet beendet, schließlich den abgeschlagenen Kopf unter den Arm genommen und in einen Brunnen gesprungen sein. Dort lebt der Shohi Zinda, der "lebende Schah" bis heute und besucht zuweilen die Lebenden. Dass der Märtyrer beim kopflosen Sprung in den Brunnen das über die Öffnung gespannte Spinnennetz nicht zerriss, ist ein weiteres pittoreskes Detail dieser Geschichte.

Hinweise auf die Ursprünge des Gebäudekomplexes aus vormonglischer Zeit gibt es mehrere. Zunächst der Stumpf eines **kleinen Minaretts** (Minora, 11.Jh.) gleich rechts neben der Eingangstüre. Das Minarett welches oben zum Dach herausschaut ist allerdings jüngeren Datums. Folgt man dem weiß getünchten Gang werden mit **Schnitzwerk verzierte Balken** sichtbar. Auch diese stammen aus der vormongolischen Zeit wie man bei Untersuchungen feststellte. Rechter Hand führt eine Treppe zur **Moschee** (Masjid, ca. 1460) mit einer sehr schönen Mihrab Nische. Zurück zum Korridor führt eine kleine Treppe in einen unterirdischen **Meditationsraum** (Chillaxona). Der Zutritt ist jedoch nicht gestattet. Schließlich betritt man durch eine sehr niedrige Türöffnung den **Andachtsraum** (Zioratxona, 1335). Die acht Segmente der Kuppel sind mit unterschiedlichen, symmetrisch angeordneten Keramikmosaiken gestaltet. Darunter zieht sich ein breites Band aus Mosaik Keramik, unterbrochen von Panjara Gittern und Muqarna Nischen in den vier Ecken. Die Wände wurden mit Ornamentfeldern in den Farbtönen Blau und Rot auf weißem Grund gestaltet. Den fünfstufigen **Kenotaph**, ebenfalls mit feiner blauer Keramik bedeckt können Sie durch das Holzgitter vom Andachtsraum aus erspähen. Photos davon zu machen ist allenfalls mit dem Smartphone möglich. Der Zutritt zum Grabraum (Go'rxona) ist nicht gestattet. Archäologen fanden bei Ausgrabungen die Reste eines Mannes mittleren Alters. Aber seine Identität konnte nicht geklärt werden.

Geöffnet: Tägl. 8-19 Uhr, etwas ruhiger ist es am frühen Morgen.

Afrosiyob ⑫

Diese Stadt zählt zu den ältesten und sicher auch zu bedeutendsten der Antike bis ins Mittelalter. Afrosiyob ist heute ein staubiger, lebloser Ort. Als Dschingis Khan im Jahr 1220 die Stadt niederbrennen ließ, endete eine 2000 jährige Stadtgeschichte. Hier gingen bedeutenden Gestalten der Weltgeschichte ein und aus, jedoch meist nur als vorübergehende Herrscher eines entfernten Reiches. Damit war Afrosiyob mal ein Außenposten der Griechen, dann der Perser, der Chinesen, der Araber oder Mongolen.

Archäologen fanden bei Ausgrabungen heraus, dass die Gründung der Stadt ungefähr im 7.-6. Jh. v. Chr. vollzogen wurde. Und zwar als eine planvolle, zentral gesteuerte Baumaßnahme. Der Legende nach wird diese Initiative dem Herrscher von Turan, Afrosiyob zugeschrieben. Es könnte einer der hephthalitischen Könige gewesen sein, welche mit den Persern lange Krieg führten. Dabei kann man das Wort Afrosiyob am ehesten mit "Nahe am schwarzen Fluss" deuten.

Die Perser hatten unter Kyros II. um 530 v. Chr. schließlich den Krieg gewonnen und machten Afrosiyob zur aufblühende Hauptstadt der archämenidischen Provinz Sogdien (Satrapie Sogd). Dabei war die Stadt kulturell bereits auf einem hohen Niveau, Funde von Keramiken beweisen dies.

Es war für Alexander den Großen im Jahr 329 v. Chr. nicht leicht dem Perser Spitamenes die Stadt zu entreißen. In der Geschichtsschreibung tauchen nun Bezeichnungen wie Zariaspa oder Marakanda auf. Zwar gründete Alexander der Große die Stadt nicht, aber er ließ sie umbauen und von einer neuen, erweiterten Festungsmauer umgeben. Bemerkenswert war auch die Wasserversorgung der Stadt. Von den südlich gelegenen Zarafshon Bergen baute man einen Bewässerungskanal der bis in die Stadt reichte. Selbst **Aquädukte** wurden errichtet und der Kanal mit Blei ausgekleidet. Die Häuser mit ihren Gärten hatten somit immer fließendes Wasser. Zur Wasserspeicherung legte man zudem große **Becken** an.

Die Händler der Stadt unterhielten rege Handelsbeziehungen nach China und Nordindien. Herausragend ist sicher der Fund der ältesten Schachfiguren aus dem Jahr 761. Die Figuren aus Elfenbein zeigen Soldaten, Reiter und Streitwagen. Gespielt wurde auf einem 8x8 Feld. Das Spiel entstand wohl in Indien und wurde hier weiterentwickelt.

Im Jahr 673 eroberten die Umayyaden aus Arabien Afrosiyob und errichteten über dem Anahita Tempel Alexanders und den Feuertempeln der Zoroastrier ihre Moscheen.

Der rege Seidenstraßenhandel brachte der Stadt Wohlstand und Fortschritt. Doch all dies endete abrupt mit Dschingis Khan. Die alte Stadt war niedergebrannt, die Wasserversorgung unterbrochen. Längst hatte sie sich jedoch auch nach Süden in die Ebene ausgebreitet. Es war die Stadt der Händler und der Karawansereien. Hier ließ Amir Temur das neue repräsentative Samarqand errichten.

Das alte, festungsartige Afrosiyob überlies man sich selbst. Regen und Wind der Jahrhunderte erodierten die Mauern bis zur Unkenntlichkeit. Etwa ab 1833 wurden vom russischen Militär erste archäologische Grabungen und 1885 eine geodätische Aufnahme des Geländes vorgenommen. Seit 1989 setzt eine französisch-usbekische Kampagne (MAFOuz de Sogdiane) die Ausgrabungen der Sowjetzeit fort.

Das Ausgrabungsgelände misst etwa 1,7Km in Nord-Süd wie auch in Ost-West Richtung und ist frei begehbar.

Um sich einen Eindruck vom Gelände zu ver-

Shayton Jiga Felsformationen und das Zerafshon Gebirge dahinter

Arab ota Mausoleum in Tim

Bibixonim Moschee

Eine Tanzvorführung im Innenhof der Tillakori Medrese

schaffen ist der Hügel der **Zitadelle** der beste Aussichtspunkt. Die Ausgrabungsstätten sind weitgehend erodiert da sie nicht dauerhaft konserviert wurden. Von hier hat man auch einen sehr schönen Blick auf die blauen Kuppeln Samarqands mit den Zarafshon Bergen in Hintergrund.

Afrosiyob Museum ⑬

Die 1896 begründete archäologische Sammlung (Afrosiyob muzeyi) enthält Funde aus der gesamten Entwicklungsgeschichte der Stadt. Sie ist heute in einem 1970 auf dem Ausgrabungsgelände errichteten Gebäudekubus untergebracht. Neben Zier- und Gebrauchskeramik sowie Ossuarien in denen nach zoroastrischem Glauben die Gebeine der Toten bestattet wurde ist auch ein Haustempel rekonstruiert. Die Hauptattraktion des Museums ist das sogdische Wandgemälde, welches einen Palastraum um 648 n. Chr. zierte. Zu dieser Zeit herrschte der sogdische König Varxuman welcher sich hier in einen historischen Kontext setzen ließ. Jede der vier Wände ist ca. 11m lang, war aber deutlich höher als im Museum heute gezeigt, da die oberen Bereiche verloren gingen. Zentral ist sicher die Westwand welche eine Empfangsszenen von Botschaftern aus Korea, China und Persien zeigen. Jede Delegation wird dabei von türkischen Anführern begleitet. Über allem saßen die Herrscher Varxuman (links) und dem westtürkischen König (rechts) sowie vermutlich auch Göttergestalten darüber. Die Nordwand zeigt Szenen aus China, eine Bootsprozession mit einer kaiserlichen Prinzessin und eine herrschaftliche Jagd.

Auf der Südwand ist König Varxuman zu sehen, der einen großen Trauerzug anführt. Vermutlich wurde dabei dem Vorgänger Varxumans das letzte Geleit gegeben, welcher aus Kesh (heute Shahrisabz) stammte.

Am rätselhaftesten ist die Ostwand. Hier tappen die Forscher noch weitgehend im Dunkeln. Selbst nach vielen Jahren der Forschung sehen die Experten hier noch Interpretationsbedarf. Auch weil das Gemälde so komplex und hintergründig ist. Welche Botschaften sollen dem Betrachter vermittelt werden? Genauere Informationen über das wichtigste vorislamische Bilddokument Zentralasiens bietet auch die Homepage von Markus Mode, Universität

Halle: www.orientarch.uni-halle.de/ca/afras/index.htm

Neben dem Museum (Geöffnet: täglich 9:00-18:00Uhr) befindet sich die schöne **Großplastik "Seidenstraße"** (Ipak Yo'li), welche eine Kamelkarawane darstellt.

Hodscha Doniyor Mausoleum ⑭

Samarqand ist nicht der einzige Ort auf der Welt, der sich die letzte Ruhestätte des biblischen Propheten Daniel zuschreiben möchte (Xo'ja Donyor maqbarasi, 1900). Die Stadt konkurriert dabei mit Susa im Iran oder Babylon, Mosul und Kirkuk im Irak. Der Legende nach war es Amir Temur, der die sterblichen Überreste nach Samarqand brachte und hier am Nordrand von Afrosiyob bestatten ließ. Denn in den Hadithen Mohammeds steht geschrieben, dass jener, welcher die Gebeine Daniels findet und bestattet ins Himmelreich eingehen wird. Als dies geschah, soll einer weiteren Legende nach nahe dem Grab eine Quelle entsprungen sein, welche bis zum heutigen Tag sprudelt. Auch wurde erzählt, dass der Leichnam weiter wächst, weshalb das Grab auf stattliche 18m Länge anwuchs. Im Jahr 1912 ordnete die russische Kolonialadministration jedoch an, dass das Grab nicht weiter anwachsen dürfe. Die Anlage rund um das Mausoleum wurde vor einigen Jahren neu angelegt und wird von Pilgern, Juden, Muslimen und Christen gleichermaßen aufgesucht. Nahe dem Mausoleum gibt es einen sehr alten Pistazienbaum. In unmittelbarer Nähe führt hinter einer alte Holztüre ein enger Gang in den Berg hinein. In dieser Höhle (Chillaxona) sollen sich früher Pilger zur Meditation zurückgezogen haben. Geöffnet: Tägl. 9:00-18:00 Uhr

Ulug'bek Observatorium u. Museum ⑮

1424 - Die Entdeckung des Fernrohres lag noch fast 200 Jahre in der Zukunft als Ulug'bek den Auftrag gab, auf einem Hügel außerhalb der Stadt ein gewaltiges Observatorium (Ulug'bek rasadxonasi, 1428) zu errichten.

In dem etwa 30m hohen, dreistöckigen Rundbau befand sich ein überdimensionaler astronomischer **Sextant**, dessen Prinzip in Persien im 10. Jh. entwickelt wurde (Al Fachri Sextant). Mit einem Radius von 40m war er seinerzeit das größte und auch genaueste Instrument. Die an der Ulug'bek Medrese berechneten Grundlagen z.B. zur Ekliptik, der Länge des Jahres und der TagundNachtgleiche (Äqinoktium) wurden hier für die hochgenaue Bestimmung von über 1000 Fixsternen genutzt. Die damals führenden Astronomen Kazi sade-Rumi und Ali Qushchi entwarfen das Observatorium, damals Gurkani Zij genannt, und präzisierten damit die bereits existierenden Sternentafeln Ali Qushchi's. Nach der Ermordung von Ulug'bek wurde die Einrichtung bereits 1449 wieder aufgegeben und verfiel. Lediglich der im Boden befindliche Teil des Sextanten blieb erhalten. Ali Qushchi gelang es, mit einer Zusammenfassung der Erkenntnisse und den Sternentafeln zunächst ins persische Täbris zu fliehen. Später lehrte er am Hof des osmanischen Sultans in Istanbul, wodurch die Erkenntnisse auch nach Europa gelangten. Viele Generationen von Seefahrern nutzen später die präzisen Sternenpositionen für ihre Navigation auf dem Meer.

Im Jahr 1908 wurden die Reste des Observatoriums vom russischen Archäologen Vassiliy Vyatkin entdeckt und näher untersucht. Die Überdachung des Sextanten entstand erst einige Jahre danach.

Bei einer Umgestaltung des Museumsgeländes 2010 wurde das halbrunde Museumsgebäude errichtet. Das **Museum** zeigt die Rekonstruktion und Funktionsweise des Observatoriums sowie weitere Instrumente der damaligen Zeit. Geöffnet: tägl. 8:00-19:00 Uhr

Ebenfalls sehenswert ist das **Monument Ulug'beks** auf der breiten Treppenanlage sowie etwas versteckt das **Grabmal des Archäologen Vyatkin**.

Amir Temur Denkmal ⑯

Hier sitzt er auf seinem mächtigen Thron, stützt sich auf das Schwert und schaut mit Stolz (Amir Temur Haykali, 1996) auf seine Stadt. Zu dieser Zeit war Amir Temur bereits Emir eines gewaltigen Reiches und Samarqand seit 1370 dessen Hauptstadt. Er ließ 150 Jahre nach dem verheerenden Mongolensturm die Stadt neu errichten, noch prächtiger und größer als es Afrosiyob jemals war.

Go'ri Amir Mausoleum ⑰

Amir Temur ließ dieses Grabmal (G'ori Amir maqbarasi, 1404-1423) für seinen Lieblingsenkel Mohammed Sultan, der 1403 verstorben war, errichten. Sein eigenes Grab sollte eigent-

lich in Shahrisabz neben dem seines ältesten Sohnes Jahongir sein. Doch es kam anders. Chalil Sultan, ein weiterer Enkel Temurs brachte den Leichnam nach Samarqand um so seinen Machtanspruch als Nachfolger zu legitimieren. Der Gebäudekomplex umfasste damals neben dem Mausoleum auch eine Koranschule und eine Pilgerherberge. Vom geschlossenen, mit vier Minaretten flankierten Innenhof ging es links in die **Medrese** und rechts in die als Xonaqo bezeichnete **Herberge** für Pilger. Von diesen Gebäudeteilen und den zwei vorderen Minaretten gibt es nur noch die rekonstruierten Mauersockel, über das genaue Aussehen kann man nur spekulieren. Unklar bleibt auch die Aufgabe des Iwan der rechts neben dem Mausoleum angebaut wurde. Er macht einen unvollständigen Eindruck, denn ein Peshtoq ist nicht (mehr) vorhanden und er ist auch gänzlich ohne Kachelschmuck. Rechts im Innenhof unter einem Dach liegt der Unterbau des Throns von Tamerlan aus seinem Palast Ko'kSaroy (Siehe dort).

Indes betritt man den hohen Kuppelbau über einen kleinen Seiteneingang und sieht die Kenotaphe der Verstorbenen. Tamerlans Grabstein ist der dunkelste in der Mitte, er ist aus Jade. Der Stein soll vom Thron des Kaisers von China stammen und von Timur bei einem Raubzug gegen die Mongolen als Beute nach Samarqand gebracht worden sein. Später so berichten Legenden, nahm der persische Herrscher Nadir Shah den Stein mit nach Persien und benutzte ihn als Treppenstufe seines Thrones. Aber da verließ ihn das Kriegsglück und er ließ ihn wieder zurückbringen. Leider brach der Stein beim Rücktransport entzwei, was auch deutlich zu sehen ist.

Auf gleicher Achse liegt das schmale Kenotaph Ulug'bek's. Ebenfalls auf dieser Achse und mit einem "Helm" verziert der Gedenkstein des Mir Said Baraka, dem spirituellen Mentor von Tamerlan. Rechts neben Amir Temur's Stein jener von Muhammad Sultan, für welchen das Mausoleum ursprünglich gebaut wurde. Links neben Amir Temur's Kenotaph sind die Steine von zwei seiner 36 Söhne, Shohruh und Miranshox. Die Sarkopharge sind in einer Krypta darunter, welche für die Besucher des Mausoleums nicht zugänglich ist. Sollte es Ihnen den-

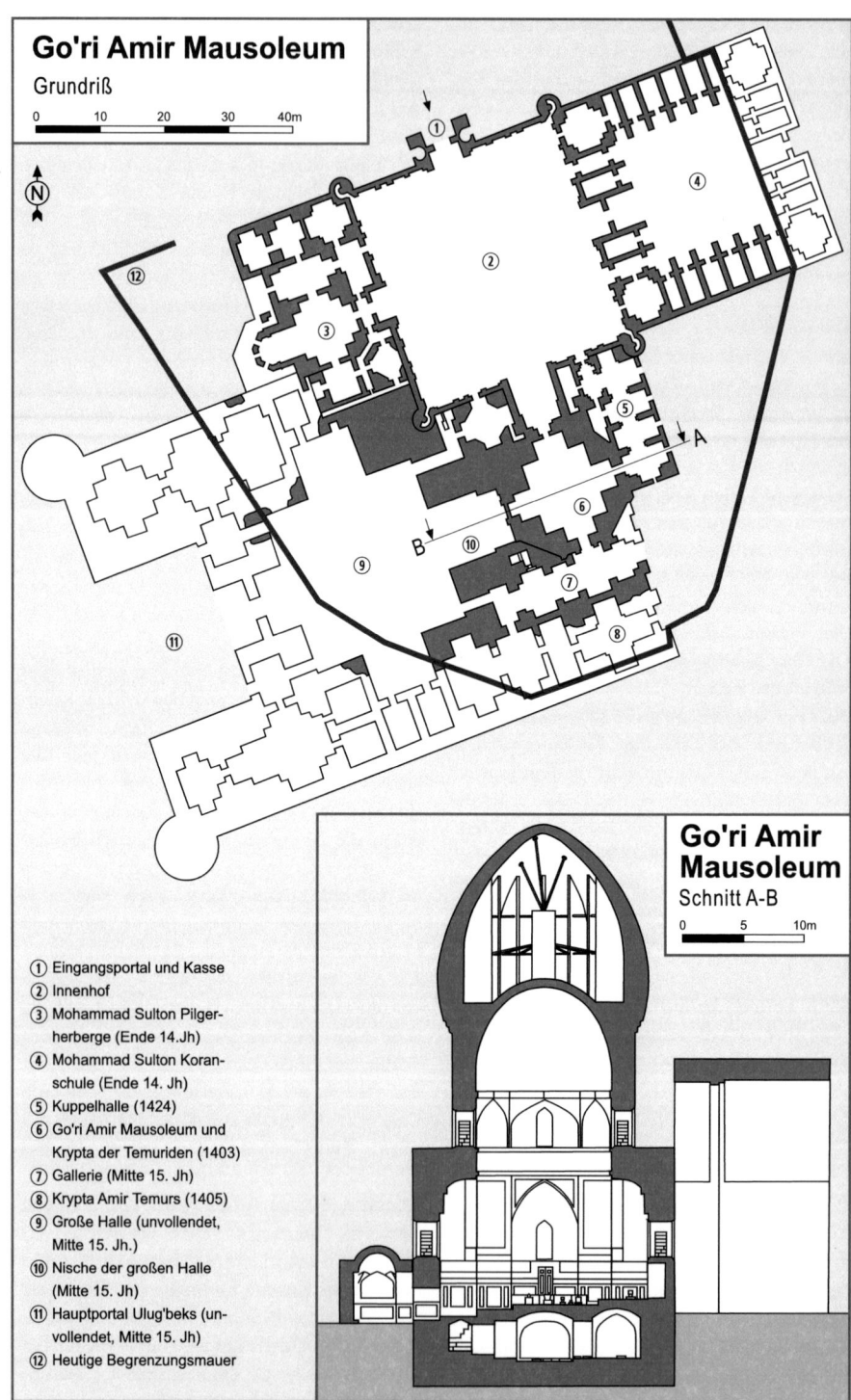

Go'ri Amir Mausoleum
Grundriß

0   10   20   30   40m

N

Go'ri Amir Mausoleum
Schnitt A-B

0   5   10m

1. Eingangsportal und Kasse
2. Innenhof
3. Mohammad Sulton Pilgerherberge (Ende 14.Jh)
4. Mohammad Sulton Koran-
   schule (Ende 14. Jh)
5. Kuppelhalle (1424)
6. Go'ri Amir Mausoleum und
   Krypta der Temuriden (1403)
7. Gallerie (Mitte 15. Jh)
8. Krypta Amir Temurs (1405)
9. Große Halle (unvollendet,
   Mitte 15. Jh.)
10. Nische der großen Halle
    (Mitte 15. Jh)
11. Hauptportal Ulug'beks (un-
    vollendet, Mitte 15. Jh)
12. Heutige Begrenzungsmauer

noch gelingen Einlass zu finden, so haben Sie es geschafft einen besonders guten Eindruck beim Wachhabenden zu machen. Geld wird ihnen die Türe kaum öffnen, so sagt man. Als am 20. Juni 1941 auf direkte Anweisung von Stalin die schwere Platte auf Temurs Grab vom russischen Anthropologen Gerasimov zur Exhumierung entfernt wird, bewahrheitet sich eine Prophezeiung die im Grab eingraviert ist: „Wer dieses, mein Grab öffnet, wird von einem Feind heimgesucht, der weit schlimmer sein wird als ich es bin". Ob Hitler das ahnte, als er am 22. Juni 1941 der Sowjetunion den Krieg erklärte? Dabei war ja die Warnung auf dem Stein schon Andeutung genug: "Wenn ich von den Toten aufstehe, soll die Erde beben". Als die Gebeine Tamerlans im November 1942 nach islamischem Ritus wieder beigesetzt wurden, begann die Operation Uranus in Stalingrad. Die Wehrmacht wurde dabei eingekesselt, das Blatt hatte sich gewendet. Geöffnet: Tägl. 8:00-20:00 Uhr.

Oqsaroy Mausoleum ⑱

Das von außen völlig unscheinbare Gebäude (Oqsaroy maqbarasi, Ende 15.Jh.) entfaltet im Inneren seinen phänomenalen Prunk: Eine kreuzförmige Halle, gekrönt mit einer Pendentif Kuppel, bemalt mit einer goldstrahlenden Flut von Formen und Ornamenten. Die stark verblasste Farbbemalung wurde 2008 aufgefrischt. Sicher eines der schönsten und baulich aufwendigsten Gebäude der Stadt. Archäologen fanden eine kopflose männliche Person in einem Grab und vermuten, dass es sich um Abd Al-Latif Mirzo handelt, der Sohn Ulug'beks. Dieser ließ seinen Vater umbringen, der gerade auf einer Pilgerfahrt nach Mekka war. Ein sehr verachtenswerter Akt, weshalb er den Beinamen "Padarkush" oder übersetzt "Vatermörder" erhielt. Geöffnet: Tägl. 8:00-18:00 Uhr (leider nicht immer)

Ruhobod Mausoleum und Sommermoschee ⑲

Der Begriff "Ruhobod" bedeutet "Ort des Geistes" und bezieht sich daher nur indirekt auf die Person, für die das Gebäude 1380 auf Geheiß von Amir Temur errichtet wurde (Ruhobod maqbasarasi, 1380). Es ist dem Sufi Prediger und Missionar Scheich Buhoniddin Sog'arjiy gewidmet, welcher in Ost Turkestan den Islam

verbreitete und beste Beziehungen zum Kaiserlichen Hof in Peking pflegte. Sog'arjiy's Sohn Abu Said, der religiöse Wesir von Amir Temur brachte die sterblichen Überreste seines Vaters nach Samarqand. Das Mausoleum gilt als das älteste existierende Gebäude in der Stadt, welches nach dem Mongolensturm errichtet wurde. Im Innern ist es sehr einfach gehalten und weist keinen Schmuck auf.

Einstmals direkt angegliedert war eine Koranschule mit einigen Hujra Zellen, zwei Wasserbecken und die offen **Mahalla Moschee Ruhobod** (Ruhobod masjidi, 1882). Im Jahr 1997 wurden die Hujra Zellen neu errichtet, welche während der Sowjetzeit abgerissen wurden. Der gesamte heutige Yoshliq Park war mit Mahalla Wohngebäuden überbaut, wovon nur noch das **Haus von Hodscha Muin Shukurullaev** (1883 -1942), einem Lehrer, Dichter und Zeitungsverleger übrig ist. Shukurullaev gründete Schulen, wurde als Intellektueller wahrgenommen und den Jahren der Revolution mehrmals verhaftet. Er starb in einem Arbeitslager in Sibirien. In seinem Haus ist heute eine Erinnerungsstätte für politisch Verfolgte eingerichtet. Geöffnet: Tägl. 8:00-18:00 Uhr

Ko'k Saroy Palast ⑳

Auf den Höhen über dem Registon erbauen die mongolischen Chagataiden um das Jahr 1260 eine Festung die sich im Laufe der Jahrhunderte in eine Stadt in der Stadt entwickelt. Es gibt hier Kasernen, Wohnhäuser der Soldaten-Angehörigen, Moscheen, Basare und einen Friedhof. Amir Temur errichtet innerhalb der Mauern dieser Zitadelle seine offizielle Residenz, den Blauen Palast (Ko'k Saroy, 1260-1880). In diesem Palast hielt er sich aber nur gelegentlich zu geschäftlichen Terminen auf. Der Ko'k Saroy Palast war im Gegensatz zum Weißen Palast (Oq Saroy) in Shahrisabz weder groß noch repräsentativ. Sucht der Herrscher Zerstreuung stehen ihm zudem mehr als ein Dutzend Landsitze in der Umgebung Samarqands zur Verfügung. Im 18. Jh. wird die Zitadelle Samarqands und der Ko'k Saroy Palast Sitz des Emirs von Buxoro bei seinen Besuchen in Samarqand. Zu diesem Zeitpunkt ist die Festung jedoch bereits in einem ziemlich desolaten Zustand. 1868 belagert die lokale Bevölkerung die Zitadelle in der sich einige hundert russische Besatzungssoldaten befinden sieben Tage lang. Die Truppen General von Kaufmanns werfen diesen Aufstand jedoch blutig zurück und brennen zur Vergeltung den Siyob Basar nieder. Die Reste des Ko'k Saroy Palast werden 1880 abgerissen. Daher gibt es heute nur noch wenige Mauerreste zu sehen. Ganz in der Nähe steht heute das Hochhaus der Regionalverwaltung.

Weitere Sehenswürdigkeiten

Hujom Seidenteppichmanufaktur ㉑

Fliegende Teppiche werden leider auch hier nicht hergestellt. Dafür aber traumhaft feine Seidenteppiche. Schauen Sie den Mitarbeiterinnen der Hujom Manufaktur (Samarqand-Buxoro ipak gilami) beim Färben des Garns oder bei Knüpfen der Muster zu. Je nach Größe und Komplexität dauert die Herstellung 1 bis 6 Monate. Da hier ausschließlich mit Naturmaterialien gefärbt wird, entspricht dies der ursprünglichen Arbeitsweise. "Hujom" ist übrigens ein Begriff der usbekischen Frauenbewegung und steht für die Beendigung der Gesichtsverschleierung. Ein Denkmal im Hof erinnert daran. Besichtigungen können über eine Reiseagentur gebucht werden. Oder Sie besuchen den Betrieb auf eigene Faust.
Samarqand-Buxoro ipak gilami, Hujom ko'chasi 12A, Tel. 66-235 22 73, silkcarpets.uz

Konig'il Papiermühle ㉒

Als im Sommer des Jahres 751 chinesische Soldaten bei Talas im heutigen Kirgisistan in Gefangenschaft gerieten, ahnten Sie noch nicht, dass dies eine jahrhundertelange Tradition auslösen würde. Denn Abu Muslim, der Herrscher Samarqands entlockte den Chinesen das Geheimnis der Papierherstellung. Rasch breitete sich dieses Handwerk entlang des Siyob Flusses aus und es entstanden mehrere hundert mit Wasserkraft betriebene Papiermühlen. Das in Samarqand in Handarbeit hergestellte Papier wurde weiter verbessert und erhielt in Laufe der Geschichte einen legendären Ruf bei Kalligraphen und Wissenschaftlern. So dünn, fest und glatt war kaum ein anderes Papier im Orient. Der Prozess beginnt mit dem einweichen von Maulbeerbaumzweigen. Die Rinde wird abgelöst und die braune Innenschicht entfernt. Nun wird die Rinde mehrere Stunden

lang gekocht und anschließend in einem Mörser gestampft. Der so entstandene Papierbrei wird mit Holzrahmen geschöpft und getrocknet. Die Veredlung des noch rauen Papieres erfolgt auf einem Marmorblock mit Horn, Muscheln oder Achatstein. Da das Papier nicht gebleicht wir ist es zwar etwas gelblich, hält dafür aber mehrere hundert Jahre.

Vor einigen Jahren entstand aufgrund einer privaten Initiative die heutige Papiermühle im Dorf Konig'il bei Samarqand. Hier lebt die vergessene Tradition der Papierherstellung wieder auf und die Besucher können die Fertigungsschritte selbst beobachten. Es gibt täglich Führungen nach Anmeldung. Diese können über lokale Reiseveranstalter oder in eigener Regie gebucht werden. Meros Konig'il qog'oz fabrikasi, Konig'il qishlogi, Tel. 98-273 18 11

Erreichbarkeit:
Bus Nr.1 fährt direkt an der Papiermühle vorbei und hält bei Bedarf. Zustieg z.B. am Shohi Zinda Busbhf. Lage: +39°40'00", +67°02'01"

Shadman Malik Brücke ㉓

Dort wo sich der Zarafshon Fluß in zwei Arme teilt, den Oqdaryo im Norden und den Qoradaryo im Süden ließ Khan Muhammad Shayboniy Anfang des 16. Jh. die **Shadman Malik Brücke** aus gebrannten Ziegeln errichten (Shadman Maliq ko'prigi, 1502). Die Brücke bestand ursprünglich aus sieben Bögen, wobei die Brücke nach dem ersten, südlichen Bogen um 120° abgewinkelt war. Das 200m lange Bauwerk wurde Mitte des 15.Jh. durch eine Flut weitgehend zerstört. Bis etwa 1890 waren noch drei Bögen sichtbar, Erdbeben liesen jedoch zwei davon einstützen.

Erreichbarkeit:
Der Brückenbogen befindet sich nordöstlich von Samarqand. Da es nicht ganz einfach ist, die Brücke zu erreichen, sollten Sie eine lokale Reiseagentur anfragen, welche den Weg dorthin kennt. Lage: +39°41'26", +67°03'10"

Hodscha Ahror Vali Medrese u. Moschee ㉔

Hodscha Ahror Vali, auch bekannt unter dem Namen Nasriddin Ubaidullah ibn Muhammad Shashi kam 1404 nahe Toshkent, früher Shash, zur Welt. Er war in jungen Jahren ein der Welt entrückter Mensch mit besonderen spirituellen Fähigkeiten. Sein Vater schickte ihn in die Medrese Ulug'beks, doch er lehnte die Wissenschaft ab und begab sich in Opposition zu ihr. Er predigte gegen das Asketentum, war schwer reich aber auch sehr spendabel. 1469 übernahm der die Führung des Naqshbandi Ordens und lebte seinen schariatreuen Glauben bis zu seinem Tod 1489. Sein Grabstein vollständig mit Kalligrafie verziert steht im Friedhof neben der nach ihm benannten **Medrese und Moschee** (Xo'ja Ahror Vali madrasasi va juma masjidi, 1635). Diese wurde auf Anordnung des Großwesirs Nodir Devonbegi nach dem vier Iwan Prinzip errichtet. Bemerkenswert ist der Peshtoq mit dem selben Motiv "Tiger jagt Gazelle" wie an der Sherdor Medrese des Registons, allerdings keine genaue Kopie davon und ohne das Sonnengesicht. Auch der Grundriss des Gebäudes ist eher ungewöhnlich, da weder die vordere Front noch der südliche Durchgang zum Hof der Moschee symmetrisch angelegt wurden. Die keramische Verzierung ist weniger detailliert, farblich aber ähnlich wie bei der zwei Jahre jüngeren Sherdor Medrese, weshalb die Medrese im Volksmund auch "Sherdor Birun", also "äußere Sherdor" genannt wird. Sehr schön ist der weite Platz südlich davon mit großen Platanen, einem Wasserbecken und der attraktiven Iwanmoschee mit Minarett, welche als Ersatzbau nach dem Erdbeben 1909 errichtet wurden.

Erreichbarkeit:
Die Anlage befindet sich im südl. Vorort Ulug'bek, vom Registon 5Km entfernt. Mit den Linien 9, 11, 16, 20, 24, 31 an der Haltestelle "Xo'ja Ahror Vali" oder mit dem Taxi. Lage: +39°37'10", +66°57'15"

Hodscha Abdi Birun Pilgerherberge ㉕
Nicht zu verwechseln mit dem 4Km entfernten Hodscha Abdi Darun Mausoleum ist das **Hodscha Abdi Birun Ensemble** (Xo'ja Abdi Birun ansambli, 17. Jh.) eine Reminiszenz an den beliebten Labi Hovuz in Buxoro. Denn beide Anlagen wurden vom selben Auftraggeber, dem Großwesir Nodir Devonbegi errichtet. Es ist nicht ganz klar, wem das Sufi-Zentrum gewidmet ist, dem muslimischen Juristen Abd-al ibn Yakub oder dem Kadi Hodscha Abd al Mazeddin. Der Namenszusatz "Birun" weist jedenfalls auf den Standort

außerhalb der Stadtmauer hin. Das quadratische Hauptgebäude hat einen relativ schlichten Peshtoq mit einer Keramikverzierung in der Spandrille, ein blaues Thuluth Feld darüber und seitliche Blindnischen. Kleinere, weniger tiefe Iwane finden sich an den drei übrigen Seiten. Der vollständig mit Kacheln verzierten Tambour und die an den Ecken abgeschrägte Basis wird von einer auffallend flachen Außenkuppel überwölbt, wie sie in der spättemuridischen Architektur üblich war. Im Innern sticht die mit Quadratkufi umgebene Mihrab Nische heraus. Rechts neben der Pilgerherberge ist ein Podest (Daxma) mit einem schmucklosen Grab eines Unbekannten zu sehen. Zusammen mit dem neuzeitlichen Minarett und dem achteckigen Wasserbecken ist auch diese Anlage ein schöner ruhiger Ort, um für einen Augenblick inne zu halten.

Erreichbarkeit:
Abdi Birun liegt im südlichen Vorort Qavchinon etwa 7Km vom Registon entfernt. Mit Bus Linie 24 vom nördlichen Ende des Universitet Bulvari zur Haltestelle "Abdi Birun" oder mit dem Taxi. Lage: +39°36'38", +66°58'30"

Hodscha Abdi Darun Ensemble ㉖
Das Ensemble (Abdi Darun majmuasi, 12.-15. Jh.) ist benannt nach dem Kadi (Muslimischer Jurist) Hodscha Abdi oder Abd-al Mazeddin, welcher im 9.Jh. in Samarqand lebte und hier begraben wurde. Der Namenszusatz „Darun" bedeutet „Innerhalb" und sagt aus, dass das Grab innerhalb der Stadtmauer lag. Ursprünglich im 12. Jh. auf Anordnung des Seljuken Herrschers Ahmad Sanyar erbaut, wurde es im 15. Jh. völlig umgebaut, so dass nur noch einige Grundmauern vom ursprünglichen Mausoleum erhalten sind. Dem Grabbau vorangestellt wurde im Auftrag von Ulug'bek eine Pilgerherberge mit einer türkisen Kuppel auf einem hohen Tambour. Die neuzeitliche Keramikdekoration des Peshtoq entspricht der Architektur der Temuriden, das Innere ist schmucklos.
Zum Ensemble gehören noch eine neuzeitliche Medrese (1905), ein Minarett und eine Moschee (1909) welche sich um das Wasserbecken im Innenhof gruppieren. Es ist eine sehr harmonische Anlage mit schönen Fotomotiven und man ist dort auch sicher der einzige Tourist.

Erreichbarkeit:
Das Ensemble ist an der Sadriddin Ayni ko'chasi im Friedhof "Kabriston Xo'ja Abdi Darun" zu finden. Mit Buslinien 3, 11, 14, 22, 25, 32, 73, 74, 78, 83, 89, 91bis zur Haltestelle "Kabriston Xo'ja Abdi Darun". Lage: +39°38'30", +66°59'30"

Ishratxona Mausoleum ㉗
Gleich gegenüber des Abdi Darun Ensembles steht das Ishratxona Mausoleum.
Ishratxona wurde als dynastisches Grab für die königlichen Frauen des temuridischen Hauses im 15. Jahrhundert erbaut. Es war vermutlich als Nachfolger der Shohi Zinda Nekropole gedacht, die bis in die 1440er Jahre genutzt wurde. Der Name Ishratxona, also „Haus der Freude" bezieht sich wohl eher auf seine einst reich dekorierten Innenräume und nicht wie vermutet wurde auf ausgelassene Festgelage.
Habiba Sultan Begum, die älteste Frau des letzten temuridischen Herrschers Abu Sa'id (1451-69), gab das Gebäude 1460 für ihre geliebte und kurzlebige Tochter in Auftrag. In der Krypta von Ishratxona, die für das Begräbnis der königlichen Frauen verwendet wurde, befanden sich Ende des 17. Jahrhunderts 20 Grabsteine.
Auf alten Fotografien ist noch ein hoher Tambour und die Ansätze einer Außenkuppel zu erkennen. Doch bereits Ende des 19. Jh. war das Gebäude von Plünderungen und Erdbeben schwer gezeichnet.
Der Zugang zum Gebäude erfolgte nicht durch den hohen Iwan Bogen sondern durch einen Eingang auf der rechten Seite. Dort gelangte man in den Vorraum (Mionsaroy), von welchem man nach links und rechts in drei unterschiedlich gestaltete Andachts- und Ritualräume (Zoiratxonalar) gelangte. Die zentrale Halle (Go'rxona) mit den Kenotaphen der Verstorbenen hatte einen kreuzförmigen Grundriss und eine sehr aufwendig gestaltete Innenkuppel die 1903 kollabierte. Erhalten ist jedoch noch die Krypta darunter. Durchschreitete man diesen Hauptraum gelangt man geradeaus in die linke Gebäudehälfte. Hier war eine kleine Moschee eingerichtet. Ungewöhnlich waren die fünf Räume im Obergeschoß mit unbekannter Funktion welche über vier Wendeltreppen erreicht werden konnten.

Die an den Außenwänden in Banna'i Technik angebrachten Verzierungen sind wegen des darin enthaltenen Goldes von Plünderern größtenteils beschädigt. Während das Gebäude von außen eher schlicht wirkte, zeigte es in seinem Inneren die üppige Pracht spättemuridischer Dekorationstechniken: kunstvolle Muqarnanischen, glasierte Fliesen in verschiedenenen Macharten, Marmor, in Kundal Technik vergoldete Relieffliesen und feine Malereien mit hohem Goldanteil.
Das Gebäude wurde bereits eingehend auch von deutschen Experten untersucht und dokumentiert. Einige Bereiche sind bereits gesichert. Eine umfassende Sanierung bzw. Rekonstruktion steht allerdings noch aus.

Erreichbarkeit:
Siehe Hodscha Abdi Darun Mausoleum.
Lage: +39°38'35", +66°59'27"

Imam Moturidiy Gedenkstätte ㉘
Der Chokardiza Friedhof ist den Samarqandern als der Friedhof der Märtyrer des Islam bekannt. Den Friedhof gibt es heute nicht mehr, jedoch eine Parkanlage. In ihr steht eine im nationalen Stil errichtete Gedenkstätte für den islamischen Gelehrten Imam Abu Mansur al Moturidiy (Imom Al Moturidiy majmuasi, 2000). Er lebte von 870-977 in einem Dorf nahe Samarqand und schrieb 15 Abhandlungen zu fundamentalen religiösen Fragen wie dem Monotheismus, über das Verhältnis von Islam und Volksglaube, dem Religionsunterricht und der Dialektik. Die von ihm verfassten Gedanken und Erkenntnisse spielen auch in der heutigen sunnitisch-islamischen Religionskunde eine wichtige Rolle.
Beachten Sie die beschrifteten länglichen Kieselsteine um den Kenotaph. Es sind Grabsteine aus dem 9. Jh. welche bei Grabungen auf dem ehemaligen Friedhofsgelände gefunden wurden.

Erreichbarkeit:
Die Gedenkstätte liegt ca. 1Km östlich des Registon inmitten von Mahallas. Lage: +39°39'16", +66°59'11"

Gumbaz Synagoge ㉙
Von den einst 20.000 Juden Samarqands leben heute nur noch einige hundert im Mahalla Yahudion, früher Mahallah Wostok genannt.

Etwa zur Hälfte sind es Bucharische Juden und Aschkenazi Juden. Ihr religiöses Zentrum ist die Gumbaz Synagoge, sicher die schönste Synagoge Usbekistans. Wer das Gotteshaus besuchen möchte, sollte sich zuvor besser anmelden. Tel. 66-223 65 16. Die Synagoge befindet sich in unmittelbarer Nähe des Hamam Dovudi in einer Seitenstraße der Abu Laysa Samarqandiy ko'chasi (ex-Hujom ko'chasi). Lage: +39°39'30", +66°59'14"

Hamam Dovudi ㉚

Es ist das älteste heute noch betriebene öffentliche Badehaus der Stadt (Hammom Dovudi, 1893). Die gemauerten Kuppelräume entsprechen historischen Badehäusern, wirken aber neuzeitlich. Die eher robuste Massagen und Peelings sowie die hygienischen Zustände sind landestypisch, also nicht auf Touristen ausgerichtet. Badeschlappen und Handtuch sollten ggf. mitgebracht werden. Abu Laysa Samarqandiy ko'chasi 19 (ex-Hujom ko'chasi), Tel. 91-539 70 87, Lage: +39°39'28", +66°59'14" Geöffnet: Mo, Di 8:00-20:00 Uhr für Frauen, Mi-So 5:00-21:00 Uhr für Männer

Koloniale Architektur in der Neustadt

In Samarqand hat sich die koloniale Architektur russisch Turkestans bis heute am besten erhalten. Weite Teile der Neustadt werden von den häufig in Pastellfarben getünchten Ziegelbauten geprägt. Einige herausragende Gebäude werden nachfolgend kurz beschrieben.

Die kleine **Kirche St. Georg** ㉛ (Georg cherkovi, 1882) hatte einen schon bald baufälligen Vorgängerbau von 1868 innerhalb der Zitadelle. In ihrer langen Geschichte als erstes christliches Gotteshaus musste sie neben viele Umbauten und Zweckentfremdungen auch den Abriss des baufälligen Turmes hinnehmen. Heute steht das Gebäude leer.

Die Versammlungs- und Speisesäle der höheren russischen Ränge waren im repräsentativ gestalteten **Haus der Offiziere** ㉜ (Ofitserlarning uyi, 1881) untergebracht. Es wurde im bereits damals angelegten **Stadtpark** ㉝ erbaut. Schräg gegenüber an der Mustaqillik ko'chasi das heutige **Puppentheater** ㉞, früher als Stadttheater (Shahar teatri, 1872) bekannt.

Ausgehend vom **Amir Temur Denkmal** zieht sich der **Universitet Bulvari** wie ein grünes

Band durch die Neustadt. An ihr liegt, etwas versteckt hinter einem schmucklosen Universitätsgebäude die ehemalige **Russisch-Chinesische Bank** ㉟ (Rossiya-Xitoy banki, 1896), heute das Rektorat der Uni. Beachten Sie die Pilaster und üppigen Stuckarbeiten.

Folgt man dem Universitet Bulvar ein wenig, steht man schon bald vor dem ehemaligen **Palast des Generalgouvereurs** ㊱ (Gubernatorlik saroyi, 1882) heute das Rathaus der Stadt Samarkand (Hokimiyat). In Usbekistan ist sie die einzige größere Stadtverwaltung, die noch immer in einem vorrevolutionären Gebäude untergebracht ist. Es war allerdings ursprünglich wesentlich kleiner und wurde nach beiden Seiten erweitert. Auffällig sind die vier kleinen Türmchen auf dem wuchtigen Vorbau. Links und rechts des Eingangs befanden sich früher die gestreiften Häuschen der Wachsoldaten.

In unmittelbarer Nähe ist die **St. Aleksey Kirche** ㊲ (Aleksey cherkovi) von 1912 zu sehen. Sie war zwar nicht die erste russischorthodoxe Kirche in der Stadt, wurde aber die Bedeutendste.

Die Neugotische **Röm.-Kath. Johannes Kirche** ㊳ (Rim-Katolik Sankt-Jon jamoati, 1916) entstand auf Initiative polnischer Kriegsgefangener und wurde bereits 1930 in eine Schule umgewandelt. Seit 1999 finden hier wieder Gottesdienste statt, jedoch bleiben viele Kirchenbänke leer.

Noch exotischer mutet es an, dass es hier auch eine **Armenische Kirche** ㊴ (Arman jamoati) gibt. Das 1903 der heiligen Jungfrau geweihte Gotteshaus hat heute nur eine sehr kleine Gemeinde. Die Armenier in Samarqand sind übrigens auf den Straßenverkauf von Getränken spezialisiert.

Ebenfalls in der Mahmud Qoshgariy ko'chasi steht die verspielte Backsteinfassade der **alte Bibliothek** ㊵ (Chitalniya, 1911) die heute noch diese Funktion inne hat.

Da es auch in den russischen Häusern selten ein Bad gab, ging mal damals ins Banja, also ein öffentliches Badehaus. An der Ecke A. Temur/A. Jomiy ko'chasi ist das **Banja No.1** ㊶ noch heute als Hammom No. 1 in Betrieb. Geöffnet: 7:00-21:00Uhr.

Folgt man der A. Jomiy ko'chasi nach Norden,

erreicht man schon bald den Eingang des **Regionalmuseums** ㊷ (Samarqand viloyati o'lkashunoslik muzeyi, 1916). Neben der landesweit besten Ausstellung über das jüdische Leben in Usbekistan werden auch einige lokale Gebrauchsgegenstände und ausgestopften Tiere gezeigt. Der Besuch lohnt aber auch wegen der üppigen Innengestaltung des Gebäudes. Ein reicher, jüdischer Händler namens Kalontarov ließ dieses Haus von europäischen Architekten und lokalen Handwerkern 1916 errichten. Geöffnet: Tägl. 9:00-17:00 Uhr

Das sehenswerte **Museum für Geschichte** ㊸ (O'zbekiston madaniyati tarixi davlat muzeyi) zeigt neben dem Ayrtam Fries kunstvolle Ossuarien und Keramiken. Es befindet sich seit 2012 an der "Pavorot" Kreuzung. Geöffnet: Tägl. 9:00-17:00 Uhr

"Ewige Stadt" und Touristenzone

Seit 2022 können Besucher durch die Straßen der "Ewigen Stadt" (Boqiy Shahar) mit ihren historisierenden Gebäuden schlendern. Neben Souvenirshops gibt es hier auch zwei Restaurants, eine Bäckerei und ein Teehaus. Die schön gestaltete, nur für Touristen errichtete Stadt liegt in einer Touristenzone umgeben von achten großen Hotels und mehreren Ecovillages.

Erreichbarkeit:
Nur per Taxi erreichbar, das Ziel ist bekannt als "Grebnoj Kanal".

Verkehrsverbindungen

Int. Flughafen Samarqand (SKD)

(Samarqand xalqaro aeroporti) **Uzbekistan Airways** bietet Flüge nach Moskau (Di, Sa), Kazan (Mo), St. Petersburg (Di, Do, Sa) und nach Toshkent (tägl.) an.

Silkavia fliegt von Samarkand nach Toshkent (tägl.). Zukünftig sind auch Verbindungen nach Urganch geplant. Da es keine Direktverbindungen nach A, CH und D gibt, sind derzeit nur Flüge über Russland verfügbar. Das Flughafengebäude ist recht überschaubar, angenehm sauber und bietet alle wichtigen Einrichtungen.

Erreichbarkeit:
Der Flughafen liegt am nördl. Stadtrand, etwa 6,5Km Fahrstrecke vom Registon entfernt und ist mit den Linien 10, 19, 37, 56, 60 erreichbar.

Hauptbahnhof Samarqand

(Samarqand vokzali) Der dem ICE ähnelnde **Expresszug** "Afrosiyob" fährt zweimal tägl. mit bis zu 210Km/h in 2h10min nach Toshkent und in 1h32min nach Buxoro.. Eine Stunde länger benötigt der Schnellzug "Sharq" nach Toshkent und 2h25min nach Buxoro. Darüber hinaus halten die Nachtzüge nach Termiz (9h30min) und Urganch (ca.10-12h) in Samarqand. Das Bahnhofsgebäude (Vokzal) ist architektonisch interessant gestaltet, sehr sauber und bietet ausreichend Sitzplätze und Snacks für Zugreisende.

Erreichbarkeit:
Die Busse der Linien 1, 3, 10, 15, 17, 22, 25, 27, 28, 68, 72, 83 fahren zum Bahnhof.
Die Tramlinie 2 pendelt zwischen dem Bahnhof und dem Siyob Bazar. Vom Registon zum Bahnhof sind es gut 7Km Fahrstrecke.

Fernbusbahnhof Samarqand

(Avto shoh bekati) Wer mit dem **Fernbus** reisen möchte, kann von hier aus alle größeren Städte Usbekistans erreichen. Der Fernbusbahnhof ist vom Flughafen Samarqand wenige 100m entfernt.

Erreichbarkeit:
Der Fernbusbahnhof Samarqand ist mit den Buslinien 10, 18, 23, 31, 51, 52, 60 erreichbar.

Ulug'bek Busbahnhof

(Ulug'bek avtobekati) Die Verbindungen auch mit **Kleinbussen** und **Taxis** nach Toshkent und Jizzax sind beim Ulug'bek Busbahnhof nahe dem Observatorium zu finden. Mit etwas Geduld erwischt man hier auch einen Fernbus nach Buxoro.

Erreichbarkeit:
Die Haltestelle "Ulug'bek Avtobekati" wird von den innerstädtischen Buslinie 17, 45, 70 angefahren.

Shohi Zinda Busbahnhof

(Shohi Zinda avtobekati) Auch hier finden sich vereinzelt **Taxis** oder **Kleinbusse** die in Richtung Toshkent fahren. Primär werden aber Nahziele in dieser Richtung bedient.

Erreichbarkeit:
Dieser Busbahnhof wird von folgenden Buslinien angefahren: 1, 8, 9, 12, 17, 22, 25, 33, 44, 54, 64, 66, 70, 71, 72, 77, 88.

Qarshi Styanka Taxistand
Direkt an der M39 sammeln **Taxis** nach Qarshi und Termiz ihre Passagiere auf. Wenn Sie also am Busbahnhof Kaftarxona keinen Erfolg hatten, klappt es vielleicht hier.

Erreichbarkeit:
Mit Buslinie 1 bis Endhaltestelle "Grebnoj Kanal" oder ab Kaftarxona Busbahnhof per Taxi ca. 8km. Lage: +39°40'00", +67°02'50"

Kaftarxona Busbahnhof
(Kaftarxona avtobekati) Von diesem Busbahnhof an der östlichen Ausfallstraße, der Panjakent ko'ch. fahren **Kleinbusse** und **Taxis** nach Termiz, Urgut, Panjakent (Tadschikistan).

Erreichbarkeit:
Der Kaftarxona Busbahnhof ist mit den Linien 3, 11, 14, 64, 71, 73, 74, 78, 91, 92 an das Busnetz angebunden.

Ahror Vali Taxistand
Etwa 400m südl. des Ahror Vali Mausoleums befindet sich das Kreiskrankenhaus "Samarkand Tumani Markaziy Shivohonasi". Hier am Kreisverkehr tummeln sich viele Taxis und Marschrutkas die nach Shahrisabs oder Qarshi fahren. Mit etwas Glück gibt es auch Fahrer die bis zur Pilgerstätte Hazrati Dovud Höhle fahren.

Erreichbarkeit:
Mit den Bussen der Linie 9, 11, 16, 20, 24, 31.

Ravanaq Taxistand
Am Abzweig der M39 nach Süden starten ebenfalls **Sammeltaxis** nach Termiz und Shahrisabz, bzw. Kitob.

Erreichbarkeit:
Die Buslinie 97 fährt bis ins Zentrum des Vorortes Ravanak. Von dort sind es knapp 4km bis zum Taxistand Ravanaq an der M39 nahe der YPX Kontrollstelle. Lage: +39°34'13", +67°00'25"

Pavorot Taxistand
Wer mit dem **Taxi** nach Navoiy oder Buxoro möchte, wird an der Kreuzung Ulug'bek ko'chasi und Berunij ko'chasi in der Neustadt fündig. Diese Kreuzung wird bei den Einheimischen als "Pavorot" bezeichnet. Auch das Geschichtsmuseum (Tarixi Muzeum) ist hier. Die Kreuzung ist zudem ein wichtiger Haltepunkt für zahlreiche innerstädtische Buslinien.

Erreichbarkeit:
Dieser Taxistand ist gut angebunden mit den Buslinien: 1, 4, 6, 12, 15, 16,17, 18, 27, 28, 30, 32, 40, 41, 44, 45, 51, 52, 66, 68, 69, 70, 71, 73, 78, 79, 80, 87, 97, 99, 122.. Vom Bahnhof aus kann man die Haltestelle "Pavorot" auch mit der Tramlinie 1 erreichen.

Hazora ASHB Busbahnhof
(Hazora avtobekati) An der Spitamen ko'chasi, der Ausfallstraße Richtung Kattaqorgon finden Sie **Fahrzeuge** z.B. nach Tim und Qarnob.

Erreichbarkeit:
Die Buslinien 24, 79, 89 enden hier.

Der 2010 geschlossene Grenzübergang nahe Pançakent (Tadschikistan) ist seit Februar 2018 wieder geöffnet. Dort kann man Geld umtauschen.

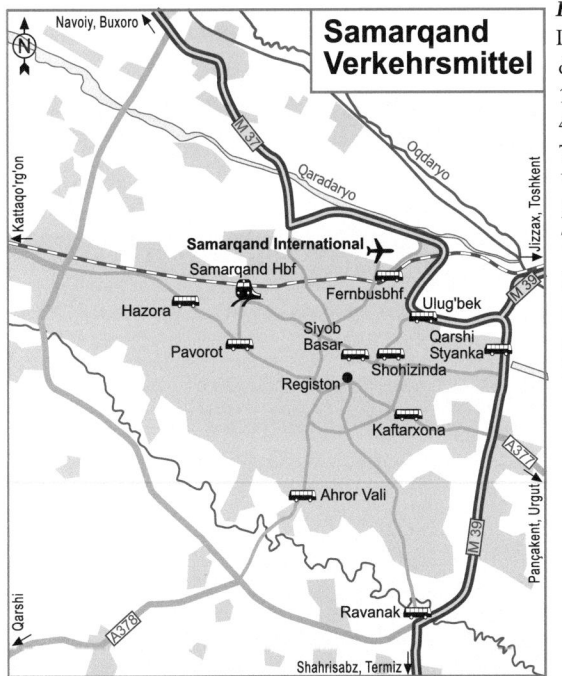

Verkehrsmittel in Samarqand

Das Nahverkehrsnetz in Samarqand ist recht dicht und gut getaktet. Die Busse und Marschrutkas verkehren zwischen 6:00 Uhr morgens bis 20:30 Uhr abends. Danach sind nur Taxis verfügbar.

Seit 2017 gibt es in Samarqand auch wieder zwei Straßenbahnlinien. Nachdem deren Dienst in den 70er Jahren eingestellt wurde hat man nun die ehemals Toshkenter Straßenbahn nach Samarqand verfrachtet. Linie 1 führt vom Bahnhof über "Pavorot" in den Süden der Stadt. Linie 2 fährt vom Bahnhof zum Siyob Basar. Betriebszeit der Linien ist von 6:00 Uhr morgens bis 22:00 Uhr Abends.

Siyob Basar Busbahnhof

(Siyob bozori avtobekati) Da er sehr zentral vor dem Siyob Basar im Stadtzentrum liegt, kommt man von hier schnell in alle Richtungen der Stadt. Von der nördl. Haltestelle neben dem Tramterminus: **44** (Sattepo), **54** und **71** (Sogdiana), **64** (SamGasi), **66** (Voenij Gorodok), **72** und **83** (Bahnhof).

Westl. dem Basargelände an der Imom al Buxory ko'chasi halten die Linien **31** (Fernbusbhf.), **45** (Observatorium Ulug'bek), **51** (Fernbusbhf.), **52** (Sogdiana), **60** (Sattepo).

Nördl. des Basargeländes in Fahrtrichtung Osten halten die Linien **1** (Grebnoj Kanal), **8** (Kushtamgali), **9** und **33** (Ipaq Yo'li Basar), **12** (Betonka M39), **17** und **70** (Observatorium Ulug'bek), **22** (Pista Mazor), **25** (Badal), **88** (Mahalla Kavarzor).

Bushaltestelle "Talabalar Yotoqxonasi"

Diese Bushaltestelle nahe dem südl. Ende der Daxbed ko'chasi und dem Ruhobod Mausoleum eignet sich als Start- oder Zielpunkt in alle Richtungen da sie von vielen Buslinien angefahren wird. Fahrtrichtung Norden: **1** (Grebnoj Kanal), **9** und **33** (Ipaq Yo'li Basar), **22** (Pista Mazor), **27** (Motrid), **10**, **23** und **31** (Fernbusbhf.), **17** und **45** (Observatorium Ulug'bek), **19** und **56** (Mahalla Zarafshan/Geolog), **88** (Mahalla Kavarzor), **89** (Hazora Busbhf.), **99** (Avtomobil ehtiyot qismlari Basar an der M37). In südl. Richtung fahren die Linie **5** (Xirhsrav), **35** (Voennij Gorodok), **44** und **60** (Sattepo), **54** (Sogdiana), **64** (SamGasi)

Samarqand von A bis Z

Apotheken
Dorixona, Panjakent ko'ch. 15

Apteka, Registon ko'ch. 7

Auto- und Fahrradvermietung
sixt rent a car, Beruniy ko'chasi 3 (nahe Bahnhof), Geöffnet: Mo-Fr 9:00-13:00 und 14:00-18:00 Uhr, Tel. 78-120 90 10

Fahrradverleih, nahe dem Registan

Badehäuser
Hammam Dovudi, Abu Laysa Samarqandiy ko'chasi 19; Geöffnet: Mo, Di 8:00-20:00 Uhr für Frauen, Mi-So 5:00-21:00 Uhr für Männer

Bibliotheken
Deutscher Lesesaal (Nemis kutubxonasi), Universitet bulvari 21, Pushkin Bibliothek, Tel. 239 84 77, Geöffnet: Mo-Fr 9:00-16:00 Uhr, Sa 9:00 - 13:00 Uhr

Pushkin Bibliothek (Pushkin nomidagi kutubxonasi), Universitet xiyoboni 21, Geöffnet: Mo-Fr 9:00 - 20:00 Uhr, Sa 9:00 - 17:00 Uhr

Bücher, Bildbände, Karten, Stadtpläne
O'zkitob, Mustaqillik ko'ch., Ecke Temur Malik ko'ch., in der Fußgängerzone

Samarqand Kitob Olami, usbekische Bücher aller Art, Amir Temur ko'ch., Ecke Bo'stonsaroy ko'chasi

Einkaufen
Basare
Siyob Bauernmarkt (Siyob dehqon bozori), neben Bibixonim Moschee

Marmorbasar (Mrarmorniy bozori), Mirzo Ulug'bek ko'ch., Ecke Shohruh Mirzo ko'ch.

Ipak Yo'l Basar (Ipak Yo'l bozori), Usta Umar Juraqulov ko'chasi, östl. Shohi Zinda N.

Temiryo'l Basar (Temiryo'l bozori), Beruniy ko'ch., Ecke Rudaki ko'ch., nahe Bahnhof

Kaufhäuser
Makon Mall, Mirzo Ulug'bek ko'ch., Ecke Mustaqillik ko'chasi, Neustadt

Shodiyona Kaufhaus (Shodiyona Centrium Markazi), auf dem Siyob Bauernmarkt

Supermärkte
Goodlife Supermarkt, Yusuf Hamadoniy ko'ch., 6:00 - 0:00 Uhr

Korzinka Supermarkt, Mirzo Ulug'bek ko'ch., Ecke Mir Said Baraka ko'ch., 8:00-23:00 Uhr

Dunyo Supermarkt, Usta U. Juraqulov ko'ch., geg. Seidenstraßen-Bazar, 7:30-23:00 Uhr

Souvenirs
Neben den zahlreichen kleinen Shops z.B. im Registon Ensemble gibt es auch im Siyob Bauernbasar eine ganze Ladenzeile mit Souvenirgeschäften.

Konig'il Papiermühle (Meros Konig'il qog' oz fabrikasi), Konig'il qishlogi, Tel. 98-273 18 11

Hujom Seidenteppich Manufaktur (Samar-qand-Buxoro ipak gilami "Hujom"), Hujom ko'chasi 12A, Tel. 90-743 75 38

Geldwechsel
Usbekische Nationalbank, Mahmud Qoshg'ari ko'chasi, Ecke Firdavsiy ko'chasi, Mo-Fr 9:00-13:00, 14-18 Uhr, Traveller's cheques und Visa werden akzeptiert.

Hotels und Unterkünfte (Auswahl)
Luxuriös
Hotel Hilton Samarkand Regency, Silk Road Komplex, Tel. 55-705 55 55, echtes 5 Sterne Niveau, etwas abgelegen am Ruderkanal

Hotel Sultan Boutique, Buston Saroy ko'ch., Tel. 239 11 88, aufwendig gestaltetes Kleinho-tel, Dachterrasse, Wanne mit Duschvorhang

Hotel L' Argamak, Sulton Mohammed ko'ch. Tel. 662 391 101, Uzb.-Franz. JV, Dachterrasse, grüner Innenhof, Top Service, Wanne

Mittel
Hotel Platan, Mironshox Mirzo ko'ch. 13, Tel. 231 14 61, beliebtes Kleinhotel, schicke Zimmer, guter Kaffee, Restaurant im Haus

Hotel Bibikhanum, Toshkent ko'ch. 10, Tel. 235 00 36, schöne aber einfache Zimmer, Bad mässig, Dachterrasse mit Aussicht, Restaurant

Hotel Malika Prime, Bo'stonsaroy ko'chasi, Tel. 233 43 49, tolle Dachterrasse, Zimmer mit schöner Holzdecke, Bad hell und zweckmässig

Hotel Caravan Serail, Chorraha Ko'ch 96,

Tel. 231 11 35, mitten in der Altstadt, grüner Innenhof, einfache Zimmer, Duschvorhang

Hotel Minor, Zargaron ko'ch. nahe Registon, Tel. 90-198 01 10, schöne Zimmer, Blick auf Registon von der Dachterasse, 3-Bett Zimmer

Günstig
Gästehaus Qamar Panjakent ko'chasi 1/3, Tel. 235 61 45, DZ und Dreibettzimmer, Gemein-schaftsbad, Parkplatz, kein Frühst., Altstadt

Hostel Amir, A. Jomiy koch. 45, Tel. 97-916 88 99, günstige 6-Bettlager, Frühstück, Gemein-schaftsbad, auch DZ verfügbar, Neustadt

Bahodir B&B , Mulokandov 132, Tel. 23 585 29, Klassiker bei Backpackern, etwas in die Jahre gekommen, nahe Registon, Altstadt

Kirchen
St. Alexej, Russisch Orthodox (Avliyo Aleksis Moskva sobori), Abdurahmon Jomiy ko'chasi, Ecke Bobur Mirzo ko'ch., nahe dem Stadtpark

Johannes Kirche, Röm.-Kath. (Avliyo Ioann Baptist cherkovi), Mah. Qoshg'ariy ko'chasi 86

Armenische Kirche (Avliyo Bogoroditsa cher-kovi), Mahmud Qoshg'ariy ko'ch. 70

Krankenhäuser
Evromedik, O'zbekiston ko'chasi 59, Ecke Isayev ko'chasi, Tel. 233 80 54

Innova Diagnostic Clinic, Daxbed yo'li ko'chasi 3/1, Gegenüber Hotel Samarkand Plaza, Tel. 210 03 33

Museen und Ausstellungshallen
Museum für Geschichte (O'zbekiston mada-niyati tarixi davlat muzeyi), "Pavorot" Kreu-zung., umfangreichste geschichtliche Sammlung Samarqands, geöffnet: Tägl. 9:00 - 17:00 Uhr

Regional Museum (Samarqand viloyati o'lkashunoslik muzeyi), A. Jomiy ko'ch. 51, Geschichte der Region Samarqand und des jüdischen Lebens in Usbekistan, Geöffnet: Tägl. 9:00-18:00 Uhr

Afrosiyob Museum (Afrosiyob muzeyi), Toshkent ko'chasi an der Ostseite des Ausgra-bungsfeldes, Übersicht der Ausgrabungsfunde von Afrosiyob, Geöffnet: Tägl. 9:00-18:00 Uhr

Ulug'bek Museum (Ulug'bek muzeyi),

Toshkent ko'chasi, Rekonstruktionen des Observatoriums und Dokumente über astronomischen Entdeckungen dort, Geöffnet: tägl. 9:00 -18:00 Uhr

Baxtli Qush Künstlerhof (Baxtli Qush san'at hoveli), Kunstschätze wie in Ali Babas Höhle, Ausstellung und Verkauf schöner Stücke aller Art, Geöffnet: Tägl. 10:00-19:00 Uhr

Aysel Kunstgallerie (Aysel san'at galereyasi), Registon ko'ch. 3, Gegenüber dem Registon, Textile Kunst und Bekleidungsmode, Ausstellungshalle der Künstlerunion, Geöffnet: Tägl. 9:00-17:00 Uhr

Chorsu Kunstgallerie (Chorsu san'at galereyasi), Chorsu Gebäude neben Sherdor Medrese, Gemälde und Skulpturen, Ausstellungshalle der Künstlerunion, Geöffnet: unregelmäßig

Post
Hauptpost (Pochta bosh bo'limi), Pochta ko'chasi 5, gegenüber dem Mrarmoniy Basar

Registrierung
Touristenvisum: Registrierung innerhalb von 3 Tagen ausschließlich über Hotels.

Einladungsvisum: Bei der UVViOG, Ko'ksaroy maydoni 1, Tel. 231 11 25 mit dem Einladenden gemeinsam dort erscheinen.

Geschäftsvisum: Die einladende Firma oder Organisation übernimmt die Registrierung beim UVViOG.

Reiseveranstalter (in Samarqand)
Afsona Travel
Orient Voyages
Sarbon Tour
Sogda-Tour
Turkestan Travel
Mit diesen Begriffen können Sie über Suchmaschinen die Homepage erreichen.

Restaurants (Auswahl)
Restaurant Emirhan, Zargaron ko'chasi, Dachterrasse mit Blick auf den Registon, sehr vielseitige Küche, modernes Ambiente

Restaurant Platan, Pushkin ko'ch. 2, im Schatten einer großen Platane gelegen, schön eingerichtet, leckere Desserts

Restaurant Samarkand, M. Qoshgariy ko'ch. 54, großes Restaurant mit goßem Menü, sehr aufmerksamer Service, aufwändige Dekoration

Choyxona Sharq Shirinliklari, Tashkent ko'ch. 43, Karawanserei aus dem 19. Jh. in der orientalische Süßigkeiten und Tee angeboten werden.

Choyxona Osh Markazi No.1, Ibn Sino ko'ch. 12, Echter Palov, bei Einheimischen beliebt, 11:00-17:00 Uhr, lokale Preise

Schwimmbäder
Aquapark Sogdiana, Narpay yo'li ko'ch. 76, Wellenbad, 6 Rutschen, 7 Becken, größtes Freibad Samarkands, tägl. 9:00-20:00 Uhr

Aquapark Afsona, Mirzo Ulug'bek ko'ch. 37a, 2 Becken, 1 Rutsche, tägl. 10:00-23:00 Uhr

Delfin Schwimmhalle (Delfin sizish basseyni), Buyuk Ipaq Yo'li ko'ch. 23A, etwas düstere Halle, Geöffnet: Tägl. 9:00-19:00 Uhr

Vavilon Aquapark Istiklol ko'ch. nahe Autobasar (Moshina bozori), Geöffnet: Tägl. 10:00 - 23:00 Uhr, Lage: +39°35'25", +66°56'01"

Telefon, SIM Karten für Handys
Ucell/Uzmobile, Registan ko'ch. 5
Beeline, Panjakent ko'ch. 7
UMS, Panjakent ko'ch. 200

Vergnügungsparks
Yoshlik Vergnügungspark (Yoshlik istirohat bog'i), Beruniy ko'chasi, nähe Bahnhof, Fahrgeschäfte und ein Freibad mit Rutschen, Geöffnet: Täglich 10:00 - 23:00 Uhr

Family Park, Narpay yo'li ko'chasi 76, Shopping, Gastronomie, Eislaufhalle, Bowling, Geöffnet: 10:00-23:00 Uhr

Vorwahl von Samarqand
(3)662 bei 6 stelligen Nummern
(3)66 bei 7 stelligen Nummern

Sehenswertes in der Region Samarqand

Dahbed (Mahdumi Azam Ensemble)
Der große Sufi Mystiker und Begründer der Dahbadiya Schule Mahdumi Azam wurde 1461 in Koson, heute Kosonsoy im Farg'ona Tal geboren. Als Schüler des Hodscha Ahror

Vali lernte er die Grundlagen des Sufismus und leitete mehrere Jahre die Naqshbandi Bruderschaft als ihr geistlicher Mentor. Mahdumi Azam wird bis heute als religiöser Wegbereiter und Philosoph auch weit über Usbekistan hinaus gesehen. Ihm zu Ehren ließ der Emir Buxoros, Yalangtush Bahadur im 17. Jh. einen Gedenkkomplex errichten. Er besteht aus dem Mausoleum, Moschee und Minarett, einer Pilgerherberge und einer Daxma mit einer Ansammlung von Grabsteinen bedeutender Persönlichkeiten. Bemerkenswert ist ein legendenumwobener hohler Baum, in dem sich früher Schüler zur Meditation zurückgezogen haben.

Erreichbarkeit:
Dahbed liegt wenige Kilometer nördlich von Samarqand an der Autoschnellstraße M37 nach Buxoro. Mit Bus 35 bis zur Endhaltestelle im Vorort Motrid fahren. Dort ein Taxi nehmen für die weiteren 6Km bis Dahbed.

Xo'ja Ismoil (Pilgerstätte Hodscha Ismoil al Buxoriy)
Die Pilgerstätte ist einer der heiligsten Plätze des Islam, denn Mohammed ibn Ismoil al Buxoriy war ein bedeutender Lehrer der Hadith, in der er 7275 Taten und Worte des Propheten Mohammeds zusammengefasst hat.
Er lebte von 810 bis 887 in Buxoro und wurde hier begraben. Der 1999 um das Mausoleum gruppierte Pilgerkomplex veranschaulicht, wie mit moderner Bautechnik alte Formen des Handwerks neu belebt werden und gibt darüber hinaus auch einen Einblick in die religiöse Kultur der hier lebenden Menschen.

Erreichbarkeit:
Zunächst nördl. in Richtung Buxoro bis Dahbed, dort nach Norden abzweigen. Nach dem Fluß Oqdaryo nach Osten abbiegen bis zum Dorf Xo'ja Ismoil. Mit Marschrutka ab der Umar Bank an der Dahbed yo'li ko'ch., Ecke Rudakiy ko'ch. oder 15km per Taxi. Lage: +39°48'52", +66°56'42"

Urgut 🏛 UNESCO
Wer nach Urgut kommt, kommt meist wegen des **Basars** (Urgut savdo kompleksi). Hier wird, besonders an Sonntagen, in bemerkenswerter Vielfalt Kunsthandwerk angeboten. Vor allem Suzani, feine Stickereien auf Baum-

wollstoffen, sind in großer Auswahl zu finden. Ein weiteres Highlight stellen die Jahrhunderte **alten Platanen** (Chinor daraxlar) rund um den **Mazar Hodscha Abu Talib Sarmast**, der im 10. Jh. diese Gegend missionierte, dar. In einem über 1000 Jahre alten Baum war bis in die 1920er Jahre sogar eine Schule eingerichtet. Und wer sich für die nestorianische Kirche, die christliche Kirche des Ostens interessiert, wird hier auch fündig. In mehreren Ausgrabungsabschnitten wurde hier das **Kloster Warkuda** aus dem 9.-13. Jh. freigelegt (Ausgrabungsstätte Sulayman Tepa).

Erreichbarkeit:
Mit Marschrutka in ca. 40min ab dem Kaftarxona Busterminal in Samarqand. Der Basar ist direkt im Ort, die Platanen stehen nahe dem südlichsten Friedhof (Qabriston) des Ortes und die Ausgrabungsstätte Sulayman Tepa ist bei +39°22'46", +67°14'28" am südlichen Ortsrand. Fragen Sie nach "Qazishma".

Xo'jayduq (Pilgerstätte Shirboq Ota)
Im Gegensatz zur überregional bekannten Pilgerstätte Hodscha Ismoil al Buxoriy ist diese Pilgerstätte sicher nur der lokalen Bevölkerung ein Begriff. Jedoch dieser Ort eine gute Gelegenheit sich jenseits der ausgetretenen Touristenpfade unter die Einheimischen zu mischen, die schöne Aussicht vom Mazor aus zu geniesen und an einem Picknick teilzunehmen.

Erreichbarkeit:
Das Dorf Xo'jayduq ist per Taxi von Urgut aus erreichbar (ca. 22km) Lage: +39°23'22", +67°5'9"

Felsformationen "Shayton Jiga"
So manche Legende erzählt man sich über die ungewöhnlichen Felsformationen in der Hügellandschaft des Zarafshon Gebirges unweit der Straße Samarqand-Shahrisabz. Der bekannteste Felsen welcher von der Straße aus zu sehen ist bildet ein überdimensionales Herz. Andere Granitfelsen erinnern an Tiere. Wenn Sie sich hier ein wenig umschauen wollen, bitten Sie den Fahrer bei "Shayton Jiga" anzuhalten.

Erreichbarkeit:
An der M39 Samarqand-Shahrisabz ca. 1Km nördl. des Qoratepa Stausees. Lage: +39°25'7.7", +67°1'31.62"

Omonqo'ton (Löwen Höhle)

David Natanowitsch Lew gilt als einer der führenden Archäologen der Frühgeschichte Zentralasiens. Mit dem sensationellen Fund von Knochen eines Neandertalers 1947 in der etwa 80m tiefen Karsthöhle (go'ri) bei Omonqo'ton konnte er so einen der östlichsten Fundorte eines Neandertalers nachweisen. Die nach Lew (=Löwe) benannte Höhle ist im Frühjahr teilweise überflutet und fällt im Sommer wieder trocken. Ohne entsprechende Höhlenausrüstung kann man jedoch nur die ersten beiden Höhlensäle erreichen.

Erreichbarkeit:
Die Häuser der Siedlung Omonqo'ton reihen sich mehrere Kilometer entlang der M39 Fernstraße. Es ist daher etwas kniffelig, das Tal zu finden, in dem die Höhle liegt. Bei +39°18'54.64", +66°57'57.49" zweigt ein schmaler Fahrweg von der M39 nach Süden ab. Nach etwa 350m enden die Häuser. Folgt man dem Talboden weitere 700m erreicht man den Eingang der Höhle bei +39°18'25.87", +66°57'44.25".

David Höhle

Pilgern kann ganz schön anstrengend sein. Dennoch erklimmen jedes Jahr tausende Pilger die 1.303 steilen Stufen hinauf zur Pilgermoschee um dort zu beten. Anschließend geht es dann wieder 200 Stufen hinab zur David Höhle (Hazrati Dovud go'ri). Dovud, der alttestamentarische König David konnte nach neuesten Erkenntnissen nicht mit dem Berg oder der Höhle in Verbindung gebracht werden. Dies kümmert die lokalen Pilger jedoch kaum. Sie sind fest davon überzeugt, dass David auf der Flucht hier mit seinen Händen den Berg aufriss, um in diesem schmalen und 60m langen Spalt Zuflucht zu finden. Schließlich sind seine Hand- und Fußspuren im Fels deutlich zu sehen. Wer sie berührt, macht seine guten Wünsche wahr.
Entlang der Treppe gibt es kleine Stände mit Getränken und Souvenirs. Touristen kommen eher selten hierher, dafür um so mehr Einheimische. Die Aussicht von oben ist wirklich spektakulär. Wer die vielen Treppen scheut kann auch einen Esel mieten. Die Treppen sind auf der Südseite des Berges, so dass ein Sonnenschutz und Trinkwasser sinnvoll sind.

Erreichbarkeit:
Vom Samarqander Taxistand nahe dem Hodscha Ahror Vali Komplex bieten Fahrer Mitfahrgelegenheiten Richtung Qarshi. Fragen Sie hier nach Taxis die ins Dorf Oqsoy, bzw. bis zur Hazrati Dovud Höhle fahren (38Km). Lage: +39°29'35.7", +66°37'11.2"

Tim

Tim ist ein kleines Wüstendorf nahe der Ziddin Berge. Nur selten verirrt sich ein Tourist hierher. Und dennoch birgt es einen großen Schatz: Das **Mausoleum Arab Ota** (Arab Ota maqbarasi).
Im Jahre 977 wurde es einem unbekannten arabischen Eroberer, der hier verstarb, gewidmet. Der aus gebrannten Ziegeln errichtete Mausoleumsbau stellt in seiner Konstruktion einen Meilenstein in der lokalen Baukunst dar. Die Ecknischen als Übergang vom Kubus zur Kuppel wurden hier als Vorläufer der späteren Stalaktitengewölbe (Muqarna) definiert. Und Muqarnas sind bedeutende Schmuckelemente vieler islamischer Bauten. Außen ähnelt es in seinen Verzierungen etwas dem berühmten Samoniden Mausoleum in Buxoro, welches etwa 70 Jahre älter ist. Das schlichte Mausoleum Arab Ota gilt als das zweitälteste islamische Kuppelgebäude weltweit, welches heute noch erhalten ist.
Fragen Sie Einheimische, um auch das Innere zu sehen. Ganz in der Nähe steht im einem Schulhof ein **1000 Jahre alter Baum** (Eski Daraxt) auf den die Bewohner von Tim auch sehr stolz sind. Gerne zeigen sie zudem die **Weiße Moschee** (Ok masjid) etwas westlich von Arab Ota.

Erreichbarkeit:
Vom zentralen Kreisverkehr in Kattaqo'rg'on fahren Sammeltaxis und Marschrutkas unregelmäßig die 60Km nach Tim und in weitere Steppendörfer. Von Tim weg zu kommen (z.B. 90Km bis Navoiy) erfordert dann wieder etwas Geduld und Flexibilität. Lage: +39°41'43", +65°47'35"

Die Region Navoiy

Erst 1982 gegründet ist die Region Navoiy (Navoiy veloyati) damit nicht nur die jüngste sondern flächenmässig auch die größte Region Usbekistans (abgesehen von der teilautonomen Republik Karakalpakistan). Der nördliche Teil besteht größtenteils aus den Weiten der Wüste Qizilqum so dass die Anzahl der Bewohner dort relativ niedrig ist. Für das Land von herausragender Bedeutung ist der Tagebau Muruntau bei Zarafshon, der weltweit größte Goldtagebau mit einem jährlichen Ausstoß von über 80 Tonnen reinsten Goldes. Ebenfalls im Tagebau wird in der Wüstenstadt Uchquduq Uranerz gefördert.

Im Osten der Region sind der landschaftlich reizvolle Wüstensee Aydarkoʻl und die ariden Nurota-, Oqtau- und Qorataugebirge anzutreffen.

Der südliche Teil der Region Navoiy wird bestimmt von der Flußoase des Zarafshon, durch die jahrhundertelang die Seidenstraße führte. Uralte Felszeichnungen und Siedlungen wie Nurota oder Karmana erzählen von der wechselhaften Geschichte entlang dieser bedeutenden Handelsstraße. Es lohnt sich also, hier den einen oder anderen Abstecher zu machen.

Qizilqum Wüste

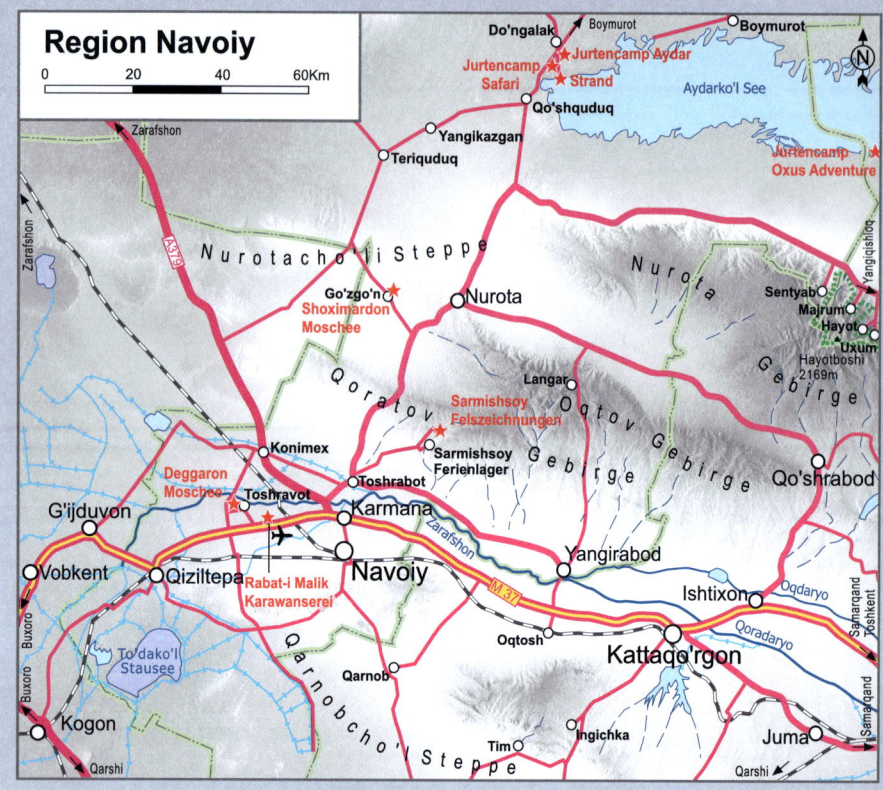

Die Highlights der Region Navoiy

• **Karmana und Navoiy** Ein äußerst ungleiches Städtepaar: Die Jahrtausende alte Oasenstadt Karmana und die noch junge Retortenstadt Navoiy bilden einen starken Kontrast

• **Sarmishsoy Felsgravuren** Endecken Sie die gut erhaltenen und leicht zugänglichen Felsgravuren verschiedenster Zeitalter im Tal des Sarmishsoy

• **Rabat-i Malik Karawanserei** Hier wird die Seidenstraße erlebbar: Eine historische Raststätte aus dem 11. Jahrhundert direkt an der heutigen Schnellstraße Samarqand-Buxoro

• **Deggaron Moschee** Lassen Sie sich vom archaisch Reiz dieser Moschee der Kesselmacher überraschen, dem ältesten und ungewöhnlichsten Gebetshaus des Landes

• **Nurota** Besuchen Sie das antike Nur, ein Stadtgründung Alexanders des Großen mit seiner hellenistischen Festung und den heiligen Quellen des Ortes

• **Jurtencamps und Aydarko'l See** Hier können Sie auf Kamelen in die Dünen reiten, den Klänge der Dutar am Lagerfeuer lauschen, sich vom Anblick der Milchstraße am Himmel verzaubern lassen, ein Bad im Wüstensee nehmen und in einer echten Jurte übernachten

Navoiy

Navoiy ist eine Sowjetstadt aus der Retorte. Sie wurde in den 60er Jahren als Industriestadt gegründet und ist ein unverfälschtes Beispiel spät-sowjetischer Stadtplanung der 1980er Jahre. Seit 1982 ist die Stadt Navoiy auch administratives Zentrum der gleichnamigen Region. Hier entstanden große Industriebetriebe zur Herstellung von Kunstdünger, Zement und Maschinen. Am bedeutendsten sind jedoch die Aufbereitung von Uran und Gold aus den Bergbaubetrieben Uchquduk und Zarafshon in der Qizilqum Wüste.

Für Architekturinteressierte besonders interessant sind der **Busbahnhof** (Avto shoh bekati) mit seiner futuristischen Fassade und dem Reliefwandbild an der M37 in Karmana, der **Kulturpalast** (Farhod madaniyat saroyi) mit der monumentalen Fontänenanlage davor und der **Sportpalast** (Sport saroyi) gegenüber, die beide im sozialistischen Moumentalstil errichtet wurden. Auch das ungewöhnlich gestaltete **Zentralkaufhaus** (Navoiy savdo markazi) mit einer überdimensionalen Dekorationsfassade auf dem Dach ist sehenswert . Einen guten Blick über die Stadt hat man vom **Hochhaus der Stadtverwaltung** (Hokimyat, im Zentrum an der I. Karimov shoh ko'chasi). Die kilometerlange Islom Karimov shoh ko'chasi welche die Hauptachse bis zum Bahnhof im Süden bildet, wird von **Parks** und **Wasserspielen** begleitet.

Unterkünfte:

Luxuriös
Hotel Grand M, I. Karimov shoh ko'ch. 77a, im Zentrum, Tel. 79 - 770 37 37, recht schickes Hotel mit Außenpool, Restaurant

Günstig
Hotel Hobiz, Mahmud Tarobiy ko'ch. 112, Tel. 78-770 22 21, modernes Mittelklassehotel, mit einfacher Ausstattung

Hotel Garden House, Mahmud Tarobiy ko'ch. 122, Tel. 90 237 20 20, etwas gehobener ausgestattetes Hotel mit einem etwas eigenen Stil

Erreichbarkeit:
Der **Flughafen** von Navoiy liegt in nordwestlicher Richtung an der M37 Buxoro Samarqand, etwa 21Km vom Stadtzentrum entfernt.

Erreichbar nur mit Taxis.
Silkavia bietet Verbindungen nach Toshkent (Di, Do, Fr, So).
Alle Züge der Strecke Buxoro-Samarqand halten auch am **Bahnhof** von Navoiy am südl. Ende der Stadt. Allerdings ist der Transfer in die Stadt schwierig.
Fernbusse halten am **Busbahnhof** an der M37 in Kermana, nördl. von Navoiy. Von hier gibt es Busse in die Stadtmitte oder zum Basar. Ebenfalls von hier gibt es Verkehrsverbindungen (Taxis, Marschrutkas) nach Nurota, Sentob (Nurota Gebirge) und Zarafshon.

Sehenswertes in der Region Navoiy

Karmana UNESCO

Die Geschichte der Stadt Karmana, historisch auch Kermine genannt, reicht bis in das 3. Jh. vor Chr. zurück. Seit damals wuchs die Siedlung in den Blütezeiten im 10./11. Jh., im 16. Jh. und gegen Ende des 19. Jh. zu einer respektablen Stadt heran, um danach wieder in die Bedeutungslosigkeit zu fallen. Grund dafür war die Nähe zu Buxoro und ihre Funktion als Ausweichresidenz diverser Herrscher Buxoros. Der bekannteste war sicher **Emir Said Abul-Ahad Bahadur Khan**. Geboren in Karmana regierte er als vorletzter Emir das Emirat Buxoro meist von hier aus. Sein enges Verhältnis zum russischen Zarenhof zeigte er mit seinen Spenden für den Bau des russischen Zerstörers "Emir von Buxoro" und der Großen Moschee von St. Petersburg. Er liegt heute auf dem großen Friedhof (Qabriston) an der G'alaba shoh ko'chasi begraben. Ebenfalls hier zu finden ist ein Komplex bestehend aus einem **Mausoleum** (1571) einer **Medrese**, einer **Pilgerherberge** und **Moschee** benannt nach **Qosim Scheich** (Qosim shayx majmuasi, 16.Jh.). Die Gebäude stammen aus einer Zeit, in der zahlreiche Wanderderwische durch das Land zogen um die Bevölkerung religiös zu festigen und sich mit anderen Derwischen auszutauschen. Bemerkenswert ist der schlanke hohe Tambour der heutigen Moschee welcher sich mehr als 5 Meter über die Innenkuppel erhebt. Die feine Kachelverzierung stammt aus dem Jahr 2001. Südlich des Qosim Scheich Komplexes und des umgebenden Friedhofes schließt sich das Kriegerdenkmal an. Auf der gegenüberliegenden Straßenseite befindet sich das kleine, aber sehenswerte **Regionalmuseum** (Navoiy viloyati tarixi o'lkashunoslik muzeyi) mit einer bunten Mischung aus Gemälden, nationaler Kleidung, Archäologie und Naturkunde der Region Navoiy.

Folgt man der G'alaba ko'chasi vom Museum aus 1,5Km nach Norden und biegt dort nach Westen in die Mir Said Bahrom ko'chasi, wird bald die wunderschöne Fassade des altehrwürdigen **Mir Said Bahrom Mausoleums** (Mir Sayyid Bahrom maqbarasi) aus dem 10-11. Jh. sichtbar. Dem aus gebrannten, unglasierten Ziegeln errichtete Gebäude vorgelagert ist ein quadratischer Peshtoq mit teilweise erhaltener Kufiinschrift und geometrischen Mustern. Die integrierten Ecksäulen entsprechen denen des Arab Ota Mausoleums im 90Km entfernten Tim. Unter der relativ flachen Kuppel sind im Innern schlichte Muqarna Nischen zu sehen. Das sich rechts daneben befindliche Gebetshaus ist jüngeren Datums. Unmittelbar neben dem Mausoleum liegt der Vergnügungspark "Yoshliq". Lage: +40°8'34", +65°21'40"

Erreichbarkeit:
Entspricht der Verkehrsanbindung der Stadt Navoiy. Zum Erreichen der Ziele in Karmana empfielt sich eines der gelben Taxen.

Sarmishsoy

Die Gebirge nordöstlich von Karmana waren bereits vor Jahrtausenden besiedelt. Im engen **Felsental** des **Sarmishsoy** (Sarmishsoy darasi) findet man daher tausende **Felszeichnungen** (Rasmlari gruhi) verschiedener Zeitepochen. Die ältesten und damit dunkelsten Gravuren aus der Jungsteinzeit und Bronzezeit (7000 bis 2000 Jahre v. Chr.) zeigen Tiere wie Auerochsen oder Steinböcke, meist in Verbindung mit Jagdszenen. Durch die permanente Sonneneinstrahlung legte sich eine dunkle, glasartige Patina aus Eisenoxyd und Mangan über die Felsoberfläche. Spätere Gravuren aus der Frühen Eisenzeit sind detaillierter. Es sind Menschen mit Jagdwaffen, Pfeil und Bogen, Helm und Schwert dargestellt. Der Talabschnitt mit den Felszeichnungen war in der damaligen Zeit eine Kultstätte, welche auch für Bestattungen genutzt wurde. Ihre Bedeutung verlor die

Stätte in der Zeit vor und während der Islamisierung Usbekistans.

Nachfolgend werden die wichtigsten Gruppen der Felsgravuren von Nord nach Süd, also vom oberen zum unteren Pionierlager "Gorny" hin beschrieben. Die meisten Gravuren befinden sich auf der westlichen Talseite, die Lageangaben sind lediglich Orientierungswerte.

Gruppe 1 (Lage +40°19'7.4", +65°37'31.7"): Nahe der Quelle "Suvboshi"; Saken-Skythen Periode; teilweise beschädigt durch Touristen: Pferde, Gazellen, Kamele, Hunde, Ziegen, Steinböcke

Gruppe 4 (Lage +40°18'32", +65°37'10"): Nördl. Engstelle des Tales; Saken-Skythen Periode; Menschen mit Schwertern, Jagdszenen

Gruppe 5 (Lage +40°18'27", +65°37'09"): Mittlere Engstelle des Tales; Saken-Skythen Periode; Ziegen, Hunde, Rehe, Kreisornamente

Gruppe 6 (Lage +40°18'24", +65°37'06"): Südl. der mittleren Engstelle; Bronzezeit und Saken-Skythen Periode; Stiere, Rehe, Hunde, Teufelsfiguren

Gruppe 7 (Lage +40°18'20.5", +65°36'59.8"): Südl. Engstelle; Jungsteinzeit, Bronzezeit; Große Bilder mit Stieren, Rehen, Leopard, Hunden, Wölfen, Pferden und Ziegen, Tanzende Männer und Frauen mit Kopfschmuck und kurzen Schwertern

Gruppe 9 (Lage +40°18'20", +65°37'3"): Südl. Engstelle, östl. Talseite; Steinzeit, Bronzezeit, Saken-Skythen Periode; zahlreiche teils große Bilder von Kamelkarawanen, Stieren in verschiedenen Größen und Formen, Jagdszenen in sehr feiner Ausprägung.

Unterkünfte:
Mittel:
Sarmishsoy Pionierlager, Oberes Pionierlager, Übernachtung in Jurten oder Bungalows, kann über das Internet gebucht werden. Frühzeitige Buchung erforderlich, Restaurant, Frühstück inkludiert, Swimmingpool, Wifi

Erreichbarkeit:
Die Archäologische Stätte ist nur per Taxi von Karmana aus erreichbar. Von Karmana Richtung Zarafshon bis Qoldon fahren. Dort links halten Richtung Nurota. Nach Verlassen der Oasenfelder sehen Sie bei der neuen Scheich

Abul Xasan Moschee einen Abzweig nach rechts (+40°13'5.5", +65°22'59"). Sie folgen der guten Asphaltstraße ca. 25km bis zum Pionierlager im Tal. Sie benötigen für die Durchquerung des Lagers keine Genehmigung, auch wenn dies dort behauptet wird. Es gibt keine derartige Regelung. Ggf. etwas "Eintrittsgeld" bezahlen. Sollte ein Durchqueren des Lagers nicht möglich sein, führt eine Piste westlich des Tales auf der Hochfläche um das Lager herum zum oberen Pionierlager (Siehe auch Unterkünfte). Nach 8,4Km treffen Sie auf das Tal ungefähr auf Höhe der Gruppe 1. Mit dem Taxi ca. 42km von Karmana aus.

Nurota

Nördlich der Oqtov Berge liegt die Kleinstadt Nurota welche überregional bekannt ist für ihre schönen Suzani Wandbehänge und die **heiligen Quellen**. Direkt neben der **Chilustun Freitagsmoschee** (Chilustun juma masjidi, 16. Jh.) mit ihrer 16m weiten Kuppel schwimmen in einem tief gelegenen Wasserbecken dichte Fischschwärme (Gattung: Schizothorax). Das Wasser stammt aus einer Quelle, die wenige Meter weiter in einem Schacht zu sehen ist (Schüttung: 430 Liter/Sekunde). Das Quellwasser ist mit 19,5° C ungewöhnlich warm und stark mineralhaltig. Um die Entstehung dieser Quelle ranken sich zahlreiche Legenden. So soll einstmals ein Meteorit hier eingeschlagen sein, der die Quelle zum Sprudeln brachte. Eine andere besagt, dass Hazrat Ali, der Schwiegersohn Mohammeds hier seinen Stab in die Erde rammte worauf hin die Quelle entstand. Entscheidend ist, dass die lokale Bevölkerung in der Quelle und den Fischen im Quellwasser etwas Besonderes sieht und daher viele Pilger Jahr für Jahr hierher reisen. Ausgedehnte Friedhöfe in der Umgebung sind ebenfalls Zeugnis des Glaubens an die spirituelle Kraft dieses Ortes. Unmittelbar am Hang unter einer Kuppel befindet sich das **Mausoleum** des Ortsheiligen, Muhammad Nurota und unter dem marmornen Baldachin die Gräber seiner Verwandten. Wer mehr über die Stätte erfahren möchte kann die Treppenaufgänge zu einem kleinen **Museum** hinaufsteigen. Die **Panjvatta** oder auch **Namozgoh Moschee** (Namozgoh masjidi, 16. Jh.) am gleichen Platz dient dem täglichen Gebet und in einem

Badehaus (Hammom, 20.Jh.) etwas weiter Flußabwärts wird im Quellwasser gebadet. Unmittelbar hinter der Quelle führt eine alte Treppe zum **Festungshügel des historischen Nur** von der man eine schöne Aussicht hat. Es wird vermutet, dass hier bereits ein Außenposten Alexanders des Großen existierte. Auf seinem Eroberungszug wollte er mit einer Festungsanlage sein Reich gegen die nördlichen Nomadenstämme schützen. Die heute noch sichtbaren Mauern sind jedoch deutlich jünger. Nördlich von Nurota ziehen sich **unterirdische Kanäle, Karez** (Karis) genannt wie Perlenketten durch die Landschaft. Sie wurden im 16. und 17. Jh. angelegt und dienten Jahrhundertelang als Sammelkanäle des Grundwassers. In der Sowjetära wurden sie jedoch durch Motorpumpen ersetzt und verfielen zunehmend. An der Oberfläche sichtbar sind die Auswurfhügel, die in einem Abstand von ca. 15m einen Zugang zum Kanal ermöglichen. Zu finden sind einige Karezhügel an der Straße nach Bog'don. Lage: +40°37'6.02", +65°43'24.6"

Erreichbarkeit:

Nurota ist mit Marschrutkas vom Karmana Busbahnhof nahe Navoiy zu erreichen.

Aydarko'l See und Jurtencamps

Inmitten der Dünen der Qizilqum Wüste befinden sich die touristischen **Jurtencamps Aydar, Safari und Safari 2** welche von kasachischen Familien betrieben werden. Bei einer Buchung z.B. durch lokale Reiseagenturen erhält man eine Übernachtung in einer schön dekorierten Jurte auf Baumwollmatten oder in Betten. Zwischen 6 und 8 Personen können in einer Jurte untergebracht werden. Darüber hinaus umfasst das Paket die gesamte Verpflegung, einen kurzen Ausritt mit einem zweihöckrigen Kamel (ca. 15min) und etwas Folkloremusik am Lagerfeuer abends. Wer möchte kann im warmen nur leicht salzhaltigen Aydarko'l See baden. Für's Baden sind alle Camps gut geeignet. Die Camps sind in der Regel von März bis November geöffnet. In der Sommerhitze (Juli/August) sind nur wenige Touristen anzutreffen. Es empfielt sich auf jeden Fall eine vorherige Buchung durch eine Reiseagentur, da die Anreise mit öffentlichen Verkehrsmitteln nicht gewährleistet ist. Zudem sind die Camps in der Saison auch häufig ausgebucht.

Unterkünfte:
Mittel:
Jurtencamp Safari und Safari 2, ca. 4Km südl. der Wüstensiedlung Dongalak, schön gelegen mit einfachen, sauberen Sanitäranlagen, gutes Frühstück, 700m nördl. gibt es noch ein zweites Lager, Lage: +41°3'43", +65°57'21"

Jurtencamp Aydar, 2Km südl. der Wüstensiedlung Dongalak, das älteste Camp und bereits etwas abgelebt, WC und Duschen sind sauber, Lage: +41°5'3.08",+65°57'44.57"

Erreichbarkeit:
Da die Jurtencamps abseits von Siedlungen und Asphaltstraßen liegen, ist ein Erreichen mit öffentlichen Verkehrsmitteln nicht möglich.

Der **Wüstensee Aydarko'l** ist ein künstlicher, leicht salzhaltiger See, der sich in den Senken von Arnasoy und Tuzkan gebildet hat. Bis in die 1960er Jahre existierten in diesen Senken nur kleine Salzpfannen, die im Sommer regelmäßig trocken fielen. Aufgrund der unzureichenden Kapazität des in dieser Zeit errichteten Stauwerkes von Shardara wurden bei den jährlichen Hochwasserfluten des Sirdaryo die überschüssigen Wassermengen in diese Senken geleitet. Jahr für Jahr stieg der Wasserpegel des Aydarko'l Sees an und bedeckt heute eine Fläche von ca. $3.600km^2$, was in etwa der Größe des Bundeslandes Burgenland in Österreich

entspricht. An dem Ufern des Sees haben sich zahlreiche Vögel, saisonal auch Zugvögel niedergelassen. Die im See ausgesetzten Fische führen bereits zu beträchtlichen Fangmengen und kompensieren zumindest teilweise die verloren gegangenen Weideflächen der ansässigen Bevölkerung.

Unterkünfte:
Mittel:
Jurtencamp Oxus Adventure, am Südufer des Aydarkulsee nahe Ingichka, Tel. 99-555 04 07, Holzhütten und Bungalows auf einer Halbinsel direkt am Seeufer. Verpflegung, Bootstouren und Kamelsafari möglich. Lage: +40°48'2", +66° 58'13"

Karawanserei Rabot-i Malik

Karawansereien wurden zur damaligen Zeit etwa alle 30Km errichtet. **Rabot-i Malik** (Karvonsaroy Raboti Malik, 11. Jh.) hebt sich jedoch von anderen Karawansereien ab, da es in der Zeit ihrer Entstehung weniger eine Raststation als vielmehr eine doppelt gesicherte, repräsentative Festung der Karachaniden war. Dafür sprechen die aufwändige Dekoration und die Ausmaße der Anlage. Der Grundriss des Gebäudes maß früher 91 x 89m. Anhand der ausgegrabenen Fundamenten ist dies auch heute noch erkennbar. Die Rekonstruktion zeigt die Karawanserei in der zweiten Ausbaustufe des 12.Jh., welche zusätzlich mit einem Bade-

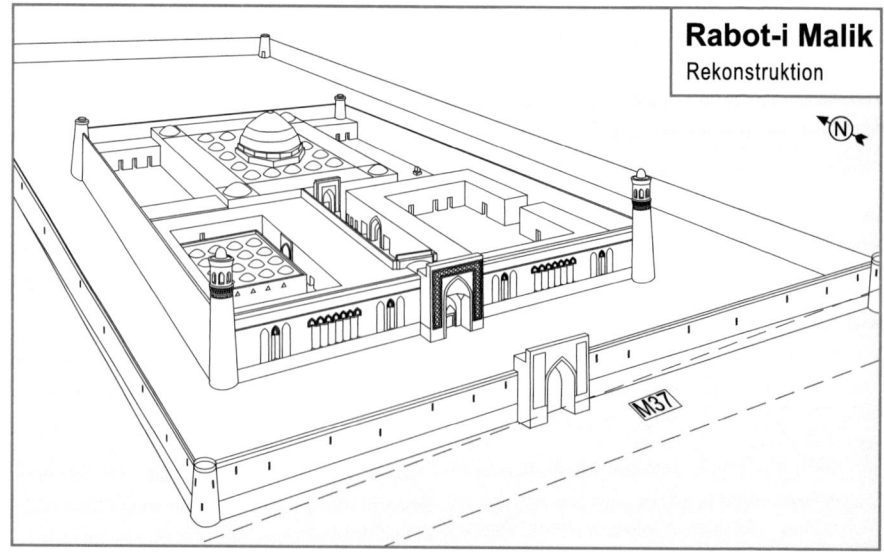

Rabot-i Malik
Rekonstruktion

Mir Said Bahrom Mausoleum in Karmana

Deggaron Moschee

Festungshügel von Nurota ◄

Jurtencamp Safari nahe der Siedlung Do'ngalak ▼

haus ausgestattet war. Im vorderen, südlichen Bereich wurden die Lasttieren untergebracht. Über einen zentralen Korridor erreichte man linker Hand eine kleine Moschee und geradeaus eine überkuppelte Halle mit den angegliederten Schlafräumen. Wie zur damaligen Zeit üblich, ruhte die Kuppel auf massiven, gemauerten Säulen, wie man sie auch in der Deggaron Moschee (siehe unten) heute noch bewundern kann.

Auf alten Fotografien aus den 1920er Jahren ist zu sehen, dass die Frontmauer und einer der Ecktürme noch standen. In der Folgezeit stürzten diese jedoch ein, so dass nur noch das Portal stehen blieb. Bedauernswerterweise zerstörten Bulldozer beim Straßenbau in den 1960er Jahren Teile des Komplexes. Restaurierungen zur Bestandssicherung begannen Ende der 1970er Jahren. Nach der Unabhängigkeit wurden die Fundamente und Mauern gesichert und teilweise wieder neu errichtet.

Südlich der Straße sehen Sie eine überkuppelte **Zisterne** (Sardoba, 14.Jh) welche die Karawanserei das ganze Jahr mit Wasser versorgte. Der Treppenzugang wurde in den letzten Jahren rekonstruiert.

Unterkünfte:
Luxuriös
Hotel Zarafshan, SIZ, An der M37, 500m westl. von Rabot-i Mailk, Tel. 436-224 33 02, Hallenbad, Sauna, Restaurant (es gibt ein Hotel gleichen Namens auch in Navoiy!)

Mittel
Hotel Silkroad Palace, SIZ, neben Flughafen Navoiy, Tel. imposante Lobby, Hallenbad, steriles Busiensshotel

Erreichbarkeit:
Rabot-i Malik liegt direkt an der M 37 Navoiy-Buxoro, daher mit jedem Fahrzeug auf dieser Route erreichbar

Deggaron Moschee 🏛 UNESCO
Ein weiteres Highlight an der Seidenstraße zwischen Buxoro und Samarqand ist die **Deggaron Moschee** aus dem 8.-11.Jh (Deggaron masjidi). Sie wird ebenso wie die Karawanserei Robat-i Mailk karachanidischen Bauherren zugeschrieben. Experten datieren die Moschee aufgrund von vergleichbaren Bauteilen anderer Kuppelbauten auf das 11. Jh. Zudem gilt sie als

die älteste vier Säulen Kuppelmoschee der Welt. In Ihrer Form ist die Moschee einzigartig, denn sie erinnert im Innern eher an eine frühchristliche Kirche. Vier gewaltige Säulen tragen neun Kuppeln die in verschiedenen Techniken gemauert wurden. Die Seitenmauern bestanden ursprünglich vollständig aus luftgetrockneten Ziegeln.

Sowohl die Baustruktur als auch die Ausgestaltung im Innern weist vorislamische Elemente auf. Zudem wird vermutet, dass an dieser Stelle bereits ein zoroastrischer Feuertempel stand.

Ebenfalls auf dem Gelände befindet sich das **Mavlono Ota Grab** des Sufi Scheichs Hozagon Malonay Deggaroni, auch Mavlono Ota genannt. (1313-1376). Er war Anhänger des von Abdulchalik Gijduvoni gegründeten Chadjiganjia Ordens. Ihm wurden übernatürliche Kräfte zugeschrieben weil er totkranke heilen und Wunder vollbringen konnte.

Neben dem kleinen **Kuppelbau** (Chillaxona) ganz am Ende des Gartens gibt es auch ein kleines **Museum**.

Der Name Deggaron bezieht sich auf Kochkessel die hier einstmals in der Gegend hergestellt wurden.

Im Steppenort Go'zgo'n, 34km westlich von Nurota befindet sich die ähnlich aufgebaute wenn auch wesentlich schlichter gestaltete **Shoximardon Moschee** aus dem 9.Jh..

Erreichbarkeit:
5Km westl. der Karawanserei Rabot-i Malik von der M37 nach Norden abbiegen Ri. Hazor. Vor dem Dorf Toshravot der Hauptstraße nach Westen folgen. Die Deggaron Moschee ist bald zu sehen. Mit dem Taxi von Karmana sind es ca. 33Km, Lage: +40°9'18", +65°0'39"

Deggaron Moschee Querschnitt

Die Region Buxoro

Am Ende des langen Weges, den der Zarafshon Fluß vom Hochgebirgsgletscher zwischen der Turkestan- und der Zarafshongebirgskette bis hierher zurücklegt, bewässert er auch die Felder der Bucharischen Oase. In ihr gediehen und vergingen Kulturen. Die Ruinen von Varaxsha zeugen schon früh von einem hohen künstlerischen Niveau, aber auch davon, dass das Wasser seine eigenen Wege geht.

Buxoro-i Sharif, Buxoro die Edle. So lautet der Beiname dieser Oasenstadt die einstmals als das Zentrum der islamischen Lehre im ganzen Orient galt. Hier entwickelte sich der bis heute gelebte Sufismus mit seinen zahlreichen Strömungen. In unzähligen Medresen rezitierten die jungen Schüler (Talib) den heiligen Koran, der gestrenge Emir führte ein eisernes Regime. Für Nichtmuslime war es lebensgefährlich die Stadt zu betreten und dennoch gelang es einigen mit List, das legendäre Buxoro zu erkunden. Dies erscheint heute nur schwer vorstellbar, wenn man wie die zahlreichen anderen Touristen durch die von Souvenirläden gesäumten Gassen der Altstadt schlendert.

Allein Buxoro ist schon eine Reise wert, doch auch die anderen Städte der Oase locken mit interessanten Entdeckungen.

Bolo Hovuz Moschee, Buxoro

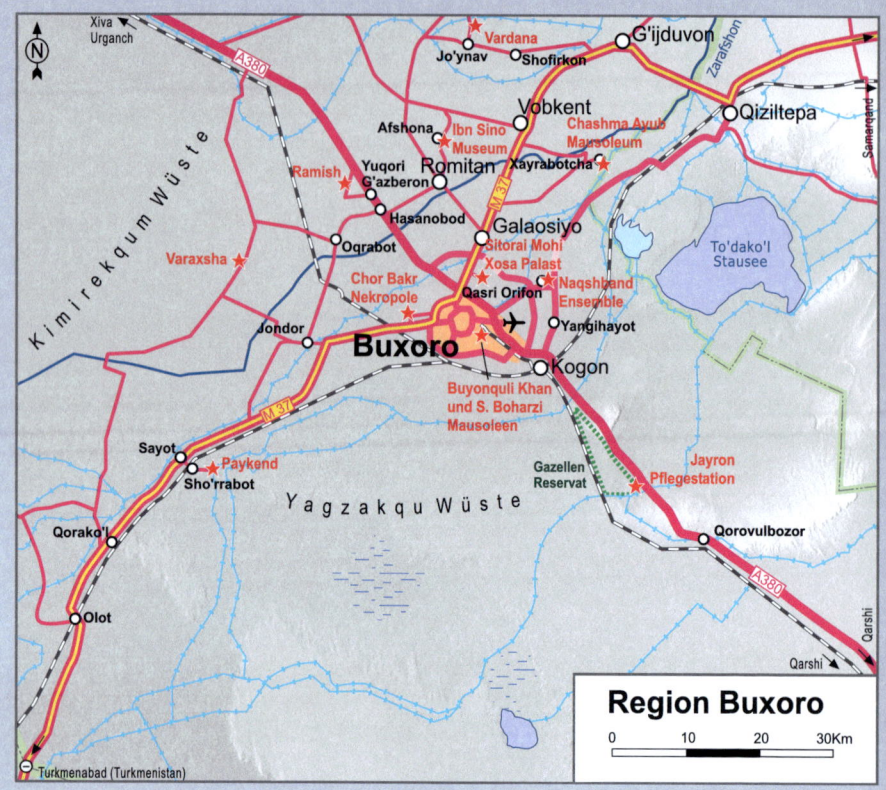

Region Buxoro

Die Highlights der Region Buxoro

● **Altstadt von Buxoro** Schlendern Sie durch die verwinkelte Altstadt Buxoros und genießen Sie dabei den echten Orient in seiner schönsten Form

● **Chor Bakr Nekropole** Die ungewöhnliche und mysteriöse Totenstadt vor den Toren Buxoros hat eine ganz eigene Atmosphäre der sich kein Besucher entziehen kann

● **Naqshbandi Komplex** Mischen Sie sich unter die zahlreichen Pilger und beobachten Sie dabei die tief religiöse Lebenseinstellung und Riten der einheimischen Besucher

● **Sitorai Mohi Xosa und Emir Palast Kogon** Hier lebten die letzten Emire Buxoros und genossen das Leben, doch das Damokles-Schwert des russischen Zaren hing schon über ihnen

● **Jeiran Gazellenreservat** Erleben Sie wie engagierte Tierschützer sich um verletzte Wildtiere der Wüste und Steppe kümmern um sie später wieder Auswildern zu können

● **G'ijduvon** Was bewog Ulug'bek, als er hier den dritten und letzten Tempel des Wissens nahe dem Grab des berühmten und verehrten Hodscha Abdulxoliq G'ijduvoniy errichten ließ?

● **Vobkent Minarett** Welches ist das schönere Minarett im Emirat Buxoro? Das schlanke, elegante Minarett in Vobkent oder das ehrwürdige Kalon Minarett in Buxoro? Entscheiden Sie selbst...

Buxoro (Buchara) 🏛 UNESCO

„Buxoro ist die Hauptstadt in Maverannahr. Die Menschen hier sind der Meinung, dass es eine gesegnete und respektierte Stadt sei... Die Menschen von Buxoro sind nobel, virtuos, fröhlich, spontan, aufrichtig, und einfach... sie weisen Gewalt zurück...Es gibt viele Gelehrte und Wissenschaftler in der Stadt, weswegen Buxoro die Quelle des Wissens und der Weisheit genannt wird." *Mahmud ibn Vali , 17.Jh.*

Geschichte

Die Besiedelung der Buhar Oase reicht sehr weit zurück und begann am Unterlauf des Zarafshon Flußes. Die bekanntesten waren die Herrschaftssitze der Buhar-Chudats, die Stadt Paykend (4.Jh. v. Chr. bis 11. Jh. n. Chr.), die Stadt Varaxsha (1. Jh. v. Chr. bis 10. Jh. n. Chr.) und die Stadt Vardana (6.Jh. v. Chr. bis 19. Jh. n. Chr.). Alle diese einst prächtigen Städte gingen durch Kriege, Sandverwehungen und Wassermangel zugrunde. Zunächst weniger bedeutend war eine kleine Siedlung die im 5.Jh. v. Chr. in chinesischen Quellen als Numizhkat bezeichnet wurde. Aus ihr entwickelte sich Jahrhunderte später Buxoro.

Die von Archäologen zu Tage geförderten Werkzeuge, Münzen und Schmuck aus einer 22 m tiefen Schicht unter der heutigen Stadtfestung Ark konnten bis auf das 4. und 3. Jh. v. Chr. zurück datiert werden.

Als Alexander der Große 329 v. Chr. hier durchzog, war Numizhkat wenig mehr als eine etwas größere Oasensiedlung. Erst in der Gräko-Baktrischen Periode, den Nachfolgern Alexanders entstand hier eine befestigte Stadt.

In den folgenden Jahrhunderten sah der durch den zunehmenden Handel wohlhabend werdende Stadtstaat Numizhkat viele Herrscher, Völker und Religionen kommen und gehen.

Im Jahr 673 begannen die heranrückenden Araber die Stadt Numizhkat zu überfallen, mussten sich aber immer wieder zurückziehen. Etwa um das Jahr 700 brachten die arabischen Eroberer die Stadt zwar unter ihre Kontrolle, doch es dauerte nochmals 200 Jahre, bis die Menschen freiwillig in die Moschee gingen, denn anfangs wurden sie für das Beten gen Mekka sogar bezahlt. In dieser Zeit übertrug sich der Begriff "Buhar", der bisher für die ganze Oase stand auf die Stadt Numizhkat.

Als unter Ismail Samoniy (849-907) Buxoro zur Residenzhauptstadt des Samonidenreiches erhoben wurde, erlebte die Stadt eine enorme wirtschaftliche und kulturelle Blüte, die damalige Einwohnerzahl soll sogar die heutige übertroffen haben. Zeugnis dieser 200 jährigen Glanzzeit ist das noch heute erhaltene Samoniden Mausoleum.

Mit dem Einfall türkischer Dynastien 999 verlor Buxoro zwar politisch an Bedeutung, doch die Karachaniden förderten weiter die Kultur

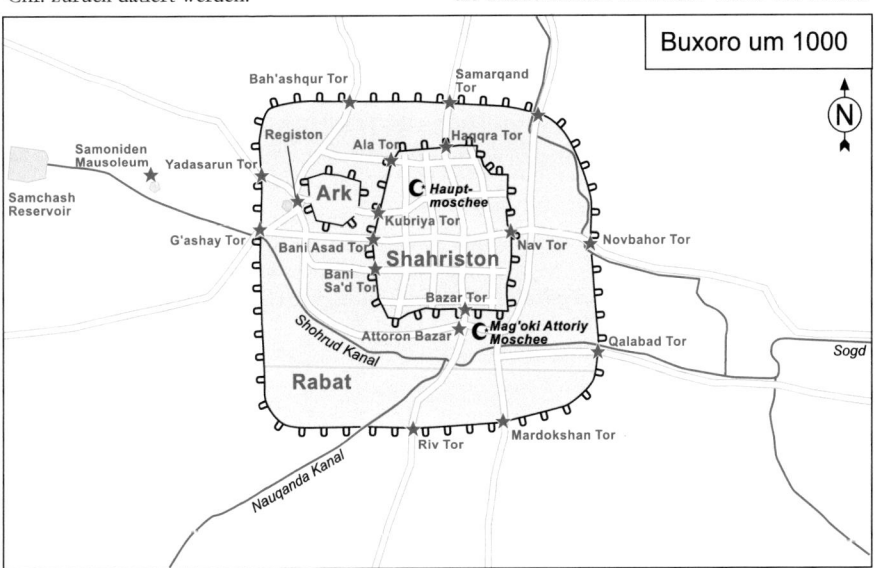

und Infrastruktur. Beispielsweise wurde das Kalon Minarett in dieser Zeitspanne errichtet. Berühmte Wissenschaftler und Philosophen wie Avicenna (980-1037), Rudaki (858-941) und Omar Chayyam (1048-1131) unterrichteten in den über 250 Medresen der Stadt ihre Schüler. Das Jahr 1220 war auch für Buxoro eine jähe Zäsur. Weder die gewaltige äußere Umgebungsmauer noch die innere Stadtmauer mit ihren 7 Toren konnte die Heerscharen Dschingis Khans davon abhalten die Stadt nahezu vollständig einzuebnen.

Im Schatten des aufstrebenden Samarqand der Temuriden dahinsiechend wurden die noch lebenden Bewohner von schrecklichen Epidemien und Seuchen heimgesucht, denn die Wasserversorgung war ebenfalls zerstört und in den zahllosen Hovuz genannten Wasserbecken tummelte sich das Ungeziefer. Die muslimischen Sufi Bruderschaften bekamen dadurch noch mehr Zulauf so dass sich Buxoro auch weiter als das religiöse Zentrum definierte.

Erst der Usbekenherrscher Ubaidullah bin Mahmud, ein Neffe von Mohammed Shayboniy, der weite Teile Zentralasiens unterwarf, machte Buxoro im 16./17. Jh. wieder zu dem, was es einst war - eine prosperierende Handelsmetropole, Hauptstadt und Keimzelle des islamischen Glaubens. Er ließ unter anderem die neue Kalon Moschee neben dem bereits stehenden Kalon Minarett errichten. Auch die gegenüber liegende Mir-i Arab Medrese wurde in seiner Regierungszeit erbaut. Um dies zu finanzieren, ließ er 3000 gefangene Schiiten als Sklaven auf den Basaren verkaufen. Die Medrese wurde schließlich auch sein Grabmal. Unzählige Kuppeln und Minarette ragten nun wieder in den blauen Himmel über der Stadt, von denen einige bis heute erhalten geblieben sind.

Mit dem Rückgang des Seidenstraßenhandels verlor Buxoro aber zunehmend an wirtschaftlicher Bedeutung. Weder die aus Persien stammenden Astrachaniden noch die Emire der Mangiten-Dynastie konnte diese Entwicklung aufhalten und bekämpften sich stattdessen mit den umliegenden Herrschern in Xiva (Chiwa) und Qo'qon (Kokand).

Durch die zaristische Eroberungswelle kam das Khanat Buxoro unter russische ‚Schutzherrschaft', bei der sich allerdings an der gegebenen Herrschaft des Khans nichts Nennenswertes änderte.

Doch als der despotische Emir Alim Khan (reg. 1910-1920) wiederholt russische, aber auch britische Delegationen durch fehlendes politisches Fingerspitzengefühl enthaupten ließ, erteilten die nun an die Macht gelangten Bolschewisten General Michael Frunze den Befehl am 2. September 1920 die Stadt zu stürmten und den Palast zu besetzten. Alim Khan unterdessen floh nach Süden und lebte bis zu seinem Tod 1944 im afghanischen Exil. Die Stadt litt schwer unter der russischen Artillerie, auch das Kalon Minarett bekam einige Treffer ab, blieb aber stehen.

Bereits am 14. September 1920 wurde in Buxoro die Sowjetische Volksrepublik Buchara ausgerufen. Eine Annexion wie sie bis heute von Russland praktiziert wird. Im November 1924 verlor Buxoro endgültig seine Selbstständigkeit als es in die Usbekische Sozialistische Sowjetrepublik eingegliedert und damit Teil der Sowjetunion wurde. Dieser Umstand war insofern bemerkenswert, da die Bevölkerung des Emirates Buxoro überwiegend ethnische Tadschiken waren. Da es zuvor solche ethnischen Einheiten nicht gab, spielte es gar keine Rolle ob man nun Tadschike, Bucharischer Jude oder Usbeke war.

Noch heute sind die Stadtbewohner ein Tadschikisch sprechendes Inselvolk umgeben von usbekischen Dörfern. Sie definieren sich selbst daher auch nicht als Tadschiken oder usbekische Tadschiken sondern einfach als Bucharer. Während der Sowjetherrschaft versuchten die Moskauer Machthaber systematisch den alten Stadtkern zu entvölkern, um ihn zu einer „Museumsinsel" des alten feudalistischen Herrschaftssystems umzuwandeln. Die engen Ladenstraßen und Basare verschwanden, die meisten Hovuz-Wasserbecken wurden trockengelegt und der Friedhof um das Samoniden Mausoleum wich einem sowjetischen Vergnügungspark. Nur die Mir-i Arab Medrese wurde 1945 als einziges islamische Bildungsinstitut der gesamten Sowjetunion wiedereröffnet und setzte damit die religiöse Tradition der Stadt fort.

Die Unabhängigkeit der Republik Usbekistan ermöglichte umfassende Restaurierungen der alten Bausubstanz. Als Auszeichnung seines einzigartigen Altstadtensembles wurde Buxoro 1993 in das kulturelle Welterbe der Menschheit aufgenommen. In den vergangenen Jahren entstand eine sehr gute touristische Infrastruktur für jedes Budget.

Orientierung in der Stadt

Buxoro hat aktuell eine Einwohnerzahl von 280.000 Einwohnern und ist damit in etwa so groß wie Wiesbaden.

Die Altstadt Buxoros misst von Nord nach Süd etwa 1,4Km und von West nach Ost ca. 1,5Km.

Die meisten Sehenswürdigkeiten liegen jedoch in einem noch kleineren Bereich rund um das Poi Kalon Ensemble und das Labi Hovuz Wasserbecken. Da vielen Altstadtstraßen für den Verkehr weitgehend gesperrt sind, können die Sehenswürdigkeiten bequem zu Fuß erreicht werden. Für die Besichtigung nur der Stadt sollten mindestens zwei, besser drei ganze Tage eingeplant werden.

Die sowjetische Neustadt mit ihren Mikrodistrikten dehnt sich vor allem nach Süden aus. Buxoro's Flughafen liegt östlich der Stadt, der nächstgelegene Bahnhof befindet sich in Kogon südöstlich von Buxoro.

Die Sehenswürdigkeiten in Buxoro

Labi Hovuz ①

Die alten knorrigen Bäume, die sich im Wasser des **Labi Hovuz** (ca. 1620) spiegeln, ergeben zusammen mit den bunten Fassaden der umgebenden Gebäude eine märchenhaft orientalische Atmosphäre. Machen Sie es den Einheimischen gleich, und lassen Sie dies gemütlich Tee trinkend auf dem Tapchan auf sich wirken. Der Labi Hovuz, nahe dem zentralen **Shohrud Kanal** gelegen, war Teil des mehr als 1000 Jahre alten Wasserversorgungsnetzes der Stadt Buxoro. Von den Hauptkanälen zweigten Leitungen zu den offenen Wasserbecken. Über **reichverzierte Wasserspeier** floss das ungereinigte Wasser in die Becken. Wasserträger beförderten es dann zu den Häusern des jeweiligen Altstadtviertels (Mahalla). Dass diese Wasserbecken ein Verbreitungsherd für Krankheiten und Ungeziefer waren, kann man sich gut vorstellen. Aus diesem Grund wurde diese

Wasserversorgung in den 20er und 30er Jahren des 20.Jh ausrangiert, die meisten Wasserbekken verfüllt. Dass es heute wieder zahlreiche Hovuz gibt, liegt an der Rückbesinnung an die alte Stadtstruktur Buxoros. Allerdings dienen sie heute nur noch rein dekorativen Zwecken. Auch um dieses Wasserbecken rankt sich eine Legende. Als Nodir Devonbegi, der Schatzmeister des Khanates 1620 die Nodir Devonbegi Pilgerherberge fertigstellen ließ, wollte er davor ein Wasserbecken anlegen lassen, wie es zur damaligen Zeit üblich war. Auf diesem stand aber das Haus einer resoluten jüdischen Witwe die keinesfalls daran dachte, dem Schatzmeister ihr Haus zu verkaufen. So bat Nodir den Khan seinen Einfluss geltend zu machen. Doch weder der Khan noch der Rat der Muftis, die den Fall juristisch prüften, fanden einen Grund, weshalb die Witwe verkaufen müsse. So ließ der Schatzmeister den Hovuz in etwas Entfernung zu seiner Pilgerherberge anlegen und den Zuleitungskanal direkt am Haus der Witwe entlang graben. Deren Haus wurde dadurch baufällig, die Witwe aber keineswegs nachgiebig. Vielmehr verlangte sie nun statt Geld, dass der Khan ein Grundstück für den Bau einer Synagoge bereitstellen solle. Dem stimmte er zu und so entstand im Mahalla Kuhma die erste jüdische Synagoge.

Nodir Devonbegi Pilgerherberge ②

An der Westseite des Labi Hovuz befindet sich die **Nodir Devonbegi Pilgerherberge** (Nodir Devonbegi xonaqosi, 1620). Anders als die Medresen, dienten diese Gebäude der Unterbringung von wandernden Pilgern und Sufi Predigern.

Der nahezu quadratische Grundriss und die Außengestaltung des Gebäudes sind recht ungewöhnlich. Eine mächtige, flache Kuppel überwölbt den kreuzförmigen Innenraum in dem die reichlich bunt gestaltete Gebetsnische (Mihrab) einen Blickfang darstellt.. Der herrlich verzierte Front-Peshtoq wirkt durch seine schmale Form besonders hoch. Auffällig ist dessen Ornament mit zahlreichen geometrischen Sternmustern, unterteilt von Bändern (Girih). Im Innenraum ist eine kleine **Kunsthandwerk Ausstellung** untergebracht, in der Werke zeitgenössischer Kunsthandwerker ausgestellt werden. Geöffnet: tägl. 9:00-19:00 Uhr.

Buxoro oder Buchara - Was ist richtig?

Ortsnamen in ehemaligen Kolonien wie z.B. in Indien haben sich über Jahrzehnte in der deutschen Sprache als gebräuchliche Schreibweise etabliert. Dies trifft auch auf Usbekistan zu, in der bis heute Taschkent, Buchara oder Fergana häufige Verwendung finden, allesamt der russischen Schreibweise folgend.

De Facto ist Usbekistan heute keine russische Kolonie mehr und der offizielle Name der Oasenstadt wurde 1991 von Бухара oder Buchara in die usbekische Schreibweise Buxoro geändert. Auch wenn sich das "x" in Buxoro unserem Auge in den Weg stellt, so ist es der einzige Buchstaben im Usbekisch-lateinischen Alphabet, der an das frühere kyrillische Alphabet erinnert. In Usbekisch-kyrillisch wird "ch" mit "x" transkribiert und "h" mit "x". Alle Ortsnamen in diesem Buch sind in der lateinischen Schreibweise aufgeführt, die in den heutigen amtlichen Karten und auf Verkehrsschildern zu finden sind.

Das Usbekisch-kyrillische Alphabet wird auch heute noch von vielen Usbeken Tag für Tag benutzt, da man es eben so in der Schule gelernt hat. Seit 1997 wird der Übergang vom kyrillischen in das lateinische Alphabet vollzogen.

Kalon Minarett

Die Kuppelhalle der Kalon Moschee

Puppen von Iskandar Hakimov

Nodir Devonbegi Medrese ③

Der Pilgerherberge gegenüber liegt die **Nodir Devonbegi Medrese** (Nodir Devonbegi madrasasi, 1622). Es waren drei Jahre vergangen seit der Verwalter der Stadt Samarqand Yalangto'sh Bahodir am Registon die Sherdor Medrese errichten ließ. Das revolutionäre Abbild von Tieren und dem Sonnengesicht spornte den Bucharischen Schatzmeister offensichtlich an, ähnliches auch hier anfertigen zu lassen. Der Fantasie-Vogel (Semurg) mit einem rätselhaften weißen Tier in den Klauen hat eine bisher nicht geklärte Symbolik.

Kurios auch die Einweihung. Der Khan hält eine Rede und freut sich über die Einweihung der neuen Medrese. Dabei sollte es eigentlich eine Karawanserei sein, die der Pilgerherberge die notwendige finanzielle Absicherung garantieren sollte. Nun wird hektisch eine weitere Etage mit Hujra Zellen gebaut und dabei ganz vergessen, dass eine Medrese auch einen Unterrichtssaal benötigt.

All dies ist Geschichte, denn heute beherbergt das Gebäude verschiedene Souvenirshops und eine Tanzfläche für Folkloreveranstaltungen in seinem Innenhof.

Auch Individualtouristen können die einstündige, abendliche **Tanz- und Modevorführung** mit oder ohne Speisen am Nachmittag im Hof der Medrese buchen und bezahlen. Während der Veranstaltung ab 18 Uhr bleiben die Türen geschlossen.

Geöffnet: tägl. ca. 8:00 - ca. 23:00 Uhr.

Plastik von Hodscha Nasreddin ④

Die im Park vor der Nodir Devonbegi Medrese stehende Plastik zeigt **Hodscha Nasreddin**, ein Held vieler Legenden in denen er meist einen Witzbold mit Köpfchen verkörpert. Da sitzt der orientalische Till Eulenspiegel auf seinem bockigen Esel, die Galoschen lässig an den Füßen hängend und die Hand zum Gruß auf dem Herz. Der Gesichtsausdruck ist dem Künstler einfach nur gut gelungen. Es lohnt sich wirklich, einige der Geschichte voll Lebensweisheit zu lesen die von Sufi Predigern und Derwischen über Jahrhunderte weitergegeben wurden.

Ko'kaldosh Medrese ⑤

Das dritte Monument am Labi Hovuz ist die

Ko'kaldosh Medrese (Ko'kaldosh madrasasi, 1569). Mit ihren beachtlichen Ausmaßen von 60 x 80m ist diese Medrese die größte der Stadt und beherbergt 130 Hujra Zellen. Ko'kaldosh bedeutet soviel wie "Leibwächter", ein Titel der schon am Hofe Dschingis Khans höchstes Ansehen genoss. Diesen Ehrentitel trug Nizom Kulbobo, ein einflußreicher Mann im Shayboniydischen Khanat Buxoro., quasi die rechte Hand des Khans Er verhalf auch Abdullah Khan II (1561-1598) auf den Thron und stellte die Mittel für den Bau dieser Medrese zur Verfügung.

Zu ihrer Glanzzeit beherbergte sie bis zu 300 Schüler, die hier noch lange die Suren des Koran rezitierten. Der bis heute im benachbarten Tadschikistan sehr populäre Dichter Sadriddin Ajni lebte und lehrte hier zum Ende des 19. Jahrhunderts. Seine Gedichte und Epen in tadschikischer Sprache stellen einen heute nicht mehr wegzudenkenden Bestandteil der tadschikischen Literatur dar. Bemerkenswert sind die Decken im Portalbau (Mionsaroy) der Medrese. Filigran verzierte Mosaiksterne leuchten hier aus dem unglaublich verschachtelten Ziegelbaldachin hervor. Im eher schlicht gehaltenen Innenhof befinden sich heute Souvenirshops. (Geöffnet: tägl. 9:00-18:00 Uhr)

Chor Minor Torhaus ⑥

Der absolut lohnenswerte Abstecher zum **Chor Minor Torhaus** (Chor Minor darvosa xona lardan) führt uns durch ein ursprünglich strukturiertes Stadtviertel Buxoros mit Stadtbezirksmoscheen, Lehmhäusern und ehemaligen Koranschulen.

Es ist nicht ganz sicher, wann die Medrese Chor Minor gebaut wurde, die Angaben variieren von Ende des 16. bis Anfang des 19. Jahrhunderts. Doch wer das Gebäude stiftete

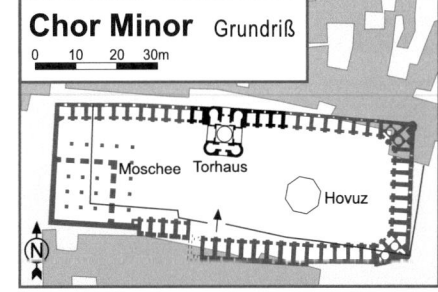

Chor Minor Grundriß

0 10 20 30m

Moschee Torhaus

Hovuz

N

ist bekannt. Es war ein reicher turkmenischer Kaufmann namens Kalif Niyozkul. Der hatte, so die Legende vier Töchter und die waren wohl alle sehr verschieden. Wie eben auch die vier Türmchen.

Noch vor wenigen Jahren waren alle vier Kuppeln von Storchennestern gekrönt, die von den damals noch zahlreichen Störchen regelmäßig bezogen wurden.

Der südwestliche Turm stürzte 1995 vollständig in sich zusammen und auch der südöstliche Turm musste stabilisiert werden. Mit orientalischer Geduld wurde jedoch alles wieder aufgebaut, um das Wahrzeichen in der ursprünglichen Form erstrahlen zu lassen. Wer den südöstlichen Turm genau betrachtet, kann am unteren Rand der blauen Kuppel die Jahreszahl 1968 entdecken. Damals wurde dieser Turm ebenfalls grundlegend saniert.

Heute ist im Erdgeschoß ein kleiner Souvenirladen eingerichtet. Im ersten Stock des Gebäudes befindet sich eine kleine Kuppelhalle, in der sich einst eine Bibliothek befand.

Puppenmuseum ⑦

Die Puppen im Museum (Qo'g'irchoqlar muzeyi) von Iskandar Hakimov sind wirklich beeindruckend. Mit viel Liebe zum Detail werden hier Puppen in unterschiedlicher Fertigungsweise hergestellt und ausgestellt. Dabei blickt Buxoro auf eine Jahrhunderte alte Tradition im Puppenspiel zurück. Gerne erzählt Iskandar von den Tourneen der Puppenspieler in die weite Welt. Aber auch in Buxoro finden hin und wieder Aufführungen statt. Fragen Sie am besten direkt im Puppenmuseum nach. Nahe dem Labi Hovuz, am Torbogen zum jüdischen Viertel ist der Eingang.
Geöffnet: tägl. 9:00-13:00, 14:30 -18:00 Uhr.

Synagoge und Jüdisches Viertel ⑧

Unmittelbar neben dem Puppenmuseum beginnt die Sarrafon Gasse welche nach Süden ins jüdische Viertel Buxoros führt. Auch wenn heute die meisten Juden, hier Sefaradim genannt längst ausgewandert sind, so sind die Spuren ihrer Vergangenheit noch sichtbar.

Die **Synagoge** (Sinagoga, 16.-19.Jh.) in der Sarrafon ko'chasi 20 verbirgt sich hinter einer unscheinbaren weißen Tür. Man betritt einen kleinen Innenhof mit einem Iwan. Im hellen Gebetsraum finden sich die für Synagogen

üblichen Reliquien, z.B. die Torah Rollen und der siebenarmige Leuchter mit kleinen Flimmerlämpchen. Im hinteren Bereich die Frauenempore. Nebenan noch ein weitere, etwas größerer Raum für die Festtage.

Die **zweite Synagoge** ist in einer Seitenstraße der Namozgoh ko'chasi. Sie ist deutlich größer und wird, da sie den Touristenströmen etwas entrückt ist, von den Gläubigen eher frequentiert. Noch etwas weiter südlich, bereits außerhalb der Altstadt liegt der **jüdische Friedhof** mit einer sehr alten **Zisterne** (Sardoba).

Das jüdische Viertel begann am Torbogen der Sarrafon ko'chasi und umfasste drei Mahallas: Kohna, Nav und Amirobod. Neben zahlreichen Lehmbauten ist auch das eine oder andere Steingebäude zu sehen. Hier lebten die wohlhabenden Händler. Wer ein solches Haus von innen sehen möchte, dem sei der Besuch des **Fayzullah Khoyaev Museums** empfohlen (Siehe "Weitere Sehenswürdigkeiten").

Ursprünglich aus Persien kommend siedelten sich insbesondere in der Temuriden Zeit Juden auch in Buxoro an. Je nach Herrscher wurden sie mehr oder weniger akzeptiert, oft auch drangsaliert. Zu Beginn des 20. Jh. lebten etwa 8000 Juden in Buxoro und viele von ihnen hatten sich auf das Färben von Stoffen spezialisiert. Sie produzierten auch Wein für sich, der allerdings auch gern von den Muslimen getrunken wurde, ganz im Geheimen natürlich. Und die Bucharischen Juden trieben intensiv Handel mit Russland, eine weitere Spezialisierung. Während der Sowjetzeit wurde das kulturelle Leben der Stadt stark von ihnen geprägt. Auch das traditionelle Schaschmaqom, hier in Buxoro entstanden, wurde von Bucharischen Juden weiterentwickelt und die die Welt hinausgetragen. Etwa ab den 1970er Jahren zogen viele Juden aus Buxoro weg, teils nach Israel oder in arabische Städte, einige in die USA, andere blieben im Land, allerdings hauptsächlich in Toshkent. In Buxoro leben dagegen heute nur noch wenige Familien. Bei den Einheimischen geht daher heute der Spruch um: "Die Juden verliesen uns - goldene Köpfe, die Russen verliesen uns - goldene Hände, was ist uns geblieben? - goldene Zähne."

Sarrafon Kuppelbasar und Badehaus⑨

Wenn man so will, waren die Kuppelbasare die ersten Kaufhäuser, denn die Kunden konnten

Waren und Dienstleistungen geschützt vor den sengenden Strahlen der Sonne begutachten, verhandeln und erwerben.

Im Schatten des **Sarrafon Kuppelbasar** (Toqi Sarrafon, 16.Jh.) blühte der Wucher. Meist indische Geldwechsler vermittelten Währungstransfers, und so mancher naive Geschäftsmann verlor hier wohl mehr oder weniger viele Rubel ohne es jemals erfahren zu haben.

Interessant ist die Konstruktion der Kuppel mit außen liegenden Kreuzbögen, welche das Gewicht von oben abfangen. Die mit blauen Kacheln besetzte Ampel auf dem Dach gibt dem Gebäude als Kreuzungspunkt zweier Straßen eine besondere Note.

Dem Kuppelbasar im Süden angeschlossen ist das **Sarrafon Badehaus** (Sarrafon hammomi, 16.Jh.). Betrat man das Badehaus von der Straße her, ging es einige Treppen hinab zu einem großen Ruhe- und einem Umkleideraum. Die Temperatur der einzelnen Räume nahm zu, je mehr man sich dem Dampfbad näherte. Der Badebetrieb wurde jedoch schon vor Jahren eingestellt.

Kunstmuseum ⑩

Die 1982 eröffnete Ausstellung (Tasviriy Sanat Muzeyi) zeigt Werke einheimischer und russischer Künstler etwa der letzten 100 Jahre. Neben Gemälden sind auch Miniaturen und Plastiken zu sehen. Besonders interessant sind die Bilder welche das Sowjetische Arbeitsleben portraitieren. Häufig werden in Sonderausstellungen auch kontemporäre Werke gezeigt. Die Ausstellungen verteilen sich auf mehrere Stockwerke und Gebäudetrakte. Ebenfalls zu sehen ist eine Sammlung von Schmuck der Buxoro Oase von der Antike bis ins 20. Jh. . Das Museum ist bedauerlicherweise relativ unbekannt und wird wenig besucht. Das Eckgebäude liegt in Sichtweite des Westausgangs des Sarrafon Kuppelbasars. Geöffnet: Do-Mo 9:00-16:30 Uhr, Di 9:00-14:30 Uhr, Mi geschlossen

Gaukushon Medrese ⑪

Direkt an einer Weggabelung liegt die dadurch trapezförmig angelegte Gaukushon Medrese (Gaukushon madrasasi, 1570). Den Namen Gaukushon, übersetzt etwa "Der den Bullen tötet", bekam die Medrese von einem Schlachthaus, das hier einmal stand. Der vergleichsweise niedrige Peshtoq und die asymmetrische

Front wirken mit ihrer eher sparsamen Majolika Verzierung recht schlicht, aber keineswegs uninteressant. Folgen Sie vom Sarrafon Kuppelbasar aus die B. Naqshbandi ko'chasi 200m nach Westen.

Hodscha Kalon Moschee ⑫

Auf der gegenüberliegenden Seite des Shohrud Kanals fällt das **Minarett** der **Hodscha Kalon Moschee** (Xo'ja Kalon masjidi, 1598) ins Auge. Tatsächlich ist es eine verkleinerte und vereinfachte Variante des Kalon Minaretts von 1127. Scheich Juybor Hodscha Sayid, in der Bevölkerung einfach Hodscha Kalon (Großer Hodscha) genannt, ließ diesen Komplex zusammen mit dem **Wasserbecken** davor anlegen. Die Moschee ist leider nicht zugänglich und die Hälfte des Gebäudes, also der Straße abgewandte Teil ist bereits verfallen. Auch wenn die Gebäude für sich keine herausragenden Kunstfertigkeiten zeigen, so leben Sie doch als Einheit und bieten damit ein fotogenes Motiv.

Viertel der Karawansereien ⑬

Etwa um das Jahr 1900 gab es innerhalb der Stadtmauern von Buxoro noch etwa 63 Karawansereien. Etwa die Hälfte lagen rund um die Mag'oki Attoriy Moschee. Diese Handelshäuser und Lagerstätten waren früher umtriebige Plätze voller Menschen und Lasttiere. Nur einige davon wie die Karawanserei Saifiddin oder die Karawanserei No'gay (1721) werden heute als Handwerkerzentren und für Souvenirshops genutzt. Selbst Weinproben werden hier angeboten. Es bleibt daher zu hoffen, dass auch die übrigen Karawanserei einer Nutzung zugeführt werden, um sie vor dem Verfall zu

retten. Für einige Gebäude ist es jedoch bereits zu spät. Die nachgemauerten Fundamente nahe der Mag'oki Attoriy Moschee stammen von einigen weiteren Karawansereien die es nicht mehr gibt sowie einem Badehaus aus dem 12 Jh. .

Mag'oki Attoriy Moschee ⑭

Auf einem kleinen Basar rund um den Mondtempel (Moch) boten Schamanen und Kräuterhexen Glücksbringer, Heilkräuter und diverse heidnische Utensilien feil. Mit der Eroberung Buxoros durch die Araber wurde dem ein jähes Ende gesetzt. Der zoroastrische Tempel wurde zerstört und an seiner Stelle eine Moschee errichtet. Im Jahr 937 brannte es in Buxoro, und den Flammen fiel auch diese frühe Moschee zum Opfer. Bei archäologischen Grabungen wurden Fundamentreste und einzelne Bauteile dieses Gebäudes und des zoroastrischen Tempels entdeckt.

Als Ersatzbau errichtete man dann im 12. Jh. die heute als **Mag'oki Attoriy** bezeichnete **Moschee** (Mag'oki Attoriy masjidi, 12. Jh.) von der noch das nach Süden zeigende Portal mit kunstvollen Girih Ornamenten zeugt. Auch die mit blauer Glasur überzogene Ornamentschrift im Kielbogen verdeutlicht den hohen Stand der damaligen Baukunst. Die Viertelsäulen waren in der Karachanidischen Baukunst ein beliebtes Dekorationselement und wurden z.B. auch bei der Karawanserei Rabot-i Malik eingesetzt.

Begrifflich steht "Mag'ok-i" für "Unter der Erde" und "Attori" für "Heilmittel". Den Erzählungen nach war die Moschee bis zur Errichtung der ersten Synagoge Buxoros ein Gotteshaus sowohl für Muslime als auch für Juden. Nach dem verrichteten Gebet grüßte man sich respektvoll mit Assalom Aleikhum (Friede sei mit Dir).

In den folgenden 300 Jahren verfiel die Moschee jedoch wieder und auf ihren Resten vollendete man 1549 etwa um 90 Grad versetzt eine einfache Moschee mit zwei kleinen Kuppeln. Das Portal und der Zugang zur früheren Moschee wurde verschüttet und fiel in Vergessenheit.

Erst 1934 wurde dieses Portal von Archäologen freigelegt und bis 1940 restauriert. Seit der Unabhängigkeit Usbekistans nutzt man das Gebäude als **Museum für Teppiche**. In der interessanten Ausstellung erfährt man, dass die berühmten Buxoro-Teppiche gar nicht aus Buxoro stammen, sondern vielmehr von turkmenischen Nomaden geknüpft und dann hier zum Kauf angeboten wurden. Charakteristisch für diese rötlichen Teppiche sind die Klan Symbole der Turkmenen. Diese sind auch heute noch auf der Turkmenischen Flagge zu sehen. Weitere Stücke kommen aus Afghanistan, Kasachstan, Armenien und Persien. Sie finden Mag'oki Attoriy wenige Meter nördlich des Sarrafon Kuppelbasars. Geöffnet: Fr-Di 9:00-17:00 Uhr, Do 9:00-15:00 Uhr, Mi geschlossen.

Mag'oki Kurpa Moschee ⑮

Die **Mag'oki Kurpa Moschee** (Mag'oki Kurpa masjidi, 1637) im Stadtviertel Kurpa grenzt direkt an den Kuppelbasar der Mützenmacher. Es ist die einzige zweigeschossige Moschee die bewusst so gebaut wurde. Im Erdgeschoss beteten die Gläubigen vor allem im Winter, die Ebene darüber war für den Sommer eingerichtet. Neben der Moschee befand sich ein gesonderter Raum für die erforderlichen Waschungen der jedoch nicht mehr existiert. Die Initiative zum Bau der Kurpa Moschee geht auf Scheich Juybar Hodscha Sayid zurück, dessen Grabstätte in der Chor Bakr Nekropole zu finden ist. Das Gebäude neben dem Telpak Furushon Kuppelbasar wird derzeit als Teppichgeschäft genutzt.

Telpak Furushon Kuppelbasar ⑯

Fünf Gassen treffen im **Telpak Furushon Kuppelbasar** (Toqi Telpak Furushon) aufeinander. Hier boten die traditionsreichen und angesehenen Mützenmacher den Kunden Kopfbedeckungen wie die Doppe und den Telpak an. Die Doppe ist auch heute noch ein zeitgenössischer Kopfschmuck der Usbeken und Tadschiken. Die quadratischen schwarzen Kappen der Männer mit den aufgestickten Ornamenten wie auch die kunstvoll mit bunten Glasperlen und Goldfäden bestickten Hütchen der jung verheirateten Frauen sind immer wieder zu sehen. Telpak's sind Schafpelzmützen in verschiedenen Farben und hauptsächlich in Turkmenistan und Teilen von Xorazm verbreitet.

Heute gehen die Mützen im allgemeinen Souvenirangebot leider etwas unter. Dabei sind diese doch eigentlich ein ganz interessantes Mitbringsel.

Verpassen Sie nicht den Blick in die schöne Schmiedewerkstatt der Famile Kamalov gleich gegenüber dem Bozori Kord Badehaus.

Bozori Kord Badehaus ⑰
Ähnlich wie beim Sarrafon Kuppelbasar ist auch hier neben dem Telpak Furushon Kuppelbasar ein öffentliches Badehaus zu finden. Allerdings ist das historische **Hammomi Bozori Kord** tatsächlich noch in Betrieb. In den meisten der einst 28 Badehäuser der Stadt ist nämlich kein Badebetrieb mehr.

Gehen Sie am besten frühmorgens in dieses Badehaus. Es wird Ihnen ein unvergessliches Erlebnis sein, in den düsteren, feuchtwarmen Kuppeln aus dem 16. Jh. wie die Buxoris Ihren Körper zu pflegen und sich mal von einem Einheimischen so richtig durchmassieren zu lassen. Sie können wählen zwischen dem reinen Hammam Besuch und dem Wellnessprogramm mit Massage und Tee. Bozori Kord ist ein Männerbad (Erkaklar hammomi). Das Frauenbad (Ayollar hammomi) befindet sich hinter der Kalon Moschee. Geöffnet: tägl. 6:00-22:00 Uhr.

Handelshaus Abdullah Khan ⑱
Khan Abdullah II (1533-1598) war ein durchsetzungsstarker Herrscher der Shayboniydischen Dynastie, dem es gelang die usbekischen Regionen wieder zu vereinen. In seiner Regierungszeit nahm der Karawanenhandel aus Indien über Herat und Buxoro nach Europa wieder zu, um die unbeliebten Portugiesen an Indiens Küsten zu umgehen.

Auf sein Wirken hin wurde das **Handelshaus** des **Abdulla Khan** (Timi Abdulloxon, 1577 Jh.) insbesondere für den lukrativen Seidenhandel eröffnet.

Der schmucklosen Fassade sieht man an, dass es ein reiner Zweckbau war. In seinem Innern überwölbt eine weiß getünchte große Kuppel den Raum. An einigen Stellen sind noch die alten persischen Inschriften erkennbar. In den Seitennischen reihten sich die kleinen Geschäfte der Händler. Selbstverständlich profitierte der Khan von den Einnahmen der Händler.

Noch bis ins beginnende 20. Jh. säumten solche Handelshäuser die Gasse zwischen den Kuppelbasaren Telpak Furushon und Zargaron. Als einziger überlebte das Handelshaus Abdulla Khan die Sowjetzeit. Seine ursprüngli-

che Funktion als Handelshaus für Seidenstoffe hat er nicht mehr, doch können hier auch heute wieder feine, kunsthandwerkliche Produkte in angenehmer Kühle begutachtet werden. Wer möchte kann beim Teppich knüpfen oder beim Seidenstoff weben zuschauen. Einige Tapchane laden bei einer Tasse Tee zum Verweilen ein. Das Handelshaus finden Sie zwischen den beiden Kuppelbasaren Telpak Furushon und Zargaron. Geöffnet: tägl. 9:00 - 20:00 Uhr.

Abdulaziz Khan Medrese ⑲
Die **Abdullaziz Khan II Medrese** (Abdullazizxon II madrasasi) ähnelt der gegenüberliegenden Ulug'bek Medrese nicht im geringsten. Kein Wunder, denn es liegen immerhin 234 Jahre und eine rapide Entwicklung der Baukunst zwischen der Errichtung dieser beiden Gebäude. Nachfolgend wurden keine so großen Medresen mehr in Buxoro gebaut. Im Innern des Iwan, aber auch im hinteren Peshtoq sind kunstvolle Stalaktiten-Gewölbe mit feiner, farbenfroher Bemalung zu sehen, meist sind es Blumenmotive. Außergewöhnlich sind neben den klassisch geformten Muqarnas auch sich nach oben öffnende Muqarnasterne.

Betrachtet man die Mosaikfelder des Eingangspeshtoqs genau, entdeckt man in den zweituntersten Mosaikfeldern neben floralen Bildern auch Paradiesvögel - Papageien nicht unähnlich. Innovativ ist die dreidimensionale Darstellung der Blumenvase in den Mosaikfeldern auf dem östlichen Peshtoq im Innenhof.

Die rechte Halle beherbergt ein **Museum für Holzschnitzkunst** (Haqqoshlik muzeji). Gegenüber ist ebenfalls eine kleine Teppich- und Antiquitäten Galerie. Diese wie auch die gegenüberliegende Medrese Ulug'bek liegt etwas östlich des Zargaron Kuppelbasars. Geöffnet: tägl. 9:00-17:00 Uhr.

Ulug'bek Medrese ⑳
Wie in Samarqand und Gijduvon ließ Mirzo Ulug'bek auch in Buxoro einen "Tempel der Bildung" errichten. Sie ist nicht nur die älteste der drei Medresen Ulug'beks sondern auch die älteste noch erhaltene Medrese Usbekistans. Sie wurde 1417 von Ismoil ibn Tohir ibn Mahmud Isfahonij, einem persischen Architekten aus Isfahan, unter dem damals geradezu revolutionären Wahlspruch, „Die Suche nach Wissen ist

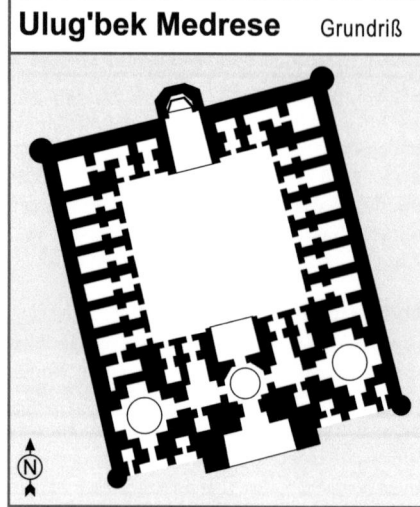

Ulug'bek Medrese   Grundriß

die Pflicht eines jeden Muslim und jeder Muslima!" erbaut.

Die Front wirkt durch die fehlenden Eckminarette, den schmalen und hohen Peshtoq und die Spitzbogenarkaden weniger erhaben als die berühmte Schwester in Samarqand.

Doch die filigranen Kalligrafiebänder und vor allem die herrliche Archivolte die wie ein zu Stein erstarrtes Seil wirkt, werten den Portalbau auf.

Leider verwendeten die Restauratoren minderwertige Baustoffe, so dass viele der Majolika Fliesen insbesondere im Innenhof wieder abplatzen.

Von der Eingangshalle (Mionsaroy) gelangt man links in einen Moschee- und rechts in den Schulungsraum (Darsxona).

Der recht kleine Innenhof (Sahn) ist quadratisch und misst 22m. Es handelt sich um einen Zwei-Iwan Grundriss ohne Kuppelsäle in den hinteren Gebäudeecken. Also noch ein relativ einfacher Aufbau der allerdings von nachfolgenden Architekten immer weiter verfeinert wurde.

In den beiden Kuppelräumen sind heute Souvenirgeschäfte und das kleine **Kalligraphie Museum** (Xattotlik muzeyi) untergebracht. Geöffnet: tägl. 9:00-18:00 Uhr.

Zargaron Kuppelbasar ㉑

Die unerträgliche Hitze von Schmiedefeuern, das Rauschen der Blasebalge und das Hämmern der Schmiede kennzeichneten den Zar-

garon **Kuppelbasar** (Toqi Zargaron, 1587) der Schmiede und Juweliere.

Das auf einer quadratischen Grundform basierende Gebäude wird von zahlreichen Kuppeln überwölbt, die zum Zentrum hin immer höher werden. Wegen der etwa 30 Werkstätten die es einstmal hier gab befinden sich in den Kuppeln darüber Ampeln für den Abzug des Rauches.

Heute ist hier alles weiß getüncht und man trifft ausschließlich Souvenirläden an. Der einzige Schmied ist etwas weiter südlich nahe dem Telpakfurushon Kuppelbasar in eine ehemalige Karawanserei eingezogen.

Der fünfte Kuppelbasar Toqi Tirgaron (1586), der **Basar der Rüstschmiede** stand einstmals auf dem Registon Platz südwestl. des Ark. Er wurde jedoch bei der Eroberung Buxoros durch die russische Armee zerstört. Dieses Schicksal teilt er dem den **Kuppelbasar der Mehlverkäufer**, dem Toqi Ord Furushon (16.Jh.). Auch dieser befand sich in unmittelbarer Nähe zu den Mauern der Festung Ark und exisiert heute nicht mehr.

Poyi Kalon Ensemble ㉒

Es ist unbestritten das Juwel der Stadt, das **Poyi Kalon Ensemble** (Poyi Kalon ansambli). Poyi Kalon bedeutet so viel wie "Zu Füßen des Großen", womit das altehrwürdige Kalon Minarett gemeint ist. Rund um den Platz gruppieren sich das Kalon Minarett (Kalon minorai, 1127), die Kalon Moschee (Kalon masjidi, 1514) gleich daneben, die Medrese Emir Alim Khan (Amir Olimxon madrasasi, Anfang 19.Jh.) an der Stirnseite des Platzes und die hoch aufragenden Mir Arab Medrese (Mir Arab madrasasi, 1536) in der Kosh Anordnung als Gegenüber der Kalon Moschee.

Kalon Minarett ㉓

Den Mittelpunkt Buxoros bildet schon seit jeher das **Kalon Minarett** (Kalon minorai, 1127). Mit seinen 45,6 m Höhe war es lange Zeit das höchste Minarett Zentralasiens und darauf war sein Erbauer, Muhammad Aslan Khan (1102-1129) der elfte West-Karachanidischer Herrscher sichtlich stolz. Selbst Dschingis Khan war 1220 so beeindruckt von den Dimensionen des Turmes, dass er ihn verschonte. Seine Konstruktion basierte auf langjährigen Erfahrungen und einem eingestürzten

Vorgänger an der selben Stelle. Also machte Aslan Khan im Jahr 1127 Nägel mit Köpfen und ließ das an der Basis 9m messende Minarett auf ein gut 10m tiefes, auf Holzbalken ruhendes Fundament erbauen. Erdbebensicher bis zum heutigen Tag, überlebte es 1920 selbst massiven russischen Kanonenbeschuss. Bereits 1923 waren die Kriegseinwirkungen durch den lokalen Baumeister Abdukadyr Bakiev beseitigt, doch 1976 beschädigte ein starkes Erdbeben die herrliche Ampel erneut. Die ausgebesserten Stellen sind heute noch auf der Rückseite zu sehen. Bemerkenswert ist die Verzierung durch 14 verschieden gemusterte Bänder, von denen zwei in glasierten Kacheln ausgeführt wurden. Das obere Keramikband trägt die Inschrift: „Erbaut 1127-Arslan Khan/ Bako". Letzterer war der Architekt dieses stolzen Bauwerks. Neben seiner ursprünglichen Funktion als Ausrufungsort des Muezzins zum Gebet, diente der Turm lange Zeit auch als Leuchtturm für Karawanen und sogar als Hinrichtungsstätte für Verbrecher, die dann vor versammelter Menge zu Tode gestürzt wurden. Zuletzt geschah dies 1884. Der Zugang über eine kleine Brücke von der nebenan erbauten Moschee ist nicht ungewöhnlich und so auch in Xiva zu sehen. Das Besteigen des Minaretts ist nicht (mehr) möglich.

Kalon Moschee ㉔

Die ursprünglich zum Kalon Minarett zugehörige erste große Moschee ließ Arslan Khan Muhammad ibn Sulaiman 1121 an der selben Stellen und sehr wahrscheinlich auch in ähnlichen Abmessungen errichen. Von ihr sind

heute nur noch Teile der Frontmauer erhalten Dschingis Khan stieg hier von seinem Pferd, und fragte, ob das der Palast des Herrschers sei. Man erklärte ihm, dies sei eine Moschee. Daraufhin ließ er 280 reiche Kaufleute der Stadt im Hof der Moschee versammeln, stieg auf den Minbar und hielt ihnen eine Moralpredigt, erklärte ihnen weshalb er gekommen war. Über die Arroganz des lokalen Herrschers Alladin Muhammad II in Samarqand erbost rief er ihnen zu: "Hättet ihr diese Sünden nicht begangen, so hätte Gott euch nicht eine Strafe wie mich geschickt!". Anschließend ließ er den Ark schleifen und die Stadt plündern.

Ubajdulla Khan ließ 1514 den Eingangsiwan wieder aufbauen und 1541 schloss Abd al Aziz Khan mit der Mosaikverzierung des von einer herrlich blauen Kuppel gekrönten Maqsura den Wiederaufbau ab.

Die heute sichtbare **Kalon Moschee** (Kalon masjidi, 1514) ist eine typische vier Iwan Moschee und mit den Maßen 132x81m deutlich kleiner als die Bibixonim Moschee in Samarqand (167x109m). Durch die kleineren Iwan-Portale und die fehlenden Seitenkuppeln wirkt sie auch nicht so wuchtig und monumental wie ihre große Schwester in Samarqand.

Dass die Kalon Moschee auch heute noch so vollständig erhalten ist, verdankt sie vor allem der viel solideren Bauweise die auf übertriebene Dimensionen verzichtet. Ab besten sichtbar wird dies bei der wunderschönen Kuppelhalle deren 289 flache Dachkuppeln auf 204 kräftigen, aus Ziegeln gemauerten Säulen ruhen. Das wirkt zwar nicht so elegant, aber es hält.

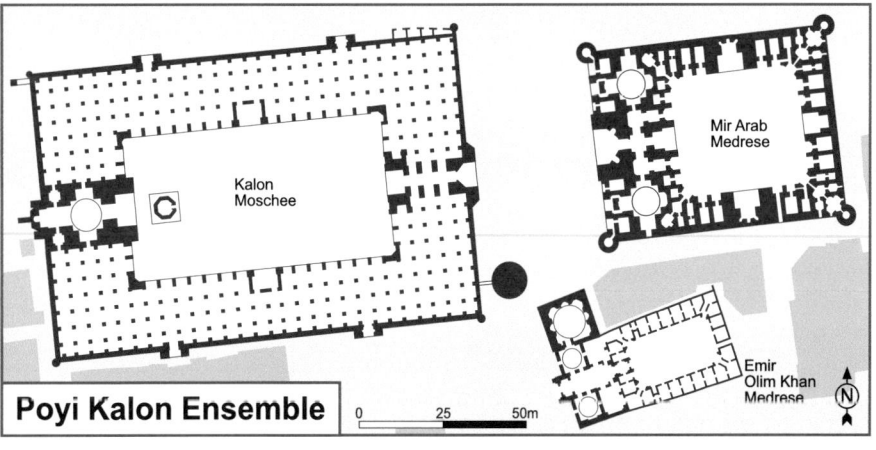

Poyi Kalon Ensemble

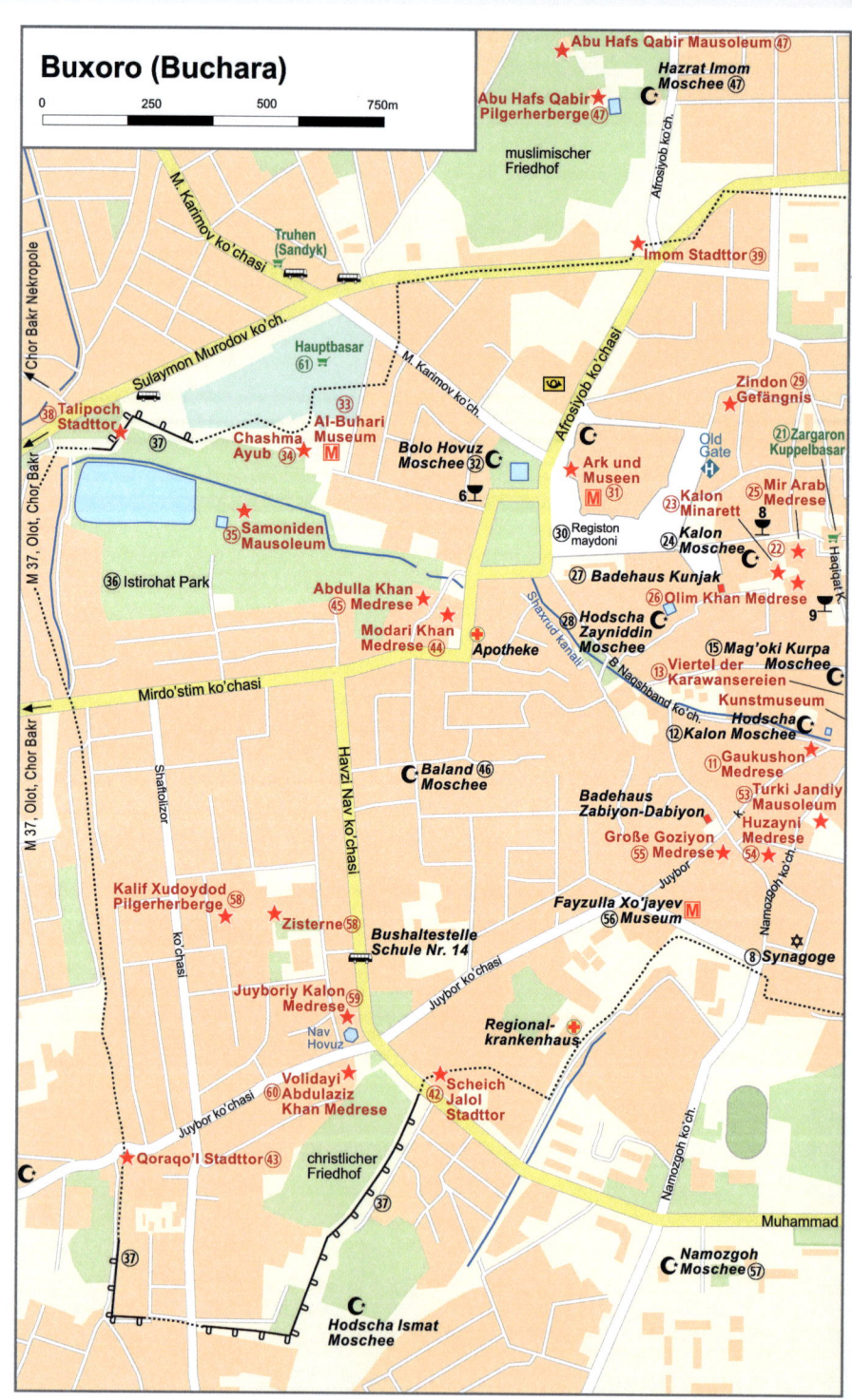

Buxoro (Buchara)

0   250   500   750m

Sitorai Mohi Xosa (48)
Hauptbusbahnhof, Karvon Basar
M 37, Samarqand, Xiva,

Abu Ali ibn Sino shoh ko'chasi

Samarqand Stadttor (40)

Sitora Kinderpark

Mercure Old Town

Cho'pon Ko'chasi

Fayzobod ko'chasi

Apotheke

Minor Einkaufszentrum

I. Karimov ko'ch.

Dilkusho Ko'chasi

Fayzobod Pilgerherberge (49)

Rohat ko'chasi

Samarqand Ko'chasi

Ulugbek Medrese (20)

Abdulaziz Khan II Medrese (19)

Xoja Nurobod Ko'chasi

Handelshaus Abdulla Khan (18)

Telpakfurushon Kuppelbasar (16)

Badehaus Kord

Mag'oki Attoriy

Chor Minor Torhaus (6)

Nodir Devonbegi Medrese (3)

Ko'kaldosh Medrese (5)

Katholische Kirche

Shoxrud kanali

Bushaltestelle Yuridik texnikumi

B. Naqshband Ensemble, Qarshi
Notfalizentrum, Flughafen, Kogon (Bahnhof)

Korzinka Supermarkt

Mextar Anbar ko'ch.

B. Naqshband ko'ch.

B Naqshband ko'ch.

Nasreddin (4)

Labi Hovuz

Ucell

Sixt

Puppenmuseum (7)

Synagoge (8)

Sarrafon Kuppelbasar und Badehaus (10)

Erzengel St. Michael Kirche (50)

Nodir Devonbegi Pilgerherberge (2)

Eshoni Pir.

Arabon ko'chasi

Jalol Ikromiy ko'chasi

Ibn Sino Park

Otaboy Eshonov ko'chasi

Ipoteka Bank

Hofiz Tanish al Buxoriy ko'ch.

Buxoro Arena

Xamza ko'chasi

Saifeddin al-Boharzi und Buyonquli Khan Mausoleum

Sallohxona Stadttor (41)

Buxoro Shopping Centre

Atlantis Pool (51)

Ziraat Bank

Mustaqillik ko'ch.

Ibrohim Mo'minov ko'ch.

Ibrohim Mo'minov ko'ch.

2-MIKRO TUMAN

Jüdischer Friedhof

Abu ibn Sino Regionalbibliothek

Stickereien Markt

Zulfiya ko'ch.

Zisterne (8)

Wyndham

1-MIKRO TUMAN

Sadriddin Ayniy ko'chasi

Nayoly Shoh ko'ch.

Iqbol Ko'chasi

M. Iqbol Ko'chasi

Buxoro Kitob Olami

Uzmobile

NBU

3-MIKRO TUMAN

UVViOG

© G.Sorg

Chinar Mall

Unterkünfte und Gastronomie	
1 Hotel Alexia Suite	1 Restaurant Minzifa
2 Hotel Amelia	2 Restaurant Old Bukhara
3 Hotel Amulet	3 Restaurant Mein Freund
4 Hotel Minzifa	4 Restaurant Bella Italia
5 Hotel Komil	5 Choyxona Labi Hovuz
6 B&B Malikjon	6 Shashlik Oshxona
7 B&B Sarrafon	7 Cafe Wishbone
8 Hotel Kukaldosh	8 Minor Cafe House
	9 Silkroad Spices Tea House

Der auf dem Hof befindliche Pavillon (1915) diente dem Vorbeter als Unterstand. Noch heute treffen sich hier jeden Freitag einige Gläubige zum Gebet. Geöffnet: tägl. 8:30 bis 19:30 Uhr.

Mir Arab Medrese ㉕

Der Kalon Moschee gegenüber befindet sich die **Mir Arab Medrese** (Mir Arab madrasasi, 1536). Diese Medrese ist eine der ältesten, heute noch arbeitenden islamischen Bildungsinstitute Zentralasiens. Die bis 1920, und seit Stalins Wiedereröffnung 1945 ununterbrochen tätige Koranschule unterrichtet Schüler in der Lehre des Koran, in Sprachen, Logik und Rhetorik.

In einem zwischen 5 und 7 Jahre dauernden Zyklus studieren bis zu 180 junge Männer, wobei nur ein kleiner Teil auch in der Medrese wohnt.

Der Bau wird Scheich Abdullah Yamani, auch Mir Arab genannt, zugeschrieben. Er war ein ursprünglich aus dem Jemen stammenden Derwisch, der zusammen mit Scheich Hodscha Ahror Vale das religiöse Erbe des Naqshbandi-Orden Gründers Bahouddin Naqshband antrat. Dass bei der Finanzierung des Bauwerkes unorthodoxe Wege beschritten wurden, zeigt dies: Der damalige Herrscher Ubaydullah Khan verkaufte kurzerhand 3000 gefangene schiitische Perser an Sklavenhändler, denn diese waren zwar auch Muslime, aber eben keine Sunniten und galten damit als ungläubig. Sowohl Abdullah Yamani als auch Khan Ubaydullah sind heute unter der Nordkuppel begraben.

Der Front-Peshtoq ist vor allem für Buxoro ein rauschendes Fest der Ornamentik. Folgt man mit dem Auge den geometrischen Großformen (Girih) in die bis ins kleinste Detail ausgestalteten Füllornamente, wird einem die immense Vielfalt dieser Arbeit erst bewusst. Die Koranschule ist für Touristen leider geschlossen.

Emir Olim Khan Medrese ㉖

Das dritte Gebäude am Platz ist die noch recht junge **Emir Olim Khan Medrese** (Amir Olimxon madrasasi), erbaut vom letzten Emir Buxoros zu Beginn des 20.Jh.. Das Gebäude entspricht keinem kanonischen Schema und besteht aus einer Kuppelmoschee, einem Vorhof mit Iwan und einem zweistöckigen Gebäude im Atriumstil mit einem Innenhof, in dem die Schüler untergebracht waren. Seit 1924

ist hier eine öffentliche Bücherei mit umfangreichen Beständen auch alter Schriften, eingerichtet. 2017 wurde die Medrese durch einen Anbau für die rituelle Waschung der Gläubigen erweitert.

Kunjak Badehaus ㉗

Ähnlich wie das Badehaus Bozori Kord ist der Besuch des Kunjak Badehauses (Hammomi Kunjak, 16. Jh.) hinter der Moschee Kalon ein besonderes Erlebnis. Jedoch nur für Frauen, denn es ist ein reines Frauenbad, wie es in großen Lettern auf Kyrillisch über dem Eingang steht. In den historischen Kuppelräumen ist noch alles wie im 16. Jahrhundert. Die dämpfigen Räume aus Ziegelstein und Marmorplatten vermitteln ein archaisches Ambiente. Die angebotene Körperpflege und Massage kann dazu gebucht werden, lohnt aber kaum. Bei einer Tasse Tee lädt der Ruheraum nach dem Badebesuch zum Verweilen ein.

Früher saß übrigens immer eine Frau stumm im Bad. Sie hatte den Auftrag, die hübschesten Mädchen für den Emir zu suchen. Geöffnet: tägl. 9:00-18:00 Uhr.

Hodscha Zayniddin Moschee ㉘

Etwas versteckt inmitten von Altstadthäusern liegt das Hodscha **Zayniddin Ensemble** (Xo'ja Zayniddin ansambli, 16.Jh.). Die Kombination einer Pilgerherberge und einer Moschee war im späten Mittelalter recht weit verbreitet und symbolisierte die Verschmelzung des klassischen Islam mit dem Sufismus. Das Gebäude diente als Unterkunft für wandernde Derwische, als ein Treffpunkt der Sufis, als Stadtviertelmoschee und als ein Ort, wo der verehrte Scheich Hodscha Zayniddin begraben ist.

Die Ausstattung des Gebetsraumes ist wie im Fall der Baland Moschee ein im Original erhaltenes Beispiel der Kundal-Technik. Man sieht es dem Innenraum an, dass er alt ist, Patina angesetzt hat. Er wirkt dadurch umso authentischer.

In unmittelbarer Nähe ist das mit 36x26m zweitgrößte **Wasserbecken** (Hovuz) Buxoros zu sehen. Die steilen Stufen führen in das seit Jahren leider wasserlose Becken. Sehr schön ist der marmorne Wasserspeier.

Folgen Sie von der Südwest Ecke der Kalon Moschee den Gassen für 150m nach Südwesten. Geöffnet: Wenn die Aufsichtsperson anwesend und keine Gebetszeit ist.

Zindon ㉙

Etwa 130m von der nordöstlichen Ecke des Ark thront erhaben auf einem stark befestigten Plateau das ehemalige **Gefängnis** (Zindon, 18.Jh.). In den Verliesen kauerten die Unglücklichen, meist Steuerschuldner. Die schweren Jungs wurden in das tiefste Loch abgeseilt. Allerdings genügte schon ein wiederholtes Fehlen beim Gebet in der Moschee um hier ausgepeitscht zu werden.

In Ketten gelegte Puppen und ein kleines Museum im Zimmer des Gefängniswärters veranschaulichen die damaligen Zustände Geöffnet: tägl. 9:00-16:30 Uhr.

Registon ㉚

Auf der als "Sandiger Platz" bezeichneten Freifläche vor der Festung Ark blühte bis zur Ausrufung der Sowjetunion ein reges Handelstreiben, das 1863 vom Engländer Vambery mit folgenden Worten geschildert wurde: „Der Registon ist zwar größer und geräuschvoller als der Labi Hovuz, aber bei weitem nicht so anmutig. Auch hier ist ein mit Teebuden umgebener Teich von dessen Ufer man zu der auf der anderen Seite hochgelegenen Burg (Ark) hinübersehen kann". In der Tat war dies damals der Mittelpunkt der Stadt, denn hier führten Gaukler und Wunderheiler ihre Künste vor, hier wurden Sklaven gehandelt, Tee getrunken oder Hinrichtungen durchgeführt.

Ark Zitadelle und Museum ㉛

Die heute sichtbare Zitadelle Ark auf der Anhöhe ist die oberste Schicht von circa 2500 Jahren Siedlungsgeschichte. Aufgrund von archäologischen Funden wird vermutet, dass hier die Keimzelle der Stadt zu finden ist.

Die heute noch sichtbaren **Umgebungsmauern** sind allerdings weniger als 300 Jahre alt, die vordere Ziegelverblendung der mächtigen, 20m hohen Mauern stammt aus dem letzten Jahrhundert und fehlen auf der Nordseite ganz. Ursprünglich waren die Mauern wie in Chiwa aus Tonerde.

Das heutige **Eingangstor** mit seinen beiden Türmchen (16.-18. Jh.) ist heute der einzige Zugang zum Ark. Über dem Portal hing lange Zeit die Peitsche als Symbol der Macht. Von der Balustrade blasen auch heute noch bei festlichen Anlässen die Musiker die Karnay, eine Art Riesen Vuvuzela. Das Osttor (Gurian Tor) auf der anderen Seite des Ark ist schon lange zerstört.

Geht man die Rampe hinauf passiert man im Durchgang die Ticketkasse und danach die **Verliese** für die Totgeweihten. Sie warteten hier auf ihre Hinrichtung auf dem Registon Platz. Das eigentliche Gefängnis (Zindon) war etwas nördlich des Ark. Am oberen Ende der Rampe trifft man direkt auf die Freitagsmoschee des Ark. Jeder Besucher musste an dieser Moschee vorbei, wenn er den Ark betrat oder verlies. Die **Freitagsmoschee** (Juma masjidi, 16.-19. Jh) mit einer vorgelagerten Überdachung ist für eine Palastmoschee vergleichsweise bescheiden. Hier werden einige alte Manuskripte und Korane ausgestellt, denn auf dem Ark gab es einstmals eine beachtliche Bibliothek, die selbst Avicenna in staunen versetzte. Achten Sie auf die aus vielen Teilen zusammengesetzten Kapitel der Holzsäulen. Die farbenfrohe Ausmalung über dem Mihrab ist ein leitendes Gestaltungselement des gesamten damaligen Palastes des Emirs gewesen. Das heute eher blasse Erscheinungsbild der Gebäude und Räumlichkeiten ist daher nicht immer authentisch. Grund dafür war der große Brand 1920 bei der Erstürmung des Ark durch die russischen Truppen. Allerdings könnte es auch der Emir gewesen sein, der auf dem Rückzug das Feuer legen ließ. Daher ist heute nur noch ein Bruchteil der Bebauung des Ark zu sehen. Der Harem, die Bibliothek und die Privatgemächer des Emir sind leider verloren. Biegt man rechts in die Gasse gelangt man links zuerst zu den **Räumen der Minister** (Qushbegi hovlisi) und etwas weiter die Gasse entlang zu einem überkuppelten Torhaus, welches nach rechts zu den ehemaligen **Stallungen** führt. Hier wurden auch die Musikinstrumente für Feierlichkeiten aufbewahrt. Vom Torhaus gelangt man gegenüberliegend in den **Thronhof** (Marosimxona). Unter einem Baldachin saß der Emir auf seinem Thron und empfing Gäste (Der Thron steht im Museum nebenan). Links und rechts neben ihm saßen die Wesire, wie man die Minister damals nannte. Dabei war der Kushbegi der Chefwesir. Ihm unterstellt waren die Beks welche ihm Bericht erstatteten. In einer täglichen Audienz berichtete der Kushbegi dann dem Emir was im Lande vor sich ging. Ebenfalls immer im Ark war der Schatzmeister, Devonbeg. Bekannt ist Nodir Devonbegi, welcher die Gebäude am Labi Hovuz errichten ließ. Die oberste richterliche Gewalt hatte der Emir inne. Der Kazikalon urteile dagegen in weniger wichtigen Fällen, überwachte Notare und Medresenleiter und saß dem Rat der Mufis vor. Auf dem Land gab es die Kazis die in den Mahallas urteilten. Die oberste Polizeigewalt hatte der Mirzoboshi inne. Schließlich gab es noch den Raiskalon als obersten Sittenwächter, denn er gab ja die Scharia. Verteidigungsminister war der Topchi-Boshi Laskar. Er hatte die Armee der Sarbaz-Soldaten zu verwalten.

Auf der rechten Seite des Thronhofes, bewacht von einem kleinen Löwen führt eine Treppe hinunter in die **Schatzkammer**. Dort bediente sich Emir Alim Khan als bereits die Flugzeuge der Russen über dem Ark kreisten und er sich ins Exil nach Afghanistan aufmachte.

Zurück am Torhaus kann man noch einen kurzen Blick in den Salomxona werfen, den **Empfangshof**. Hier ist einer der Zugänge zu den Museen. Diese besteht aus drei Teilen: Einem **Naturkundemuseum**, einem **Archäologischen Museum** und einer **Münzsammlung**. Die Museen sind qualitativ etwas unterschiedlich, lohnen aber in jedem Fall den Besuch. Herausragend ist sicher das Wandgemälde aus dem roten Saal des Palastes von Varaxsha. Geöffnet: tägl. 9:00-18:00 Uhr, Museen: Do-Mo 9:00-17:00 Uhr, Di 9:00-14:30 Uhr, Mi geschlossen.

Bolo Hovuz Moschee ㉜

Gegenüber dem Eingangstor des Ark pflegte der Emir bei besonderen Anlässen in der reicher ausgestatteten **Bolohovuz Moschee** zu beten. Zusammen mit dem von alten Bäumen umgebenen Wasserbecken und dem kleinen Minarett (1917) bildet die Moschee ein fotogenes Ensemble. Die überkuppelte **Wintermoschee** (1712) wurde an dem bereits bestehenden achteckigen **Bolo Hovuz** (übersetzt: Kinder Wasserbecken) errichtet. Tatsächlich springen an heißen Sommertagen gerne mal die Kinder hier ins kühle Nass. Die durch grobe Ornamente eher kasachisch wirkende Innenbemalung

wurde vor einigen Jahren in eine eher filigran wirkende Bemalung abgeändert. Der eigentliche Blickfang ist allerdings die auf 20 schlanken Säulen ruhende **Sommermoschee** (1917). Sowohl die Säulen als auch die Decke ist ein prächtiges Beispiel der Holzkunst Buxoros. Wenn sich das Gebäude im Wasser des Bolo Hovuz spiegelt, werden 40 Säulen sichtbar, und 40 ist in Usbekistan eine Glückszahl.

Kurios ist der ehemalige **Schuchow Wasserturm** (1929). Wladimir Schuchow, Russlands "Gustav Eiffel" hat dieses Konstruktionsprinzip entwickelt. Er dient heute als **Aussichtsturm** mit einem weiten Blick über den Ark und die Bolo Hovuz Moschee. Im Eingangsbereich gibt es eine kleine Ausstellung von historischen Photographien.

Der auf der anderen Straßenseite angelegte kleine **Park** lädt mit seiner immer gut besuchten **Choyxona Boloi Havz** zum gemütlichen Verweilen ein.

Muhammad al-Buhari Museum ㉝

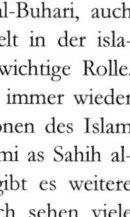

Abu Abd Allah Muhammad al-Buhari, auch Imam al-Buhari genannt, spielt in der islamischen Theologie eine sehr wichtige Rolle. Er war es, der die zahlreichen immer wieder mündlich überlieferten Traditionen des Islam (Hadith) in seinem Werk Al Jami as Sahih al-Buhari niederschrieb. Zwar gibt es weitere fünf Hadith-Sammlungen, doch sehen viele Muslime die 7275 von Muhammad al-Buhari gesammelten Hadithe als eine von zwei der am vertrauenswürdigsten Sammlungen.

Dem im Jahr 810 in Buxoro geborenen Geistlichen ist dieses moderne **Museumsgebäude** (Al Buxoriy xotira majmuasi, 2001) gewidmet. Es soll eine Hommage an diesen Mann sein, aber auch Informationen zu ihm vermitteln. Die kleine Ausstellung ist zwar recht bescheiden, doch der harmonische Entwurf des Architekten Zoirsho Klychev aus Buxoro ist definitiv ein Foto wert. Es stellt ein aufgeklapptes stehendes Buch und einen Halbmond dar. Bei einem Besuch lohnt sich auch ein Blick in das Untergeschoß. Dort befindet sich eine Kapsel mit Erde aus dem Grabe al-Buharis.

Chashma Ayub ㉞

Nahe des Hauptbasares und nur unweit des Samoniden Mausoleums befindet sich Chashma Ayub, die Hiobsquelle (Chashmi

Ayub buloqi). Der Sage nach soll hier der biblische Prophet Hiob (Ayub) mit einem Stab gegen den Fels geklopft haben, um aus ihm eine Quelle hervortreten zu lassen. Tatsächlich gibt es hier einen Brunnen, dahinter das Grab von Hodscha Hafiza Guzoriy, einem angesehenen frühen Theologen, welcher 1022 verstarb. Erste Strukturen eines Mazars sollen bereits im 12. Jh. unter Arslan Khan Muhammad ibn Sulaiman erichtet worden sein. Nachweislich umgebaut und erweitert wurde es auf Geheiß von Amir Temur im Jahr 1380. Neben der auf einem hohen Tambour errichteten konischen Kuppel über dem alten Mazar kam auch die Vorhalle (Zioratxona) dazu. Zeugnisse dieses Umbaus sind ein Schriftfries und eine alte Holztafel über dem Eingang zum Grabraum (Gorxona). Die Form der Kuppel bestätigt uns, dass der Architekt aus Xorazm stammte. Amir Temur ließ nach der Eroberung dieser Region auch deren beste Baumeister in sein neues Reich verschleppen.

Im Vorraum ist der **Hiobsbrunnen** zu finden, dessen Heilwasser von Pilgern gerne getrunken wird. Es hat einen ganz eigenen Geschmack und soll gegen Kehlkopferkrankungen helfen. Die Räume wurden bereits zu sowjetischen Zeiten für eine **Ausstellung über die Wasserversorgung** Buxoros genutzt. Hier ist zu sehen, wie das Netz aus Kanälen und Wasserbecken aufgebaut war und wie die Wasserträger die Haushalte versorgten. Chashma Ayub befand sich bis in das 20. Jh. inmitten von Gräbern eines ausgedehnten Friedhofes. Die Sowjets ließen ihn jedoch planieren und in einen **Vergnügungspark** umwandeln.

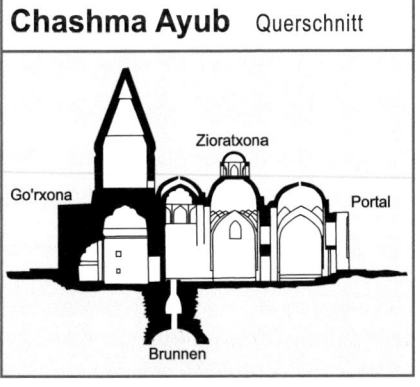

Samoniden Mausoleum ㉟

Ebenfalls in diesem ehemaligen Friedhof verbirgt sich zwischen Blumenrabatten und Bäumen der vielleicht größte Schatz Buxoros, das **Samoniden Mausoleum** (Samoniylar Maqbarasi).

Es ist schwer die Wirkung dieses Bauwerks mit bloßen Worten zu beschreiben, denn kein anderes Gebäude Zentralasiens ist so beeindruckend wie dieser eigentlich schlichte Backsteinbau aus gebrannten, quadratischen Lehmziegeln. Das älteste vollständig erhaltene Bauwerk aus der Samoniden-Zeit fasziniert durch seine Solidität und Leichtigkeit zugleich, es repräsentiert den hohen künstlerischen Stand der damaligen Epoche, in der mythologische Elemente mit der frühen islamischen Baukunst verschmolzen. Niemals zuvor wurde einer angesehenen Persönlichkeit des islamischen Orients eine solche Totenstätte gebaut und die damals recht neue Technik des Mauerns mit gebrannten Ziegeln in solch bemerkenswerter Vielfalt angewandt.

Auf einem quadratischen Grundriss von 10,8m Seitenlänge erheben sich vier gleichartige Fassadenwände mit ca. 2m Stärke, die leicht nach innen geneigt sind. An den beherrschenden Portalbögen und am Gesimsfries sind Ringornamente zu sehen, welche die Treue und die Unvergänglichkeit des Geistes symbolisieren sollen. Über dem Kielbogen wurden weitere zoroastrische Ornamente angebracht. Die Gesamtform folgt damals üblichen sassanidischen Feuertempeln (Chahartoq). Die vier angedeuteten Ecksäulen sind ein typisches Bauelement, welches auch bei anderen Mausoleen dieser Zeitepoche eingesetzt wurde (siehe Tim oder Karmana). Auch den Flechtbändern, welche die 10 Oberlichter jeder Seite umschließen, begegnet man in ähnlicher Form bei späteren karachanidischen Gebäuden.

Die Hauptkuppel, welche im 12. Jh. und nochmals 1923 rekonstruiert wurde ruht auf der Innenseite auf einem 16 seitigen Schmuckband, welches wiederum auf acht Nischen aufbaut. Hinter den Nischen ist ein umlaufender Hohlraum, welcher das Licht gedämpft durch Panjara Gitter in den Raum eindringen lässt. Die Innenwände spiegeln in ihrer grundsätzlichen Aufteilung die der Außenwände.

Samoniden Mausoleum
Geometrie

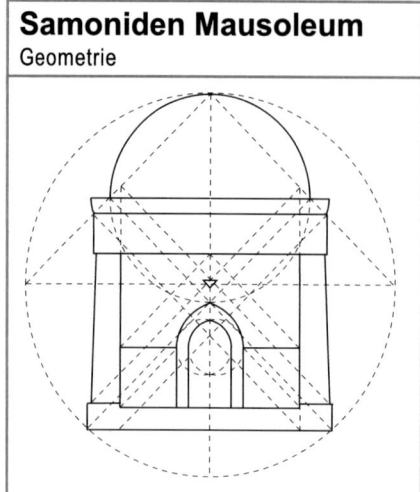

Um die Bauzeit des Samoniden Mausoleums zu klären, wurden in den 1920er Jahren Grabungen durchgeführt. Im Grabraum fanden sich drei Gräber, jenes von Ismoils Sohn Nasr und noch zwei weitere jedoch nicht zweifelsfrei identifizierte. Es ist also wahrscheinlich aber nicht endgültig belegbar, dass auch Abu Ibrohim Ismoil ibn Ahmad Samoniy (849-907), der dritte Herrscher der Samoniden hier begraben wurde. Man geht daher davon aus, dass das Mausoleum in der Zeit von 892-907 errichtet wurde, jedoch nicht später als 940. Geöffnet: tägl. ca. 8:00 - 19:00 Uhr.

Istirohat Park ㊱
Der bereits in der Sowjetzeit angelegte Kultur- und Vergnügungspark südlich des Samoniden Mausoleums bietet einige Karussells, eine kleine Kart Bahn und ein Riesenrad für Familien mit Kindern. Geöffnet: tägl. 9:00-18:00 Uhr.

Stadtbefestigung ㊲
Bereits in Sichtweite des Samoniden Mausoleums ist ein Teil der äußeren **Stadtmauer** und das **Talipoch Tors** (Qal'a devorlari va Talipoch darvozasi). Wie bereits erwähnt, zeichnet sich das Stadtbild Buxoros durch seine ursprüngliche, homogene Baustruktur aus, die nur wenig durch moderne Bauten unterbrochen wird.
Neben dem schwer befestigten Ark umschlossen Schutzmauern auch den ursprünglichen Stadtbereich (Shahriston) spätestens ab dem 8. Jh., sehr wahrscheinlich jedoch schon früher.

Weder von diesen Mauern noch von den sieben Toren sind heute Reste erhalten.
Die Stadt wuchs jedoch schnell und die Befestigung umfasste um etwa 850 nun auch die Vorstadt (Rabat).
Weiter verstärkt und ausgebaut wurden die Mauern und Tore im 12.Jh. unter Arslan Khan Muhammad ibn Sulaiman. Nach dem Mongolensturm erneuerte und erweiterte man die Mauern letztmalig in den Jahren 1540 bis 1549 unter Abd al Aziz Khan I. Dabei zog man auch die Stadtbevölkerung hinzu. Jeder Arbeitsfähige wurde dazu verpflichtet, sich unentgeltlich am Bau oder der Instandsetzung der Stadtmauer zu beteiligen. Schließlich profitierten die Bürger auch von der dadurch gewonnenen Sicherheit.
Im ausgehenden 19. Jh. hatte die Stadtmauer eine Länge von mehr als 10Km und 12 schweren hölzernen Toren, durch welche die Karawanen aus allen Himmelsrichtungen in die Stadt zogen. Abends um 20:00 Uhr wurden diese geschlossen, so dass alle zu spät Gekommenen draußen vor der Stadt nächtigen mussten.
In den letzten Jahren wurden fünf weitere alte Stadttore und ein Teil der Stadtmauer wieder neu aufgebaut.

Talipoch Tor (Talipoch darvozasi) ㊳
An der Straße zum Vorort Chor Bakr liegt das Talipoch Tor (1557-1589). Ganz in der Nähe des heutigen Bauernmarktes ist es eingebettet in eines der beiden noch erhaltenen Mauerstücke aus Stampflehm (Pachsa). Als erstes Stadttor wurde es bereits 1960 wieder aufgebaut und 2005 grundlegend saniert.

Erreichbarkeit:
An der Sulaymon Murudov ko'chasi nahe dem Hauptbasar (Markaziy bozori). Zu Fuß vom Samoniden Mausoleum in wenigen Minuten. Lage: +39°46'43", +64°23'51"

Imom Tor (Imom darvozasi) ㊴
Da sich ganz in der Nähe des Stadttores das Mausoleum des tief verehrten Abu Hafs Qabir, auch Hazrat Imom genannt, befindet, nannte man das Tor einfach Imom Stadttor. Um das wuchtig wirkende Tor mit einem überkuppelten Durchgang gruppierten sich Wagnereien/Stellmachereien, Flaschnereien und Lagerhäuser. Im Jahr 2009 neu aufgebaut.

Erreichbarkeit:
In der Nähe des Hazrati Imom Friedhofes (Hazrati Imom qabristoni) trifft die Abu Hafs Qabir ko'chasi auf die Abu Ali ibn Sino shoh ko'chasi. Marschrutka 63. Lage: +39°46'56", +64°24'42"

Samarqand Tor (Samarqand darvozasi) ㊵
Das ursprünglich 1541-1549 errichtete Stadttor war umgeben von einem Basar für Karren, Bauholz, Türen und Fenster. Es entsprach in seiner Höhe der Höhe der Stadtmauer. Im Jahr 1960 wurde es abgerissen und 2009 orginalgetreu wieder aufgebaut.

Erreichbarkeit:
Am Ende der Gijduvon ko'chasi, welche auf die Abu Ali ibn Sino shoh ko'chasi trifft. Marschrutka 63. Lage: +39°46'59.17", +64°25'15.54"

Sallohxona Stadttor (Sallohxona darvozasi) ㊶
Vor dem Sallohxona Tor, auch Mir Masoud Tor genannt, fanden lange Zeit die Militärparaden und Aufmärsche statt. Nicht weit entfernt ist hier auch der jüdische Friedhof zu finden. Das Tor wurde im Oktober 2009 wieder neu aufgebaut.

Erreichbarkeit:
Vom Sarrafon Kuppelbasar der Arabon ko'chasi für gut 500m nach Süden folgen. Lage: +39°46'4", +64°25'10"

Scheich Jalol Tor (Shayx Jalol darvozasi) ㊷
Ganz in der Nähe der Medresen Jo'ybori Kalon und Volidayi Abdulaziz Khan steht das 2008/2009 wieder errichtete Scheich Jalol Tor. Es wurde dem Scheich Jaloluddin, einem respektierten Geistlichen seiner Zeit von Abdulaziz Khan gewidmet. Das recht große, mit zwei Kuppelräumen versehene Stadttor steht heute etwas eingezwängt zwischen moderner Bebauung. Auf der gegenüberliegenden Straßenseite der Muhammad Iqbol ko'chasi schließt sich das mit 800m längste erhaltene und teilweise rekonstruierte Stück der Stadtmauer an.

Erreichbarkeit:
An der Kreuzung Juybor und Muhammad Iqbol ko'chasi. Mit einem Taxi vom Ark aus etwa 1,6Km. Lage: +39°45'57", +64°24'21"

Qoraqo'l Tor (Qoraqo'l darvozasi) ㊸
Das Holztor dieses Stadttores welches 1558 - 1575 errichtet wurde befindet sich heute im Museum des Ark. Da sich die Bürger Buxoros durch dieses Tor auf die Haj Pilgerfahrt nach Mekka aufmachten, nannte man es auch Hajji Tor. Restauriert wurde es 1975 und steht bis heute mitten auf der Juybor ko'chasi.

Erreichbarkeit:
Da das Stadttor an keiner Hauptstraße liegt, wird es von Marschrutkas nicht angefahren. Am besten mit einem Taxi vom Ark aus etwa 2Km. Lage: +39°45'51.17", +64°23'50.96"

Die Kosh Medresen Modari Khan ㊹ und Abdullah Khan ㊺
So wie die Augenbrauen (Kosh) sich im Gesicht spiegeln, bilden auch die beiden Kosh-Medresen Modari Khan und Abdullah Khan ein Gegenüber.
Die ältere der beiden Koranschulen ist die 1567 eingeweihte **Modari Khan Medrese** (Modarixon madrasasi). Sie entstand während der Regierungszeit des Shayboniydischen Herrschers Abdullah Khan II (1557-1597) zu Ehren seiner Mutter (Modari Khan = Mutter des Khan). Interessant ist der Grundriss des Gebäudes. Während sich die Front am Straßenverlauf orientiert, wurde der restliche Baukörper an der Qibla (Gebetsrichtung gen Mekka) ausgerichtet. Der relativ niedrige Front-Peshtoq ist mit eher einfachen geometrischen Mustern und Quadratkufi dekoriert. Im Tympanon dominieren blau-weiße Arabesken. Der Innenhof mit seinen 36 fensterlosen Studentenzellen ist sehr schlicht. Wer einen kurzen Blick hinein werfen möchte, wird ein Cafe und kleine Andenkenläden vorfinden.
Geöffnet: 9:00-18:00 Uhr.
Ebenfalls in den letzten Jahren zumindest teilweise restauriert wurde die **Abdullah Khan Medrese** (Adullahxon madrasasi, 1590). Die ungleich größere Anlage folgt dem vier Iwan Schema. Auch hier ist der Grundriss eher ungewöhnlich, da ziemlich komplex. Dies bemerkt man jedoch nicht, wenn man im Innenhof steht. Für muslimische Bauwerke ist es recht typisch, dass die Baustruktur von innen nach außen gedacht wird. Diesem Gedanken folgt auch die Moschee in der Nord-Ost Ecke, die

abweichend vom restlichen Gebäude an der Qibla gen Mekka ausgerichtet ist. Auch wenn die Keramik-Dekoration und die Qualität der Bausubstanz eher unterdurchschnittlich sind, glänzt die Medrese mit der beeindruckenden, lichtdurchfluteten Kuppelhalle hinter dem westlichen Inneniwan. Im Juli 2021 stützte die Rückwand der Maqsura teilweise ein. Die alte Bausubstanz wird derzeit wieder rekonstruiert.

Baland Moschee 46

Betrachtet man die **Baland Moschee** (Baland masjidi, frühes 16.Jh.) von Außen, würde man sie wohl für eine ganz gewöhnliche Mahalla Moschee halten, wie es viele gibt. Sie thront auf einem Podest, daher auch der Name Baland Moschee, also Hohe Moschee. Doch das eigentlich bemerkenswerte ist die Ausstattung des Innenraumes.

Die Handwerker, welche diese Moschee ausgestattet haben, müssen sich wohl an die temuridischen Künste erinnert haben. Denn sowohl die Wände als auch die Holzdecke sind von größter Feinheit. An den Seitenwänden dominieren große, in Kundal-Technik vergoldete Reliefpanele mit geometrisch-floralen Mustern bei denen der Grundton Blau allerdings schon ziemlich verblasst ist. Der Blickfang ist ein aus zugeschnittenen Majolika Fliesen gestalteter Mihrab, umgeben von einem zweizeiligen Thuluth Schriftband, darüber eine Zeile Kufi in Weiß.

Über einem mehrzeiligen, umlaufenden Thuluthband gehen die Wände über Muqarnas in die reich bemalte Holzdecke über. Hier bestimmen große Girih Sterne ausgemalt mit detailreichen Ornamenten das Bild.

Da der Raum recht klein ist, benötigt man ein gutes Weitwinkelobjektiv für einen Gesamteindruck. Die Moschee wirkt sehr lebendig, denn sie wird nach wie vor täglich für die Gebete genutzt.

Erreichbarkeit:

Überqueren Sie südlich der beiden Kosh-Medresen die Mirdostim ko'chasi und folgen der schmaleren Tinchliq ko'chasi für 265m.

Weitere Sehenswürdigkeiten

Hazrat Imom Komplex 47

Inmitten des Hazrat Imom Friedhofs (Hazrat Imom qabristoni, 9.-21. Jh.) befindet sich der erst vor wenigen Jahren mit großem Aufwand neu aufgebaute Pilgerkomplex. Er umfasst das Abu Hafs Kabir Mausoleum, die Abu Hafs Kabir Pilgerherberge mit einem neuzeitlichen Minarett und großen Wasserbecken davor sowie die 2010 errichtete Hazrat Imom Moschee.

Ahmad ibn Hafs al Kabir wurde 767 in einem Dorf in der Nähe Buxoros geboren. Ahmad zog als junger Mann nach Baghdad, um dort die islamische Theologie zu studieren, die in Zentralasien ganz neu war. Nachdem er mehrere juristische Werke verfasst hatte, kehrte er nach Buxoro zurück. Hier streute er sein Wissen unter die religiöse Führungsschicht und etablierte schließlich die Hanafi Strömung in der arabischen Provinz Mawaranahr.

Es soll sein Sohn Abdallah gewesen sein, der Ismoil Samoniy mit auf den Thron verhalf.

Die Bevölkerung verehrt den auch als Hazrat Imam bezeichneten Geistlichen bis heute und glaubt, dass gute Wünsche hier in dieser Stätte geäußert in Erfüllung gehen.

Das historische **Abu Hafs Kabir Mausoleum** (Abu Hafs Kabir majmuasi, 2010) wurde in der Sowjetzeit zerstört. Für viele Jahre waren nur einige Gräber in einer Umfriedung auf der Anhöhe zu sehen. Erst 2010 wurde das Gebäude in Form einer vereinfachten, vergrößerten Kopie des Samoniden Mausoleums neu errichtet. Umgeben wird das Mausoleum von einer Säulenhalle.

Ebenfalls in diesem Komplex zu sehen ist die **Pilgerherberge Abu Hafs Kabir** (Abu Hafs Kabir xonaqohi) aus dem 16. Jh. . Die auf einem schmucklosen Tambour sitzende Kuppel überwölbt einen kreuzförmigen Innenraum. Von einer vorgebauten L-förmigen Säulenhalle erreicht man die sechs kleinen Wohnzellen (Hujras) für Schüler oder Pilger.

Unmittelbar davor ein **Minarett**, welches ebenfalls 2010 errichtet wurde. Das große **Wasserbecken** (Hovuz) ist jedoch historisch.

Direkt an der Abu Hafs Kabir ko'chasi sieht man die moderne **Hazrat Imom Moschee** (Hazrat Imom masjidi, 2010) mit einem halbrunden Vordach und einer mit kunstvoller Majolika verzierten Gebetsnische.

Der durchaus sehenswerte Hazrat Imom Komplex wird von Touristen kaum besucht, obwohl er nur 900m in nördl. Richtung vom Ark entfernt liegt. Geöffnet: tägl. 8:00 - 22:00 Uhr.

Erreichbarkeit:
Abu Hafs Kabir ko'chasi, etwa 350m nördl. des Imom Stadttores, Bus 35 bis zur Endhaltestelle.

Lage: +39°47'9", +64°24'44"

Sommerpalast Sitorai Mohi Xosa ㊽

Der erste Sommerpalast der Mangiten Dynastie, also der letzten Emire Buxoros wurde etwa 1830 von Nasrulla Khan an dieser Stelle errichtet. Von dieser Epoche ist jedoch nichts mehr erhalten. Auf der Suche nach einem geeigneten Platz für den Palast legte man geschlachtete Schafe an mehreren vorausgewählten Plätzen aus. An der Stelle, an der das Schaf am längsten frisch blieb, baute man schließlich, den hier herrschten die günstigsten Windverhältnisse. Bevor man den Palast durch das Eingangsportal betritt, sieht man rechts den letzten erhaltenen Flügel des **Alten Palastes** (Eski saroyi) von Emir Sayid Abul-Ahad Bahadur Khan, dem vorletzten Emir. Auch wenn Abul-Ahad Bahadur meist in Karmana weilte, benannte er diesen Palast nach seiner ersten Frau Sitora die bereits in jungen Jahren im Kinderbett verstarb.

Der heute noch erhaltene **Sommerpalast Sitorai Mohi Xosa** (Sitorai Mohi Xosa saroyi), aus dem tadschikischen frei übersetzt etwa "Sitorai's mondgleicher Palast" wurde in den Jahren 1910 bis 1917 von Olim Khan, dem letzten Emir erbaut.

Durch das geschnitzte Holztor im überaus farbenfrohen **Eingangsportal** betritt man zunächst den Eingangshof. Hier waren die **Stallungen** untergebracht sowie die **Wirtschafts- und Bedienstetenräume**. Ganz rechts gelangt man durch das **zweite Torhaus** (Ikkinchi chortoq) in den **Empfangshof** (Salomxona). Auf schlanken Holzsäulen ruht eine in hellblauem Grundton gehaltene **Iwanhalle**.

In diesem offiziellen Bereich empfing der Emir seine Gäste, wenn er denn hier weilte. Denn oft war auch er in anderen Palästen des Emirates, in St. Petersburg oder auf der Krim.

Durch den **Löwen-Pavillon**, der seinen Namen von zwei Marmorlöwen hat (die selben wie im Ark) betritt man den Südflügel mit dem blauen **Sekretärszimmer**.

Links geht es in das **Teehaus**, einen überkuppelten Pavillon mit wertvollen chinesischen Vasen. Man erzählt sich die Geschichte, dass

der Emir ein Porzellangefäß besaß, welches anzeigte ob die Speisen vergiftet waren. Beachten Sie die Buntverglasung der Oberlichter.

Richtig bunt wird es auch im beeindruckenden **Bankettsaal** (Bankettsaroyi) den man vom Sekretärszimmer erreicht. Die kuriose Mischung aus europäischem Art Deco und orientalischen Stilelementen nannte Olim Khan den neuen Buxorischen Stil. Auch hier spielen Spiegelelemente und Buntverglasung eine wichtige dekorative Rolle. Im Raum zu sehen ist ein gläserner "Kühlschrank" der mit Eis betrieben wurde und die Bilder der letzten beiden Emire, rechts Olim, links Abul-Ahad Bahadur. Die elektrischen Lüster sind original und stammen aus Österreich. Olim Khan erhielt als Geschenk einen Elektrogenerator und hatte somit als erstes elektrisches Licht in Buxoro. Ansonsten war der Emir allerdings eher weniger fortschrittlich eingestellt.

Wie in allen Räumen ist auch im folgenden **Schachzimmer** (Shaxmatxona) ein Kachelofen mit Kacheln aus europäischer Produktion. In den Vitrinen sind Geschenke von Zar Nikolaus II ausgestellt.

Auch wenn das folgende **Zimmer des Emirs** relativ klein ist, spart es nicht mit feinen Gancharbeiten an Wänden und Decke. Bemalt bis ins kleinste Detail.

Den Höhepunkt bildet der **Weiße Saal** (Oq

Sommerpalast Sitorai Mohi Xosa

nach Buxoro / Eingangsportal / Wirtschaftsgebäude und Stallungen / Alter Palast / Eingangshof / Zweites Torhaus / Iwanhalle / Weißer Saal / Löwenpavillon / Zimmer des Emirs / Teehaus / Schachzimmer / Bankettsaal / Sekretärszimmer / Gästehaus / Sanatorium Sitorai Mohi Xosa / Harem / Aussichtspavillon / Wasserbecken / Südtor

0   50   100m

saroyi). Gestaltet vom Buxorischen Meister Shirin Murudov ist dies ein Musterbeispiel der Gipskunst. Die Wandnischen werden nach oben mit feinsten Muqarnas abgeschlossen und die Ganchmuster sind auf Spiegeln aufgebracht. Ausgestellt sind japanische und chinesische Porzellanstücke sowie französische Möbel.

Nach einem kurzen Spaziergang durch den Park gelangt man zum **Gästehaus des Emirs** (Amir mehmonxonasi). Der Legende nach soll er es für die Großfürstin Olga, die Tochter des Zaren Nikolaus II erbaut haben, wohl in der stillen Hoffnung, sie in seinen Harem eingliedern zu können. Selbige war jedoch nie in Buxoro und die Idee mit dem Harem, naja. Bereits der Eingangsbereich ist prächtigst ausgestattet, dies setzt sich in den weiteren Räumlichkeiten fort, in denen heute **historische Kleidungsstücke** ausgestellt werden. Größter Raum ist der **oktagonaler Kuppelsaal** vollständig mit üppigem Goldschmuck verziert.

Im Park gab es zu Zeiten des Emirs auch ein Openair-Theater und sogar einen Zoo mit Elefanten. Geblieben sind die schönen, immer wieder Rad schlagenden **Pfauen**.

Das letzte noch erhaltene Gebäude liegt im einstmals streng abgeschirmten privaten Bereich des Emirs. Hier im **Harem** waren seine Konkubinen und Ehefrauen untergebracht. Zufrieden saß der Emir auf dem erhöhten Podest eines Baldachins, Tücher schützen vor der Sonne und im **Sitorai Wasserbecken** (Sitorai Hovuz) unter ihm vergnügten sich die nackten Damen. Ein fantasievolles Bild lokaler Reiseführer, aber wohl eher unwahrscheinlich.

Das **Haremsgebäude** mit seinen offenen Arkaden und dem Türmchen wirkt märchenhaft. Bemerkenswert sind die eigentümlichen, jeglicher Tradition wiedersprechenden Spitzbögen. Im Innern ist das Gebäude aber wesentlich schlichter als die Repräsentationsräume. Die weiß getünchten Räume wirken im Licht der Leuchtstoffröhren trotz der Stuckdecken und Kachelöfen eher nüchtern. Dafür kommen die aufgehängten **Suzani** besser zur Geltung.

Olim Khan hatte nicht lange Vergnügen an seinem Palast, denn bereits drei Jahre nach dessen Fertigstellung musste er vor den Bolschewiken nach Afghanistan ins Exil fliehen.

Geöffnet: Mi-Mo 9:00-21:00 Uhr (April-Oktober); 9:00-17:00 Uhr (November-März), Di 9:00-14:00 Uhr.

Erreichbarkeit:
Von der Kreuzung der Bahouddin Naqshbandi ko'chasi mit der Islom Karimov ko'chasi (Bushaltestelle Yuridik texnikumi) fahren zahlreiche Busse Richtung Karvon Basar (7, 9, 25, 33). Von dort sind es ca. 1,3 Km mit dem Taxi. Linie 7 fährt den Palast direkt an.

Fayzobod Moschee u. Pilgerherberge ㊾

Die Fayzobod Moschee und Pilgerherberge (Fayzobod masjidi va xonaqosi, 1599) liegt schon etwas außerhalb der damaligen Stadtbefestigung und hat einen recht ungewöhnlichen Aufbau der einen Besuch auf jeden Fall lohnt. An der Vorderseite dominiert ein hoher Pestoq mit sternförmigen Girich Mustern in der Spandrille. Eingerahmt wir der Peshtoq links und rechts von Blindnischen über zwei Stockwerke. Der Zugang zu den Türen ist jedoch gar nicht möglich, sie sind also reines Schmuckwerk. Noch weiter außen flankieren zwei spitzbogige, überkuppelte Arkaden das gesamte Gebäude. Die zentrale Kuppelhalle hat einen quadratischen Grundriss der über Seitennischen in ein Oktagon übergeht. Darüber jeweils ein Oberlicht. Die Kuppel ist zweifarbig mit feiner Stuckschnitzerei im Chaspak Design ausgekleidet. Chaspak ist eigentlich ein Töpferdekor auf Teekannen und Tassen. Auf der Rückseite des Gebäudes befanden sich einige Hujra Zellen, wie es für Sufi-Zentren des 16. Jh. üblich war.

Erreichbarkeit:
Vom Taxistand Labi Hovuz sind es 2,3Km bis zur Fayzobod Moschee. Lage: +39°46'45", +64°26'17"

Ehemaliger Bahnhof, jetzt Kirche des Erzengel St. Michael ㊿

Mit der russischen Kolonisation wurde auch der Bau der Eisenbahn im Emirat Buxoro vorangetrieben. Es klingt eigentlich selbstverständlich, dass auch Buxoro an das Bahnnetz angeschlossen werden sollte. Doch ein Gleis ganz nahe an Buxoro heran für den Shayton-Arba, den Teufelswagen wie man die Eisenbahn damals nannte, so etwas erlaubte der Emir Abdul-Ahad Bahadur nicht. Da jener noch das Sagen hatte fand man einen Kompromiss. Die Bahnlinie führte in einem gebührenden Abstand von 12Km an Buxoro vorbei und man errichtete 1888 in Neu-Buxoro, später Kogon genannt, einen Bahnhof. Doch die Zeiten änderten sich schnell und bereits unter Olim Khan wurde 1907 eine Schmalspurbahn bis an die damalige Stadtgrenze im Südosten errichtet, einschließlich Bahnhofsgebäude. Fünfzehn Jahre später verlegte man ein Breitspurgleis und nannte die Bahnhöfe um: Aus Kogon wurde Buxoro-1 und aus Buxoro wurde Buxoro -2. Doch bereits in den 1960er Jahren hatte die Stichstrecke ausgedient und wurde entfernt. Übrig blieb ein vorrevolutionäres Bahnhofsgebäude ohne Funktion. Während der Sowjetzeit diente es als Lagerhalle um schließlich 1993 als orthodoxes Gotteshaus dem Erzengel Michael geweiht zu werden. Es ist bis heute die einzige christliche Kirche Buxoros. Gottesdienste finden an wechselnden Wochentagen um 16:00 Uhr und um 8:00 Uhr statt.

Erreichbarkeit:
Folgen Sie der Bahouddin Naqshbandi ko'chasi über die großen Kreuzung mit der I. Karimov ko'chasi. 120m nach der Kreuzung biegen Sie rechts in die kleine Seitenstraße Qarshi darvoza ko'ch. nach Süden und erreichen nach weiteren 180m die Kirche. Lage: +39°46'17", +64°25'60"

Saifeddin al-Boharzi ⑤① und Buyonquli Khan Mausoleum ⑤②
Ähnlich der Fayzobod Moschee gab es auch im Vorort Fatxobod eine Sufizentrum. Der Kristalisationspunkt war eine Medrese die mit Mitteln der einflußreichen Mongolin Sorqaqtani errichtet wurde. Verwaltet wurde sie vom Sufi-Prediger Saifeddin al-Boharzi (1190-1261). Er war Schüler des weitgereisten Nadjmeddin Kubra aus Xorazm. Als Zeitzeuge erlebte Boharzi den Mongolensturm und traf in dieser Zeit auch auf Berke Khan, den ältesten Sohn Dschingis Khans. Boharzi gründete in der Tradition Kubras den Sufiorden der Kubrawiya welche von seinem Sohn und später seinem Großsohn fortgesetzt wurde. Dieser zu Wohlstand gekommene Großsohn, Abu al-Mafachir Scheich Yahya unterschrieb am 01.10.1326 eine Schenkungsurkunde (die es heute noch gibt)

mit dessen Mitteln das **Saifeddin al-Boharzi Mausoleum** (Saifeddin al-Boharzi maqbarasi, 14.-16.Jh.) errichtet wurde. Auch der weltberühmte arabische Reisende Ibn Battuta bezeugte in einem von mongolischen Nachfolgestreitigkeiten zerrütteten Buxoro die Existenz des Grabmals des heiligen Asketen und Sufibruders Saifeddin al-Boharzi. Man geht davon aus, dass zumindest Teile des Gebäudes (Vorhalle, Peshtoq) aus späteren Jahrhunderten stammen.
Die Kuppel des Vorraumes (Zioratxona) fiel 1976 durch ein Erdbeben ein und wurde nach der Unabhängigkeit wieder neu aufgebaut. Beachten Sie beim Besuch insbesondere den kunstvoll geschnizten **Kenotaph** aus dem 14. Jh. im Grabraum (Go'rxona).
Unmittelbar dahinter steht das **Buyonquli Khan Mausoleum** (Buyonqulixon maqbarasi, 1358). Es ist eines der ganz wenigen erhaltenen Gebäude aus der Epoche der Mongolen-Khanate und allein schon deshalb von großer Bedeutung.
Der Mongolenfürst Buyonquli Khan stand dem Tschagataiden Khanat vor, zu dem auch Buxoro damals gehörte. In welcher Beziehung er zum Sufi Orden der Kubrawiya stand ist nicht bekannt, jedoch war es wohl sein Wunsch, hier beerdigt zu werden.
Vom herrlichen Majolika Schmuck des Peshtoq ist leider nur noch der obere Teil der Archivolte und die Spandrille vorhanden. Auch im Innenraum herrschen weiß-türkisblaue Keramikkacheln vor. Allesamt wurden in aufwändiger Relieftechnik angefertigt. Damit erinnern sie stark an die ältesten Mausoleen in Shahi Zinda (Samarqand). Geöffnet: In der Regel ist tagsüber eine Aufsichtsperson da, die auch das Buyonquli Khan Mausoleum aufschließt.

Erreichbarkeit:
Vom Taxistand Labi Hovuz sind es 2,3Km bis zum Parkeingang mit den beiden Mausoleen.

Turki Jandiy Mausoleum ⑤③
Es gibt in Buxoro einige Sehenswürdigkeiten jenseits der Fotomotive die wegen der Wirkung des Ortes so besuchenswert sind. Und dieses **Mausoleum** (Turki Jandiy majmuasi, 10.-17. Jh.) des mysteriösen Turki Jandiy zählt mit Sicherheit dazu. Abu Nasr Ahmad aus Janda,

einer Turkmensiedlung am Sirdaryo lebte im 12. Jh. hier in Buxoro und wurde als Wunderheiler und Sufiprediger populär. Zu Lebzeiten zog er zahlreiche Pilger an, die vom heiligen Wasser des Brunnens tranken und mit dem Imam ein Gebet sprachen. Heute vermittelt das Gebäude durch seine alten Mauern und der lebensnahe Einrichtung einen morbiden aber zutiefst ehrlichen Charm. Beachten Sie die Inschrift in der Holztüre aus dem 10.Jh. Das Turki Jandiy Mausoleum ist an seinem mit bunten Kacheln verzierten Eingangsiwan zu erkennen. Der dunkle Teil links ist noch original. Vom Eckgebäude des Kunstmuseums sind es ca. 220m entlang der Namozgoh ko'chasi nach Südwesten. Geöffnet: Wenn die Aufsichtsperson da ist.

Husayni Medrese 54

Ebenfalls ein solches Original ist die kleine **Husayn Medrese** (Huzayn madrasasi, 1885), auch Muhammad Yunus Bi genannt. Das aus Naturziegeln kunstvoll gemauerte Eingangsportal mit seiner Holztüre ist ehrlich alt. Dahinter verbirgt sich ein Innenhof in dem die umliegenden Anwohner die Wäsche zum Trocknen aufhängen und ihr Brennholz einlagern.

Erreichbarkeit:
Vom Turki Jandiy Mausoleum sind es 60m entlang der Namozgoh ko'chasi bis zur Kreuzung mit der Turki Jandiy ko'chasi. Diese überqueren wir und folgen der Namozgoh für weitere 42m. Geöffnet: Mit etwas Glück steht die Türe auf oder in der Nachbarschaft fragen.

Große Goziyon Medrese 55

Ganz in der Nähe der Huzayni Medrese ist auch die **Große Goziyon Medrese** (Goziyoni Kalon madrasasi, 1734) zu finden. Das Viertel der Glaubenskämpfer (Mahalla Goziyon) galt als Bildungszentrum der Stadt, denn hier gab es eine hohe Konzentration der über 60 Medresen der Stadt. Gleich gegenüber befand sich beispielsweise die **Kleine Goziyon Medrese** (Goziyon Churd madrasasi) die jedoch wegen Baufälligkeit abgerissen wurde. Beide Gebäude dienten bis ins 20.Jh. in erste Linie der Unterbringung von auswärtigen Schülern.

Da sich das Gebäude gänzlich im unrestaurierten Zustand befindet, kann man die verblasste Originalbemalung des schönen Muqarnahim-

mels im Iwan oder die alte Holztüre bestaunen. Auf dem rechten Eckturm sind noch Reste der Laterne zu sehen. Die Medrese ist in der Regel nicht zugänglich. Gegenüber das **Hammom** des Zabiyon-Dabiyon Stadtviertels. Nach wie vor ist diese schlichte öffentliche Bad in Betrieb.

Einen kurzen Abtecher wert ist die pittoresk am Eck liegende **Zabiyon-Dabiyon Mahalla Moschee** (18. Jh.) mit ihrem Mini-Minarett.

Erreichbarkeit:
Von der Gaukushon Medrese sind es 320m in südwestliche Richtung entlang der Juybor ko'chasi bis zur großen Goziyon Medrese. Die Zabion-Dabion Moschee liegt an der Imom-Gazoli Vali ko'chasi, 150m von der Goziyon Medrese entfernt.

Museumshaus Fayzulla Xo'jayev 56

Das repräsentative Anwesen der Familie Xo'jayev (Fayzulla Xo'jeyev muzey uyi) im angesehenen Goziyon Stadtviertel entstand 1891. Bauherr war Ubaydulla Xo'jayev, ein reicher Kaufmann, der mit dem Verkauf von Karakul-Schaffellen nach Russland zu Wohlstand gekommen war.

Nach dem kleinen Eingangsportal an der Abdulla To'qay ko'chasi gelangt man durch den mit Bäumen bestandenen **Äußeren Hof** (Hoveli Birun). Zu sehen ist ein Monument zu Ehren von Fayzulla Xo'jayev (1896-1938), der Sohn von Ubaydulla und heute ein etwas komplizierter Nationalheld. Fayzulla besuchte in Buxoro die Grundschule und auch die Medrese. Anschließend studierte er in Moskau, um eine säkulare Ausbildung zu erhalten. Nach dem Tod seines Vaters 1912 kehrte er nach Buxoro zurück. Unzufrieden mit den politischen und sozialen Zuständen in seiner Heimat gründete er mit anderen Reformern die Jungbucharer. Nach der Flucht des letzten Emirs Olim Khan ins Exil wurde Xo'jayev Vorsitzender des Ministerrates der neu gegründeten unabhängigen Volksrepublik Buxoro. Die Idee eines zwar kommunistischen aber unabhängigen Turkestan wie sie Xo'jayev vorschwebte gefiel Moskau jedoch nicht und daher ging die kurzlebige Volksrepublik bereits 1925 in die Usbekische Sowjetrepublik über. Auch hier erhielt Xo'jayev die führende Position als Vorsitzender des Rates der Volkskommissare. Im Jahr 1937 kam es jedoch zum Bruch zwischen ihm und Stalin. Xo'jayev hatte erkannt, dass Russland im sowjetischen Orient die koloniale Ausbeutung des russischen Zaren insbesondere durch die Baumwollmonokultur fortsetzen wollte. Fayzulla Xo'jayev wurde verhaftet und in einem Schauprozess mit anderen zum Tode verurteilt. Bereits 1966 rehabilitierte man ihn posthum. Im unabhängigen Usbekistan ist er ein Held, da er für die Interessen eines selbstbestimmen Usbekistans eintrat, doch seine kommunistische Vergangenheit reiht ihn ein in all jene, die heute als "Sowjets" eher kritisch gesehen werden. Nach dem passieren des **mitteren Hofes** mit einigen alten Wagenrädern und einem kleinen **Museumsraum** gelangt man in den **Inneren Hof** (Hoveli Darun) mit einem prächtig verzierten Säuleniwan. Die zahlreichen Blindnischen sind mit feinen Stuckarbeiten und Malerei ausgestattet. In den von diesem Hof aus erreichbaren repräsentativen Räumen können Ausstattungsgegenstände aus der damaligen Zeit betrachtet werden. Geöffnet: Mo-Fr 9:00-17:00 Uhr.

Erreichbarkeit:
Abdulla To'qay ko'chasi 71. Sie erreichen das Museum vom Sarrafon Kuppelbasar entweder über die Namozgoh ko'chasi oder die Juybor ko'chasi.

Namozgoh Moschee ⑤⑦
Da es innerhalb der Stadtmauer keinen geeigneten Platz für die Versammlung sehr vieler Gläubigen bei wichtigen Festen gab, entschied der karachanidische Herrscher Arslan Khan Muhammad (1102-1129), der Erbauer des Kalon Minaretts, im Park Shamsabad vor den Toren der Stadt eine offene Moschee bauen zu lassen. Die 37m lange schlichte Mauer bestand aus mehreren mit unglasierten Kacheln verzierten Blindnischen. Den optischen Fokus bildete aber die Mihrabnische. Sehr wahrscheinlich war dieser Mihrabmauer ein Säulengetragenes Vordach vorangestellt.
In einer zweiten Phase wurden im 13. Jh. die Blindnischen und der Mihrab mit geometrischen Mustern aus unglasierten Ziegeln verziert. Diese sind zum Teil noch heute sichtbar. Ebenfalls in Fragmenten erhalten sind die

reliefierten Majolika Kacheln aus dem timuridischen 15. Jh. Den umfassensten Umbau erhielt die Anlage schließlich im 17. Jh. bei der die ursprüngliche Mauer umfangreich nach hinten abgestützt und vorn ein dreiteiliger, überkuppelter Vorbau errichtet wurde.
Der Begriff "Namozgoh" ist aus dem Wort Namoz für Gebet abgeleitet und bedeutet Gebetsplatz.

Erreichbarkeit:
Sie erreichen die Moschee zu Fuß vom Sarrafon Kuppelbasar entlang der Namozgoh ko'chasi nach 1,4Km oder Sie nehmen ein Taxi. Das Gebäude ist frei zugänglich. Lage: +39°45'42", +64°24'43"

Kalif Xudoydod Komplex ⑤⑧
Dieser Gebäudekomplex (Xalifayi Xudoydod ansambli, 1777) ist insofern interessant, als dass er in etwa das darstellt, was um das Torhaus Chor Minor einstmals existierte: Ein großer Innenhof, umgeben von Hujrazellen und in der südwestlichen Ecke eine Moschee mit Zentralkuppel, umgeben von einer offenen Iwan-Gallerien.
Diese Kombination aus **Medrese** und **Moschee** mit einem kleinen **Minarett** in einem geschlossenen Komplex war im 18. Jh. häufiger anzutreffen, wobei dies auch ein Indiz dafür ist, dass in dieser Zeit bereits deutlich bescheidener gebaut wurde. So fehlt es auch dieser sicherlich attraktiven Anlage an herausragendem Kunsthandwerk wie es in den vergangenen Jahrhunderten üblich war.
Ungewöhnlich ist die überkuppelte **Zisterne** (Sardoba) im Innenhof welcher etwa 80 Jahre älter ist als die Medresenanlage.
Ganz in der Nähe auf dem Schulhof der Schule Nr. 14 gibt es eine weitere **Zisterne**, welche sich einstmals neben dem Mausoleum von Eshoni Imlo befand. Der Friedhof wurde jedoch in der Sowjetzeit planiert um die Schule darauf zu bauen. Geöffnet: tägl. 9:00-20:00 Uhr.

Erreichbarkeit:
Der Gebäudekomplex befindet sich nahe der Schule Nr. 14 (Maktab o'n to'rt). Die Bushaltestelle gleichen Namens wird von den Linien 5, 6, 8, 11, 35, 53, 64, 75, 76, 86 und 88 angefahren. Von der Bushaltestelle bis zum Komplex sind es ca. 530m. Lage: +39°46'7", +64°24'0"

Juyboriy Kalon Medrese ⑤⑨

Diese noch heute tätige Medrese für Mädchen hat eine bewegende Entstehungsgeschichte. Oy-Poshsho Bibi, die erblindete Enkelin von Scheich Juybor Hodscha Sayid, dem Erbauer der Hodscha Kalon Medrese, spendete in einer Schenkungsurkunde einen Großteil ihres Besitzes um diese Medrese (17.Jh.) bauen zu lassen. Auch heute noch haben es Menschen mit einer Behinderung in Usbekistan sehr schwer. Doch diese gute Tat wurde nie vergessen und bleibt mit diesem Gebäude verbunden.

Unmittelbar davor liegt das große **Wasserbecken Bodom** (Hovuz Bodom), auch Nov genannt. Es gilt als berüchtigt, da immer wieder Menschen in ihm ertranken. Das Wasser habe sie regelrecht hineingelockt, so der Volksmund. So schlachtete man immer wieder einen Hammel an dessen Rand und bereite daraus den Leichenschmaus (Hudoyi). Geöffnet: tagsüber

Erreichbarkeit:
Direkt an der Kreuzung Juybor ko'chasi mit der Muhammad Iqbal ko'chasi. Bushaltestelle "Maktab o'n to'rt": Linien 5, 6, 8, 11, 35, 53, 64, 75, 76, 86 und 88. Etwa 140m nach Süden.

Volidayi Abdulaziz Khan Medrese ⑥⓪

Ebenfalls am Bodom Wasserbecken, allerdings auf der anderen Straßenseite liegt die **Volidayi Abdulaziz Khan Medrese** (Volidayi Abdulazizxon madrasasi, 15.-17.Jh.) mit einem recht ungewöhnlichen Grundriss. Zur Straßenseite hin erhebt sich ein vorgelagertes, etwa fünf Meter hohes Minarett sowie ein L-förmig umlaufender Säuleniwan. Von ihm aus gelangt man in die ehemaligen Hujra Kammern sowie in einen sehr kleinen, heute überdachten Innenhof von nur 9,5x9,6m Länge. Das Gebäude ist sehr schlicht in seiner Ausgestaltung.

Vermutlich von der Mutter des Khans Abdulaziz ursprünglich als Moschee gestiftet, wurden noch in der Regierungszeit von Abdualziz Khan die Hujrazellen hinzugefügt. Dies erklärt den ungewöhnlichen Aufbau des Gebäudes das heute wieder als Moschee genutzt wird. Im Hinterhof ist der Gebetsraum der Frauen. Geöffnet: Täglich außer zu den Gebetszeiten.

Erreichbarkeit:
Die Volidayi Abdulaziz Khan Medrese liegt ebenfalls an der Kreuzung Juybor ko'chasi mit der Muhammad Iqbal ko'chasi.

Buxoro Hauptbasar ⑥①

Der Besuch des **Hauptbasars** (Buxoro markaziy bozori) ist wegen des immensen Angebotes an wirklich schönen und preiswerten Souvenirs sehr zu empfehlen. Insbesondere das Angebot an **Goldstickerei** (Zardo'zlik) ist hier das größte im ganzen Land.

Erreichbarkeit:
S. Murodov ko'chasi; Bushaltestelle "Merkez bozori": Linien 8, 35, 51, 53, 55, 60, 63.

Verkehrsverbindungen

Intern. Flughafen Buxoro (BHK)

(Buxoro xalqaro aeroporti) Die nationale Fluggesellschaft Uzbekistan Airways bietet im Sommerflugplan internationale Direktflüge nach Moskau (tägl.) und St. Petersburg (tägl.) an. Nationale Verbindungen bestehen mit Toshkent (tägl.) und Urganch (tägl.).

Silkavia bietet Inlandsflüge nach Urganch (Mi, Fr, Sa) und Toshkent (tägl).

Da es keine Direktverbindungen nach A, CH und D gibt sind derzeit nur Flüge über Russland verfügbar. Das Flughafengebäude ist recht überschaubar, angenehm sauber und bietet alle wichtigen Einrichtungen.

Erreichbarkeit:
Der Flughafen liegt vom Labi Hovuz aus 4,5Km östlich der Stadt. erreichbar mit Bus Nr. 11, Minibus Nr. 100 oder per Taxi.

Hauptbahnhof Buxoro

(Buxoro vokzali, auch Buxoro-1) Der dem ICE ähnelnde **Expresszug "Afrosiyob"** verbindet Buxoro mit Toshkent in 4h15min und mit Samarqand in 1h30min. Der bequeme **Reisezug "Sharq"** ist etwas langsamer und benötigt nach Toshkent ca. 6h und bis Samarqand 2h25min. Beide Züge halten auch in Navoiy. Bis zur Turkmenischen Grenze (Olot) bringt Sie der **Nachtzug** von Toshkent aus kommend in 1h30min. Ebenfalls per Nachtzug kommt man von Buxoro über die neue Wüstentrasse via Xazorasp nach Urganch in 7h22min.

Die genauen Fahrplaninformationen können Sie der Homepage der usbekischen Eisenbahngesellschaft (O'zbekistan temir yollari) entnehmen oder Sie wenden sich an die lokalen Reiseagenturen.

Bitte beachten:
Der Bahnhof von Buxoro liegt im 12Km entfernten Kogon! Planen Sie daher ausreichend Zeit ein. Direkt in Buxoro gibt es keinen Bahnhof mehr.

Erreichbarkeit:
Buslinie 68 und Marshrutka 378 fährt von der B. Naqshbandi ko'chasi nahe der Kreuzung mit der Islom Karimov ko'chasi direkt zum Bahnhof in Kogon (ca. 9km).

Hauptbusbahnhof Buxoro

Vom Hauptbusbahnhof (Buxoro shoh bekati) an der G'ijduvon ko'chasi 3Km nördl. der Innenstadt fahren moderne Fernbusse zwischen 8:00-11:00 Uhr und 19:00-23:50 Uhr nach Karmana (2,5h), Samarqand (4,5h) und Toshkent (10h). Alternativ fahen von hier auch die meist schnelleren **Routen-Taxis**. Letztere sind auch hier auf der Ausschau nach Passagieren Richtung **Navoiy** (1h)**, Samarqand** (4,5h) und **Toshkent** (8-10h) und zu weiteren Zielen innerhalb der Region Buxoro.

Karvon Basar Busbahnhof

(Karvon bozori) Die **Routen-Taxis**, PKW oder Kleinbusse die auf einer festen Routen fahren sammeln ihre Passagiere am Parkplatz vor der Südfront des Karvon Basares (Karvon bozori) für das Fahrziel **Urganch** (4,5h) auf. Vereinzelt kann man auch Mitfahrgelegenheiten nach **Navoiy, Samarqand** oder **Toshkent** finden.
Etwas nordöstl. des Karvon Basar an der M37 ist die Bushaltestelle für innerstädtische Busse, Marschrutkas und Taxis.

Hauptbasar Busbahnhof

(Markaziy bozori) Neben den innerstädtischen Marschrutkas und Taxis fahren ab hier auch **Routen-Taxis Richtung Chor Bakr** (0,5h) und **Olot** (1,5h).

Sharq Busbahnhof

(Sharq bosh bekati) Am Kreisverkehr der A380 Richtung Kogon warten Taxifahrer auf Fahrgäste Richtung **Kogon (Vokzal) und Qarshi**. Lage: +39°45'25", +64°27'32"

Verkehrsmittel in Buxoro

Öffentliche Verkehrsmittel fahren in der Regel tägl. von 6:00 bis 20:00 Uhr.

Bushaltestelle Telpakfurushon

Buslinien 8 (Trikotaj fabrika/Kichik noyiha), 9 (Fernbusbhf./Konchilar), 52 (Losha)

Bushaltestelle Hauptbasar

(Markaziy bozori) Buslinien 5 (Chor Bakr Busbhf./Sitora Basar), 6 (Chor Bakr Busbhf./Konchilar), 8 (Trikotaj fabrika/Kichik noyiha 6), 35 (Abu Havr Kabir/Sharq Basar), 51 (Aholi), 53 (Karvon Basar/ Buxorotrans xiz.), 55 (Chor Bakr Nekropole/Sharq Busbhf), 60 (Bah. Naqshbandi Komplex), 63 (Chor Bakr Busbhf./Ftiziatriya va pulmonologiya markazi), 64 Chor Bakr Busbhf./Aholi), 65 (Chor Bakr Busbhf./Sohibkor QFY), 75 (Torchoq QFY/ Karvon Basar), 76 (Chor Bakr Busbhf./Losha), 88 (Chor Bakr Busbhf./Ruhiy-asab kasalliklar dispenseri)

Bushaltestelle Yuridik texnikumi

Buslinien 7 (Sitorai Mohi xosa/Maktab 32), 8 (Trikotaj fabrika/Kichik noyiha 6), 9 (Fernbusbhf./Konchilar), 10 (Mohi Xosa Sanatoriya/Ftiziatriya va pulmonologiya markazi), 17 (Jo'yizar Sanatoriya/Aholi, 25 (Karvon Basar/ Alpomish), 33 (Mohi Xosa Sanatoriya/Maktab 33), 37 (Gala Osiyo/Ftiziatriya va pulmonologiya markazi), 51 Markaziy Basar/Aholi), 60 (Markaziy Basar/Bah. Naqshbandi Komplex), 63 (Chor Bakr Busbhf./Ftiziatriya va pulmonologiya markazi), 88 (Chor Bakr Busbhf./Ruhiyasab kasalliklar dispenseri)

Bushaltestelle Karvon Basar

(Karvon bosori) Buslinien 7 (Sitorai Mohi xosa/Maktab 32), 9 (Fernbusbhf./Konchilar), 10 (Mohi Xosa Sanatoriya/Ftiziatriya va pulmonologiya markazi), 25 (Karvon Basar/Alpomish), 33 (Mohi Xosa Sanatoriya/Maktab 33), 37 (Gala Osiyo/Ftiziatriya va pulmonologiya markazi), 53 (Karvon Basar/ Buxorotrans xiz.), 72 (Sitora Basar/Mohi Xosa Sanatoriya), 77 (O'tror/Do'lama QFY)

Bushaltestelle Sharq Busbahnhof

(Sharq bosh bekati) Buslinien 6 Chor Bakr Busbhf./Konchilar), 9 (Fernbusbhf. / Konchilar), 55 (Chor Bakr Nekropole/Sharq Busbhf), 68 (Bahnhof Kogon/Maktab 29)

Buxoro von A bis Z

Apotheken
Dorixona No. 1, B.Nashband ko'chasi 2, gegenüber Nodir Devonbegi Pilgerherberge am Labi Hovuz

Dorixona, B. Naqshband ko'ch. 7, gegenüber Nasreddin Plastik am Labi Hovuz

Dorixona, Islom Karimov ko'ch. 1

Dorixona, Azimov ko'chasi, nahe Modarixon Medrese

Auto- und Fahrradvermietung
sixt rent a car, Bahouddin Naqshband ko'chasi 8, Geöffnet: Mo-Fr 9:00-18:00 Uhr, Tel. 95-641 13 43

sixt rent a car, direkt am Bahnsteig des Bahnhof in **Kogon.** Geöffnet: Mo-Fr 9:00-13:00 und 14:00-18:00 Uhr, Tel. 99-853 80 66

Fahrradverleih, nahe dem Toqi Telpak Furushon Kuppelbasar und am Labi Hovuz

Bibliotheken
Abu ibn Sino Regionalbibliothek (Abu ibn Sino viloyat kutubxonasi), Akademik Ibrohim Muminov ko'chasi 1

Badehäuser
Badehaus Bozori Kord (Hammomi Bozori Kord) neben Telpakfurushon Kuppelbasar, tägl. 6:00-23:00 Uhr, hist. Gemeinschaftsräume

Badehaus Kunjak (Hammomi Kunjak), Ibadov ko'chasi südwestl. der Kalon Moschee. Mi-Mo 6:30-19:00 Uhr, historische Gemeinschaftsräume, nur für Frauen

Badehaus Zabiyon-Dabiyon (Hammomi No. 1), Juybor ko'ch. gegenüber Große Gozyon Medrese, Do-Di 7:00-22:00 Uhr, Einzel-/ Gemeinschaftsräume nach Geschlechtern getr.

Bücher, Bildbände, Karten, Stadtpläne
Buxoro Kitob Olami, usbekische Bücher aller Art, Navoiy shoh ko'ch. 5, Ecke M. Iqbol ko'chasi

Einkaufen
Basare
Hauptbasar (Buxoro markaziy bozori) nahe dem Talipoch Stadttor

To'qimachi Basar, (To'qumachi bozori), Mustaqillik ko'chasi 84, am Südrand der Stadt

Karvon Basar, (Karvon Bozori), an der Kreuzung Gijduvon ko'chasi (M37) und Gazli shossesi (A380) am nördl. Stadtrand

Einkaufszentren
Buxoro Einkaufszentrum, (Buxoro Savdo Majmuasi, Mustaqilik ko'ch. Ecke Ibrohim Mo'minov ko'chasi

Chinar Mall, Alpomish ko'ch., südl. Stadtrand

Karvon Shopping Centre, Buxoro City, Hofiz Tanish Buxoriy ko'chasi (Eröffnung 2025)

Souvenirs
In den Kuppelbasaren und den Straßen dazwischen gibt es eine große Auswahl an Souvenirs wie Suzani, Kissenbezüge, Teppiche, Metallwaren, Keramik, Seidenstoffe, Gewürze. Sehr schön sind die Puppen von Iskander Hakimov die im Puppenmuseum angeboten werden.

Geldwechsel
Usbekische Nationalbank NBU, Muh. Iqbol ko'chasi 3, Geöffnet: Mo-Fr 9:00-16:00 Uhr.

Ziraat Bank, A. Navoiy ko'ch. 17, südöstl. des Stadions, Geöffnet: Mo-Fr 9:00-17:00 Uhr.

Hotels und Unterkünfte (Auswahl)
Luxuriös
Hotel Wyndham, Navoiy ko'ch. 8, Tel. 99-711 30 00, große Zimmer, Pool, gute Betten

Hotel Alexia Suite, Chit Bofon ko'ch. 3, Tel. 224 12 63, alles sehr sehr großzügig gestaltet

Mittel
Hotel Mercure Old Town, Samarkand ko'ch. 206, Tel. 55-305 07 07, modern-schick, Pool, Gym, ein komfortables Highlight der Stadt

Hotel Amelia, Bozor Xo'ja ko'ch. 1, Tel. 224 12 63, sehr beliebt, liebevoll gestaltete Themenzimmer, östlich dem Labo Hovuz

Hotel Minzifa, Eshoni Pir ko'ch. 63, Tel. 224 56 28, kleine aber gemütliche Zimmer mit schöner Deko, südl. des Labi Hovuz

Hotel Amulet, B. Naqshband ko'ch. 73, Tel. 223 39 31, sehr schöne Medrese mit kleinen Zimmern, etwas östlich vom Labi Hovuz

Hotel Kukaldosh, Mehta Ambar ko'ch. 115, Tel. 224 53 99, beeindruckende Mischung aus moderner und historischer Architektur

Hotel Komil, Barakyon ko'ch. 40, Tel. 223 87 80, schönste Gipskunst in den Zimmer, von Außen schlicht, südl. des Labi Hovuz

Günstig
Hotel Old Gate, Mirzo Uzmon ko'ch. 46, Tel. 93-960 84 00, kleine schön dekorierte Zimmer mit Bad und Frühstück, gegenüber dem Ark

Sarrafon B&B, Sarrafon ko'ch. 4, Tel. 223 64 63, einfach aber akzeptabel, etwas Deko, nahe am Labi Hovuz

Malikjon B&B, Sarrafon ko'ch. 9, Tel. 224 5050, typ. Altstadthaus mit schlichten Zimmern, im jüdischen Viertel nahe der Synagoge

Krankenhäuser
Notfallzentrum (Tibbiy tez yordam markazi), B. Naqshband ko'chasi 159, im städtischen Gesundheitszentrum (Shahar tibbiy shoshilinch markazi) Tel. 225 20 22

Diagnosezentrum (Diagnostika Markazi), B. Naqshband ko'chasi 61, Tel. 223 68 17

Museen und Ausstellungshallen
Museum für Heimatkunde u. Geschichte (Tarixiy o'lkashunoslik muzeyi), in der Ark Zitadelle; Abteilungen: Geschichte, Numismatik und Epigraphik, Naturkunde, Literatur; Geöffnet: tägl. 9:00-18:00 Uhr, Museen: Do-Mo 9:00-17:00 Uhr, Di 9:00-14:30 Uhr, Mi geschl.)

Gefängnis Museum (Huquq va qonunchilik muzeyi), im Zindon; Abteilungen: Schuldner, Aussichtslose Fälle; Geöffnet: Mo-Fr 9:00-17:00 Uhr, Di 9:00-14:30 Uhr, Mi geschlossen

Kamoliddin Behzod Kunstmuseum (K. Behzod nomindagi tasviriy san'at muzeyi), B. Naqshban ko'ch. 41, nahe Sarrafon Kuppelbasar; Abteilungen: Gemälde und Grafiken des 19. u. 20. Jh., Miniaturen des 19. Jh., Skulpturen, Schmuck des 18.-20. Jh., Manuskripte des 16.-20. Jh.; Geöffnet: Mo-Fr 9:00-17:00 Uhr, Di 9:00-14:30 Uhr, Mi geschlossen

Teppichmuseum (Gilamlar muzeyi), im Mag'oki Attoriy Mausoleum; Geöffnet: Mo-Fr 9:00-17:00 Uhr, Di 9:00-14:30 Uhr, Mi geschl.

Kalligraphie Museum (Xattotlik muzeyi), in der Ulug'bek Medrese, Geöffnet:Mo-Fr 9:00-17:00 Uhr, Di 9:00-14:30 Uhr, Mi geschlossen

Museum für Holzschnitzkunst (Yog'och o'ymakorligi ko'rgazmasi), in der Abdulaziz Khan II Medrese; Geöffnet: Mo-Fr 9:00-17:00 Uhr, Di 9:00-14:30 Uhr, Mi geschlossen

Museumsschmiede (Temirchilik hunari tarixi muzeyi), in der Karawanserei Kuleta neben dem Telpakfurushon Kuppelbasar, Abteilungen: Rüstungen und Waffen, Gebrauchsgegenstände; Geöffnet: Do-Mo 9:00-17:00 Uhr, Mi geschlossen

Fayzullo Xo'jaev Museum (Boy savdogari Fayzullo Xo'jaev uyi), Abdulla To'qoy ko'chasi 70; Abteilungen: Ethnographie des 19.Jh., Politiker und Revolutionär Fayzullo Xo'jaev Geöffnet: Mo-Fr 9:00-17:00 Uhr, Di 9:00-14:30 Uhr, Mi geschlossen

Ausstellung Wasserversorgung von Buxoro (Chashmi Ayub muzeyi), im Chashmi Ayub Mausoleum; Geöffnet: Mo-Fr 9:00-17:00 Uhr, Di 9:00-14:30 Uhr, Mi geschlossen

Muhammad al-Buhari Museum (Imom al-Buxoriy xotira muzeyi), im Istirohat Park gegenüber Chashma Ayub Mausoleum; Ausstellung zu Leben und Werk des islamischen Theologen und Juristen al-Buhari; Geöffnet: unregelmäßige Öffnungszeiten

Puppenmuseum (Qo'g'irchoqlar muzeyi) gegenüber dem Labi Hovuz; sehr schöne Ausstellung und Werkstatt; Geöffnet: tägl. 9:00-13:00 und 14:30-18:00 Uhr

Ausstellunghalle zeitgenössischen Kunsthandwerkes (Kulolchilik ekspozitsiyasi) in der Nodir Devonbegi Pilgerherberge am Labi Hovuz, Geöffnet: unregelmäßige Öffnungsz.

Kunst- und Photogallerie (Abri-Bahor galereyasi) in der Karawanserai Olimjon, gegenüber Kunstmuseum, Geöfnet: tägl. 9:00-23:00 Uhr

Post
Hauptpost (Pochta bosh bo'limi) Ibrohim Mo'minov ko'ch. 8, Tel. 223 78 04, Geöffnet: Mo-Sa 9:00-18:00 Uhr

Registrierung
Touristenvisum: Überprüfen Sie, ob Sie entweder einen Zettel oder einen Stempel mit der entsprechenden Registrierung des gesamten Aufenthaltes in Ihrem Hotel erhalten haben. Registrierung innerhalb von 3 Werktagen ausschließlich über lizensierte Hotels.

Reiseveranstalter (in Buxoro)
East Line Tour
Minzifatravel
Salom Travel
Komil Travel
Sarrafon Travel
Mit diesen Begriffen können Sie über Suchmaschinen die Homepage erreichen.

Restaurants
Usbekisch
Restaurant Minzifa, Neben Sarrafon Kuppelbasar, Tel. 224 61 75; hübsch angerichtete Speisen, auch vegetarisch, Dachterrasse mit Blick über die Kuppeln

Restaurant Old Bukhara, Samarqand ko'ch. 3, Tel. 224 34 02; gemütliches Restaurant mit Innenhof, Dachterrasse, auch bei Reisegruppen beliebt

Restaurant Temir's, Mehtar Anbar ko'ch., Tel. 93-477 06 21; etwas überladenes Interieur, sehr breit gefächertes Menü, guter Service

Restaurant Joy, Mehtar Anbar ko'ch., Tel. 93-477 06 21; etwas überladenes Interieur, sehr breit gefächertes Menü, guter Service

Italienisch
Restaurant Bella Italia, B. Naqshband ko'ch. 125, Tel. 224 33 46; italienisch-orientalisches Flair, Terrasse mit Kinderecke, bei Einheimischen beliebt

Libanesisch
Restaurant Zaytoon, Islom Karimov ko'ch. Ecke Zulfiya ko'ch., Tel. 90-416 15 15; modernes Restaurant mit sehr hochwertiger mediteraner und arabischer Küche, auch Vegetarisches

Teehäuser
Choyxona Labi Hovuz, B. Naqshband ko'ch. 100, Tel. 93- 383 30 23; Klassiker am Labi Hovuz, mit überwiegend guten Gerichten, der Service ist eher flüchtig

Shashlik Oshxona, Ashrafi ko'ch. südl. Bolohovuz Moschee; hat den besten Shashlik der Stadt, sehr zu empfehlen (nicht verwechseln mit der Choyxona Boloi Havz gegenüber)

Cafés
Café Wishbone, im Tim Abdulla Khan, Tel. 94-629 21 32; hier gibt es leckeren Käsekuchen und hochwertigen Filterkaffee von Gertrud aus Deutschland

Schwimmbäder
Atlantis Pool, Ibrohim Mo'minov ko'ch., Ecke Zulfiya ko'ch.; Hallenbad, Außenbecken, Kinderbecken; Geöffnet: Tägl. 9:00 - 22:00 Uhr

Aquamarine, M. Iqbol ko'ch. 7, im Hotel Shahid Zarafshon; Hallenbad, Sauna, Hammam, Außenpool, Gym

Telefon, SIM Karten für Handys
Ucell, Islom Karimov ko'ch. 10
Beeline, Piri Dastgir ko'chasi 5
Uzmobile, A. Muhammad Iqbol ko'ch. 4A

Übersetzer
Übersetzer und Tourguides vermitteln die lokalen Reiseveranstalter und das Tourbüro im Ark

Unterhaltung
In der Nodir Devonbegi Medrese am Labi Hovuz findet täglich um 19 Uhr eine einstündige kombinierte **Folklore- und Modenschau** statt. Gezeigt werden landestypische Tänze sowie klassische und moderne Kostüme aus bunten Seidenstoffen. Nur mit vorheriger Reservierung (optional mit Abendessen) direkt in der Medrese oder über lokale Reiseagenturen.

Vergnügungsparks
Sitora Kinderpark (Sitora bolalar bog'i), Abu Ali ibn Sino Shoh ko'chasi, diverse Fahrgeschäfte

Samoniden Erholungspark (Samoniylar istirohat bog'i), Mirdo'stim ko'chasi, diverse Fahrgeschäfte

Vorwahl von Buxoro
(3)65 für 7 stellige Nummern
(3)652 für 6 stellige Nummern

Sehenswertes in der Region Buxoro

Die Ruinenstädte der Buhar Oase

Die Ausdehnung und Lage der Buhar Oase wurde und wird vom Zarafshon Fluß bestimmt der in diese Flußendoase mündet. Den Fluten und dem Lauf der Geschichte fiel so manche Stadt zum Opfer. Drei davon werden nachfolgend näher dargestellt.

Varaxsha

(Varaxsha, 1.Jh.v.Chr. - 11.Jh.) Sie war der Grenzposten am Rande der Buhar-Oase und die letzte Karawanenstation auf dem Weg nach Xorazm, der nächstgelegenen Oase. Für diese Wüstenpassage benötigten die Kamele etwa acht Tage.

Varaxsha hatte seine Blütezeit im 7./8. Jh. n. Chr.. Bei Ausgrabungen wurden in den Ruinen des Palastes (5.-8. Jh) der damaligen Buhar-Chudats Chunak (689-708 n. Chr.) und Toghshada (709-732 n.Chr.) mehrere relativ gut erhaltene **Wandgemälde** gefunden. Im östlichen Raum zeigt ein Gemälde (8.Jh.) das Herrscherpaar kniend bei einem Feuerritual vor Vashagn, dem Sogdischen Kriegsgott und himmlischen Patron der Buhar-Chudats. Dies legt nahe, dass Toghshadas Übertritt zum Islam wohl eher politischer Natur war.

Im roten Saal daneben wurde das ungleich größere Bildnis einer Jagdszene gefunden. Dabei reitet Bodhisattva Samantabhadra auf einem geschmückten Elefanten und versucht mit einem Speer die aufspringenden Leoparden zu bekämpfen. Die zweite Person auf dem Elefanten wird gerade von einer weiteren Raubkatze angefallen. Diese Szene wiederholt sich in ähnlicher Weise in einem auf drei Wänden umlaufenden Gemälde mehrmals, jedoch mit wechselnden Raubkatzen und auch einem drachenähnlichen Fabeltier. Darüber ein Fries aus kleineren Elefanten, Raubkatzen und Fabeltieren. Von diesem Fries bis zur Decke fand man typisch sogdische Kamele mit Flügeln.

Eine Kopie des ganzen Wandgemäldes und weiterer Funde können im Museum der Geschichte in Toshkent betrachtet werden.

Verlassen wurde die kulturelle Metropole der Buhar-Chudats noch vor dem Mongolensturm wegen Wassermangel und Sandverwehungen.

Vor Ort ist von dieser Pracht leider wenig übrig und es bedarf viel Fantasie, sich diesen Palast und die Stadt vorzustellen, welche einen dreieckigen Grundriß mit abgerundeten Ecken hatte. Ganz in der Nähe sind zahlreiche Ziegeleien (Kirpichniy fabrikalari) zu finden.

Erreichbarkeit:
Um zu den Ausgrabungen zu gelangen, verlässt man Buxoro in Richtung Urganch, verlässt bei Hasanobod die A 380 nach Südwesten, passiert das Dorf Chelong'u, Nach Oqrabot (+39°50'27", +64°12'44") führt eine Straße in Nordwestl. Richtung durch Felder bis zu eine T-Kreuzung nach einem Kanal. Dort links nach Südwesten abbiegen, nach 2,5Km ab dieser Kreuzung ist man am Ziel (+39°51'49", +64°4'23"). Insgesamt ca. 40Km ab dem Karvon Basar in Buxoro.

Ramish

(Ramish, auch Qo'rg'on Romitan genannt; 5.Jh. -13.Jh) Ramish war eine der wichtigsten Siedlungen innerhalb der Buhar Oase und mit einer mächtigen **Zitadelle** ausgestattet. Eine Französisch-usbekische Archäologengruppe (MAFOUB) führt derzeit Grabungen an der Zidadelle durch.

Die heute sichtbaren Befestigungen (Zitadelle, Shahristan und Vorstadt) stammen etwa aus dem 10.-13.Jh.. Die Stadt wurde jedoch schon lange vor der arabischen Eroberung gegründet. Auf dem westlich von Ramish gelegenen Hügel ist die interessant angelegte und ebenfalls besuchswerte **Pilgerstätte** von **Hodscha Ali Romitaniy** zu finden.

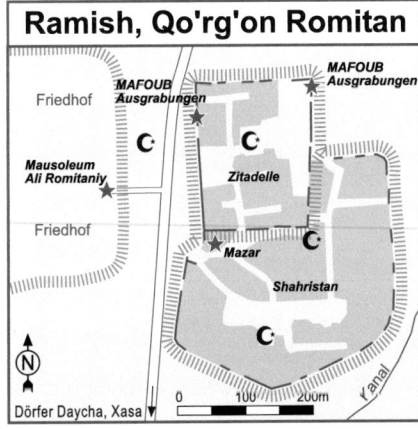

Ramish, Qo'rg'on Romitan

Erreichbarkeit:

Von Buxoro aus der A380 Richtung Urganch bis zum Dorf Yuqori G'azberon folgen (Kreuzung: +39°54'1.23", +64°17'40.39"). Nach Xosa abbiegen und der Straße bis ins Dorf Dehcha folgen. Bei einer weiteren Kreuzung (+39°53'50.61", +64°15'50.69") nach Norden abbiegen. Nach 1500m erreicht man Ramish. Lage: +39°54'36.49", +64°16'3.09"

Paykend und Paykend Museum

(Paykend, 4. - 12. Jh., Qadimgi tarixi Paykend muzeyi) Die Ruinenstadt Paykend erlebte ihre Blüte als Handelsmetropole der Seidenstraße im 7. Jh. Bestes Zeugnis dafür sind die zahlreichen Karawansereien in der Vorstadt (Rabat). Die beiden **Stadtbereiche** (Shahriston 1 und 2) wurden von einer hohen Lehmmauer mit zahlreichen Türmen abgesichert. Dennoch gelang es dem arabischen Eroberer Kuteiba ibn Muslim die Mauer zu untergraben und einzudringen. Im Stadtbereich entdeckten Archäologen das Haus eines reichen Kaufmanns mit Säulen, Fresken und Stuckdekorationen. Die Stadthäuser ab dem 8.Jh wiesen zudem häufig Badezimmer aus. Selbst eine Apotheke wurde gefunden. Überragt wird die Anlage von der **Zitadelle** mit einer großen **Moschee** und einem **Minarett** dessen Durchmesser (11m) größer war als das Kalon Minarett in Buxoro.

Unterhalb der Zitadelle, nahe des neuzeitlichen Bewässerungskanals wurden mehrere **Töpferwerkstätten** ausgegraben.

Als der Zarafshon Fluß seinen Lauf änderte, versuchte der Buhar Herrscher Arslan Khan im frühen 12. Jh. einen Kanal zu bauen, um die Stadt weiter mit Wasser zu versorgen. Doch das Vorhaben misslang und die Stadt musste aufgegeben werden.

Das 2004 ganz in der Nähe eröffnete **Museum** zeigt einige Funde und erklärt die Ausgrabungen. Museum unregelmäßig geöffnet.

Erreichbarkeit:

Von Buxoro fahren Marschrutkas ab dem Hauptbasar Richtung Olot oder Qoraqo'l. In Sayot aussteigen und einen Taxifahrer suchen. Zunächst geht es von Sayot durch das Dorf Sho'rrabot nach Osten. Unmittelbar am Ortsrand von Sho'rrabot geht die Straße in eine Piste über und führt durch ein Wüstengebiet. Nach 1,5Km biegt die Piste leicht ab nach Nordost. Nach weiteren 1,5Km erreicht man Paykend. Von der Hauptstraße (M37) bis Paykend sind es 4,6Km. Lage: +39°35'12.32", +64°0'38.15"

Vobkent (Vobkent Minarett) 🕌

Das 39m hohe **Minarett** (Vobkent minorasi) in der Ortsmitte von Vobkent wurde erbaut von Burhan ad Din Ajud al Aziz II in den Jahren 1196 bis 98. Es ist wohl das schönste und am besten erhaltene Minarett aus der vormongolischen Zeit in Zentralasien. Die Leute hier sagen, es sei wegen der schlanken, ausgewogenen Form die weibliche Version des Kalon Minaretts in Buxoro. Das Minarett kann nicht bestiegen werden.

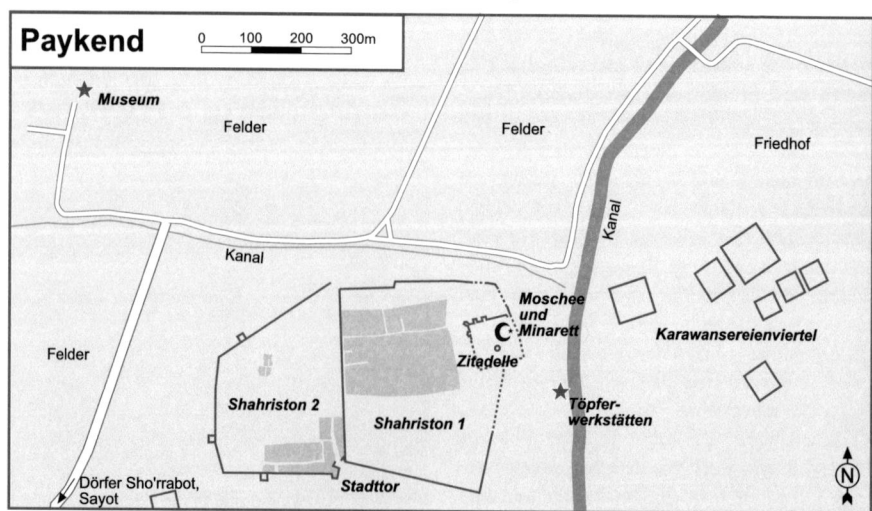

Erreichbarkeit:
Vom Busbahnhof direkt an der M37 Buxoro-Samarqand führt eine Straße in die Ortsmitte von Vobkent. Es sind ca. 900m bis zum Minarett das kaum zu übersehen ist. Vobkent ist mit Marshrutkas von Buxoro (Hauptbusbahnhof) aus in ca. 30min zu erreichen.

Xayrabotcha (Chashma Ayub Mausoleum) 🕌 UNESCO

Noch nicht Teil der touristischen Reiseziele ist das besuchenswerte Portal des **Chashma Ayub Mausoleums** (Chashma Ayub maqbarasi, 1253) im Dorf Xayrabotcha nahe Vobkent. Das Portal ist üppig mit verschiedenen Dekorationstechniken verziert: Svastika Muster in Banna'i Technik in der Spandrille, darüber ein türkisfarbenes Kalligraphiefeld mit Thulut-Schrift, ein glasierter Abschlußstein der Archivolte und Hazarbaf Muster aus unglasierten Ziegeln im Tympanon. Eingerahmt wir das Ganze von einem reliefierten umlaufenden Musterband mit glasierten Sternen. Links des Portales ist noch ein Teil der mit einer Blendnische verzierten Seitenwand zu sehen. Alles übrige ist verloren gegangen. Unmittelbar hinter dem Portal ist der restaurierte Brunnen sowie ein ebenfalls rekonstruierter, gemauerter Kenotaph. Der Inschrift nach wurde hier Abu Sa'd al-Xarjushiy begraben, der wohl 1017 verstarb. Im Jahr 2014 wurde die erste Kachel aus dem Kalligraphiefeld gestohlen und 2017 in London bei einem Kunsthändler sichergestellt. Das Bri-

tische Museum half bei der Rückführung nach Usbekistan. In unmittelbarer Nähe steht eine schlichte Moschee aus dem 19. Jh.

Erreichbarkeit:
Vom Vobkent Busbahnhof fahren Marschrutkas 15Km über die Dörfer bis Xayrabotcha, das südöstlich von Vobkent liegt. Lage: +39°58'13.25", +64°38'11.33"

Afshona (Ibn Sino Museum)

Er ist wohl der berühmteste Universalwissenschaftler Transoxaniens und bis heute eine Art Superstar dessen Leben und Werk in unzähligen Büchern sowie einigen Filmen dargestellt wurde (Der Medicus, 2013; Avicenna, 1957 und 1988). Abu Ali al-Husain ibn Abd Allah ibn Sina oder auch Avicenna wurde um das Jahr 980 in Afshona geboren und lebte dort bis er sechs Jahre alt war. Das kleine Afshona blickt damit nicht nur auf einen berühmten Sohn sondern auch auf eine beachtlich lange Geschichte zurück.
Das **Ibn Sino Museum** (Ibn Sino muzeyi) wurde 2006 eingeweiht und erklärt die Zeitepoche und Zeitgenossen ibn Sinas, sein Leben und Werk sowie das wissenschaftliche Erbe seiner Arbeiten in Medizin, Philosophie, Theologie und den Naturwissenschaften.
Geöffnet: Do-Di 9:00 - 17:00 Uhr, Mi geschl.

Erreichbarkeit:
Vom Karvon Basar nahe Buxoro zunächst mit einem Marschrutka bis Romitan (Basar) und von dort ein Taxi für die 9Km bis Afshona.

Sufismus in Usbekistan

Er spielt im religiösen Leben vieler Usbeken eine große Rolle: Der Sufismus. Diese Strömung im Islam betont die mystische Beziehung des Menschen zu Allah. Dieser ist immer im Herzen präsent und wird dem Gläubigen zum Beispiel beim Zikr (Dhikr) ganz nah. Dabei wird in der Stille oder auch inbrünstig laut der Name Gottes wiederholt, oft kombiniert mit einer bestimmten Atemtechnik. Generationen von Sufi Bruderschaften habe sich Gedanken gemacht, wie der Muslim sich im Alltag verhalten soll. Dabei sind sie früher über das Land gereist, haben sich mit anderen Gläubigen ausgetauscht, dabei in Pilgerherbergen gelebt und sich zur Askese und Meditation in Chillaxonas zurückgezogen.
Ähnlich wie im Katholizismus gibt es auch im Sufismus Heilige denen man besondere Fähigkeiten oder Ereignisse zuschreibt. Diese Personen werden in den vielen kleinen und großen Pilgerzentren des Landes im Gebet um Hilfe oder die Erfüllung von Wünschen angerufen.
Ziel des Sufi ist es, durch möglichst exaktes Einhalten des Verhaltenskodex seiner Tariqa und der religiösen Pflichten die "Vollkommenheit des Prophetentums" zu erlangen.

Die sieben Heiligen Stätten rund um Buxoro

Buxoro galt im 13. und 14. Jh als das religiöse Zentrum des Islam und damit unmittelbar auf Baghdad folgend.

In einer ununterbrochenen Kette (Silsia) angefangen mit Abu Bakr as Siddiq (573-634), dem Schwiegervater Mohammeds und ersten Kalifen folgten Generationen von religiösen Anführern (Pir) wie erst die Siddikiya, dann die Tayfuriyya und schließlich die Tariqat-i Xvayaganiyya. Letztere waren sieben Männer die heute wie Heilige verehrt werden, ob ihrer Verdienste um die Religion des Islam und des Sufismus. Diese "Meister der Weisheit" waren:

Hodscha Abdulxoliq G'ijduvoniy (1103-1179)
Hodscha M. Orif Revgariy (1136-1239)
Hodscha Mahmud Anjir Fag'naviy (?-1317)
Ali ar-Romitani (?-1315/1321)
Muhammad Baba as-Sammasi (?-1354)
Sayyid Amir Kulol (1287-1370)
Muhammad Bahouddin Shah Naqshband (1318-1389)

Alle diese Gelehrten stammten aus der Buhar Oase was den Ruf Buxoros als islamisches Zentrum bestätigt.

Um die noch immer tiefe Gläubigkeit der Menschen hier, aber auch die verschwommene Grenze zur Esoterik und das Übersinnliche als Aussenstehender zumindest zu beobachten lohnt sich der Besuch der nachfolgend beschriebenen heiligen Stätten.

G'ijduvon

In seiner Geburts- und Heimatstadt wird Hodscha Abdulxoliq G'ijduvoniy wie ein Heiliger verehrt. Er übernahm als Naib (Nachfolger) die Führung der Sufi Bruderschaft von Hodscha Yusuf al-Hamadani, welcher im turkmenischen Merw begraben wurde.

Abdulxoliq's Verdienst war es, einen Kodex zu erarbeiten, wie das Zusammenleben einer Sufi-Bruderschaft gelingen könnte. Als er 1179 verstarb, begrub man ihn ebenfalls in G'ijduvon. Um weiter an ihn zu erinnern wurde 2003 ein **überdachtes Kenotaph** errichtet.

Gleich dahinter erstrahlt die **Ulug'bek Medrese** (Ulug'bek madrasasi, 1433) mit einem kleinen **Minarett** davor. Insgesamt ließ Ulug'bek drei Medresen errichten, eine in

Samarqand, die zweite in Buxoro und hier in G'ijduvon die dritte und kleinste. Die Majolika Verzierung des äußeren Iwan erinnert stark an die temuridischen Bauwerke in Samarqand. Geht man in den relativ kleinen Innenhof so erblickt man eher wieder die Muster Buxoros. Links neben der Medrese steht ein weißer **Brunnen** für die rituelle Waschung.

Gebetet wird in der **G'ijduvoni Moschee** (G'ijduvoni masjidi, 19. Jh.) unmittelbar neben der Ulug'bek Medrese. Mit dem großen **Wasserbecken** davor ergibt sich ein harmonisches Ensemble.

G'ijduvon ist überregional auch bekannt für seine **kultivierte Kochkunst**. So frittiert man nur hier den Fisch ganz ohne Gräten und auch das Schaschlik ist hier besonders schmackhaft.

Neben Rishton im Farg'ona Tal ist G'ijduvon zudem bekannt für seine Keramik. Zu Zeiten des Emirates gab es hier 41 Werkstätten. Fünf davon gehörten dem Narzullaev Clan. Heute wird die **Keramikwerkstatt** von der siebenten Töpfer-Generation betrieben. Im Sortiment sind neben Sonderanfertigungen etwa 80 Standardformen und 200 Ornamente. Der Lehm stammt aus verschiedenen Gruben und wird in einem ganz bestimmten Verhältnis gemischt. Auch die Grundstoffe für die Glasur stammen alle aus Usbekistan. Typisch für G'ijduvon ist die braune Grundfarbe und große Muster in den Farben Grün, Türkis, Gelb und Beige. Achten Sie beim nächsten Palov darauf, auf welcher Platte (Lag'an) er serviert wurde. Sie stammt vielleicht aus G'ijduvon.

Die Keramik Werkstatt liegt an der Südseite des Hauptplatzes, 230m südöstlich der Ulug'bek Medrese. Lage: +40°6'3.56", +64°40'42.16" Tel. 90-718 30 60, Herr Abdullo Narzullaev

Erreichbarkeit:

Vom G'ijduvon Busbhf. und dem Basar gegenüber sind es ca. 1,3Km bis zum Park mit den Sehenswürdigkeiten in der Stadtmitte (+40°6'11", +64°40'39"). G'ijduvon liegt an der M37 Buxoro-Samarqand.

Qasri Orifon (Bahouddin Naqshband Ensemble) 🏛 UNESCO

Bahouddin Naqshbandi war der berühmte und weit über Usbekistan hinaus bekannte Begründer des gleichnamigen Sufiordens (Tariqa Naqshbandiya). Bereits drei Tage nach der Geburt wurde Amir Kulol damit beauftagt, sich dem kleinen Bahouddin als Schüler anzunehmen der der Legende nach mit sieben Jahren bereits den Koran auswendig gelernt hatte. Zwar war er Schüler von Amir Kulol in Nasaf (Qarshi), sein Mentor sei aber vor allem der längst verstorbene G'ijduvoni gewesen, welcher ihm in Visionen erschien. Damit wurde er zum Uwais. Nach den Lehrjahren bei verschiedenen Lehrern begann er schließlich in seinem Geburtsort Kasri Orifon (heute Karakushxona) eigene Schüler auszubilden. Bereits zu Lebzeiten galt er als Xvaya Balagardon, als "Abwender des Unheils".

Die Naqshbandiya, heute der weltweit größte und einflußreichste Sufiorden positioniert sich ganz klar gegen den internationalen Islamismus von Taliban, Al Qaida und dem IS (Daesch).

"Wenn Du Gutes sprichst, wird es auf sieben Ohren treffen und 700 gute Taten auslösen".
B. Naqshbandi

Dieses wichtigste Pilgerzentrum (Bahouddin Naqshband memoriy majmuasi) der Region ist definitiv ein Besuch wert. Daß hier zuweilen ein regelrechter Andrang herrscht, sieht man schon am großen Parkplatz davor.

Es ist ein besonderes Erlebnis die Gläubigen bei ihren Riten zu beobachten. Einige Frauen kriechen unter einem umgefallenen Baum hindurch, der Fruchtbarkeit versprechen soll. Pilger berühren bestimmte Stellen der Gebäude und streichen sich anschließend über das Gesicht oder trinken Wasser aus einem heiligen Brunnen. Kinder springen fröhlich durch die Menschenmengen um das große Wasserbecken.

Unmittelbar hinter dem **Eingangsportal Bobi Islom** schreitet man einen Korridor entlang, der durch das umgebende Friedhofsgelände zum **Daxma i-Shoxon**, dem Friedhof der Herrscher führt. Ein Daxma ist eigentlich im Zoroastrismus ein "Turm der Stille" auf dem die Toten aufgebahrt wurden. Bedeutende Persönlichkeiten wie hier einige Shayboniyden Herrscher sowie Iskandar Khan, Abdullah Khan und Emir Imomquli Khan wurden auf oder in solchen Daxmas bestattet.

Der gewaltige Kuppelbau daneben, eine **Pilgerherberge** erbaut vom Shayboniyden Abdulaziz Khan II (Abdulazixon II xonaqosi,

1551-1645) wirkt trotz seiner Größe durch die Blendnischen eher leicht. Im hohen Iwan des Haupteingangs ist, eher typisch für Xorazm, eine auf einer Säule ruhende Holzdecke eingezogen.

Die Kuppel wird von massiven Gurtbögen elegant abgefangen, so dass sie bereits manches Erdbeben gefahrlos überstand. In ihrem Innern ist die Kuppel dezent ausgemalt um die vielflächige Struktur zu betonen. An den Wänden sticht ein umlaufendes schwarzes Thuluth-Band hervor. Um den Kuppelsaal gruppieren sich 48 Hujrazellen auf zwei Stockwerken. Etwas südlich des Wasserbeckens steht eine kleine Medrese (Madrasasi, 19.Jh) die heute als **Museum** genutzt wird.

Wendet man sich vom Museum nach Süden blickt man auf ein Minarett (1720) und die offene **Sommermoschee** errichtet von Abdul Hoqim Qushbegi (1870). Etwas nach hinten versetzt die **Emir Muzaffar Moschee,** auch Winter- oder Frauenmoschee genannt (1720) mit einer wunderschönen bemalten Decke. Zwischen den beiden Moscheen befindet sich der Eingang ins "Allerheiligste" der Anlage. In dem von schattenspendenden Säulenhallen umgebene Innenhof fällt zunächst ein "Chorminor" in Miniaturform ins Auge. Das vollständig mit Majolika verkleidete Häuschen war früher ein **Brunnen** (Sakkoxona) aus dem die Pilger mit heiligem Wasser versorgt wurden. Daneben ein **Wasserbecken** und ein Maulbeerbaum um den herum die Pilger sitzen um Gebete zu sprechen. Von grauem Marmor umrahmt schließlich das **Kenotaph Naqshbandis** welchen die Pilger dreimal gegen den Uhrzeigersinn umrunden. Ein hoher **Holzmast** (Toch) mit einem stilisierten Granatapfel an der Spitze, einem Wimpel sowie einem Roßhaarschweif zeigt an, dass es sich hier um das Grab eines heiligen Pir handelt.

Achten Sie auf die prächtig bemalte Kassettendecke der Säulenhalle mit immer wieder anderen Ornamenten und Farbnuancen.

Nach Verlassen des Innenhofes halten wir uns rechts, vorbei an der **Entnahmestelle für Heiliges Wasser** und durchqueren das zweibogige Tor um auf eine lange Zuwegung zu stoßen, der wir nach links (nach Norden) bis zur **Grabstätte von Naqshbandis Mutter** folgen. Neben einem oktagonalen **Wasserbecken** ist eine **Moschee**, ein kleines **Minarett** und ein kleiner **Andachtsraum** (Zioratxona) zu finden, von dem aus man durch ein Gitter das schlichte Kenotaph sehen kann.

Geradeaus Richtung Süden erreicht man mit dem **Dilovar Tor** (Dilovar darvozasi, 14.-15. Jh.) schließlich den früheren Eingang des Komplexes. Geöffnet: tägl. rund um die Uhr, Museum: Do-Mo 9:00 - 17:00 Uhr.

Erreichbarkeit:

Zwei Buslinien fahren direkt zum Komplex. In Buxoro entweder am Ark (Linie 11) oder an der Haltestelle "Yuridik texnikumi" (Linie 60) zusteigen. Sie finden die Pilgerstädte, in dem Sie in Buxoro der B. Naqshband ko'chasi nach Osten bis zum äußersten Straßenring (Gazli shossesi) folgen. Nach weiteren 500 m zweigt die Abdulla Nabijev ko'chasi nach Norden ab (+39°46'1", +64°27'43"). Dieser folgen Sie 10 km bis zum Dorf Qasri Orifon. Lage: +39°48'0", +64°32'12"

Yangihayot (Sayid Amir Kulol Shuxari Mausoleum)

Wesentlich gemächlicher geht es im Dorf Yan-

gihayot mit dem **Mausoleum** von Naqshbandis Lehrer **Sayid Amir Kulol Shuxari** zu. Amir's Zweitname Kulol deutet auf seine Profession als Töpfer hin. Zudem soll er auch ein recht erfolgreicher Ringer (Kuraschi) gewesen sein. Das kleine Mausoleum hat über dem Vorraum (Zioratxona) eine schlichte Ziegelkuppel während sich sich über dem nicht zugänglichen Grabraum (Go'rxona) eine blaue Kuppel auf einem verzierten Tambour erhebt. Das Dorf Shuxar heißt heute Yangihayot und ist nur 5Km von Qasri Orifon entfernt.

Erreichbarkeit:

Am einfachsten ist es, auf dem Parkplatz vor dem Naqshbandi Ensemble ein Taxi zu suchen, das ins 5Km entfernte Yangihayot fährt.

Chor Bakr (Chor Bakr Nekropole) 🏛UNESCO

(Chor Bakr tarixi memoriy majmua markazi, 10.-16. Jh.) Die **Chor Bakr Nekropole** ist ein ungewöhnlicher, ein mysteriöser Ort. Die morbide Ruhe der Gräberstadt, in der sich ein Mausoleum an das andere reiht, ist förmlich mit Händen zu greifen. Beherrscht wird die Anlage von einem U-förmig angelegten Kom-

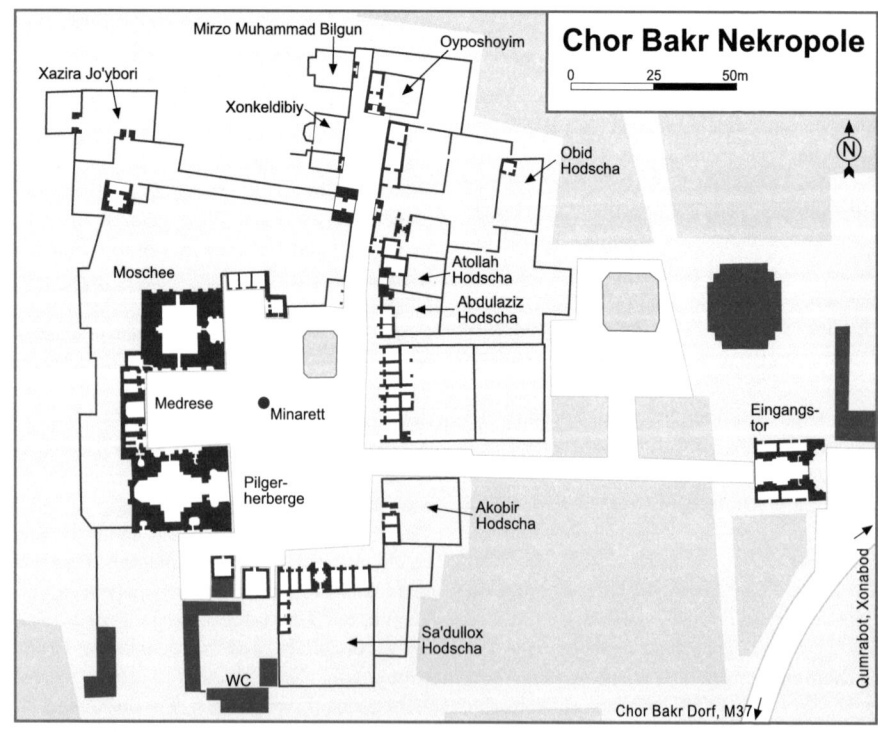

plex bestehend aus einer **Pilgerherberge** links, einer **Medrese** mit einem rein dekorativen Iwan in der Mitte und rechts einer **Moschee** mit einer einzigartigen Kuppelkonstruktion. Ein kleines **Minarett** in der Zentralachse sowie ein **Wasserbecken** komplettierten das Ensemble. Erbaut wurde es von Abdullah Khan II im Jahr 1560 als Hommage an seinen Lehrer Scheich Muhammad Islam Hodscha. Dessen Sohn und "geistiger Bruder" Hodscha Bakr Sa'di sowie die weiteren Verwandten Abu Bakr Fazl und Tojidin Hasan werden als "Chor Bakr", als "Vier Brüder" bezeichnet. Deren Gräber bildeten ab dem 10. Jh. die Keimzelle für das **Familiengrab der Jo'ybori Dynastie** (Xazira Jo'ybori) in das noch zahlreiche weitere Verwandte, auch Frauen folgten. Diese Dynastie hatte im Reich der Samoniden großen Einfluss, denn sie galten als Sayiden und damit als direkte Nachfahren Mohammeds. Erreicht werden kann es durch einen langen Korriodor im Nordwesten der Anlage.

Charakteristisch für die Chor Bakr Nekropole sind die Xaziras, **Umfriedungen** meist mit einem Eingangsportal versehen in dem die Familienangehörigen bestattet wurden. Doch anders als in der Gräberstraße Shahi Zinda in Samarqand, in der ein regelrechter Wettstreit um das schönste und aufwändigste Mausoleum stattfand, herrschen hier Erdtöne vor, umspielt vom langsamen aber stetigen Zerfall. Sehr fotogen sind die "Wächter" der Gräber, die Pfaue welche hier leben und mit etwas Glück ihr Rad schlagen.

Erreichbarkeit:
Bus 55 und Marschrutka 202 fährt vom Hauptbasar in Buxoro direkt nach Chor Bakr. Lage: +39°46'27.56", +64°20'8.35"

Kogon (Emir Palast)
Als 1888 im verschlafenen Bauerndorf Kogon eine Bahnlinie und ein **Bahnhof** gebaut wurde, ahnten die Bewohner sicher noch nicht, was da auf sie zukam. Der Shayton Arba, der Teufelswagen rollte fortan durch ihr Dorf und brachte Damen mit Sonnenschirmchen und feine Herren mit Zylinder. Nach der Revolution nannte man Kogon um in Novaya Buchara (Neu -Buchara), jedoch nur bis 1935. Die Ambivalenz zwischen Kogon und Buxoro blieb, den auch auf dem neuen Bahnhof in Kogon steht: Buxoro.

Nur 300m nordwestlich des Bahnhofs ragt der verspielte **Palast des Emirs** auf (Amir saroyi, 1898). Erbaut wurde er vom vorletzten Emir Abdul Ahad Khan, bereits ein Vasall des russischen Zaren Nikolas II. Das gut erhaltene Gebäude ist ein spannende Mischung aus Gründerzeitarchitektur und Hufeisenbögen aus dem Maghreb. Einzig die Muqarnafriese sind eine Reminiszenz an die lokalen Formen. Die üppige Innenausstattung mit viel Stuck, teils recht farbenfroh ist eher europäisch-russisch und man muß schon genau hinschauen um einige usbekische Ornamente auszumachen. Heute ist in dem Gebäude ein **Museum zur Eisenbahngeschichte** untergebracht. Geöffnet: tägl. 9:00-17:00 Uhr.

Erreichbarkeit:
Von Buxoro (Labi Hovuz) fährt Marschrutka Nr. 268 bis zum Bahnhof in Kogon. Auch Buslinie 68 fährt direkt zum Bahnhof in Kogon. Der Emir Palast liegt 350m vom Bahnhof entfernt an dessen Zufahrtsstraße.

Gazellen Reservat und Aufzuchtstation
Südlich von Kogon an der Straße nach Qarshi befindet sich ein Gehege und eine **Aufzuchtstation für Jeiran Gazellen** (Jeiranlar o'sishtirish). Im Gehege sind aber auch Cheetah Gazellen und Prshevalsk Pferde zu sehen. Besuchstouren sind in der Regel möglich, doch erwartet die Parkleitung eine kleine Spende. Die Tiere im weitläufigen Gelände zu erspähen ist ein wirklich tolles Naturerlebnis, wie man es nur bei einer Safari hat. So erfährt man beispielsweise, dass die Urpferde ihr Territorium mit Pferdeäpfeln markieren.

Erreichbarkeit:
Der Eingang befindet sich von Buxoro aus kommend am südlichen Ende des umzäunten Parkgebietes, ca. 40km von Buxoro entfernt. Jeder Bus nach Qarshi bringt Sie zum Eingang (+39°34'25", +64°43'07") bei Qorovulbozor. Das Areal ist sehr weitläufig. Es empfiehlt sich , mit einem Fahrzeug (Taxi) zu kommen, um die Gazellen im Gehege zu finden. Ferngläser gibt es vor Ort. Um die Tiere fotografieren zu können sollte man entsprechende Objektive mitbringen.

Die Region Xorazm und die Republik Karakalpakistan

Das historische Choresmien setzt sich heute aus der usbekischen Region Xorazm, der autonomen Republik Karakalpakistan und dem nördlichen Teil der turkmenischen Region Daşoguz zusammen. Die uralte Kulturlandschaft am Flußdelta des antiken Oxus (Amudaryo/Amiwdarya) hat sich in den vergangenen Jahrhunderten immer wieder stark verändert. Gründe dafür waren das Klima und in den vergangenen Jahrzehnten vor allem menschliche Eingriffe in den Wasserhaushalt Zentralasiens. Damit änderte sich nicht nur die Ausdehnung des Aralsees sondern auch der Verlauf des Amudaryo.

Insbesondere nahe dem ehemaligen Aralsee ist das Leben heute geprägt von Wasserknappheit, Versalzung und Staubstürmen. Der auch vom Ausland geförderte Tourismus hilft den Menschen der Region und gibt Ihnen die Hoffnung auf eine bessere Zukunft.

In keiner zweiten Region Usbekistans gibt es eine ähnliche Fülle und Vielfalt antiker Bauwerke.

Die Festungen Ayaz Qala 1 und Ayaz Qala 2

Republik Karakalpakistan und Region Xorazm

Die Highlights der Region Xorazm und der Republik Karakalpakistan

● **Ichan qala in Xiva** Das schönste Altstadtensemble des Landes zeichnet sich durch zahlreiche Minarette, Medresen und Moscheen verbunden durch enge Gassen aus.

● **Chodra hovli** Blicken Sie von diesem luftigen Turm auf die umgebenden Gärten von Muhammad Rahim Khan II, ein Landschloß der usbekischen Art.

● **Uvays Bobo Mausoleum** Tauchen Sie ein in die tiefe Spiritualität dieses Pilgerortes welcher an einen der Begründer des Sufismus erinnert.

● **Ayaz qala und Jurtencamp** Die beeindruckenste Wüstenfestung von Karakalpakistan bietet fantastische Panoramablicke und einen bezaubernden Sternenhimmel über dem Jurtencamp

● **Savitzkiy Museum** Das weltweit als "Louvre in der Wüste" bekannte Savitzkiy Museum besticht mit einer unvergleichlichen Kunstsammlung wie man sie kein zweites Mal antrifft

● **Mizdahkan** Einst wurde in der antiken Stadt Mizdakhan der Sonne gehuldigt, jetzt ist der Siedlungshügel von sehenswerten muslimischen Sakralbauten beherrscht

● **Shilpiq** Auf einem nahezu perfekt kegelförmigen Berg steht der Turm der Stille. Hier wurden die Toten den Geiern übergeben. Eine der beeindruckensten Stätten dieser Art weltweit

Urganch

Nicht verwechseln sollte man Urganch mit der historischen Stadt Urganch/Gorganch, heute Köneürgenç in Turkmenistan. Dieses alte Urganch wurde nach der Zerstörung durch Amir Temur 1388 und der Veränderung des Laufes des Amudaryo im 16.Jh aufgegeben. Eine Stadtneugründung war nun unumgänglich. Als Handelszentrum des Khanates Xiva fungierte die neue Stadt Urganch etwa ab 1760, erreichte jedoch nie die herausragende Bedeutung des alten Urganch. Das heutige Stadtbild ist überwiegend sowjetisch geprägt, es gibt kaum noch historische Gebäude. Interessant für Touristen ist Urganch vor allem als Verkehrsknotenpunkt und wegen der besten Infrastruktur in der Region Xorazm. Zudem gibt es hier eine lokale Spezialität, gegrillten Fisch (Qovurilgan baliq), der bei den Einheimischen sehr beliebt ist.

Ein Highlight der Stadt ist die 1982 gegründete **Kunstgalerie CAMUZ** (Zamonaviy san'at muzeyi) gegenüber dem Basargelände. In zwei Sälen wird kontemporäre Kunst, vorwiegend Gemälde und Plastiken usbekischer Künstler gezeigt. Die Galerie ist im **historischen Postgebäude** (1912) untergebracht. Geöffnet: tägl. 9:00-18:00 Uhr

Verkehrsverbindungen

Int. Flughafen Urganch (UGC)

(Urganch xalqaro aeroporti) Uzbekistan Airways bietet im Sommerflugplan täglich mind. einen Flug nach **Toshkent** an. Außerdem fliegt sie in 50min an wechselnden Tagen nach **Buxoro**. Silk Avia fliegt ebenfalls tägl. **Toshkent** an.

International werden durch Uzbekistan Airways von hier aus **St. Petersburg** (Di-So) und **Moskau DME** (Di-So) angeflogen.

Die Russische Airline S7 fliegt **Moskau DME** an. Der Flughafen Urganch besteht aus zwei separaten Terminals, eines für Abflüge (Nördliches Terminal) und eines für Ankünfte (Südliches Terminal). Es gibt keine direkte Verbindung zwischen den beiden Terminalgebäuden (ca. 100m).

Erreichbarkeit:
Der Flughafen ist im Nordosten der Stadt über die Al-Xorazmiy ko'chasi erreichbar. Von dort fahren Marschrutka No.3 und 13 in die Stadt zum Zentralbasar (Markaziy dehqon bozori) oder per Taxi bis ins Zentrum (ca. 4Km).

Hauptbahnhof Urganch

(Urganch vokzali) Von Urganch gibt es täglich Züge nach **Nukus** (5h) und **Xo'jayli** (6h 10min) die dann meist bis Russland laufen.

Per Nachtzug kommt man von Urganch über die neue Wüstentrasse via Xazorasp nach **Buxoro** (7h22min), **Samarqand** (10h 55min) und **Toshkent** (15h 10min).

Die alte Verbindung führt über Uchquduk, **Navoiy** (9h 45min) nach **Samarqand** (11h 45min) und **Toshkent** (16h 30min).

Die genauen Fahrplaninformationen können Sie der Homepage der Usbekischen Eisenbahngesellschaft (O'zbekistan temir yollari) entnehmen oder Sie wenden sich an die lokalen Reiseagenturen.

Der Bahnhof befindet sich am südlichen Ende der Al-Xorazmiy ko'chasi im Süden der Stadt.

Erreichbarkeit:
Marshrutka 19 pendelt zwischen dem Bahnhof und dem Zentralbasar (Markaziy dehqon bozori).

Fernbusbahnhof

(Avtovokzal) Der relativ neue Fernbusbahnhof ist 200m nördl. des Bahnhofs. Busse fahren mehrmals täglich nach **Toshkent** (20h), **Buxoro** (8h) und **Nukus** (3h).

Erreichbarkeit:
Marshrutka 19 pendelt zwischen dem Fernbusbahnhof und dem Zentralbasar (Markaziy dehqon bozori).

Zentralbasar Busbahnhof

Vom Busbahnhof wenige Meter östlich des Zentralbasars und unmittelbar vor dem Urganch Savdo Uyi (TSUM) fahren sowohl Busse als auch Marschrutkas mehrmals täglich nach **Xiva**, **Hazorasp**, **Beruniy** und zahlreichen weiteren Destinationen. Mit einem Sammeltaxi geht es am schnellsten nach **Xiva** (20min). Umweltfreundlich fahren moderne Trolleybusse nach **Xiva** (70-80min), die an der Westseite des Basargeländes (Mo'min Xudayberganov ko'chasi) anhalten. Sie fahren alle 20min von 6:45 -18:45 Uhr.

Urganch von A bis Z

Apotheken
Lukmon Shifo Dorixona, auf dem Gelände des Zentralbasars (Markaziy dehqon bozori)

Dori-Darmon, Pahlavon Mahmud ko'ch. 5A

Bibliotheken
Zentrale Regionalbibliothek, (Markaziy viloyati kutubxonasi), Abdullah Qodiriy ko'chasi

Bücher, Bildbände, Karten, Stadtpläne
Kitob Markazi, Al-Xorazmiy ko'ch., Ecke Islom Karimov ko'ch.; Bücher und Bildbände über Xiva und die Region

Einkaufen
Basare
Zentralbasar (Markaziy dehqon bozori), Mo'min Xudayberganov ko'chasi

Kaufhäuser
To'maris Nur Gipermarket, nahe Zentralbasar, südlicher Bereich

Urganch Savdo Uyi (TSUM), nahe Zentralbasar, nördlicher Bereich

Supermärkte
Supermarkt, im To'maris Nur Gipermarket

Geldwechsel
NBU, P. Mahmud Ko'ch 150, Ecke Al-Xorazmiy ko'ch.,

Hotels und Unterkünfte (Auswahl)
Luxeriös
Hotel Antalya Grand Palace, Xonqa ko'chasi 1, Tel. 55 601 05 55, sehr opulentes Haus mit Sauna, Pool, Spa, türkisches Management

Mittel
Hotel Fayz, Al Xorazmiy ko'ch. 66/1, Tel. 228 84 44, einfach ausgestattete Zimmer, mitten in der Stadt, gute Bewertungen

Hotel Uzbegim, Abdug'ozi Bahodirhon ko'ch. 182/1, Tel. 62 226 11 01, kleines Hotel mit ordentlichen Zimmer, freundlicher Service

Günstig
Hotel Safiya, Ozbekiston ko'ch. 5, Tel. 97 527 90 09, sehr schlichte Zimmer, top Lage gegenüber Urganch Savdo Uyi / Haupt-Basar

Krankenhäuser
Kreiskrankenhaus (Xorazm viloyati shifoxonasi), Y. Bobojanov ko'ch. Tel. 226 21 10

Museen und Dauerausstellungen
Urganch Art Gallery (Al Xorazmiy san'at galleriyasi), O'zbekiston ko'chasi 21, östl. des Basargeländes, Geöffnet: Di-Sa 10:00-17:00 Uhr, Lage: +41°33'20.04", +60°37'26.35"

Avesto Museum (Avesto muzey), Al Xorazmiy ko'ch., im Avesto Park, etwas angestaubte Sammlung zur Regionalgeschichte und dem Zoroastrismus, Geöffnet: unregelmäßig

Post
Hauptpost (Pochta bosh bulimi)
Pahlavon Mahmud ko'ch. 23, 9:00-18:00 Uhr

Restaurants
Usbekisch
Restaurant Xorazm Baliq Taomlari, Baynalmilal ko'ch., gegenüber Olympia Stadion, div. gegrillte Fischgerichte, beliebt

Restaurant Belissimo, Abdug'ozi Bahodirhon ko'chasi 80, Tel. 90-648 03 33, bestes Restaurant der Stadt, Grillgerichte, Salate, Disco

Fast Food Garage Burger, Al-Xorazmiy ko'ch. 79, Ecke Abdug'ozi Bahodirhon ko'ch. Tel. 97 515 99 99, Burger, Pizza, Hotdog

Vergnügungsparks
Indoorspielplatz und 3D Kino, To'maris Nur Gipermarket, 3. Stock, klimatisiert

Vorwahl
362

Sehenswürdigkeiten in der Region Xorazm

Xiva (Chiwa) 🏛 UNESCO
Samarqand ist eine sehr erhabene Stadt mit viel Prunk und Schönheit. Buxoro, die Edle war immer ein berühmtes Handels- und Religionszentrum. Xiva dagegen galt eher als ein Räubernest, reich geworden mit Sklavenhandel und Raubzügen. Auch die Menschen hier gelten als eher rau und etwas distanziert.
Wie ein Phönix aus der Asche erhob sich diese im 6. Jh. gegründete Stadt unzählige Male aus ihren Ruinen, wurde immer wieder augebaut

und besiedelt. Daher können wir Xiva heute in einer historischen Ursprünglichkeit bewundern wie keine andere Stadt Zentralasiens. Das örtliche Kunsthandwerk zählt in allen Disziplinen zu den feinsten Zentralasiens und noch heute kommen viele Restauratoren der Mausoleen und Moscheen des Landes aus Xiva. Geprägt wird das heutige Stadtbild vor allem von Bauwerken des 19. Jahrhunderts, das älteste Gebäude geht auf das 14. Jh. zurück. Auch wenn Xiva etwas abgelegen ist und eine lange Anreise erfordert, lohnt sich dies immer. Daher sollte die Stadt nie auf der Reiseroute durch Usbekistan fehlen. Rechnen Sie für die Besichtigung Xivas mit mindestens einem ganzen Tag, besser zwei Tage, damit man die Spaziergänge durch die Stadt auf die Morgen- und Abendstunden legen kann.

Geschichte

Nach einer alten Legende wurde Xiva im Altertum von Sem, Sohn des biblischen/koranischen Propheten Noah begründet. Die Erbauer der Stadt gruben einen Brunnen und als sie auf besonders wohlschmeckendes Wasser stießen, riefen sie in ihrem damaligen Dialekt: „Chej-Voh !" was soviel wie „Welch eine Wohltat !" bedeutet. Daher der Name „Xiva".
In der Zeit des Herrschers Darius (521-425 v. Chr.) war Choresmien eine wohlhabende persische Provinz mit über 30 blühenden Metropolen im Bereich des Amudaryo Deltas.
In den Überlieferungen Herodots (5.Jh. v. Chr.) wurde die Städte Choresmiens erwähnt, jedoch nicht explizit Xiva. Vom Heer Alexander des Großen wurde Choresmien nicht erobert. Aufgrund archäologischer Befunde geht man heute von einer Gründung Xivas etwa im 5. Jh. n. Chr. aus.
Als 712 n. Chr. die Araber ganz Zentralasien überrannten und deren Städte zerstörten, fiel auch Xiva zunächst wieder ein gutes Stück zurück. Doch nur etwa 100 Jahre später entwickelte eine ganze Generation von Wissenschaftlern Grundlagen in der Mathematik, aber auch in der Astronomie und Geographie, wie beispielsweise Abu Rayhon al-Beruniy oder Abu Abdullah Muhammad ibn Muso Al Xorazmiy. Er entwickelte die Gesetze der Algebra und die Algorithmen, die bis heute ihre Gültigkeit haben.

Ganz gleich ob Al Beruniy oder Al Xorazmiy, um nur die bekanntesten zu nennen, sie alle stammen aus Choresmien.
Der arabische Geschichtsschreiber Al Maqdisi beschreibt im 12.Jh. Xiva als große Handelsstadt am Rande der Wüste mit einer bedeutenden Freitagsmoschee.
Während die todbringenden Horden Dschingis Khans die damalige Hauptstadt Urganch (heute Köneürgench) 1221 gänzlich ausradierten, wurde Xiva als einzige Stadt Choresmiens zumindest teilweise verschont.
Etwa 150 Jahre später zerstörten die Truppen Amir Temurs die Hauptstadt der Choresm Shahs, das alte Urganch endgültigen. Xiva wurde nun Hauptstadt und Sitz des Khans, doch schreckliche Seuchen und plündernde Armeen stießen die Stadt immer wieder weit zurück.
Unter Muhammad Amin Inoq wurde Choresmien wieder neu vereint und Xiva blühte durch den Handel mit Sklaven und der Handwerkskunst auf. Schon bald wuchs die Stadt über die alte Innenstadt hinaus, weshalb 1842 eine äußere Stadtmauer mit 10 Toren angelegt wurde. Diese äußere Stadt nennen die Einheimischen Deshon qal'a, die Innenstadt Ichon qal'a.
Innerhalb von 150 Jahren gab es mehrere oft verlustreiche Eroberungsversuche der Russen und erst 1873 fiel Xiva endgültig. Mit der kommunistischen Oktoberrevolution und der Ausrufung der Sowjetunion wurde Xiva am 26.04.1920 die Hauptstadt in die Volksrepublik Choresmien (Xorazm xalq sovet respublikasi). Ziel der Revolutionäre war die Gründung einer eigenständigen demokratischen Volksrepublik. Diese Bestrebungen waren Moskau jedoch ein Dorn im Auge und so wurde die Regierung Yussupov bereits am 6.03.1921 gestürzt. Es folgten zahlreiche weitere Staatsstreiche die kontinuierlich zu einer Erosion der lokalen Machtstrukturen zugunsten Moskaus führten. Am 17.10.1923 ging die Volksrepublik Choresmien daher in die Sozialistische Sowjetrepublik Choresmien über. Trotz zahlreicher Verbesserungen in der Landwirtschaft, der Gesundheits- und Bildungsinfrastruktur kam es noch 1923 zu Bauernaufständen die in Xiva zu einer großen Demonstration führte. Diese wurde jedoch

mit großer Härte niedergeschlagen. Xiva blieb weiter die Gebietshauptstadt der nun wesentlich kleineren Region Xorazm (Chorezmskij Okrug) um diese Funktion 1938 an Urganch zu verlieren.

Mit der systematischen Renovierung von Ichon qal'a in den letzten 20 Jahren mauserte sich Xiva zu einer einzigartigen Touristenmetropole, die heute Teil der UNESCO Auswahl des Weltkulturerbes der Menschheit ist.

In den letzten Jahren wurden in der äußeren Altstadt Deshon Qala zahlreiche Stadtviertel und der große Basar abgerissen, Dadurch hat Xiva sehr von seiner orientalischen Atmosphäre eingebüsst. Die östliche Achse zum Bahnhof wurde auch mit EU Hilfe groß geplant, jedoch nie ganz fertiggestellt. Dennoch bleibt ein Besuch Xivas unvergesslich, vorallem wenn man ihn richtig plant. Am besten besucht man Xiva früh Morgens bei Sonnenaufgang um die Hitze und die Touristenmassen zu meiden.

Orientierung in der Stadt

Alle Sehenswürdigkeiten der inneren Altstadt Ichon qal'a können bequem zu Fuß erreicht werden. Hier befinden sich auch zahlreiche Unterkünfte und Restaurants.

Auch die meisten Sehenswürdigkeiten der äußeren Altstadt sind fußläufig erreichbar. Wer etwas Zeit sparen möchte kann ein Fahrrad mieten oder ein Taxi nehmen. Es gibt auch kleine Touristenbähnchen für den Transport.

Der Bahnhof von Xiva liegt östlich der Altstadt. Minibusse, Taxis und Oberleitungsbusse aus Urganch fahren bis zum nördlichen Bog'cha Stadttor (Bog'cha darvozasi).

Der Hauptbasar (Markaziy dehqon bozori) liegt am nördlichen Stadtrand, der kleinere Gulshan Basar (Gulshan dehqon bozori) gut 2km nordwestlich der Altstadt.

Der Zutritt zur inneren Stadt Ichon qal'a ist am Ota und am Polvon Stadttor kostenpflichtig. Mit dem QR Code des Economy Tickets kann man durch die Schrankenanlage gelangen. Das Standard Ticket enthält den Zutritt zu den meist wenig sehenswerten Museen (Geöffnet: 08:00-18:00 Uhr). Das VIP Ticket ermöglicht auch das Besteigen des Minaretts, der Oq Scheich Bobo Bastion und der Stadtmauer. Immer extra zu bezahlen ist der lohnenswerte Eintritt zum Pahlavon Mahmud Mausoleum.

Die Sehenswürdigkeiten der inneren Altstadt Ichon qal'a

Stadtmauer und Stadttore von Ichon qal'a ①

Die Innere Altstadt Xivas hat eine Fläche von 400x700m und ist umgeben von einer noch weitgehend intakten Stadtmauer aus ungebrannten Lehmziegeln. Das mächtige Bollwerk mit seinen zahlreichen Bastionen stammt aus dem späten 18. Jh., wurde jedoch bereits unzählige Male ausgebessert. An einigen Stellen der Südmauer sind Gräber zu sehen, die sich wie Waben an den Rampen klammern. Interessante Perspektiven und traumhafte Sonnenuntergänge bieten sich von der Stadtmauer, die nahe dem Bog'cha Tor bestiegen werden kann.

Die Lücke im westlichen Teil der Stadtmauer entstand bereits beim Bau der Muhammad Amin Khan Medrese. Davor die **Plastik einer Kamelkarawane** die an die früher schwierige Zugänglichkeit Xivas inmitten der Wüste erinnern soll.

Die meisten Touristen betreten die innere Altstadt Ichon qal'a durch das **Ota Stadttor** (Ota davorzasi, 19.Jh./1970er Jahre). Es wirkt etwas zu perfekt und ist auch recht schlicht.

Größer und mit türkis-grünen Kuppeln geschmückt ist das nördliche **Bog'cha Stadttor** (Bog'cha darvozasi, 19.Jh.) die Zufahrt der Einheimischen zur Innenstadt.

Das am schönsten dekorierte östliche **Polvon Stadttor** (Polvon darvozasi, 19.Jh.) ist eine 50m lange Ladenpassage, die mit zahlreichen Kuppeln überwölbt ist und früher das Ziel der Gaukler und Bettler war. Zusammen mit dem Anusha Khan Badehaus und der Oq Moschee bildet es ein harmonisches Ensemble.

Ganz im Süden befindet sich das kleine **Steinerne Tor** (Tosh darvozasi, 19.Jh) umgeben von Gräbern. Das Tor ist schlicht aus Ziegeln gemauert, bietet jedoch eine interessante Perspektive auf das südlicher gelegene Angariq Stadttor, welches bereits dem äußeren Verteidigungsring von Deshon qal'a zuzuordnen ist.

Muhammad Amin Khan Medrese und Kalta Minor Minarett ②

Betritt man Ichon qal'a durch das Ota Stadttor, so ragt der Stumpf des **Minaretts Kaltaminor** (Kaltaminor, 1851-1855) in die Höhe.

㉑ Olloquli Khan Karawanserei

⑳ Olloquli Khan Handelshaus

㉓ Toshhovli Palast

㉚ Amir To'ra Medrese

㉔ Uch Ovliya Bobo Medrese

㉕ M. Amin Inoq Medrese

㉖ Do'st Alam Medrese

㉘ Yusuf Yashulboshi Medrese

㉙ Muso To'ra Medrese

㉗ Arab Muhammad Khan Medrese

④ Muhammad Rahim Khan Medrese

⑧ Kamel

⑤ Scheich Kabir Moschee

⑤ Polvon Qori Handelshaus

③ Ko'hna Ark

① Ota Stadttor

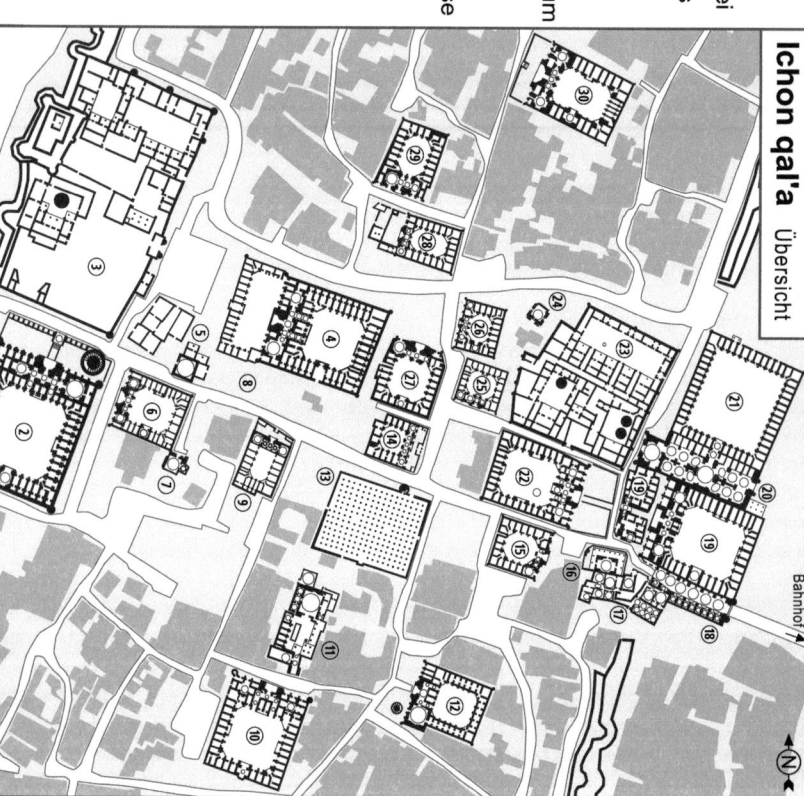

Ichon qal'a Übersicht

⑲ Olloquli Khan Medrese

⑱ Polvon Stadttor

⑰ Anusha Khan Badehaus

⑲ Hodscha Berdiboy Medrese

⑯ Oq Moschee

㉒ Qutlug' Murod Inoq Medrese

⑮ Abdullah Khan Medrese

⑫ Islom Hodscha Medrese und Minarett

⑭ Matpanboy Medrese

⑬ Juma Moschee und Minarett

⑪ Pahlavon Mahmud Mausoleum

⑩ Sherg'ozi Khan Medrese

⑨ Qozykalon Medrese

⑦ Sayid Alovuddin Mausoleum

⑥ Matniyoz Devonbegi Medrese

② Muhammad Amin Khan Medrese und Kalta Minor Minarett

Es sollte mit 70-80m das höchste und schönste Minarett der Welt werden, doch der Erbauer Muhammad Amin Khan fiel nur 4 Jahre nach Baubeginn während einer Schlacht und so wurde das Projekt wieder eingestellt. Das vollständig mit farbigen Kacheln verkleidete Minarett ist 26m hoch und hat einen Durchmesser von 14.8m. Zum Vergleich: Das höchste Minarett Zentralasiens, das Qutlug Temur Minarett im turkmenischen Köneürgenç hat einen Basisdurchmesser von 12m und ist 62m hoch.

Über eine Holzbrücke ist das Minarett verbunden mit der **Muhammad Amin Khan Medrese** (Muhammad Aminxon madrasasi, 1853). Erbaut wurde sie ebenfalls von dem so glücklosen Khan und bot einst 260 Koranschülern Platz. Sie war somit die größte Koranschule der Stadt und vergleichbar mit der Kokaldosh Medrese in Buxoro. Bereits während der Sowjetzeit wurde die Medrese zu einem Hotel umgebaut.

Der Peshtoq vor dem polygonalen Eingangsiwan ist einer der wenigen in Xiva, welcher mit bunten Kacheln verziert wurde. In den Farben Blau, Türkis und Weiß wurden feine florale Muster und Arabesken auf die Kacheln gemalt und anschließend gebrannt. Danach wurde das Puzzle aus einzelnen Kacheln am Bauwerk angebracht und ergab so das Gesamtbild.

Über der ebenfalls bunt ausgekleideten Spandrille ist ein Kalligraphieband in Taliq Schrift zu sehen.

Bemerkenswert ist der für Xiva typische Holziwan in der Iwannische. Er gewährleistet den Zugang zu den oberen Hujrazellen.

Der Innenhof der Vier-Iwan-Anlage wird bestimmt von den zweistöckig angeordneten Schülerzellen, heute die dem historischen Grundriss entsprechenden Hotelzimmerchen.

Ko'hna Ark ③

Gelangt man etwas weiter nördlich auf einen Platz, so führt das Tor an der Westseite des Platzes in die alte Festung des Khans, **den Ko'hna Ark** (Ko'hna Ark majmuasi, 17.-19.Jh.).

Bei Ausgrabungen fanden Archäologen Fundamente aus dem 5. Jh. so dass davon ausgegangen werden kann, dass hier schon lange eine Festung steht. Die heute sichtbaren Gebäude stammen jedoch größtenteils aus der ersten Hälfte des 19. Jh..

An die hohe Außenmauer der Festung von außen angebaut ist das **Gefängnis** (Zindon), in dem mit Puppen anschaulich die damaligen Foltermethoden gezeigt werden. Todesurteile vollstreckte man unter reger Anteilnahme der Bevölkerung auf dem großen Platz davor.

Unmittelbar nach Eintreten durch das **Hauptportal** gelangt man rechts in den Hof der **Sommermoschee** (Yozgi masjid, 1838) mit einer von feinsten blau-weißen Majoliken verzierten Iwanhalle.

Nehmen Sie sich etwas Zeit und sehen sich die Muster genauer an. Es sind für Xiva ganz typische Ornamente die in ihrer Vielfalt und Lebendigkeit unübertroffen sind.

Rechts der Sitz des Vorbeters (Minbar), in der Mitte die Gebetsnische (Mihrab) mit feiner Kalligraphie darüber.

Durch eine schmale Pforte rechts der Halle der Sommermoschee gelangt man in die von vier Säulen getragene **Wintermoschee** (Qishgi masjid, 1838). Diese enthält einige archäologische Funde von Grabungen in der Festung. Gegenüber sind die **Räume des Schatzmeisters** (Xazinaxona), in dem das Geld des Khans hergestellt wurde. Wie in China gab es im Khanat Xiva neben Münzen auch Banknoten auf Seidenstoff, welche hier ausgestellt werden.

Wir verlassen den Moscheehof wieder und gehen in einen weiteren Hof, in dem sich ein

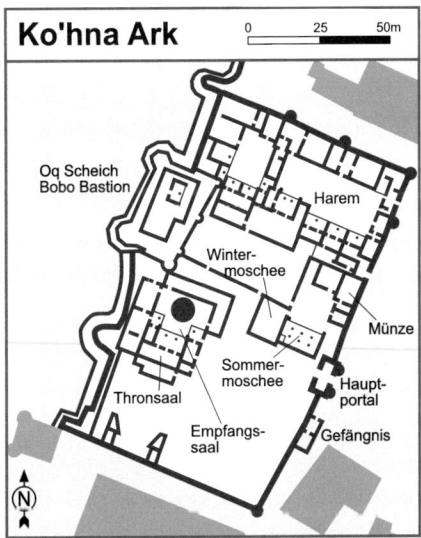

rundes, gemauertes Podest befindet. Dies war der **Empfangssaal des Khans** (Ko'rinishxona/Arzxona, 1855) in dem er Hof hielt und Urteile fällte. Auch diese Halle beeindruckt durch die feinen Pflanzenmotive der Majoliken, die sehr typisch für Xiva sind. Hinter der säulengestützten Iwanhalle betritt man den Thronsaal mit einer Nachbildung des selbigen. Auf dem runden Podest im Innenhof wurde eine Jurte aufgebaut, in der der Herrscher im Winter wohnte, da diese leichter beheizbar war. Die vorgelagerten Empfangsräume im südlichen Teil des Kohna Ark sind nur noch als angedeutete Grundmauern sichtbar.

Wir verlassen diesen Hof wieder und betreten durch eine kleine Türe den dunklen Aufgang zum ältesten Teil der Festung, dem Chordara Ko'shk, auch **Oq Scheich Bobo Bastion** (Oq Shayx Bobo qo'rg'oni, 1686-1688) genannt. Hier befand sich einst die Grabkammer des Erbauers Awrang Khan I die jedoch dem Schießpulverlager weichen musste.

Der Legende nach gab es hier einst eine Einsiedelei des weißen Scheichs (Oq Scheich), daher der Name.

Von der Aussichtsplattform hat man einen fantastischen Blick über die Stadt. So manche Schönheit der Stadt blieb den Augen des Khans von hier aus nicht mehr verborgen.

Im Nordteil der Festung war der **Harem** untergebracht. In seinem nur marginal renovierten Zustand entspricht er weitgehend dem Aussehen von damals. Er ist offiziell nicht für Besucher zugänglich, kann jedoch für ein Trinkgeld angeschaut werden.

Muhammad Rahim Khan Medrese ④

Dem Ko'hna Ark gegenüber erhebt sich die ausgedehnte Anlage der **Medrese**, die nach **Muhammad Rahim Khan II** (Muhammad Rahimxon II. madrasasi, 1876) benannt wurde. Muhammad Rahim Bahadur Khan war der letzte unabhängige Khan der Qongirat Dynastie, welcher den vorrückenden russischen Truppen, aber auch den räuberischen Turkmenen noch einige Jahre die Stirn bot.

Ähnlich wie Ulug'bek war auch Rahim Khan in den Wissenschaften gebildet und verfügte, dass in seinen Medresen neben dem Koran auch Astronomie, Mathematik und Geographie gelehrt werden sollte. Er selbst beteilige sich

immer wieder an studentischen Debatten und veröffentlichte unter dem Pseudonym Firuz so manches Gedicht.

Die ursprüngliche Medrese hat im Innenhof nur auf der Südseite einen überkuppelten Iwan. Die übrigen Seiten sind Blendnischen. Auch wenn es von außen anders scheint, sind die Hujrazellen nur einstöckig. Ganz typisch für Xiva sind die Guldastatürmchen an den Gebäudeecken, auch hier mit türkisfarbenen Ziegeln verziert. Zu einem späteren Zeitpunkt wurde ein Vorhof mit weiteren Studentenzellen angegliedert.

Die Fassadengestaltung ähnelt sehr der etwas älteren Muhammad Amin Khan Medrese. Im Innern sind ein kleines Museum und Souvenirshops untergebracht. Das Gebäude wurde mit chinesischer Unterstützung grundlegend saniert.

Nördlich der Medrese steht das pittoreske nur 9 Meter hohe **Murod To'ra Minarett** (Murod To'ra minorasi, 1888) welches vom Bruder des Khans, von Murod To'ra erbaut wurde. Die dazugehörige Moschee wurde in den 1930er Jahren abgerissen. Beachten Sie das glasierte Kachelband ganz oben bei dem die Originalfliesen und nachträglich angebrachte Ersatzfliesen deutlich differieren. Darüber die für Xiva typische Ziegeltechnik mit diagonal versetzten Ziegeln als "Muqarnaring".

Polvon Qori Handelshaus und Scheich Kabir Moschee ⑤

Etwas aus der Reihe fällt das **Polvon Qori Handelshaus** (Polvon Qori savdo uyi) welches 1905 im russischen Stil für einen örtlichen Kaufmann errichtet wurde. Er handelte mit Parfüm und Nähmaschinen die er aus dem russischen Orenburg heranschaffte. Neben der russischen Schule ist es das einzige Gebäude dieser Art innerhalb von Ichon qal'a. Heute sind hier Geschäfte, eine Touristeninformation und ein **Museum über Deutsche Mennoniten** untergebracht. Diese gründete 1884 etwa 12km von Xiva entfernt die Siedlung Ak Mechit.

Der schlichte Kuppelbau mit zwei Iwanhallen in unmittelbarer Nähe ist die **Scheich Kabir Moschee** (Sheyx Kabir masjidi) aus dem ausgehenden 19.Jh. Heute ist hier die Choyxona Bir Gumbaz eingerichtet.

Matniyoz Devonbegi Medrese ⑥

Zu Sowjetzeiten wurde die **Medrese Matniyoz Devonbegi** (Matniyoz Devonbegi madrasasi, 1871) in ein Restaurant umgewandelt. Die lichtdurchflutete Stuckdecke über dem Innenhof ruht auf ebenso stuckverzierten Säulen. Der Peshtoq ist zwar etwas schlichter mit Kacheln verziert, so fehlt beispielsweise das Kalligraphieband über der Spandrille, doch die mit Girih verzierten Ecksäulen machen dies wieder wett. Sehr schön auch die Ecktürmchen (Guldastras). Beachten Sie die hölzerne Tafel über dem Eingang mit den 16 wichtigsten Suren des Koran die jeder Koranschüler parat haben musste. Das Restaurant scheint geschlossen.

Sayid Alovuddin Mausoleum ⑦

An der südöstlichen Ecke der Matniyoz Devonbegi Medrese schließt sich das **Grab des Saiden Alovuddin** (Sayid Alovuddin maqbarasi, 14.Jh.) an. Das auch heute noch von zahlreichen Pilgern besuchte Grab des entfernten Verwandten von Mohammed wurde nachweislich in der Mitte des 14. Jh. errichtet und ist damit das älteste noch erhaltene Gebäude Xivas. Alovuddin war ein Sufi Prediger der seinerzeit in Xiva wirkte und 1303 verstarb.

Im ursprünglichen Go'rxona befinden sich auf einem Daxma zwei Kenotaphe. Im Jahr 1863 ließ sich Khan Sayid Muhammad neben Sayid Alovuddin bestatten. Aus dieser Zeit stammt auch die wunderschönen Keramikverzierung mit feinster Kalligraphie und floralen Mustern. Die Kuppelhalle (Zioratxona) vor dem Grabraum ließ Khan Aloqulixon im 19.Jh errichten. Dadurch ging der ursprüngliche Eingang mit seinem Peshtoq leider verloren.

Das Kamel von Xiva ⑧

Eines der wichtigsten Sehenswürdigkeiten Xivas ist zweifellos das Kamel. Mal ist es die Kameldame Katja oder der stehts mürrische Mischa. Wer möchte kann sie erklimmen und sich dann stolz fotografieren lassen.

Kamele spielen auch heute noch eine wichtige Rolle im Volksglauben der Einheimischen. So hängt in manchem PKW ein Kamelzahn, er soll vor Unfällen schützen. Mit Kamelspeichel und Urin werden Pickel, Fußpilz und Arthritis behandelt. Hält eine Schwangere bei den Wehen ein Wollknäuel in der Hand, gelingt die Geburt leichter und eine Kordel aus Kamelhaar schützt die Brust beim Stillen vor Entzündung.

Qozykalon Medrese ⑨

Ebenfalls an der Palvon Qozi ko'chasi weiter nach Osten verbirgt sich hinter einer Umgebungsmauer die architektonisch eher unspektakuläre **Kleinmedrese Qozykalon** (Qozykalon madrasasi, 1905). Der Name der Medrese deutet auf den Erbauer, einen Obersten Richter hin. In den Hujrazellen sind einige **Musikinstrumente** der Region ausgestellt (Musiqa Tarixi muzeyi). Beachten Sie auch die Kaminabzüge in den Zellen sowie den vertieften, "unreinen" Bereich am Eingang.

Sherg'ozi Khan Medrese ⑩

Folgt man der Gasse entlang der Ostwand der Qozyqalon Medrese nach Süden, vorbei an der **Xo'jash Mahram** und der **Yoqubboy Hodscha Medrese** (Khiva-silk Werkstatt) trifft man auf die **Matrasulboy Mirzoboshi Medrese**. Daneben ragt das hohe Portal der **Sherg'ozi Khan Medrese** (Sherg'ozixon madrasasi, 1718-1727) aus. Sherg'ozi Khan war der Shayboniydische Herrscher in Xiva und galt als sehr gebildet und beschlagen. Ab dem Jahr 1718 ließ er von Sklaven aus Persien diese Medrese errichten und versprach ihnen, sie nach der Fertigstellung frei zu lassen. Ein damals durchaus übliches Vorgehen. Doch der Khan fand immer wieder einen Grund, den Bau zu verzögern, denn die Medrese sollte ja an seine Großartigkeit erinnern. Da rebellierten die Sklaven 1727 und brachten Sherg'ozi auf der Baustelle um. Die Medrese indes blieb unvollendet, weshalb sie auch keinen Keramikschmuck erhielt. Es dauerte weitere Jahre bis die Sklaven im Zuge eines persischen Angriffs auf Xiva schließlich befreit wurden. Sherg'ozi Khan fand seine letzte Ruhestätte gegenüber im Pahlavon Mahmud Mausoleum.

Die Sherg'ozi Khan Medrese ist eine der größten und ältesten Koranschulen der Stadt. Auch der berühmte turkmenische Poet Machtumguli lehrte hier.

Pahlavon Mahmud Mausoleum ⑪

In der gleichen Gasse schräg gegenüber liegt das **Mausoleum Pahlavon Mahmud** (Pahlavon Mahmud maqbarasi, 14.-19.Jh).
Die wohl heiligsten Stätte Xivas ist von Außen

an der vergleichsweise flachen, türkisfarbenen Kuppel zu erkennen.

Alles begann in der einfachen Werkstatt von Mahmud, dem Kürschner (1247-1326). Mahmud machte Fellmützen und war ein weiser Mann, denn er wurde auch als Arzt geschätzt. In seinen freien Stunden verfasste er gerne Gedichte. Doch seinen Heldenrang "Pahlavon" erhielt er als furchtloser Kurashi, als Ringer. Die Legend erzählt, dass er nie einen Kampf verlor, bis auf den einen gegen einen Sklaven. Der hätte sein Leben verloren, wenn er nicht gewonnen hätte.

Die Xivaer liebten und lieben ihren Helden Mahmud und schon bald wurde aus seiner Werkstatt ein Ziel für Pilger, ein kleines Mausoleum erinnerte ab dem 14. Jh. an ihn.

An diesem Ideal der Popularität und Volksverehrung wollten aber auch andere teilhaben. Und so ließen sich zahlreiche Khane hier bestatten, weshalb die Anlage sich im Laufe der Jahrhunderte mehrmals grundlegend veränderte.

Betritt man den Komplex durch das schlichte, auffallend hohe **Ziegeltor** aus dem Jahr 1702 gelangt man in einen Innenhof. In dessen Mitte ist ein überdachter **Brunnenschacht** aus dem besonders Frauen gerne trinken. Das Wasser soll verjüngend wirken, quasi ein Jungbrunnen. Rechts eine **Sommermoschee**, links eine zweistöckige **Pilgerunterkunft** aus dem Jahr 1913. In dessen Fortsetzung führt ein hohes Portal in die **Familiengruft** des vorletzten Khans von Xiva, **Isfandiyar Yurji Bahadur**. Es sind drei sehr schöne Kenotaphe zu sehen, der Khan selbst liegt jedoch nicht hier begraben, da er in Deshon qal'a verstarb und nach der lokalen Tradition nicht in die innere Stadt gebracht werden durfte.

Der Blick auf das große **Hauptgebäude** (1825) wird von einem hohen Peshtoq bestimmt. Über der mit sternförmigen Mustern ausgekleideten Spandrille sind sechs geometrisch angeordnete Blendnischen zu sehen. Außen umfasst ein Band aus immer wieder gleichen Floralmustern die Gestaltung. Im reich mit Majolika Fliesen dekorierten Kuppelraum fällt der Blick zuerst auf das gegenüber dem Eingang befindliche **Grab des Erbauers, Muhammad Rahim Khan** (1806-1825). Links daneben sind die beiden **Grabsteine von Abulg'oziy Khan und**

Anusha Khan zu sehen. Wände, Kuppel, der Kenotaph, alles ist mit opulentem Schmuck in den Farben Blau und Weiß ausgestaltet. Hier kann man schwelgen und betrachten. Links führt vom Hauptgebäude ein niedriger Durchgang in einen **Andachtsraum** (Ziyoratxona) der ebenfalls vollständig mit Majolika verziert ist. Hinter einer Holztüre kann man durch die sternförmigen Öffnungen den **Kenotaph des Volkshelden Pahlavon Mahmud** erspähen. Auch dieser Raum ist herrlich ausgestattet. Rechts vom Hauptgebäude betritt man einen weiteren **Kuppelraum** in dessen niedriger Nische, welche ebenfalls kunstvoll mit Majolika ausgestattet wurde, der Kenotaph von **Allaquli Muhammad Bahadur** (1825-1842) zu sehen ist. Er spendierte dem Mausoleum die Majolika-Ausstattung.

Sowohl rechts als auch links vom Pahlavon Mahmud Komplex sind kleinere, meist schmucklose **Mausoleen** und **Kenotaphe** zu sehen die wie in Zentralasien häufig zu sehen im Tod die Nähe zu einem als heilig angesehenen Menschen suchen.

Der Eintritt zum Mausoleum ist nicht im Sammelticket enthalten. (Geöffnet: Tägl. 8:00-22:00 Uhr, außerhalb der Saison 9:00-18:00 Uhr)

Östlich des Pahlavon Mahmud Komplexes befinden sich weitere Kleinmedresen. Die etwas zurückgesetzte **Mozori Sharif Medrese** (Mozori Sharif madrasasi, 1882) und die **Otajonboy Medrese** (Otajonboy madrasasi, 1884) direkt am Eck.

Beide Gebäude ähneln sich sehr, denn sie sind beide von Guldastras an den Gebäudeecken flankiert und die Peshtoqs weisen zahlreiche türkis glasierte Kleinkacheln auf. Es ist das Symbol der Unendlichkeit und stammt aus dem Zoroastrismus.

In den eher unspektakulären Gebäuden befinden sich heute Geschäfte mit Kunsthandwerk.

Islom Hodscha Medrese u. Minarett ⑫

Folgt man der Gasse vom Pahlavon Mahmud Mausoleum weiter nach Osten, trifft man direkt auf das gewaltige **Islom Hodscha Minarett** (Islom Xo'ja minorasi, 1910). Für viele Besucher von Xiva ist die Besteigung des Minaretts der sprichwörtliche Höhepunkt, denn von hier oben hat man einen herrlichen Blick auf die Stadt und das bunte Treiben in den Gassen.

Das Minarett ist mit 45m Höhe nicht nur das höchste, sondern auch das eleganteste der Stadt. Die schön verzierte Laterne ist in einer Höhe von 43m und kann über eine schmale Wendeltreppe erreicht werden. Das sich nach oben stark verjüngende Minarett hat an seiner Basis einen Durchmesser von 9,5m.

Der Erbauer der Medrese und des Minaretts Islom Hodscha (?-1917) war Großwesir sowohl unter Muhammad Rahim Khan II als auch seinem Sohn Isfandiyar. Da sich beide wenig um die Regierungsgeschäfte kümmerten, hatte Islom Hodscha weitgehend freie Hand und realisierte viele reformierende Projekte. Er ließ die russische Schule gegenüber seiner Medrese errichten und unterhielt beste wirtschaftliche Beziehungen nach Moskau und St. Petersburg. Auch das erste Krankenhaus in der Stadt entstand aufgrund seiner Initiative.

Die **Medrese Islom Hodscha** (Islom Xo'ja madrasasi, 1910) mit den Außenmaßen 42x35m ist relativ klein, hat jedoch die schönste Front von allen Gebäuden der Stadt. Das zweite Stockwerk der Front ist in erster Linie Schmuckwerk, da sich dahinter nur schmale Räume und eine offene Säulenhalle befinden. Um den Innenhof gruppieren sich 25 Hujrazellen. Die überkuppelte Halle in der südwestlichen Ecke diente als Moschee mit einer verzierten Mihrabnische gen Mekka. Heute ist hier ein besuchenswertes **Geschichtsmuseum** mit interessanten Exponaten eingerichtet. Zu sehen sind alte Zeugnisse der verschiedenen Handwerkskünste Xivas, von Schreinern, Schneidern, Kupferschmieden und Töpfermeistern. (Geöffnet: Tägl. 7:00 Uhr bis 18:00 Uhr)

Im Norden schließt sich die unspektakuläre **Kleinmedrese Tolib Maxsum** (Tolib Maxsum madrasasi, 1910) mit dem Café Zarafshon an.

Juma Moschee und Minarett ⑬

Die **Juma Moschee** (Juma masjidi, 1789) ist von aussen betrachtet ein recht langweiliges Gebäude mit den Maßen 55 x 46m. Nicht einmal Blendnischen zieren die Außenwände. Doch bereits das mit seinen Beschlägen arabisch wirkende Eingangstor verrät, dass sich in der Moschee etwas Besonderes verbirgt. Denn sobald man die Moschee betritt staunt man einfach nur. Hier stehen 215 Holzsäulen aus dem 10.Jh bis in unsere Tage zusammengetragen aus allen möglichen Gebäuden die es längst nicht mehr gibt oder explizit für diese Moschee hergestellt. Der halbdunkle Gebetsraum welcher nur durch zwei Oberlichter aufgehellt wird, scheint endlos zu sein. Nehmen Sie sich etwas Zeit und betrachten Sie einige der Säulen genauer, es lohnt sich.

Über der Gebetsnische ist die Decke etwas angehoben und auch hier lassen kleine Oberlichter etwas Licht auf die weiß getünchte Nische fallen. Daneben ein hölzerner Minbar.

Diese Art der Hallenmoschee hat ihren Ursprung in den frühislamischen Moscheen, die ebenfalls auf diese Weise gebaut wurden.

Die Vorteile dieser Konstruktion liegen auf der Hand: Im Sommer bietet sie Schutz vor Hitze und Sonnenstrahlung, im Winter vor Kälte und Wind.

Direkt angebaut ist das 42m hohe **Juma Minarett** (Juma minorasi, Ende 18.Jh.) das nicht mehr bestiegen werden kann. Die 81 Treppenstufen sind wirklich schmal und es ist dort sehrdunkel. Zudem neigt sich das Minarett bereits etwas zur Seite.

Matpanboy Medrese ⑭

Durch einen kleinen Portalbau gelangt man in den Vorhof der **Matpanboy Medrese** (Matpanboy madrasasi, 1905). Das Kuriose an diesem Gebäude ist, dass es nur wenige Jahre seinem eigentlichen Zweck als Koranschule diente. In der Sowjetzeit war sogar ein antireligiöses Museum eingerichtet. Nach der Unabhängigkeit blieb es ein **Museum**, diesmal aber um **Religionen** darzustellen. Auch wenn die Ausstellungsstücke wenig aussagen sind zumindest die Modelle der antiken Lehmburgen Karakalpakistans interessant anzusehen.

Abdulla Khan Medrese ⑮

Khan Abdulla hatte nicht lange Gelegenheit als Khan zu wirken, denn kurze Zeit nach einem Staatsstreich wurde er von Turkmenischen Rebellen ermordet.

Die schmucklose **Abdullah Khan Medrese** (Abdullahxon madrasasi, 1855) beherbergt bereits seit Sowjetzeiten ein **Naturkunde Museum** und seither hat sich an der Ausstellung auch nichts Wesentliches geändert.

Oq Moschee ⑯

Gemeinsam mit dem Anusha Badehaus wurde

die **Oq Moschee**, zu Deutsch "Weiße Moschee" (Oq masjidi, 1657-1838) von Abulg'oziy Khan in Auftrag gegeben. Dabei sollten die Einnahmen des Badehauses die Kosten für die Moschee decken.

Die Moschee wirkt zwar schlicht, bildet jedoch mit dem ebenfalls weiß getünchten kleinen Minarett ein harmonisches Ensemble. Der überkuppelte Innenraum ist schmucklos und dient heute als Souvenirladen. Ursprünglich war er die Wintermoschee. Im Sommer sammleten sich die Gläubigen unter dem hohen, säulengestützen Iwan, welcher die Wintermoschee von drei Seiten umgibt. Die Moschee wurde vorwiegend von den Basarleuten genutzt, denn der Basar befand sich bis 2017 unmittelbar vor dem Polvon Stadttor.

In den Jahren 1838-1842 ließ Olloquli Khan beim Bau seiner Medrese auch die mittlerweile baufällig gewordene Oq Mosche neu aufbauen, jedoch unter Verwendung der alten Säulen und Türen.

Anusha Khan Badehaus ⑰

Abulg'oziy Khan hatte bereits neun Söhne und erwünschte sich nichts mehr als eine Tochter. Als auch das 10. Kind ein Junge war, hatten die Ammen Angst vor der Wut des Khans. Sie steckten das Baby in hübschen Kleider und sagten ihm, es sei ein Mädchen. Er benannte es nach seiner verstorbenen Lieblingskonkubine Anusha.

Die Jahre vergingen und während einer Schlacht mit dem Bucharischen Khan Abdualziz geriet Abulg'oziy Khan in Gefangenschaft. Während die anderen Söhne zögerten ritt Anusha los und befreite mit List seinen Vater. Nach der Rückkehr nach Xiva ließ er ein rauschendes Fest veranstalten. Er fragte vor allen Anwesenden Anusha, was sie sich wünsche solle geschehen. Er möge ihr Leben und das ihrer Mutter schonen. Dann gab sie sich als jungen Mann zu erkennen. Der Khan war sehr überrascht, doch hielt er Wort und verkündete, dass Anusha ihn als Khan beerben werde.

Aus Dankbarkeit errichtete Abulg'oziy Khan ein Badehaus neben dem Polvon Stadttor und schenkte es Anusha, so die Legende.

Dieses **Anusha Khan Badehaus** (Anushaxon hammomi, 1657) war entsprechend der damaligen baulichen Möglichkeiten ein sehr komfor-

tables Bad dessen Boden und Räume durch ein Röhrensystem beheizt wurden. Allerdings war ein Badehaus nicht nur zur Körperpflege da. Man tausche hier die neuesten Gerüchte aus, ließ sich den Wurm aufspulen oder kam zum Aderlass.

In den 1980er Jahren wurde das Badehaus grundlegend saniert und verlor dabei auch etwas von dem Charm des alten Hammam. Es verfügt über Ruhe-, Umkleide-, Warm- und Kalträume. Heute ist das Hammam ein Teehaus.

Polvon Stadttor ⑱

Schon vor 200 Jahren lag der Basar Xivas östlich und außerhalb von Ichon qal'a. Daher war das **Polvon Stadttor** (Polvon darvozasi, 1806) das belebteste von allen vier Stadttoren der inneren Altstadt. Manchmal sah man hier einen Sklaven dem man für einen Fluchtversuch das Ohr an das Tor genagelt hatte. Auch Bettler waren hier immer zugegen. In den dunklen Nischen gab es dubiose Geldwechsler und Mütterchen mit Heilkräuter. Nahe der etwa 50m lange Kuppelpassage fand auch der berüchtigte Sklavenmarkt statt an dem insbesondere Perser, Kurden und Russen angeboten wurden. Turkmenische Räuberbanden hatten sie eingefangen und dann an die Sklavenhändler von Xiva weiterverkauft. Weder Frauen noch Kinder wurden verschont. Besonders junge Russische Männer erzielten hohe Preise, bis zu vier Kamele wert.

Olloquli Khan und Hodscha Berdiboy Medrese ⑲

Gemeinsam mit der etwas älteren Qutlug' Murod Inoq Medrese gegenüber bildet die **Olloquli Khan Medrese** (Olloqulixon madrasasi, 1835) das einzige Kosh Ensemble der Stadt. Um dies zu ermöglichen, hatte Olloquli Khan ein ganzes Stück der Stadtmauer von Ichon qal'a abtragen lassen.

Doch es gab noch eine weitere Herausforderung für den damaligen Architekten. Auf dem Bauplatz stand bereits die altehrwürdige **Hodscha Berdiboy Medrese** (Xo'ja Berdiboy madrasasi, 1688-1834) die auf keinen Fall abgerissen werden durfte. Die Lösung bestand darin, dass die Medrese in zwei Höfe aufgeteilt wurde, welche man über einen überkuppelten Chortoq am Eingang erreicht. Geht man im Chortoq Torhaus geradeaus, erreicht man die auf einem Podest stehende Olloquli Khan Medrese. Dieser Umbau brachte der Hodscha Berdiboy Medrese den Beinamen "Satteltasche" (Xurjun) ein. Im rechten Innenhof gelangt man zum kleinen Kuppelraum in dem die Koranschüler lernten und im linken Innenhof ist heute das **Khorazm Art Restaurant** untergebracht, welches 2008 mit Unterstützung der Deutschen Botschaft eröffnet wurde.

Der hoch aufragende Iwan der Olloquli Khan Medrese ist der vielleicht prächtigste der Stadt Xiva. Der "Himmel" im polygonalen Iwan ist mit dem für Xiva so typischen Muster verziert das entfernt an das mathematische Apfelmännchen (Mandelbrotmenge) erinnert. Darunter ein umlaufendes Nastaliq Schriftband, eine besondere Stilart der persischen Kalligraphie die aus Täbris stammt. Einmalig für Xiva ist das als umgedrehtes U erscheinende Kalligraphieband auf dem Peshtoq, hier ist es allerdings Thuluth Schrift.

Auch der Innenhof wartet mit einer Überraschung auf. Denn die vier Iwane scheinen in den Boden versunken. Ihre Proportionen sind sehr ungewöhnlich. In der Nord-Süd-Achse wurde auf die Peshtoqs eine Bogengallerie aufgesetzt.

Olloquli Khan Handelshaus ⑳

Zu Beginn des 19. Jh. erlebte Xiva einen wirtschaftlichen Aufschwung zum einen durch den verstärkten Handel mit Russland, aber auch durch die Abnahme von Überfällen durch die Turkmenen. In diesem Umfeld wollte Olloquli Khan seinen Betrag dazu leisten und baute im äußersten Osten von Ichon qal'a mit einem Handelshaus und einer Karawanserei die Strukturen auf, die der Stadt bis dahin fehlten. Die Einnahmen wie Kommissionen, Zollgebühren, Stempelgeld, usw. kamen der Olloquli Khan Medrese nebenan zugute.

Das **Olloquli Khan Handelshaus** (Olloqulixon timi , 1833) ist ein länglicher Kuppelbau mit je einem Tor an der Schmalseite. Kamelkarawanen gingen an dem äußeren Tor hinein, Güter wurden gewogen, verzollt und die Dokumente gestempelt. Die entladenen Kamele konnten an der anderen Seite das Gebäude wieder verlassen. Heute steht das Handelshaus leider leer und ist auch meistens verschlossen. Beachten Sie jedoch unbedingt die schweren Holztore.

Olloquli Khan Karawanserei ㉑

Ebenfalls zum kommerziellen Zentrum von Xiva gehörte einst die große **Karawanserei** (Olloqulixon karvonsaroyi, 1833) welche wie eine zweistöckige Medrese aufgebaut ist. In den unteren Zellen wurden die Waren gelagert und im oberen Stockwerk bot man Schlafräume für die auswärtigen Händler an. Zu Sowjetzeiten baute man die Karawanserei zu einer Kaufhalle um und überdachte sie. Wie das Handelshaus nebenan steht es nun leer. Ein großer Verlust für die Einheimischen wie auch für die Touristen. Der Zugang erfolgt von der Nordseite.

Qutlug' Murod Inoq Medrese ㉒

(Qutlug' Murod Inoq Madrasasi, 1804-1812) Sie erweckt ein wenig den Anschein des nicht vollendeten Bauwerkes. Während die Spandillen der 12 Frontnischen und die Ecktürmchen mit farbigen Kacheln ausgeschmückt sind, wirkt der mächtige Eingangsiwan kahl und leer. Der Grund ist wohl darin zu suchen, dass diese Medrese überhaupt eine der ersten in Xiva war, bei der man farbige Kacheln als Schmuck an den Außenwänden einsetzte. Besondere Beachtung verdienen die **Ecktürmchen** (Guldastras) welche mit unglasierten Terrakotta Fliesen und zugeschnittenen Ziegeln verziert wurden. Dabei benutzte man geschnitzte Holzstempel und drückte das Muster in den weichen Lehm. Mit viel Liebe zum Detail ist das Muqarnaband unterhalb der Kuppel der Türmchen mit Blätterzweigen bemalt. Auf dem linken Türmchen variieren diese Blattmuster sogar.

Vor der Qutlug' Murod Inoq Medrese sind in einem Halbgeschoss kleinere **Läden** untergebracht die auch heute noch genutzt werden. Eine große **Zisterne** (Sardoba) im Innenhof versorgte die Bewohner der Medrese mit dem lebenswichtigen Wasser. Erbauer war der Klanführer (Inoq) Qutlug' Muhammad Murod welcher unmittelbar nach seinem Bruder Abdullah Khan ebenfalls für wenige Monate Khan wurde. Khan zu werden war in diesen Tagen allerdings ziemlich gefährlich und glich eher einem noch nicht vollstreckten Todesurteil.

Heute ist im Gebäude eine **Ausstellung** mit durchaus sehenswerten zeitgenössischen Gemälden z.B. des Surrealismus untergebracht. Im Innenhof zeigen **Seilakrobaten** ab 18 Uhr ihre Kunststücke. Tel. 91 91 / 98 92

Toshhovli Palast ㉓

Einer der besten Architekten seiner Zeit, Usto Nur Muhammad wies das Ansinnen Olloquli Khan's zurück. In nur zwei Jahren war ein solcher Palast unmöglich zu errichten. Er wurde gepfählt, ein vielstündiger qualvoller Tod. Sein Kollege Usto Qal'adar Xivakiy ging die Aufgabe clever an: Er baute zunächst den Harem welcher tatsächlich in zwei Jahren fertiggestellt war und dem Herrscher die gewünschte Zerstreuung bot. Doch es dauerte weitere sechs Jahre um den **Toshhovli Palast** (Toshhovli saroyi, 1838-1846) mit 108 geschlossenen und 22 offenen Räumen fertigzustellen. Diese sind zumeist nach Norden geöffnet, um die kühlen Nordwinde einzufangen. Umgeben wird der "Steinerne Palast" von einer hohen, fensterlosen Mauer und 14 Türmchen. Aus diesen ragen Holzbalken, welche den Anschein erwekken, dass hier noch gebaut wird. Dies soll die bösen Geister abwehren, denn diese, so der Volksglaube, ziehen nur in schöne, vollendete Gebäude ein.

Ursprünglich gab es nur zwei Eingänge, das große **Westtor** als offizieller Eingang sowie den kleineren **Südeingang** für die Bediensteten. Der Zugang zum Harem lag im Palast und war streng bewacht. Heute betritt man den Komplex durch den Südeingang oder den neu geschaffenen **Eingang an der Ostseite** welcher direkt in den Innenhof des **Harems** führt. Im südlichen Teil des Harems lebten der Khan und seine vier Hauptfrauen. Gegenüber waren etwa 40 Konkubinen, meist Frauen oder Töchter von Steuersündern untergebracht. Gerne umgaben sich die Khane auch mit vorpubertären Knaben, welche in Frauenkleider gesteckt vor dem Khan tanzen mussten. Der Tanz von Frauen war nach islamischem Recht verboten.

Eunuchen hatten für Ruhe und Ordnung im Harem zu sorgen. Bis zum Alter von 11 Jahren durften auch die Söhne des Khans im Harem verbleiben. Danach sahen Sie ihre verschleierte Mutter nur noch an der Türe zum Harem. Das abgeschottete Leben im Harem war eintönig und unterschied sich vom Leben gewöhnlicher Frauen allenfalls durch die häufigen Intrigen. Audienzen und Gericht hielt der Khan im **Gerichtshof** (Arzhovli). Dabei saß der Khan im Schneidersitz auf einem erhöhten Podest in seiner Jurte. Jeder freie Bürger des Khanates durfte vorsprechen um Streitigkeiten vom Khan entscheiden zu lassen.

Lustiger ging es im **Empfangshof** (Ishrathovli) zu. Bei ausgedehnten Gelagen unterhielten Musikanten, Akrobaten oder Tanzjungen die Festgesellschaft. Auch hier standen Jurten auf zwei Plattformen, eine für die Frauen und eine für die Männer.

Viele Räume sind großflächig mit prachtvollen Keramikflächen verziert die wie Teppiche wirken. Decken und Säulen zeugen von der hohen Schnitzkunst der örtlichen Meister.

Heute sind neben den unvermeidbaren Souvenirhändlern in einigen Räumen traditionelle Handwerkskünste und eine der Kutschen des Khans ausgestellt.

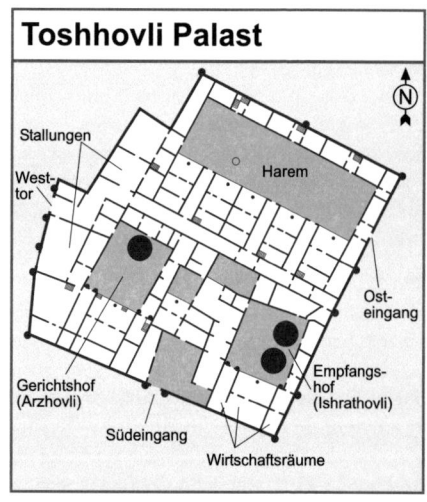

Uch Ovliya Bobo Mausoleum ㉔

An der nordwestlichen Ecke des Toshhovli Palastes ist das altehrwürdige **Uch Ovliya Bobo Mausoleum** (Uch Ovliya Bobo maqbarasi, 16.Jh) zu finden. Auf der alten Holztüre kann man sowohl die Jahreszahl 1561 sowie den Name des Baumeisters Abdullah ibn Sayid lesen. Allerdings wurde das Gebäude 1822 und nochmals 1982 grundlegend erneuert und dabei vermutlich auch verändert.

Einst von einem Friedhof umgeben steht der Grabbau heute deutlich tiefer als die umgebende Oberfläche. Uch Ovliya kann mit "drei Heilige" übersetzt werden und bezieht sich auf drei Bauernbrüdern aus dem 16. Jahrhundert, deren Felder gerettet wurden, als sie für Regen beteten, im Gegensatz zu einem reichen Bauern, dessen Felder vom gleichen Regen überflutet wurden, als er sich weigerte, seine Kanaltore zu öffnen. Gegenüber ist eine **kleine Moschee** mit einem schönen, säulengestützten Iwan und einer **Kuppelhalle** unbekannten Zwecks zu sehen.

Muhammad Amin Inoq Medrese ㉕

Der Erbauer dieser Medrese, Muhammad Amin Inoq gilt als Begründer der letzten Herrscherdynastie in Xiva, den Qongiraten. Diese Bezeichnung stammt ursprünglich von einem der östlichen Mongolenstämme und dessen berühmtester Sohn ist zweifelsohne Dschingis Khan. Auf diese Weise legitimierte Muhammad Amin Inoq seine Herrschaft und festigte mit Siegen über die Turkmenen und die Bucharer das Khanat von Xiva. Er war es auch, der nach dem verheerenden Überfall des Persers Nadir Shah die Stadt Xiva wieder befestigte und zu einem Wirtschaftszentrum machte. Sein Titel "Inoq" war unter dem des Khan angesiedelt und kann übersetzt werden mit "Glaubhafter Ratgeber". Die nominelle Macht lag damals noch bei den Kasachischen Dschingisiden.

Die moderat dekorierte **Muhammad Amin Inoq Medrese** (Muhammad Amin Inoq madrasasi, 1785) wurde in der Sowjetzeit stark verändert, der Innenhof dabei überdacht. Im Kuppelbau links des Eingangsportales soll der Inoq selbst und dessen Sohn Qutli Murod begraben sein.

Do'st Alam Medrese ㉖

Etwa 100 Jahre jünger ist die schmucklose **Do'st Alam Medrese** (Do'st Alam madrasasi, 1882). Do'st Alam war ein Jurist am Hofe von Khan Muhammad Rahimxon II und lernte seine Profession wie die meisten anderen Anwälte und Juristen in einer Medrese. Heute ist hier eine Holzwerkstatt eingerichtet.

Arab Muhammad Khan Medrese ㉗

Ursprünglich stand hier eine kleine Koranschule einer angesehenen Bürgerin Xivas. Im Jahr 1616 ließ Arab Muhammad Khan das Gebäude abreißen und zunächst eine einstöckige Medrese anlässlich der Ernennung Xivas zur Hauptstadt des Khanates errichten. Als die **Arab**

Muhammad Khan Medrese (Arab Muhammadxon madrasasi, 1616-1838) schon recht verfallen war, wurde sie in der Regierungszeit Olloquli Khan's um ein Stockwerk erweitert und grundlegend saniert.

Yusuf Yashulboshi Medrese ㉘

Ein "Yashulboshi" war zur damaligen Zeit quasi der oberste Polizeichef. Yusuf Yashulboshi verantwortete zu Beginn des 20. Jh. die Kontrolle der Gefängnisse und die Sicherheit des Khanates. Wie auch anderen Personen in Amt und Würden ließ Yusuf im Jahre 1906 diese kleine, schlichte **Koranschule** (Yusuf Yashulboshi madrasasi, 1906) errichten. Die Anlage umfasst 20 Hujrazellen und in der nordöstlichen Ecke eine kleine Kuppelmoschee. Die Yusuf Yashulboshi wird heute als Restaurant genutzt.

Muso To'ra Medrese ㉙

Als To'ra durften sich männliche Verwandte des Inoqs oder Khans bezeichnen, wie hier der Sohn des Rahmonquli Inoq. Muso fiel 1855 im Krieg mit den turkmenischen Yomut und im Andenken an ihn entstand die **Muso To'ra Medrese** (Muso To'ra madrasasi, 1841). Heute können sich Touristen im Hotel Muso To'ra. in die Badewanne legen, wo früher Koranschüler monatelang den Koran auswendig lernten.

Amir To'ra Medrese ㉚

Amir war der Sohn Muhammad Rahim Khan's und hatte die angesehene Position des Ulamo inne. Ein Ulamo ist eine Art "Verbindungsmann" zwischen dem weltlichen Herrscher, damals dem Khan und den geistlichen Würdenträgern. Im Gegensatz zu den Schiiten ist bei den Sunniten die Theokratie unüblich. Dennoch waren die Khane auf die Akzeptanz ihrer Herrschaft vor den Hütern der Scharia angewiesen.

Die ab 1870 errichtete **Amir To'ra Medrese** (Amir To'ra madrasasi, 1873) konnte wegen des Einmarschs der Russen nicht mehr vollendet werden. Darauf weissen die nicht abgesägten Stangen des früheren Arbeitsgerüstes hin. Auch hier erfolgt der Zugang durch einen Chortoq in den Vorhof der Medrese unter dem weitere Zellen sind.

Xivaq Brunnen ㉛

Über den Ursprung und Namen der Stadt Xiva gibt es einige Volkslegenden. Sim, der Sohn

Noahs soll nach der Sintflut hier eine Stadt in der Form eines Schiffsrumpfes errichtet haben.

Eine andere Sage berichtet von durstigen Karawanenreisenden die einstmals das köstlich kühle Brunnenwasser mit dem Ausruf "Hey vach!" gelobt haben. Daraus entstand über die Jahrhunderte dann der Name Xiva.

Wer den legendären aber heute leider trockenen **Xivaq Brunnen** (Xivaq qudug'i) sehen möchte, findet ihn im Nordwesten der Innenstadt. Er befindet sich im Innenhof des Hauses mit der Nummer 107 der Abdulla Boltayev ko'chasi (+41°22'51.2", +60°21'33.7").

Die Sehenswürdigkeiten der äußeren Altstadt Deshon qal'a

Aufgrund häufiger Überfälle durch benachbarte Turkmenenstämme entschied Khan Olloquli im Jahr 1839, dass eine Stadtmauer um die äußere Altstadt errichtet werden sollte. Jeder Bürger hatte pro Jahr 12 Tage an dem mehr als 6Km langen Bauwerk mitzuarbeiten. Nach drei Jahren stand die Befestigungsanlage, gebaut aus in der Sonne getrockneten Lehmziegeln und mit 10 stolzen Stadttoren versehen.

Bedauerlicherweise wird die äußere Altstadt von vielen Touristen kaum beachtet. Dabei können auch hier bemerkenswerte Sehenswürdigkeiten entdeckt werden.

Stadttore und Stadtmauer ㉜

Von den zehn Stadttoren die an allen wichtigen Ausfallstraßen von Deshon qal'a lagen, exisitieren heute nur noch vier. Das größte und schönste davon ist sicherlich das Doppelportal des **Qo'sha Stadttores** (Qo'sha darvoza, 1842-1912) ganz im Norden an der Straße nach Urganch. Der Begriff "Qo'sha" steht in Xorazm für "doppelt" und weist dabei auf die Symmetrie des Gebäudes hin.

Anders als die Stadtmauer, welche ursprünglich aus ungebrannten Ziegeln errichtet wurde, baute man die Stadttore mit gebrannten Ziegeln. Doch genau das wurde ihnen schnell zum Verhängnis, denn Ziegel waren ein begehrtes Baumaterial.

Ganz im Süden der Stadt steht das **Angariq Stadttor** (Angariq darvoza, 1842-2017) dessen Name auf den nahegelegenen Vorort weist. Das

heute sichtbare Gebäude ist eine angenäherte Rekonstruktion des Originals. Sehr schön ist die Perspektive auf das nahegelegene Tosh Stadttor der Inneren Altstadt. Ebenfalls wieder neu aufgebaut wurde das **Tor der Scheichs** (Shayxlar darvoza) etwas weiter westlich.

Weit im Osten, auf der neuen Achse zum Bahnhof steht das **Schafstor** (Qo'y darvoza, 1842). Jahrhundertelang befand sich östlich von Ichon qal'a nicht nur der Bauernbasar sondern auch der Viehmarkt. Daher der Name des Stadttores, welches nach Hazorasp weist.

Sayid Niyoz Sholikorboy Moschee, Medrese und Minarett ㉝

Die derzeit einzige tätige Freitagsmoschee Xivas ist die **Sayid Niyoz Sholikorboy Moschee** (Sayid Niyoz Sholikorboy masjidi, 1830-1840) unmittelbar neben dem Polvon Stadttor. Sie fällt vor allem durch das 18m hohe Minarett auf. Bereits leicht geneigt besticht es durch einen auffallend weit auskragenden Muqarna Kranz über der Ampel. Betritt man die Moschee durch das Nordportal gelangt man in einen Vorhof mit Blick auf einen von drei Säulen gestützten Iwan, die **Sommermoschee**. Unmittelbar dahinter liegt die von neun Kuppel überwölbte Wintermoschee. Östlich an der Mosche angebaut gruppieren sich einige Hujrazellen der **Medrese** um einen engen Innenhof. Stifter war der wohlhabende Reishändler (Sholikor) Niyoz.

Polvon Qori Medrese und Minarett ㉞

Mit seiner zylinderförmigen Form ist das **Polvon Qori Minarett** auf jeden Fall bemerkenswert, wenn dadurch auch wenig elegant. Erbaut wurde es wie auch die angeschlossene **Medrese** (Polvon Qori madrasasi) im Jahre 1905 vom selben Geschäftsmann welcher in Ichon qal'a auch einen Handelskomplex errichten ließ. Die Medrese repräsentiert den für das neu begonnene 20. Jh. typischen Baustil mit seinen schlichten Formen. Heute ist die Medrese ein Hotel.

Abdol Bobo Mausoleum, Moschee und Minarett ㉟

Der aus dem Dorf Zomchy nahe Buxoro stammende Sufi Prediger Hodscha Ahmad, auch Abdol Bobo (Gottesfürchtiger Vater) genannt, war ein hoch verehrter frühislamischer Missionar welcher ursprünglich in Merw (heute in Turkmenistan) bestattet lag. Um Xiva als Pilgerziel aufzuwerten ließ Khan Olloquli den Leichnam nach Xiva bringen und ein **Mausoleum** errichten. Auch heute noch ist die kleine **Nekropole** (Abdol Bobo Zoyoratgohi) Ziel von Pilgern und Gläubigen die ihrem Volksglauben hier Ausdruck verleihen. Malerisch ist die kleine **Moscheehalle** mit einem 10m hohen Minarett davor. Bevor hier das Mausoleum errichtet wurde fand auf diesem Platz der berüchtigte Sklavenmarkt statt.

Xusan Muhammadboy Medrese ㊱
Die 2013 grundlegend renovierte Medrese war bis 2017 vom Gelände des Bauernbasars umgeben. Der Erbauer Xusan Muhammadboy, ein reicher Kaufmann und Anhänger der progressiven Jadid Bewegung, ließ hier in dieser **Medrese** (Xusan Muhammadboy madrasasi, 1905) einen für damalige Verhältnisse modernen Schulunterricht jenseits des Auswendiglernens stattfinden. Er unternahm große Anstrengungen um auch in Xiva die europäische Kunst und Kultur bekannt zu machen. Doch trotz seines hohen Ansehens und seines Einflusses wurde er aufgrund des Drucks konservativer Kräfte vom faktischen damaligen Herrscher, dem Turkmenengeneral Junaid 1918 zum Tode verurteilt.

To'rt Shovvoz Komplex ㊲
Im Jahr 1642 ließ Khan Isfandiyor für seine drei tapfersten Krieger hier an dieser Stelle ein Mausoleum errichten. Es erhielt den Namen Uch Shovvoz, (Drei Falken). Isfandiyor folgte ihnen nach seinem Tod und fortan sprach man von den vier Falken (To'rt Sovvoz). In den nachfolgenden Jahrhunderten wurde die Anlage um ein Wasserbecken, eine Zisterne, ein kleines Minarett und mehrere Medresen erweitert. Die letzte Renovierung fand 2016 statt.

Sayid Mohiro'yijahon Nekropole ㊳
Starb in alten Zeiten ein Bürger Xiva's außerhalb von Ichon qal'a musste er aus Angst vor Seuchen auch außerhalb von Ichon qal'a bestattet werden. Diese Regel galt selbst für die Herrscher des Khanates. Inmitten des alten Sirchali Friedhofes auf den Ruinen des verfallenen Mausoleums von Scheich Chadirli Ishan ließ Muhammad Rahim Khan II (Feruz) 1884 für seinen Großvater Sayid Mohiro'yijahon einen neuen **Kuppelbau** errichten. Es folgten Mausoleen weiterer Khane der Qon'g'irat Dynastie wie Khan Eltuzar, Khan Muhammad Amin, Khan Sayid Muhammad, Khan Rahimquli und Temurg'ozi To'ra und auch Khan Muhammad Rahim II selbst.
Die **Anlage** (Sayid Mohi Ro'yi Johon majmuasi, 1884) besteht aus **Medresen**, einer **Moschee** und einem von einer hohen blauen Kuppel überwölbten **Grabraum** in dem die Kenotaphe zu sehen sind. Alles ist auf das feinste bemalt und mit wunderschön bemalter Majolika verziert. Geöffnet: Tägl. 9:00 - 15:00 Uhr

Mahtumquly Monument ㊴
Dem berühmten turkmenischen Poeten und Philosophen Mahtumquly Pirog'iy wurde hier ein Monument errichtet, das an seinen Aufenthalt in der Shergozixon Medrese in Xiva erinnern soll. Als Wanderderwisch bereiste er auch Choresmien um einerseits mehr Lebensweisheit zu erlangen, aber auch um sein gesammeltes Wissen und seine Gedichte, die er in Tschagataischer Sprache schrieb weiter zu geben.

Xorazm Ma'mun Akademie ㊵
Vor ziemlich genau 1000 Jahren begründete der Xorazm Schah Ali ibn Ma'mun im nahe gelegenen Gurganj (heute Köne Ürgench in Turkmenistan) eines der bedeutendsten Wissenszentren der damaligen Zeit. Neben Baghdad und Athen hatte die Dar al-Hikma Universität von Gurganj nicht nur eine hochkarätige Bibliothek zu bieten. Sie war auch der Kristallisationspunkt für die Gelehrten Choresmiens in den Disziplinen Astronomie, Mathematik, Medizin, Chemie, Geologie, Geschichte, Rhetorik und Philosophie.
Im Gedenken an diese Errungenschaft der Menschheit wurde 1997 durch Islom Karimov die Khorezm Ma'mun Akademie (Xorazm Ma'mun akademiyasi) gegründet. Die neue Ma'mun Akademie ist der Wissenspool der Geschichte Choresmiens und betreibt zudem aktiv Forschung und Ausgrabungen. Die der Öffentlichkeit zugängige **Dauerausstellung** zeigt neben Archäologischen Funden auch Modelle und Schautafeln zur Geschichte Xorazms. Eine durchaus besuchenswerte Ausstellung. Geöffnet: tägl. 9:00-18:00 Uhr

Puppentheater ㊶

Die Puppenmacher Xivas zählen zu den besten des Landes. Neben den bekannten Meistern wie Rustam Kuryazov und Matyoqub Matyoqubov gibt es auch viele junge Nachwuchskünstler die im **Puppentheater** (Qo'g'irchoq teatri) an der Mustaqilliq ko'chasi nicht nur Vorführungen machen, sondern auch Szenenbilder und Puppen selber herstellen. Das Theater erfährt derzeit eine grundlegende Renovierung wegen Termitenbefalls und ist eventuell bereits wieder eröffnet, wenn Sie diese Zeilen lesen.

In zahlreichen Shops in Xiva werden die lokal hergestellten **Handpuppen** mit einem Kopf aus Pappmache zum Kauf angeboten.

Riesenrad ㊷

Es gehört schon etwas Mut dazu, sich dem klapprigen Riesenrad im alten Stadtpark anzuvertrauen, doch die Aussicht von oben auf die Altstadt von Xiva ist einfach atemberaubend. Die Steuerung erfolgt nach Kundenwunsch: Wer länger oben bleiben möchte zahlt einen Aufschlag. Der Preis also vor Antritt der Fahrt abklären. Es gibt ein weiteres Riesenrad im neuen Lokomotiv Vergnügungspark.

Nurullaboy Palast ㊸

Dieser Palast der letzten beiden Khane Xiva's ist in vielerlei Hinsicht besuchenswert. Zum einen ist es ein historischer Ort, in dem so manche geschichtliche Zäsur Xivas von statten ging. Darüber hinaus ist seine Entstehung ungewöhnlich und auch wieder typisch für die damalige Zeit des Überganges vom 19. in das 20. Jh. Und schließlich ist es ein bemerkenswertes Objekt der angewandten Kunst der Region Xorazm.

Nurallaboy war ein reicher und einflussreicher Großgrundbesitzer (Boy oder Baj) auf dessen Grund dieser Palast entstehen sollte. Er schaffte es tatsächlich den Khan Muhammad Rahim II zu überreden, dass wenn er ihm dieses Grundstück überliese, der Palast nach ihm, Nurullaboy benannt werden sollte.

Während der Bauarbeiten von 1884 bis 1912 setzte der Khan auch Deutsche Mennoniten ein. Diese waren zunächst von Deutschland nach Russland gezogen und später unter Stalin nach Zentralasien zwangsweise umgesiedelt wurden. Insbesondere die Schreinerarbeiten von Türen,

Fenstern und Böden wurden von den Mennoniten ausgeführt.

Nach dem Ende Herrschaft der Qon'g'irat Dynastie war der Palast Regierungssitz der kurzlebigen Volksrepublik Choresmien.

Die Geschichte brachte weite Veränderungen und vor dem Empfangsgebäudes von Isfandiyor Khan wurde die erste Büste Lenins in Zentralasien enthüllt. Ab den 1960er Jahren durften Touristen Xiva besuchen und im Palast die Erfolge der Sowjetrepublik bestaunen. Über die Jahrzehnte verfiel der Palast zunehmend und erst in den letzten Jahren erfolgte schließlich eine grundlegende Sanierung der Anlage.

Die innere und äußere Gestaltung des Nurullaboy Palastes (Nurullaboy saroyi, 1912) ist eine kuriose Mischung aus lokalen und ausländischen Techniken und Stilrichtungen. Neben klassicher Gansch Schnitzerei sieht man den Bakelit Lichtschalter, hinter dem holländischen Kachelofen ragt eine Wand voller orientalischer Kundal Muster auf.

Sieben Räume des Palastes, der Harem sowie das später von Isfandiyor Khan ergänzte Empfangsgebäude sind zugänglich und können mit dem Ichon qal'a Sammelticket besichtigt werden. Geöffnet: tägl. 9:00-18:00 Uhr

Bikajon Bika Komplex ㊹

Shokalandar Bobo war ein lokaler Herrscher, verzichtete jedoch auf Macht und Würde und wanderte fortan als Sufi-Prediger durch das Land. Gemeinsam mit zwei weiteren Derwischen ließ er sich in Xiva nieder. Als er verstarb bauten ihm seine Schüler im 16. Jh. ein **Mausoleum** (Shokalandar Bobo maqbarasi, 16.Jh.). Es ist heute umgeben von den Gräbern eines kleinen **Friedhofes**.

Ganz in der Nähe baute 1894 der Architekt Abdulla eine **Medrese** mit einer kleinen **Moschee** und ein 18m hohes **Minarett** (Bikajon Bika majmuasi, 1894-1899). Auftraggeber war die Schwester des Khans Muhammad Rahim II Bikajon Bika. Offensichtlich hielt sie es für nicht notwendig, ihren Bruder um Erlaubnis zu bitten und so ließ der verärgerte Khan die Arbeiten einstellen. Erst vier Jahre später erlaubte er schließlich die Fertigstellung, Bikajon Bika war nun allerdings das Geld ausgegangen. Schließlich ordnete der Khan an, dass sich sein Armeechef Raxmatulla Yasavul-

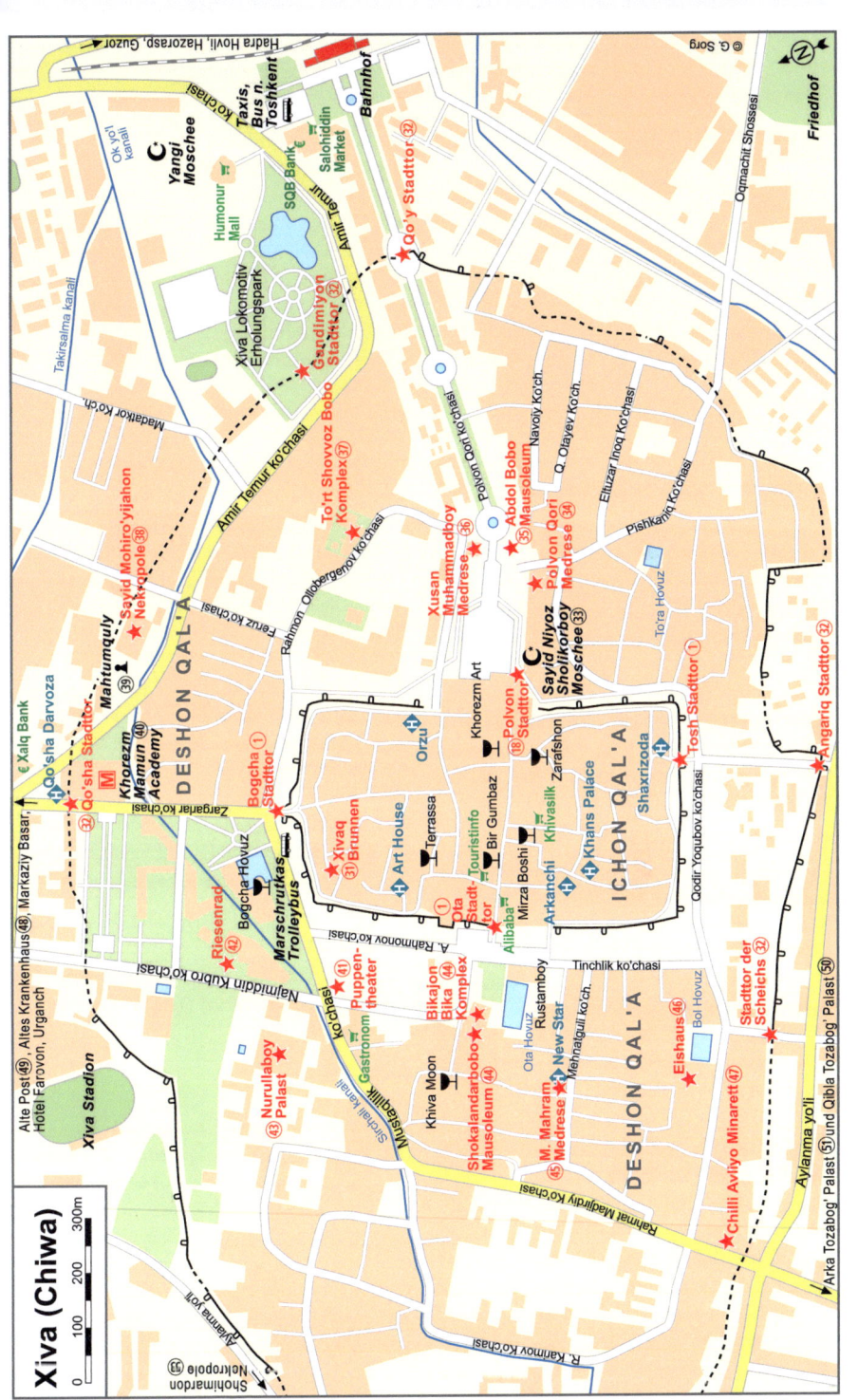

boshi um die Finanzierung kümmern sollte. Heute wird in der Medrese das **Hotel Caravan Serai** betrieben.

Mauhammad Mahram Medrese u. Minarett ㊺

Inmitten eines Wohngebietes von Deshon qal'a an der Mehnatguli ko'chasi liegt das von einem Wesir des Khans Muhammad Rahim II erbaute Ensemble (Muhammad Mahram Madrasa va Minorasi, 1903). Es wurde in den letzten Jahren zu einem Touristenhotel (Hotel New Star) umgebaut.

Wie in der damaligen Zeit üblich kombinierte man eine Mahalla Moschee und das dazugehörende Minarett mit einer kleinen Medrese für die Kinder des Wohnviertels. Durch seine Lage ist es ein lohnendes Fotomotiv.

Eishaus nahe Bol Hovuz ㊻

Während der Herrschaft von Muhammad Amin Khan (1851-1855) wurden in Xiva mehrere Eishäuser (Muzxona) in der Nähe von bestehenden Wasserbecken errichtet. Im Winter schnitt man das Eis aus dem Becken und lagerte es in den Eishäusern. Als Isolierung der Eisblöcke verwendete man Schilf. Gut erhalten ist das Eishaus nahe dem Bol Wasserbecken (Bol Hovuz).

Chilli Avliyo Minarett ㊼

Die einst zu dem Komplex gehörende historische Medrese und Moschee gleichen Namens gibt es nicht mehr. Lediglich das 12m hohe Minarett hat den Lauf der Geschichte überstanden. Sehr schön ist die Bauweise des teilweise frei liegenden Fundamentes aus Ziegelsteinen zu sehen. Ganz in der Nähe befand sich einst das Tozabog' Stadttor, welches zu den Palästen des Khans führte.

Die Sehenswürdigkeiten außerhalb der Altstadt Deshon qal'a

Bereits in der Endphase des Khanates Xiva wuchs die Stadt über die Stadtmauern von Deshon qal'a hinaus. Sowohl das erste Postamt als auch das erste Hospital entstanden nahe dem Qo'sha Stadttor. Hier bildete sich auch das sowjetische "Stadtzentrum" mit dem Rathaus und weiteren Behörden.

Ebenfalls außerhalb von Deshon qal'a liegen die Friedhöfe von denen die Shoximardon Nekropole sicher die bedeutendste ist. Auf dem Land südwestlich der Stadt ließen sich die letzten Khane Xiva's ihre Sommerpaläste errichten.

Altes Krankenhaus ㊽

Am ersten Krankenhaus Xiva's (Khan Kasalxonais, 1912) kann man auf den ersten Blick erkennen, dass 1912 andere Zeiten angebrochen waren. Auf dem mittleren Trakt des Gebäudes wurde in feiner blauweißer Majolika folgende Inschrift angebracht:

"Xivaer Krankenhaus benannt nach Thronfolger Zarewitsch Aleksej begründet von seiner Hoheit Sayid Isfandiyor Bahadur Khan im Jahr 1912".

Das Bemerkenswerte dabei ist, dass diese Inschrift sowohl in arabischer als auch in kyrillischer Schrift angebracht wurde. Das arabische Alphabet wurde bis 1929 praktiziert. Die Widmung nach dem noch jungen russischen Thronfolger Alexej sollte die freundschaftlichen Beziehungen zum Zarenhof betonen, denn Zarewitsch Aleksej war nie in Xiva. Schicksalshaft ist sicherlich, dass sowohl Zarewisch Aleksej als auch Khan Isfandiyor keines natürlichen Todes gestorben sind. Sie wurde beide Opfer der großen Revolution.

Zum ersten Mal wurden die Bürger der Stadt von fachlich ausgebildeten Ärzten behandelt, die Zeit der Bader und Kräuterhexen ging langsam zu Ende. Das Krankenhaus ist heute noch in Betrieb.

Erreichbarkeit:

Das Krankenhaus ist 180m nördlich des Qo'sha Stadttores an der Amir Temur ko'chasi zu finden.

Alte Post ㊾

An die Zeit als noch Telegramme versendet und Telefonate vermittelt wurden erinnert das alte Postgebäude (Eski Pochtamt, 1911-1913) gegenüber dem Krankenhaus. Heute ist hier das Telekommunikations Museum untergebracht (Aloqa Tarixi Muzeyi). In den vier Abteilungen werden die Entwicklungen bei Rundfunk, und Telekommunikation seit 1913 dargestellt. Zu sehen ist zum Beispiel eine Morsemaschine von 1873 oder das erste Fernsehgerät von 1949 bei dem eine wassergefüllten Linse das Bild vergrößerte. Geöffnet: Di-So 9:00-17:00 Uhr

Qibla Tozabog' Palast (50)

Wenn im Sommer die Hitze durch die Altstadt von Xiva waberte, weilte Khan Muhammad Rahim II lieber in seinem **Sommerpalast** (Qibla Tozabog' saroyi, 1897-1913) draußen vor der Stadt.

In mitten von Gärten die auch heute noch bewirtschaftet werden verbirgt sich hinter einer hohen Lehmmauer die ganz eigene Welt des damaligen Herrschers: Empfangs- und Wirtschaftsräume, eine Bibliothek, eine Moschee, der Harem, Stallungen und eine Mühle.

Sehenswert sind die renovierten Räume mit kunstvoll bemalten Holzdecken und aufwändig verzierten Wänden. Achten Sie auf die Miniatur einer Wolgalandschaft mit Windmühle an der Decke. Hier haben sich die russischen Künstler von Ihrer Heimat inspirieren lassen. Die Schreinerarbeiten erledigten auch hier die Deutschen Mennoniten.

In den Räumlichkeiten ist heute ein **Hotel mit Restaurant** das vorwiegend von großen Reisegruppen und Hochzeitsgesellschaften genutzt wird. Fragen Sie an der Rezeption des Hotels um die Räumlichkeiten zu besichtigen.

Erreichbarkeit:

Vom Chilli Avliyo Minarett aus ist es etwa 1Km in südwestliche Richtung bis zum Palast. Der Weg dorthin führt an einem **alten Brunnen** und der asymmetrisch errichteten **Ibrahim Hodscha Medrese** (Ibrahim xo'ja madrasasi, 1888) vorbei. Erreichbar zu Fuß, per Fahrrad oder mit einem Taxi 2km vom Ota Stadttor aus. Lage: +41°22'19.70", +60°20'26.41"

Arka Tozabog' Palast (51)

Während sich Khan Isfandiyor eher den Freuden des Lebens zuwendete erledigte der fleissige und umtriebige Wesir Islom Hodscha (1873-1913) die Amtsgeschäfte. Der aus einer frommen Familie stammende Islom war Gouverneur von Hazorasp als er zum Wesir des Khans Muhammad Rahim II ernannt wurde. In seiner neunjährigen Amtszeit initiierte er den Bau einer Baumwollreinigungsanlage, ließ das erste Krankenhaus, eine moderne Schule und ein Telegraphenamt errichten. Selbst das schönste Minarett inmitten der Altstadt geht auf seine Initiative zurück. Dennoch war er dem konservativen Klerus ein Dorn im Auge. Die geistliche Elite Xivas überzeugte Khan Isfandiyor davon, dass Islom Hodscha ein Risiko für die Macht des Khans darstellte. Als der Wesir eines späten Abends in seinen Landsitz Arka Tozabog' zurückkehren wollte, wurde er überfallen und tödlich verletzt. Der Mord wurde nie aufgeklärt.

Heute ist der Landsitz des Wesirs in einen Dornröschenschlaf gefallen. Der 1910 errichtete Komplex besteht aus mehreren Gebäude die insbesondere im Inneren noch recht gut erhalten sind. Wer sich die Anlage ansehen möchte benötigt einen guten Orientierungssinn und ein Portion Glück, denn der Wärter ist nicht immer da um aufzuschließen.

Erreichbarkeit:

Ausgangspunkt ist die **Ibrahim Hodscha Medrese** (Lage: +41°22'19.34", +60°20'44.48") nahe des Qibla Tozabog' Palastes. Folgt man der Straße 300m nach Südwesten trifft man auf einen T-Kreuzung. Hier nach rechts (Westen) abbiegen und der Straße immer geradeaus für ca. 560m folgen. Der Komplex ist an einem großen, **sternförmigen Wasserbecken** zu erkennen. Lage: +41°22'6.92", +60°20'18.96"

Shohimardon Nekropole (52)

Ebenfalls etwas für Entdecker ist die Shohimardon Nekropole innerhalb des gleichnamigen Friedhofes. Nach der Errichtung der Stadtmauer von Deshon qal'a im Jahr 1842 verlegte man die Friedhöfe vor die Stadt wie es auch heute noch üblich ist. Der größte und bedeutendste Friedhof Shohimardon entstand um das bereits bestehende **Mausoleum** des Khans Ilbars I. (16.Jh) welches in der Mitte des 18.Jh neu aufgebaut wurde. Besonders sehenswert ist das mit 5m Höhe kleinste **Minarett** Xiva's gleich daneben.

Im 19. Jh. wurden weitere **Mausoleen und Medresen** errichtet. Die Nekropole ist in touristischer Hinsicht derzeit noch weitgehend unerschlossen.

Erreichbarkeit:

Folgt man der Ringstraße um Xiva (Aylanma yo'li) vom Stadion in südwestliche Richtung etwa 1,5Km erreicht man den Friedhof und die Nekropole. Lage: +41°22'59.42", +60°20'23.01"

Verkehrsverbindungen

Der nächstgelegene Flughafen ist der **Int. Flughafen Urganch** (Urganch xalqaro aeroporti). Weitere Informationen siehe Verkehrsverbindungen in Urganch.

Erreichbarkeit:
Den Flughafen von Urganch direkt zu erreichen ist mit Taxis möglich, die am Bog'cha Stadttor in Xiva warten. Sammeltaxis fahren meist bis zum Markaziy dehqon bozori in Urganch. Vor dort fahren Marschrutka No. 3 und 13 bis zum Int. Flughafen Urganch.

Bahnhof Xiva

(Xiva vokzali) Xiva ist Endstation der Bahnstrecke von Urganch kommend. Zug Nr.56 fährt Mi, Do, Sa und So und Nr.76 nur Di in 15h nach **Toshkent**. Mit dem Nachtzug Nr. 126 erreicht man tägl. in 22h über Buxoro die Hauptstadt Toshkent. Er fährt bis Andijan.

Erreichbarkeit:
Der Bahnhof befindet sich am östlichen Stadtrand und ist über die lange Fußgängerzone (Polvon Qori ko'chasi) vom Polvon Tor aus erreichbar.

Bog'cha Darvoza Bushaltestelle

Vom Bog'cha Stadttor (Bog'cha darvoza) fahren Oberleitungsbusse (alle 20min von 6:45 -18:45 Uhr, ca.80min), Sammeltaxis (ca. 40min) und Marschrutkas (ca. 50min) nach Urganch zum Markaziy dehqon bozori in der Stadtmitte.

Markaziy Basar Bushaltestelle

An der Kreuzung Amir Temur kochesi (nördl. Ende) und Aylanma yo'li fahren sowohl Busse als auch Marschrutkas nach **Qo'shko'pir** und **Urganch**. Unmittelbar vor dem Basar in der Aylanma yo'li warten Marschrutkas und Sammeltaxis für alle Orte in der Umgebung wie **Yangiariq** und **Hazorasp**.

Bahnhof Taxistand

Sammeltaxis Richtung **Yangiariq**, **Bog'ot** und **Hazorasp** warten auf dem nördlichen Parkplatz neben dem Bahnhof auf Passagiere. Von hier starten auch Busse nach **Toshkent**.

Dashyak/Bozxona Basar Taxistand

Für Sammeltaxis Richtung **Qo'shko'pir**, **Shovot** und weitere Destinationen westlich von Xiva ist der Bozxona Basar die beste Wahl.

Xiva von A bis Z

Apotheken

Assorti Medikal, Amir Temur ko'chasi 16, Ecke R. Nazariy ko'chasi

Dorixona, Amir Temur ko'chasi, neben Alter Post und Altem Krankenhaus

Dori-Darmon, Feruz ko'ch. 107A nahe städt. Krankenhaus (Shahar Kasalxonasi)

Bücher, Bildbände

Xazina Buchhandlung, A. Temur ko'chasi 3

In Souvenirläden der Altstadt werden vereinzelt auch Bildbände von Xiva angeboten.

Einkaufen

Basare
Markaziy Basar (Markaziy bozori), Aylanma yo'li, nahe Mahalla Ustoliq

Bozxona/Dashyak Basar (Bozxona/Dashyak bozori), Feruz ko'chasi

Einkaufszentren/Supermärkte
Humonur Mall, Amir Temur ko'ch., Kaufhaus, nahe Lokomotiv Erholungspark

Salohiddin Market, Lebensm., nahe Bahnhof

Gastronom Supermarkt,Lebensmittel, Drogeriartikel, Mustaqillik ko'chasi17

Shukrona Supermarket, Feruz ko'chasi, Lebensmittel, Drogerieartikel, Haushaltswaren

Entlang der Amir Temur ko'chasi nördl. des Qo'sha Stadttores und an der Feruz ko'chasi nahe dem Stadion gibt es weitere kleine Lebensmittelgeschäfte.

Souvenirs
Alibababa Puppenladen, Katakomben nahe dem Kalta Minor Minarett, Nicht nur die 40 Räuber sondern auch individuell angefertigte Handpuppen mit dem eigenen Gesicht

Khivasilk, Yakubboy Hodscha Medrese, Seidenteppiche in Handarbeit, Soziales Projekt, Werkstattbesichtigung möglich

Geldwechsel

Halq Bank, Amir Temur ko'ch. 12,

SQB, Amir Temur ko'ch., nahe Bahnhof

Hotels und Unterkünfte (Auswahl)
Luxuriös
Hotel Farovon, Buyuk yo'li 1A, an der Straße nach Urganch, Tel. 227 78 78, mod. Großhotel, Helipad, Spa, Gym, großzügige Zimmer

Hotel Mercure, Buyuk yo'li 3; an der Straße nach Urganch, Eröffnung geplant für 2025/26

Mittel
Hotel Shaxrizoda, Islom Xo'ja ko'ch. 35, Tel. 375 95 65, hübsche Zimmer, günstige Lage, Hotel geschmackvoll eingerichtet

Hotel Khans Palace, neben dem Sommerpalast des Khans, Tel. 90-725 35 53, plüschige Zimmer, schlechter Service, Pool, abgelegen

Hotel Arkanchi, Pahlavon Mahmud ko'ch. 10, Tel. 375 29 74, schöne Dachterrasse, Zimmer zweckmäßig, Frühstücksbuffet umfangreich

Hotel New Star, in der Muhammad Mahram Medrese, Tel. 99 500 46 61, schön renovierte Medrese inmitten eines trad. Wohnquartiers

Günstig
Hotel Qibla Tozabog', im ehem. Sommerpalast des Khans, Tel. 97-457 00 70, große Zimmer, Pool, sehr gutes Preis/Leistungsverh.

Hotel Qo'sha Darvoza, Amir Temur ko'ch. neben Qo'sha Stadttor, Tel. 90-187 26 51, einfache Zimmer, sehr guter Service

Hotel Art House, Boltaev ko'ch. 59, Tel. 91-429 83 03, einfache Zimmer, Familienbetrieb, guter Service, gute Lage, Dachterrasse

B&B Orzu, Tashpulatov ko'ch. 74, Tel. 90-719 56 43 beliebt bei Rücksackreisenden, sehr einfache Zimmer, Innenhof, kleiner Balkon

Internet, E-Mail, Telefon
Touristinfo, im Polvon Qori Handelshaus

Krankenhaus
Städt. Krankenhaus in Xiva (Xiva Tuman Tibbiyot Birlashmasi), Aylanma yo'li, Ecke Feruz ko'chasi, Tel. 377 32 18

Privatklinik Shifo Markazi (Xiva Shifo Markazi), Aylanma yo'li, Tel. 91-431 03 03

Privatklink Med Kompleks (Xiva Med Kompleks), Mahalla Qiyot, Tel. 99-500 03 05

Kulturleben
Puppentheater (Qo'g'irchoq teatri), derzeit eher unregelmäßige Aufführungen, Programm vor Ort erfragen

Museen und Dauerausstellungen
Dauerausstelllung Geschichte von Xorazm (Xorazm tarixi va madaniyati ekspozitsiyasi), in der Xorazm Ma'mun Akademie, Amir Temur ko'ch. Geöffnet: tägl. 9:00-18:00 Uhr

Museum für Kunsthandwerk (Xorazm amaliy san'ati muzeyi), Islom Hodscha Medrese, Ichon qal'a, Geöffnet, tägl. 9:00-20:00 Uhr

Musikinstrumentenausstellung (Xorazm musiqasi tarixi muzeyi), Qozi Kalon Medrese, Ichon qal'a, Geöffnet: tägl. 9:00-20:00 Uhr

Museum der Heilkunde (Xorazm tabobat Ko'rgazmasi), Sherg'ozi Khan Medrese, Ichon qal'a, Geöffnet: tägl. 9:00-20:00 Uhr

Ausstellung "Altes Xorazm" (Qadimgi xorazm bo'limi), Ko'hna Ark, Ichon qal'a, Geöffnet: tägl. 9:00-20:00 Uhr

Museum zur Geschichte des Khanates Xiva (Tarix Muzeyi), M. Rahim Khan Medrese, Ichon qal'a, Geöffnet: tägl. 9:00-20:00 Uhr

Museum zur Geschichte des Zoroastrismus und des Avesta (Muzeyi zardushtiylik va avesta tarixi), Matpanboy Medrese, Ichon qal'a, Geöffnet: tägl. 9:00-20:00 Uhr

Naturkundemuseum (Xorazm tabiati bo'limi), Abdulla Khan Medrese, Ichon qal'a, Geöffnet: tägl. 9:00-20:00 Uhr

Kunstmuseum (Xorazm san'ati muzeyi), Qutlug' Murod Inoq Medrese (hinterer Bereich), Ichon qal'a, Geöffnet: tägl. 9:00-20:00 Uhr

Post
Hauptpostamt (Pochta bo'limi) Gebäude mit Uztelecom Turm, Amir Temur ko'ch. 23 Geöffnet: Mo-Fr 8:00-18:00 Uhr

Restaurants (Auswahl)
Usbekisch
Restaurant Terrassa, A. Boltaev ko'ch. 7, Tel. 91-993 91 11, Plätze auch auf der Dachterrasse, Tisch reservieren!, Veggie Gerichte, Gute Küche, beliebtestes Restaurant in Xiva

Restaurant Khiva Moon, Polvon Qori ko'ch. 101, Tel. 91-279 28 29, kein Geheimtip mehr, gute Küche, schön eingerichtet, Personal nett

Restaurant Khorezm Art, Hodscha Berdyboy Medrese, Tel. 375 24 55, schöne Einrichtung, interessantes Menü, Überdachter Innenhof

Cafe Zarafshon, Tolib Maxsum Medrese, Tel. 375 70 51, ansprechend gestaltet, Gerichte liebevoll angerichtet, Tische und Tapchans

Choyxona Bir Gumbaz, Scheich Kabir Moschee, Tel. 90-578 90 80, Blick auf Kalta Minor, keine Garnierung der Gerichte

Choyxona Mirza Boshi, neben Sayid Alovuddin Mausoleum, Tel. 375 27 53, frisches Brot direkt vom Tandir Ofen, günstige Speisen

Choyxona Rustamboy, Ota Hovuz, typisch usbekisches Teehaus, einfache Speisen, schneller Service, Speisekarte mit Bildern

Übersetzer
ausgebildete Tourguides (auch mit Deutschkenntnissen) vermittelt das unabhängige Touristenbüro gegenüber dem Ko'hna Ark

Vorwahl von Xiva
(3)62 bei siebenstelligen Nummern
(3)623 bei sechsstelligen Nummern

Weitere Sehenswürdigkeiten der Region Xorazm

Otajon To'ra Komplex
Als die russischen Truppen General Kauffmann's 1873 auf Xiva zumarschierten suchte Muhammad Rahim Khan II Zuflucht bei seinem Bruder Otajon To'ra. Dieser hatte im nahegelegenen Gandimyon eine kleine **Residenz** (Otajon To'ra majmuasi), die auch heute noch erhalten ist. Sie besteht aus einer Moschee (Sommer und Winter), einer kleinen Medrese mit einem Iwan sowie weiteren Räumlichkeiten. Am spannendsten ist jedoch die **Gruft** mit den Gebeinen Otajon To'ras. Die Holzschnitzer, welche im Komplex ihre Werkstatt haben, führen Sie gerne hinab.
Unmittelbar daneben ist auch ein altes und gegenüber ein neues **Badehaus** (Hammom) zu finden.

Erreichbarkeit:
Folgt man der Straße vom Bahnhof Xiva Richtung Hazorasp zweigt man von dieser gleich im ersten Dorf Gandimyon nach links (Nordost) ab. Nach 260m führt links eine schmale Straße direkt zum Otajon To'ra Komplex. Insgesamt ca. 2,2Km von Bahnhof Xiva aus. Lage: +41°22'48.36", +60°23'17.80"

Chodra hovli
Eine Sommerresidenz der besonderen Art ist der vierstöckige Wohnturm **Chodra hovli** (1871). Erbauer war Muhammad Rahim Khan II, dessen Wohnturm wahrscheinlich auf einem Gebäude aus dem 17. Jh. aufbaute. Vorbild für dieses ungewöhnliche Gebäude ist sicherlich die Oq Scheich Bobo Bastion der Kuhna Ark Festung in Xiva. Die Grundfläche des sich nach oben verjüngenden 30m hohen Turmes beträgt 16x8m. Der geschlossene Raum im Erdgeschoß diente wohl als Stall und als Lagerraum, darüber die Wohn- bzw. Aufenthaltsräume. Mit den offenen, übereinander gestapelten Iwanen wollte man jede noch so kleine erfrischende Brise im heißen Sommer einfangen. Um das Gebäude zu besichtigen und den herrlichen Ausblick zu genießen, kann der Wärter der Anlage aufschließen. In der Regel kommt er automatisch, wenn man das Grundstück betritt.

Erreichbarkeit:
Direkt an der Straße von Xiva nach Hazorasp steht ein mit Majolika Kacheln verziertes Einfahrtstor. Vom Bahnhof Xiva aus sind es ca. 10Km. Lage: +41°22'58.36", +60°28'59.81"

Scheich Muxtor Valiy Mausoleum
Als Sufiprediger wirkte Scheich Muxtor Valiy in Xorazm und ließ sich schließlich im Xiva des 14. Jh. nieder. Er predigte dem Volk auf dem Hügel, über den sich heute die Oq Scheich Bobo Bastion der Kuhna Ark Festung erhebt. In einer nahegelegenen Moschee lebte er in asketischer Weise. Nachdem ein erster Grabbau für den Sufi-Prediger aus dem 16. Jh. baufällig geworden war, ließ der Wesir Yaqub Mextar im 19. Jh. die Anlage erweitern und verschönern. An der Nordseite des Gebäudekomplexes befindet sich eine Sommermoschee die erst in den letzten Jahren mit für Xiva typischen Keramikfliesen verkleidet ist. Daneben ein stark

renovierter Iwan, ebenfalls reich verziert. Auf der Westseite gibt es ebenfalls einen einfachen Iwan, der jedoch zugemauert ist. Beachten Sie die ungewöhnliche Form der doppelten Kuppel übereinander.

In Legenden werden Muxtor Vali übersinnliche Kräfte und die Macht über Tiere nachgesagt. Nehmen Sie sich insbesondere vor Schlangen in acht die hier öfters gesehen werden.

Erreichbarkeit:
Von Xiva aus kommend unmittelbar vor Yangiariq biegt eine Straße 300m nach der Fabrik Yantex Invest nach Süden ab. Dieser gut 4Km folgen um dann wieder nach Süden abzubiegen. Nach weiteren 400m erreicht man das Eingangstor. Insgesamt ca. 24Km vom Bahnhof Xiva aus. Lage: +41°20'21.31", +60°33'23.42"

Qalajiq qal'a

Am Rande eines natürlichen Salzsees erheben sich die mächtigen bis zu 14m hohen Lehmmauern von Qalajiq qal'a. Sie ist eine der ältesten Festungen von Xorazm und lässt sich bis ins 4. Jh v. Chr. zurückverfolgen. Trotz der massiven Mauern wurde die Festung sowohl von den Arabern als auch von Dschingis Khan erobert.

Die einheimische Bevölkerung nutzt die heilende Wirkung des heißen Sandes und des Salzwassers. Nach dem Bad im See lässt man sich im heißen Sand eingraben. Anschließend verweilen die Menschen auf Tapchanen unter dem Schattendach.

In den letzten Jahren entstanden hier verschiedene Jurtencamps in denen auch übernachtet werden kann.

Erreichbarkeit:
Von Xiva aus kommend biegt vor der Ortschaft Bog'ot eine Asphaltstraße nach Süden direkt bis Qalajiq qal'a ab. Jeder Taxifahrer sollte dies kennen. Insgesamt ca. 45Km vom Bahnhof Xiva aus. Lage: +41°16'35.40", +60°43'32.26"

Hazorasp

Wie Xiva hat auch Hazorasp eine sehr lange Geschichte die mindestens zweieinhalb Jahrtausende zurück reicht. Hazorasp bedeutet übersetzt "Tausend Pferde" was auf eine blühende Pferdezucht oder eine große Armee im Mittelalter hindeutet. Die große Bedeutung hatte die Stadt wohl im 8. Jh.. Als starke Festung

zog Hazorasp feindliche Eroberer regelrecht an, einige große Schlachten wurden um sie geführt. Die Mongolen waren es, die Hazorasp derartig zerstörten, dass sie nie wieder ihre alte Bedeutung als Handelszentraum erlangte. Dennoch war sie einige Zeit die Residenz der mongolischen Arabshahiden.

Das herausragendste Zeugnis der Vergangenheit sind die mächtigen Lehmmauern von **Sulaymon qal'a** (Sulaymon qal'a, 6.Jh. v. Chr. bis 19.Jh), wie Hazorasp vermutlich früher hies. Die Mauern erreichen vom Wassergraben davor bis zu 12m Höhe und umgeben bis heute zeitgenössische Wohnbebauung wie in Xiva. Anders ist jedoch der grundsätzliche Charakter der Altstadt. Hier fehlen historische Medresen und Moscheen gänzlich, nichts ist rekonstruiert, renoviert oder aufgehübscht.

Erreichbarkeit:
Vom nördl. Bahnhofsparkplatz von Xiva fahren Minibusse und Sammeltaxen zum Basar nach Hazorasp, das ca. 66Km von Xiva entfernt ist. Vom Basar Hazorasp am Rande der Kleinstadt sind es weitere 2Km bis Sulaymon qal'a. Lage: +41°18'57.14", +61°5'25.27"

Scheich Mavlono Bobo Ensemble

Im nördlich von Xiva gelegenen Vorort Qiyot erinnert seit 1891 das beschauliche Scheich Mavlono Bobo Ensemble an den muslimischen Lehrer aus dem 17. Jh.. Erbaut von Muhammad Rahim Khan II wurde das aus dem **Mavlono Bobo Mausoleum**, einem kleinen **Minarett** und einer **Sommermoschee** bestehende Ensemble bald zu einem beliebten Pilgerziel. Ebenfalls auf dem Friedhofsgelände sind die neuzeitlichen **Mausoleen** der Poeten **Muhammad Rizo Ag'axiy** und **Munis Xorazmiy** zu finden (Rizo Ag'axiy va Munis Xorazmiy Maqbaralar, 2004). Munis Xorazmiy (1778-1829) stammt aus Qiyot und wurde als Poet, Historiker, Wissenschaftler, Übersetzer, Schreiber und in seinem Dorf als Lehrer und Mirob (Wasserverwalter) hochgeschätzt. Dank seiner Fähigkeiten wurde er vom Khan damit beauftragt, mehrere Geschichtswerke über Xiva zu verfassen, welche bis heute eine wertvolle Geschichtsquelle des 19. Jh. darstellen.

Muhammad Rizo Ag'axiy (1809-1874) ebenfalls aus Qiyot folgte Xorazmiy und setzte dessen Arbeit fort. Er hatte das Glück, dem beliebten und fähigen Muhammad Rahim Khan II als Berater und Historiker zuarbeiten zu können. Er hinterließ zahlreiche poetischen und historischen Werke.

Erreichbarkeit:
Jedes Verkehrsmittel nach Qo'shko'pir kommt durch den Vorort Qiyot, etwa 5Km nördl. vom Bog'cha darvoza. Das Ensemble ist im Friedhof (Qabriston) etwa 1Km östlich der Straße nach Qo'shko'pir zu finden. Lage +41°25'29.03", +60°22'15.28"

Voyangan qal'a

In Zentralasien ist es bis heute Brauch, Gräber auf alten Siedlungsbergen anzulegen. Prominentestes Beispiel ist sicher Afrosiyob in Samarqand. Hier in der Nähe von Shovot ist dies bei der abgegangenen Stadt **Voyangan qal'a** ebenso der Fall. Die Stratigraphie der Archäologen ergab eine Gründung vor ca. 2200 Jahren. Von der rechteckigen, 320x220m großen Anlage sind jedoch nur noch marginale Reste der Stadtmauer erkennbar. Neben einigen Salztümpeln steht inmitten des Friedhofes (Qabriston) der **Scheich Voyangan Bobo Mazar** sowie etwas kleiner der **Mazar des Hazrati Eshon Bobo**. Interessant ist der **Kultstein** davor. Mütter geben etwas Joghurt auf den Stein und streichen damit die Lippen ihrer Kinder ein, wenn diese an Herpes leiden.
Eine architektonische Besonderheit ist das **Savronoiy Bobo Mausoleum** etwa 250m südlich von Voyangan qal'a. Seiner Kuppel nach ist es in die karachanidische Epoche einzuordnen. Eine vergleichbare kegelförmige Faltkuppel gibt es noch auf dem Babaji Chatun Mausoleum, 12.Jh., nahe Taraz/Kasachstan und dem Manas Mausoleum (14. Jh.) nahe Talas in Kirgisistan.

Erreichbarkeit:
Vom Kreisverkehr in Shovot mit einem Taxi der Straße Richtung Daşoguz (Turkmenistan) für 2,8Km folgen. Im Dorf Chig'atoy biegt man nach Norden ab, um über Saidyaz Arbob zum Dorf Cho'qli bei Monoq zu gelangen. In Cho'qli führt von einer Kreuzung (+41°43'46.84", +60°10'21.51") eine Straße 1Km nach Norden direkt zum Festungshügel Voyangan qal'a. Insgesamt 16km ab Shovot. Lage: +41°44'21.82", +60°10'36.20"

Alle Ortsnamen und Bezeichnungen im Kapitel Karakalpakistan werden in der karakalpakischen Schreibweise aufgeführt. Karakalpakisch ist in der Republik Karakalpakistan die erste Amtssprache.

Nókis / Nukus

Die Hauptstadt der Autonomen Republik Karakalpakistan (Qaraqalpaqstan Respublikası) zählt 335.500 Einwohner und ist eine eher junge Stadt. In der qaraqalpakischen Sprache, die der Kasachischen mehr ähnelt als der Usbekischen heißt die Stadt Nókis, in Usbekisch Nukus. Der Name steht auch für einen Klan der Karakalpaken.
Zwar reicht die Geschichte der Siedlung Nókis bis in die 1860er Jahre zurück, die Gründung der Stadt fand jedoch erst am 1.4.1932 statt. Nókis löste in diesem Gründungsjahr die alte Hauptstadt Tórtkúl am Amudaryo gelegen ab. Tórtkúl war immer wieder von den damals noch regelmässig auftretenden Hochwässern bedroht und lag zudem wenig zentral.

Orientierung in der Stadt

Die Stadt wird vom Dosliq und vom Qattıagar Kanal in drei Teile geteilt. Die nachfolgend beschriebenen Sehenswürdigkeiten liegen allesamt im östlichsten Teil recht nahe beieinander und können bis auf das Berdaq Museum zu Fuß erreicht werden. Vom Flughafen (Aeroporti) am nordöstlichen Stadtrand sind es 2,5Km bis zum Savitskiy Museum, vom Hauptbahnhof (Vokzal) am südöstlichen Stadtrand etwas mehr als 4Km. Dazu gibt es drei Busbahnhöfe, im Westen, Norden und Süden. Der dem Zentrum nächste Basar ist der Oraylıq diyxan Basar. Am südl. Stadtrand an der Straße nach Tórtkúl ist der Qalalıq Großbasar zu finden.

Die Sehenswürdigkeiten in Nókis

Savitskiy Museumskomplex

Überregional bekannt wurde Nókis durch das **Savitskiy Kunstmuseum** (Qaraqalpaqstan kórkem óner muzeyi). Der Begründer und langjährige Direktor des Museums Igor Savitskiy nahm in den 1950er Jahren an einer archäologischen Expedition nach Karakalpakistan teil. Er begleitete dabei die Ausgrabungen von Sergey Tolstov als Maler. Seinem

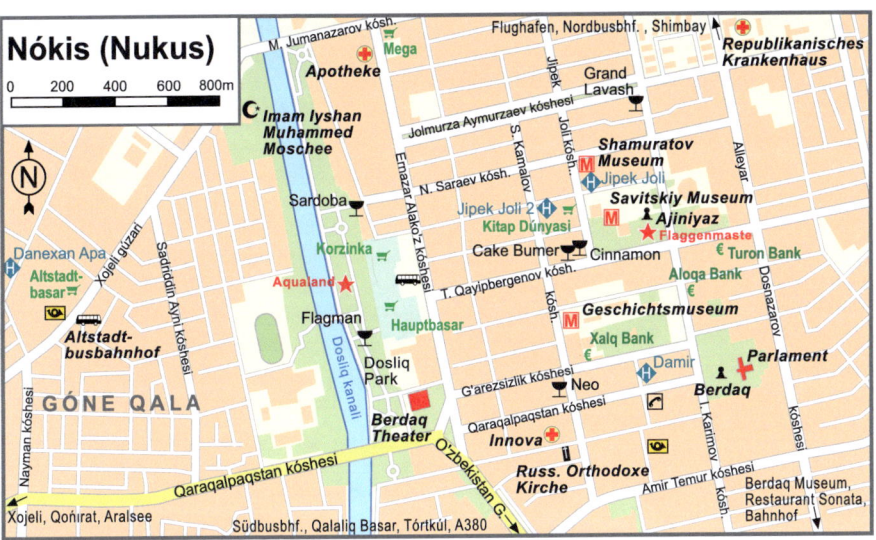

Chodra Hovli ▶

◀ Juma Moschee
Xiva

Panorama
von Xiva ▼

Interesse für die Geschichte und Ethnographie der Karakalpaken verdanken wir eine umfassende Sammlung von Teppichen, Schmuck, Münzen, Kleidung und Ausgrabungsstücken. Im Jahr 1966 gelang es Igor Savitskiy die lokalen Behörden davon zu überzeugen, ein Museumsgebäude für diese ethnographische Sammlung zur Verfügung zu stellen. Doch schon kurze Zeit später begann er ganz gezielt usbekische und russische Avantgarde Kunst der 1920er und 1930er Jahre zu sammeln um diese vor der aufziehenden "Kulturrevolution" der stalinistischen Ära zu retten. Ironischer Weise nutze er dabei öffentliche Gelder um diese verbotenen Werke aufzukaufen. Das abgelegene Nókis war zudem weit genug von den zentralen Kontrollorganen Moskaus entfernt. Die Sammlung wuchs stetig und gewann in der Sowjetunion zunehmend Anerkennung und Unterstützung. Erst nach der Unabhängigkeit Usbekistans konnten auch ausländische Kunstexperten die Sammlung besichtigen. Um den immensen Kunstschatz von mehr als 82.000 Werken angemessen auszustellen, wurde 2017 ein Museumsdepot und eine zweite Ausstellungshalle eingeweiht. Der Komplex ist heute zweifelsfrei das kulturelle Zentrum Karakalpakistans. Museumsführungen auch in deutscher Sprache sind sehr umfangreich und dauern etwa zwei Stunden. Jipek Joli kóshesi 127, Geöffnet: Mo-Fr 9:00-13:00, 14:00-17:00 Uhr, Sa, So 10:00-16:00 Uhr

Flaggenpark

In Sichtweite zum Savitskiy Museumskomplex stehen zwei 55m hohe **Flaggenmaste** (Bayraǵi ustunlari) mit jeweils einer usbekischen und einer karakalpakischen Flagge welche stolze 6x12m groß sind. Ebenfalls Teil der Anlage ist das Denkmal von **Ajiniyaz Qosibay Uli** (1824-1878). Dieser berühmte karakalpakische Dichter besuchte während seiner jungen Jahre verschiedene Medresen in Choresmien. Mit dem Schreiben zahlreicher Gedichte und der Übersetzung bekannter Werke von Navoiy oder Magtumquli prägte er entscheidend die karakalpakische Schriftsprache. Auch der Qo'ngirat Aufstand 1858-59 hatte Einfluss auf sein späteres Werk als Poet. Ziel war die Befreiung von der Oberherrschaft des Khanates Xiva hin zu einer eigenen karakalpakischen Nation.

Parlamentsgebäude Joqarǵi Keńes

Ausdruck der zumindest teilweise ausgeübten Souveränität der Karakalpaken ist das **Parlamentsgebäude** (Joqarǵi Keńes, 2009) am östlichen Ende der Qaraqalpaqstan kóshesi, der zentralen Achse der Stadt. In allen Entscheidungen des usbekischen Parlamentes die Karakalpakistan betreffen hat das Joqarǵi Keńes ein Vetorecht. Der Vorsitzende des Karakalpakischen Parlamentes ist gleichzeitig auch einer der Stellvertreter des Vorsitzenden des usbekischen Parlamentes. Vor dem Parlament steht ein **Denkmal** des hochverehrten karakalpakischen Dichters **Berdaq Ǵarǵabay Uli** (1827-1900).

Museum der Geschichte Karakalpakistans

Das 2018 eröffnete **Museum der Geschichte Karakalpakistans** (Qaraqalpaqstan tariyx hám mádeniyat muzeyi) zeigt eine vollständige Übersicht von angewandter Volkskunst, der Fauna und Flora der Republik sowie der geschichtlichen Entwicklung von der Frühzeit bis zur Gegenwart. Die Sammlung wurde 1929 damals noch in der alten Hauptstadt Tórtkúl gegründet und zählt damit zu den ältesten und umfangreichsten des Landes. In den neuen Räumen werden beispielsweise die Ergebnisse zahlreicher archäologischer Expeditionen in Choresmien ausgestellt. Rekonstruktionsmodelle von Wohnfestungen bieten eine bessere Vorstellung von der frühen Besiedlung des Araldeltas. Beeindruckend ist aber auch die große Auswahl an Schmuck, Kleidung, Teppichen und anderer Handwerkskunst der Karakalpaken. Nicht fehlen darf auch eine typisch karakalpakische Jurte, die besonders reich geschmückt wurde. Pushkin kóshesi, Ecke Sabir Kamalov kóshesi. Geöffnet: Mo-Sa 9:00-17:00 Uhr

Berdaq Museum

Wie auch der Dichter Ajiniyaz stammte Berdymurat Ǵarǵabay Uli aus der Gegend von Moynaq am damaligen Aralsee. Sein Vater war ein Aralfischer und von seiner Mutter hatte er den Kosenamen Berdaq. Unter diesem Pseudonym veröffentlichte er alle seine späteren Werke. Schon in jungen Jahren ein Waise kämpfte er sich als Viehhirte, dann als Musikant durchs Leben. Seine große Liebe galt jedoch der Dichtkunst. Sein Leitmotiv war dabei das Schicksal des beraubten Mannes, dessen Leben sehr hart war. In der Sowjetperiode wurde er als Kämpfer für Frauenrechte und soziale Gerechtigkeit geehrt. Auch machte er sich mit seinem Werk "Shezire", der Herkunftsforschung der Karakalpaken einen Namen.

Das kunstvoll mit lokalem Marmor verkleidete **Berdaq Museum** (Berdaq atindaǵi qaraqalpaq Ádebiyati tariyxi mámleketlik muzeyi, 1998) mit seiner hohen Kuppel ist sicher eines der schönsten Gebäude von Nókis, zeigt jedoch relativ wenig vom Dichter Berdaq selbst. A. Dosnazarov kóshesi, Ecke Ak. Sharjav Abdirov ko'sh., auf dem Gelände des Unicampus Geöffnet: unregelmäßige Öffnungszeiten

Shamuratov Museum

Das private **Museumshaus "Amet und Ayimxan Shamuratov"** (Amet hám Ayimxan Shamuratovlar úy muzeyi) zeigt eine kleine Sammlung persönlicher und ethnographischer Gegenstände aus Karakalpakistan. Amet Shamuratov (1912-1953) war Dichter und lokaler Politiker, seine Frau Ayimxan (1917-1993) spielte auf den lokalen Theaterbühnen hunderte Rollen als Schauspielerin und Sängerin. Dem interessierten Besucher eröffnen sich hier mannigfaltige Einblicke in die jüngere Vergangenheit der karakalpakischen Republik. Nikolay Saraev ko'ch. 29, Ecke Jipek Jolı kóshesi. Besucher melden sich im Hotel Jipek Jolı an.

Verkehrsverbindungen

Intern. Flughafen Nókis (NCU)

(Nókis xalqaro aeroporti) Uzbekistan Airways fliegt mehrmals tägl. nach **Toshkent**, nach **Moskau Vnukovo** (Di, Mi, Fr, So), **St. Petersburg** (Di, Mi, Fr, So), **Almaty** (Mi, So) und **Istanbul** (Mo). Mit Silkavia erreichen Sie **Muynok** (Mo, Fr, So).

Erreichbarkeit:
Mit Bus Nr. 4, 5, 92 zum Bahnhof entlang der Allayar Dosnazarov shoh kóshesi und mit Nr. 94 direkt ins Stadtzentrum. Per Taxi sind es 2,5km ins Zentrum.

Hauptbahnhof Nókis

Der Bahnhof Nókis (Vokzal) liegt an der Strecke Wolgograd-Atyrau-Urganch-Buxoro. Es gibt hier Verbindungen nach **Buxoro** (9h), **Toshkent** (16,5h) und **Andijan** (25h). Züge Nr. 128 und 54.

Erreichbarkeit:
Der Bahnhof ist am südöstlichen Stadtrand und wird von den Marschrutkas 1,2, 4, 10, 14, 31, 41, 63, 92 und Bus Nr. 5 angefahren.

Südbusbahnhof

Vom Südbusbahnhof (Qubla avtovokzali) am südöstl. Stadtrand (A380) fahren Busse und Sammeltaxis nach **Bustan** (1h), **Urganch** (1,5h), **Xiva** (2h), **Buxoro** (5h) und **Toshkent** (14h).

Erreichbarkeit:
Marschrutkas der Nr. 4, 10, 12, 21, 25, 63, 79, 94 und 95 halten hier.

Altstadtbusbahnhof/Westbusbahnhof

Die Ziele **Buxoro** (5h), **Samarqand** (8h) und **Toshkent** (14h) sowie **Qońirat** (1h), **Moynaq** (2,5h) und **Xojeli** (0,5h) werden mit Sammeltaxis vom Altstadtbusbahnhof (Góne qala/Zapadniy avtovokzali) aus angefahren.
Der Westbusbahnhof (Saransha Avtostanzia) am westlichen Stadtrand von Nókis bedient in etwa die gleichen Ziele wie der Altstadtbusbahnhof.

Erreichbarkeit:
Die Marschrutkas der Linien Nr. 19, 31, 35, und 95 halten am Altstadtbusbahnhof, die 19 und 95 auch am Westbusbahnhof.

Nordbusbahnhof

Am nördlichen Stadtrand befindet sich der Nordbusbahnhof (Arqa-Batis avtovokzali). Sowohl Busse als auch Sammeltaxis fahren von hier aus nach **Xalqabad** (0,5h) **Shımbay** (1h) bis **Taxtakópir.**

Erreichbarkeit:
Die Marshrutkas der Nr. 4, 6 und 94 fahren diesen Busbahnhof an.

Verkehrsmittel in Nókis

Die zentrale Verkehrsdrehscheibe für den innerstädtischen Verkehr ist der Busbahnhof am Hauptbasar (Oraylıq diyxan Basar).
Von hier fahren Busse und Marschrutkas zu allen **Busbahnhöfen**, dem **Bahnhof**, **Flughafen**, etc. Auch Taxis sind hier sowie an allen anderen Busbahnhöfen verfügbar.
Hier halten die Buslinien 9, 12, 16 und 21 sowie die Marschrutkas der Nr. 6, 7, 12, 21, 24, 25, 28, 41, 61, 62, 68, 75, 79, und 108.

Nókis von A bis Z

Apotheken
Dárixana, Ernazar Alakóz kóshesi 83, in der Mexriban Privatklinik

versch. Apotheken, am nördl. Ende der Jipek Joli kóshesi

Bibliotheken
Savitskiy Bibliothek (Savitskiy Kitapxana), im Savitskiy Museum, vorherige Anmeldung notwendig; Geöffnet: Mo-Fr 9:00-13:00 und 14:00-16:00 Uhr

Bücher, Bildbände
Kitap Dúnyasi, Jipek Jolı kóshesi 3, gegenüber Savitskiy Museum

Savitskiy Book Store, im EG des Savitskiy Museums, Trakt 1; Geöffnet: Mo-Fr 9:00-17:00 Uhr, Sa-So 10:00-16:00 Uhr

Einkaufen
Basare
Hauptbasar (Oraylıq diyxon bazar), Ernazar Alakóz kóshesi, westl. Ende der Tólepbergen Qayipbergenov kóshesi

Altstadtbasar (Góne qala bazar), Xojeli guzari

Qalaliq Großbasar (Qalaliq sawda kompleksi/ Kateks bazar), A380 Richtung Tórtkúl am südöstl. Stadtrand

Kaufhäuser
Mega sawda orayi, Mateke Jumanazarov kóshesi, Ecke Ernazar Alakó'z kóshesi

Supermärkte
Korzinka, E.Alakó'z kósh. 162, Lebensmittel

Geldwechsel
Xalq Bank, G'arezsizlik kóshesi 74A

Aloqa Bank, Islom Karimov kóshesi 102

Turon Bank, T. Qayipbergenov kóshesi 25A

Hotels und Unterkünfte (Auswahl)
Mittel
Hotel Jipek Joli, Jipek Joli ko'sh. 29, Tel. 90-727 55 00, Ayimtour im Haus, guter Service, Frühstück und Restaurant mäßig, Top Lage

Hotel Jipek Joli 2, Sabir Kamalov ko'sh. 50, Tel. 222 11 00, gleicher Betreiber, weitere Zimmer, guter Service, Ausstattung gut

Hotel Damir, Rauaj kóshesi 4, Tel. 106 07 07, schöne Zimmer, gutes Preis-Leistungsverhältnis, Top Lage

Günstig
Hostel Danexan Apa, Kók ózek ko'sh. 4, Tel. 229 00 38, günstiges Variante, einfache Zimmer, gut erreichbar, nahe Altstadtbasar

Krankenhäuser
Republikanisches Krankenhaus (U. Xalmuratov respublikalyk kop tarmakly medizinalyk orayi), A. Dosnazarov kóshesi 6a, Ecke Mateke Jumanazarov kóshesi, Tel. 222 60 05, 222 60 56, 222 93 70

Städtisches Krankenhaus (Qalaliq Emlewxana), Kóklemzar kósh.110, Tel. 224 03 33

Innova Expert Privatklinik, Ayimxan Shamuratova kósh. 94A, Tel. 55-107 00 77

Kulturleben
Berdaq Theater, (Berdaq atındagı Qaraqalpaq mámleketlik akademiyalıq muzikalı teatri) Tel. 97-789 38 79, 91-384 70 69, E. Alakóz shoh kóshesi 1, Dramen, Theaterstücke, Ballet, Komik und Musikaufführungen, Theater-Museum

Post
Usbekische Post (O'zbekiston Pochtasi, Qaraqalpaqstan Filiali), Aqsholaq kóshesi 6

Usbekische Post, Filiale Nr. 1 (O'zbekiston Pochtasi, Filiali No.1), Xojeli gúzari 42/1

Restaurants
Karakalpakisch/Usbekisch
Restaurant Flagman, im Doslık Park, Tel. 97-658 11 77, zahlreiche Grillgerichte, schicke moderne Ausstattung

Restaurant Neo, Sobir Kamalov ko'sh., Tel. 224 00 03, sehr beliebtes Restaurant, häufig Hochzeitsgesellschaften, Neo Disco im Keller

Restaurant Sardoba, Saraev kóshesi 485, Tel. 224 28 28, gute lokale Küche, große Portionen, recht preisgünstig

Fast Food
Restaurant Grand Lavash, J. Aymurzaev ko'shesi 29, Ecke Islam Karimov ko'shesi, Tel. 222 66 22, Kebab, Pizza, Hotdog, Burger

Koreanisch
Restaurant Sonata, A. Dosnazarov kóshesi 3, Kaffee, Kuchen, Sushi, authentisch koreanische Speisen im bebilderten Menü

Cafés
Cafè Cinnamon, Jibek Jolu kóshesi 1, Ecke T. Qayipbergenov kóshesi, echter Bohnenkaffee, Kuchen und einige warme Speisen

Café Cake Bumer, T. Qayipbergenov kóshesi, direkt neben Cafè Cinnamon, lustige Einrichtung, Kuchen und Kaffee, Pasta, Pizza, Döner

Telefon
Beeline, T. Qyipbergenov kóshesi 101/3
Ucell, Nikolay Saraev kóshesi 14
Uzmobile, G'arezsizlik kóshesi 83

Museen und Dauerausstellungen
Savitskiy Kunstmuseum (Qaraqalpaqstan ko'rkem o'ner muzeyi), Jipek Joli kóshesi 127 Die Archäologie und Volkskunst Ausstellung ist derzeit geschlossen
Geöffnet: Di-Do 9:00-18:00, Fr 9:00-19:00 Uhr, Sa, So 10:00-18:00 Uhr, Mo geschlossen

Museum der Geschichte Karakalpakistans (Qaraqalpaqstan tarıxı hám mádeniyati mámleketlik muzeyi), Pushkin kósh., Ecke Sabir Kamalov kó. Geöffnet: Mo-Sa 9:00-17:00 Uhr

Berdaq Museum (Berdaq atındáǵı Qaraqalpaq ádebiyatı tarıxı mámleketlik muzeyi), Sharjav Abdirov kósh 1/1, Ecke A. Dosnazarov kóshesi, Geöffnet: Mo-Fr 9:00-17:00 Uhr

Shamuratov Museum (Amet und Ayimxan Shamuratov muzeyi), Nikolay Sarayev ko'ch. 29, Ecke Jipek Joli kóshesi. Besucher melden sich im Hotel Jipek Jolu an; Geöffnet: Di-Sa 9:00-19:00 Uhr

Vergnügungsparks
Aqua Land, Freibad, 2 Becken, westl. des Hauptbasars

Doslık Park (Doslıq dem alıw orayı), entlang des Doslıq Kanals, Riesenrad, Wasserspiele
Istiqlol Park und Kvadrat See (Istiqlol bagi va kvadrat kóli), Beruniy kóshesi, Bootsverleih, Architekturmodelle, Zoo

Vorwahl
61

Sehenswertes in der Republik Karakalpakistan (nördlicher Teil)

Mizdaqxan Nekropole und Gawir qala
Als Inbegriff des düsteren Geistes von Xorazm kann diese bedeutendste Nekropole Usbekistans angesehen werden. Mizdahkan ist mit seinen außergewöhnlichen Sehenswürdigkeiten auf jeden Fall eine Reise wert.
Besiedelt seit dem 4. Jahrhunderte v. Chr. entwickelte sich Mizdaqxan dank der Lage an einer nördlichen Route der Seidenstraße bis ins 4. Jh zur damals drittgrößten Stadt Choresmiens neben den Städten Kath und Gurgansh. Die Menschen lebten den Glauben an Zoroaster, dessen Feuertempel und Türme der Stille die Silhouette der Stadt bestimmten. Wissenschaftler vermuten, dass der Name Mizdaqxan auf die Stadt Mazda zurückgeführt werden kann, welche im Avesta, dem heiligen Buch der Zoroastrier erwähnt wird.
Als im Jahr 712 die Araber Mizdaqxan eroberten und alle zoroastrischen Einrichtungen zerstörten, erhielt die Festung den Namen Gawir Qala, die "Stadt der Ungläubigen". Auch wenn die Toten nun nicht mehr in Ossuarien sondern in Gräbern bestattet wurden, hielten sich viele zoroastrische Traditionen teilweise bis heute. Die Stadt wuchs nach der mongolischen Eroberung 1221 über die befestige Zitadelle hinaus und hatte die Funktion eines Verwaltungszentrums der Herrscher des Khanates der Kipchaken, später auch als Goldene Horde benannt.
Amir Temur war die Stadt und vor allem der nördliche Zweig der Seidenstraße ein Ärgernis,

denn sie umging sein Großreich und führte dadurch zu Einnahmeverlusten aus dem Karawanenhandel. Zudem waren die Herrscher Mizdaqxans mit seinem Erzfeind Tohtamysh verbündet und somit eine potentielle Gefahrenquelle für sein Reich. So ließ er Mizdaqxan 1388 schleifen wovon sich die Stadt nie mehr erholte. Die zahllosen Legenden und der Geist des Zoroastrismus umgaben jedoch weiter die Stätte so dass auf den beiden Hügeln vor der Stadt eine ausgedehnte Nekropole mit vielen Gräbern und Mausoleen aller Epochen entstand und bis heute weiter besteht.

Die Keimzelle der Stadt Mizdaqxan befindet sich auf dem südlichen Hügel, **Gawir qala** (4.Jh.v.Chr.-13.Jh.) genannt. Er besteht aus hoch aufragenden **Mauernresten** und **zwei Zitadellen**. Die östliche, stark verwitterte Erhebung (76x57m) stammt aus der post-arabischen Epoche (9.Jh.) und wurde bisher noch nicht archäologisch erkundet. Als diese zu Beginn des 12. Jh. baufällig wurde, errichtete man etwas weiter westlich eine nahezu quadratische Anlage. Sie war von einer hohen mit Halbsäulen verzierten Mauer umgeben, innerhalb der sich die Räume um einen Innenhof mit einem Wasserbecken gruppierten. Umgeben war die Festung von einer hohen Mauer mit 10 Türmen und einem Eingangstor.

Mizdaqxan war eine der wenigen Städte die von den Mongolen aufgebaut bzw. erweitert wurde. Ausgrabungen nordöstlich vom Festungsberg haben mittelalterliche **Wohn- und Handwerkerviertel** zu Tage gebracht. Als die Festung im 13.Jh. also bereits verfiel, entstand eine kleine, unbefestigte Siedlung gleichen Namens welche bis ins 14. Jh. Bestand hatte.

Auf dem Doppelhügel nordöstlich des Festungshügels Gawir qala befand sich schon immer die **Nekropole von Mizdaqxan**. Die höchste Erhebung, **Jumart Qassal** genannt, erkennbar an einem geodätischen Holzgestell war sehr wahrscheinlich einstmals ein Turm der Stille (Daxma) auf dem die Toten aufgebahrt wurden. Geier dienten als Totengräber und was übrigblieb wurde nach zoroastrischer Sitte in tönerne Ossuarien verstaut und bestattet.

Das nachweislich älteste Gebäude der Nekropole ist das mysteriöse **Kalif Erejep Mausoleum** (Xalipa Erejep maxbarasi, 11.Jh.). Von

ihm stehen nur noch drei Mauern, welche teilweise aus Lehm, teils aus Ziegeln bestehen. Erkennbar sind zwei Ecknischen, welche einstmals die Kuppel trugen. Der Peshtoq ist bedauerlicherweise eingestürzt. Eine der unzähligen Legenden Mizdaqxans besagt, dass dies eine Weltzeituhr sei. Jedes Mal, wenn ein Stein von der Mauer des Gebäudes fällt, geht es dem Ende etwas weiter entgegen.

Ebenfalls ein sagenumwobener Ort ist der längliche **Shamun Nabiy Mazar** (Shamun Nabiy mazari, 12.Jh.). Der Legende nach wurde hier der erste Mensch Adam, begraben. Tatsächlich fand man hier nie Leichenteile. Es ist also sehr wahrscheinlich eine symbolische Grabstätte wie z.B. die Cheops Pyramide in Ägypten in der auch nie ein Toter gefunden wurde. Rätselhafte Symbole befinden sich über dem Eingang als auch an den Innenwänden (dreiblättrige Lilie). Das ehemals stark verfallene Gebäude wurde 2018 grundlegend restauriert. Im Innenraum befindet sich unter sieben Kuppeln das mit Leintüchern bedeckte 25m lange Kenotaph. Es drängen sich Parallelen zum Grab des Daniel in Samarqand auf (5 Kuppeln, 17m langes Kenotaph). Frauen mit Kinderwunsch umrunden das Grab dreimal. Unmittelbar neben dem Grabbau steht die Hütte des Friedhofswächters.

Architektonischer Höhepunkt ist zweifelsohne das teils unterirdisch gelegene **Mausoleum Nazlym Khan Sulyu** (Nazlymxan Sulyu maxbarasi, 13.Jh.). Über einen steilen Treppenabgang gelangt man in den Hauptraum, der vollständig in Banna'i Technik verziert ist. In regelmäßigen Abständen leuchten blau glasierte Ziegel mit dem zoroastrischen Ewigkeitssymbol aus dem unglasierten Mauerwerk. Dieses Banna'i Muster, die blau ausgekleidete achtflächige Innenkuppel und vor allem die herrlichen Muqarnanischen erzeugen ein faszinierendes, harmonisches Bild. Dieses wiederholt sich etwas kleiner im Nebenraum, welcher mit dem Hauptraum verbunden ist. Es lohnt sich die Arabsken Muster der teilglasierten Muqarna Felder genauer zu betrachten.

Schräg gegenüber dem Nazlym Khan Sulyu Mausoleum ist das **Mademin Khan Mausoleum** (Mademinxan maxbarasi,18.-19.Jh) mit einer großen und zwei kleineren Kuppeln zu sehen. Es ist leider nur wenig darüber bekannt. Auf der Rückseite sind Hinweistafeln zu den Sehenswürdigkeiten von Mizdahkan angebracht. Verstreut auf dem Friedhof gibt es viele weitere Mausoleen und Gräber aller Alterepochen. Diese weisen durchaus Unterschiede zu denen der Usbeken auf. Die aufgestellte "Himmelsleiter", die Kuppeln über dem Grab, die feste Bauweise sind typisch für die nomadisch geprägten Völker Zentralasiens und sind so auch in Kasachstan, Kirgisistan oder Turkmenistan anzutreffen. Sicherlich haben Sie bemerkt, dass überall kleine **Steinmännchen** stehen. Sie werden von den Friedhofsbesuchern aufgeschichtet - immer sieben Steine übereinander.

Erreichbarkeit:
Minibusse fahren in ca. 30min vom zentralen Diyxan Basar in Nukus bis zum Busbhf. und Basar in Xojeli Alternativ geht es auch vom Altstadtbusbahnhof in Nukus in kurzen Abständen ins nahe gelegene Xojeli. Mieten Sie hier ein Taxi, dass Sie die 6,5Km bis zum Eingang von Mizdaqxan bringt (Blechschild "Mizdaqxan"und blaues Tor). Von der Bergspitze sind es ca. 1,5km bis zu den Ausgrabungen von Gawir qala.

Moynaq
Die heute etwa 13000 Einwohner zählende Kleinstadt Moynaq (usbekisch: Mo'ynoq) entstand als kleines Fischerdorf auf einer Insel, die durch Anschwemmungen in den 1940er Jahren zu einer Halbinsel wurde. Nachdem der Fischfang bis in die 1920er Jahre nur der regionalen Versorgung diente, begann in den Kriegs- und Nachkriegsjahren der Aufbau einer völlig überdimensionierten Fischfangindustrie. Die in Moynaq errichtete Konservenfabrik mit einer Kapazität von 100.000t verarbeitete in seinem besten Jahr 1958 gerade einmal 24.400t. Bereits 1972 ging der Fang spürbar zurück und versiegte 1985 völlig. Die 52 Fischkutter wurden nach und nach abgetakelt und stehen noch heute für den Raubbau an der Natur. Bis zum Ende der Sowjetunion brachte man Fisch in Kühlwagen von der Ostsee und sogar dem Pazifik nach Moynaq. Aufgrund der Unwirtschaftlichkeit schloss man die Fabrik 1990 und die meisten Bewohner wanderten ab.
Den Weg von Nókis hierher nehmen jedes Jahr

nur wenige Touristen auf sich. Anders ist es während des **Stihia Festivals**, wenn Freunde der elektronischen Musik in das eigens dafür errichtete Festival Gelände kommen. Die Location und das Konzept erinnern entfernt an das Burning Man Festival in Nevada.
Sehenswert sind das **Museum** (Moynaq úlketanıw muzeyi) gegenüber der Gebietverwaltung (Moynaq rayonı hakimiyatı) mit einigen Gemälden aus besseren Tagen und einer Dokumentation der Aralsee-Katastrophe.
Folgt man der zentralen Ajiniyaz kóshesi weiter nach Norden erreicht man nach 2,7Km das aus sowjetischer Zeit stammende **Moynaq Monument** am ehemaligen Ufer des Sees.
Daneben das kleine **Museum der Geschichte des Aralsees** (Aral Teńizi Tariyxı Muzeyi) in dem gezeigt wird, wie der See sich immer weiter zurückzog. Heute ist das Ufer des westlichen Teils des Aralsees etwa 89Km Luftlinie entfernt. Blick man hinab auf den damaligen Seegrund kann man die seit einigen Jahren hier aufgereihten 13 **Schiffswracks** zwischen Sandverwehungen und Saxaulbüschen erblicken. Etwa an dieser Stelle war einst der Hafen der Stadt von dem täglich die Boote in der Hoffnung auf großen Fang hinausfuhren.

Unterkünfte und Gastronomie:
Neben mehrere **Homestays** im Ort gibt es auch das **Hotel Teniz** und ein **Jurtenlager** nahe dem Moynaq Monument. Ebenfalls vorhanden sind mehrere **Kafe's** mit einfachen Gerichten.

Verkehrsverbindungen:
Der Flugplatz von Moynaq wird Mo, So, Fr von **Nukus** aus mit Silkavia in 35 Minuten angeflogen.
Vom **Busbahnhof Moynaq** verkehren Busse mehrmals täglich nach **Qońırat** (177km, 2,5h) und **Nókis** (300Km, 4h). Sammeltaxen zu diesen und weiteren Zielen der Umgebung sind etwas schneller und komfortabler. Ein Umstieg in Qońırat kann notwendig sein.

Aralsee und Ústirt Plateau
Der **Aralsee** (usbekisch: Orol Dengizi, Karakalpakisch: Aral Teńizi; Übersetzt: "Insel") ist ein großer Salzsee in der Turan Senke. Seit seiner Entstehung unterlag er zahlreichen Veränderungen. Im 13.Jh. war der Wasserspiegel

ähnlich niedrig wie heute während er etwa 3000 Jahre v. Chr. so hoch lag, dass der Aralsee über das heute ausgetrocknete Flussbett des Uzboy ins Kaspische Meer entwässerte. Diese Schwankungen waren klimatischen und tektonischen Ursprunges, anders als der heutige Rückgang, der in erster Linie auf die überdimensionale Wasserentnahme aus den Zuflüssen seit der Sowjetunion zurückzuführen ist. Die beiden Zuflüsse, der Sirdaryo im Norden und der Amudaryo im Süden unterliegen bereits seit den 1920er Jahren intensiven Eingriffen durch Staustufen und Wasserableitungen in Kanäle. Damit hat sich der jahreszeitlich stark schwankende Wasserhaushalt in ganz Zentralasien grundlegend geändert. Neben dem Wasserverlust ist die Luft- und Bodenverschmutzung durch Salze sowie Pflanzenschutz- und Entlaubungsmittel aus der Landwirtschaft für den schlechten Gesundheitszustand insbesondere in Karakalpakistan verantwortlich. Wissenschaftler vergleichen die negativen Auswirkungen der Austrocknung des Aralsees auf Mensch und Umwelt heute mit der Reaktorkatastrophe in Tschernobyl.

Der auf usbekischem Territorium befindliche Westsee (usbekisch: Garb Orol Dengizi, Karakalpakisch: Batıs Aral Teñizi) wird im Westen durch die **Steilhänge des Chink** begrenzt. Von dort hat man den besten Blick auf die noch vorhandene Seefläche. Dieser Westsee trocknet jedoch immer weiter aus und wird sich in einige Jahren in einen periodischen Salzsee verwandeln. Der östliche Teil ist bereits in diesem Stadium angekommen.

Touristen, die im Westsee ein Bad nehmen, schwimmen auf dem Wasser wie im Toten Meer. Verantwortlich dafür ist der hohe Salzgehalt des Wassers. Die Landschaft entlang des Chink ist faszinierend harsch und wild. Den Sonnenaufgang über dem tiefblauen Aralsee zu beobachten gehört zu den ganz besonderen Erlebnissen einer Usbekistan Reise.

Westlich an den Aralsee schließt sich das **Ústirt Plateau** (Usbekisch: Ustyurt platosi, Karakalpakisch: Ústirt platosi) an. Es ist eine Hochebene mit einer mittleren Höhe von 160-200m über NN und besteht aus Ablagerungen des Urmeeres Paratethys, Kalk und Mergel. Der Boden ist sehr nährstoffarm und kann daher kaum größere Vegetation hervorbringen. Die

hier einst in großen Herden vorkommenden **Saigaantilopen** wurden durch übermäßige Bejagung und Seuchen nahezu ausgerottet.

Entlang des Chink finden sich zahlreiche **alte Friedhöfe** der nomadischen Völker dieser Region (Lage: +44°45'58.68", +58°12'00.05"). Die meisten Aralsee Touren passieren auf dem Weg nach Norden den **Sudochye See**, an dessen Westufer das **verlassene Fischerdorf Urga** besichtigt werden kann (Lage: +43°35'9.18", +58°32'27.20"). Ein Relikt der Sowjetzeit ist die **Siedlung Qubla-Ústirt** mit einer Kompressorstation und einem verlassenen Flugfeld mitten in der Wüste (Lage: +44°01'34.55", +58°14'59.96"). Folgt man der Pipline-Piste ca. 60km weiter nach Norden erreicht man südlich dem **Kap Aqtumsik** die beiden Aralsee Jurtencamps. Bei +44°29'54.94", +58°11'10.12" führt eine rauhe Piste (nur 4WD) den Chink hinab zu einem Plateau mit einigen Jurten. Das **Discovery Jurten Camp** (Lage: +44°29'53.79", +58°12'27.99") liegt direkt an einem Felsabsturz des Chink. Noch näher am See liegt das nur 2,5km entfernte **Camp Aralsee Plaza**. Es besteht aus Jurten und Gebäuden, ist etwas komfortabler ausgestattet und mit Plastikpalmen dekoriert (Lage: +44°30'16.62", +58°13'56.90"). Nicht weit entfernt sind die Mauerreste der ehemaligen **Karawanserei Qórǵonch Qala** (Lage: +44°29'15.59", +58°11'27.15") zu sehen. Sie misst ca. 50x50m.

Noch weiter nördlich sind **Geoglyphen** (Aranvi-Geogliflari) vermutlich aus dem 7. oder 8. Jh. anzutreffen. Diese zeigen, allerdings nur aus der Luft zu sehen, immer die gleiche Form: Ein von zwei pfeilartigen Spitzen abgeschlossenes Dreieck (ca. 650 x 600m). Forscher gehen davon aus, dass es sich hierbei um **Jagdgehege** für Huftiere handelt. Die Form erinnert an den Kopf oder die Hufe eines solchen Tieres. Weshalb sich die ca. 45 Geoglyphen jedoch wie an einer Kette aufgereiht auf eine Strecke von über 100km verteilen bleibt bis heute rätselhaft. (Lage: +45°17'53.73"; +58°14'59.96").

Erreichbarkeit:

Reiseagenturen wie Abeskun Tur (Moynaq), Ayim Tour (Nókis), Besh Qala Tours (Nókis) oder Advantour (Toshkent) bieten Touren über das U'stirt Plateau und zum Aralsee Jurtencamp an. Gefahren wird mit Geländewagen, jedoch sind die hier erwähnten Ziele meist auch mit einem normalen PKW erreichbar. Die preislich günstigsten Touren werden in der Regel von Moynaq aus angeboten.

Mongolische Postroute

Die wahrscheinlich abgelegenste Sehenswürdigkeit von Karakalpakistan ist eine Kette mehrerer Karawansereien auf dem Usyurt Plateau. Im 13. Jh. waren die damals herrschenden Mongolen darauf bedacht, schnell wichtige Nachrichten zwischen den weit voneinander entfernten Herrschaftszentren austauschen zu können. Es wurden also Poststationen (Jam) gegründet die frische Pferde und ausgeruhte Postboten vorhielten. Später entstand aus der Postroute eine Karawanenverbindung deren Verlauf noch heute auf Satellitenbildern erkennbar ist obwohl sie schon seit langer Zeit nicht mehr genutzt wird.

Die am besten erhaltene Karawanserei und für zähe Entdecker genau das richtige ist die **Beleuli Karawanserei** (Beleuli karvon saroyi, 13.Jh.) Sie stammt aus der Herrschaftszeit der mongolischen Goldenen Horde. Die Karawanserei ist heute noch in Grundzügen zu

erkennen. Der gemauerte Portalbogen welcher erst 2017 einstürzte zeigte einst Löwen in den beiden Spandrillen. In Ermangelung von gebrannten Ziegeln baute man hier mit Naturstein was in Usbekistan eher unüblich ist. Zu sehen sind auch Stelen mit mongolischen Schriftzeichen, vermutlich Grabsteine.

Von den anderen Karawansereien dieser Postroute sind nur noch wenige Überreste vorhanden.

Pul'jay, Lage: +43°34'50.26", +58°32'24.05"
Ajigeldi, Lage: +43°50'13.37", +57°43'7.47"

Die Kulturlandschaft Choresmien

Vor mehr als zweitausend Jahren begannen antike Baumeister am Unterlauf des Amudaryo riesige Festungsstädte, Paläste und Tempel aus Lehm zu errichten. Noch heute bringen Sie die Archäologen und Touristen zum Staunen. In keinem anderen Gebiet der Erde sind so viele antike Stätten zu finden wie hier. Allein im südlichen Bereich Karakalpakistans zählten Experten mehr als 200 Ruinenstädte, welche bis heute erhalten sind. In ganz Karakalpakistan sind es sogar über 1000.

Wer waren diese Baumeister und wie gelang es Ihnen in dieser unwirtlichen Gegend solch ein Kulturschaffen hervorzubringen?

Tatsächlich hat Choresmien eine sehr fruchtbare Erde, welche durch den Strom des Amudaryo stetig herangeführt wurde. Insbesondere die persischen Völker wussten um diese Gegend, erkundeten, eroberten und besiedelten sie. Mit dem Beginn der Geschichtsschreibung sind dies insbesondere die Achämeniden welche ihre sesshafte Kultur nach Choresmien brachten. Dank einem ausgeklügelten Bewässerungsfeldbau und ihrer Handwerkskunst schafften sie es hier nicht nur zu überleben, sondern sich auch gegen die immer wieder einfallenden Nomadenvölker des Nordens zu wehren. Die spirituelle Kraft für ihr Tun zogen die Choresmier aus dem Glauben an Zarathustra, welcher hier große Verbreitung fand und bis in unsere Zeit hineinwirkt. Im heiligen Buch der Zoroastrier, dem Avesta werden die Herrscher und ihre Städte Choresmiens erstmalig erwähnt. Bereits im 3. Jh. v. Chr. genossen die Choresmier weitgehende Autonomie und behaupteten sich nicht nur gegen Alexander den Großen, sondern auch gegen so manch anderes Heer das die Städte am Unterlauf des Amudaryo erobern wollte. Doch die Angriffe häuften sich, Araber, Mongolen und schließlich Amir Temur führten die einstige Hochkultur langsam aber stetig ihrem Niedergang entgegen

Kósbulak, Lage: +44°6'31", +57°28'29.83"
Beleuli, Lage: +44°30'15.53", +57°7'3.75"
Churuk, Lage: +44°57'20.23", +56°49'56.67"

Erreichbarkeit:
Pul'jay kann zusammen mit Urga besichtigt werden, Ajigeldi liegt nahe an der A380 nach Beynew. Kósbulak ist nicht ganz so weit entfernt vom Jaslıq Gefängnis. Beleuli und Churuk sind sind sehr abgelegen und nur mit einem Geländewagen zu erreichen.

Sehenswertes in der Republik Karakalpakistan (südlicher Teil)

Die Archäologischen Stätten des südlichen Choresmiens im Überblick

Nachfolgend wird der derzeitige Zustand, die Lage und Erreichbarkeit archäologischer Stätten Choresmiens zusammengefasst. Leicht erreichbar bedeutet unmittelbar an einer Asphaltstraße gelegen, schwerer erreichbar bedeutet, von einer Asphaltstraße aus weitere 1-2Km über Feldwege oder offroad, sehr schwer erreichbar bedeutet, mehr als 2Km meist offroad bis zur Ruinenstätte.

Shılpıq qalası (1.Jh.) +42°15'50.87", +60°4'10.93"; Hügel mit Umfassungsmauer, Sandwüste, schwerer erreichbar

Gawir qala (4.Jh.) +42°04'50", +60°16'33"; nur eine 15m hohe Mauer, Geröllwüste, leicht erreichbar

Janpıq qala (9.Jh.) +42°01'35", +60°19'36"; sehr schöne Mauern, Geröllwüste, sehr schwer erreichbar

Qizil qala (2.Jh.)+41°55'48", +60°47'03"; 16m hohe Mauern, in Feldern, schwer erreichbar

Topraq qala (2.Jh.) +41°55'46", +60°49'13"; sehr interessante Anlage, Jurtencamp, leicht erreichbar

Kazak'li yatkan (2.Jh. v. Chr.) +41°49'45", +60°43'05"; nur Fundamente, Sandwüste, schwerer erreichbar

Kath (4.Jh.) +41°40'54.9",+60°43'34.59"; sehr geringe Reste der Außenmauer, leicht erreichbar

Yakke Parsan (6.Jh.) +41°55'15", +61°01'07"; eher kleine Anlage, in Feldern, schwerer erreichbar

Ayaz qala (4. Jh. v. Chr.) +42°0'39", +61°1'37"; spektakulärste Festungen, Jurten Camp, leicht erreichbar
Kleines Qirqqiz qala (4.Jh.) +42°01'09", +61°06'07"; stark erodierte Reste, Saxaulsteppe, sehr schwer erreichbar

Großes Qirqqiz qala (3.Jh.)+42°00'45", +61°09'47"; stark erodierte Reste, Saxaulsteppe, leicht erreichbar

Qurgashin qala (3.Jh. v. Chr.) +42°02'04", +61°19'34"; stark erodierte Reste, Saxaulsteppe, sehr schwer erreichbar

Janbas qala (1.Jh.) +41°51'48", +61°18'24"; gerippte Außenmauern, Sandwüste, schwerer erreichbar

Angka qala (1.-3.Jh.) +41°45'31", +61°09'04"; wenig spektakulär, in Feldern, leicht erreichbar

Qoy qirilg'an qala (4.Jh. v. Chr.) +41°45'19", +61°7'1"; nur Grundmauern, in Feldern, schwerer erreichbar

Gu'ldirsin qala (12.Jh.) +41°41'33", +60°58'58"; gut erhaltene Außenmauern, in Feldern, leicht erreichbar

Shılpıq qalası

Einzigartig in Karakalpakistan ist diese Plattform auf einem Hügel nahe der Fernstraße A380 von Nókis nach Beruniy. Ausgrabungen haben ergeben, dass es sich um einen Daxma, einen Turm des Schweigens handelt. Das Gebäude wurde so konstruiert, das Landraubtiere die Leichen nicht davon tragen. Denn nach den Glaubensgrundsätzen sind nur Vögel als "Bestatter" erwünscht. Nach zoroastrischer Tradition wurden hier zwischen dem 1. und 7. Jh. die Toten aufgebahrt. Geier kreisten stets über dieser Stätte. Die Knochen wurden später in Tongefäßen (Ossuarien) bestattet.

Erreichbarkeit:
Von der A380 bei +42°17'4", +60°4'58" einer Piste ca. 2,5Km Richtung Südwest bis zum Shilpiq folgen. Der Hügel ist von der A380 aus gut zu sehen. Lage: +42°15'51", +60°04'11"

Gawir qala

Der Name **Gawir qala** (Gawir qala, 4.Jh. v. Chr.) bedeutet "Stadt der Ungläubigen" und wurde von den Muslimen generell für zoroastrische Städte genutzt. Die Anlage misst ca. 450m in Nord-Süd Richtung und im nördlichen Teil eine Breite von ca. 200m. Der unübliche trapezoide Grundriss wurde von doppelten, im Sockelbereich massiv verstärkten, etwa 15m hohen Lehmmauern gebildet. Die noch erhaltenen Teile der nördlichen und westlichen Außenmauer beeindrucken mit ihrer Mächtigkeit und Schießscharten bis heute. Die übrigen Mauern sanken in sich zusammen. Zwischen den Mauern war ein Umlauf über dem wiederum eine Holzdecke für die Bogenschützen eingezogen war. Eine zusätzliche Verstärkung brachten vorgelagerte Türme mit quadratischem Grundriss.

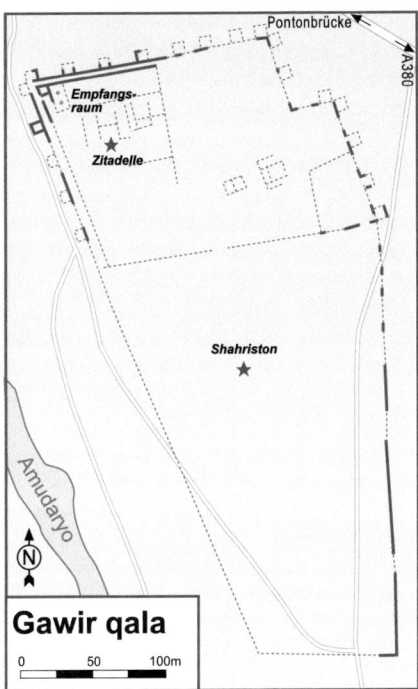

einen starken farblichen Kontrast zu den hellbraunen Lehmwänden der hoch aufragenden **Festungsmauern**. Interessant ist, dass hier neben Stampflehm im Sockelbereich auch Felssteine verbaut wurden. Im Abstand von etwa 70m sind sich nach oben verjüngende **Wehrtürme** angeordnet. Sechs der Türme sind noch weitgehend erhalten. Am schönsten sind die Mauerreste eines **Palastes** (50x60m), welche im oberen Teil mit den für die karachanidische Periode üblichen Halbsäulen verziert wurden. Auf der Südseite kann man noch die Muqarna-artigen Abschlussbögen erkennen. Janpıq qala wurde auf einer Siedlung aus dem 4.Jh. v. Chr. errichtet und bestand bis zur Zerstörung durch Amir Temur im Jahr 1388 als Handwerkersiedlung. Dies belegen zahlreiche Funde wie Stoffreste, Glaswaren, Keramik und Schmuckstücke. Diese Funde können im Savitskiy Museum in Nókis betrachtet werden.

Erreichbarkeit:
Die Anfahrt von Nókis oder Biruniy aus kommend entspricht zunächst der von Gyawir qala das sich ganz in der Nähe befindet. Bei +42°4'19.81", +60°18'14.96" biegt eine staubige Piste nach Südenosten ab. Etwa 3,6Km nach dem Verlassen der Asphaltstraße biegt bei +42°2'45.27", +60°19'40.42" eine sandige Fahrspur nach Süden ab. Sie führt bis zum Beginn des grauen Schieferhanges, an diesem entlang nach Südwesten und schließlich quer über den Schieferhang bis Janpıq Qala (2,3Km) Lage: +42°1'39.11", +60°19'14.18". Das Baday-Toǵai Naturschutzgebiet beginnt 550m südlich von Janpıq Qala und kann von dort aus nur zu Fuß erreicht werden.

In der nordwestlichen Ecke fand man bei den Ausgrabungen in den 1950er Jahren einen säulengestützen Empfangsraum mit einem offenen Feuertempel, welcher teilweise in die Wand eingelassen war. Aufgrund der Wandgemälde und Tonfiguren ist dies wohl ein kultischer Raum oder ein Empfangsraum gewesen.
Die Stadt existierte bis in die späte Phase der Kuschaner Herrschaft im 3. Jh.

Erreichbarkeit:
Von der A380 Nókis-Biruniy biegt bei +42°6'3.93", +60°22'39.9" eine Asphaltstraße nach südwesten ab. Dieser für 10km folgen bis Gawir qala nahe dem Amudaryo sichtbar wird. Lage: +42°4'50.96", +60°16'37.37"
Ganz in der Nähe ist eine Pontonbrücke (Ponton ko'prig'i) über den Amudaryo.

Janpıq qala
Die Festungsstadt Janpıq qala (Janpıq qala, 9. Jh.) zählt sicher zu den bemerkenswertesten archäologischen Stätten Karakalpakistans. Zum einen ist die Anlage recht gut erhalten, zum anderen ist sie sehr ungewöhnlich in die Umgebung eingepasst. Der dunkelgraue Schieferhang, auf dem die Festung steht, bildet

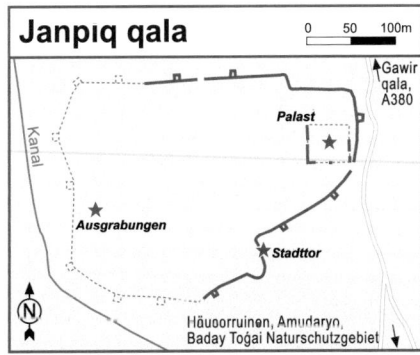

Baday-Toğai Naturschutzgebiet

Einst säumte ein dichter, niedriger Wald die Ufer des Amudaryo. Der legendäre **Araltiger**, der durch das Unterholz schlich ist heute nur noch in Museen und als Mosaikbild auf Medresen zu sehen. Doch seine Hauptbeute, den **Bucharischen Hirsch** gibt es noch. Diese einzigartige Naturlandschaft wurde 1971 im **Baday-Toğai Naturschutzgebiet** (Baday Toğai qorıqxanası) unter Schutz gestellt. Heute sind davon nur noch spärliche Reste erhalten und der Auwald leidet sehr unter Wassermangel und dem Wildverbiss der Hirsche. Totholz wird aufgesammelt und in gewissem Rahmen hier auch Land- und Forstwirtschaft betrieben. Eine sich frei entwickelnde Naturlandschaft ist der Park also nicht mehr. Dennoch ist es lohnenswert, ein wenig durch den Auwald zu wandern.

Erreichbarkeit:

Der offizielle Eingang (+42°0'56.19", +60°26'52") an der A380 zwischen Nókis und Biruniy führt zunächst durch Wüste zur Parkverwaltung. Nach dem Bezahlen des nicht unbescheidenen Eintrittspreises gelangt man westlich über eine Brücke in das eigentlich Parkgebiet. Folgt man dem Forstweg von der Brücke aus immer geradeaus, gelangt man nach ca. 3,5Km in Flußnähe zu einem relativ dichten Teil des Auwaldes.

Wer nicht so viel Zeit hat, kann von Janpıq qala aus ca. 500m hangabwärts bis zu einem Seitenarm des Amudaryo laufen. Im Sommer kann dieser ausgetrocknet sein. Eine Brücke führt bei +42°1'17.61", +60°19'48.76" über diesen Seitenarm. Unmittelbar dahinter beginnt der Tugai Auwald. Von der Brücke sind es 2,3km auf einer Sandpiste bis zum Hauptstrom.

Sultan Wáys Baba Gedenkstätte

Der jemenitische Kamelhirte und Zeitgenosse Mohammeds Sultan Wáys Baba (usbekisch: Sulton Uvays Bobo, arabisch: Uwais al-Qaraniy, 594-656) gilt weltweit als einer der Begründer des Sufismus und wird daher tief verehrt. Wáys traf Mohammed zwar nie, erhielt aber nach einer Legende einen Mantel des Propheten. In einer der ersten Schlachten im Namen des Islam fiel Wáys und wurde im heute syrischen Rakka begraben.

Bei der Anreise von Biruniy aus trifft man zunächst auf das Besucherzentrum mit zahlreichen Geschäften für religiöse Devotionalien und eine Moschee auf der gegenüberliegenden Anhöhe.

Hier beginnen auch die ausgedehnten Gräberfelder (Mazar) rund um die **Sultan Wáys Baba Gedenkstätte** (Sultan Wáys Baba majmuasi). Folgt man der Straße weitere 800m bergauf, erreicht man den Treppenaufgang zur Gedenkstätte.

In der Antike soll es hier einen zoroastrischen Anahita Tempel gegeben haben, gewidmet der Göttin des Wassers und der Fruchtbarkeit. Es ist daher sicher kein Zufall, dass es hier ein großes **Wasserbecken** gibt. Die Verbindung von Wáys und diesem Ort ist eher legendenhaft, doch gilt er der lokalen Bevölkerung als Schutzpatron der Bergleute. Die Pilger scharen sich vor allem um das Wasserbecken, trinken das Quellwasser, waschen sich das Gesicht damit und nehmen gar ein Bad darin. Hier verbindet sich der Glaubenskult der Antike mit dem arabischen Religionsstifter Wáys, aus dessen Beinen das Wasser entspringen soll. Heilige Fische schwimmen hier im Wasserbecken, wer sie tötet wird Unheil auf sich ziehen.

Unmittelbar dahinter das **"Mausoleum" von Wáys Baba**. Der schlichte Bau stammt ursprünglich aus dem 9.Jh., wurde aber immer wieder erneuert. Das heutige Gebäude stammt aus dem 19. Jh. und ist eher schlicht. Während der sowjetischen Zeit war die Pilgerstätte geschlossen. Doch jetzt strömen wieder jedes Jahr Tausende Pilger hierher.

Erklimmt man die Treppenstufen zum Hügel dahinter, erreicht man schließlich ein weiteres, schlichtes Gebäude. Es ist dem Lehrer von Wáys Baba gewidmet und es war Wáys Wunsch, dass sein Lehrer über ihm bestattet wird. Mehr als sein Pseudonym **Chinnar Bobo** ist jedoch nicht bekannt. Von hier oben hat man einen weiten Blick über die gesamte Nekropole aus alten und jüngeren Gräbern. Jedes für sich ein Unikat.

Zurück an der Straße führt diese als staubige Piste weitere 3,2Km bergauf bis zu einem schmalen Treppenweg. Hier erklimmen die Pilger als vorletzten Akt einen weiteren Hügel auf dem ein **Abdruck des Fußes und der Knie von Sultan Wa'ys** zu sehen ist. Die Pilger berühren diese Stellen im Fels und hoffen auf Heilung oder die Erfüllung von Wünschen. Die Landschaft der Sultan Wa'ys Berge ist bizarr, rauh und weitgehend ohne jeglichen Bewuchs. Zuletzt versammeln sich die Pilger im **Besucherzentrum** bei einem gemeinsam eingenommenen Essen. Einfache Unterkünfte sind hier ebenfalls im Angebot.

Erreichbarkeit:
Vom westl. Kreisverkehr nahe Biruniy führt die A380 28Km immer geradeaus in nördliche Richtung bis zum Dorf Saksonbirkóprik. Dort, genau bei +41°58'37.25", +60°38'1.72" biegt die Straße zum Gedenkkomplex nach Norden ab. Nach dem Überqueren der Gleise links halten und der Straße weiter nordwärts folgen. Dabei passiert man ein Portal und erreicht nach gut 3Km das Besucherzentrum Sultan Wa'ys Baba. Lage: +42°0'16.82", +60°38'27.79"
Vom Busbahnhof Biruniy am zentralen Kreisverkehr fahren Minibusse zur Pilgerstätte.

Qızıl qala
Anders als die meisten Ruinenstädte Karakalpakistans ist Qızıl qala viel kleiner, kompakter und hatte auch eine etwas andere Funktion. Sie ist das Abbild einer gesellschaftspolitischen Veränderung weg von ausgedehnten Anlagen für eine ganze Sippe mit vielen Familien hin zu kompakten Herrscherburgen für nur noch eine Familie. Sowohl Qızıl qala als auch das nahegelegene viel größere Topıraq qala existierten in der gleichen Zeitepoche der Kuschaner. Einzelfamilien emanzipierten sich und bauten ihre eigene Burg, jedoch noch in der Nähe zur Hauptfestung.
Qızıl qala entstand vermutlich bereits im 1. oder 2.Jh., war etwa 200 Jahre lang bewohnt, verfiel bis ins 12.Jh. und wurde dann kurz vor der mongolischen Invasion nochmals aufgebaut. Dies erklärt den "Hügel" auf dem die mittelalterliche Burg steht.
Die Anlage ist in den letzten Jahren teilweise Rekonstruiert worden, um den Aufbau der Fassade besser verstehen zu können. Hinter der zinnengekrönten, dicken Außenmauer befand sich im Abstand von 2m eine Innenmauer, dazwischen 10-15 Wohn- und Lagerräume sowie Stallungen. Die zentrale Achse bildete der Blick auf den Feuertempel.

Erreichbarkeit:
Qızıl qala liegt am Fuße des Sultan Wáys dag' nur 3Km von Topıraq qala entfernt und ist nur per Taxi erreichbar. Die nächstgelegene Siedlung ist die frühere Sowchose 50 let Karakalp. ASSR. Von der Brücke über den Biruniy Kollektor sind es ca. 700m zu Fuß am Kanal entlang nach Nordwesten. Lage: +41°55'48.24", +60°47'2.95"

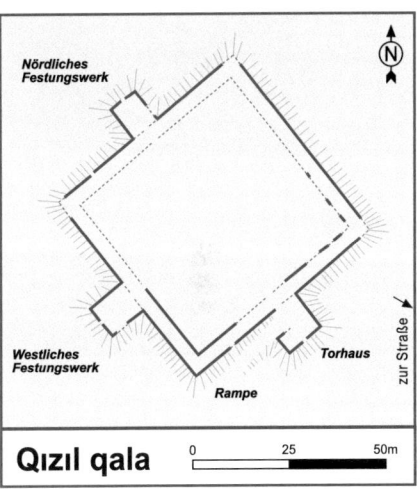

Topıraq qala
Die "Stadt aus Erde", wie Topıraq qala übersetzt heißt trug in ihrer Blütezeit vom 2. - 6. Jh. sicher einen anderen Namen. Doch dieser ist heute nicht mehr bekannt. Auf Münzen konnte man jedoch den vermutlich ersten Herrscher dieser Stadt, Artav, identifizieren. Herausragend ist der Erhaltungszustand und die vollständige Ausgrabung der Anlage von 1938 bis 1966 durch die russischen Archäologen Tolstov und später Rapoport.
Auch heute noch beeindruckend ist die auf einem 14m hohen Plateau errichtete **Zitadelle** bestehend aus dem Palast, zwei Speichertürmen und einem Wehrturm. Im Palast wurden auf der unteren Ebene mehr als 100 Räume gefunden, teils mit farbigen Wandmalereien und Alabasterschmuck verziert. Dem erhöhten Thronsaal in der Palastmitte war ein von Iwanen flankierter Innenhof vorgelagert. Östlich davon ein säulengestützter Saal mit Statuen vermutlich von Königen oder ein zoroastrisches Pantheon. Weitere Räume haben die

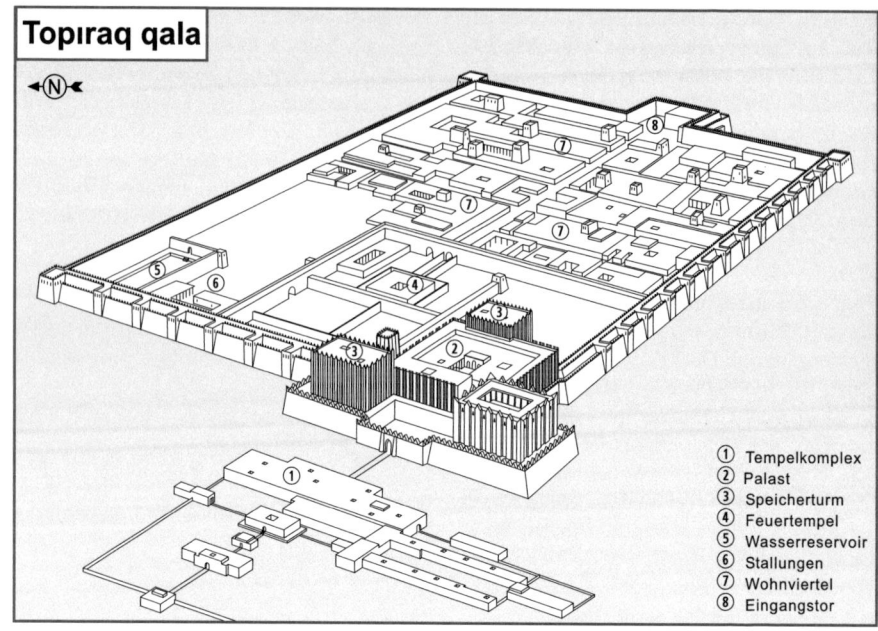

Topıraq qala

◄N◄

1. Tempelkomplex
2. Palast
3. Speicherturm
4. Feuertempel
5. Wasserreservoir
6. Stallungen
7. Wohnviertel
8. Eingangstor

Ausgräber nach den vorgefundenen Malereien Siegessaal, Kriegersaal, Hirschsaal und Saal des Maskentanzes benannt. In einer Bibliothek fand man Schriften auf Leder und Holztafeln in aramäischer Schrift. Aramäisch ist eine altpersische Sprache und wurde vermutlich auch von Jesus gesprochen. In Listen waren die Familienoberhäupter und die Anzahl kriegstüchtigen Männer dieser Familien verzeichnet. Dies gibt auch einen Hinweis auf die Struktur der Wohnviertel. Die abgeteilten **Wohnviertel** wurden jeweils von einer Sippe bewohnt, die wiederum aus mehreren Familien bestand. Alles in allem etwa 2500 Menschen.

Ebenfalls Teil der Zitadelle waren drei Türme von denen mindestens einer mit zahlreichen, länglichen **Lagerräumen** ausgestattet war.

Die Zitadelle sowie der Haupttempel trennte eine Befestigungsmauer von den Wohnvierteln ab. Östlich der Zitadelle gab es einen großen, freien Platz für die Viehherden und ein **Wasserreservoir**.

Umgeben war die Stadt von einer mächtigen, **zweistufigen Mauer mit 63 Türmen**. Der Zugang erfolgte von Süden her über das schwer befestigte **Haupttor**. An der Nordseite führte ein weiteres Tor von der Zitadelle zu einem **Tempelkomplex**, der außerhalb der befestig-

ten Mauer lag. Welchem Zweck er diente ist jedoch nicht bekannt.

Die Erbauer von Topıraq qala schufen die Stadt in einer relativ kurzen Zeit aus ungebrannten Lehmziegeln, etwa 40x40x10cm groß und ca. 38Kg schwer. Jeder Ziegel erhielt ein Tamga, ein Ritzzeichen, welches Hinweise auf die Ziegelhersteller gab.

Etwa im 4. bis 6. Jh. wurde die Stadt wieder verlassen und verfiel zunehmend. Heute befinden sich auf dem Parkplatz nahe Topıraq qala einige **Jurten** in denen im Sommer einfache Speisen angeboten werden.

Erreichbarkeit:

Vom Kreisverkehr westl. von Biruniy aus nach 21,6Km bei +41°54'56.77"; +60°39'5.79" nach Osten abbiegen und dieser Straße für knapp 10Km folgen. Bei der T-Kreuzung nach Links (Norden) und wieder 3,4Km bis zur nächsten T-Kreuzung. Hier 1Km nach Rechts (Osten) fahren, bis eine kleine Straße nach Nordosten abbiegt. Diese führt nach 700m direkt zum Jurtencamp nahe den Ausgrabungen von Topıraq qala. Lage: +41°55'46", +60°49'13". Mit dem Taxi 34Km ab Biruniy oder mit lokalen Reiseveranstaltern.

Qazakl'i yatkan

Die antike Ruinenstadt **Qazak'li yatqan** (auch Aqshaxan qala, damals evt. Dargash) befindet sich inmitten der Sanddünen der Daganioldi Wüste. Ihre Abgeschiedenheit und die sorgfältig dokumentierten Ausgrabungen seit 1996 durch ein karakalpakisch-australisches Team machen Qazakli yatqan zu einem spannenden Reiseziel. Die Festungsstadt kann als Vorläufer vom 14Km entfernten Topıraq qala angesehen werden, denn sie entstand etwa im 4. Jh. v. Chr. und wurde bis in das 2. Jh. n. Chr. bewohnt.

Der nahezu quadratische Grundriss der einst stark befestigten Anlage umfasst etwa 365x325m. Später wurde die Stadt nach Südosten erweitert.

Bei Ausgrabungen fanden die Archäologen mehrfarbige **Wandgemälde**, welche die Portraits von 120 Göttinnen oder choresmischen Herrschern zeigt. Es sind mit die ältesten noch gut erhalten Fresken Zentralasiens. Die stark geschminkten Personen tragen aufwändigen Kopfschmuck und haben einen erhabenen Gesichtsausdruck. Neben der Erforschung der **Stadtmauer** und **Wehrtürme** wurde auch eine doppelstöckige, torartige **Kultstätte**, ein **Palast-Tempel** und ein als **Temenos** bezeichneter heiliger Bezirk untersucht.

Nördlich der Stadt verläuft eine rätselhafte **Mauer** Kilometer weit durch die Dünen deren Zweck bis heute nicht aufgelöst wurde.

Erreichbarkeit:

Vom westl. Kreisverkehr nahe Biruniy der A380 nach Norden für 5,3Km folgen und beim Dorf Maxtumqulı (+41°46'13.02"; +60°40'59.67") nach Rechts (Osten) abbiegen, noch im Dorf nach weiteren 1,8Km Links (Norden) abbiegen und 2,4Km weiter bis zu einer T-Kreuzung. Dort Links (Westen) abbiegen und 5,2Km der Straße nach Norden folgen. Von hier aus (+41°49'46.55"; +60°42'31.03") sind es ca. 600m zu Fuß über die Dünen genau nach Osten. Alternativ kann man etwa 1Km weiter fahren bis zum nächsten Abzweig nach Rechts (Osten) und diesem für 330m folgen. Eine kleine Straße führt hier südl. zu einem Anwesen. Dies ist der Stützpunkt der Archäologen. Von hieraus sind es zu Fuß 1,1Km in südl. Richtung durch die Sandwüste bis Qazak'li yatqan.

Kath

Schah Afrigh, der Begründer der Afrighiden Dynastie ließ im Jahr 305 die Hauptstadt des Choresm-Schahs sehr wahrscheinlich von Topıraq qala nach Kath verlegen. Kath war somit eine Neugründung und lag nahe dem Amiwdarya/Amudaryo Fluß. Diese Nähe wurde der antiken Stadt bei den jährlichen Hochwässern immer wieder zum Verhängnis und so musste die Stadt weiter östlich neu aufgebaut werden. Der Geschichtsschreiber Al-Beruniy berichtete beispielsweise im Jahr 994, dass ein großer Teil des alten Kath bereits weggespült war. Die Eroberung von Kath durch die Araber 712 brachte viel Zerstörung. Doch wiedersetzten sich die Bewohner der neuen Lehre des Islam bis weit ins 9.Jh. um schließlich doch ihren zoroastrischen Glauben aufzugeben.

Das Jahr 995 brachte den Niedergang nicht nur für die Dynastie der Afrighiden, sondern auch Ihrer Hauptstadt Kath. Die neue Kapitale wurde nun Gurgansh, das heutige Köneürgenç im nördlichen Turkmenistan.

Zwar existierte Kath weiter bis in das 17.Jh., wurde mehrmals zerstört und wieder aufgebaut, erlangte jedoch nie mehr die frühere Bedeutung.

Von dieser langen Geschichte ist heute praktisch nichts mehr übrig. In einer schattigen Parkanlage am südwestlichen Stadtrand vom neuzeitlichen Biruniy sind nur noch klägliche Reste der Stadtmauer zu sehen. Ein ursprünglich geplantes und begonnenes Museum im selben Park wurde nie vollendet. Daher lohnt ein Besuch nur bedingt.

Erreichbarkeit:
Der Biruniy Park liegt direkt an der A380 welche südlich am Stadtrand von Beruniy entlang führt. Mit einem Taxi vom Busbahnhof Biruniy sind es ca. 1,7Km. Lage: +41°40'54.9",+60°43'34.59"

Bostan
Der verschlafene Marktflecken Bostan (usb.: Bo'ston) ist das administrative Zentrum des Bezirkes Ellikqala in dem zahlreiche nachfolgend beschriebene archäologische Stätten verortet sind. Das kleine örtliche **Geschichtsmuseum** (Ellikqala tuman arxeologiya hám tariyx muzeyi) in der Ósbekistan kóshesi 4 ist durchaus ein Besuch wert. Geöffnet: Mo-Sa 9:00-17:00 Uhr. Lage: +41°50'17.56", +60°54'46.75"
Nahe dem Stadion gibt es zudem ein **Freilichtmuseum** mit Rekonstruktionsmodellen einiger Archäologischer Stätten. Lage: +41°50'53.57", +60°53'59.01".
Sehenswert ist auch der im landestypischen Sowjetstil errichtete **Kunstpalast** (San'at Saroyi) in der gleichen Parkanlage.
In Bostan bietet das **Hotel und Restaurant Xumo** an der Sanoatchilar kóshesi Ecke Qırqqız shossesi ordentliche Zimmer an. Ein Block weiter südlich kann man auch im etwas schikkeren **Hotel Bo'ston City** unterkommen.

Erreichbarkeit:
Regelmässige Busverbindungen und Sammeltaxen vom Busbahnhof Bostan (Avtostanzia) gibt es nach **Biruniy** und teilweise auch direkt nach **Urganch**. Sporadisch fahren Sammeltaxen in die Dörfer wie **Topraqqala**. Verlässlicher ist es ein individuelles Taxi in Bostan zu nehmen.

Yakke Parsan
Durch steigenden Wohlstand einiger Landbesitzer Choresmiens entstand im 6.Jh. ein neuer Typus von Landsitzen, Donjon genannt. Diese stark befestigten Lehmburgen hatten eine Größe von ca. 90x90m. Yakke Parsan, welche in den 1950er Jahren vollständig archäologisch untersucht wurde ist dabei ein gut erhaltenes Beispiel. Es gab in Choresmien hunderte solcher Donjons, welche jedoch größtenteils dem Pflug nachfolgender Generationen zum Opfer fielen.
Zentrales Bauteil war der Wohnturm in der

Yakke Parsan Rekonstruktion

Mitte der Anlage, meist nur über eine Zugbrücke erreichbar. Eine äußere Umfassungsmauer schütze diesen Wohnturm. Im Graben zwischen dem Wohnturm und der Außenmauer lagen die Wirtschaftsräume und Hütten der Sklaven, denn Sklaverei war damals noch weit verbreitet.
Die Ländereien des Großgrundbesitzers sowie die dorthin führenden Bewässerungskanäle befanden sich in unmittelbarer Nähe des Donjon.

Erreichbarkeit:
Vom Busbahnhof Bostan am Stadion vorbei der Straße 1,6Km nach Norden folgen. An der Y-Kreuzung rechts halten und dieser Straße 12,7Km bis zur Siedlung Sovxos Ordjonikidze (+41°56'20.77", +61°00'19.02") folgen. Dort nach Rechts (Osten) abbiegen und der Straße bis zur Kanalbrücke 2,2Km folgen. Unmittelbar nach der Kanalbrücke auf dem Wall entlang des Kanals ist es etwa 1Km zu Fuß nach südwesten bis Yakke Parsan. Lage: +41°55'15.68", +61°1'6.13"

Ayaz qala
Als der Aqshadaryo noch die östlichen Ausläufer der nahe gelegenen Sultan Wáys Berge (usb.: Sulton Uvays Tizmasi) träge umfloss entstand hoch oben auf einer Anhöhe die Festung **Ayaz qala 1** (4.Jh. v. Chr.). In dieser Zeit hatte Choresmien seine Unabhängigkeit von Persien erlangt und musste sich nun selbst um die Verteidigung seiner Oasengebiete gegen die räuberischen Nomaden der Steppe wie z.B. die Saken kümmern. Die Platzierung von Ayaz qala 1 war dabei sorgfältig gewählt, denn von hier oben kann man man weit in die Steppengebiete nach Norden blicken. Etwa 350m nordöstlich gab es zudem noch einen **Aussichtsturm**, der jedoch auch ein Tempel gewesen sein konnte.
Die 150x180m große Anlage Ayaz qala 1 war von einer äußeren, etwa 10m hohen Mauer

sowie 35 Wehrtürmen umgeben. Zwischen der äußeren Mauer und einer inneren Mauer gab es einen überwölbten Korridor von 2m Breite, in den sich die Bevölkerung bei Angriffen zurück ziehen konnten. Im Innenraum der Festung war das Vieh untergebracht.

Da die Siedlungsgebiete südlich der Festung nahe dem Fluß Aqshadaryo lagen, wurde der Eingang zur Festung folglich im Süden angelegt, um einen schnellen Zugang zu ermöglichen. Die Mauern der Festung wurden bis etwa ins 1. Jh. n. Chr. immer wieder erneuert, danach begann Ayaz qala zu verfallen.

Vermutlich zur gleichen Zeit wie Ayaz qala 1 bauten die Choresmier weiter südlich ein herrschaftliches **Palastgebäude** (innerhalb Ayaz qala 3, 4.-3.Jh.v. Chr.) mit dicken Außenmauern und einem interessanten Grundriss. Die beiden Korridore bilden ein Kreuz, die Räume gruppieren sich darum. Hier residierte der lokale

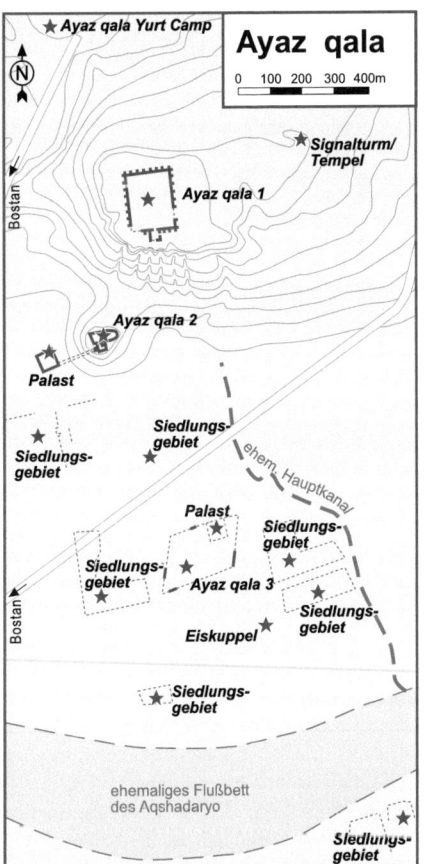

Kushan Herrscher der Siedlung Ayaz qala. Umgeben war der Palast von zahlreichen **Siedlungsgebieten**, Wohnhäusern und Werkstätten wie z.B. Töpfereien.

Etwa um das 1. Jh. n. Chr. gab man aufgrund einer besseren Sicherheitslage Ayaz qala 1 auf und errichtete stattdessen um den Kushan-Palast die Festungsmauern von **Ayaz qala 3** in Form einer Raute. Diese Festung hatte die gleiche Aufgabe wie zuvor Ayaz qala 1, war jedoch für eine schnelle Flucht näher gelegen und größer. Der Zugang erfolgte über ein Tor an der Westmauer.

Vermutlich war die Zeit zwischen dem 1. und 4. Jh. unter der Herrschaft der Kushaner weitgehend friedlich. Erst danach kam es zu einem Machtwechsel. Sehr wahrscheinlich errichtete ein lokaler Statthalter der Afrigiden im 4. Jh. einen neuen **Palast**, jener unterhalb von Ayaz qala 2. Dieser war mit mehreren Säulenhallen, einem Innenhof und Wandmalereien ausgestattet. Heute sind die Mauerreste noch recht deutlich erkennbar. Über eine aufwändig errichtete Rampe konnte man direkt vom Palast die Festung **Ayaz qala 2** (4.-8.Jh.) auf dem konischen Hügel darüber erreichen. Diese Festung wurde bisher nie archäologisch eingehend untersucht, man geht jedoch davon aus, dass das ovale Gebäude noch in der Kushan Ära errichtet wurde, während der südliche Vorbau erst später unter den Afrigiden entstand. Etwa in der Zeit der Mongoleninvasion im 13. Jh. wurde Ayaz qala schließlich aufgegeben.

Heute ist Ayaz qala ein fotogenes Touristenziel und wird gerne von Xiva aus besucht. Wer auch die anderen Qala's in Süd-Karakalpakistan aufsuchen möchte, kann sich im Ayaz qala Jurten Camp einquartieren (vorherige Buchung notwendig). Kamalsafaris in die nähere Umgebung werden ebenfalls angeboten.

Erreichbarkeit:
Von der Kreuzung nahe Bostan (+41°51'17", +60°54'10") mit einem schlanken Wasserturm biegen wir nach Rechts (Nordost) ab und folgen der mit P 193 gekennzeichneten Asphaltstraße immer geradeaus bis die Straße nach 15Km einen Schwenk nach Norden macht. Nun ist die Festung bereits sichtbar (+42°0'39", +61°1'37"). Nur mit dem Taxi ab Bostan oder mit lokalen Reiseveranstaltern, z.B. ab Xiva.

Unterkünfte:
Ayaz qala Jurtencamp, 500m nordwestl. Ayaz qala, über die Asphaltstraße erreichbar., Buchbar über lokale Reiseveranstalter, etwa 15 Jurten, WC in festem Gebäude, Mahlzeiten inkl.

Qırqqız qala
Die beiden Qırqqız qala Festungen setzen die Verteidigungsanlagen am Rande der Choresmischen Oase nach Osten fort. Die Anlage von **Klein Qırqqız qala** (Kishkene Qırqqız qala, 4.-3. Jh. v. Chr.) ist heute stark erodiert und zudem eher schwer zugänglich. Dennoch lohnt sich der Weg dorthin, da es sich um eine sehr ungewöhnliche Anlage handelt. Experten vermuten, dass zunächst eine viertelkreisförmige Festung im 4.-3. Jh. vor Chr. errichtet und etwa 400 Jahre später durch eine ovalförmige Festung erweitert wurde. Die Mauern der jüngeren Anlage sind teilweise noch gut erhalten und zeigen anschaulich die Konstruktionsweise mit den ungebrannten Lehmziegeln. Etwa im 3. oder auch erst im 4. Jh. wurde Klein Qırqqız qala aufgegeben und verfiel.

Etwa 5Km Luftlinie entfernt liegt **Groß Qırqqız qala** (U'lken Qırqqız qala, 1.Jh.). Mit den Außenmaßen von 215x250m ist die Anlage deutlich größer und ganz klassisch rechtwinkelig. Erhalten sind auch einige der 29 Wehrtürme. Wie Ayaz qala 1 und 3 war auch Qırqqız qala eine Rückzugsburg für die Bevölkerung in der Umgebung. Auch soll es einen Wohnturm gegeben haben, welcher an der Ostseite angebaut war. Während der Afrigiden Dynastie war Qırqqız qala ein Zentrum für Töpfereien und Schmieden. Spuren von entsprechende Öfen belegen dies. Etwa um das 8. Jh. wurde die Gegend verlassen, entweder hatte sich der Verlauf des Aqshadaryo geändert oder die Böden waren zu salzig geworden. Auch neuzeitliche Felder aus der Sowjetzeit sind in dieser Gegend teilweise wieder aufgegeben worden.

Erreichbarkeit:
Bei +41°59'12.04", +61°4'25.9" biegt eine Straße in nordöstliche Richtung ab, der man 2,3Km bis zu einer Brücke folgt. Nach gut einem Kilometer passiert man eine zweite Brücke in schlechtem Zustand. 230m nach der zweiten Brücke biegt eine Piste nach Rechts (Osten) ab, welcher man gut einen Kilometer

bis Klein Qırqqız qala folgt. Lage: +42°1'5.1", +61°6'3.59" . Das Große Qırqqız qala liegt direkt an der Straße zwischen Ayaz qala und Qurgashin Qala. Lage: +42°0'24.66", +61°9'28.88"

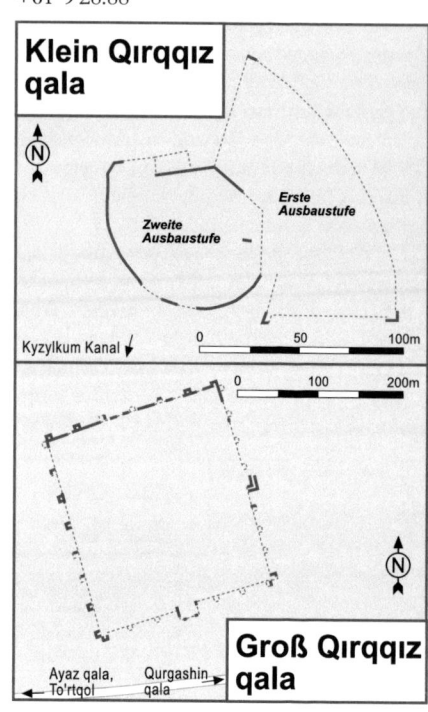

Qurgashin qala
Folgt man der Straße von Groß Qırqqız qala weiter nach Osten gelangt man zum östlichsten und letzten Verteidigungsposten der Choresmischen Oase. Ähnlich wie Ayaz qala thront auch Qurgashin qala (4.-3.Jh. v. Chr.) auf einer Anhöhe und war somit vor den mäandrierenden Fluten des Aqshadaryo geschützt. Die Anlage ist noch vergleichsweise gut erhalten, die Mauern erreichen eine Höhe von bis zu 16m. Sichtbar sind zwei Reihen mit Schießscharten für die Bogenschützen. Die Grundrisse der Ecktürme unterscheiden sich voneinander, was eher ungewöhnlich ist. An der Nordseite sind noch Reste einer Vormauer (Proteichisma) zu erkennen. Die Aufgabe von Qurgashin qala war wohl nicht die einer Fluchtburg sondern eher eine Garnison von Grenzsoldaten. Im Innenhof befanden sich diverse Gebäude. In der näheren Umgebung gab es Bewässerungskanäle und Spuren einer Besiedlung bis ins 4.Jh..

Erreichbarkeit:
Von Buston aus sind es 48Km bis Qurgashin qala das nur mit einem Taxi erreichbar ist. Folgt man der Straße von Groß Qirqqiz qala für 14Km nach Osten, erreicht man den Tafelberg mit den Resten von Qurgashin qala direkt neben der Straße. Lage: +42°2'3.85", +61°19'18.88"

Janbas qala

Die Festungsstadt **Janbas qala** (3.Jh. v. Chr. bis 1.Jh. n. Chr.) ist in vielerlei Hinsicht bemerkenswert und daher die etwas mühsame Anreise wert. Die Stadt liegt auf einer leichten Anhöhe inmitten eines Dünengebietes. Zur damaligen Zeit versorgte der Aqshadaryo die Oase mit ausreichend Wasser. Als der Amudaryo allerdings ab dem 1. Jh. n. Chr. wieder über den Usboy ins Kaspische Meer entwässerte, fiel der Aqshadaryo trocken und die Stadt wurde aufgegeben.
Janbas qala ist eine der ältesten Festungsstätte Chorcsmiens und reicht ähnlich wie Ayaz qala 1 bis ins 3.Jh. v. Chr. zurück, war aber ein ganz anderer Siedlungstypus. Janbas qala war keine Fluchtburg sondern eine Wohnfestung.
Umgeben ist Janbas qala auch heute noch von bis zu 10m hohen Mauern in denen zwei Reihen Schießscharten zu sehen sind. Ungewöhnlich ist das völlige Fehlen von Wehrtürmen. Stattdessen wurden die Schießscharten, insgesamt 1000 an der Zahl, auch im spitzen Winkel in die Mauern eingebaut. Experten gehen davon aus, dass es etwa 400 kampffähige Männer gab, jedoch halfen wohl auch die Frauen bei der

Verteidigung mit. Heute noch sichtbar sind die Balkenlöcher der Ebene, auf welcher die oberen Bogenschützen standen. Möglicherweise gab es sogar drei Ebenen von denen die Bogenschützen schießen konnten.
Im Innern der Festung fanden Tolstov und seine Kollegen etwa 400 Wohnräume die sich in zwei Wohnblöcken gruppierten. In der Mitte der Siedlung führte eine etwa 30m breite Straße von der Barbikane des Stadttores zum großen Feuertempel hin. Davon ist heute jedoch kaum noch etwas zu sehen.
Etwa 1,5Km südlich von Janbas qala fanden Archäologen der Moskauer Universität 1939 einen **neolithischen Siedlungsplatz** der Kelteminar Kultur. Die Fundstätte wurde Janbas qala Nr.4 genannt. Es waren einfache Zelte aus Fellen und Stöcken und Feuerstellen. Die Menschen hantierten mit primitiven Steinwerkzeuge und stellten dünnwandige mit Zickzack Muster versehene Keramikschüsseln her.
Die Ausgrabungen von wurden jedoch nicht gesichert und sind somit längst wieder vom Sand bedeckt.

Erreichbarkeit:
Vom Hauptbasar in Tórtkúl gut einen Kilometer nach Osten bis zur großen Y-Kreuzung. Hier Links (Nordosten) halten. 400m nach dem Überqueren der Bahngleise folgt die Straße aus Tórtkúl heraus an Bezirgen vorbei etwa 42Km nach Norden bis in die Nähe von Janbas qala bei +41°51'53.85", +61°17'26.63". Hier biegt ein Feldweg nach rechts (Osten) ab und führt in südöstliche Richtung für einige Hundert Meter durch Felder und dann zu dem Hügel auf dem sich Janbas qala befindet. Lage: +41°51'29.94", +61°18'13.36". Von Tórtkúl nur mit einem Taxi erreichbar. Auf dem Weg dorthin können weitere Qalas besichtigt werden.

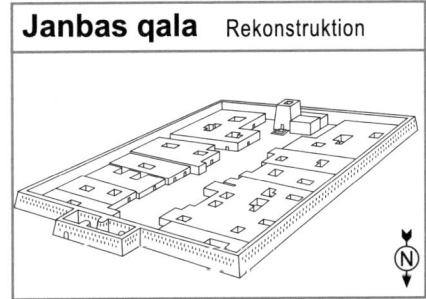

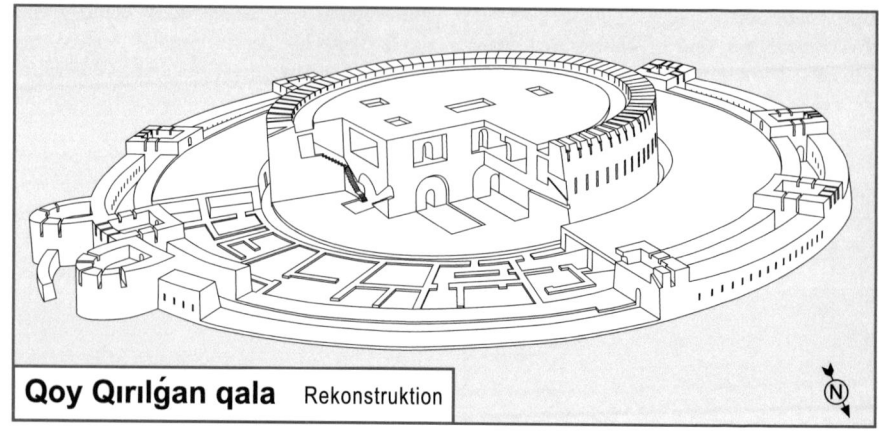

Qoy Qırılǵan qala Rekonstruktion

Angka qala

Die wahrscheinlich im 1. Jh. n. Chr. entstandene Fluchtburg der Kushaner ist auch heute noch relativ gut erhalten. Bei der archäologischen Erforschung wurde festgestellt, dass **Angka qala** im Innenhof ein zentrales Gebäude mit einem Brunnen aufwies, davon ist jedoch nichts mehr erhalten.. Bemerkenswert sind die genau quadratischen Außenmaße von 90x90m. Damit ist die Festung vergleichsweise klein, in der Anlage aber klassisch mit Außentürmen und doppelter Festungsmauer. Gebaut wurde mit Lehmziegeln mit den Maßen 40x40x10cm. Verlassen wurde Angka qala gegen Ende der Feudalherrschaft der Afrigiden.

Grund dürfte Wassermangel gewesen sein. Heute liegt Angka qala wieder in den Feldern.

Erreichbarkeit:

Vom Hauptbasar in Tórtkúl gut einen Kilometer nach Osten bis zur großen Y-Kreuzung. Hier links (Nordost) halten. 400m nach dem Überqueren der Bahngleise folgt die Straße aus Tórtkúl heraus an Bezirgen vorbei. Angka qala ist von der Straße aus zu sehen. Lage: +41°45'30.88", +61°9'4.02"

Qoy Qırılǵan qala

Qoy Qırılǵan qala (Stadt des verletzlichen Schafes) ist ein erstaunlicher und rätselhafter Ort. Die kreisförmige Festung ist weltweit einzigartig und fasziniert Archäologen, Astrologen und Astronomen gleichermaßen. **Qoy Qırılǵan qala** wurde im 4. Jh. v. Chr. erbaut, jedoch bereits gut 100 Jahre später durch einen Brand zerstört. Nach dem Wiederaufbau noch im 2. Jh. v. Chr. blieb sie bis ins 4. Jh.n. Chr. in Nutzung. Welchen Zweck diese Anlage hatte, konnten die Archäologen um Tolstov in den sechs Ausgrabungskampagnen zwischen 1950 und 1957 nicht abschließend klären. Gesichert ist, dass in der Anlage Wein gelagert und konsumiert wurde. Die Anordnung der Räume und das Wissen der Choresmier der damaligen Zeit lassen auch den Schluß zu, dass es eine Art Observatorium war. Und schließlich wurden auch Grabkammern mit figürlich verzierten Ossuarien entdeckt. Vermutlich war es ein kultischer Ort in dem Priester den Kalender bestimmten und den Göttern Opfer darbrachten.

Nach der vollständigen Ausgrabung und Dokumentation blieb Qoy Qırılǵan qala den Elementen der Natur ausgesetzt. Daher sind die Ruinen heute sehr stark verwittert. Nur vom kreisrunden Zentralgebäude sind noch schemenhafte Reste erhalten. Die Anlage liegt inmitten von bewirtschafteten Feldern.

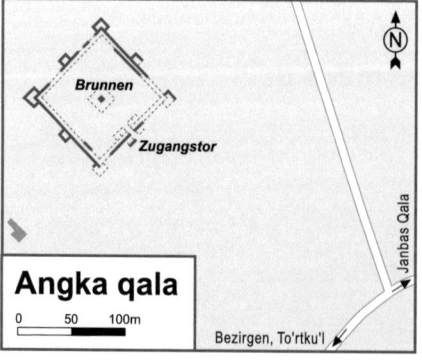

Angka qala

0   50   100m

Erreichbarkeit:
Vom Hauptbasar in Tórtkúl gut einen Kilometer nach Osten bis zur großen Y-Kreuzung. Hier Links (Nordost) halten. 400m nach dem Überqueren der Bahngleise folgt die Straße aus Tórtkúl heraus nach Norden, an Bezirgen vorbei. Bei +42°44'17.05", +67°7'47.35° biegt eine Straße nach links (Westen) ab. Dieser folgt man vorbei an Adamli qala (rechtes neben der Straße) für 1,1Km. Hier (+41°44'30.47", +61°7'3.11") biegt eine Piste nach Norden ab. Qoy Qırılǵan qala in der Landschaft zu finden ist nicht einfach. Man sollte sich daher genau informieren wie man der Piste für 1.5Km folgen muss, um die Festung zu erreichen. GPS Navigation ist erforderlich. Lage: +41°45'18.62", +61°7'1.22"

Gu'ldirsin qala

Nach einer Legende wurde Gu'ldirsin qala von den Kalmücken belagert. Nach dem fast alle Vorräte aufgebraucht waren, wies das Stadtoberhaupt die Bevölkerung an, einen Bullen mit dem übrigen Getreide zu mästen und den Belagerern vorzuführen. Schaut, wir können sogar noch unsere Tiere mästen. Die Kalmücken waren selbst schon am Hungern und wollten die Belagerung aufgeben. Doch die hübsche Tochter des Stadtoberhauptes hatte sich in den Kalmücken Prinz draußen vor den Toren der Stadt verliebt. Sie bat die Belagerer im geheimen noch einige Tage zu bleiben. Die Bewohner von Gu'ldirsin qala indes glaubten, dass ihre Liste nicht funktioniert hatte und ergaben sich. Die Kalmücken plünderten die Stadt und brandschatzen sie. Da ließ der Prinz die Tochter des Stadtoberhauptes zu sich rufen. Er wies ihre Liebe zurück und bezichtigte sich der Selbstsucht und Illoyalität zu ihren eigenen Leuten. Er ließ sie grausam töten und ihr Blut dränkte den Boden der Stadt. Noch heute behauptet die lokale Bevölkerung, dass die Stadt für alle Zeiten verflucht sei.

Auch wenn die Legende ziemlich schauerlich klingt, ist Gu'ldirsin qala (12.-13.Jh.) ein interessantes Reiseziel. Grund ist die Entstehung und Konstruktion der Anlage. Es muss wohl schon eine ältere Befestigung gegeben haben, von der Teile der östlichen Mauer stammen. Diese hat als einzige Schießcharten für Bogenschützen, die man in den Mauern aus dem 12. Jh.,

in dem Gu'ldirsin qala entstand, nicht findet. Kurioserweise zeigen diese Schießscharten sogar noch nach Innen was diese These unterstreicht. Bemerkenswert sind auch die von der Außenmauer getrennten, vorgelagerten Türme. Offenbar probiere man etwas Neues aus. Der Zugang zu den Türmen erfolgte wohl über Zugbrücken aus Holz. Die integrierten Ecktürme hatten jeweils einen vorgelagerten Turm, die Seitentürme waren als solche schon vorgelagert und hatten ihrerseits einen vorgelagerten Turm. Der einzige Eingang lag an der Ostmauer. Aufgegeben wurde die Stadt vermutlich nach dem Mongolensturm 1220. Gu'ldirsin qala ist noch vergleichsweise gut erhalten.

Erreichbarkeit:
Gu'ldirsin qala liegt inmitten der Häuser der lockeren Siedlungen Nawayı und Angit. Vom Basar in Tórtkúl fährt man zunächst gen Westen bis zum Stadion und ehemaligen Flugplatz von Tórtkúl. Hier biegt eine Straße nach Rechts (Norden) ab. Dieser folgt man für ca. 16Km bis zu einer T-Kreuzung (+41°41'19.78", +60°59'7.30"). An dieser Kreuzung halten auch die Marschrutkas. Von der Kreuzung sind es etwa 500m bis zur Festung an der Straße nach Bostan. Lage: +41°41'30.23", +60°58'55.71".

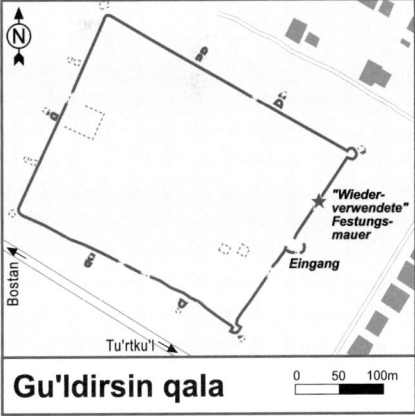

Gu'ldirsin qala

Die Region Qashqadaryo

Die Landschaft der Region Qashqadaryo reicht von den ariden Gasfeldern rund um Qarshi über die fruchtbare Region von Shahrisabz bis zu den Ausläufern des Hisorgebirges im Osten. Der Qashqadaryo Fluß, welcher im Hisorgebirge entspringt und nach 380Km westlich von Qarshi in der Steppe versickert gab der Region ihren Namen.

Touristisch ist dieser Teil Usbekistans derzeit noch eher eine Randlage, aber eigentlich zu unrecht. Denn sowohl Qarshi als auch Shahrisabz blicken auf eine über 2000-jährige Geschichte zurück. Weltbekannte Persönlichkeiten der Zeitgeschichte wie Roxane, die sogdische Prinzessin und Frau von Alexander dem Großen stammt aus dieser Region. Etwa 1000 Jahre später nahm Amir Temur großen Einfluss auf die Weltgeschichte als er nahe Shahrisabz Männer um sich scharte mit denen er bald ein Riesenreich eroberte das von Baghdad bis Delhi reichte. Noch heute faszinieren die kühnen und zugleich prunkvollen Bauwerke der Temuriden die Besucher aus aller Welt.

Sehenswert ist auch die Naturlandschaft der Region Qashqadaryo. Gewaltige Karsthöhlen, beeindruckende Schluchten und ausgedehnte Wachholderweiden prägen die Bergregionen.

Stickhandwerk in Shahrisabz

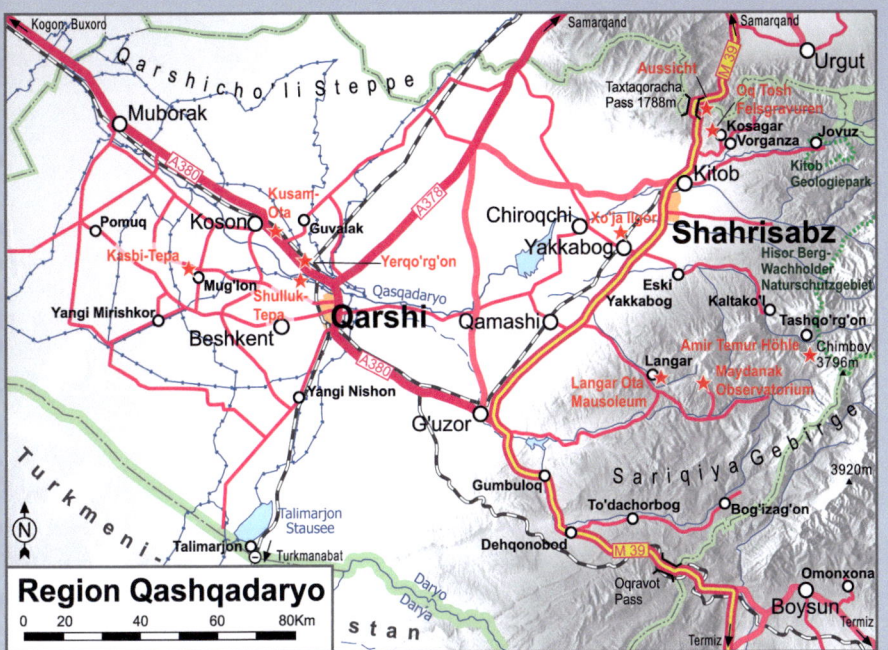

Die Highlights der Region Qashqadaryo

● **Shahrisabz** Die ehemalige Residenzstadt von Amir Temur wartet mit blauen Kuppeln, monumentalen Großbauten wie dem Palast Oq Saroy und einer weitläufigen Parklandschaft auf. Von hier startete Amir Temur einst seine Feldzüge bei denen er ein ausgedehntes Reich schuf.

● **Oq Tosh Steingravuren** In eine herrlichen Berglandschaft locken die gut erhaltenen Felsgravuren aus der Mittelsteinzeit beim Dörfchen Kosagar. Eine kleine Wanderung zu dieser archäologischen Fundstätte ist auf jeden Fall ein bleibendes Erlebnis.

● **Langar Ota Mausoleum** Dem tief verehrten Sufi Prediger wurde hier ein reizvoll gelegenes Mausoleum gewidmet, umgeben von einem urigen, typisch usbekischen Bergdorf. Das abgelegene Langar und die bergige Umgebung laden zu kleinen Entdeckungstouren ein.

● **Maydanak Observatorium** Nahezu perfekte astroklimatische Bedingungen ermöglichen den Astronomen des Ulug'bek Instituts im 2650m hohen Maydanak Observatorium astonomische Beobachtungen in den Tiefen des Universums durchzuführen.

● **Qarshi und Yerqo'rg'on** Wenn Sie über die historische Brücke in Qarshi schreiten, folgen Sie direkt den Spuren der Seidenstraße. Die Stadt Qarshi und ihre antiken Vorgänger waren einst wichtiger Handelsplatz und Wirtschaftszentrum der historischen Provinz Sogdien.

● **Amir Temur Höhle und Kyzyldaryo Schlucht** Erleben Sie hier die faszinierende wilde Karstlandschaft des Hisorgebirges. Mit dem Geländewagen geht es über einsame Hochplateaus und zu Fuß hinab in beeindruckend tiefe Schluchten und Höhlen.

Qarshi

Die Hauptstadt der Region Qashqadaryo liegt am gleichnamigen Fluss und zählt derzeit etwa 284.000 Einwohner.

Geschichte

Etwa im 8. bis 7.Jh. v. Chr. entstehen am Unterlauf des Qashqadaryo Flusses mehrere Ansiedlungen. Im Zusammenhang mit dem sogdischen Aufstand geleitet von Spitamenes gegen Alexander den Großen wird diese Region als Xenippa erwähnt. Weitgehend zerstört werden die Siedlungen im 6. Jh. bei der Niederlage der Hephthaliten gegen die Kök-Türken. Nach dem Wiederaufbau entwickelt sich die Siedlung Nahshab zu einer florierenden Handelsstation an der Karawanenroute Buxoro - Balch im heutigen Afghanistan. Stets in Konkurrenz zum nahegelegenen Kesh (heute Shahrisabz) blühte die von den Arabern Nasaf genannte Stadt insbesondere im 11. und 12. Jh. auf. Nasaf wurde nach der Zerstörung durch die Mongolen 1220 aufgegeben (heute Shulluktepa).

In der Regierungszeit des Tschagataiden Herrschers Khan Kebek (1318-1325) entstand mit dem etwas weiter flussaufwärts gelegenen Karshi (übersetzt Palast, Burg) das neue administrative Zentrum der Region.

Im Jahr 1364 ließ Amir Temur den Palast umgeben von Wassergräben neu aufbauen und erweitern. Dank des Handels wuchs die Stadt weiter und lief Shahrisabz zunehmend den Rang ab. Qarshi war 1860 wesentlich größer als Samarqand, es gab hier zahlreiche Karawansereien, Badehäuser, Moscheen und Medresen die teils noch erhalten sind. Nachdem die zaristische Armee Russlands 1868 das Zarafshon Tal annektierte, wurde 1873 in Qarshi der Vertrag unterschrieben, welcher aus dem Emirat Buxoro ein russisches Protektorat machte. Den Bahnanschluss erhielt die Stadt 1916.

In den 1970er Jahre bauten die Sowjets einen Kanal vom Amudaryo in Richtung Qarshi, welcher vom Talimarjon Reservoir aus die Baumwollfelder um Qarshi mit Wasser versorgt. Das wenige Wasser des Qashqadaryo genügte dafür nicht. Heute ist Qarshi vor allem für die großen Gasvorkommen der Shurtan Gasfelder und die erfolgreiche Fußballmannschaft FC Nasaf bekannt.

Orientierung in der Stadt

Die Stadt wird von der Fernstraße A380 von Buxoro kommend und nach Termiz führend durchquert. Aus Samarqand trifft die A378 in Qarshi auf die A380. An dieser Kreuzung im Norden der Stadt befindet sich der Samarqand Busbahnhof und der Yerko'rg'on Basar. Im Zentrum nahe dem zentralen Dehqon Basar sind die meisten historischen Sehenswürdigkeiten zu finden. Die Altstadt (Eski shahar) mit ihren engen Gassen ist etwas nördlich davon. Das moderne Zentrum befindet sich noch etwas weiter südlich. Der Bahnhof und der Flughafen sind am südwestlichen Stadtrand zu finden.

Die Sehenswürdigkeiten in Qarshi

Historische Nikolayev Brücke

Die 130m lange Ziegelbrücke entstand im 16. Jh. auf Initiative des buxorischen Khans Abdullah als Überquerung des damals noch wasserreichen Qashqadaryo Flußes. Im Jahr 1914 wurde die Brücke zu beiden Seiten verlängert und mit zwei Brückenhäusern versehen. Zu Ehren des russischen Zaren benannte man sie **Nikolayev Brücke** (Nikolayev oder Eski qo'prisi). Die Brückenhäuser mussten in den 1960er Jahren den Lastwagen weichen und wurden erst vor wenigen Jahren wieder rekonstruierte. Dabei fand auch eine grundlegende Restaurierung der Brücke statt.

Nördlich der alten Brücke wurde ebenfalls in jüngerer Zeit ein **Vergnügungspark** für Kinder angelegt, südlich davon ein Cafe.

Abu Ubayda ibn Al-Jarroh Gedenkstätte

Man betritt die Anlage von der Jayhun ko'chasi durch ein kunstvolles, im alten Stil errichtetes Eingangsportal und findet sich in einer sehr gepflegten Parkanlage wieder. Das mit zwei Kuppeln überwölbte "Mausoleum" wurde erst 2013 in der heutigen Form fertiggestellt, genau wie auch das daneben stehende **Minarett** und die **Säulenhalle**.

Die **Gedenkstätte** (Abu Ubayda ibn Al-Jarroh Zioratgohi, 10.Jh. - 2013) ist Al-Jarroh gewidmet, einem frühen Gefährte des Propheten Mohammed und erstem Oberbefehlshaber der muslimischen Truppen in Syrien. Hierbei handelt es sich also um ein Scheingrab, denn tatsächlich ist Al-Jarroh in Jabiya nahe den Golanhöhen in Syrien bestattet.

Unter einer Überdachung sind links neben dem Mausoleum weitere Gräber und Ausgrabungsstücke zu sehen.

Die Medresen von Qarshi

Die meisten Medresen in Qarshi sind weder in der Größe noch in der Ausstattung vergleichbar mit den Lehranstalten in Städten wie Buxoro oder Samarqand. Die Bildung hatte hier wohl einen niedrigeren Stellenwert. Qarshi galt in erste Linie als regionales Handelszentrum. Die **Abdulaziz Khan Medrese** (Adulazizxon madrasasi, 1905), die **Qilichboy Medrese** (Qilichboy madrasasi, 1911), die **Bekmir Medrese** (Bekmir madrasasi, 1904) und die **Sharafboy Medrese** (Sharafboy madrasasi, 18.Jh.) sind allesamt schmucklose Zweckbauten und bieten kaum kunsthistorische Besonderheiten. Von der **Sher-Muhammad Medrese** (Sher-Muhammad madrasasi, 1865) sind nur noch die Fundamente zu sehen, zwei weitere Medresen wurden während der Sowjetzeit abgerissen.

Eine Ausnahme bildet jedoch die **Odina Medrese** (Odina madrasasi, 16. Jh.). Sie entstand auf den Fundamenten des Palastes von Khan Kebek und hat eine bewegte Geschichte als Frauenmedrese, Gefängnis und zeitweise als Museum hinter sich. Heute ist das Gebäude leider meist verschlossen und die mit Kacheln verzierte Kuppel nur von Außen zu sehen.

Gleich daneben steht ein **Sardoba** (16.Jh.), eine unterirdische Kuppel-Zisterne die heute zwar kein Wasser mehr enthält, aber besichtigt werden kann.

Badehaus und Zentraler Bauernmarkt

Das einzige noch erhaltene **historische Badehaus** (Hammom, 16. Jh.) der Stadt wurde im Zuge der Modernisierung des Khanates Buxoro von Abdullah Khan errichtet. Zum Zeitpunkt unserer Recherchen war das Hammom jedoch nicht zugänglich.

Unmittelbar daneben befindet sich der **Bauernmarkt** (Markazy dehqon bozori). Ein Gang über den Markt ist auf jeden Fall spannend und lohnenswert. Qarshi ist bekannt für seine farbenfrohen Stickereien, Suzanis und Metallarbeiten aus Messing. Es wird auch Kunsthandwerk aus den umliegenden Dörfern angeboten.

Park der Landesverteidigung

An das Gelände des Bauernmarktes grenzt südwestlich der 2018 eingeweihte **Park der Landesverteidigung** (Vatanparvarlar bog'i). In diesem eher ungewöhnlichen Park stehen Panzer, Geschütze und Fluggeräte um den Nachbau einer Festung gruppiert. Im diesem Festungsgebäude ist eine Ausstellung zur Militärgeschichte des Landes zu sehen. Von einer Glasbodenbrücke kann man auf ein 55m großes **Mini-Usbekistan** herabblicken. Der Park ist frei zugänglich.

Qo'q-G'umbaz Moschee

Auch heute noch in Betrieb ist die mit einer blauen Kuppel und Kachelschmuck verzierte **Qo'q-G'umbaz Moschee** (Qo'q G'umbaz masjidi, 1590). Auch wenn Sie temuridisch anmutet, ist sie deutlich jünger als die namensgleiche Moschee in Shahrisabz. Die Anlage wirkt mit dem dreibogigen Eingangsiwan und einem alten Baum in der Mitte sehr harmonisch. Der Innenhof (Sahn) wurde in den vergangenen Jahren mit einer umlaufenden Säulenhalle aufgewertet. Die Kuppelhalle, welche auch als Wintermoschee fungiert ist mit feiner Malerei ausgestaltet. Sie ist gemeinsam mit einigen anderen öffentlichen Gebäuden der Stadt auf Geheiß von Abdullah Khan errichtet worden.

Weltkriegsmonument

Es ist eines der größten sowjetischen Monumente in Zentralasien, das den usbekischen Opfern des Großen Vaterländischen Krieges wie hier der 2. Weltkrieg genannt wird, gewidmet ist. Das Denkmal besticht durch Perspektiven und klare geometrische Formen. Im Innern erzeugen die nach oben strebenden Elemente, das ewige Feuer und die großen Buntglasfenster einen kathedralenhaften Eindruck. Über einen Aufgang, der jedoch meist verschlossen ist kann man vorbei an weiteren Glasfenstern zur oberen Plattform gelangen. Auf der Spitze war bis vor einigen Jahren der markante rote Stern angebracht. Er machte dem Humo, dem usbekischen Wappentier Platz. Um den Wärter mit dem Schlüssel (Kaled kaerda?) zu finden, bedarf es etwas Geschick und Geduld.

Regionalmuseum

Anlässlich des 2700jährigen Stadtjubiläums wurde 2007 das **Regionalmuseum** (Qashqadaryo viloyati o'lkani o'rganish muzeyi) eröffnet.

In seinen 10 Sälen werden sehenswerte Ausgrabungsfunde von Yerqo'rg'on und Shulluktepa, hauptsächlich Keramik und Bronze ausgestellt. Zu sehen sind aber auch die heutigen Produkte der örtlichen Keramiker und einige Suzani mit den lokalen Mustern. Geöffnet: Mo-Fr 9:00-13:00, 14:00-18:00 Uhr, Sa und So geschl.

Puppentheater
Seit 2023 veranstaltet die regionale Theatergruppe ihre künstlerisch anspruchsvollen Aufführung im Puppentheater (Qo'g'irchoq Teatri). Nicht nur für Kinder ein besonderes Ereignis. Tel. 221 00 73. Südl. des Yerqo'rg'on Basars.

Verkehrsverbindungen

Intern. Flughafen Qarshi (KSQ)
(Qarshi xalqaro aeroporti) Silkavia fliegt täglich nach **Toshkent**.
Uzbekistan Airways fliegt einmal wöchentlich nach **Moskau VKO** (Mo) und **St. Petersburg** (Mo).

Erreichbarkeit:
Nur mit Taxis z.B. vom Kreisverkehr mit dem Uhrturm (Kurant) nahe dem Mustaqilliq Maydoni. Der Flughafen befindet sich relativ zentrumsnah am südwestlichen Stadtrand.

Hauptbahnhof Qarshi
Der Bahnhof von Qarshi (Qarshi vokzali) liegt an der Strecke Samarqand - Termiz. Es gibt hier täglich Verbindungen nach **Samarqand** (1,5h) **Shahrisabz** (1h) und **Termiz** (Nachtzug 7,5h), jedoch keine Zugverbindung nach Buxoro.

Erreichbarkeit:
Der Bahnhof ist am südwestlichen Stadtrand und erreichbar mit Bus Nr.1 entlang der Islom Karimov ko'shesi z.B. vom Bauernmarkt oder dem Yerqo'rg'on Basar aus.

Surxondaryo Busbahnhof
Vom südlichen Busbahnhof (Surxondaryo avtobekati) starten Busse und Sammeltaxen nach **Guzor** (1h), **Shahrisabz** (1h45min), **Boysun** (3h) und **Termiz** (4h).

Erreichbarkeit:
Innerstädtische Marschrutkas vom Bauernmarkt (Markazy dehqon bozori) oder vom nahen Bahnhof aus.

Buxoro Busbahnhof
Südlich des Yerqo'rg'on Basares befindet sich der Buxoro Busbahnhof (Buxoro avtobekati) mit Verbindungen nach **Kogon** (2h 15min), **Buxoro** (2,5h) und alle anderen Destinationen in dieser Richtung.

Erreichbarkeit:
Innerstädt. Busse 1 und 15 vom Bauernmarkt (Markazy dehqon bozori) sowie alle Marshrutkas mit dem Ziel Yerqo'rg'on Basar.

Samarqand Busbahnhof
Etwa 300m südlich des Yerqo'rg'on Basares befindet sich der Samarqand Busbahnhof (Samarqand avtobekati). Sammeltaxen, Marschrutkas und Busse fahren von hier aus nach **Samarqand** (2h) und weiteren Zielen in dieser Richtung.

Erreichbarkeit:
Innerstädt. Busse 1 und 15 vom Bauernmarkt (Markazy dehqon bozori) sowie alle Marshrutkas mit dem Ziel Yerqo'rg'on Basar.

Verkehrsmittel in Qarshi
Marschrutka 1 zwischen Yerqo'rg'on Basar und Bahnhof entlang der I. Karimov ko'chasi; Marschrutka 12 zwischen Bauernmarkt und Surxondaryo Busbahnhof entlang der Nasaf ko'chasi; Marschrutka 16 und 24 zwischen Neuer Basar und Yerqo'rg'on Basar; Marschrutka 18 zwischen Yerqo'rg'on Basar und Universität entlang der Jayhun ko'chasi

Qarshi von A bis Z

Apotheken
Dorixona Anzor, Jayhun ko'chasi 1

Dorixona Oxymed und Dorixona 555, I. Karimov ko'ch. 497

Darmon-Farm, I. Karimov ko'ch. 18A

Bibliotheken
Saido Nasafi Bibliothek (Axborot Kutubxona Markazi), Nasaf ko'chasi 21; Geöffnet: Mo-Do 9:00-13:00 u. 14:00-18:00Uhr, Fr bis 17:00 Uhr

Bücher, Bildbände
Sharq Ziyokori, I. Karimov ko'chasi, nahe Atlas Kaufhaus (ZUM)

Qo'q-G'umbaz Moschee, Qarshi ▲ ▼

Historische Nikolayev Brücke, Qarshi

Einkaufen
Basare
Bauernmarkt (Markaziy dehqon bozori), zwischen Nasaf ko'chasi und I. Karimov ko'chasi

Neuer Basar (Yangi bozori), Qarlug'bog'ot k.

Trödelmarkt (Kukcha bozori) entlang der Furqat ko'chasi

Yerqo'rg'on Basar (Yerqo'rg'on bozori), an der A380 Richtung Buxoro

Kaufhäuser
Atlas Kaufhaus (Atlas so'wda markazi), I. Karimov ko'ch. 17, ehemals ZUM; Boutiquen, Kino, Fast Food, Elektrogeräte

Supermärkte
Korzinka, Alisher Navoiy ko'ch. 27

Akso, Nasaf ko'ch. 6/42

Geldwechsel
Asaka Bank, Mustaqillik ko'chasi 32a

Ipoteka Bank, Mustaqillik ko'chasi 39

Hotels und Unterkünfte (Auswahl)
Mittel
Hotel Sultan, I. Karimov ko'ch. 254A, Ecke A. Temur ko'ch., gehobenes modernes Hotel mit Sauna, Pool, Billiard, komfortabel

Hotel Afrosiyob, Nasaf ko'chasi 27a, Tel. 95-505 02 20, modern und etwas plüschig eingerichtet, Aircon, sauber

Hotel Tashrif, Nasaf ko'ch. 2A, Tel. 88-195 77 70, einfache Ausstattung, Mehrbettzimmer

Hotel Grand Sarbon, 4. Islom Karimov ko'ch., Mikrorayon, Haus 10a, Tel. 771 11 11, eher auf Hochzeiten ausgerichtet, kleine Badezimmer

Krankenhäuser
Nasaf Medical Center, A. Navoiy ko'chasi 49, Tel. 221 14 31

Regionalkrankenhaus (Viloyat ko'p tarmoqli tibbiyot markazi), I. Karimov ko'chasi, Tel. 226 17 60

Post
Hauptpost (O'zbekiston pochtasi qashkadaryo filiali), Mustaqillik ko'chasi 19, Geöffnet: Mo-Fr 9:00-13:00 14:00-17:00 Uhr, Sa 9:00-14:00 Uhr

Restaurants (Auswahl)
Usbekisch
Toj Mahal, Nasaf ko'chasi 215, Tel. 91-222 20 29, keine indische Küche, aufwendig dekoriertes mehrstöckiges Restaurant, gut, etwas teurer

Oq Saroy, Bunyodkor ko'chasi 1/78, Tel. 91-949 10 05, beliebtes Familienrestaurant auf 3 Etagen, Kinderspielplatz, kein Alkohol

Choyxona Mo'jiza, Jayhun ko'chasi, Tel. 91-321 34 43, beliebtes Teehaus mit der Hausspezialität Mo'jiza, viele weitere Speisen

Marvarid, Qorako'l ko'ch. 18, Ecke Diyonat ko'chasi, Te. 98-776 30 36, Schaschlik in alle Variationen, weiter Fleischgerichte, Salate

Fast Food
Evos, Mustaqillik ko'chasi, gegenüber dem Dramen Theater, bestes Fast Food der Stadt

Izgara, I. Karimov ko'ch. 13, Tel. 90-868 80 80, neben Burgern auch einfache türkische Küche

Telefon
Prepaid SIM Karten für GSM- oder LTE Netzwerke bei Ucell, Beeline, Perfectum, Uzmobil in den zahlreichen Telefonshops

Ucell, Bunyodkor ko'chasi
Beeline, Qarluqbogot ko'chasi 1/39
Perfectum, Mustaqilliq ko'chasi

Museen und Dauerausstellungen
Regionalmuseum (Qashqadaryo viloyati o'lkani o'rganish muzeyi), Bunyodkor ko'chasi; Geöffnet: Mo-Fr 9:00-13:00, 14:00-18:00 Uhr, Sa-So geschlossen

Vergnügungsparks
Qashqadaryo Kinderpark (Qashqadaryo Sohil Park), M. Tursunov ko'chasi 24, nördl. der alten Brücke, Fahrgeschäfte, Bootsverleih; Geöffnet: tägl. 9:00-22:00 Uhr

Park der Landesverteidigung (Vatanparvarlar Bog'i), Islom Karimov ko'chasi, Waffenschau, Glasbodenbrücke, Mini-Usbekistan

Asi Park, B. Sherqulov ko'chesi 7, Sehenswürdigkeiten der Welt im Miniformat, Geöffnet: tägl. 9:00-23:00 Uhr

Vorwahl
75

Sehenswertes in der Region Qashqadaryo

Yerqo'rg'on und Shulluktepa

Die Überreste von Nahshab und Nasaf liegen heute etwas abseits der Stadt Qarshi. Die als Yerqo'rg'on (übersetzt: Erdhügel) bezeichnete archäologische Stätte befindet sich an der Fernstraße Qarshi - Buxoro. Sowohl diese Fernstraße als auch eine Bahnlinie durchqueren das fünfeckige Stadtgelände des ehemaligen Nahshab, von dem wenig mehr als einige verflossene Mauernreste und Hügel zu sehen sind. Archäologen haben im zoroastrischen Tempel neben dem mit Asche angefüllten Feueraltar auch Schmucksteine wie einen Frosch, Götterfiguren oder eine aus Blei gegossene Schlange entdeckt.

Etwas weiter südlich erhebt sich aus einer ehemaligen Flussschleife des Qashqadaryo der gewaltige Hügel von Shulluktepa / Nasaf. Umgeben ist die Zitadelle von einer Festungsmauer. Auf dem Hügel sind wenige Mauerreste erkennbar. Der Festungsberg ist umgeben von einer zusammengesunkenen Ringmauer. Der etwas mühsame Weg bis Shulluktepa lohnt nur für archäologisch Interessierte.

Erreichbarkeit:

Vom Yerqo'rg'on Basar nördlich von Qarshi sind es 9Km auf der A380 Richtung Buxoro bis man die Stadtmauer von Yerqo'rg'on erreicht. Jedes Transportmittel nach Buxoro durchquert die archäologische Stätte. Lage: +38°56'44.15", +65°42'45.65"

Shulluktepa ist etwas weiter südlich. Vom Yerqo'rg'on Basar der A380 für 6,7Km folgen, bei +38°55'39.7", +65°44'11.36" nach Links (Südwest) abzweigen (Lederfabrik). Am Ende der Straße immer nach Süden vorbei an den Wegpunkten +38°55'2.83", +65°43' 50.09" und +38° 54'49.16" bis zum Qashqadaryo Fluss. Diesem stromabwärts bis WP +38°54' 49.38", +65°43' 38.5" folgen. Weiter auf einem Feld-

weg nach Norden bis Wegpunkt +38°55'0.94", +65°43"39.93". Dem Weg nach Westen folgen bis Shulluktepa nach ca. 3,6km erreicht wird. Lage: +38°55'14.21", +65°43'19.13"

Pudina (Kusam Ota Komplex)

Eines der Sufi Zentren der Qarshi Oase ist im Dorf Pudina zu finden. Das Ensemble aus einer Moschee, einem Mausoleum sowie einer Pilgerherberge entstand vermutlich bereits im 9. Jh, wurde jedoch mehrfach grundlegend umgebaut. Die heutigen Gebäude stammen vorwiegend aus dem 14.-16. Jh. Umgeben sind die einfachen Kuppelbauten von einem ausgedehnten Friedhof.

Kusam ibn Abbas war der Cousin von Mohammed und er gilt als der Initiator der Islamisierung Usbekistans. Hier begraben ist jedoch nicht Kusam sondern einige Sufi Prediger des lokalen Ordens.

Erreichbarkeit:

Vom Yerqo'rg'on Basar in Qarshi folgt man der A380 für 15Km Richtung Buxoro. Bei +38°58'44.4", +65°40'7.12" im Dorf Pudina nach Rechts (Nordost) abbiegen und der Straße ca. 600m bis zum Eingangsportal folgen. Mit jedem Transportmittel zwischen Qarshi und Buxoro. Lage: +38°58'56.96", +65°40'14.54"

Kasbitepa

Östlich des neuzeitlichen Dorfes Kasbi erhebt sich der kahle Lehmhügel der historischen Zitadelle Kasbitepa, eine der ältesten Siedlungen der Qarshi Oase. Sie muss wohl schon in der Antike existiert haben und profitierte von

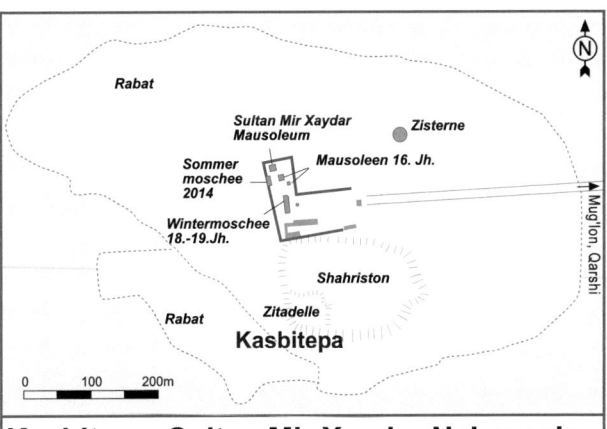

Kasbitepa, Sultan Mir Xaydar Nekropole

Karawanenhandel ganz erheblich. Den Untergang brachten die Mongolen 1219-1220. Zwar bauten die Chagataiden und die Temuriden die Stadt teilweise wieder auf, doch bis auf die Sultan Mir Xaydar Nekropole (Sulton Mir Xaydar jodgorliklari, 11.-16.Jh.) und eine Kuppel-Zisterne (Sardoba) blieb nichts davon erhalten. In Kasbitepa haben bis heute kaum archäologische Ausgrabungen stattgefunden. Im 11. Jh. liesen sich hier Perser aus der Region Chorasan (Nord-Ost Iran) nieder, welche von der lokalen Bevölkerung als Sayyiden, als Nachkommen Mohammeds bezeichnet wurden. Die Perser brachten ihr Wissen mit und trugen so wesentlich zur Verbesserung der Lebensverhältnisse in Kasbitepa bei. Die ursprünglich aus dem 9.- 12. Jh. stammenden Mausoleen waren baufällig, als Abdullah Khan II als Vermächtnis an diese hochverehrten Muslime im 16. Jh. ein Mausoleum und eine Zisterne (Sardoba) errichten ließ. Im 18. und 19. Jh. entstanden noch eine mit drei Kuppeln überwölbte Wintermoschee und eine offene, säulengestützte Sommermoschee. Im Jahr 2014 wurde bei umfassenden Baumaßnahmen die alte Sommermoschee abgerissen und durch einen etwas zurückgesetzten Neubau ersetzt. Das jetzt mit bunten Kacheln verzierte Sultan Mir Xaydar Mausoleum wurde 2010 grundlegend neu aufgebaut. Weitgehend noch im ursprünglichen Zustand sind zwei weitere, kleinere Mausoleen und das etwa 12m hohe Minarett.

Erreichbarkeit:
Vom Zentralen Bauernmarkt in Qarshi sind es 37Km bis zum Dorf Mug'lon. Von hier sind es weitere 4,5Km mit jedem verfügbaren Transportmittel zum nördlich gelegenen Dorf Kasbi bzw. der Sultan Mir Xaydar Nekropole. Lage: +38°57'2.08", +65°23'25.67"

Taxtaqoracha Pass
Der landschaftlich schönste Zugang von Samarqand zum südlich gelegenen Shahrisabz führt über die felsenreichen Ausläufer des Zarafshon Gebirges. Die Passstraße über den 1650m hohen Taxtaqoracha Pass bietet sehr schöne Ausblicke und auf der Südrampe auch einige Schaschlikgrills. Wer die Möglichkeit eines individuellen Transportmittels hat, dem sei der

Abstecher von der Passhöhe entlang einer herrlichen Kammstraße (Schotterweg) bis zu einem Radioübertragungsturm empfohlen (ca. 3Km, +39°17'12.68", +66°56'11.78"). Das Panorama ist grandios und der Blick schweift über die Gipfel des Hisor Gebirges bis Shahrisabz, welches aber meist im Dunst verborgen ist.

Kosagar (Oq Tosh Felsgravuren)
Die sehr gut erhaltenen **Oq Tosh Felsgravuren** (Oq Tosh rasmlari gruhi) aus dem Mesolithikum (Mittelsteinzeit) sind umgeben von einer herrlichen Landschaft mit Blick auf die nahen Hisor Berge. Die großen Granitfelsblöcke an diesem Südhang sind durch die Sonnenstrahlung mit einer dunklen Patina Schicht überzogen.
Zu sehen sind Widder mit großen Hörnern, Jäger und rätselhafte Zeichen. Diese Archäologische Stätte ist weitgehend unbekannt, jedoch unbedingt sehenswert.

Erreichbarkeit:
Von Shahrisabz aus auf der M39 vorbei an Kitob. Am Abzweig nach Varganza dem schmalen Asphaltsträßchen nach Osten folgen bis zu einem Abzweig (+39°11'1.4", +66°58'51.1") eines ebenfalls schmalen Asphaltsträßchens bergauf nach Norden zum Dorf Kosagar (auch Qushchinor). Im Dorf geht es vorbei an einem Stromtransformator entlang des Bachbettes. In der Dorfmitte zweigt nach links (Nordwesten) ein unbefestigter Hohlweg ein, dem man 1,9km bis zu einer markanten Stelle folgt. Hier durchbricht der Feldweg einen Hangrücken oberhalb eines kleinen Bäumchens (+39°13'7.51", +66°57'27.13"). Ca 60m weiter sehen wir rechter Hand (nördlich) am Hang die dunklen Felsblöcke mit den Gravuren. Lage: +39°13'8.22", +66°57'24.27"
Mit dem Taxi ab Shahrisabz oder Kitob, bis Kosagar. Von dort zu Fuß oder mit einem Geländewagen.

Shahrisabz 🏛 UNESCO
Ähnlich wie die Frühgeschichte von Qarshi ist auch die Entstehung von Shahrisabz voller Rätsel. Archäologen gehen aufgrund der Funde von einer Entstehungszeit um 700 v. Chr. aus. Unter Kyros eroberten die Perser auch die fruchtbare Oase Nautaka am Fuße des Hisor Gebirges. Erstmalig in den Fokus der Welt-

geschichte kommt Nautaka, als Alexander der Große hier überwintert und von hier aus die letzten verbliebenen Festungen des Ariamazes und des Sisimithres bezwingt. Auch verliebt er sich hier in Roxane, seine spätere Frau.

Aus den Oasendörfern Nautakas entwickelt sich die Stadt Kesh, welche den auf die Mazedonier folgenden Türken Tribut zahlt. In all diesen Jahrhunderten ist Kesh Profiteur des Karawanenhandels zwischen den historischen Regionen Sogdiana und Baktria. Um 710 erobern die Araber die Stadt und 1220 fällt Kesh den Mongolen zum Opfer. Noch im 13. Jahrhundert siedelt sich hier der mongolische Stamm der Barlas an. Im Gegensatz zu vielen anderen mongolischen Stämmen sind die Barlas sesshaft, betreiben Ackerbau und Viehzucht. Die Barlas nehmen den Islam an und verwenden die Turksprache Tschagatai. Im Jahr 1336 wird im Dorf Xoʻja Ilgʻor etwa 13Km südwestlich von Shahrisabz Amir Temur geboren. Während seiner Regentschaft als Emir Transoxaniens entstehen in der Provinzhauptstadt neben einigen sakralen Gebäude auch der berühmte Oq Saroy Palast, seine bevorzugte Residenz. Amir Temur gibt Kesh auch seinen neuen Namen, Shahr-i Sabz, die Grüne Stadt.

Als Buxoro im 16. Jh. die Oberhand gewinnt, lässt Abdullah Khan II den Oq Saroy Palast zerstören.

Danach versinkt die Stadt wieder in den Zustand der Provinzialität bis 1870 die Russen die Stadt einnehmen.

Dass Shahriabz bereits 1924 einen Bahnanschluss erhält, eine Stichstrecke von Qarshi aus, zeigt dass die Bedeutung von Shahrisabz wieder zunahm.

Als im Jahr 2000 Shahrisabz aufgrund der historischen Stadtstruktur und der temuridischen Bauwerke den UNESCO Titel "Welterbe der Menschheit" erhält, werden in Toshkent Pläne für eine großangelegte Umgestaltung entworfen.

Im Jahr 2014 schließlich rollen die Bulldozer an und zerstören weite Teile der historische gewachsenen Wohngebiete. Nach den noch immer vorherrschenden sowjetischen Vorstellungen von Stadtplanung werden die historischen Bauten als solitäre Inseln von umgebenden Wohngebäuden "gesäubert". Es

entstand eine eher steril wirkende, überdimensionale Parkanlage die den früheren Charakter von Shahrisabz als vibrierende, kleine Handelsstadt mit dem zentralen Basar in der Mitte verloren hat.

Haarscharf schrammte man 2018 an der Aberkennung des UNESCO Welterbetitels vorbei, doch bleibt Shahrisabz als "gefährdet" auf der roten Liste.

Trotzdem ist Shahrisabz noch immer eine Reise wert. Die Bauwerke der Stadt, die Herzlichkeit der Menschen und die umgebende Landschaft sind es allemal wert hierher zu kommen.

Orientierung in der Stadt

Die Sehenswürdigkeiten von Shahrisabz liegen alle innerhalb der 1,4Km langen Altstadt. Die autofreie Touristenzone kann bequem auf großzügigen Fußwegen erkundet werden. Wer nicht gut zu Fuß ist oder die Hitze meiden möchte, kann sich für ein geringes Entgeld auf elektrischen Touristenwägelchen fahren lassen. Diese pendeln zwischen dem Nordtor und dem Parkplatz am südlichen Ende der Altstadt.

Die Sehenswürdigkeiten in Shahrisabz

Stadtmauer und Stadttore

Auch heute noch ist der Umriss des alten Shahrisabz aus der Luft klar zu erkennen. Erhalten ist die bis ins 19. Jh. immer wieder renovierte **Stadtmauer** aus Lehm an der Nord- und Ostseite. Die sieben **Stadttore** sind jedoch allesamt verschwunden. Um den heutigen Besuchern der Stadt Shahrisabz einen besseren Eindruck der damaligen Stadtbefestigung zu vermitteln, wurde in den vergangenen Jahren ein Abschnitt an der Nordseite sowie das Nordtor rekonstruiert.

Oq Saroy Palast

Als der spanische Gesandte Ruy Gonzalez de Clavijo 1404 den **Sommerpalast Oq Saroy** (Oq saroyi, 1380), also den Weißen Palast des Herrschers Amir Temur besichtigte, waren bereits 24 Jahre Bauzeit vergangen und der Palast noch immer nicht ganz fertiggestellt. Vor ihm ragte ein Portal auf, das mit einer Höhe von ca. 50m alle damaligen Bauwerke der Region in den Schatten stellte. Von diesem Portal sind heute die immer noch beeindruckenden Pfeiler mit einer Höhe von 38m erhalten. Rechts und Links des Peshtoq ragen zwei hohe Türme in den Himmel. Im ersten größten Bogen des Iwan fallen die beiden spitzbogigen Wandnischen auf, welche bereits de Clavijo beschrieb. Hier saßen die Warteten und hofften auf eine Audienz Über der Nische ist ein Panel mit einer sehr ungewöhnliche zweizeiligen Kalligraphie zu sehen. Die meist oktogonalen Kacheln folgen der Haft Rangi (Sieben Farben) Technik: Blau, Türkis, Weiß, Ocker, Gelb, Grün und Schwarz.

Im teilweise noch erhaltenen großen Gewölbebogen sind in Quadratkufi die Namen "Allah" und "Muhammad" in Türkis sowie "Ali" in Blau als Muster zusammengesetzt. Auch die Türme sind mit verschiedenen, auch weltlichen Begriffen verziert.

Es war das erste Mal, dass ein Iwan als nach außen gewandtes Bauelement errichtet wurde. Die Idee dazu stammte sehr wahrscheinlich aus Nordindien, das Amir Temur in dieser Zeit erobert hatte.

Als de Clavijo das mächtige Eingangsportal durchschritten hatte, blicke er auf einen Innenhof der mit weißem Marmor und farbig glasierten Kacheln ausgelegt war. Die Größe wird heute von Experten mit 120-125m Breite

und 240-250m Länge angegeben. Damit würde selbst die neuzeitliche Amir Temur Statue noch innerhalb des Komplexes stehen. Die Bodenkacheln wurden erstmals 1973-74 entdeckt, jedoch wieder zugeschüttet. Ab den 1990er Jahren begannen erneut Ausgrabungsarbeiten. Mit französischer Unterstützung wurden die Kacheln geborgen, rekonstruiert und sind heute in einem schützenden Gebäude ausgestellt.

In der Mitte des großen Innenhofes war ein großflächiges Wasserbecken in dem sich die mit Löwen verzierte Fassade des Eingangsportales spiegelte. Dieser ebenfalls gewaltige Kuppelsaal war reich mit Gold und Azurblau ausgeschmückt, vermutlich ähnlich wie die Kuppel des Go'ri Amir Mausoleum in Samarqand.

Sehr wahrscheinlich existierten noch drei weitere Innenhöfe. Im Bereich östlich des Palastes bis zur Stadtmauer konnte der Hofstaat durch einen großzügigen Garten mit Obstbäumen und Blumenrabatten lustwandeln.

Ein Erdbeben im Jahr 1490 zerstörte Teile der Anlage und im 16. Jh. löschte Khan Abdullah II aus Buxoro den Rest des Bauwerkes und Teile der Stadt aus. Der Oq Saroy Palast verfiel zusehends. In der Sowjetzeit war auf dem Gelände des Palastes die Stadtreinigung untergebracht.

Oq Saroy Palast Rekonstruktion

verlorene Bauteile

vorhandene Bauteile

Molik Ashtar Moschee

Malik al-Ashtar war ein aus dem Jemen stammender Begleiter von Ali ibn Abi Talib, einem Cousin des Propheten Mohammed. Die nach ihm benannte **Moschee** (Molik Ashtar masjidi, 1904) ist bis heute die Gebetsstätte des angrenzenden Wohngebietes Matonat. Der Komplex besteht aus der überkuppelten Wintermoschee, zwei offenen schön bemalten Iwanen, einem kleinen Minarett, einem Wasserbecken, und einigen Hujrazellen.

Die Moschee befindet sich zwischen Kleinhotels.

Amir Temur Museum

Auf der anderen Seite des weiträumigen Parks ist das **Amir Temur Museum** (Amir Temur nomli moddy madaniyat tarixi muzeyi) in den Räumen der ehemaligen **Chubin Medrese** (Chubin Madrasasi, 16. Jh.) zu finden. Hier wird sowohl die Stadtgeschichte als auch das Leben des Herrschers Amir Temur und seine Feldzüge dargestellt. Rekonstruktionsmodelle des Mausoleums Go'ri Amir und der Bibixonim Moschee in Samarqand veranschaulichen die damaligen Dimensionen der Anlagen. Geöffnet: Mo-Fr 9:00 - 16:30 Uhr, Sa-So 9:00-14:30 Uhr.

Abdushukur Og'olik Medrese

Umgeben von einem bunt bemalten Säuleniwan strahlt die renovierte Moschee der **Abdushukur Og'olik Medrese** (Abdushukur Og'olik madrasasi, 19.Jh.) in frischem Glanz. Die Anlage mit einigen Hujarzellen daneben war früher das religiöse Zentrum des Zingiron Mahallas. Leider sind die Türen meist verschlossen, Gebetet wird hier nicht mehr. Beachten Sie die schönen Gancharbeiten an den Außenwänden. Der Maulbeerbaum davor soll aus der temuridischen Epoche stammen.

Badehaus

Bis vor wenigen Jahren noch in Betrieb wartet dieses **öffentliche Badehaus** (Hammom, 15.-19.Jh) auf eine Wiederbelebung. Von der Fußgängerzone ist nur die flache Steinkuppel zu sehen, das Gebäude jedoch nicht zugänglich.

Karawanserei Koba

Gerne für Hochzeitsgesellschaften gebucht wird die ehemalige Karawanserei Koba (Koba karvonsaroyi, 16. Jh.). Seit der Renovierung ist der Innenhof überdacht und das Gebäude außen und innen neu gestaltet worden. Schauen Sie doch mal rein.

Chorsu und Basar

Ähnlich wie in Buxoro gibt es auch in Shahrisabz einen **Kuppelbasar** (Chorsu, 15.-18.Jh.) an der zentralen Straßenkreuzung. Diese Kreuzung war der Kristalisationspunkt der Stadt Shahrisabz ab dem 7. Jh. v. Chr. Die heutige Umgebung lässt die damalige Lage allerdings nicht mehr nachempfinden. Bereits als die Autostraße durch die Altstadt gebaut wurde, bliebt der Chorsu links liegen. Heute ist das

Gebäude zugesperrt, das daneben befindliche **Basargebäude** leer. Das vibrierende Zentrum der Stadt hat sich längst nach Süden zum neuen Bauernmarkt verschoben. Direkt an der zentralen Hauptachse sind einige Fundamente eines aus dem 14. Jh. stammenden **Badehauses** zu sehen, die bei den Bauarbeiten 2015 entdeckt wurden.

Dor-ut Tilovat Ensemble

"Haus der Meditation", so kann man den Begriff Dor-ut Tilovat ins Deutsche übersetzen. Anders als man zunächst erwartet ist das bedeutendste Gebäude des Ensembles (Dor-ut Tilovat majmuasi) nicht die große Ko'k Gumbaz Moschee mit ihrer blau leuchtenden Kuppel sondern das **Mausoleum Scheich Shamsiddin Kulol** (Shayx Shamsiddin Kulol maqbarasi, 1373-1374) gegenüber. Es ist an den beiden Quadratkufi Mustern links und rechts des Einganges zu erkennen. Auf Initiative von Amir Temurs Vater Turghai wurde hier seinem spirituellen Mentor Scheich Shamsiddin Kulol ein würdiges Grab errichtet. Dabei muss man wissen, dass in Zeiten der Thronstreitigkeiten und des Mordens selbst engster Verwandter zum Machterhalt eine freundschaftliche, sehr persönliche Verbindungen zwischen einem Pir, also geistlichen Mentor und einem Murid, dessen Förderer bei den damaligen Herrschern eine große Bedeutung hatte. Das sehr schöne marmorne Kenotaph steht in einer mit hellen Pastelltönen ausgemalten Kuppelhalle. Pilger kommen seit dem 14. Jh. für ein Gebet hierher. Auch Turghai selbst wurde hier bestattet.

Die Keimzelle des Dor-ut Tilovat Komplexes war die einfache Medrese des Shamsiddin Kulol aus dem 13. Jh., von welcher aber nur noch die Fundamente hinter dessen Mausoleum erhalten sind.

Rechts daneben erhebt sich über einem hohen, verzierten Tambour die Kuppel des von Ulug'bek errichteten **Gumbazi Sayyidon Mausoleums** (Gumbazi Sayyidon maqbarasi, 1434-1435). Ursprünglich als Familiengrabstätte für seine engsten Verwandten geplant, stehen heute vier Grabsteine lokaler Sayyiden, also potentieller Verwandter des Propheten im ebenfalls fein ausgemalten Kuppelraum. Beachten Sie den dunklen Grabstein mit der Vertiefung auf der Oberseite. Eltern geben ihren kranken

Kindern mit der bereitstehenden Tasse etwas Wasser aus der Vertiefung zum Trinken. Es soll heilende Wirkung haben. Ein weiteres Beispiel des tief verwurzelten Volksglaubens der Usbeken.

Schon von weitem zu sehen ist die blau glänzende Kuppel der **Ko'k G'umbaz Moschee** (Ko'k Gumbaz masjidi, 1434-1435). Bis 1996 war die von Ulug'bek errichtete Freitagsmoschee in einem sehr desolaten Zustand. Der in Teilen vielleicht etwas zu weit reichende Aufbau verhalf dem Gebäude zu seinem heute so imposanten Aussehen. In der filigrane Bemalung im Innern fallen vor allem die fantasiereichen Pflanzen und Bäume auf. Künstler aus Xorazm haben Sie bei der letzten Restauration aufgebracht. Die links und rechts des Kuppelbaus befindlichen Säulenhallen waren früher ebenfalls Gebetsräume.

Sehr angenehm sind die schattenspendenden Bäume im Innenhof, welcher von **Hujrazellen** (1910) eingerahmt wird. Ein kleines **Minarett** (19.Jh.) und ein pittoresker **Brunnen** (Quduq) komplettieren das sehenswerte Ensemble.

Sardoba

Zwischen dem Dor-ut Tilovat Ensemble und dem Dor-us Saodat Mausoleum fällt ein Kuppelartiges Bauwerk auf. Das entfernt an eine historische Zisterne (Sardoba) erinnernde Gebäude wurde 2015 im Zuge der Stadtneugestaltung erbaut. Der Innenraum des Cafes ist absolut sehenswert.

Dor-us Siyodat Mausoleum und Hazrati Imom Moschee

Mit einer Bogenspannweite von 21m war das Bauerwerk ähnlich bombastisch wie der nahe Oq Saroy Palast von Amir Temur. Hier wollte sich der Herrscher ein beeindruckendes Denkmal errichten, ein Mausoleum für sich und seine Familie. Genannt wurde es die "Wohnstätte der (entschwundenen) Macht" (Dor-us Siyodat maqbarasi, 1380-1404).

Heute ist von diesem Entwurf Amir Temurs nur noch wenig erhalten. Entgegen dem Willen des Herrschers wurde dieser auch nicht hier sondern in seiner Metropole Samarqand bestattet. Die noch heute gut erhaltene Gruft blieb daher leer.

Aufgrund der möglicherweise überhasteten Bauweise und der gewagten Dimensionen kol-

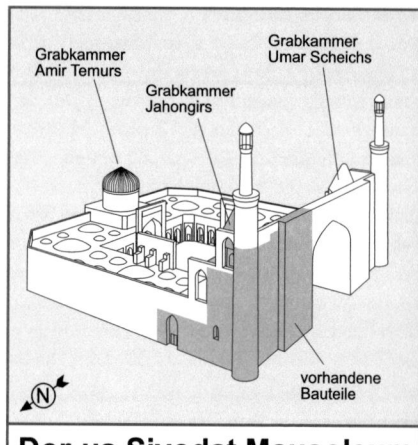

Grabkammer Amir Temurs

Grabkammer Jahongirs

Grabkammer Umar Scheichs

vorhandene Bauteile

Dor-us Siyodat Mausoleum
Rekonstruktion

labierte der gewaltige Iwan über dem Haupteingang schon bald. Khan Abdullah II aus Buxoro ließ das Mausoleum schleifen, Ziegelräuber und der Zahn der Zeit trugen dazu bei, dass heute nur noch ein Fragment der Anlage existiert. Im linken Gebäudeflügel ist das **Grabmal** von Amir Temurs geliebtem ältestem Sohn **Jahongir** erhalten. Geschichtsexperten gehen heute davon aus, dass Jahongir bei einem Reitunfall ums Leben kam. Das schlichte weiß getünchte Grab und die nur teilweise erhaltene Ausgestaltung der inneren Kuppel lassen vermuten, dass das Grab nie vollendet wurde.

Im rechten Gebäudeflügel war das **Grab** von Amir Temurs zweitältestem Sohn **Umar Scheich** vorgesehen. Dieser hatte bei vielen Schlachten seines Vaters insbesondere gegen seinen Erzfeind, den Anführer der Goldenen Horde Khan To'xtamish, eine aktive Rolle gespielt. Doch bei der Belagerung einer persischen Festung fiel Umar 1394 und wurde hier begraben.

Über einen Treppenabgang kann die **Grabkammer**, welche ursprünglich für **Amir Temur** vorgesehen war besichtigt werden. In dem niedrigen oktogonalen Raum sind neben Koransuren auch Angaben zu finden, die auf Amir Temur hinweisen. Es wurde erst 1963 entdeckt.

Im 19. Jh. entstand direkt neben dem alten Mausoleum die von großen, sehr alten Platanen beschattete **Hazrati Imom Moschee** (Hazrati Imom masjidi, 19.Jh.). Es handelt

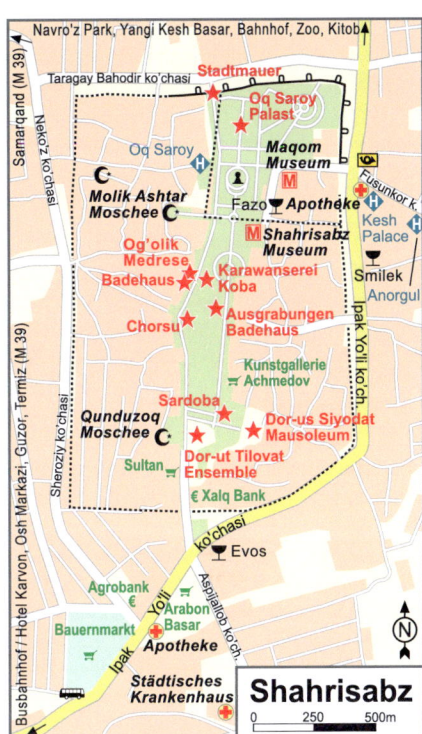

Landschaft bei Langar ▲

Felsgravuren "Oq Tosh" nahe Kosagar ▼

Hazrati Imom Moschee, Shahrisbaz

sich dabei um eine immer noch aktiv genutzte klassische Wintermoschee die an zwei Seiten von einer offenen Säulenhalle mit bunt bemalter Decke umgeben ist. Sehr fotogen ist das kleine Gebäude gegenüber mit einem niedrigen **Minarett** und dem schlichten Tapchan unter dem Holzdach, auf dem die Alten friedlich ihren Tee schlürfen.

Zoopark
Wer mit Kindern unterwegs ist und etwas Abwechselung sucht, kann diese im privat betriebenen **Zoo** (Hayvonot bog'i) von Shahrisabz finden. Kurios sind die Verhaltensregeln am Eingang: Bitte lange Kleidung tragen und nicht kuscheln! Der Park ist reich an Skulpturen: Eine Giraffe am Eingang, Elefanten, ein Drachen und ein Dinosaurier. Die lebenden Tiere sind leider in eher kleinen Käfigen untergebracht und die Ausgestaltung des Zoos ist sehr einfach. Doch für die lokale Bevölkerung ist es ein Erlebnis einen Bären oder einen Wolf aus nächster Nähe zu sehen. Interessant ist die im Sommer stattfindenden **Seilakrobatik** wogegen das **Museum** wenig Sehenswertes zu bieten hat. An der Aylanma yo'li.

Erreichbarkeit:
Mit Minibus 8 oder 9 in etwa 10min ab dem Hotel Maqom Plaza zuerst für 1,6Km nach Osten, dann für 2Km nach Norden. Lage: +39°4'50.41", +66°51'4.18"

Verkehrsverbindungen

Bahnhof Shahrisabz / Kitob
Der Bahnhof von Shahrisabz (Shahrisabz vokzali) liegt an der Stichstrecke Qarshi - Shahrisabz. Es gibt von hier sonntags eine Verbindung mit dem usbekischen Hochgeschwindigkeitszug nach **Toshkent** (4h30min) über **Qarshi** (1h) und **Samarqand** (2h15min).

Erreichbarkeit:
Der Bahnhof liegt 4Km nördl. der Altstadt von Shahrisabz. Marshrutkas oder Taxis mit dem Fahrziel Kitob (nicht: Yangi Kesh bozori) passieren in der Regel den Bahnhof.

Busbahnhof Shahrisabz
Vom Busbahnhof an der südl. Stadtgrenze fahren täglich moderne Reisebusse über **Yakkabog'**, **Chiroqchi** und **Samarqand** direkt nach **Toshkent** (8,5h).

Bauernmarkt Taxistand
Am südlichen Ende des Bauernmarktes (Dehqon bozori) starten Minibusse und Sammeltaxen nach **Guzor** (1h15min), und **Qarshi** (1h45min). Auch Taxen nach **Yakkabog'** und **Langar** sind hier zu finden. Für **Boysun** und **Termiz** muss man in Guzor das Fahrzeug wechseln.

Erreichbarkeit:
Marshrutkas Richtung diesem Basar sind mit "Bozor" gekennzeichnet. Der Basar liegt südlich der Altstadt an der Ipak Yo'li ko'chasi.

Yangi Kesh Basar Taxistand
Für Ziele östlich von Shahrisabz und über den **Taxtaqoracha Pass** nach **Samarqand** (1h45min) finden Sie Sammeltaxen und Minibusse südl. dem Yangi Kesh Basar (Yangi kesh bozori) entlang der Pillakashlik ko'chasi.

Erreichbarkeit:
Marshrutkas Richtung diesem Basar sind mit "Yangi kesh" gekennzeichnet. Der Basar liegt nördlich der Altstadt an der Ipak Yo'li ko'chasi.

Shahrisabz von A bis Z
Apotheken
Dorixona Fusunkor ko'chasi

Dorixona Econom, Iapq Yo'li ko'ch.

Einkaufen
Basare
Bauernmarkt (Dehqon bozori), Ipaq Yo'li ko'ch., Lebensmittel, Gemüse, Früchte

Arabon Basar (Arabon buyum bozori), Ipaq Yo'li ko'ch., Bekleidung, Schuhe, Haushalt

Yangi Kesh Basar (Yangi kesh bozori), Ipak yo'li ko'ch., Alle Produkte

Supermärkte
Sultan Market, Lebensmittel, nahe Dor-ut ...

Souvenirs
Kunstgallerie Achmedov, Toshkent ko'ch. 14, Gemälde

Geldwechsel
Xalk Bank, Ipaq Yo'li ko'chasi 58 (südl. Ende der Fußgängerzone)

Agrobank, Sheroziy ko'ch 2B

Hotels und Unterkünfte (Auswahl)
Mittel
Hotel Kesh Palace, Fusunkor ko'ch. Tel. 91-216 81 11, guter Service, Zimmer geräumig, Außenpool, Reisegruppenhotel

Günstig
Hotel Karvon, neben Busbahnhof, Tel. 88-380 50 07, einfache Zimmer, etwas abgelegen am südl. Stadtrand, mit Restaurant, gute Kritiken

Gästehaus Anorgul, Fusunkor ko'ch. 58, Tel. 91-642 44 66, schön eingerichtetes Gästehaus

Hotel Oq Saroy, nahe Oq Saroy Palast, Tel. 90-316 54 06, Top Lage, einfache Zimmer

Krankenhäuser
Städtisches Krankenhaus (Shahar markaziy shifoxonasi), Aspijallob ko'chasi, Tel. 3 17 18

Post
Hauptpost (O'zbekiston pochtasi Shahrisabz filiali), Ipak yo'li ko'ch., Ecke Fusunkor ko'ch.; Geöffnet: Mo-Sa 9:00-18:00 Uhr

Restaurants
Usbekisch
Choyxona Osh Markazi, Ipak Yo'li ko'chasi, das beste Restaurant in Shahrisabz, etwas abgelegen, aber lohnenswert, grüner Innenhof

Restaurant Fazo, Fußgängerzone, Tel. 99-334 85 11, einfache lokale Speisen wie Palov, Somsa, Schaschlik

Fast Food
Smilek Pizza, Ipak Yo'li ko'ch. 352, Tel. 93-933 90 30, gute Pizza, Burger, Lavash

Evos, Ipak Yo'li ko'ch. 326, Döner, Lavash, Burger, Hot Dog

Telefon
Prepaid SIM Karten für LTE Netzwerke bei: **Ucell**, südl. dem Yangi Kesh Basar

Beeline, Narimon Abkelyamov ko'ch. 5 (nahe Yangi Kesh Basar)

Museen und Dauerausstellungen
Maqom Museum (Maqom Muzeyi), moderne, ansprechend gestaltete Ausstellung zur Geschichte der Maqom Musik, im Kulturzentrum (Madaniyar Saroyi), Geöffnet: täglich 8:00-17:00 Uhr

Staatl. Museum Shahrisabz (Shahrisabz davlat muzey qo'riqxonasi) der Schwerpunk der Ausstellung ist das Wirken von Amir Temur, zudem einige archäologische und ethnographische Stücke aus der Region; Geöffnet: Mo-Sa 9:00 - 17:00Uhr

Vergnügungsparks
Navro'z Park (Navro'z Bog'i), Ipak Yo'li ko'ch., südlich des Yangi Kesh Basars, etwas in die Jahre gekommener Stadtpark mit einigen Fahrgeschäften, Geöffnet: tägl. 9:00-22:00 Uhr

Vorwahl
75

Weitere Sehenswürdigkeiten in der Region Qashqadaryo

Amir Temur Höhle und Kyzyldaryo Schlucht
Eines der bemerkenswertesten Naturwunder des Hissorgebirges ist das weitverzweigte **Schluchtensystem des Flußes Kyzyldaryo** (Kyzyldaryo jarlari) mit seinen Zuläufen und der dort befindlichen **Amir Temur Höhle** (Amir Temur g'ori).
Eine Tour dorthin hat in jedem Fall Expeditionscharakter und sollte nur mit einem versierten Veranstalter wie Asia Adventures, Toshkent unternommen werden. Die Wände der Schlucht ragen 200 bis 300 m hoch und verengen sich stellenweise auf nur 10-12m. Die Amir Temur Höhle kann durch einen hallenartigen Eingang betreten werden und hat eine Länge von ca. 650m. Die Berglandschaft ist faszinierend.

Erreichbarkeit:
Von Shahrisabz über Eski Yakkabog dem Fluß Kyzyldaryo aufwärts folgen bis zum Dorf Suvlisoy. Ab hier zweigt eine Piste ab zum Dorf Kaltako'l, der letzten größeren Siedlung. Die schlechter werdende Piste windet sich über Bergkämme und Bergpässe etwa 23Km bis zur Ansiedlung Toshqo'rg'on. Von der Brücke über den Kyzyldaryo aus führt ein Fußpfad für weitere 16Km bis zum Ende des Qal'lasoy Tales. Die Höhle befindet sich bei +38°43'36.74", +67°17'50.99"

Geburtsort von Amir Temur
Temur ibn Tarag'oy Barlas wurde am 8. April 1336 als Sohn von Takina und Turghai im Dorf

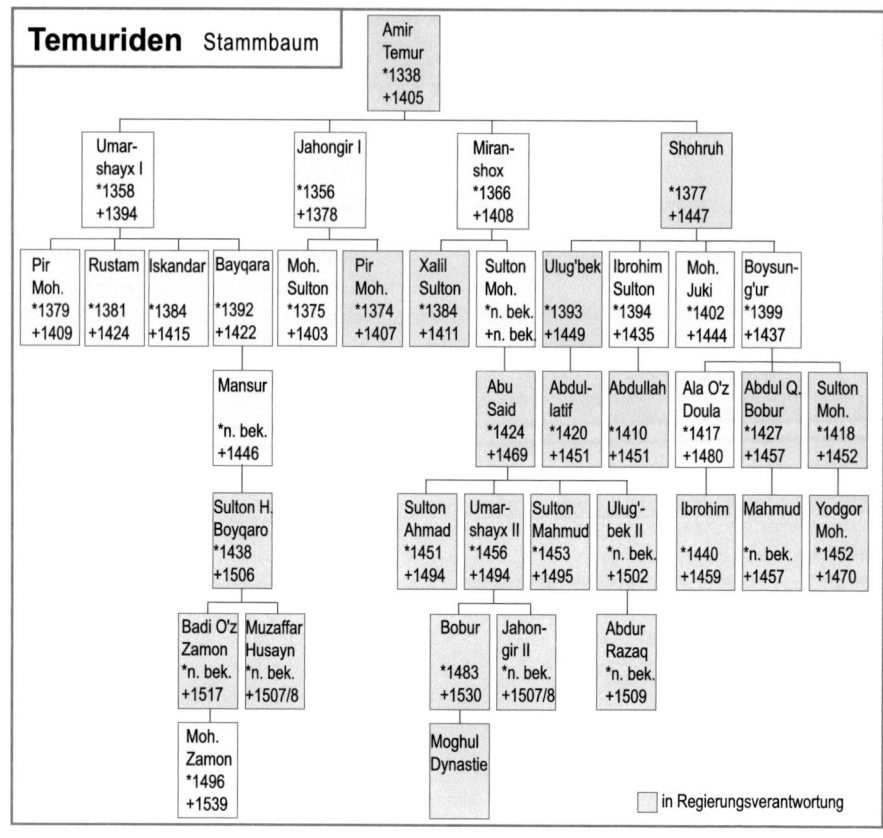

Temuriden Stammbaum

Xo'ja Ilgor geboren. Seine Eltern waren Mitglieder des Barlas Clans und der Vater war wohl der Ortsvorsteher (Hokim). Als siebenjähriger verließ er das elterliche Haus und sammelte Freunde um sich, die ihn auch bei seinen ersten Feldzügen begleiteten.

Weder vom Geburtshaus noch vom Dorf Xo'ja Ilgor ist heute etwas erhalten. Im Heldenkult der Usbeken für Amir Temur, der im Übrigen gerade von den frühen Usbeken (Shayboniyden) sogar bekämpft wurde, haben genügend Legenden Platz für eine Erinnerungsstätte. Daher wurde aus Anlass des 682ten Geburtsages von Amir Temur an der mutmaßlichen **Geburtsstätte** (Amir Temur tug'ilgan joy majmuasi) nahe dem Dorf Sassykbuloq eine Erinnerungsfeier veranstaltet. Japanische Archäologen sollen nach alten Karten einen Brunnen entdeckt haben, der in der Nähe des Geburtshauses stand und dessen Wasser neben 17 lebenswichtigen Stoffen auch Radon ent-

hielt. Der Name des heutigen Dorfes Sassyqbuloq (stinkende Quelle) weist auf eine weitere nicht genießbare Quelle hin.

Erreichbarkeit:
Entweder von der Kreuzung an der M39 nahe Yakkabog' oder vom Basar in Yakkabog' nahe dem Bahnhof ist es möglich ein Taxi zu finden, welches Sie zum Dorf Sassykbuloq bringt. Von der M39 Kreuzung bis zur Gedenkstätte sind es ca. 10Km. Lage: +38°59'57.11", +66°41'19.77"

Langar
Im engen Tal des Langar Soy erhebt sich seit dem 16. Jh. auf zwei Hügeln das religiöse Zentrum der Sufi Gemeinde Ishkiya. Religiöser Gründer des Ordens war Muhammad Sodiq (1460-1545), genannt **Langar Ota**. Vermutlich eine Rivalität mit dem Naqshbandi Orden in Samarqand im 15. Jh. brachte die Sufi Gemeinde der Ishkiya hierher nach Langar.

Dabei galt der Ort schon lange zuvor als ein spirituelles Kraftzentrum. Muhammad Sodiq wurde zu einem sehr populären Sufi Prediger und weil er die höchste Erleuchtung gewann, hoffen die Pilger auch heute noch am Ort seines Grabes auf die Erfüllung ihrer Wünsche. Hier in seinem **Mausoleum** (Langar Ota maqbarasi, 17.Jh.) wurde viele Jahre ein Umhang des Propheten als Reliquie aufbewahrt, bis ihn Afghanen nach Kandahar brachten.

Auf dem eher schlichten Ziegelbau mit einer Kuppel auf einem Tambour befinden sich vier Kugeln. Sie symbolisieren die vier (sufistischen) Wege zu Allah: Scharia - das islamische Recht, Tariqat - die ultimative Wahrheit, Marifat - das mystische Wissen, und Haqiqat - die mystische Wahrheit.

Betritt man das Gebäude durch den hohen Peshtoq wirkt der 2007 frisch bemalte Innenraum rein und klar. Feine Kalligraphie und Ornamentik zaubern eine erhabene Atmosphäre. Unter der Kuppel sind vier Kenotaphe zu sehen: Von Muhammad Soqiq auch Langar Ota genannt, seinem Sohn Abdul Huseyn Akhund, seinem Vater Abul Hassan und rechts schließlich jener einer jungen Frau, eventuell einer Tochter Amir Temurs.

Neben dem Mausoleum sind weitere Kenotaphe von Zeitgenossen Langar Otas auf einem Daxma zu sehen.

Lassen Sie den Blick schweifen über das Tal und die Berge der Umgebung welche im Frühling in sattem Grün und im Sommer in warmen Erdtönen leuchten.

Eine weitere Sehenswürdigkeit von Langar steht auf dem Hügel gegenüber. Die 1516 errichtete **Langar Ota Moschee** (Langar Ota Jome Masjidi) besticht durch ihren ursprünglichen, unrestaurierten Charakter und einige bemerkenswerte Einzelelemente. Umfasst wird der erhöhte Gebetsplatz vor der Moschee mit einer Mauer.

Der auf 10 Säulen ruhende Iwan wird von einer schlichten aber schönen Decke verziert. Die sehr archaisch dienende Leiter hat wohl mehrere Funktionen: Sie führt auf das Dach und wird möglicherweise auch als "Kanzel" genutzt. An der linken Stirnseite der Vorhallenmauer ist noch ein sehr schönes geometrisches Muster zu erkennen.

Von der Iwan-Halle führen zwei Türen in weitere Räume dahinter. Der linke Raum ist dabei mit einem reich mit Majolika Fliesen verzierten Mihrab und einem Sockelband dekoriert. An den Deckenelementen sind alte, bereits etwas verblichene Malereien zu erkennen. Öffnet man die Fensterläden links und rechts des Mihrab geben sie den Blick direkt auf das Langar Ota Mausoleum frei.

Das Dorf mit seinen einfachen Lehmhäusern, den krummen Strommasten und der freundlichen Bevölkerung ist definitiv ein Spaziergang wert.

Erreichbarkeit:

Von Shahrisabz aus nach ca. 36Km auf der M39 Richtung Termiz zweigt bei Kattaarab eine Asphaltstraße ab und führt vorbei am Langar Stausee 15Km nach Langar. Nur Taxis. Lage: +38°40'53.2", +66°45'27.5"

Maydanak Observatorium

Bereits in den 1960er Jahren stellten Astronomen fest, dass die südlichen Ausläufer des Hissorgebirges ein besonders gutes Astroklima bieten. Ab 1970 errichtete die Akademie der Wissenschaften der UzSSR die ersten von Carl Zeiss Jena hergestellten Teleskope auf dem Westgipfel des 2650m hohen Maydanak. Ab den 1980er Jahren wurde dem **Astronomischen Komplex** (Maydanak balandtog' rasadxonasi) eine militärische Komponente für die Weltraumstreitkräfte der UdSSR auf dem Ostgipfel hinzugefügt.

Seit den 1990er Jahren werden hier von internationalen Forscherteams umfangreiche astronomische und erdklimatische Beobachtungen mit zahlreichen Instrumenten durchgeführt. Das derzeit größte Instrument ist das Spiegelteleskop AZT-22 mit einem Spiegeldurchmesser von 1,5m.

Erreichbarkeit:

Von Langar aus führt die Straße talaufwärts vorbei an den Dörfern Yangiqishloq, O'rtadara und Ko'kbuloq. Nach diesem Dorf zweigt bei +38°35'36.61", +66°55'4.37" eine Straße bergwärts vorbei an den Häusern des Weilers Qo'g'a 14Km hinauf zum Westgipfel des Maydanak Bergmassives. Lage: +38°40'24.08", +66°53'44.37"

Die Region Surxondaryo

Keine Region Usbekistans wird touristisch so sehr unterschätzt wie der südlichste Teil des Landes. Angefüllt mit einzigartigen Baudenkmälern von der Antike bis ins späte Mittelalter, stellt die Region um das historische Tarmita (Alt-Termiz) einen Kontrast zum übrigen Usbekistan dar. Denn diese Region hatte als Teil Baktriens kulturell starke Bezüge zur historischen Metropole Balch im heutigen Afghanistan. Hier wurde eher dem Buddhismus als dem Zoroastrismus gehuldigt.

In den relativ abgelegenen Bergregionen von Surxondaryo erlebt man noch das weitgehend unverfälschte, traditionelle Leben der Usbeken. Auch die UNESCO hat dies erkannt und die lokalen Handwerkskünste, Tänze, Bräuche und Riten der Gegend von Boysun zum immatriellen Kulturerbe erhoben. Noch heute werden diese Traditionen hier bewußt gelebt und von Generation zu Generation weitergegeben.

Auch landschaftlich ist Surxondaryo bemerkenswert. Intensive Farbtöne von Graublau über Türkis, Ocker bis zu Rot bestimmen die geologisch interessanten Gesteinsformationen. Die spektakulärsten kilometerlangen Höhlen des Landes durchziehen den Untergrund der Gebirge in der Region. Der höchste Berg Usbekistans Hazrat Sulton ragt hier 4643m hoch in den Himmel. Sicherheitsbedenken wegen der Nähe zu Afghanistan muss man in der Region Surxondaryo keine haben.

Die Schlucht von Derbend

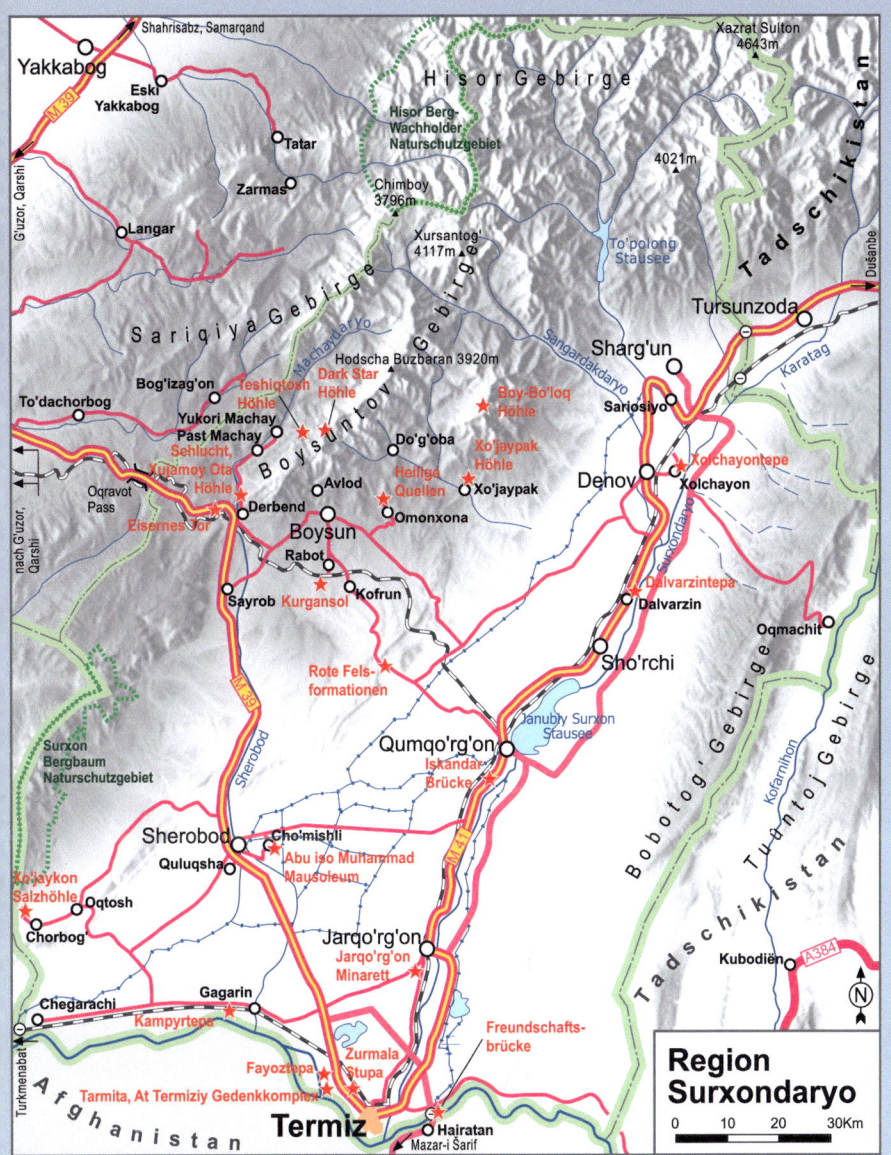

Die Highlights der Region Surxondaryo

● **Boysun** Erkunden Sie Boysun und Umgebung mit einem reichen Schatz an Traditionen sowie dem überregional bekannten Frühlings-Festival Boysun Bahori.

● **Omonxona** Bei Einheimischen bekannt und beliebt sind diese Heilquellen als Ausflugsziel.

● **Tarmita, Fayoztepa und Kampyrtepa** Auf den Spuren des Buddhismus in Usbekistan.

● **Jarqo'rg'on Minarett** Erklimmen Sie das älteste und wohl auch schönste Minarett Usbekistans im Dorf Minor bei Jarqo'rg'on.

Termiz

Die südlichste Stadt Usbekistans liegt direkt am Oberlauf des Amudaryo und ist als Hauptstadt der Region Surxondaryo nicht nur das wirtschaftliche Zentrum, sondern auch eine bedeutende Grenzstadt zu Afghanistan. Hier leben ca. 140.000 Einwohner.

Geschichte

In der Satrapie Baktria des altpersischen Achämenidenreichs galt das damalige Tarmita als bedeutender Flußübergang über den Oxus (Amudaryo). Der Name wurde dabei vom baktrischen Begriff "Taro Maetha", also "Siedlung jenseits des Stromes" abgeleitet.

Vom südlich gelegenen Zariaspa, besser bekannt als Balch, dem wichtigen Religions- und Handelszentrum Baktriens führten schon damals Handelsstraßen nach Norden. Bei Tarmita wurden die Güter auf Booten über den breiten, träge dahinfließenden Strom des Oxus befördert.

Auch Alexander der Große setzte hier mit seiner Armee im Jahre 327 v. Chr. über, um die nördlichen Teile Baktriens zu erobern. Zur damaligen Zeit war hier der Zoroastrismus als Religion vorherrschend.

Während des Gräko-Baktrischen Reiches wuchs die Stadt erheblich, bedeckte eine Fläche von 10 Hektar und war damit eine der größten Städte Nordbaktriens.

Diese Entwicklung hielt auch unter den Kushan an. Vom Hafen segelten Schiffe den Oxus hinab nach Chorasmien und weiter über den Uzboy bis ins Kaspische Meer. In dieser Zeit entwickelte sich Tarmita auch zum religiösen Zentrum des Buddhismus in Zentralasien. Von hier aus zogen Mönche nach China und Tibet um den Buddhismus weiterzutragen.

Im Jahr 689 eroberten die Araber unter der Führung von Musa ibn Abdullah die Stadt, nannten sie Tirmidh und zerstörten die buddhistischen Tempel und Klöster.

Unter den Samoniden entstand etwa im 9.Jh. das heute noch erhaltenen Landschloß Qirqqiz bei einem Weiler etwas außerhalb von Tarmid, wie die Samoniden die Stadt nannten.

Im Mittelalter war die Stadt bereits auf eine Fläche von 500 Hektar angewachsen und bestand aus einer Zitadelle, der inneren Stadt (Shahriston) und der Vorstadt (Rabot).

Neben dem Handwerk blühte auch die Kultur. Moscheen und Medresen entstanden, berühmte Gelehrte wie Iso at-Tirmidhi, Hakim at-Tirmidhi oder der Poet Sobir Tirmidhi lehrten die Jugend.

Die Zerstörung durch die Mongolen 1220 nach zwei Tagen der Belagerung und des Kampfes ließ die Stadt entvölkert zurück.

Unter den Gaznawiden wird Termiz etwas weiter östlich wieder aufgebaut und dank der Lage an der Seidenstraße auch wieder ein wichtiger Referenzpunkt auf dieser Handelsroute. Der arabische Geschichtsschreiber und Reisende Abu Abdallah Muhammad ibn Battuta schrieb 1332 von schönen Gebäuden, Basaren, durchzogen von Kanälen und ausgestattet mit vielen Gärten.

Durch wiederholte Kriege und Plünderungen ging die Stadt, welche zuletzt Teil des Emirates Buxoro war jedoch nieder. Übrig blieben zwei Dörfer, Salavat und Pattakesar. Aus letzterem entstand 1897 schließlich die russische Militärgarnison Pattakesar welche 1928 in Termez umbenannt wurde. Um die Festung bildete sich das neuzeitliche, koloniale und später das sowjetische Termez. Im Sowjetisch-Afghanischen Krieg (1979-1989) war Termez der wichtigste Brückenkopf. Nachdem sich die letzten Truppenteile der Roten Armee aus dem Nachbarland zurückgezogen hatte, schloss sich die Grenze für viele Jahre. Im Rahmen der ISAF Mission (2001-2015) an der sich auch Deutschland beteiligte, wurde Termiz zum logistischen Zwischenstop für internationale Truppenverbände.

Nach weiteren Jahren der sicherheitsbedingten Abschottung begann Termiz wieder zu prosperieren. Da die Gegend um Termiz viel Sehenswertes zu bieten hat, ist sie auf jeden Fall besuchenswert. Die Sicherheitslage ist gut, die touristische Infrastruktur zumindest in Termiz ebenfalls.

Präsident Mirziyoyev bemüht sich um gute wirtschaftliche und kulturelle Beziehungen mit Afghanistan, auch im Interesse der Stadt und der Region Surxondaryo.

Orientierung in der Stadt

Entlang der zentralen Verkehrsachse Hakim at-Termiziy ko'chasi befinden sich die meisten für den Besuch der modernen Stadt relevanten

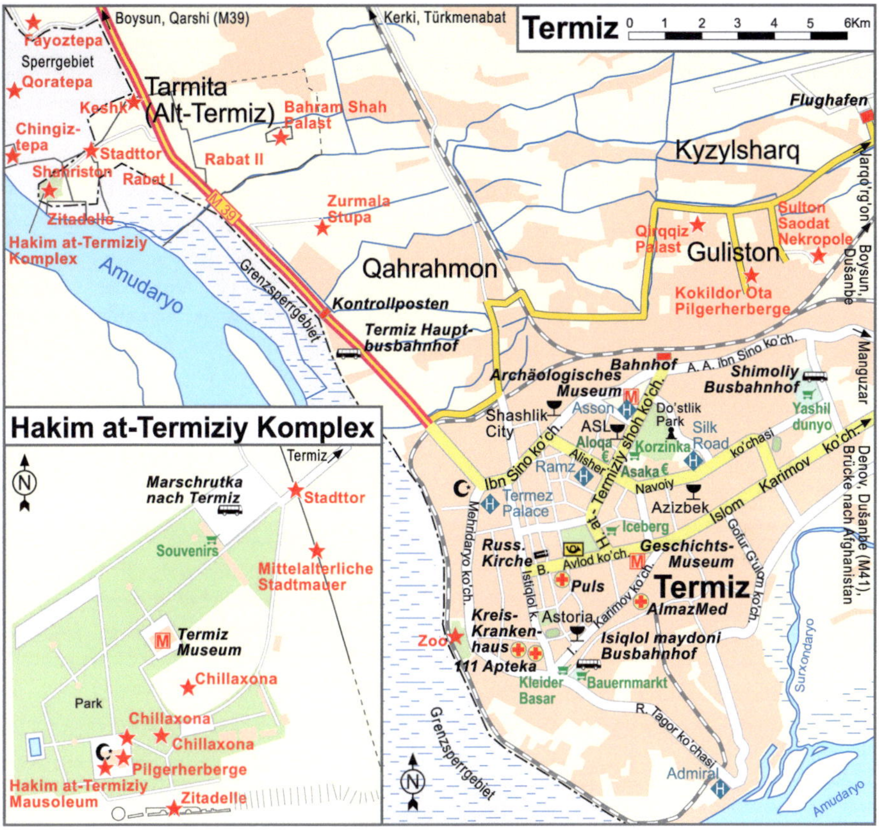

◀ *Jarqo'rg'on Minarett*

Kampyrtepa ▼

▲ *Omonxona*

Objekte: Hotels, der Bahnhof, Basare, Museum, Einkaufszentren und Parks.
Um die umliegenden Sehenswürdigkeiten und das alte Termiz zu besuchen benötigt man ein Taxi für ein bis zwei Tage.

Die Sehenswürdigkeiten in Termiz

Archäologisches Museum

Das archäologische Museum (Arxeologia muzeyi) zählt sicher zu den schönsten und interessantesten Museen des Landes. Auf zwei Ebenen wird die lange und wechselvolle Geschichte von Termiz und der Region dargestellt. Ansprechend gestaltete Modelle und Rekonstruktionen sowie zahlreiche archäologischen Funde ergeben einen guten Überblick. An den Ausgrabungen insbesondere der buddhistischen Klöster nahe Tarmita war der japanische Archäologe Fukarosi Kato Kyuzo (1922-2016) federführend beteiligt. Zu sehen sind Fragmente und vollständige Buddhaskulpturen aus Tamita und Fayoztepa.
Weitere besondere Fundstücke sind der Kopf einer eleganten Prinzenstatue sowie die Rekonstruktion einer Bodhisattwa Statue aus Dalvarzintepa aus dem 1.-3-Jh.. Der legendäre Goldschatz von Dalvarzintepa (36kg!) ist leider hier nicht zu sehen, er liegt sicher verwahrt in der Nationalbank in Toshkent. Aber das hervorragend erhaltene Figurenfries aus dem buddhistischen Kloster Ayritam östlich von Termiz entschädigt dies. Die überwiegend recht kurzen Beschriftungen sind auch in Englisch.
Geöffnet: Tägl. 9:00 - 18:00 Uhr

Do'stlik Park

Der **Do'stlik Park** (Do'stlik istirohat bog'i) von Termiz ist die grüne Lunge der ansonsten eher staubigen und trockenen Stadt. Im 2018 erbauten **Kunstpalast** (Sanat saroyi) finden regelmäßige Theater- und Konzertaufführungen statt. Ebenfalls im ausgedehnten Parkgelände zu finden ist die **Gedenkstätte der Kriegsopfer** (Motamsaro ona xaykali) der Stadt Termiz.

Zoo

Eine Vielzahl an Wildtieren erwartet der Besucher des städtischen Zoos (Hayvonot bog'i). Im großen Bärenzwinger ist eine komplette Bärenfamilie anzutreffen. Aber auch Trampeltiere, Przevalskiy Pferde, Hirsche und ein

Amur Tiger. Der Zoo wirkt recht ordentlich wenngleich die Unterbringung der Tiere landestypisch etwas zu wünschen lässt. Für die Kleinen gibt es auf dem Gelände diverse kleinere Fahrgeschäfte. Entgegen dem Hinweis am Kassenhäuschen darf man die Tiere durchaus fotografieren. Geöffnet: tägl. 8:00-17:00 Uhr

Russisch Orthodoxe Kirche

Nach dem Abriss des **Russischen Forts** vor einigen Jahren ist die **Alexander Newski Kirche** (Rus-Pravoslaviyo Alexander Nevskiy cherkovi,1901) das letzte Relikt der zaristischen Militärgarnison. Die Kirche wird noch heute von der kleinen russischen Minderheit besucht. Die Innenausstattung ist vergleichsweise schlicht aber auch gut gepflegt. Die beiden kyrillischen Buchstaben X und B im Chor stehen für "Christos voskresenije", also "Christus ist auferstanden". Einstmals hatte die Kirche sogar zwei Türme, vermutlich wurde der höhere wegen Baufälligkeit abgetragen. Rund um die Kirche stehen die Häuser des ältesten, **russischen Stadtteils** in dem die Offiziere mit ihren Familien untergebracht waren.

Qirqqiz Palast

Das Heldenepos der Guloyim (Mondblume), in anderer Version der Gauhar (Juwel) und ihren 40 Kämpferinnen (qirq qizlar), welche amazonenhaft in einsamen Schlössern der Antike lebten hält sich seit Jahrhunderten hartnäckig in ganz Zentralasien. Sie sollen es gewesen sein, die ihre Heimat mutig gegen feindliche Eindringlinge verteidigten.

Im Fall des aus dem 9. Jh. stammenden Gebäudes nördlich vom neuzeitlichen Termiz handelt es sich jedoch sehr wahrscheinlich um einen Landsitz eines samonidischen Landverwalters. Aus Lehmziegeln erbaut ist es mit einem nahezu quadratischen Grundriss angelegt worden. Im nordwestlichen Gebäudeviertel befand sich ein Festsaal dessen Decke von drei gemauerten Säulen gestützt wurde. Trotz der massiven Ecktürme war es keine Wehranlage wie in Choresmien. In den letzten Jahren wurden Teile des **Qirqqiz Palastes** (Qirqqiz saroyi) rekonstruiert.

Erreichbarkeit:
Vom Korzinka Supermarkt fahren Marschrutkas oder Taxis zum Vorort Guliston (früher Leninyul). Sagen Sie den Fahrer "Qirqqiz Saroyi". Der Palast ist nur wenige Meter von der Straße zum Flughafen entfernt.
Lage: +37°15'59.73", +67°17'24.02"

Kokildor Ota Pilgerherberge
Die im 16. Jh. erbaute Pilgerherberge (Kokildor Ota Xonaqohi) hat einen für Usbekistan eher ungewöhnlichen Grundriss, weshalb man hier klar die Einflüsse aus Afghanistan erkennen kann. Den Ziegelbau betritt man durch den hohen Iwan und trifft auf einen Vorraum (Mionsaroy). Geradeaus geht es in den geräumigen, kreuzförmigen Kuppelraum. Links und Rechts sind kleinere Räume für die Unterbringung der Pilger. Für Pilgerunterkünfte typisch ist die schlichte Ausstattung sowohl außen als auch Innen.

Erreichbarkeit:
Ebenfalls von der Straße zum Flughafen biegt bei +37°16'6.76", +67°17'43.13" eine Straße nach Süden in den Vorort Guliston ab. Nach knapp einem Kilometer erreicht man die Pilgerherberge links (östlich) der Straße. Am besten mit dem Taxi erreichbar.
Lage: +37°15'37.32", +67°17'54.71"

Sultan Saodat Nekropole
Was die Shohi Zinda Nekropole für Samarqand, ist die Sulton Saodat Nekropole für Termiz. Die aus 17 Mausoleen bestehende Anlage entstand in einem Zeitraum von 600 Jahren, beginnend im 10. Jh. mit dem Hasan al-Amir Mausoleum. Al-Amir gilt als Begründer der lokalen Sayyiden Dynastie. Als Sayyiden gelten die Nachkommen des Propheten Mohammed, genauer seines Enkels Husain ibn Ali.

Das Gebäude ist mit seiner kunstvollen Ziegelarchitektur sicherlich der Höhepunkt der Anlage. Das Kenotaph von Hasan, ein weißer, fein verzierter Marmorblock wird zuweilen auch mit rotem Samt abgedeckt. Direkt gegenüber entstand etwa 100 Jahre später ein weiteres Mausoleum für die Sayyiden. Es ist bedeutend schlichter und die ursprüngliche Kuppel wurde später nochmals aufgebaut.

Im 15. Jh. schließlich wurde die Nekropole erheblich erweitert und zwischen den beiden altehrwürdigen Mausoleen entstand ein hoher mit farbigen Ziegeln und Kacheln verzierter Riwaq. Auftraggeber war Halil Sulton bin Miranshox, ein Enkel Amir Temurs und Namensgeber für die Nekropole.

Ebenfalls im 15. Jh. entstanden die beiden direkt angrenzenden kleineren Grabbauten. Sie sind wie alle späteren Gebäude namenlos, da ihr Schriftschmuck vollständig verloren ging. Sie bilden eine Gasse die jedoch einst viel weiter nach Osten reichte. Die meisten Mausoleen sind also längst verfallen. Etwas östlich

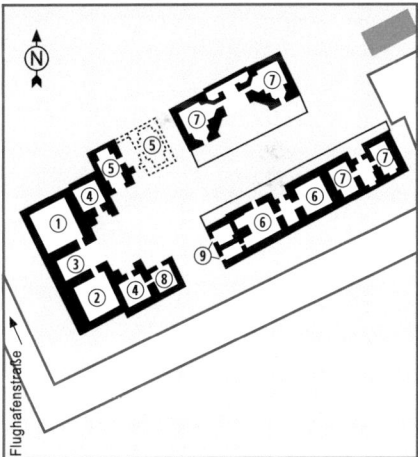

Sultan Saodat Nekropole

① Hasan al-Amir Mausoleum (10. Jh.)
② unbek. Mausoleum (11. Jh.)
③ Halil Sulton Riwaq (15. Jh.)
④ unbek. Mausoleen (15. Jh.)
⑤ unbek. Mausoleen (15.-16.Jh.)
⑥ unbek.Mausoleen (16.Jh.)
⑦ unbek.Mausoleen (16.-17.Jh.)
⑧ unbek.Mausoleen (17.Jh.)
⑨ unbek.Mausoleen (17.-18.Jh.)

der Nekropole sind die verwitterten Reste eines **Kuppelbaues** aus Lehm zu sehen, vermutlich eine Moschee.

Auch wenn dieser Ort nicht den Glanz und die Opulenz von Shohi Zinda hat, so ist er vielmehr geeignet für innere Einkehr, Meditation und Besinnung. Dazu lädt die neuzeutliche **Sulton Saodat Moschee** (Sulton Saodat Masjidi, 2014) in unmittelbarer Nähe ein.

Erreichbarkeit:
Etwa 600m östlich des Abzweiges zur Kokildor Ota Pilgerherberge zweigt bei +37°16'9.56", +67°18'6.2" eine Straße nach Süden ebenfalls in die Siedlung Guliston ab. Nach 700m zweigt die Straße zur Nekropole nach links (Osten) ab um nach weiteren 300m halbrechts zum Ziel zu führen. Mit etwas Orientierungsvermögen kann man auch zu Fuß von der Kokildor Ota Pilgerherberge zur Sulton Saodat Nekropole gehen (ca. 1,5Km). Lage: +37°15'47.92", +67°18'35.94"

Verkehrsverbindungen

Intern. Flughafen Termiz (TMJ)
(Termiz xalqaro aeroporti) Die nationale Fluggesellschaft Uzbekistan Airways bietet im Sommerflugplan internationale Direktflüge nach Moskau Vnukovo (Sa) und St. Petersburg (So) an. Silkavia fliegt täglich in ca. 1h nach Toshkent.

Da es keine Direktverbindungen nach A, CH und D gibt, sind derzeit nur Flüge über Russland verfügbar. Das kleine Flughafengebäude ist recht überschaubar und angenehm sauber.

Erreichbarkeit:
Der Flughafen liegt vom Korzinka Supermarkt aus gut 12Km nordöstlich der Stadt. Erreichbar mit Minibus Nr. 11 oder per Taxi.

Hauptbahnhof Termiz
(Termiz vokzali) Relativ langsame Personenzüge verbindet Termiz täglich mit Toshkent (12h) über Qumqo'rg'on (1h), Boysun (2h 30min), Qarshi (6h 45min) und Samarqand (8h 30min). Diese Fahrstrecke wird auch als Nachtzug angeboten.

Zudem gibt es ein bis 2 Züge pro Woche nach Tadschikistan; je eine Verbindung nach Kulob (14h 15min) und in die Hauptstadt Dušanbe

(5h 20min). Theoretisch kann der von Tadschikistan kommende Zug zum Kazaner Bahnhof in Moskau bestiegen werden. Diese verkehren jedoch nur unregelmäßig und Fahrkarten müssen in der Regel in Tadschikistan gebucht werden. Derzeit gibt es keine Personenzüge nach Mazar-e Sharif (Afghanistan).

Die genauen Fahrplaninformationen können Sie der Homepage der Usbekischen Eisenbahngesellschaft (Uzbekistan Railways) entnehmen oder Sie wenden sich an die lokalen Reiseagenturen.

Erreichbarkeit:
Marschrutka Nr. 4 pendelt auf der Hakim at Termiziy shoh ko'chasi zum Bahnhof.

Termiz Hauptbusbahnhof
Vom Termiz Hauptbusbahnhof (Termiz Avtoshohbekati) fahren Busse zu Zielen im westlichen Teil der Region Qasqadaryo. Insbesondere nach **Sherobod** (1h20min) und **Boysun** (3h25min). Frühmorgens fährt von hier auch ein Bus über **Samarqand** (8h30min) nach **Toshkent** (13h). Gegenüber warten Sammeltaxen auf Fahrgäste zu den selben Zielen.

Erreichbarkeit:
Mit Minibus 15 von der Hakim at-Termiziy shoh ko'chasi aus oder mit einem Taxi.

Istiqlol maydoni Busbahnhof
Von diesem Busbahnhof (Istiqlol maydoni oder Jarqo'rg'on Pyatak) nahe dem Bauernmarkt (Dehqon bozori) fahren überregionale Busse zum Basar in **Jarqo'rg'on** (1g) aber auch weiter nach **Qumqo'rg'on**, **Sho'rchi** und **Denov**.

Erreichbarkeit:
Mit Marschrutka 5, 8, 12 oder einem Stadttaxi..

Verkehrsmittel in Termiz

Shimoliy Busbahnhof
Die meisten Stadtbus- und Marschrutkalinien fahren auch den Shimoliy Busbahnhof (Shimoliy Avtobekati oder Termiz shahar Avtoshobekati) an. Dieser befindet sich nahe dem Yashil Dunyo Basar im Osten der Stadt.

Stadtbuslinie 1: Flughafen-Namuna Mahallasi- Universität-Shimoliy Avtobekati
Stadtbuslinie 3: Istiqlol maydoni-Tibbiyot Akademiyasi-Yangi Bozor-Aeroport

Stadtbuslinie 7: Termiz Avtoshohbekati-Universität-Istiqlol maydoni
Stadtbuslinie 8: Termiz Avtoshohbekati-Viloyat hokimligi-Istiqlol maydoni
Stadtbuslinie 15: Termiz Avtoshohbekati-Universität-Shimoliy Avtobekati
Marschrutkalinie 2: Termiz Avtoshobekati-Zoo-Istiqlol maydoni
Marschrutkalinie 305: Al Hakim at Termeziy ziyoratgohi-Bahnhof-Shimoliy Avtobekati-Manguzar guzari
Marschrutkalinie 7: Kahramon-Bahnhof-Shimoliy Avtobekati-Istiqlil maydoni
Marschrutkalinie 8: Istiqlol maydoni-Qurilish bozori-Schwimmbad-Shimoliy Avtobekati
Marschrutkalinie 9-12: Istiqlol maydoni-Viloyat gaz ta'minoti filiali-Qurilish bozoro-Schwimmbad-Shimoliy Avtobekati

Termiz von A bis Z

Apotheken
111 Arzon Apteka Istiqlol ko'chasi 7

Puls Apteka, B. Avlod ko'ch.12, Ecke Taraqqiot ko'chasi

Einkaufen
Basare
Bauernmarkt (Dehqon bozori), Tohariston ko'ch.,, Ecke Iso at Termiziy ko'ch., Lebensmittel, Gemüse, Früchte

Kleider Basar (Buyum bozori), I. Karimov ko'ch. Haushalt, Schreibwaren, Bekleidung

Yashil Dunyo Basar (Yashil Dunyo Savdo Majmuasi), Alisher Navoiy ko'chasi, Lebensmittel, Kleidung, Elektronik, Haushalt

Supermärkte
Korzinka Supermarkt (Korzinka savdo markazi), Imom at-Termiziy ko'ch. 65a, Lebensmittel, Non Food

Iceberg Einkaufszentrum ("Iceberg" Oilaviy Ko'ngilochar Markazi), Yunus Rajabiy ko'ch. 8, versch. Geschäfte und Gastronomie

Souvenirs
Souvenirshop im Archäologischen Museum, Handwerkskunst im Zentral Basar

Geldwechsel
Asaka Bank, A. Naviy ko'ch. 45a

Aloqa Bank, A. Navoiy ko'ch. 25

Hotels und Unterkünfte (Auswahl)

Luxeriös
Hotel Garden Inn, Airitom Free Zone, Tel. 71-205 26 26, int. gehobener Standard, nahe dem Grenzübergang nach Afghanistan,

Mittel
Hotel Termez Palace, Mehridaryo ko'ch. Tel. 55-451 55 55, mit reichen Taliban im Indoorpool entspannen, hier ist das möglich

Hotel Silk Road, A. Navoiy ko'ch. 45/3a, Tel. 225 10 70, Zimmer mit atemberaubendem Barock, Sauna, Indoor-Pool

Hotel Asson, Hakim at-Termiziy ko'ch. 27, Tel. 224 32 66, gute Lage, einfache Zimmer, Aircon und Wifi funktionieren, renovierungsbedürftig

Günstig
Hotel Ramz, Xalqobod ko'ch. 1/5, Tel. 224 21 34, klein und sauber, einfache Zimmer mit Aircon und Frühstück

Hotel Admiral, R. Tagor ko'ch. 58, Tel. 221 16 32, sehr günstig, sauber, etwas abgelegen, Außenpool

Krankenhäuser
Kreiskrankenhaus (Surxondaryo Viloyat shifoxonasi), Ayritom ko'chasi 2, Tel. 223 62 11, 223 62 03

AlmazMed Privatklinik, I. Karimov ko'ch. 84; Tel. 77-033 77 77, 95-558 77 77

Museen und Dauerausstellungen
Archäologisches Museum (Arxeologiya muzeyi), Hakim at-Termiziy shoh ko'ch. 28; Funde der Griechisch-baktrischen und der Kushan Periode; Geöffnet: tägl. 9:00 - 18:00 Uhr

Geschichtsmuseum (Tarix va Madaniyat Muzeyi), Barkamol Avlod ko'chasi 32, Gemälde, Ethnographisches, jüngere Geschichte; Geöffnet: tägl. 9:00-13:00, 14:00-18:00 Uhr

Post
Hauptpost (O'zbekiston pochtasi Surxondariyo filiali), Barkamol Avlod ko'ch. 13, Ecke Taraqqiyot ko'ch.; Geöffnet: Mo-Sa 9:00-18:00 Uhr

Restaurants
Usbekisch
Restaurant Azizbek, A. Navoiy ko'ch. 48, stark frequentierte Choyxona

Restaurant Astoria, I. Karimov ko'chasi 45, sehr schöne Terasse, beliebtes Lokal, guter Service

Restaurant Shashlik City, Ibn Sino ko'chasi, Schaschlik und Salate in verschiedenen Varianten

ASL Burger, Hakim at-Termiziy shoh ko'chasi 19A, Burger, Hot Dogs, Pizza, Lavash

Telefon, SIM Karten für Handys
Ucell, Iceberg Shopping Center
Beeline, Istiqlol ko'chasi 7
Perfectum, Istiqlol ko'chasi 7

Vorwahl
76

Sehenswertes in der Region Surxondaryo (Westteil)

Zurmala Stupa
In der Regierungszeit des Kushan Herrschers Kanischka I. (ca. 127-150 n. Chr.) wurde nahe dem damaligen Termiz eine mächtige Stupa errichtet, die eine gewisse Ähnlichkeit zu heute noch in Pakistan erhaltenen Stupas hat (z.B. Shingerdar Stupa, Amluk Dara Stupa) Der stark erodierte Zylinder hatte einen Durchmesser von 14.5m und eine Höhe von 16m. Die äußere Kalkstein Verkleidung des aus ungebrannten Lehmziegeln erbauten Monolithen konnte aufgrund von Funden rekonstruiert werden. Die Stupa wurde 2024 statisch gesichert und teilweise renoviert.

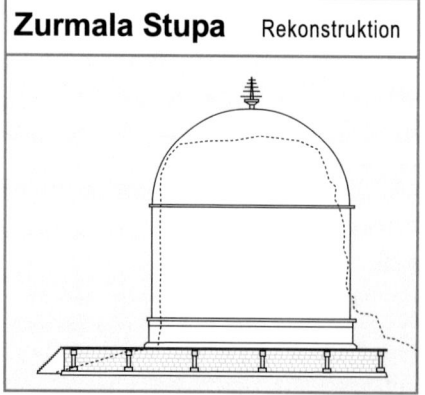

Zurmala Stupa Rekonstruktion

Erreichbarkeit:
Etwa 1,2Km vom Straßenkontrollpunkt Termiz entfernt an der M39 Richtung Qarshi zweigt bei +37°15'40.88", +67°13'22.45" ein Feldweg nach Nordwest (rechts) ab. Lage: +37°15'50.20", +67°13'56.28"

Hakim at-Termiziy Gedenkkomplex
(Plan zur Anlage: siehe Stadtplan Termiz S.263) Inmitten des Shahriston von Alt-Termiz befindet sich der **Hakim at-Termiziy Gedenkkomplex** (At-Termiziy ziyoratgohi). Er besteht aus einem üppigen, sehr gepflegten **Park** mit eingestreuten Pavillons, einem besuchenswerten **Museum**, dem eigentlichen **Mausoleum** mit **Moschee**, **Pilgerherberge und Meditierhöhlen** (Chillaxona) sowie einigen Verwaltungsgebäuden.

Selbst in der atheistisch geprägten Sowjetzeit war der Zugang zu dieser Anlage trotz der nahe gelegenen Grenzanlagen mit Stacheldraht, Kontrollstreifen und militärischen Einrichtungen nie ganz unterbrochen. Ein Besuch dieser Stätte lohnt in jedem Fall und sollte bei jedem Besuch von Termiz mit eingeplant werden.

Die Parkanlage betritt man durch einen **Torbogen** an den sich nördlich ein kleiner **Laden** mit Souvenirs und religiösen Devotionalien anschließt.

Linker Hand ist bald das kleine **Termiz und Termiziden Museum** (Termiz va Termiziylar merosi tarixi muzeyi) erreicht. Die Ausstellung zeigt anhand von Modellen, Schaubildern und archäologischen Funden insbesondere die vorislamische Geschichte der Stadt. Auch der literarische Arbeit von Ali al Hakim at-Termiziy ist ein Teil des Museum gewidmet.

Über die Biographie des **Ali al Hakim at-Termiziy** gibt es nur wenige Informationen. Als 10 jährigem Jungen soll ihm eine spirituelle Erfahrung begegnet sein, die seinen Lebensweg als Sufiprediger prägen sollte. Er verfasste nicht nur das erste Werk über die Historie des Sufismus sondern zahlreiche weitere mystisch-philosophische Schriften. In einer längst verschwundenen Pilgerherberge an der Stelle des heutigen Mausoleums fand er 907 seine letzte Ruhe.

Gegen Ende des 11. Jh. ließ der Karachaniden Herrscher Ahmad ibn al-Hidr die neue Pilger-

Buddhismus in Usbekistan

Aktuell sind etwa 0,2% der Bevölkerung Usbekistans buddhistischen Glaubens, die meisten davon ethnische Koreaner, eine der vielen Minderheiten des Landes. Daher gibt es heute nur einen offiziellen Tempel im Land, in Toshkent.

In der Zeit der Kuschan Herrscher vor ca. 2000 Jahren war dies ganz anders. Laut einer Legende hatten die zwei baktrischen Kaufleuten Trapusa und Bahalika eine Begegnung mit Buddha in Indien. Sie wurden Nachfolger seiner Religion und bauten nach der Rückkehr in ihre Heimat Baktrien zu Ehren Buddhas den ersten Tempel in der Region. Tatsächlich wurden auch im südlichen Usbekistan zahlreiche Tempel, Stupas und Kloster erreichtet. Die archäologisch gründlich erforschten Anlagen Fayoztepa und Qoratepa nahe dem antiken Tarmita sind bis heute als Grundmauern erhalten geblieben.

Damals galt der Buddhismus als die Religion der gebildeten Stadtbewohner und des Adels. Insbesondere unter König Kanischka dem Großen erlangte der Buddhismus seine Blüte in Baktrien (südl. Usbekistan und nördl. Afghanistan). Auch von hier aus erfolgte die Ausbreitung dieses Glaubens entlang der alten Handelswege nach Tibet und bis in die Mongolei.

Sowohl der Eroberungszug der weißen Hunnen als auch die Ausbreitung des Islam verdrängten den Buddhismus zunehmend. Im 13. Jh. war der Buddhismus weitgehend verschwunden, da die Anhänger verfolgt wurden.

stätte errichten, da die alte Pilgerherberge aus ungebrannten Lehmziegeln baufällig war.

Diese Struktur beherbergt bis heute das auf einem Podest (Sagana genannt) befindliche weiße **Kenotaph** des hochverehrten Hakim. Daneben schließt sich eine dreikuppelige **Moschee** (12. Jh.) mit einem sehr schönen Mihrab an. Die gesamte, recht opulente Innengestaltung ist nur wenige Jahre alt und war früher weitaus schlichter.

Zahlreiche Pilger besuchen den Komplex, bitten den Mullah um ein Gebet oder verharren in andächtiger Stille. Ein spürbar heiliger Ort.

Die große Kuppel westlich des Mausoleum- und Moscheetraktes überwölbt die von Halil Sulton bin Miranshox, einem Enkel Amir Temurs in Auftrag gegebene **Pilgerherberge** (Xonaqosi, 15.Jh.). Das schlichte Gebäude wurde vermutlich nie ganz fertiggestellt. Außergewöhnlich ist der Grundriss mit seinen beiden nach Nord und Süd ausgerichteten Iwanen.

Unmittelbar neben der Pilgerherberge führt eine Treppe in die einige Meter tiefe **Meditationshöhle** (Chillaxona). Der Begriff Chilla steht in diesem Fall nicht für die sommerliche Hitzeperiode von Mitte Juni bis Anfang August sondern für eine 40tägige Periode des Gebetes und der Koranlesung (vom 25.Juni bis 6.August). In dieser Zeit ziehen sich Gläubige in die Kühle dieser Höhlen zurück um sich Allah zuzuwenden. Östlich davon sind neun weitere Meditationshöhlen zu finden.

Ganz im Süden der Anlage sind die teilweise rekonstruierten Reste der Zitadelle zu sehen. Hier liegt die Keimzelle des historischen Termez, damals noch Tarmita. Der Hügel der Zitadelle grenzt heute direkt an das Wasser des Amudaryo und wird von diesem langsam davongespült. Archäologen versuchen deshalb die hier verborgenen Reste und damit die Geschichte dieses frühen Siedlungskerns zu enträtseln. Geöffnet: tägl. 8:00-19:00 Uhr

Erreichbarkeit:

Vom Yashil Dunyo Basar in Termiz fahren Marschrutkas Nr. 305 direkt zum At-Termiziy Komplex.

Tarmita (Alt-Termiz)

Die Überreste des historischen Tarmita verteilen sich auf einem etwa 5Km langen und 1,6Km breiten Gebiet. Davon bis heute erhalten und frei zugänglich sind die Reste der Stadtmauern, eines Landsitzes (Kesk) und des ehemaligen Herrscherpalastes. Die Fundstätten haben zwar einen hohen historischen Wert, sind aber primär für archäologische Fachleute von Interesse.

Die **Stadtmauern** umfassten den Bereich der Kernstadt (Shahriston) im Westen und der weitläufigen Vorstädte (Rabat) im Osten. Ein etwa 100m langes Stück der Mauer zwischen Kern- und Vorstadt sowie ein **Stadttor** wurde in den letzten Jahren rekonstruiert.

Der **Keshk** war ein im 6.-7. Jh. errichtet Landsitz eines Feudalherren. Die Außenmauer war dabei mit Halbsäulen gestaltet in denen schmale Fensteröffnungen etwas Licht in die entlang des zentralen Korridors angegliederten Räumen ließ. Das ganze Gebäude besteht aus ungebrannten Ziegeln und ist heute stark erodiert.

Leider noch weniger gut erhalten ist der **Bahram Shah Palast** (Bahram shoh saroyi, 11.-12.Jh.) aus der Karachaniden Ära. Die wenigen Mauernreste zeugen von einem monumentalen Eingangsportal welches zum Fest- und Empfangshof führte. An seinem östlichen Ende ragte ebenfalls ein Portal empor hinter dem sich der Thronsaal befand. Bemerkenswert sind die Verzierungen aus farbigem Glas, welche bei Ausgrabungen zu Tage traten. Sie sind heute im archäologischen Museum in Termiz zu sehen. Da die Ausgrabungen bereits vor viele Jahrzehnten stattfand, sind die Gebäudereste nur noch sehr unscharf zu erkennen.

Der Zutritt zu den Ausgrabungen von **Chingiztepa**, **Qoratepa** und der **Zitadelle** erfordert eine entsprechende Genehmigung (Tasdiq ro'yxati) welche von lokalen Reiseveranstaltern bei den örtlichen Behörden (Surxondaryo Viloyati IIB) beschafft werden kann.

Erreichbarkeit:
Kask, Lage: +37°16'39.56", +67°12'7.03"
Bahram Shah Palast, Lage: +37°16'28.5", +67°13'27.09"

Fayoztepa

Im Gegensatz zum nahegelegenen buddhistischen Höhlenkloster Qoratepa ist Fayoztepa über der Erde gebaut. Es entstand während der Herrschaft der Kuschan im 1. Jh. nach Chr. und bestand bis ins 3. Jh.. Herausragend sind die Wandgemälde, welche Hinweise auf den Zweck und die Entstehungszeit des **Klosters** (Sangharama genannt) geben. Die Anlage mit ihren drei Innenhöfen besteht aus Wohn-, Andachts- als auch Wirtschaftsräume. Die prächtigsten Fund, die das Team um den russischen Archäologen Albaum zu Tage förderte war ein hervorragend erhaltenes Halbrelief eines **sitzenden Buddha**

unter dem Lebensbaum mit zwei Schülern links und rechts (Triade) sowie Fragmente einer etwa 1,5m großen, **stehenden Buddha Statue**. Diese Skulpturen sowie ein prächtiges **Wandgemälde** wurden im Tempel des zentralen Innenhofes entdeckt. Zahlreiche Details weisen auf die damals noch immer vorhandenen griechischen Einflüsse in der bildenden Kunst hin.

Östlich des Klosters ist auf einem Podest eine **Stupa** zu sehen. Vor dem Verlassen des Klosters im 3. Jh. mauerten die Mönche die Stupa zum Schutz ein. Diese äußeren Hülle schützte die Stupa bis zu den Ausgrabungen in den 1970er Jahren als sie entfernt wurde. Da ein Schutzdach die Stupa mehr schlecht als Recht vor den Elementen schützte, erodierte diese zunehmend. In einer aufwändigen, durch Japan mitfinanzierten Restaurierung 2017 errichtete man über dem eigentliche Reliquienschrein eine Schutzkuppel. Sie enthält eine kleine Türöffnung durch die man blicken kann.

Die meisten Originalfunde aus Fayoztepa sind im Historischen Museum Toshkent, Kopien davon im Archäologischen Museum in Termiz zu sehen.

Bemerkenswert an der archäologischen Stätte Fayoztepa ist seine Restaurierung in den Jahren 2000 bis 2006. Hier wurden exemplarisch für den Erhalt und die Rekonstruktion weiterer Bauten aus Lehmziegeln Methoden erarbeitet, wie mit lokal verfügbarer Technik und Materialien solche historischen Stätten für die Nachwelt konserviert werden können ohne die ursprüngliche Bausubstanz zu überdecken. Die meisten vorislamischen Ausgrabungsstätten Usbekistans wurden nach den Kampagnen sich selbst überlassen und zerfallen aufgrund von Bodenfeuchte in Kombination mit Salzgehalt, Frost, Winderosion und menschlichen Einflüssen in nur wenigen Jahren unwiederbringlich. Interessante Einblicke in die kuschaner Baukunst vermittelt auch das verwaiste **Besucherzentrum** ganz in der Nähe. Hier wurden 2005-2006 Bautechniken und Dekorationselemente der damaligen Zeit experimentell umgesetzt. Der Wachmann der Anlage schließt das Gebäude gerne auf.

Bitte beachten Sie, dass das in Sichtweite liegende **Kloster Qoratepa** in einem sensiblen Grenzstreifen liegt und daher nur mit einer Sondergenehmigung aufgesucht werden darf.

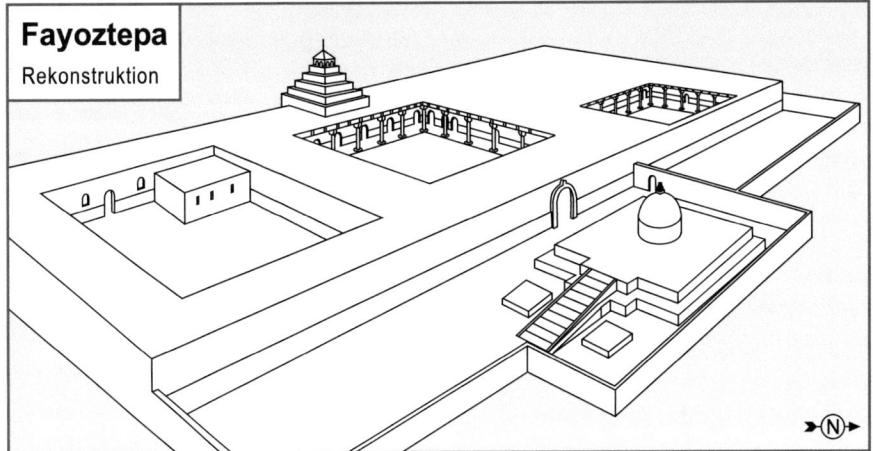

Fayoztepa
Rekonstruktion

Erreichbarkeit:

Von Termiz aus der M39 Richtung Qarshi folgen. Etwa 5Km nach dem Straßenkontrollposten nahe Termiz führt eine kleine Asphaltstraße nach Westen. Wer mit öffentlichen Verkehrsmitteln reist sollte an der Kreuzung aussteigen. Von der M39 bis Fayoztepa sind es 900m. Lage: +37°17'10.94", +67°11'17.53

Kampyrtepa

Hoch über dem Steilufer des Amudaryo erheben sich die Lehmmauern von Kampyrtepa. Gegründet wurde die strategisch günstig gelegene Stadt kurz nach dem Durchzug der Truppen Alexanders des Großen. Damals nicht viel

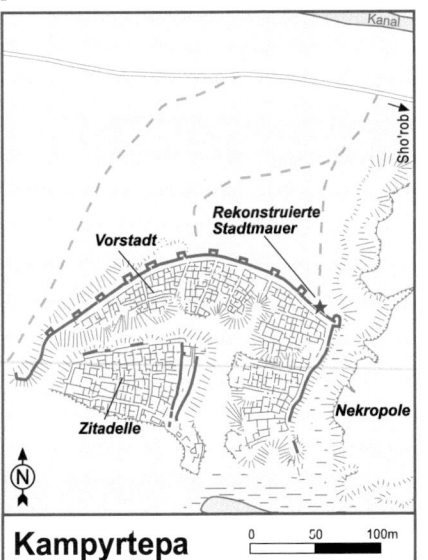

Kampyrtepa

Rekonstruierte Stadtmauer
Vorstadt
Nekropole
Zitadelle
Kanal
Sho'rob

0   50   100m

mehr als eine kleine Töpfersiedlung lag diese abgetrennt von einem Graben auf einem kleinen Plateau (90x60m). Etwa um die Zeitenwende bis zum 4. Jh. n. Chr. ließen die Kushan Herrscher diese Siedlung zu einer Festung ausbauen. Hinzu kam auch eine äußere Stadt mit einer heute teilweise rekonstruierten, massiven Stadtmauer.

Zusammen mit Tarmita (Alt-Termiz) und Ayrtam war Kampyrtepa eine der wichtigen Handelsstationen am Amudayro, welcher hier mit Booten und Fähren überquert wurde. Archäologen um Prof. Edvard Rtveladze fanden in mehreren Ausgrabungskampanien nicht nur Hinweise auf eine frühe hellenistische Besiedlung sondern auch Spuren aus der Griechisch-Baktrischen und der Kuschan Periode: Die Negativform einer Athena mit Speer, ein sitzender Buddha mit einer Ushnisha (2.Jh.), seleukidische Münzen des Antiochus I Soter (281–261 v. Chr.) und griechisch-baktrische Münzen der Euthydemiden Herrscher (235-145 v. Chr.). Von der recht anschaulichen historischen Stätte blickt man auf die grünen Reisfelder am Nordufer des ca. 5Km entfernten Amudaryo Flußes.

Erreichbarkeit:

Etwas südlich der Siedlung Talashkan/Qattag'on zweigt bei +37°23'59.73", +67°10'16.77" eine Straße von der M39 in südwestl. Richtung ab. Dieser folgt man vorbei an Naushahar, entlang der Gleise bis kurz nach Sho'rob. Hier überquert die Asphaltstraße eine Brücke. Nach der Brücke führt eine Rampe links hinab um die

Bahnbrücke zu unterqueren. Der Piste 250m nach Süden folgen. Hier taucht ein Kanal in einen Siphon ab. Dem Kanal auf der südlichen Seite nach Westen für 1Km folgen. Dann sind die Mauern von Kampyrtepa bereits zu sehen. Lage: +37°24'40.12", +67°1'42.42"

Abu iso Muhammad at-Timirziy Mausoleum

Bereits in jungen Jahren galt Abu iso Muhammad ob seiner geistigen Fähigkeiten als Wunderkind. Jahre später besuchte er zahlreiche Städte des Ostens um sein Wissen zu erweitern und traf in Nishapur (Iran) auf Imom al Buxoriy. In den fünf gemeinsamen Jahren entstand eine intellektuelle Freundschaft und Hochachtung zwischen den Männern. Bis zum Ende seines Lebens, bereits vollständig erblindet widmete er sein Leben dem Sammeln und Kommentieren von verifizierten Handlungen und Sprüchen (Hadith) des Propheten Mohammed.
Das aus dem 11.-12.Jh. stammende Mausoleum ist ein außen eher schlichter länglicher Bau welcher Innen mit Stuck verziert wurde. Das Kenotaph aus weißem Marmor stammt aus jüngerer Zeit. Umgeben ist das Mausoleum von einer gepflegten Anlage mit weiteren Gebäuden errichtet in den Jahren 2016/2017.

Erreichbarkeit:
Vom Busbahnhof des Distriktzentrum Sherobod sind es ca. 10Km bis zum Mausoleum östlich des Dorfes Yaxtiyo'l/Cho'mishli. Am nördlichen Ende von Sherobod zweigt eine Landstraße nach Osten von der M39 ab. Dieser folgt man 5Km und zweigt schließlich nach Süden ab um nach weiteren 2,65Km direkt auf den Mausoleumskomplex zu treffen. Lage: +37°40'32.30", +67°4'47.34"

Xo'jaykon Salzhöhle
Eine Besonderheit in der Region um Sherobod ist die Xo'jaykon Salzhöhle. Sie ist 144m tief und in den 5 Salzkammern kann die stark salzhaltige Luft zu therapeutischen Zwecken eingeatmet werden. Im Grunde handelt es sich um eine ehemalige Mine aus der Sowjetzeit die jedoch zu einer Heilstätte umgewandelt wurde. Anders als bei Salzbergwerken besteht hier der ganze Berg zu einem großen Teil aus Salz. Um in die Mine zu gelangen ist eine vorherige Anmeldung durch eine der usbekischen Reiseagenturen sinnvoll.

Erreichbarkeit:
Die Fahrt von Sherobod bis zum Dorf Chorbog' ist einzigartig schön, denn sie führt durch ein geologisch sehr abwechslungsreiches Gebiet. Da die Xo'jaykon Höhle ca. 7Km vom Dorf Chorbog' entfernt liegt, empfiehlt es sich, in Sherobod ein Individual-Taxi für die etwa 63Km vom Sherobod Basar aus zu nehmen. Alternativ kann man auch von Kampyrtepa her über Oqtosh nach Chorbog' gelangen. Lage: +37°34'57.22", +66°32'49.96"

Boysun
Diese Kleinstadt nahe dem Boysuntov Gebirge ist zum Inbegriff des typisch usbekischen Landlebens geworden. Auslöser war die UNESCO, welche 2001 die Region Boysun in ihre Liste des **immateriellen Kulturerbes** aufnahm. Ein Jahr später wurde dann erstmalig das jährlich stattfindende, überregionale **Kulturfestival "Boysuner Frühling"** (Boysun Bahori) ausgetragen. Nach einer mehrjährigen Unterbrechung findet die bunte Mischung aus Volksmusik, Tanz, Sport und Akrobatik nun wieder im April eines jeden zweiten Jahres statt Zuletzt 2024. Viel Volk aus allen Regionen des Landes aber auch zahlreiche Touristen reisen extra zu diesem zweitägigen Festival an. Tatsächlich haben sich hier klassische Handwerkskünste und Traditionen besser erhalten als in anderen Landesteilen. Im örtlichen **Kunsthandwerkszentrum** (Boysun san'at markazi) werden die für die Region typischen **Wandbehänge** "Suzani" ausgestellt und auch recht günstig angeboten. Typisch für Boysun sind die bunten Stickmuster mit großen Rosetten aber auch das Motiv "Mädchen mit Reh". Als in den 1950er Jahren zwei Familien aus Ossetien nach Boysun übersiedelten brachten sie dieses Motiv mit. Schon bald genoss es große Popularität und hält sich bis heute im Motivschatz der Region. Das Handwerkszentrum befindet sich 450m nördlich des Basars an der Straße die westlich des Basars nach Norden führt. Geöffnet: Tägl. 8:00-17:00 Uhr, sonntags nur der Souvenirladen
Ebenfalls entdeckenswert sind die Dörfer in der Umgebung: **Avlod, Do'g'oba, und Sayrob** mit einer ebenfalls noch recht traditionellen Dorfstruktur einschließlich lokalem Kunsthandwerk.

Unterkünfte:
Günstig
Hotel Sahara, nahe dem Dehqon Basar, Tel. 99-874 38 53, schicke Zimmer mit Bad, günstig gelegen

Hotel Boysun Palace, Östl. Ortsrand, an der Straße nach Dashtig'oz, Tel. 88-146 39 39, Zimmer mit Frühstück, guter Service

Hotel Gaza, Mahalla Gaza, Tel. 90-912 46 66, etwas abgelegen westl. des Zentrums, Gym, Sportplatz, Billiard, große Zimmer, Frühstück

Gästehaus Orasta, Südl. Ortsrand, an der Straße nach Dashtig'oz, Tel. 97-430 32 22, großer Aufenthaltsraum, Gemeinschaftsbad

Erreichbarkeit:
Vom Bahnhof Boysun tägl. Verbindungen nach **Qarshi, Samarqand** und **Toshkent** oder **Termiz.**
Vom **Busbahnhof** im Zentrum von Boysun fahren Sammeltaxis und Marschrutkas die 13,5Km bis zum Bahnhof südl. von Boysun nahe dem Dorf Rabot und in die Dörfer der Umgebung.

Kurgansol Festung
Die Gegend um Boysun spielte auch im Feldzug des Alexander des Großen eine wichtige Rolle. Nachdem Alexanders Armee Baktrien erobert hatte wendete er sich der ehemals persische Provinz Sogdien im Norden zu. Das bergige Gebiet der Region Surxondaryo bildete hier eine besondere Herausforderung. Um seine Herrschaft zu festigen, ließ er mehrere Festungen für seine Truppen errichten. Die in den Jahren 2004 bis 2008 freigelegte Anlage Kurgansol (Qo'rg'onzol, 4. Jh. v. Chr.) ist einige der wenigen Nachweise für den Verlauf der Eroberung der Makedonen in dieser Region. Der bemerkenswerteste Fund

des Ausgrabungsteams des Deutschen Archäologischen Institutes (DAI) ist eine tönerne Badewanne welche im Hauptsaal des Archäologischen Museum in Termiz zu sehen ist.

Erreichbarkeit:
Ausgangspunkt ist der Bahnhof von Boysun (Boysun temir yol vokzali). Ca. 500m nördlich des Bahnhofsgebäudes zweigt eine Straße in südöstliche Richtung ab, die östlich des Bahnhofes die Bahngleise passiert. Schließlich trifft man auf einige Bahngebäude südlich des Bahnhofes und der Bahnstrecke. Kurz danach folgt eine Kreuzung an der man nach rechts (Westen) abbiegt. Der Straße etwa 1Km bis zu einem Graben folgen. Von hier geht es nur noch zu Fuß weiter. Zunächst folgt man entlang dem Graben für 200m nach Süden und orientiert sich dann querfeldein in südöstlicher Richtung etwa 800m über das Hochplateau bis zur Festung. Lage: +38°5'44.26", +67°11'3.13"

Boysuntov Gebirge und Machay Tal
Boysun eignet sich hervorragend als Basis für Ausflüge in das landschaftlich sehr schöne **Machay Tal** (Machay vodiysi) mit seinen bunten Gesteinsformationen westlich des

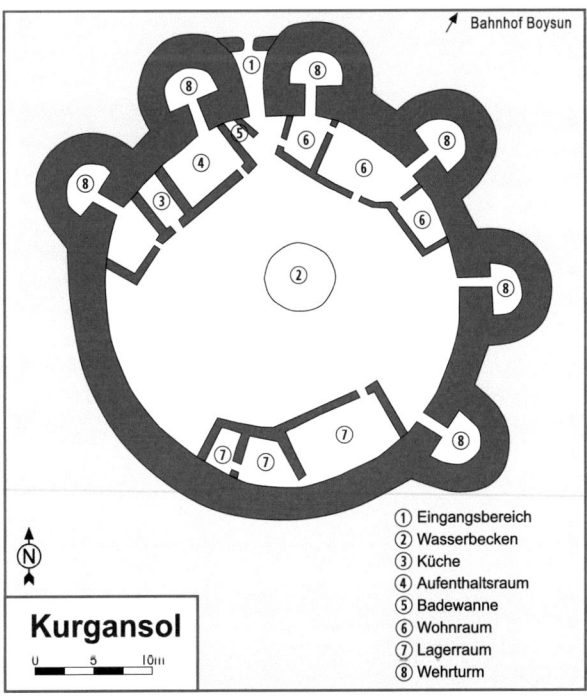

Bahnhof Boysun

Kurgansol

① Eingangsbereich
② Wasserbecken
③ Küche
④ Aufenthaltsraum
⑤ Badewanne
⑥ Wohnraum
⑦ Lagerraum
⑧ Wehrturm

Boysuntov Gebirges. Die extrem abgelegenen Dörfer sind ausschließlich von ethnischen Tadschiken bewohnt. Erreichbar ist das Machay Tal über die spektakuläre **Derbend Schlucht** (Derbend jari). Sie ist an manchen Stellen nur wenige Meter breit und wird von 50m hohen Felswänden begrenzt. Im Tal ist auch die **Xujamoy Ota Höhle** (Xujamoy Ota g'ori) zu sehen aus welcher auch im heißesten Sommer kristallklares Wasser herausfließt. Es ist ein heiliger Ort an dem gerne ein Gebet gesprochen wird.

Professionelle Höhlenforscher aus aller Welt erkunden im Boysuntov Gebirge das ausgedehnte **Dark Star / Festivalnaya Höhlensystem** (Dark Star / Festivalnaya g'ori), eines der tiefsten Zentralasiens. Allerdings ist hierfür eine gründliche Vorbereitung und entsprechendes Equipment notwendig.

Ein bedeutender Pilgerort für Paläontologen ist die **Teshiktosh Höhle** (Teshiktosh g'ori) auf der nordwest Seite des 3723m hohen Hodscha Gurgurota. In ihr wurde 1938 durch den Russen Alexej P. Okladnikov das Skelett eines etwa 9 Jahre alten Neandertal-Mädchens ausgegraben. Es war der damals östlichste Fundort eines Neandertaler und damit eine Sensation.

Schließlich ist das **Boysuntov Gebirge** mit seiner höchsten Erhebungen von 3920m, dem **Hodscha Buzbaran Gipfel** (Xo'ja Buzbaran tog'i) ein lohnendes Trekkingziel. Von der Nordwestseite kann der wie eine schräg gestellte Felsplatte aussehende Gebirgszug relativ einfach erklommen werden. Im gesamten Boysuntov Gebirge gibt es keinerlei touristische Infrastruktur. Daher sollte die gesamte Ausrüstung für eine Mehrtagestour mitgebracht werden. Lokale Reiseagenturen sind dabei behilflich und bieten entsprechende Touren und die Ausrüstung an.

Erreichbarkeit:

Derbend hat einen Bahnhof und dieser ist gut 9Km vom südl. Schluchteingang entfernt.

Vom YPX Posten "Temir Darvoza" an der M-39 bis zum südl. Schluchteingang von Derbend sind es ca. 6,2Km.

Sammeltaxen und Marschrutkas pendeln zwischen Boysun und dem YPX Posten und fahren somit auch durch Derbend.

Die Straße durch die Schlucht ist nur teilweise Asphalt, jedoch in einem passablen Zustand.

Sie führt zunächst ins untere Machay Tal (Past Machay, 14Km von Derbend aus) und danach in die obere Machay (Yukori Machay, 18Km von Derbend aus).

Der Einstieg in die Dark Star Höhle liegt nahe der Abbruchkante des Hodscha Gurugurota Berges in etwa 3500m Höhe bei +38°23'47", +67°17'13".

Die Teshik Tosh Höhle kann vom Dorf Qizilnavur im oberen Machay Tal aus in einer anstrengenden Tagestour erreicht werden. Zunächst folgt man dem Chuayak Tal nach Osten um dann in die steile und enge Schlucht des Zantoloshsoy vorzudringen. Die Höhle befindet sich auf etwa 1600m Höhe bei +38°23'16.65", +67°12'6.95".

Die Besteigung des 3920m hohen Hodscha Buzbaran kann vom Dorf Kentala am oberen Talende der Machay aus über das Urmancha Tal erfolgen. Lage des Gipfels: +38°26'38.25", +67°21'13.89"

Eisernes Tor

Auch wenn sie heute nicht mehr wie eine strategische Engstelle wirkt, so ist die als Eisenes Tor (Temir davozasi) bezeichnete Stelle seit historischen Zeiten eine Trennlinie der früheren Provinzen Sogdiana im Norden und Baktrien im Süden. Hier wurde Wegzoll verlangt, man musste einen Passierschein vorweisen. Ob es hier wirklich eisenbeschlagene Tore einstmals gab und welche Beschaffenheit diese Grenze zu Zeiten Alexanders des Großen hatte ist nicht gesichert. Historiker gehen jedoch davon aus, dass Alexander diese Grenze im Jahr 328 v. Chr. umging und seinen Vorstoß durch die Derbend Schlucht vornahm.

Heute noch sichtbar und von Archäologen ausgewertet sind die stark verfallenen Reste einer Grenzmauer die auf den griechisch-baktrischen

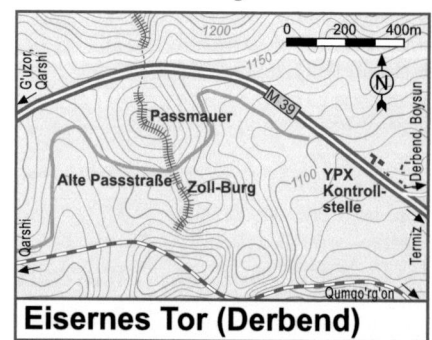
Eisernes Tor (Derbend)

König Euthydemos I (reg. 235-200 v. Chr.) aufbauen und vor allem aus der Zeit der Kuschan-Herrscher stammt. Der Zweck des Bauwerkes war es damals auch feindliche Reiternomaden abzuwehren.

Erreichbarkeit:
Die Talenge befindet sich an der Magistrale M39 Qarshi-Termiz etwa 1Km westlich des Abzweig nach Boysun nahe dem Dorf Derbend. Lage: +38°12'39.95", +66°58'23.21"

Omonxona
Überregional bekannt ist die Heilquelle von Omonxona. Das Quellwasser aus den umliegenden Bergen hat nachweislich positive Effekte bei Gastritis, Leberzirrhose oder Bluthochdruck. Es enthält Kaliumsulfate, Natrium, Kalzium, Magnesium, Kieselsäure, Eisen, Aluminium, Kupfer, Selen, Zink und Molybdän sowie weitere Spurenelemente. Oben auf dem Berg thront das neu errichtete Sanatorium welches schon in der Sowjetzeit Rang und Namen hatte und jetzt von der staatlichen Eisenbahngesellschaft betrieben wird.
Am geschäftigen Parkplatz hat sich die einheimische Jugend auf den Verkauf von Plastikkanistern verlegt, welche von den Quelltouristen befüllt werden. Folgt man den Treppen nach oben wird zunächst ein großes Teehaus mit zahlreichen Tapchanen sichtbar. Durch einen kleinen Wald geht es dann hinab in die enge Schlucht. Unter den tiefen Felsüberhängen sitzen die Quelltouristen und man kommt schnell ins Gespräch: "Wo kommt ihr her, wie gefällt es Euch hier ..." Wer möchte kann sich etwas Palov oder Schaschlik bringen lassen. Es ist eine ausgelassene, entspannte Atmosphäre in diesem kühlen Talgrund.

Erreichbarkeit:
Von der Straßenkreuzung Istiqlol ko'ch. mit der Amir Temur Ko'ch im Zentrum von Boysun fahren mehrmals täglich Minibusse oder Sammeltaxen nach Omonxona bis zum dortigen Parkplatz.

Sehenswertes in der Region Surxondaryo (Ostteil)

Freundschaftsbrücke
Die Freundschaftsbrücke ist derzeit der einzige Grenzübergang an der 135Km langen Grenze von Usbekistan mit Afghanistan. Bereits im Jahr 1888 wurde durch die zaristische Armee Russlands eine Holzbrücke errichtet. Aufgrund unzureichender Fundamente wurde diese jedoch schon bald baufällig und nach nur 14 Jahren aufgegeben. Da die geostrategischen Interessen Russlands gegenüber dem Territorium Afghanistans weiter Bestand hatten, investierte der Zar 5 Millionen Rubel für eine neue Eisenbahnbrücke die 1902 eingeweiht wurde. Die 27 Bögen der Brücke hielt immerhin 77 Jahre den Fluten des Amudaryo stand. Die heutige Brücke der Freundschaft (Do'stlik ko'prigi, 1888-1981) ist 816m lang, 15m breit und hat sowohl Gleise in russischer Breitspur sowie eine Straßendecke. Zur Versorgung der Sowjetischen Streitkräfte in Afghanistan, wurde 1982 die aktuelle Stahlbrücke mit ihren 9 Bögen eröffnet. Die Sowjets erlebten einen langjährigen Zermürbungskrieg und zogen sich schließlich 1988 bis 1989 auch über die Freundschaftsbrücke wieder aus Afghanistan zurück. Auf die Mujaheddin folgten die Taiban welche bis an die usbekische Grenze vorrückten. Von 1997 bis 2001 blieb die Brücke daher vollständig geschlossen. Erst danach konnte sie dem friedlichen Zweck des Warenaustausches dienen. Da dieser immer stärker wurde, verlängerte die Usbekische Staatsbahn die Bahnstrecke 2010 bis zum Flughafen von Mazar e-Sharif.
Die Freundschaftsbrücke ist nach wie vor ein militärisch sensibles Objekt und kann nur sehr eingeschränkt aus der Nähe besichtigt werden. Personen mit gültigem afghanischen Visum können die Brücke passieren.

Erreichbarkeit:
Vom Zentrum von Termiz bis zum usbekischen Grenzvorposten (Chegara / Post graniza) sind es ca. 15Km mit einem Taxi. Von dort gelangt man mit einem Shuttle Bus bis zur eigentlichen Kontrollstation nahe der Brücke. Die Brücke muss zu Fuß überquert werden.

Jarqo'rg'on Minarett
Es ist nicht nur das ältesten erhaltenen Minarett des Landes sondern kunsthistorisch betrachtet auch das Schönste.
Auf einem oktagonalen Sockel mit sehr schöner Kufi Inschrift ruht der mit Halbsäulen verzierte Schaft. Es grenzt an ein bauliches

Wunder, wie die Ziegelmuster die Verjüngung nach oben so formvollendet abbilden. In horizontaler Kaligraphie auf einer der Halbsäulen wird der Architekt Ali ibn Muhammad as Sarahsi aus dem heute in Turkmenistan liegenden Sarahs genannt.

Als Erbauer des **Jarqo'rg'on Minaretts** (Jarqo'rg'on minorasi, 1108/1109) gilt der chorasanische Statthalter und Emir Abu Sad Sumg'ur Badron ibn al Qumoch. Fälschlicherweise wird es in einigen Quellen dem letzten Seldschuken Sultan Ahmad Sanjar zugeschrieben.

Heute hat das Minarett eine Höhe von 21,6m. Auf alten Fotografien ist jedoch zu sehen, dass sich auf dem Bogenkranz ein weiterer Schaft ebenfalls mit Halbsäulen verziert befand. Experten gehen daher von einer ursprünglichen Höhe von 42-43m aus. Wer das Minarett besteigen möchte kann beim Wächter Tel. 93-762 19 60 anrufen und bekommt aufgeschlossen.

Erreichbarkeit:
Vom Busbahnhof Termiz aus fahren Marschrukas zum Basar von Jarqo'rg'on. Von dort sind es 5,5Km in südwestliche Richtung mit dem Taxi bis zur Siedlung Minor. Wer individuellen mit einem Taxi reist kann vom Flughafen Termiz aus die R-100 durch die Dünen der Wüste Kattaqum wählen, welche direkt nach Minor führt. Lage: +37°28'35", +67°23'46"

Iskandar Brücke

In der lokalen Bevölkerung ist sie bekannt unter den Namen Ziegelbrücke (G'isht ko'prik) oder eben Iskandar Brücke (Iskandar ko'prik). Sie liegt an der alten Handelsstrecke von Termiz (früher Tarmita) nach Hisor nahe Dušanbe. Tatsächlich hat sie aber wohl nichts mit Alexander dem Großen zu tun, da sie nachweislich erst im 16. Jh. unter der Herrschaft von Abdullah Khan errichtet wurde. Der Brückenbogen ist 70m lang, 5,75m breit und 12m hoch. An seiner Ostseite hat die Brücke einen kleinen Kanal welcher mit Alabaster ausgekleidet war. Die "Restaurierung" im Jahr 2017/2018 überdeckt leider viel von der ursprünglichen Bausubstanz und vermittelt daher auch keinen authentischen Eindruck mehr. Wer jedoch auf dem Weg nach Denov ist, kann hier einen kurzen Stopp einlegen.

Erreichbarkeit:
Vom Basar in Jarqo'rg'on sind es 32,5Km entlang der M41 Richtung Denov. Die Brücke liegt wenige Meter neben der Magistrale ist jedoch auch leicht zu übersehen. Lage: +37°47'7.1", +67°33'1.32"

Dalvarzintepa

Die Ursprünge von Dalvarzintepa gehen vermutlich auf eine kleine Grenzfestung des Griechisch-Baktrischen Reiches zurück. Bald wuchs die Stadt über den Zitadellenberg hinaus, eine ausgedehnte Vorstadt entstand. Dalvarzintepa gilt als die erste Hauptstadt der Kuschaner. Insbesondere in der Zeit vom 3.-4. Jh. n. Chr. blühten Handel und Handwerk in der von einer hohen Mauer und Wassergräben umgebenen Stadt. Das 1972 weitgehend ausgegrabene Dalvarzintepa barg neben Wandgemälden und Münzfunden einen etwa 36kg wiegenden Gold- und Silberschatz. Dieser Schatz war vermutlich eine Kriegsbeute aus Nordwestindien. Den Kopf eines Kuschan Fürsten mit spitzem Hut kann man heute im Archäologischen Museum in Termiz besichtigen genauso wie uralte Schachfiguren (Chaturanga) aus der Entstehungszeit dieses Spiels.

Die ausgegrabenen Mauern aus Lehm wurden damals nicht gesichert und sind daher stark verwittert. Die Anlage ist jedoch wegen der Ausmaße und der einfachen Erreichbarkeit besuchenswert.

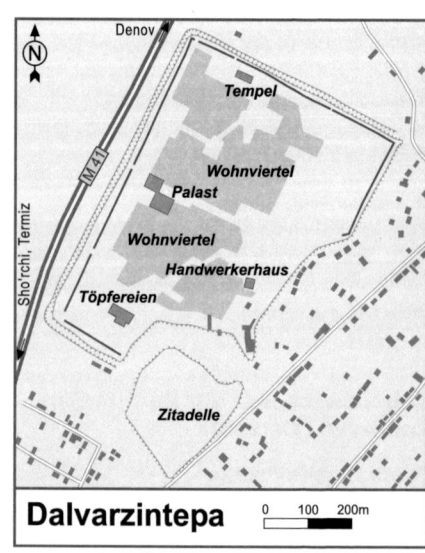

Erreichbarkeit:
Dalvarzintepa liegt unmittelbar neben der M41 zwischen Sho'rchi und Denov. Lage: +38°5'57.8", +67°51'39.28"

Denov

Mit seinen 140.000 Einwohnern ist die Stadt Denov etwa so groß wie Termiz und als Grenzstadt zu Tadschikistan zur Hälfte von Tadschiken und Usbeken bewohnt.

In der Antike nannte man die Gegend Chaganian - die Ruinenstädte der Umgebung wie Dalvarzintepa, Xolchayon oder Yurtchi sind die stummen Zeugen dieser Epoche. Über die Jahrhunderte konnte sich diese Region immer recht gut dem Zugriff der fernen Khanate entziehen und so eine relative Unabhängigkeit bewahren.

Im Zentrum von Denov ragen die Lehmmauern einer **Festung** (Ark, 17. Jh.) in den Himmel. Hier regierte der lokale Statthalter des Khan, allerdings hat der nahe Fluss einen Teil der Festung bereits weggespült.

In den Gassen rund um die Festung ist ein unverfälscht orientalischer **Basar** in Bewegung. Unter den Sonnensegeln werden die Waren feilgeboten, Handwerker gehen ihrem Tagwerk nach und manchmal balancieren Artisten auf dem Hochseil.

Nahe der zentralen Kreuzung und dem regionalen Busbahnhof steht die gewaltige **Said Otalyk Medrese** (Sayd Otalyk madrasasi, 16.Jh.). Sie zählt mit ihren Ausmaßen zu den größten des Landes und wurde 1935 geschlossen. Nach der Unabhängigkeit war sie für einige Jahre wiederbelebt um abermals in den bis heute anhaltenden Dörnröschen-Schlaf zu fallen.

Einmalig in Usbekistan ist das örtliche **Dendrarium** (Dendrariy bog'i). Ein Dendrarium ist in Westeuropa besser bekannt unter dem Begriff Arboretum und damit eine Sammlung von Gehölzen aus verschiedenen Klimazonen und Regionen der Erde. Leider war der Park bei unseren Recherchen geschlossen und über die angegebene Handynummer der Wächter (Qorovuli) nicht erreichbar: 94-205 42 29, Sharaf Rashidov ko'chasi, 600m südl. der zentralen Kreuzung

Schräg gegenüber ist eine **Kellerei** und **Destille** in der Wein und Schnaps erzeugt wird. Letzteres aus dem hier angebauten Zuckerrohr.

Unterkünfte

Günstig
Hotel Iroda-Imron, Turkiston ko'chasi, Tel. 97-535 05 65, relativ neues Hotel, große sauebere Zimmer, Billiardraum

Hotel Turon, Turkiston ko'ch. 76, Tel. 91-670 61 11, kleine Zimmer, nicht sehr sauber, kuriose Ausstattung

Hotel Denov, Sharof Rashidov ko'ch. 255, Tel. 76-412 14 90, sehr zentral gelegen, behutsam modernisiertes Sowjethotel

Geldwechsel

NBU, Mustaqillik ko'ch. 47, östlich der zentralen Kreuzung, Geöffnet: Mo-Fr 8:00-16:00 Uhr

Hamkorbank, Sharaf Rashidov ko'ch. 255A, südl. der zentralen Kreuzung, Geöffnet: Mo-Fr 9:00-12:30, 13:00-17:00 Uhr

Xalq Bank, Mustaqillik ko'ch. 45, Geöffnet: Mo-Fr 9:00-13:00, 14:00-17:00 Uhr

Telefon, SIM Karten für Handys

Beeline, Mustaqillik ko'chasi, gegenüber NBU

Einkaufen

Xabib Bauernmarkt (Xabib Dehqon bozori), Mustaqillik ko'ch. nahe dem Qizilsuv Fluß

Erreichbarkeit:
Vom **Bahnhof Denov** (Denov vokzali) fährt tägl. ein Zug über **Boysun** (2,5h), **Samarqand** (11,25h) nach **Toshkent** (16h). Nach **Termiz** nur mit Umsteigen in Qumqo'rg'on.

Vom Busbahnhof im Zentrum sind es 1,3Km zum Bahnhof in östliche Richtung entlang der Mustaqilliq ko'chasi,

Vom **Sariosiyyo Busbhf. (Sariosiyo Stoyanka)** neben der Said Otalik Medrese im Zentrum aus fahren Minibusse und Sammeltaxen zu Zielen in der Stadt und in die umliegenden Dörfer, auch nach **Sariosiyo vokzali** (von dort fahren Taxis die 18Km bis zur Tadschikischen Grenze)

Vom **Fernbusbahnhof Denov** (Denov Avtoshohbekati) aus werden Termiz (3h), Boysun (2,5h) und weitere Ziele der Umgebung angefahren. Vom Zentrum 2,1Km entlang der Sharaf Rashidov ko'ch nach Süden mit städtischen Taxen bis zum Fernbusbahnhof.

Das Farg'ona Tal

Oltyn Vodyi - Das "goldene Tal" ist das Herz Zentralasiens. Hier sind Usbekistan, Kirgisitan und Tadschikistan aufs engste miteinander verwoben. Vierzehn Millionen Menschen leben in dieser fruchtbaren Kulturlandschaft, klimatisch begünstigt und immer ausreichend mit Wasser versorgt. Wer ins Farg'ona Tal reisen möchte, muss entweder hohe Pässe überwinden oder den einzigen Talzugang nahe dem tadschikischen Huçand passieren.

Die Besiedlung des 300km langen und 100Km breiten Talkessels erfolgte wohl schon in der Bronzezeit wie archäologische Funde nahelegen. In den Jahrtausenden der Geschichte eroberten Perser, Makedonen, Chinesen, Mongolen, Araber und Russen um nur Einige zu nennen das strategisch wichtige Tal, durch welches auch die Seidenstraße führte.

Das Bewusstsein in Tradition, Religion und Herkunft ist hier stark ausgeprägt und zeigte sich regelmäßig im Aufbegehren gegen Eliten oder Besatzer. Der immense Bevölkerungsdruck, eine komplexe Grenzziehung und die hohe Arbeitslosigkeit führen zu religiöser Irreführung und ethnischen Spannungen.

Die Schätze des Farg'ona Tales liegen eher im Verborgenen und zeigen sich nicht auf den ersten Blick. Wer hierher kommt sollte Zeit mitbringen und wird dafür belohnt mit einer Herzlichkeit, Hilfsbereitschaft und Gastfreundschaft wie man sie nur hier antreffen kann.

Mullah Qirg'iz Medrese, Namangan

Die Highlights des Farg'ona Tales

● **Qo'qon** Wandern Sie durch die prächtigen Räume des unvergleichlichen Khanspalastes und entdecken Sie die Spuren der einstigen Baumwollmagnate der Stadt

● **Rishton** Dieses Dorf hat sich ganz und gar der Tradition des Keramikhandwerkes verschrieben und dieses blüht seit der Unabhängigkeit wieder ganz neu auf

● **Margilon / Fag'ona** Das altehrwürdige Margilon gilt bis heute als das Mekka der Seidenherstellung des Landes während sich Farg'ona gerne weltgewandt und schick zeigt

● **Quva** Probieren Sie die delikaten Granatäpfel dieser historisch bedeutenden Stadt welche auf eine 2300-jährige Geschichte, auf Buddhismus und den berühmten Al Farg'oniy zurückblickt

● **Mugtepa** Klettern Sie auf die hoch aufragenden Mauern der chinesischen Festung Mugtepa und blicken Sie auf des verschlafene Provinzstädtchen Kosonsoy hinab

● **Axsikent** Das einst reiche Zentrum der antiken Stahlherstellung ist heute wenig mehr als ein beeindruckend großer Erdhaufen direkt am hier noch jungen Sirdaryo Fluß gelegen

● **Andijon** Sie gelten als besonders sparsam und sprechen Hochusbekisch, die Bürger von Andijon. Ihr berühmtester Sohn gründete einst die lange Dynastie der Mogulherrscher Indiens

Das Farg'ona Tal (Fergana Tal)

Verkehrsverbindungen

Die Fluggesellschaft Silkavia fliegt von Toshkent aus regelmäßig die Städte **Namangan** und **Farg'ona** an. Weitere Details werden bei den jeweiligen Städten genannt.

Ebenfalls recht komfortabel reist man in ca. 4h von Toshkent ins Farg'ona Tal mit der Bahn. Bahnhöfe im Farg'ona Tal gibt es in **Pop, Qo'qon, Marg'ilon (Farg'ona)** und **Andijon**. Die gesamte Bahnlinie liegt ausschließlich auf usbekischem Territorium.

Zeitsparend gelangt man per Fahrzeug ins Farg'ona Tal über den Qamchiq Pass. Große Busse fahren diese Strecke jedoch nicht.

Wer den Kamchiq Pass meiden möchte kann auch über **Huçand** ins Farg'ona Tal reisen. Dabei passiert man tadschikisches Gebiet. Diese Passage ist für Deutsche, Österreicher und Schweizer visumfrei.

Aktuell gibt es eine direkte Busverbindung zwischen Toshkent (Metro Olmazor) und Huçand. Alternativ kann man über den **Grenzübergang Oybek / Buston** nahe dem usbekischen Chanoq nach Tadschikistan einreisen. Von dort aus mit Taxi oder Marschrutka über Buston nach **Huçand** (recht zeitaufwändig). Von Qo'qon aus gelangt man über den **Grenzübergang Beshariq / Konibodom** nach Tadschikistan.

Orientierung

Der usbekische Teil des Farg'ona Tales liegt größtenteils in der Talebene während sich die Talränder auf kirgisischem oder tadschikischen Territorium befinden. Der nördliche Teil des usbekischen Farg'ona Tales ist die Region Namangan, im Osten liegt die Region Andijon und im Südwesten die Region Farg'ona. In dieser Region befindet sich neben Margilon und Farg'ona auch die Stadt Qo'qon (russ.: Kokand). Das ganze Tal ist mit einem dichten Netz gut ausgebauter Straßen und einer Ringbahnlinie gut erschlossen.

Die usbekischen **Exklaven Shohimardon, So'x, Jani Ayil** und **Qal'acha** sind nur für usbekische Staatsbürger besuchbar (bilateraler Grenzverkehr). Die internationalen Grenzübergänge sin in der Karte (Seite 279 eingetragen. Der Grenzübergang bei Izboskan ist nur für Fußgänger und Radfahrer geöffnet.

Qamchiq Pass (2267m)

Seit 1957 führt eine Straße über den Bergkamm des Qurama Gebirges. Bis etwa 1995 hatte sie jedoch nur eine untergeordnete Bedeutung da der meiste Verkehr über das tadschikische Huçand lief. Mit zunehmender Abschottung der zentralasiatischen Staaten erhielt der **Qamchiq Pass** (Qamchiq dovoni) jedoch eine immense wirtschaftliche Bedeutung für Usbekistan und wurde daher kontinuierlich ausgebaut. Dank aufwändiger Lawinenschutzbauten und zweier Tunnel ist die Verbindung heute ganzjährig sicher befahrbar. Etwa 10.000 bis 15.000 Fahrzeuge überqueren hier die weitgehend baumlosen Berge auf einer vierspurigen Schnellstraße. Im Jahr 2016 wurde etwas weiter nördlich der von den Chinesen erbaute 19,2Km lange **Qamchiq Tunnel** (Qamchiq tunneli) eingeweiht. Seitdem ist das usbekische Farg'ona Tal auch wieder per Eisenbahn erreichbar. Blockaden wegen Unstimmigkeiten zwischen Tadschikistan und Usbekistan hatten den Güterverkehr immer wieder zum Erliegen gebracht.

Bitte beachten! Sowohl die Qamchiq Straßentunnel als auch der Qamchiq Eisenbahntunnel sind sensible Sicherheitsobjekte des Landes und sollten daher keinesfalls fotografiert oder gefilmt werden. Vermeiden Sie auch Aktivitäten mit dem Handy die als Filmen oder Fotografieren interpretiert werden könnten. Die Objekte werden vom Militär mit Kameras überwacht.

Chust

Am nördlichen Rand des Farg'ona Tales gelegen ist Chust eine sehr lebendige hauptsächlich von Tadschiken bewohnte Kleinstadt. Überregional bekannt ist Chust für seine handwerklich hergestellten **Messer** (Pichak) in den unterschiedlichsten Ausprägungen. Die Form folgt meist in etwa der eines Kochmessers, jedoch ist die Klinge an der Spitze etwas nach oben gezogen. Der Griff kann aus ganz verschiedenen Materialien, meist jedoch Holz oder Horn mit Einlegearbeiten gestaltet sein. Häufig sind die Worte "Estaliq uchun Chust" das heißt "Andenken an Chust" eingraviert. Die Einheimischen glauben fest daran, dass diese Messer sogar böse Geister vertreiben. Zu finden sind sie auf dem quirligen **Bauernmarkt** (Dehqon bozori) im Zentrum. Chust ist eine sehr alte Siedlung und die Metallbearbeitung schon seit vielen Jahrhunderten Tradition. Die örtlichen **Messerschmiede** (Suzangar) zählen zu den angesehensten des ganzen Landes. Schauen Sie doch mal in den Werkstätten rein.

Ebenfalls sehr beliebt sind die besonders kunstvoll gestickten Hütchen der Männer, Doppe genannt. Auch sie werden in vielen Haushalten von den Frauen in Handarbeit angefertigt.

Gut in Kontakt mit Einheimischen kommen Sie in einem der zahlreichen **Teehäuser** (Choyxona) im **Freizeitpark** (Chust istiroxat bog'i Mavlono Lutfullo) von Chust; z.B. die Choyxona "Baliq". Im südwestlichen Teil des Parkes finden Sie auch ein kleines **Minarett** und eine offene **Sommermoschee** (Masjid va Minora, 19.Jh.).

Erreichbarkeit:
Der nächstgelegene Bahnhof, jener der Kleinstadt Pop, ist etwa 21Km südwestlich von Chust und kann vor dort mit einem Taxi erreicht werden. Alternativ kann man mit Minibussen von Namangan aus anreisen (ca. 40Km).

Axsikent

Die einst das Farg'ona Tal beherrschende Stadt Axsikent (in historischen Quellen auch Axsikat oder nur Axsi genannt) entstand bereits im 3.-2. Jh. v. Chr. und blieb bis 1620 durchgehend bewohnt. Im Jahr 103 v. Chr. belagerten 60.000 chinesische Soldaten unter dem Kommando von Li Guangli die Stadt für 40 Tage - erfolglos. Sie wollten endlich dem Geheimnis der blutschwitzenden Himmelspferde auf die Spur kommen. Im 10. Jh. war sie die bedeutendste Stadt der Samoniden im Farg'ona Tal.

Mehrmals wurde Axsikent vollständig zerstört, mal durch die Araber, später die Mongolen und zuletzt 1621 durch ein Erdbeben.

Überregional bekannt war Axsikent für seine hochwertigen Metallerzeugnisse, allen voran die berühmten Schwerter und Messer. Das in den umliegenden Bergen abgebaute Eisenerz wurde hier in Tiegelöfen zum berühmten Damaszener Stahl (auch Wootz oder Bulat genannt) verhüttet.

Es ist davon auszugehen, dass ein Teil der ehemaligen Stadtanlage im südlichen Bereich vom Sirdaryo weggeschwemmt wurde. Die aus einer **Zitadelle** und einer **Wohnstadt** (Shahriston)

bestehende Anlage war umgeben von einer mächtigen Stadtmauer, zahlreichen Wehrtürmen und Stadttoren. Außen herum gruppierten sich Handwerkerviertel, die Eisenhütten und Märkte als Vororte (Rabat).

Heute sind davon nur noch wenige Spuren erhalten. Seit 2002 werden punktuelle Grabungen von Archäologen durchgeführt, ein Gesamtbild entstand bisher jedoch noch nicht. Interessant ist das weitverzweigte unterirdische Leitungssystem aus Tonröhren, welches frisches Wasser des Flusses Kosonsoy in die Stadt leiteten.

An der Straße ist ein kleines **Museum** mit Grabungsfunden zu finden. Das Museum hat keine geregelten Öffnungszeiten. Vom Parkplatz führt ein überdachter Steg hinauf zu einer **Halle** in der die jüngsten Ausgrabungen zu sehen sind. Geöffnet: Sa-Do 9:00-18:00 Uhr, Fr 9:00-12:00 Uhr

Bemerkenswert ist auch der Blick von den hohen Klippen der Zitadelle hinab zur Brücke über den träge dahinfließenden Sirdaryo.

Erreichbarkeit:
Von Namangan erreicht man Axsikent über To'raqo'rg'on und Gulqishloq. Die am Nordufer des Sirdaryo gelegene Anlage nahe Jomasho'y, westl. der Brücke über den Sirdaryo. Von To'raqo'rg'on aus ist ein Taxi die beste Wahl (ca. 17Km). Lage: +40°53'12", +71°27'4"

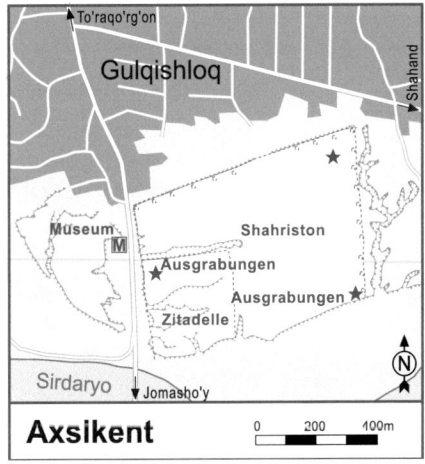

Kosonsoy

Die Kleinstadt Kosonsoy liegt in der nördlichen Ausdehnung des Farg'ona Tals. Bedauerlicherweise finden nur wenige Touristen den Weg hierher. Bemerkenswert ist die größte Moschee des Fergana Tales, die **Aloxon Maxdum Juma Moschee** (Aloxon Maxdum jome masjidi, 13.Jh. - 2013). Sie kann bis zu 8000 Gläubige aufnehmen und repräsentiert die für das Farg'ona Tal typische Architektur mit hohen Kuppeln, gekrönt von einer Ampel und einem dem Innenhof zugewandten doppelstöckigen Riwaq.

Definitiv sehenswert da sehr ungewöhnlich gestaltet ist das **Regionalmuseum** (O'lkashunoslik muzeyi). Es erinnert an eine Moschee mit dekorativen kleinen Kuppeln und entstand in den 1980er Jahren. In das Museum integriert ist der einem Minarett ähnliche Turm. In seinem Inneren ist eine **Gedenkstätte** für den hier geborenen **Maxdumi Azam**, ein Sufi Prediger und theologischer Gelehrter des 15.Jh. untergebracht. Er war wie die überwiegende Bevölkerung Kosonsoys Tadschike und lehrte unter anderem in Toshkent, Kashgar und Daxbed bei Samarqand. Umgeben ist das Gebäude von einem gepflegten Blumengarten. Ebenfalls sehr angenehm ist der kleine **Stadtpark** mit Riesenrad, alten Platanen und Teehäusern.

Sowohl die Moschee als auch das Museum befinden sich im Zentrum von Kosonsoy. Etwa 2,5Km nördlich vom Zentrum erheben sich die verwitterten Lehmmauern von **Koson,** auch **Mugtepa** genannt (8.Jh.) über den Kosonsoy Fluss. Die meisterhaft in das stark erodierte Gelände eingefügte Festung wird den chinesischen Yuezhi zugeordnet, welche im 6. - 9. Jh. mit den Turkvölkern um die Vorherrschaft in Zentralasien kämpften. Nach wie vor erkennbar sind die Reste der Mauern und Wehrtürme der zweigeteilten Burganlage.

Erreichbarkeit:

Etwa eine Stunde benötigt ein Bus vom zentralen Busbahnhof von Namangan ins Zentrum von Kosonsoy. Das Museum, der Stadtpark und die Moschee sind fußläufig erreichbar. Die Burganlage Koson kann mit einem örtlichen Taxi angefahren werden.

Namangan

Die nach Toshkent und Samarqand drittgrößte Stadt Usbekistans bietet einige recht ungewöhnliche aber leider nur wenig besuchte Sehenswürdigkeiten und einen belebten fotogenen Straßenbasar.

Geschichte

Der Name Namangan leitet sich vom tadschikischen Wort Namak für Salz ab, welches hier in früheren Zeiten abgebaut wurde. Nachdem das historischen Axsikent bei einem Erdbeben 1620 weitgehend zerstört wurde, zogen viele ehemalige Bewohner in das bereits seit dem 15. Jh. bekannte Dorf Namakkan. Durch den Zuzug entwickelte sich Namangan entsprechend einer Gründungsurkunde von 1643 zu einer Stadt.

Etwa 100 Jahre später wurde Namangan in das neu entstandene Khanat von Qo'qon eingegliedert. Zahlreiche Kriege und Unruhen erschwerten das Leben auch in Namangan. Im Juli 1875 musste Khan Xudoyor nach Toshkent fliehen. Diese Gelegenheit nutzte der russische General Kaufmann 1876 und besetzte das Khanat Qo'qon handstreichartig mit seinen Truppen. Die Russen erbauten die fächerartig angeordnete Neustadt und industrialisierten Namangan in großem Maßstab. Ab 1912 erhielt die Stadt auch einen Bahnanschluss.

Dennoch verblieb der größte Teil des Stadtgebietes in seinem typisch orientalischen Stadtgefüge mit engen, organisch gewachsenen Gassen und niedrigen Häusern - weitgehend bis heute. Noch in der Mitte des 19. Jh. lebten hier überwiegend Tadschiken und erst danach zogen zunehmend Usbeken in die Stadt. Damit hat Namangan im Gegensatz zum nahen Andijan bis heute eine andere kulturelle Prägung.

Sowohl während der russischen Kolonialzeit als auch in der späteren Sowjetära galt Namangan als das religiöse Zentrum des Farg'ona Tales. Vor etwa 100 Jahren soll es hier noch 331 Moscheen und 20 Medresen gegeben haben.

Orientierung

Das Zentrum von Namangan bildet der Bobur Park (Bobur bog'i). Im nördlichen Sektor fächern sich die Straßen in die russisch-sowjetische Neustadt auf. Hier befinden sich viele öffentliche Gebäude wie Theater, Museum und

Verwaltungsgebäude. Im Osten, Süden und Westen breiten sich die klassischen Wohnviertel (Mahallas) mit einem verwinkelten System aus Gassen und Sträßchen aus. Neben den zahlreichen kleinen Wohngebietsmoscheen sind hier auch die herausragenden Bauwerke der vergangenen Jahrhunderte zu finden. Direkt östlich der Altstadt befindet sich der Chorsu Basar welcher sich als Ausgangsort für die Erkundung der Stadt am besten eignet.

Sehenswürdigkeiten in Namangan

Mullah Qirg'iz Medrese

Mit ihrem fünfeckigen Grundriss ist die **Mullah Qirg'iz Medrese** (Mullo Qirgiz madrasasi, 1912) sicherlich das außergewöhnlichste sakrale Gebäude der Stadt Namangan.
Stifter war der Sohn von Mashrabboy, einem reichen Baumwolle Magnaten Namangans der den Architekten Usto Mullo Qirg'iz mit dem Bau beauftragte.
Sowohl die beiden schlanken Ecktürmchen der Fassade als auch die vergleichsweise groben, einfachen Muster sind charakteristisch für diese Zeitepoche in der in Europa der Historismus vorherrschte. Im rechten Gebäudeflügel überwölbt eine flache Kuppel mit Laterne die Moschee, daneben ein Klassenraum. Insgesamt gibt der Innenhof mit der Veranda und dem Minarett ein durchaus fotogenes Bild ab.
Tageweise findet rund um die Medrese ein bunter umtriebiger **Straßenbasar** statt. Unter

improvisierten Schattensegeln werden allerlei Produkte wie zum Beispiel die traditionellen Käppchen der Männer, die Doppe feilgeboten. Einige Meter weiter westlich breitet sich das Gelände des **Chorsu Basares** und des innerstädtischen **Busbahnhofes "Chorsu"** aus.

Hodscha Amin Qabri Mausoleum und Moschee

Das Hodscha Amin Qabri Mausoleum (Xo'ja Amin Qabri maqbarasi, 17.-19.Jh.) verkörpert eine interessante Mischung aus lokalem Kunsthandwerk mit einem zeitgenössischem Art déco Stil basierend auf historischen Vorbildern aus dem 14. Jh..
Benannt ist es nach Amin Qabri, ein Nachkomme des aus Toshkent stammenden Sufipredigers und Poeten Scheich Xovandi Tohur. Experten gehen jedoch davon aus, dass das Mausoleum einer ganz anderen Person, nämlich Ibrahimhodscha gewidmet wurde. Über diesen ist im Gegensatz zu Amin Qabri, dessen Grab tatsächlich ganz in der Nähe ist, jedoch nichts bekannt.
Wann genau das Mausoleum entstand ist daher umstritten, vermutet wird die erste Hälfte des 17. Jh.. Das heutige Aussehen erhielt das Gebäude jedoch erst im 19. Jh..
Das Portal besteht aus zwei umlaufenden Schmuckbändern, Farbreste lassen erahnen, dass die reliefierten Keramikacheln einstmals recht bunt bemalt waren. Die Ornamentik stammt aus dem 14. Jh., ist sehr filigran und beeindruckend. Dies gilt auch für die beiden Ecktürmchen, die Guldastras welche mit bunt glasierten, teils komplexen Kalligraphiebändern verziert wurden. So gar nicht zur Front passt die unbeholfen wirkende ebenfalls bunte Spitzbogendecke des Iwans. Über dem Eingang wird der Name des Architekten Muhammad Ibrohim ibn Abdurahim genannt. Im Innern fällt das Band mit einer ungewöhnlichen an Art deco erinnernde rundliche Kalligraphie ins Auge. Die Wände, Muqarnanischen und die Kuppel sind bedeckt von feinen, bunt bemalten Ornamentbänden, stilisierte Blumensträuße und weiteren Schmuckelementen.
Kurios ist der um 45° gedrehte Sockel auf welchem sich die recht flache Kuppel befindet. In jeder Hinsicht ein ungewöhnliches Bauwerk das den Besuch lohnt.

Mullah Qirg'iz Medrese

Nebenan steht die **Hodscha Amin Qabri Moschee** (Xo'ja Amin Qabri masjidi, 19. Jh) mit einer farbenprächtig bemalter Decke. Das **Minarett** ist erst nach der Unabhängigkeit entstanden.

Ota Vali Khan To'ra Moschee

Geplant und errichtet wurde der große Kuppelbau durch den Architekten Usto Mullah Qirg'iz, welcher auch die Mullah Qirg'iz Medrese erbaut hatte. Dabei war die **Ota Vali Khan To'ra Moschee** (Otavalixon To'ra masjidi, 1915) ein Ersatzbau für eine aus dem 17. Jh. stammende, abgebrannte Moschee. Die ehemalige Hauptmoschee des historischen Stadtviertels Degrezlik beeindruckt vor allem durch die große Kuppel mit einem Durchmesser von 15m. Ansonsten ist das Gebäude eher schmucklos. Es beherbergt aktuell eine Kunstsammlung (Badiiy galereyasi) lokaler Künstler.

Yusufxon o'g'li Qosimxon Moschee

Die Moschee mit dem gewagtesten Design des Landes ist 2021 hier in Namangan entstanden. Alten Plänen zufolge soll es hier im 10. Jh. eine große Karawanserei gegeben haben in der sich auch eine Moschee befand. Dieses Gebäude wie auch die angrenzenden Einkaufszentren und Vergnügungsparks wurden von Dome + Partners Istanbul entworfen. Lage: +40°59'53", +71°37'33"

Regionalmuseum

Die Sammlung des Museums der Region Namangan (Namangan Viloyat Tarixi va Madaniyati davlat muzeyi) wurde bereits im Jahr 1919 gegründet. In sieben Museumsräumen werden die Fauna und Flora der Region, deren Geschichte insbesondere von Axsikent und weitere ethnographischen Themen bis hin zur Gegenwart dargestellt. Geöffnet: tägl. 8:00 - 17:00 Uhr

Verkehrsverbindungen

Intern. Flughafen Namangan (NMA)

(Namangan xalqaro aeroporti) Die nationale Fluggesellschaft Uzbekistan Airways fliegt von Namangan **diverse russische Städte** an. Silkavia fliegt einmal täglich nach **Toshkent**. Der moderne Flughafen westlich von Namangan gelegen ist recht überschaubar und angenehm sauber.

Erreichbarkeit:
Der Flughafen liegt vom Chorsu Basar aus gut 10Km westlich der Stadt. Erreichbar mit Minibus Nr. 4 entlang der Islom Karimov ko'chasi oder per Taxi ab Chorsu Basar. Busse in die Stadt warten auf der Zufahrtsstraße.

Hauptbahnhof Namangan

(Namangan vokzali) Mi und So gibt es eine, Sa zwei Zugverbindungen von Namangan nach **Toshkent** (5,5h).

Erreichbarkeit:
Der Bahnhof von Namangan liegt an der Amit Temur ko'chasi. Erreichbar mit Marschrutka Nr. 4 und 16.

Jahon Busbahnhof

Der Jahon Busbahnhof (Jahon avtobekati) hat seinen Namen vom daneben liegenden Lola Jahon Basar an der Ausfallstraße Richtung Andijon. Von diesem Busbahnhof fahren Kleinbusse und Sammeltaxen über **Haqqulobod** und **Poytug'** nach **Andijon** (1,5h). Man kann auch Sammeltaxen nach Andijon am westlichen Ende der Bobur shoh ko'chasi gegenüber dem Portal des Yoshlar markazi finden.

Erreichbarkeit:
Alle Marschrutkas mit dem Fahrziel "Lola Jahon" fahren bis zum Jahon Busbahnhof bzw. Basargelände. Der Yoshlar markazi liegt auf der Route von Marschrutka Nr. 4.

Do'stlik Busbahnhof

Vom Do'stlik Busbahnhof (Do'stlik avtobekati) fahren mehrmals täglich Busse und Sammeltaxen über **To'raqo'rg'on**, **Chust** und **Pop** nach **Qo'qon** (2h).

Erreichbarkeit:
Der Busbahnhof Do'stlik liegt nordöstl. des Zentrums an der Islom Karimov ko'chasi, der Ausfallstraße nach To'raqo'rg'on. Erreichbar mit Marschrutka Nr. 4.

Toshkent Sammeltaxistand

Am Taxistand "Tashkentskij Pjatak" warten Taxis auf Kundschaft mit Fahrziel **Toshkent** (5h). Ziel dort ist i.d.R. der Qo'yliq Basar.

Erreichbarkeit:
Der Taxistand nahe der Yusufxon o'g'li Qosimxon Moschee kann per Taxi vom Zentrum

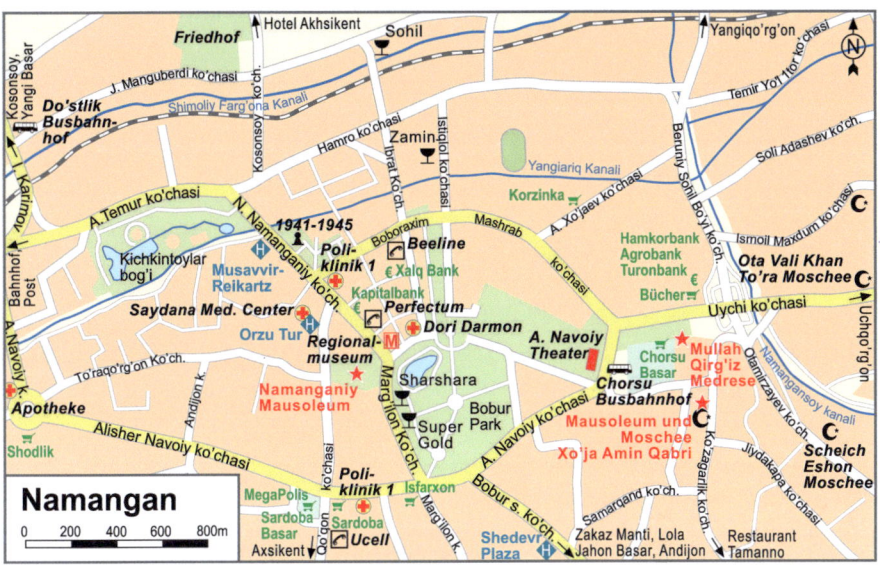

Namangan

Aloxon Maxdum Juma Moschee, Kosonsoy

Hodscha Amin Qabri Mausoleum, Namangan

Ota Vali Khan To'ra Moschee, Namangan

aus erreicht werden. Lage: +40°59'51.98", +71°37'28.98"

Der Grenzübergang nahe Uchqo'rg'on nach Kirgisistan ist geschlossen. Der nächstgelegene Grenzübergang befindet sich nördlich von Andijon bei Izboskan.

Verkehrsmittel in Namangan
In der Stadt fahren moderne grüne Busse, Kleinbusse und Marschrutkas auf festen Linien. Zentraler Anlaufpunkt ist der Chorsu Busbhf.

Chorsu Busbahnhof
Der Chorsu Busbahnhof (Chorsu Avtobekati) ist das verkehrstechnische Herz der Stadt. Von hier aus kann man alle innerstädtischen Ziele erreichen. Marschrutkas Nr. 4 starten von hier zum **Yoshlar markazi, Bahnhof (Vokzal), Do'stlik Busbhf.** und **Flughfn. (Aeroport)**.

Stadtbuslinie (grüne Busse)
Linie 1: Otchopar - Taxtako'prik
Linie 2: Otchopar - Chorsu
Linie 3: Yuksalish - Chorsu

Kleinbusse (weiße Busse)
Linie 1: 3. Mikrorayon - Taxtako'prik
Linie 7: Oromgoh - Eshabod
Linie 8: Yangiabod - Chorsu
Linie 10: Xamza - Go'zal
Linie 12: Suv xo'jaligi - Chorsu
Linie 13: Chorsu - 1. Mikrorayon
Linie 16: Sardoba - Vokzal - Chorsu
Linie 18: Chorsu - Iravdon
Linie 21: 1. Mikrorayon - Jahon Basar
Linie 23: Axsikent - 36. Maktab
Linie 29: Sherbuloq - Chorsu

Namangan von A bis Z

Apotheken
Dorixona Nr. 7, Navoiy halqasi

Dori Darmon Dorixona, U. Nosir ko'chasi 12, Ecke Ibrat ko'ch.

Bücher, Bildbände
Kitoblar, Uychi ko'ch., Mashhura markasi

Einkaufen
Basare
Chorsu Basar (Chorsu bozori), Uychi ko'ch. Ecke Alisher Navoiy ko'ch.; Lebensmittel, Gemüse, Früchte, Bekleidung, Haushalt

Lola Jahon Basar (Lola Jahon bozori), Bobur shoh ko'ch.; Lebensmittel, Gemüse, Früchte, Haushalt, Schreibwaren, Bekleidung

Sardoba Basar (Sardoba bozori) Alisher Navoiy ko'ch.; Lebensmittel, Gemüse, Früchte, Bekleidung, Haushalt

Supermärkte und Einkaufszentren
Sardoba Savdo Markazi, gegenüber dem Sardoba Basar; Bekleidung, Haushalt

Isfarxon, (Yangi TSUM) A. Navoiy ko'ch.; Elektrogeräte, Haushalt, Möbel, Sportartikel

Shodlik Savdo Markazi, A. Navoiy; Lebensmittel, Haushalt

MegaPolis, Sardoba Basar; Bekleidung

Geldwechsel
Kapitalbank, N. Namanganiy ko'ch. 27, Geöffnet: Mo-Fr. 9:00-17:00 Uhr

Xalq Bank, Lutfiy ko'chasi 5A, Geöffnet: Mo-Fr 9:00-13:00 und 14:00-18:00 Uhr

Hotels und Unterkünfte (Auswahl)
Mittel
Hotel Akhsikent, Chortoq yo'li ko'ch. 79, Tel. 78-777 07 77, Outdoorpool, großzügige Zimmer, Gym, reichhaltiges Frühstücksbuffet

Hotel Shedevr Plaza, Bobur shoh ko'ch. 8b, Tel. 97-212 10 10, modernes Hotel Indoorpool, Frühstücksbuffet, Cafe

Günstig
Hotel Musavvir-Reikartz, N. Anamanganiy ko'ch. 12, Tel. 90-156 80 88, gute Rezensionen, plüschige Ausstattung, diese Wandbilder...

Hotel Orzu Tur, Nodira ko'ch. 1, Tel. 369-233 00 17, teils kleine Zimmer, schick renoviert, komfortabel, Dusche mit Vorhang

Krankenhäuser
Saydana Medical Center, Nodira ko'ch. 1, Tel. 369-223 10 10; Mo-Sa 8:00-16:00 Uhr

Poliklinik Nr. 1 (Keng profili poliklinikasi), A. Navoiy ko'ch.1, Tel. 69-227 96 30

Museen und Dauerausstellungen
Regionalmuseum (Namangan viloyat o'lkashunoslik muzeyi), NodimNamanganiy ko'chasi 41; Geöffnet: tägl. 8:00 - 17:00 Uhr

Post
Hauptpost (O'zbekiston Pochtasi Namangan filiali), Amir Temur ko'ch. 54, nahe Bahnhof.; Geöffnet: Mo-Sa 9:00-16:00 Uhr

Restaurants
Usbekisch
Restaurant Tamanno, Bobur shoh ko'ch. 48, südl. Ende der Ko'zagarlik ko'ch., Tel. 69-239 23 23; gutes Familienrestaurant, sauber, lecker

Kantine Sohil (Oshxonasi Sohil), Ibrat ko'ch., direkt am südl. Farg'ona Kanal, schöne Anlage, Palov, Schaschlik

Kantine Sharshara (Osxonasi Sharshara), im Bobur Park, sehr beliebt, klass. Fleischgerichte, Salate, Suppen

Restaurant Zamin, Istiqbol ko'ch. 25, Tel. 69-228 72 70, eher eine Kantine, Aquarium, einfache Speisen

Fast Food
Imbiss Zakaz Manti, Bobur shoh ko'ch., Tel. 91-361 62 62, die besten Manti in der Stadt

Café Super Gold Sweets, Bobur Park, Tel. 93-404 44 44; beliebtes Cafe, häufig sehr voll, Torten, Kuchen, Kaffee, Pizza, Döner

Telefon, SIM Karten für Handys
Ucell, Qo'qon ko'ch. gegenüb. Sardoba Basar
Beeline, Ibrat ko'chasi 46
Perfectum, N. Namanganiy ko'chasi 37

Vergnügungsparks
Afsona Land, I. Karimov ko'ch, Aquapark, Fahrgeschäfte, Riesenrad, zwei Einkaufszentren, Geöffnet /24

Bobur Park, etliche Fahrgeschäfte und ein Riesenrad warten hier auf Jung und Alt, Geöffnet: tägl. 8:00-22:00 Uhr

Vorwahl
69

Andijon
Diese Stadt ist der Inbegriff für den typisch usbekischen Basar, in dem einfache Menschen in ihren kleinen Buden hocken und Nägel schmieden oder Drehteile für Kinderbettchen aus schwer duftendem Holz drechseln. Nebenan ruft eine dicke Marktfrau mit Kopf-

tuch, um ihr Gemüse anzupreisen. Hier erleben Sie das "echte" Farg'ona Tal.
Die „Andjonliq", wie Sie genannt werden, sprechen Hochusbekisch und gelten als sehr sparsam. Der berühmteste Sohn der Stadt ist zweifellos Zahiruddin Bobur, Poet, Feldherr und Begründer der berühmten Moghul Dynastie in Indien.

Geschichte
Andijon ist neben Osh die nachweislich älteste ununterbrochen bewohnte Stadt des Farg'ona Tales. Urkundlich erwähnt wird eine Stadt namens Andiakan ab dem 9. Jh.. In dieser Zeit ist Andijon ein Außenposten des Samonidischen Reiches. Die durch Handel schnell gewachsene Stadt zog auch die mongolischen Horden an. Im späten 13.Jh. erhob Qaidu Khan, ein Enkel des dritten Sohnes von Dschingis Khan die Stadt zum Machtzentrum des ganzen Farg'ona Tales.
Im Alter von 11 Jahren wurde der aus Andijon stammende Temuride Zahriddin Bobur Herrscher im Farg'ona Tal um es jedoch nur wenige Jahre später an rivalisierende Verwandte zu verlieren.
Durch die Loslösung von Buxoro im Jahr 1709 entstand in Andijon das Khanat Qo'qon welches jedoch bald darauf der chinesischen Qing Dynastie tributpflichtig wurde.
Bekannt für ihre besondere Sparsamkeit lehnten sich am 22. Juli 1875 die Bewohner Andijons gemeinsam mit rebellischen Kirgisen gegen den verschwenderisch lebenden Khan von Qo'qon auf. Xudoyor Khan musste fliehen, doch die Freunde über die Befreiung von seiner steuerlichen Tyrannei währte nur kurz. Die Armeen des russischen Zaren bedrängten die im Aufruhr sich befindlichen Städte des Farg'ona Tales und kämpften sie schließlich 1876 durch waffentechnische Überlegenheit nieder. Scheich Muhammad Ali, ein Mitglied des Naqshbandia Sufi Ordens wollten sich damit nicht abfinden und erhob sich wieder von Andijon aus mit 2000 aufständischen Kirgisen gegen die Russen. Es half alles nichts und doch sollte es nicht die letzte Revolte sein.
Bereits 1881 entstand als Mittelpunkt der zaristischen Neustadt die Festung, welche heute noch erhalten ist und 1899 wurde Andijon Endstation der Bahnlinie die nun bis zum

Kaspischen Meer reichte. Nur 3 Jahre später zerstörte ein heftiges Erdbeben weite Teile der Altstadt von Andijon weshalb heute nur noch wenige historische Gebäude erhalten sind.

In der Sowjetzeit waren Andijon, Osh und der Kurort Žalalabat aufs engste miteinander verwoben. Da es keine sichtbaren Grenzen gab, war die territoriale Verflochtenheit von Usbeken und Kirgisen selten konfliktbehaftet. Das änderte sich erst mit der Unabhängigkeit der Nationalstaaten Usbekistan und Kirgisistan. Doch zunächst entstand ein anderes Konfliktpotential. Aufgrund einer neu eingeführten Lizenzpflicht für Kleinhändler zogen 2004 immer wieder Demonstranten durch die Straßen von Andijon. Etwa ein Jahr später gingen die Proteste, diesmal gegen die Inhaftierung von 23 erfolgreichen lokalen Geschäftsleuten weiter. Die Anklage lautete auf Mitgliedschaft in einer verbotenen islamistischen Vereinigung, ein häufig verwendeter Vorwurf um missliebige Personen aus dem Verkehr zu ziehen. Schnell eskalierte die Lage, die Protestierenden stürmten das Gefängnis, tags darauf auch Verwaltungsgebäude in Andijon. Es kam zu einem blutigen Massaker bei dem viele Menschen, auch Frauen und Kinder zu Tode kamen. Die genaue Zahl ist bis heute nicht bekannt. Die Stadt blieb mehrere Tage völlig abgeriegelt. Viele versuchten zu ihren Verwandten in Kirgisistan zu fliehen, doch diese schlossen die Grenze. Es waren die umfangreichsten Proteste gegen das Regime um Präsident Karimov und den Geheimdienstchef Inoyatov.

Die Wunden von damals sind bis heute nicht geheilt. Es gibt hier keine nach Karimov benannte Straße und auch kein Denkmal für ihn.

Orientierung

Die Eisenbahnlinie trennt die Altstadt im Norden von der Neustadt im Süden. Die verbindende Hauptstraße ist die Alisher Navoiy shoh ko'chasi.

Mit dem Bus kommt man in Andijon entweder am Busbahnhof im Süden in der Nähe des Bahnhofs oder nahe dem Bauernmarkt im Norden an.

Für die meisten Touristen ist Andijon nur eine Zwischenstation auf dem Weg von oder nach Oš (Kirgisistan). Dennoch lohnt ein kurzer Aufenthalt um die Atmosphäre der Stadt zu spüren. Touristisch interessant ist die Gegend rund um den Bauernmarkt mit seinen Altstadtvierteln und Handwerkerbuden sowie die Fußgängerzone (Istiqlol ko'chasi) vom Bahnhof Richtung Festung mit kolonialer Architektur.

Sehenswürdigkeiten in Andijon

Sarbon Tepa

Das älteste noch sichtbare Relikt in dieser Stadt ist ein heute eher unscheinbarer Erdhügel, umgeben von einer Ziegelsteinmauer, Ausgrabungen belegen Funde die bis ins 8. Jh vor Chr. zurückreichen. Lage: +40°46'54.84", +72°19'47.32" (westl. des Hotel International)

Jo'me Moschee und Medrese

Der einzige erhaltene Komplex einer Freitagsmoschee mit angegliederter Medrese (Jome masjidi va madrasasi, 1890) der Stadt ist heute dank einer umfassenden Renovierung zumindest in Teilen wieder hergestellt. In der Sowjetzeit wurde der Südflügel der Anlage abgerissen und ein massives Gebäude straßenseitig errichtet um das religiöse Zentrum der Stadt quasi zu verstecken.

Die **Jo'me Moschee** besteht aus einem langen Iwan mit sehr schöner, bunten Deckenbemalung. Typisch für das Farg'ona Tal ist die Platzierung des **Minaretts** vor der Moschee. Es ist 32m hoch und war damit eines der höchsten des Tales. Östlich der Moschee liegt der Hauptflügel der **Jo'me Medrese** mit einem Peshtoq Portal, verziert mit zwei kleinen Laternen. In den Innenräumen des Ostflügels ist noch etwas alter Stuck vorhanden. Ein besonderer Blickfang sind die flach überkuppelten Ecktürmen der Medrese. Hier befanden sich die Klassenräume der Koranschüler. Wo einst die Hujrazellen waren ist heute ein historisierter Nordflügel mit Souvenirgeschäften errichtet worden.

Regionalmuseum

Die nach der Unabhängigkeit leicht umgestaltete Front des in den 1980er Jahren erbaute **Regionalmuseums** (Andijon viloyat tarixi va madaniyat muzeyi) zeigt zwei sehenswerte spätsowjetische Wandreliefs. In den Ausstellungsräumen sind neben Fauna und Flora der Region auch landwirtschaftliche Erzeugnisse und Produktionsverfahren zu sehen. Darüber hinaus kann man archäologische Funde, ethnographische Objekte sowie Gemälde lokaler Künstler betrachten. Das Museum ist sehenswert, das Personal nett und hilfsbereit. Geöffnet: tägl. 9:00 - 17:00 Uhr

Devonaboy Freitagsmoschee

Der Vorgängerbau der Devonaboy Freitagsmoschee (Devonaboy joʻme masjidi) hatte von 1870 bis zum Erdbeben 1902 existiert. Die alte Moschee war deutlich kleiner und schlichter. Das 2015 errichtete Portal mit den beiden 50m hohen Minaretten ist dagegen durch die schiere Größe schon beinahe erdrückend. Im Jahr 2018 wurde nun auch eine neue vom Portal losgelöste Gebetshalle errichtet.

Bobur Literatur Museum und Hodscha Naib Medrese

Ein sehr legendenreicher Ort ist die **Medrese Hodscha Naib** (Xoʻja Naib madrasasi, 15. - 19.Jh.). Nach einer dieser Legenden exisiterte hier an dieser Stelle eine Festung, **Ark Ichi** genannt, errichtet von Omarshayx Mirzo, dem Vater des berühmtesten Sohnes der Stadt, Zahiriddin Bobur.

Das fünfeckige Gebäude wurde 1882-85 erbaut und hat in seinem bisherigen Leben einiges erlebt. Es überstand das Erdbeben von 1902, blieb danach jedoch als Medrese geschlossen. Während des zweiten Weltkrieges waren hier einige Flüchtlingsfamilien untergebracht, später diente es als Lagerhaus. Erst 1982 wurde es als Denkmal anerkannt und bis 1989 teilweise restauriert um als Museum für Literatur und Kunst zu dienen. Im Jahr 1993 erfolgte dann eine Umgestaltung in ein Museum zu Boburs Leben und literarischem Wirken. Ausgestellt sind einige Schriften, Gemälde und Gegenstände aus der Zeit Boburs. Sehenswert ist auch der Iwan der Sommermoschee. Die letzte Restaurierung liegt nur wenige Jahre zurück. Geöffnet: Mo-Sa 9:00 - 17:00 Uhr

Gasse der Handwerker, Bauernmarkt

Entlang der **Gasse der Handwerker** reihen sich Handwerksbuden, kleine Geschäfte und Dienstleister eng aneinander. Dieser Teil der Altstadt von Andijon zählt sicher zu den interessantesten, weil sehr ursprünglichen Teilen der Stadt. Hier sollten Sie auf jeden Fall hindurchschlendern und dabei den Handwerkern über die Schulter schauen.

Genießen Sie auch den typisch orientalischen **Bauernmarkt** (Makaziy dehqon bozori) im Herzen der Altstadt. Hier gibt es nicht nur gewaltige Melonen und weiteres herrliches Obst sondern auch große, prächtig verzierte Patir Brote. In den Teehäusern am Rande des Basares wird köstlicher Andijon (achyq) Palov serviert welcher hier deutlich schärfer gewürzt ist als im Rest des Landes.

Badehaus

Etwas für Entdecker ist das historische Badehaus vermutlich aus dem 17. Jh.. Die von Lehm bedeckten Kuppeln überwölben ein uriges Hammom das noch völlig unrestauriert ist. Das im Besitz der Familie von Miftoxitdin befindliche ehemals öffentliche Bad ist schon seit etlichen Jahren nicht mehr in Betrieb aber unbedingt sehenswert. Die Räume sind unterirdisch, so dass man über eine Leiter hinabsteigen muss.

Das kleine Haus mit dem Zugang zum Badehaus ist mit einer kleinen Metallkuppel bedeckt. Am Eingang gibt es ein Schild mit der Aufschrift "Xammom". Lage: +40°47'7.38", +72°20'42.84"

Gästehaus des Kaufmanns Ahmadbekhodscha Temirbekov

Das ehemalige Gästehaus Ahmadbekhodscha (Mehmonxonasi uyi Ahmadbekxoʻja Temirbekov) ist in der Liste des Kulturerbes der Republik Usbekistan aufgeführt. Das zweistökkige Gebäude wurde nach dem Erdbeben von Andijon im Jahr 1903 von einem wohlhabenden lokalen Kaufmann namens Ahmadbekhoja Temirbekov erbaut. Das Gebäude zeichnet sich durch ein einzigartiges Interieur aus: geschnitzte Holzsäulen, bemalte Decken, Schnitzereien. Der Komplex verfügt über einen Wohnbereich für Namaz (Gebetshalle), ein Hamam (Bad), ein Esszimmer im Innenhof und ein Verwaltungsgebäude. Das Haus hat keine geregelten Öffnungszeiten. Zugang vom Alisher Navoiy Parkgelände aus.

Russische Kolonialarchitektur

Die fächerartig angelegte Neustadt von Andijon südöstlich des Bahnhofes beherbergt auch heute noch einige sehr schöne Beispiele der kolonialen Architektur aus dem ausgehenden 19. und frühen 20. Jahrhundert. Teilweise schön renoviert, teils aber auch vernachlässigt ist jedes ein Kleinod für sich. Ausgangspunkt für eine Tour durch die Neustadt kann der Platz der Verfassung (Yonidagi maydoni) mit dem Reiterstandbild Boburs sein, welcher sich gegenüber dem Bahnhof befindet. Entlang der Istiqlol ko'chasi und der Amir Umarxon ko'chasi gibt es etliche sehenswerte koloniale Gebäude.

Russische Festung

Sie ist die einzige noch erhaltene Stadtfestung des russischen Zaren in Usbekistan und dank mehrerer Renovierungen auch heute noch besuchenswert. Der "Krepost" entstand in den Jahren 1880-81 mit Bastionen und Mauern aus Ziegelsteinen. Zu sehen ist die nordwestliche Ecke der Festung, der restliche Teil ist wegen Straßenarbeiten und dem Bau von Privathäusern nicht mehr vorhanden. Erhalten sind auch das Pulverdepot und die Zugänge zu den Bastionen.

Im rot gestrichenen Gebäude im Innenhof befindet sich theoretisch eine **Kunstgallerie** (Tasviriy san'at galereyasi) die jedoch meistens geschlossen ist.

In dieser Festung waren zwei Abteilungen der zaristischen Armee, etwa 250 Soldaten untergebracht welche die immer wieder aufkommenden Unruhen der lokalen Bevölkerung niederschlugen.

Bog'ishamol Erhohlungspark

Ein durchaus beliebtes Ausflugsziel der Einheimischen ist der **Bog'ishamol Erhohlungspark** (Bog'ishamol istirohat bog'i). Der Name, Bog'ishamol lautet übersetzt "Garten der Winde" und ist ein häufig von den Temuriden genutzer Name für damals angelegte Gärten und Parks.

Zum 500. Geburtstag 1983 ließ die sowjetische Lokaladministration ein ausgedehntes Erhohlungsgebiet mit einer Seilbahn, einem Amphitheater, einem Segelschiff und Riesenrad anlegen. Der obere Teil des Parkes ist heute weitgehend verwildert und eher etwas für Fans von "Lost Places".

Im unteren Bereich nahe dem Kreisverkehr dagegen trifft man auf die gepflegte Parkanlage die hinauf führt zur **Bobur Erinnerungsstätte** (Bobur ziyoratgohi). Im obersten der

drei Pavillons werden Szenen aus dem Leben Boburs in einem großen Wandgemälde nachgezeichnet. In den anderen beiden Pavillons sind seit 2018 weitere Ausstellungsstücke zur Geschichte der Moghul Dynastie in Nordindien zu sehen.

Hinter dem mittleren Pavillon führt eine Treppe schließlich zu einer offenen **Säulenhalle**, dem Scheingrab von Bobur. Tatsächlich ist Bobur im indischen Agra verstorben und in seinem Lieblingsgarten Bag-e Babur in Kabul bestattet worden. Erde von diesen beiden Stätten ist unter dem einfachen "Grab" zu finden.

Etwas weiter westlich befindet sich der Eingang zum **Vergnügungspark** mit etlichen Fahrgeschäften und dem fotogenen Teebrunnen, einer riesigen Teekanne aus der Wasser in eine Piyola Tasse fließt. Die **Seilbahn** mit ihren bunten Kabinen führt 1600m lang hinauf zu einem Hügel oberhalb des Parkes. Sie ist im Sommer an den Wochenenden oder an Feiertagen in Betrieb.

Erreichbarkeit:
Vom Neuen Basar (Yangi bozori) fahren Marschrutkas bis zum Endpunkt Bobur bog'i oder Bog'ishamol. Mit einem Taxi sind es gut 10Km vom Zentrum der Altstadt bis zum Park.
Lage: +49°43'20.88", +72°26'20.08"

Verkehrsverbindungen

Aktuell werden **keine internationalen oder nationalen Füge nach Andijon** angeboten. Die nächstgelegenen Flughäfen sind in Namangan und Farg'ona.

Hauptbahnhof Andijon

Derzeit ist der Hauptbahnhof **Andijon 1** (Andijon vokzali) die Endstation der Zugverbindungen. Von **Toshkent** (6-7h; tägl.), **Urganch** (21h; Di, Fr, Sa), **Termiz** (20,5h; Mo, Di, Do, Fr, So), und **Qoṅirat** (28,5h;Mo, Do, Fr) fahren alle Züge durch den Qamchiq Tunnel. Das Bahnhofsgebäude ist sauber und in einem modernen, funktionalen Zustand. Zugtickets erhält man im Gebäude südl. des Bahnhofs.

Erreichbarkeit:
Nach Verlassen des Bahnhofsgebäudes warten Stadttaxis auf dem Parkplatz links (Nordost). Marschrutkas mit dem Fahrziel "Avtovokzal" passieren in der Regel auch den Bahnhof.

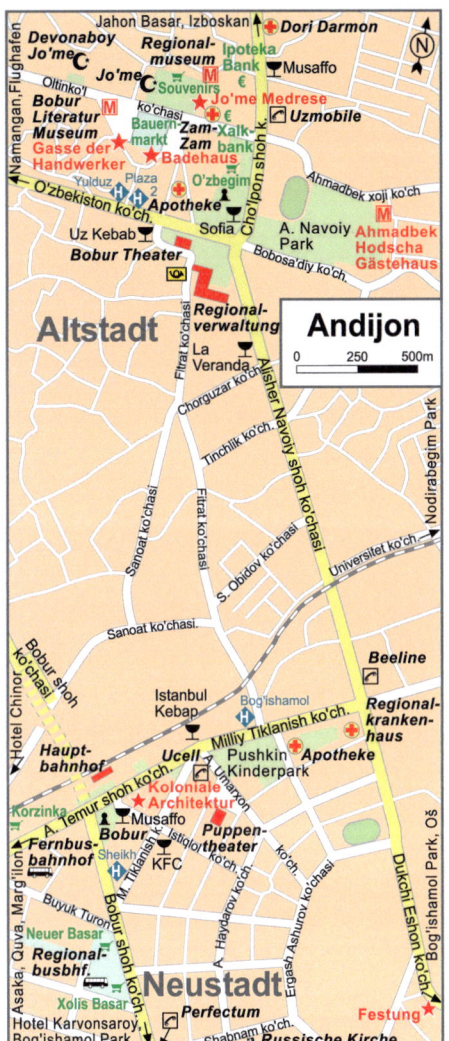

Zahiriddin Bobur (1483 - 1530)

Am 14.2.1483 wurde der berühmteste Sohn von Andijon geboren: Zahiriddin Muhammad ibn Umarshayx Mirzo, genannt Bobur, der Tiger. Er war quasi der Letzte der Dynastie der Timuriden welcher nochmals versuchte das einstige Reich Amir Temurs neu zu beleben, doch er scheiterte mehrmals. Daraufhin zog er sich nach Kabul zurück und gründete von dort aus das Reich der Moghulherrscher in Nordindien. Wenn man so will gelangten über diesen "Kulturtransfer" Architektur, Religion aber auch Speisen wie Palov und Somsa, in Indien Pulau und Somosa genannt in den nordindischen Raum.

Bobur war aber nicht nur der kluge militärische Stratege mit dem Erfolg über die Herrscher Nordindiens sondern auch ein Feingeist. Er ist Autor des autobiographischen Werkes Boburnoma welches er in Tschagataischer Sprache - dem Proto-Usbekisch - verfasste. Inhalte sind neben präzisen Beschreibungen einzelner Personen der damaligen Zeitgeschichte auch die Städte des Farg'ona Tales und ihrer Bevölkerung. Seine große Liebe zur Flora brachte er in großen Gartenanlagen zum Ausdruck, aber auch in Studien zu einzelnen Pflanzenarten die er im Detail beschrieb.

Bobur verstarb mit 47 Jahren in Agra und wurde schließlich in den 1930er Jahren seinem Wunsch entsprechend im Bagh-e Babur im afghanischen Kabul beigesetzt.

Devonaboy Jo'me Moschee, Andijon

Andijon Fernbusbahnhof
Der Andijon Fernbusbahnhof (Andijon avtobekati) bietet Verbindungen zu allen Städten im Farg'onatal wie **Namangan, Qo'qon, Marg'ilon/Farg'ona**. Auch können hier Sammeltaxen angetroffen werden, die nach **Toshkent** fahren.
Entlang der Bobur shoh ko'chasi zwischen Bahnhof und Neuem Basar warten Fahrer von Sammeltaxen auf Fahrgäste um diese zur Grenzstation "Do'stlyk/Dustyk" nahe **Oš** zu bringen.

Erreichbarkeit:
Alle Marschrutkas mit dem Fahrziel "Avtovokzal" fahren zu diesem Busbahnhof. Vom Bahnhof sind es 500m zu Fuß in südwestliche Richtung entlang der Amir Temur shoh ko'chasi bis zum Andijon Busbahnhof.

Xolis Basar Regionalbusbahnhof
Auf dem großen Parkplatz westlich des Xolis Basargebäudes trifft man auf Kleinbusse die zu zahlreichen Zielen in der Stadt oder der Region Andijon aufbrechen.

Erreichbarkeit:
Marschrutkas mit dem Fahrziel "Yangi bozori" halten in der Regel auch hier bzw. in der Nähe.

Majmua Basar Taxistand
Am westlichen Ende der O'zbekiston ko'chasi (A373) warten neben dem kleinen Majmua Basar (Majmua bozori) Sammeltaxen mit Fahrziel Toshkent.

Erreichbarkeit:
Der Majmua Basar kann z.B. vom Regionalbusbahnhof erreicht werden. Fragen Sie ggf. einheimische nach "Majmua bozori avtostojanka".

Grenzübergänge nach Kirgisistan
Es gibt aktuell zwei auch für Drittstaatler geöffnete Grenzübergänge. Der stark frequentierte Übergang **Do'stlik/Dustyk nach Oš** ist täglich 24h geöffnet, es gibt jedoch eine Mittagspause von 13:15 bis 13:45 Uhr. Als Tourist kann man an der Warteschlange vorbei ganz nach vorn gehen. Das ist das übliche Prozedere dort. Wechseln Sie ihre restlichen usbekischen So'm vor dem Grenzübertritt, da diese in Kirgisistan nur zu einem deutlich schlechteren Kurs gewechselt werden.

Wer direkt **Richtung Biškek** reisen möchte kann auch bei **Izboskan/Byurgendyu** nach Kirgisistan einreisen. Der Grenzübergang ist wesentlich kleiner und nicht für PKW geöffnet. Informelle Geldwechselmöglichkeiten auf beiden Seiten. Auch hier gilt: usbekische So'm besser vor dem Grenzübertritt wechseln.

Andijon von A bis Z
Apotheken
Megasef Dorixona Nr. 2, Fitrat ko'chasi 236

Dorixona, Milly Tiklanish ko'chasi 43

Dori Darmon Dorixona, Cho'lpon ko'ch. 181

Einkaufen
Basare
Bauernmarkt (Marakziy dehqon bozori), Oltionqo'l ko'ch.; Lebensmittel, Gemüse, Obst

Neuer Basar (Yangi dehqon bozori), Bobur shoh ko'ch.; Lebensmittel, Gemüse, Früchte

Xolis Basar (Xolis savdo markazi) Bobur shoh ko'ch.; Bekleidung, Haushalt, Elektrogeräte

Jahon Großbasar (Jahon savdo kompleksi) Avtomobil halqa yoli, Nayman ko'chasi, am nördl.Stadtrand; hier gibt es alles in großen Mengen, Busse Nr. 6, 10, Sammeltaxen Nr. 4

Supermärkte und Einkaufszentren
O'zbegim / Makro, Oltinko'l ko'ch. Ecke Cho'lpon kochasi; Lebensmittel, Haushalt, Bekleidung, Fast Food, Kinderspielplatz, Kino

Korzinka, A. Temur ko'ch. nahe Bahnhof; Lebensmittel, Bekleidung, Haushalt

Geldwechsel
Xalq Bank, Oltinko'l ko'chasi 3, Geöffnet: Mo-Fr 9:00-13:00 und 14:00-18:00 Uhr

Ipoteka Bank, Anisiy ko'ch. 1 nahe Regional Museum

Hotels und Unterkünfte (Auswahl)
Mittel
Hotel Bog'ishamol, Milliy Tiklanish ko'ch. 38a, Tel. 228 21 12, erstes Haus der Stadt, neobarocke Ausstattung, Spa, Frühstück inkl.

Hotel Chinor, Chinobod ko'ch. 1A, Tel. 74-226 11 33, moderne Zimmer, Innenpool, kleines Bad mit Bidet, Frühstück inkl.

Hotel Karvonsaroy, Bobur shoh ko'ch. Tel. 90-147 00 07, schönstes Hotel der Stadt, komfortable Zimmer, teilweise aber Reparaturstau

Günstig
Hotel Plaza 2, O'zbekiston ko'ch. 8, Tel. 225 33 66, modernes Hotel mit guter Ausstattung, günstig gelegen in der Altstadt

Hotel Yulduz, südl. Bauernmarkt, Tel. 95-200 70 50, einfache Zimmer, sauber

Hotel Sheikh, Bobur shoh ko'ch. 37b, Tel. 95-300 23 00, komfortable Zimmer, guter Service, nicht mit dem Sheikh Hostel verwechseln

Krankenhäuser
Zam-Zam Medical Center, Oltinko'lko'ch. Tel. 88-389 15 15, 88-389 13 13; Privatklinik, Geöffnet: Mo-Sa 7:30-17:00 Uhr, So 8:00-14:00 Uhr

Regionalkrankenhaus (Andijon viloyat kasalxonasi), Otabekov ko'ch. 5, Tel. 228 40 40; Geöffnet: 24h/7 Tage

Museen und Dauerausstellungen
Regionalmuseum (Andijon viloyat tarixi va madaniyat muzeyi), Anisiy ko'chasi; Geöffnet: tägl. 9:00 - 18:00 Uhr

Gästehaus des Kaufmanns Ahmadbekhoja Temirbekov (Mehmonxonasi uyi Ahmadbekxo'ja Temirbekov), A. Navoiy Park

Post
Hauptpost (O'zbekiston Pochtasi Andijon filiali), Fitrat ko'ch. 242; Geöffnet: Mo-Sa 9:00-12:00, 13:00-16:00 Uhr

Restaurants (Auswahl)
Usbekisch
Restaurant Musaffo, Cho'lpon und Istiqlol ko'ch., Tel. 94-567 77 75; glokale Küche in mod. Ambiente, Bedienung ausbaufähig

Teehäuser, nahe Bauernmarkt: Anasbek, Safo, Eski Shahar (auch uygurische Gerichte)

Türkisch
Restaurant Galata Garden, Furkat ko'ch.1, beliebtes Lokal, Grillgerichte, angenehme Atmosphäre innen wie außen, Gartenhäuschen

Restaurant Istanbul Kebap, Milly Tiklanish, Tel. 88-581 34 34, Frühstück, Grillgerichte, Kebap,, Türk. Süßspeisen, Service passt

Europäisch
Restaurant La Veranda, A. Navoiy shoh ko'ch., Tel. 223 24 24; vergleichsweise günstig, Fleisch zuweilen zäh, Kinderspielecke

Cafe / Fast Food
Cafe Sofia, nahe dem Weltkriegsmonument, schattig, im Grünen, es gibt Törtchen und Eis

Cafe Yalla, Fitrat ko'chasi, nahe Bobur Theater, Pizza, Burger, Döner Kebab, Lavash

KFC, Milly Tiklanish ko'ch. 1, Ecke Itiqbol ko'ch., das int. bekannte KFC Menü

Telefon
Ucell, A. Umarxon ko'ch./ Uzbegim Kaufhaus
Beeline, A. Navoiy shoh ko'chasi 33
Perfectum, Bobur shoh ko'chasi 22
Uzmobil, Cholpon shoh ko'chasi

Vergnügungsparks
Alisher Navoiy Park, Wasserspiele, Riesenrad, Fahrgeschäfte, Riesenvogel Burgut

Nodirabegim Park (Nodirabegim nomindagi istirohat bog'i), Universität ko'chasi, Badesee, Fahrgeschäfte, Gartencafe

Aquapark, O'rikzor-1 Mahallasi, Sardar Patel ko'chasi, Schwimmbad, Wasserspielplatz

Bog'ishamol Park, etliche Fahrgeschäfte, eine Seilbahn und zwei Riesenräder

Vorwahl
74

Quva
Nach Axsikent war Quva die zweitwichtigste historische Stadt im Farg'ona Tal. Die Siedlung entstand bereits im 3. Jh. v. Chr., urkundlich in arabischen Schriften wird sie ab dem 8. Jh. als "Kuba" erwähnt. Das **antike Kuba** befindet sich heute inmitten der modernen Stadt Quva. Umgeben von einer Mauer mit Wehrtürmen bestand auch diese Stadt aus einer **Zitadelle** in der Nordost-Ecke, einem Shahriston genannten **Stadtkern** und einer unbefestigten **Vorstadt** (Rabat).
Als Station auf dem Karawanenweg nach Kaschgar blühte hier das Handwerk. Die Glas- und Metallverarbeitung, Keramik sowie Holzschnitzerei aber auch die Seidenherstellung

waren wichtige Einnahmequellen.
Bei Ausgrabungen ab den 1940er Jahren wurde eine buddhistischen Tempelanlage freigelegt. Damit war der Beweis erbracht, dass sich der Buddhismus auch im Farg'ona Tal ausgebreitet hatte. Es wurden Fragmente einer großen Buddhafigur sowie weitere Darstellungen des buddhistischen Pantheons gefunden. Insbesondere der Kopf einer Penden Lhamo Gottheit mit einer Totenkopfkrone sowie deren Begleiter Makaravaktra Dakini (mit Krokodilkopf) und Simhavaktra Dakini (mit Löwenkopf) faszinierten die Wissenschaftler. Die Funde sind heute im Museum für Geschichte in Toshkent zu sehen.

Die Stadt Kuba wurde wie auch Axsikent von den Mongolen im 13. Jh. zerstört.

Vor einigen Jahren rekonstruierten Arbeiter den südlichen Teil der **Befestigungsmauer**. Zudem errichtete man einen großen Pavillon mit einer Statue des Wissenschaftlers und Gelehrten **Ahmad al-Farg'oniy** (ca.798-ca.865). Historiker gehen davon aus, dass al Farg'oniy in Kuba geboren wurde. Die meiste Zeit seiner Schaffenszeit verbrachte er jedoch am Hofe des Kalifen al-Ma'mun in Bagdad. Als Mathematiker und Astronom bestimmte er unter anderem den Durchmesser der Erde, die Entfernung der Planeten und die Tage der Sonnenwende.

Probieren Sie die lokalen **Granatäpfel** die außergewöhnlich gut sind.

Erreichbarkeit:

Vom Andijon Fernbusbahnhof aus sind es knapp 40Km und vom Busbahnhof in Marg'ilon sind es ca. 32Km bis Quva. Jedes Straßentransportmittel zwischen Andijon und Marg'ilon passiert Quva. Die Fernzüge von und nach Andijon halten jedoch nicht in Quva.

Marg'ilon

Marg'ilon ist die unumstrittene Hauptstadt der Seide. Keine Stadt Usbekistans ist so eng mit diesem einzigartigen Stoff verwoben. Wer dem Ursprung der usbekischen Seide auf den Grund gehen möchte wird hier fündig.

Marg'ilon ist quasi die Altstadt von Farg'ona welches etwas weiter südlich liegt. Neben dem obligatorischen Besuch einerr Seidenmaufaktur lohnt auch ein Spaziergang in die Altstadt mit ihren bunt bemalten Quartiersmoscheen.

Geschichte

Nach einer Legende ritt Alexander der Große von Huçand (damals Alexandria Eschate) mit seinem Heer ins Farg'ona-Tal. Ihm eilte wohl seine Vorliebe für Geflügel voraus. Als die lokale Bevölkerung bei der Ankunft Hühnerschlegel im Fladenbrot anbot, fragte er nach dem Namen des Mahles: „Morg-e nan" war die Antwort und wurde fortan der Namen dieser Stadt [Morg = Huhn], [-e = Verbinder], [Nan = Fladenbrot].

Dokumentiert ist die Stadt aufgrund von archäologischen Funden aber erst ab dem 5.Jh. Wissenschaftler gehen davon aus, dass bereits im 6.Jh. die Produktion von Seide im Farg'ona Tal einsetzte. Die Herstellung war damals rein handwerklich organisiert. Dabei war eine Arbeitsteilung in Seidenraupenzucht, Kokonverarbeitung und Garnherstellung sowie das Färben und schlussendlich das Weben üblich.

Im 16. Jh. gibt der aus Andijon stammende Zahiriddin Muhammad Bobur in seinem Werk "Boburnoma" eine sehr ehrliche Einschätzung über die Stadt und seine Bewohner: "... die Granatäpfel und Aprikosen sind hier am besten ... es gibt gutes Wild ... die Bevölkerung besteht aus Sarten, ist sehr lebhaft und schnell bei den Fäusten. Die Praxis der Teufelsaustreibung ist sehr verbreitet in ganz Transoxanien, die anerkanntesten Exorzisten in Samarqand und Buxoro sind Margilonis ..."

Damals war Marg'ilon bereits ein wichtiges Handelszentrum an der Seidenstraße und spielte selbst in der Sowjetunion als Drehscheibe des Schwarzmarktes eine gewichtige Rolle.

Die industrielle Produktion der Seidenstoffe begann 1925 mit dem Margilaner Seidenkombinat Kuibishev. In den 1930er Jahren kam ein zweites, großes Kombinat dazu. Da die handwerkliche Herstellung fast verloren ging, gründeten einige Margiloner 1972 die Manufaktur Yodgorlik. Nach der Unabhängigkeit gingen die großen Betriebe bald ein und die ehemalige Belegschaft kehrte wieder zur handwerklichen Herstellung in kleineren Manufakturen zurück.

Orientierung

Das Zentrum von Marg'ilon ist der Ozodlik Platz (Ozodlik maydoni) an dem sich die beiden Hauptstraßen die Mustaqillik ko'chasi und die B. Marg'iloniy ko'chasi kreuzen. Hier

Die Herstellung von Seidenstoffen

Das Herstellen von Stoffen aus Seide wurde vor mindestens 5000 Jahre im Bereich des Flußes Indus (heute Pakistan) und in China entwickelt. Dabei kamen ganz unterschiedliche Schmetterlingsarten zu Einsatz was sich auch in der Beschaffenheit der Seide bemerkbar machte. Die chinesische Seide war dabei besonders fein.

Die Seidenraupenzucht beginnt mit dem Legen von ca. 400 Eiern durch den weiblichen Schmetterling. Es dauert etwa 30-35 Tage bis sich die Raupen in ihren Kokon einspinnen und weitere 8 Tage bis sie sich verpuppen. Seidenraupen fressen Unmengen Maulbeerblättter um schließlich ausreichend Protein bilden zu können aus dem der Seidenfaden besteht. Der Faden eines Kokons ist etwa 900m lang!

Die Seidenraupenzüchter bringen die Kokons zu den Seidenfabriken in denen die verpuppten Raupen mit kochendem Wasser abgetötet werden. Aus dem Wasserbad haspelt man nun den Faden vom Kokon ab und spinnt ein Seidengarn aus etwa 8 bis 10 einzelnen Seidenfäden. Für die Herstellung von einem Kilogramm Rohseide benötigt man durchschnittlich 10-11Kg Seidenkokons. Rohseide hat einen altweißen Farbton.

Nun erfolgt das Färben der Seide. Für Außenstehende erscheint es magisch wie durch die Abbindetechnik Abrbandi aus der Rohseide die farbigen Seidenfäden und durch das Weben schließlich die farbenfrohen Flammenmuster entstehen. Abweichend von anderen Ländern wie Indonesien oder Malaysia werden in Usbekistan nur die Kettfäden abgebunden und bunt gefärbt. Daher gibt es beim Seidenstoff eine Außen- und eine Innenseite.

Mit dem Begriff Khan-Atlas werden die hochwertigsten, reinen Seidenstoffe bezeichnet, wobei Atlas aus dem arabischen übersetzt "glatt" bedeutet. Adras ist ein Mischgewebe aus Seide und Baumwolle. Eher exotisch und selten ist Bahgmal, ein samtig flauschiger Seidenstoff für Mäntel. Weitere Arten heißen Shoyi, Podshohi, Banoras Pasma, Bekasam, Pariposhsha, Kanoviz, Chit, Olcha und Buz.

befindet sich nicht nur der Fernbusbahnhof sondern auch der Bauernmarkt, das Museum der Stadtgeschichte und ganz in der Nähe die Yodgorlik Seidenfabrik, Ziel der meisten Touristen die nach Marg'ilon reisen. Das Zentrum von Farg'ona liegt ca. 12Km weiter südlich.

Sehenswürdigkeiten in Marg'ilon

Seidenherstellung und -verkauf

Seidenmanufaktur Yodgorlik, Imom Zahriddin ko'ch.138, Tel. 99-757 85 50, Geöffnet: tägl. 8:00-17:00 Uhr

Crafts and Development Center, Said Ahmad Xo'ja Medese, Tel. 73-233 81 12

Gulavordor Markazi, Bozor 10, Tel. 90-230 99 09, Geöffnet: Mo-Sa 8:00-17 Uhr

Marg'ilon Silk, B. Marg'inaniy ko'chasi 155A, Tel. 94-395 55 00, Geöffnet: tägl. 8:00-17:00 Uhr

Gold Silk Showroom (Hunarmandlar markazi), Xiyobon ko'chasi 59A, Tel. 94-551 77 77, Geöffnet: tägl. 8:00-19:00 Uhr

Marg'ilon Silk Vats, Marg'iloni ko'ch. 32, Tel. 90-583 50 08, Geöffnet: Mo-Sa 9:00-17:00 Uhr, Lage: +40°28'34.88", +74°45'10.33"

Bauernmarkt und Toron Moschee

Direkt an der zentralen Kreuzung (Ozodlik maydoni) finden Sie den überdachten **Bauernmarkt** (Markaziy dehqon bozori) in dem überwiegend Lebensmittel angeboten werden.

Nördl. des Basars sehen Sie die ehemalige Furqon Moschee, die Moschee der Basarleute, heute das **Gulavordor markazi**, in dem Seidenstoffe feil geboten werden.

Südwestlich des Basars wartet das Fachgeschäft **Marg'ilon Silk** auf Kundschaft. Diese präsentieren Reisegruppen beispielsweise die Färbetechnik der Atlas Seide.

Ebenfalls nicht weit vom Basar entfernt ist die seit vielen Jahren handwerklich tätige **Yodgor-**

Manuelles Weben der Seide

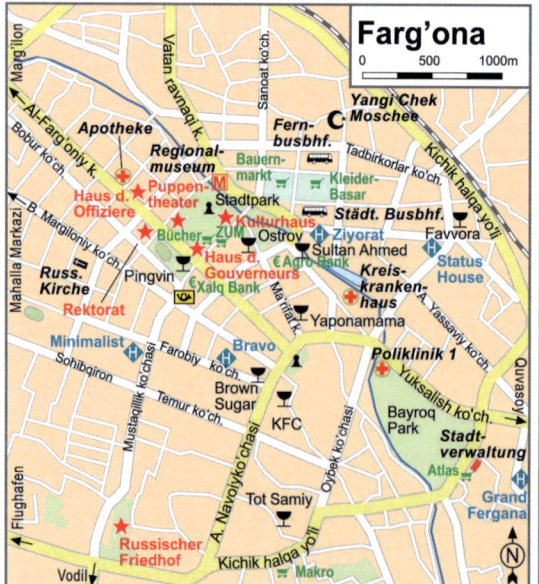

lik Seidenmaufaktur in der Sie alle Schritte der Seidenherstellen sehen können.

Museum der Stadtgeschichte

Wer sich einen Überblick über die Geschichte Marg'ilons, das Leben und Arbeiten in dieser Stadt verschaffen möchte ist in dem ansprechend gestalteten **Museum der Stadtgeschichte** (Margilon shahar tarixi muzeyi) genau richtig. Angefangen von primitiven Steinwerkzeugen über Gebrauchskeramik verschiedener Epochen bis hin zum Modell eines Frachtschiffes mit dem Namen Margilan (1965-1996, Odessa). Für usbekische Kinder eines Binnenlandes ohne Zugang zum Meer sicher ein Highlight. Ein Webstuhl auf dem Seide gewoben werden kann sowie traditionelle Kleidung und Schmuck runden die Ausstellung ab.
Geöffnet: Di-So 9:00-17:00 Uhr

Xonaqoh Moschee

Das heute sichtbare Ensemble aus einem von Minaretten flankierten Eingangsportal und dem überkuppelten Hauptgebäude der Moschee (Xonaqoh masjidi, 2010) ist erst wenige Jahre alt. Die Holzarbeiten und der gewaltige Lüster in der Kuppel sind sehenswert aber nicht typisch für das Farg'ona Tal. Der bunt bemalte doppelstöckige Holziwan im Innenhof wurde bedauerlicherweise 2016 abgerissen. Die Moschee geht auf Vorgängerbauten aus dem 15.-16. Jh. zurück von denen heute aber nichts mehr vorhanden ist.

Said Ahmad Hodscha Medrese

Nicht nur die mächtigen Bäume im Innenhof machen aus dieser **Koranschule** (Said Ahmad Xo'ja madrasasi, 19. Jh.) eine Besonderheit. Kurios ist auch dass ein Kanal durch die Anlage und damit teilweise unter dem Gebäude hindurchführt. Um die Medrese weniger anfällig gegen die hier häufiger auftretenden Erdbeben zu machen, verzichtete man auf einen hohen Peshtoq und fragile Konstruktionen. Daher wirkt die Front der Medrese nicht so luftig leicht wie in Buxoro oder Xiva. Sehr schön sind die bunt bemalten Deckenelemente und die mit Gipsstuck verzierte Gebetsnische. Heute sind in den mit Antiquitäten verzierten Räumen die Werkstätten der **Seidenweberei** von Rasuljon Mirzoahmedov untergebracht.

Kaptarli Mozor / Pir Siddiq Chillaxona

Der Legende nach versteckte sich der Muslim Pir Siddiq vor seinen andersgläubigen Verfolgern in einer Höhle. Als Tauben (Kaptarlar) kamen und sich an den Eingang der Höhle setzten, schöpften die Verfolger keinen Verdacht und zogen weiter. Pir Siddiq war gerettet und kam später immer wieder hierher um zu meditieren. Heute steht an Stelle der **Meditierhöhle** (Chillaxona) ein kleiner Kuppelbau welcher mit Keramikfliesen dekoriert ist.
In den **Taubenschlägen** über einem schlichten Iwan sitzen die gurrenden Vögel und warten darauf von den Einheimischen gefüttert zu werden. Unmittelbar daneben ist unter einer gerippten Kuppel ein **Scheingrab** von Pir Siddiq sowie eine **Moschee**, dahinter ist ein **alter Friedhof** (Kaptarlar mozor qabristoni)zu sehen. Lage: +40°28'58", +71°44'36"

Hauptbahnhof Margilon

Der Hauptbahnhof **Marg'ilon** (Marg'ilon vokzali) ist ein Halt auf der Zugverbindung von **Andijon** nach **Toshkent** (5h; tägl.), **Urganch** (20h; Fr, Sa, Di) und **Termiz** (19,5h; Fr, So, Mo). Alle Züge fahren bis Andijon und halten auch in Qo'qon. Das Bahnhofsgebäude ist sauber und in einem modernen, funktionalen Zustand. Der Bahnhof in Farg'ona wird nicht angefahren.

Erreichbarkeit:
Vom zentralen Busbahnhof in Marg'ilon fahren mehrere Marschrutkalinien die 4Km entlang der Mustaqillik ko'ch. nach Süden. Sie sind in der Regel markiert mit dem Schild "Vokzal". Auch vom Städtischen Busbahnhof Farg'ona können Sie mit Minibussen den Bahnhof in Marg'ilon erreichen. Hier heißt das Ziel jedoch "Marg'ilon vokzali".

Busbahnhof Marg'ilon

Der Busbahnhof für städtische Verbindungen (auch nach Farg'ona) befindet sich südlich des Makro Supermarktes. Von hier aus kann mit Marschrutkas unter anderem der **Bahnhof von Marg'ilon**, den **Qumtepa Basar** oder auch der **Fernbusbahnhof in Farg'ona** erreicht werden. Um zum **Kaptarli Mozor** in Marg'ilon zu kommen, nehmen Sie ein Marschrutka in Richtung "Toshloq avtovokzal", müssen jedoch ihren Ausstiegswunsch nennen damit dort gehalten wird.

Erreichbarkeit:
Der städtische Busbahnhof befindet sich nahe dem zentralen Ozodlik Platz. Taxifahrer und Marschrutkas aus anderen Städten fahren für gewöhnlich auch an diesen Busbahnhof an.

Marg'ilon von A bis Z

Apotheken
Esen Dorixona, B. Marg'iloniy ko'ch. 146

Einkaufen
Bauernmarkt (Markaziy dehqon bozori), nahe Kreuzung von B. Marg'iloniy und Mustaqillik ko'chasi; Lebensmittel, Früchte, Gemüse

Qumtepa Großbasar (Qumtepa savdo markazi), Vorort Qumtepa Richtung Rishton; hier gibt es fast alles zu kaufen

ZUM Kaufhaus, Ozodlik maydoni; Kleidung, Elektrogeräte, Handys, Kleinkram

Makro Supermarkt, B. Marg'iloniy ko'ch. 470; Lebensmittel, Haushalt

Geldwechsel
Halq Bank, B. Marg'iloniy ko'ch. 172, Geöffnet: Mo-Fr. 9:00-17:00 Uhr

Agrobank, B. Marg'iloniy ko'ch. 172, Geöffnet: Mo-Fr 8:30-17:00 Uhr

Hotels und Unterkünfte in Marg'ilon (Auswahl)
Günstig
Hotel Atlas, Turkiston ko'ch. 119, Tel. 253 33 00; komfortabelstes Hotel der Stadt, Lage: +40°28'6.55", +71°43'6.11"

Hotel Ikat House, Ipak Yo'li ko'chasi 133, Tel. 90-303 38 00; sehr schöne Dekoration, Lage: +40°27'42.01", +71°43'41.47",

Museen
Museum der Stadtgeschichte von Marg'ilon (Margilon shahar tarixi muzeyi), Ozodlik mayd., Marg'ilon; Geöffnet: Di-So 9:00-17:00 Uhr

Post
Hauptpostamt Marg'ilon (Marg'ilon pochtamti), Mustaqillik ko'ch., Ecke A. Navoiy ko'ch., Marg'ilon; Geöffnet: Mo-Sa 9:00-18:00 Uhr

Restaurants in Marg'ilon (Auswahl)
Usbekisch
Restaurant Anor, Mustaqillik ko'ch. 505, Tel.

95-401 75 55, Service und Essen gut

Rizq Oshxonasi, Mustaqillik ko'ch. 617A, Tel. 98-576 06 80, sehr gutes Schaschlik, Suppen

Imbiss Norin, Mustaqillik ko'ch. 400, Noorin als Take away Gericht

Fast Food Oqtepa Lavash, Mustaqillik ko'ch., Burger, Pizza, Lavash, große Kinderspielecke

Vergnügungsparks
Schöpfergarten (Ijodkorlar bo'gi), Turkiston ko'chasi, verschiedene Fahrgeschäfte im südlichen Bereich, Denkmal und Museum des Poeten Erkin Vohidov

Vorwahl von Marg'ilon
73

Farg'ona
Farg'ona ist im Vergleich zu anderen Städten des Farg'ona-Beckens wesentlich kleiner und auch viel jünger als beispielsweise das benachbarte Marg'ilon. Dennoch ist Farg'ona heute die Hauptstadt der Region Farg'ona und nicht Marg'ilon oder Qo'qon. Die Gründe dafür reichen in die Kolonialgeschichte zurück.
Auch die Atmosphäre ist hier eine andere. Wer in Farg'ona etwas auf sich hält, spricht Russisch. Selbst wenn die meisten Russen schon längst abgewandert sind gilt dies als schick und gebildet. Und das wollten die Bürger von Farg'ona schon immer sein.

Geschichte
Die Stadtgründung Farg'onas als russische Garnisonsstadt erfolgte unmittelbar nach der Eroberung von Marg'ilon 1876. Treibende Kraft war General Michail Skobelev (1842-1882), auch bekannt als der "Weiße General" wegen seiner weißen Paradeuniform und seinem Schimmel auf dem er in die Schlachten ritt. Der Grund weshalb nicht Qo'qon (russ.: Kokand) das Zentrum dieser Region werden sollte liegt wohl darin begründet, dass es damals in Qo'qon sehr häufig Volksaufstände gab und der weiße General auch einen etwas kühleren Ort für seine Residenz wünschte.
So entstand Farg'ona, damals noch Nowyj-Margilan (Neu-Margilan) als vergleichsweise kleines Dorf und die Russen blieben lange weitgehend unter sich. Kirchen wurden gebaut und das gewaltige Gebäude des Militärgouver-

neurs. Zu Ehren des Stadtgründers benannte man die Stadt 1907 in Skobelev um, die Bolschewiken ab 1924 schließlich in Farg'ona nach der Region, dessen Zentrum es auch weiter sein sollte.

Dass Farg'ona die bedeutendste Industriestadt des Farg'ona Tales ist, ahnt man heute als Besucher kaum. Tatsächlich entstand hier in der Sowjetzeit ein riesiges Industriegebiet mit Ölraffinerien, Düngemittelfabriken, einer bedeutenden Glas- und Zementherstellung. Diese Zone liegt jedoch etwas abseits im Vorort Kirguli.

Farg'ona ist heute eine sehr saubere, grüne Stadt mit einem ganz besonderen Flair.

Orientierung

Wie alle kolonialen Städte oder Stadtteile Usbekistans hat auch Farg'ona einen fächerartigen Grundriss. Die wichtigste Verkehrsachse ist die Ahmad al-Farg'oniy ko'chasi welche auch die Verbindung mit Marg'ilon herstellt. Um die Stadt entstand in den letzten Jahren eine Ringstraße. Für Touristen interessant ist vor allem der ausgedehnte Al-Farg'oniy Stadtpark mit dem Basar, dem Museum, dem Busbahnhof und den baulichen Sehenswürdigkeiten in seiner Umgebung. Der Flughafen befindet sich an der südwestlichen Peripherie.

Sehenswürdigkeiten von Farg'ona

Stadtpark und koloniale Architektur

Seit 1887 befindet sich der zentrale Stadtpark bereits hier. Während in der kolonialen Ära die feine Gesellschaft durch die Baumalleen flanierte waren es in der Sowjetzeit die Paraden zum 1. Mai. Heute ragt die übergroße Statue des Wissenschaftlers **Ahmad al-Farg'oniy** hinter einem Springbrunnen auf. Als Astronom und Gelehrter trug er mit seinen Arbeiten wesentlich zum modernen Verständnis der Planeten und der Himmelsmechanik bei.

Im Park befinden sich auch ein kleiner **See** mit einem **Riesenrad**, ein hübsches von Ecktürmchen flankiertes **Puppentheater für Kinder** (Yoshliq teatri) und das **Haus des Militärgouverneurs** (Dom Guvernatora, 1891). Der gewaltige Bau wurde schon vor langer Zeit in ein **Theater** umgebaut. Im Südosten begrenzt die Flaniermeile der Stadt den Park. Auch hier sind koloniale Bauten wie das **Kulturhaus**

(Madaniyat uyi, 1890), früher das Mädchen Gymnasium zu sehen. Gegenüber das **Zentralkaufhaus** (ZUM).

Wer Lust auf weitere koloniale Architektur hat kann sich auch das heutige **Rektorat der Universität** (Rektorat Universitet, 20.Jh.) ehemals das Knaben Gymnasium, das **Haus der Offiziere** (Dom Ofizerov, 1879) und die zunächst polnische, nach dem 2. Weltkrieg **russische Kirche** (Zerkov' Sergiya Radoneškovo) anschauen. Sie war der bescheide Ersatz für die abgerissene Alexander Newskij-Kathedrale (1899-1936) von Neu-Margilan.

Unbedingt sehenswert ist der **russische Friedhof** in dem nahezu alle Grabmäler bereits halbversunken aus der Erde ragen. In der Mitte der Anlage steht nach wie vor die **Alexander Newskij Kapelle** von 1891.

Zwar keine koloniale, sondern stalinistische Architektur mit einer faszinierenden Beimischung orientalischer Elemente zeichnet das heutige **Mahalla Zentrum** (Mahalla Markazi) aus. In dem blau-weißen Gebäude an der Burhoniddin Margiloniy ko'chasi, Ecke Qasimova ko'chasi sollten Sie sich auch das Foyer anschauen.

Regionalmuseum

Das bereits 1897 eingerichtete Regionalmuseum (Viloyat O'lkashunoslik Muzeyi) ist eines der ältesten des Landes und war zunächst in vier Räumen des Gouverneurshauses untergebracht.

Besonderes Highlight der Sammlung sind die wunderschönen Keramiken aus Rishton, der Hochburg der Töpfer des Farg'ona Tales.

Dass dieses Handwerk hier eine lange Tradition hat beweisen historische Keramikfunde aus der Region. Darüber hinaus werden die Ethnographie, die Landwirtschaft und die die Naturräume des Tales einschließlich der usbekischen Enklaven ansprechend dargestellt.

Geöffnet: Di-So 9:00-17:00 Uhr

Verkehrsverbindungen
Intern. Flughafen Farg'ona (FEG)

(Farg'ona xalqaro aeroporti) Vom eher kleinen Flughafen von Farg'ona startet Silkavia und Uzbekistan Airways jeweils 1x tägl. Flüge nach **Toshkent**. Weitere Flüge gehen nach **Istanbul** und in **diverse russische Städte**

Erreichbarkeit:
In Farg'ona fahren die Marschrutka Minibusse der Linien 3 und 4 den Flughafen an. Die Linie 22 ebenfalls aber direkter vom Zentrum in Farg'ona aus. Von Marg'ilon aus muss am Busbahnhof in Farg'ona umgestiegen werden.

Fernbusbahnhof / Städtischer Busbahnhof Farg'ona

Vom **Fernbusbahnhof** (Stary oder **Meždunarodnij Avtovokzal**) werden tendenziell Ziele östlich von Farg'ona, also z.b. **Quva, Andijon** aber auch **Namangan** angesteuert. Von hier aus fahren zudem Busse mehrmals täglich zum **kirgisischen Grenzübergang Do'stliq** nahe Oš.

Der **städtische Busbahnhof** (Shaharli Avtobekati) etwas weiter südlich bietet Verbindungen nach Westen an: **Rishton, Qo'qon** - auch Marschrutkas nach **Marg'ilon** sind hier zu finden.
Sammeltaxen mit den gleichen Fahrzielen finden Sie auf den Parkplätzen nördlich oder westlich des Basargeländes.

Erreichbarkeit:
Da Farg'ona ein recht kompaktes Zentrum hat, erreichen Sie hier fast jedes Ziel in einer Distanz von max. 1Km zu Fuß.

Farg'ona von A bis Z

Apotheken
Dorixona Nr. 1, Shukrona ko'ch., Ecke Al Farg'oniyko'ch.,Geöffnet:Mo-Sa8:00-18:00Uhr

Bücher, Bildbände
Kitob Olami, Fußgängerzone nahe dem Haus des Gouverneurs

Einkaufen
Bauernmarkt (Markaziy dehqon bozori), Vatan Ravnaqi ko'ch., Lebensmittel, Früchte, Gemüse

Kleider Basar, (Kiyim kechak bozori), P. Maxmud.; Bekleidung, Schuhe, Stoffe

ZUM Kaufhaus, Mustaqillik ko'ch.; Kleidung, Elektrogeräte, Handys, Kleinkram

Makro Supermarkt, Kichik halqa yo'li; Lebensmittel, Haushalt

Geldwechsel
Xalq Bank, Mustaqillik ko'ch. 33; Geöffnet: Mo-Fr 9:00-18:00 Uhr

Agrobank, Marifat ko'ch. 38/50; Geöffnet: 9:00-13:00, 14:00-17:00 Uhr

Hotels und Unterkünfte in Farg'ona (Auswahl)
Mittel
Hotel Grand Fergana, Yangi Turon ko'ch. 15, Tel. 78-229 75 55; großer Außenpool, Sauna, komfortable Zimmer, hoher Standard

Hotel Ziyorat, Dodxoh ko'ch. 2A, Tel. 244 03 73; klener Innenpool, großer Außenpool, Kinderbecken, Sauna, Spa, große Zimmer

Günstig
Hotel Bravo, Farobiy ko'ch. 12, Tel. 90-272 53 34; Gemeinschaftsküche, Stockbetten, Frühstück inklusive, Zimmer funktional

Hostel Minimalist, Farobiy ko'ch. 23/12, Tel. 93-480 02 09; Name ist Programm, Frühstück inklusive, WLAN, beliebt bei Backpackern

Gästehaus Status House, Ahmad Yassaui ko'ch. 46/12, Tel. 97-415 66 67; schöne Zimmer, großes Doppelbett, Gemeinschaftsküche

Krankenhäuser
Kreiskrankenhaus (Tibbiy yordam ilmiy markazi), Yuksalish ko'ch. 104; Tel. 244 19 63

Museen und Dauerausstellungen
Regionalmuseum Farg'ona (Farg'ona Viloyat o'lkashunoslik muzeyi), U. Xo'jayev ko'chasi 26; Geöffnet: Di-So 9:00-17:00 Uhr

Post
Hauptpostamt (Farg'onapochtamti),Mustaqillik ko'chasi 35, Geöffnet: Mo-Sa 9:00-18:00 Uhr

Restaurants in Farg'ona (Auswahl)
Usbekisch/Türkisch/Europäisch
Choyxona Favvora, Matonat ko'ch. 14, Tel. 91-670 99 09; das beste Teehaus der Stadt

Restaurant Sultan Ahmed, Yuksalish ko'ch. 1, Tel. 88-661 00 33, Süßes und herzhaftes mit türkischem Touch, angenehm, komfortabel

Restaurant Ostrov Sokrovic, Marifat ko'ch. 43a, Tel. 90-40689 99; deutsche Wintergartenidylle mit europäisch anmutenden Gerichten

Japanisch
Restaurant Yaponamama, Marifat ko'ch. 12, Tel. 98-877 12 13; Sushi, authentisch japanisches Ambiente und Küche, mit Kuschelecke

Cafe / Bar
Cafe Pingvin, Al Farg'oniy ko'ch. gutes Eis, Kuchen, Kaffee, auch Herzhaftes

Cafe Brown Sugar, Farobiy ko'ch. 7, Tel. 334 18 95; Kuchen, Torten, Kaffee, Tee, Drinks

Pab No.1, Oybek ko'ch. 14a, Tel. 97-557 67 83; Sushi, Steaks, Salate, Bier, Drinks

Vergnügungsparks
Al-Fargoniy Park (Al-Fargoniy bog'i), Fahrgeschäfte nahe dem Parksee

Vorwahl Farg'ona
73

Rishton
Die eher unscheinbare Kleinstadt Rishton ist das bedeutendste Zentrum des Keramikhandwerks des Landes. Und diese hat hier eine lange Tradition. Bereits seit mehr als 800 Jahren wird hier das Wissen um diese Handwerkskunst von Generation zu Generation weitergegeben. Bei einigen der **Keramikwerkstätten** (Kulolchilik ustaxonasilari) wird schon in der siebten Generation getöpfert.
Als Schutzpatron der Handwerker gilt der in Rishton im Jahr 1135 geborene Burhoniddin Marg'inoniy. Als Gelehrter der hanafitischen Rechtsschule des Islam verfasste er neben vielen andere Werken auch das bis heute viel beachtete Rechtskompendium "Hidoya".
Auch wenn Marg'inoniy nicht in Rishton, sondern in Samarqand starb wurde hier von den örtlichen Keramikkünstlern die **Burhoniddin Marg'inoniy Gedenkstätte** (Burhoniddin Marg'inoniy majmuasi, 2000) errichtet.
Während der Sowjetunion verlagerte man das private Handwerk ab 1960 in die **Keramikfabrik**. Zahlreiche Künstler arbeiteten dort um Teller, Platten und sonstige Keramik herzustellen. Einige Töpfer haben sich nach der Unabhängigkeit selbstständig gemacht und stellen heute in eigener Regie wieder wunderschöne, feinst bemalte Einzelstücke her. Jeder Meister (Usto) hat seine speziellen Muster und Techniken. Sie können ohne Anmeldung in den Werkstätten reinschauen und auf Wunsch auch

selber einen Teller bemalen. Eine Quittung ist sinnvoll, um Fragen bei der Ausreise zu vermeiden.
Im **International Ceramic Center** (Xalqaro Kulolchilik Markazi) finden Sie einige Ausstellungsräume und Werkstätten. In Riston gibt es weitere Häuser von Keramik-Meistern die teilweise auch Gäste beherbergen.

Töpferwerkstatt Alisher Nazirov, Bobur ko'ch.50, Tel. 91-046 55 66, 94-659 59 08

Töpferwerkstatt Said Ahmedov, Amir Temur 1 tor-ko'ch. 8, Tel. 90-303 00 39

Töpferwerkstatt Rustam Usmanov, B. Rashidoniy ko'ch. 230, Tel. 91-681 23 91

Töpferwerkstatt Ravshan Tojiddinov (Koron Ceramics), Temirov ko'ch. Tel. 93-374 93 05

Wer nun denkt, man habe mit den Werkstätten in Rishton alles Sehenswerte gesehen der irrt. Ganz im Süden, nahe an der Grenze zur Kirgsien erwartet ein erstaunliches Ensemble aus Moschee, Medrese, einigen Mausoleen und einer Einsiedelei die Besucher. Stolze 70m Länge misst die offene Iwanhalle der **Hodscha Ilgor Moschee** (Xoʻja Ilgor masjidi, 19. Jh.). Blickt man zur bemalten Decke ist es als würde man die selben Farben und Muster der Keramiken des Dorfes wiedererkennen.

Südlich an die Moschee schließt sich die kleine **Medrese** (Xoʻja Ilgor madrasasi, 19.Jh) mit 10 Hujrazellen an. Die dreieckige Anlage ist bereits etwas verfallen und wirkt sehr urig.

Noch weiter im Süden folgt der gepflegte Friedhof der Töpfer. Jeder Kuppelbau, meist neuzeitlich ist ein Unikat. Unter einem alten Maulbeerbaum führt eine Treppe in die Tiefe einer **Einsiedelei** (Chillaxona). Hier im Kühlen meditieren die Lebenden, reflektieren ihr Dasein und Gedenken der Verstorbenen.

Qo'qon (Kokand)

Diese Stadt hat alle Höhen und Tiefen der Geschichte durchlebt. Sie ist das usbekische Tor zum Farg'ona Tal, besticht durch den schönsten noch erhaltenen Khanpalast des Landes und das Erbe zweier landesweit bekannten Literaten, Hamza Haqimzoda Niyoziy (1889-1929) und Muhammad Amin Hodscha Muqimiy (1850-1903).

Geschichte

Die historischen Ursprünge von Qo'qon reichen sehr weit zurück. Namentlich sind dies Kalvak, Muji-Muborak, Ok Tepa und Eski Qo'rg'on, vier Lehmburgen die sich auf dem heutigen Stadtgebiet von Qo'qon befanden. Um sie herum entwickelte sich etwa ab dem 7.Jh v. Chr. die Bewässerungswirtschaft welche zur ökonomischen Grundlage wurde. Nach der arabischen Eroberung, etwa ab dem 10. Jh. taucht erstmalig der Name Huvakand in Urkunden auf. Der aufkommende Karawanenhandel und ein rasch wachsender Bergbau schufen die Grundlage für die städtische Kultur. Bis zur mongolischen Eroberung blüht die Stadt zuerst unter den Karachaniden, später den Kara Kitai auf. Nach der Zerstörung durch die Horden Dschingis Khans dauerte es bis zum Reich

Amir Temurs, dass sich wieder eine Entwicklung einstellt. Ab dem 18. Jh. schließlich gedieh Hokand als Hauptstadt des gleichnamigen Khanates zu größter Blüte. Das Herrschaftsgebiet erstreckt sich während der Regierungszeit von Madali Khan (1822-1842) von Qyzylorda bis Kaschgar. Grundlage des neuen Reichtums war nicht zuletzt die Seidenproduktion und der Bewässerungsfeldbau, gespeist durch neue Kanäle. Hunderte Moschee, Medresen, Badehäuser und Karawansereien prägten das Stadtbild. Die mehrjährige Rivalität mit Buxoro im Grenzgebiet nahe Jizzax führte schließlich zum Sieg des Khans von Buxoro. Hokand wurde geplündert, der Khan ermordet und sein Palast angezündet. Derart geschwächt gelang es der Stadt nicht mehr, seine einstige Größe wieder zu erlangen. Der Streit mit dem Emirat Buxoro dauerte an bis die anrückenden russischen Truppen quasi als lachende Dritte 1868 die Herrschaft übernahmen (Russisches Protektorat).

Die Episode der Kokander Autonomie nach der Oktoberrevolution 1917 wollte das alte Khanat wieder aufleben lassen. Doch der fehlende Rückhalt in der Bevölkerung und die geringe militärische Kraft ließen dieses Gebilde bereits 1920 in sich zusammenfallen. Als Teil der Sozialistischen Sowjetrepublik Turkestan und während der gesamten Sowjetzeit spielte Qo'qon keine politische Rolle mehr. Das Zentrum der Macht lag nun in Neu-Marg'ilon / Farg'ona. Daher entstand hier auch keine russische Neustadt, man überlies die Stadt sich selbst. Erdbeben und der Zahn der Zeit trugen viel der alten Bausubstanz ab. Bis heute sind noch einige wenige Bauwerke der jüngeren Geschichte ab etwa 1800 erhalten, ebenso wie die weitgehend unveränderte Struktur der Altstadt.

Orientierung

Tatsächlich weißt auch Qo'qon eine Alt- und eine Neustadt auf, auch wenn dies nicht sofort ins Auge fällt. Die Trennlinie ist der Qo'qonsoy Kanal welcher vom Gebirgsbach So'x gespeist wird. Östlich davon befindet sich die Altstadt mit der Jo'me Moschee als ungefährer Mittelpunkt. Über den Kanal führten früher nur drei Brücken, teils sehr schön mit Türmen verziert.

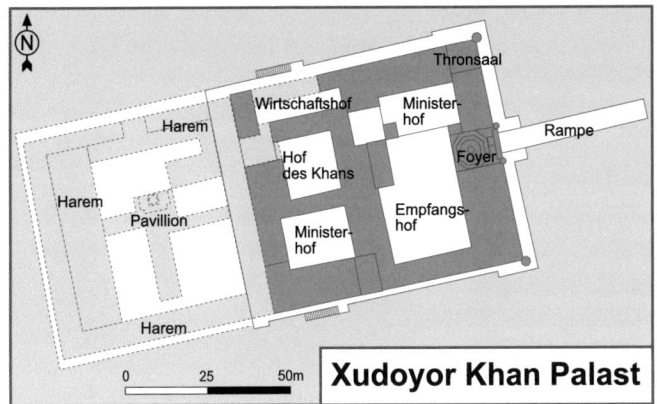

Xudoyor Khan Palast

Die **Prachtfassade** des Palastes zeigt zur Altstadt nach Osten hin. Am besten lässt sie sich frühmorgens fotografieren. Beachten Sie, dass jede der Blendnischen ein anderes Ornament aufweist.

Der heute noch sichtbare Teil des Palastes umfasst den großen **Empfangshof** mit zwei Iwanen, die beiden **Höfe der Minister** mit den eher kleinen **Ministerialbüros**, der **Wohnteil des Khans** sowie ein schmuckloser **Wirtschaftshof**. Alle Respräsentationsräume sowie auch die zahlreichen Iwane sind mit herrlich bemalten Decken ausgestattet.

Ein besonderes Highlight ist der ehemalige **Thronsaal** in dem heute das Modell des rekonstruierten Palastes zu sehen ist. Im vergleichsweise kleinen Thronsaal war in der zaristischen Zeit die Garnisonskirche eingerichtet. In der Sowjetzeit wurde der Raum dann wieder in seine ursprüngliche Form gebracht.

In den Palasträumen und Höfen ist seit 1925 das **Regionalmuseum** (Shahar o'lkashunoslik muzeyi) untergebracht. Zu sehen sind Kleidungsstücke aus der Zeit des Khanates, Holzkunst, Musikinstrumente, Münzen und alte Schriften. Die Beschriftung ist zwar eher rudimentär, dennoch lohnt der Besuch des Palastes aufgrund des guten Erhaltungszustandes.

Die zweite Hälfte des Palastes nahm der **Harem** ein. Er umfasste etwa 100 Räume, also weit mehr als im noch erhaltenen vorderen Teil. Ausgestattet mit Wandelgängen, einem luftigen Pavillon und fünf Höfen bot er wohl allen erdenklichen Luxus der damaligen Zeit. Bedauerlicherweise wurde er bereits 1876 abgerissen. Geöffnet: tägl. 9:00-17:00 Uhr.

Leider sind diese historischen Brücken nicht mehr erhalten und nur im Museum als Modell zu sehen.

Westlich des Qo'qonsoy liegt die Neustadt. Sie ist anders wie die meisten anderen kolonialen Stadtteile nicht fächerförmig aufgebaut, sondern folgt in der Struktur eher den orientalischen Wohngebieten (Mahallas). Es waren ursprünglich auch nicht Russen sondern Juden und Armenier die sich hier ansiedelten. Das Zentrum bildet hier die Kreuzung der Turon ko'chasi mit der Istiqlol ko'chasi.

Um die wichtigsten Sehenswürdigkeiten der Stadt zu sehen, muss man einen Weg von ca. 4Km zurücklegen.

Die Sehenswürdigkeiten von Qo'qon

Xudoyor Khan Palast, Regionalmseum

Machtkämpfe wurden hier viele ausgetragen, im Palast des letzten Khans von Qo'qon. Ewige Erzrivalen waren das Khanat Buxoro aber auch Kirgisische Fürsten des Alay Gebirges die ihren Einfluss geltend machten.

Leider ist heute nur noch knapp die Hälfte des einst prächtigen Palastes erhalten. Vieles fiel dem Zahn der Zeit zum Opfer, vieles aber auch den Säuberungsaktionen der Kommunisten während der Sowjetzeit.

Der im Jahr 1871 fertiggestellte **Palast von Xudoyor Khan** (Saroyi Xudoyorxon) war umgeben von zwei Befestigungsmauern mit jeweils einem mächtigen Eingangsportal. Diese Mauern und Tore sind ebenfalls längst verschwunden.

Eshonbuvo Badehaus

Das im Auftrag des angesehenen Sufi Predigers Scheich ul-Islom Xalifa Safoxon Tura, kurz Eshonbuvo in den 1850er bis 1860er Jahre erbaute **öffentliche Badehaus** (Eshonbuvo hammomi, 19. Jh.) war eines der größten der Stadt. Zu den Einrichtungen zählte neben der Ankleide auch ein Teehaus, die Bade-, Ruhe und Dampfräume. Der Barbier bot hier genauso seine Dienste an wie der Masseur. Teile des historischen Badehauses wurden jedoch in den 1970er Jahren abgerissen als die Turkiston ko'chasi verbreitert wurde. Die Räume wurden renoviert und beherbergen eine kleine Ausstellung lokaler Handwerkskunst.

Sohibzoda Hazrat Medrese und Muqimiy Museum

Eingebettet in die noch intakte Altstadtstruktur ist diese **Koranschule** (Sohibzoda Hazrat madrasasi, 1869) ein Kleinod. Beim Eintritt in die Koranschule erblickt man im Hof ein nur wenige Meter hohes **Minarett** welches wie eine Schachfigur wirkt. Es kann erklommen werden. In einer der Zellen wohnte der Poet und Schriftsteller Muhammad Aminxo'ja, auch Muqimiy genannt (1850-1903). Ihm ist dieses kleine **Museum** (Muqimiy hujra muzeyi) gewidmet. Muqimiy leitete einen progressiv-literarischen Zirkel, schrieb Gedichte und gründete das Genre des usbekischen Reiseaufsatze, quasi ein Ur-Blogger. Geöffnet: tägl. 9:00-17:00 Uhr

Kamol Qozi Medrese

Ähnlich bunt wie die Fassade des Khanpalastes ist der Peshtoq der **Kamol Qozi Medrese** (Kamol Qozi madrasasi, 1832). Die kleinen Guldastra-Türmchen sind typisch für die Architektur des Farg'ona Tales. Abgesehen von diesem Portal ist das restliche Gebäude in weiten Teilen erst wenige Jahre alt.

Hamza Hakimzoda Niyoziy Museum

Noyoziy (1889-1929) war ein talentierter Dichter, Prosaiker, Dramaturg und Komponist. Er gilt bis heute als der Begründer der nationalen Musikkultur der noch jungen Sowjetrepublik Usbekistan und der sowjet-usbekischen Literatur. Aufgrund seiner Begeisterung für die Sowjets und die kommunistische Partei erlangte er schon zu Lebzeiten die höchsten Weihen. Er sog das Ideal des Sozialismus in sich auf, kämpfte für die Bildung, die Befreiung der Frau und die Abkehr von der islamischen Religion. Als bekennender Atheist war er jedoch der traditionell sehr religiösen Gesellschaft des Farg'ona Tales ein Dorn im Auge. Als er in Shahimardon gegen das religiöse Pilgerzen-

trum agitierte überwältigten ihn einige Männer und stachen zu. Damit war er ein Märtyrer für die Sowjets und wurde umso inbrünstiger verehrt. Doch als die Sowjetunion unterging fiel auch Niyoziy in Ungnade. Sein Künstlername Hamza wird heute mehr und mehr verdrängt. Beispielsweise nannte man 2015 die Toshkenter Metrostation von Hamza in Novza um. In seiner Geburtsstadt Qo'qon erinnert man sich jedoch anders an ihn, hier ist er noch immer ein Held.

In diesem **Haus** wohnte Niyoziy bis zu seinem Ableben. Bad, Küche und Wohn/Schlafzimmer entsprechen annähernd dem damaligen Zustand. Geöffnet: Mo-Sa 9:00 - 17:00 Uhr

Freitagsmoschee und Minarett

Im Zentrum der Altstadt verzaubert die schönste **Freitagsmoschee** (Jo'me masjidi, 1818) des Farg'ona Tales ihre Besucher. Ein regelrechter Säulenwald, 98 an der Zahl stützt eine langgestreckte Iwan Halle mit einer Tiefe von 20m. Die eher schlichten Säulen sollen der Legende nach aus indischem Holz angefertigt worden sein, teilweise enden Sie in prächtigen Kapitellen. Wer den Blick zur Decke hebt wird überwältigt von einer beispiellosen Farbenpracht, einer überreichen Ornamentik, einem Meisterwerk der lokalen Handwerker.

Es lohnt sich ein wenig zu verweilen um diese Kunst auf sich wirken zu lassen. In den Jahren 1814-18 durch Muhammad Umar Khan fertiggestellt, diente sie den Gläubigen als zentrale Freitagsmoschee der Stadt. Mit den Sowjets endete die geistliche Funktion, eine Brotfabrik bemächtigte sich dem Sakralbau. Auch heute, verwandelt in ein Museum dient sie nicht mehr ihrem ursprünglichen Zweck. In der Mitte der etwa 90m langen Haupthalle steht der weiß getünchte Block der **Wintermoschee**. Er stellt die 99. Säule dar und erinnert damit an die 99 Namen Allahs. Der schlichte Raum wird von zwei Oberlichtern mit weißen Panjara Gittern auf eine eindrückliche Weise beleuchtet.

Im südlichen Flügel ist heute das **Museum für angewandte Kunst** (Jomiy amaliy san'at muzeyi) untergebracht. Besonders schön sind die alten Suzani Wandbehänge aus der Region Qo'qon und natürlich auch einige schöne Keramikstücke. Der Ostflügel wird auch heute noch von der angrenzenden Brotfabrik genutzt.

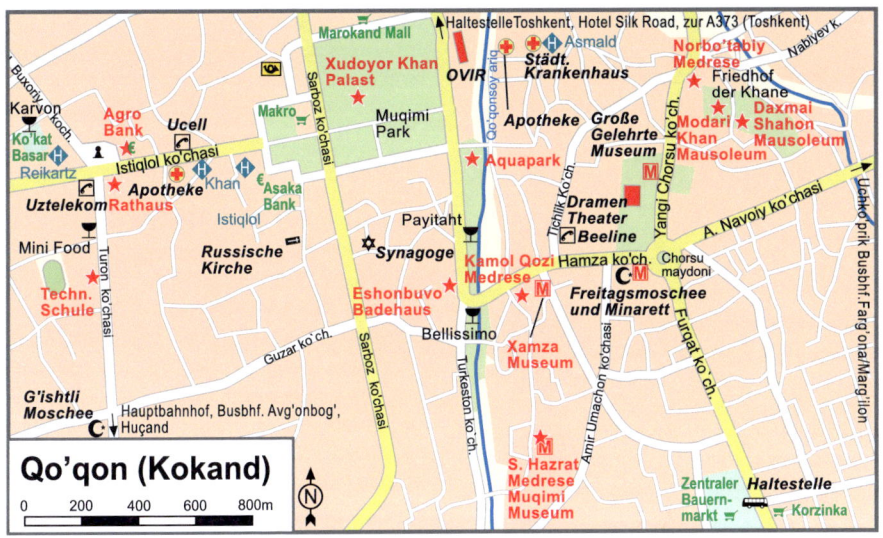

Kamol Qozi
Medrese
(vor dem Umbau)

Xudoyor Khan Palast in Qo'qon

Früher waren hier einige Koranschüler untergebracht.

Den 63x82m großen Innenhof beherrscht das schlichte, etwa 23m hohen **Minarett**. Mit etwas Verhandlungsgeschick darf man hinaufsteigen. Geöffnet: tägl. 9:00-17:00 Uhr

Musikalisches Dramen Theater

Auf dem weitenläufigen Chorsu maydoni standen sich einst die beiden stolzen Koranschulen der Stadt gegenüber. Die Xudoyor Khan Medrese im Osten und die Madali Khan Medrese im Westen. Beide Gebäude wurden bereits in der frühen Sowjetzeit abgerissen und eine Lenin Statue installiert.

Hamza Hokimzoda Niyoziy, initiierte 1918 die erste Theater Gruppe der Stadt. Doch das ursprüngliche Theatergebäude war in den frühen 1970er Jahren nicht mehr repräsentativ genug, so dass 1987 das heutige **Dramen Theater** (Musiqalni Drama teatri) an diesem Platz eingeweiht wurde. Der Entwurf entspricht der Formensprachen des sowjetischen Modernismus und fordert den Betrachter sichtlich heraus. Ins Auge fallen insbesondere die großzügigen Bronzehalbreliefs. Das Gebäude soll Erdbeben bis zu einer Stärke von 8 auf der Richterskala standhalten.

Museum der großen Gelehrten

Im gleichen spät-sowjetischen Modernismus wie dias musikalische Damen Theater unmittelbar daneben wurde wenige Jahre später der Gebäuderiegel des **Museums der großen Gelehrten** (Buyuk allomalar muzeyi) errichtet. In der nach wie vor sowjetischen geprägten Kulturszene des Landes spielen die alten Gelehrten zu denen auch der aus Qo'qon Stammende Niyoziy zählt, eine hervorgehobene Rolle in der Gesellschaft. Neben Niyoziy werden auch viele andere Gelehrte des Landes wie Navoiy, Ulug'bek oder Ibn Sino vorgestellt, um nur die bekanntesten zu nennen. Geöffnet: Di-So 9:00-17:00 Uhr

Norbo'tabiy Medrese / Moschee

Als Khan Norbo'tabiy (Reg.: 1764 bis 1801) auf den Thron stieg war er gerade mal 14 Jahre was jedoch für damalige Verhältnisse eher normal war. Seine recht lange Regentschaft war geprägt von innerem Frieden und wachsenden Wohlstand. Der Khan galt bei seinen Bürgern als

gerecht und großzügig. Norbo'tabiy eroberte erfolgreich weite Teile des Farg'ona Tales und festigte so die Dominanz Qo'qons über das Tal. Bei einem weiteren Versuch Toshkent zu erobern wurde er jedoch gefangen genommen und enthauptet.

Als Vermächtnis hinterließ er die größte heute noch existente Medrese Qo'qons. Verglichen mit den Koranschulen Samarqands oder Buxoros wirkt diese Medrese eher schlicht. Sie hat eine nur einstöckige Fassade und der Keramischmuck kam erst in den letzten Jahren dazu. Diese Schlichtheit traf damals jedoch auf alle Medresen der Stadt zu.

Die **Norbo'tabiy Medrese** (Norbo'tabiy madrasasi, 1799) wird schon seit Jahrzenten als religiöses Bildungszentrum und Freitagsmoschee genutzt. Daher kann der Besuch für Touristen zeitweise eingeschränkt sein.

Friedhof der Khane

Unmittelbarer östlich der Medrese befindet sich der alte Friedhof der Khane.

Betritt man das Areal durch den nördlichen Eingang und folgt dem Pfad nach Süden trifft man nach etwa 90m auf das ummauerte Mausoleum von Khan Muhammad Umar (1787-1822) und seinen männlichen Verwandten. Das mit grellbunten Mosaiksteinchen verzierte Eingangsportal des **Daxmai Shahon** (Daxmai shahon maqbarasi, 1825) oder Daxma-i Shahon (Grab des Herrschers) ist ein typischer Vertreter der damals vorherrschenden Mosaiktechnik und Farbpalette. In Auftrag gegeben wurde der Bau von seiner Frau Nodira Mohlaoyim. Betritt man den Kuppelraum ist dieser vergleichsweise schlicht mit weiß-blauem Gansch ausgestattet. In den Nischen warten Wahrsagerinen auf Kundschaft. Dahinter liegt eine offene Iwanhalle die sich zum umfriedeten Hof der Familiengrabstätte öffnet. In den beiden kleinen **Grabhäuschen** ist Khan Muhammad Umar und dessen Bruder Alim begraben, dem er selbst zuvor ins Grab half um den Titel des Khans zu erhalten. Zudem sind weitere männliche Verwandte bzw. Nachkommen bestattet worden.

Ganz in der Nähe ist ein nach drei Seiten offener **Iwan** mit der Funktion einer "Aussegnungshalle" zu sehen.

Nodira Mohlaoyim (1792-1842) war die lang-

jährige Gattin von Khan Muhammad Umar und entgegen der damals üblichen Praxis eine Frau die sich in der Öffentlichkeit als Mäzenin von Kunst und Wissenschaft zeigte. Zudem schrieb Sie unter dem Pseudonym Nodira zahlreiche poetische Werke in der Sie nicht selten die Rolle der Frau in der damaligen Gesellschaft thematisierte. Als Ihr Ehemann starb zog Sie die Fäden der Macht, denn ihr erstgeborener Sohn Muhammad Ali, besser bekannt als Madali Khan war noch ein Kind. Als dieser jedoch groß genug war zettelte er schon bald Krieg mit dem Emirat Buxoro an. Emir Nasrulla aus Buxoro obsiegte und ließ Madali Khan, dessen Brüder und seine Mutter hängen. Dieser bemerkenswerten Frau die in der Sowjetzeit als Heldin und Märtyrerin gefeiert wurde kam zudem die Ehre zuteil, das Motiv der ersten vom unabhängigen Usbekistan herausgebrachten Briefmarke zu sein.

Wie bereits das Daxmai Shahon ließ Nodira Mohlaoyim auch das **Modari Khan Mausoleum** (Modarixon maqbarasi, 1825) errichten. Gewidmet ist es der Mutter von Muhammad Umar, weshalb es Modar-i Khan, "Mutter des Khans " genannt wird. In ihm fand auch die Erbauerin selbst ihre letzte Ruhestätte. Zwei oktagonale Guldastratürmchen rahmen den von einer hellen Spitzbogennische

beherrschten Peshtoq ein. Betritt man das Gebäude so erstaunt der Blick in die hohe Kuppel. Anders als in früheren Zeiten ist diese nur einschalig, die Innenwand des Tambours mit bunten Mustern verziert und die Innenkuppel betört mit einer blauen Spirale.

Koloniale Architektur in Qo'qon
Die Stadt Kokand im ausgehenden 19. und beginnende 20. Jh. war bestimmt von der Macht jüdischer, russischer und deutscher Geschäftsleute die hier glänzenden Geschäften nachgingen. Am bedeutendsten für die Stadt waren die sich gegenüberliegenden Häuser der Baumwollmagnaten Vad'yaev und Potelahov, heute das städtische **Rathaus** (1911) und die **Post** (1907). Der dritte in diesem Bunde war Simxaev welcher sich ein noch herrschaftliches Haus errichten ließ, heute die **Technische Schule** (1911). Die Bucharischen Juden kauften die Baumwolle der Bauern des Farg'ona Tales auf, verarbeiteten sie und handelten mit ihr auf den Börsen des "weißen Goldes" in Russland. In den Wirren der Oktoberrevolution mussten sie allesamt vor den Bolschewiken fliehen. Deutsche Geschäftsleute waren hier ebenfalls aktiv, Namen wie Kraft, von Siegel, Knabe, Dürnschmidt bestens bekannt. Auch sie mischten im lukrativen Baumwollgeschäft mit.

Eines der schönsten Häuser des Art Deko in Qo'qon ist sicherlich die ehemalige Russisch-Asiatische Bank. Bis heute wird das prächtige, mit Türmchen und Kuppeln verzierte Haus als Bank genutzt, als eine **Filiale der Agro Bank** (1910). Das Gebäude blieb über all die Jahrzehnte nahezu unverändert.

Verkehrsverbindungen

Der nächstgelegene Flughafen befindet sich in Fag'ona.

Hauptbahnhof Qo'qon
Der Hauptbahnhof **Qo'qon 1** (Qo'qon vokzali) ist ein Halt auf der Zugverbindung von **Andijon** nach **Toshkent** (4,5h; tägl.) und **Urganch** (21h;tägl.). Alle Züge fahren nach **Andijon** und halten auch in **Marg'ilon**. Das Bahnhofsgebäude ist sauber und in einem modernen, funktionalen Zustand. Es gibt keine Personenzüge nach Huçand.

Erreichbarkeit:
Gegenüber dem zentralen Bauernmarkt (Markaziy dehqon bozori) in Qo'qon fahren Strekkentaxis und Kleinbusse Nr. 8 die 3Km zum Bahnhof. Sie sind in der Regel mit dem Schild "Vokzal" markiert.

Haltestelle Bauernmarkt
Der Busbahnhof nördlich des Zentralen Bauernmarktes (Markaziy dehqon bozori) wurde abgerissen so dass die Taxis und Kleinbusse vor dem Haupteingang des Basars oder gegenüber (je nach Fahrtrichtung) halten. Von hier finden Sie mit etwas Glück ein Taxi nach **Rishton**, **Marg'ilon**, **Farg'ona**, **Namangan** oder **Andijon**. Innerstädtische Taxen fahren die nachfolgend genannten Busbahnhöfe an.

Erreichbarkeit:
Vom Bauernmarkt kann man mit Marschrutka Nr. 8 das **Rathaus** in der Neustadt und den **Bahnhof**, die **Freitagsmoschee** und den **Palast des Khans** erreichen. Marschrutka Nr. 2 oder Nr. 4 pendeln zwischen dem Bauernmarkt und dem Rathaus in der **Neustadt**.

Haltestelle Toshkent
Sammeltaxen nach Toshkent warten in der Regel hier (Toshkent Pjatak) auf Kundschaft, seltener fahren sie bis zum Zentralen Bauernmarkt (Markaziy dehqon bozori). Von hier aus starten Sammeltaxen (PKW's) nach **Toshkent** (Qo'yliq Basar) über den Qamchiq Pass. Des weiteren warten hier Minibusse und Sammeltaxen nach **Pop**, **Chust**, **To'raqo'rg'on** und **Namangan**.

Erreichbarkeit:
Von Zentralen Bauernmarkt (Markziy dehqon bozori) fahren Sammeltaxen und Kleinbusse zur Haltestelle Toshkent. Der Parkplatz befindet sich nahe der Kreuzung der Turkiston ko'chasi (Ausfallstraße nach Dangara) mit der Ringstraße die um Qo'qon herumführt. Lage: +40°33'24.07", +70°55'42.47"

Busbahnhof Uchko'prik
Von hier aus fahren Sammeltaxen und Kleinbusse nach **Rishton**, **Marg'ilon** und **Farg'ona**.

Erreichbarkeit:
Vom Zentralen Bauernmarkt ein Taxi nehmen

welches Sie zum Taxi Sammelplatz Uchko'prik (Uchko'prik avtostansiya) am östlichen Stadtrand von Qo'qon bringt. Lage: +40°32'23.88", +70°59'20.5"

Busbahnhof Qo'qon Darvoza / Avg'onbog'
Um Ziele in westlicher und südlicher Richtung, also **Navbahor** und **Beshariq** zu erreichen werden Sie an diesem Busbahnhof fündig. Sowohl Kleinbusse als auch PKW Taxis warten auf Kundschaft. Mit etwas Glück fährt ein Taxifahrer auch bis zur **Tadschikischen Grenze** beim Dorf Andarxon.

Erreichbarkeit:
Vom Zentralen Bauernmarkt (Markaziy dehqon bozori) fahren Taxis zum Busbahnhof Avg'on (Qo'qon Darvoza avtoshobekati) am südlichen Stadtrand nahe dem großen Kreisverkehr. Lage: +40°30'5.65", +70°55'20.29"

Grenzübergang nach Tadschikistan (Huçand)
Offiziell heißt der Übergang Beshariq/Konibodom. Jedoch ist der Grenzposten vom usbekischen Beshariq 17Km und vom tadschikischen Konibodom 10Km entfernt. Das nächstgelegene usbekische Dorf ist Andarxon, noch näher dran ist das tadschikische Dorf Patar. In Patar ist es möglich, Geld zu wechseln.

Qo'qon von A bis Z
Apotheken
Dorixona, Mirishkor ko'ch. 57, Geöffnet: Mo - Sa 8:00 - 21:00 Uhr

Doroxona, Istiqlol ko'ch. 31, Geöffnet: Mo-Sa 8:00 - 21:00Uhr

Einkaufen
Bauernmarkt (Markaziy dehqon bozori), Furqat ko'chasi; Lebensmittel, Früchte, Gemüse

Ko'kat Basar (Ko'kat bozori), Imom al-Buxoriy ko'chasi; Lebensmittel, Früchte, Gemüse

Neuer Basar (Yango bozori, Buyuk Ipaq Yo'li komplexi oder Jinnixona bozori); an der Kreuzung Navbahor und Furqat ko'chasi; Großbasar für Kleidung, Techn. Geräte, Lebensmittel

Korzinka Supermarkt, Furqat ko'ch. 4; Lebensmittel, Haushalt; Geöffnet: tägl. 8:00 - 0:00 Uhr

Makro Supermarkt, Istiqlol ko'ch. 4, nahe Xudoyor Khan Palast; Lebensmittel, Haushalt; Geöffnet: tägl. 8:00 - 23:00 Uhr

Media Park / Korzinka Supermarkt, Shohruhobod ko'chasi 39, Lebensmittel, Haushalt, Bekleidung, Elektroartikel; Geöffnet: tägl. 9:00 - 22:00 Uhr

Geldwechsel
Agro Bank, Istiqlol ko'ch. 34; Geöffnet: Mo-Fr. 9:00-13:00 und 14:00-18:00 Uhr

Asaka Bank, Istiqlol ko'ch. 25, Geöffnet: Mo-Fr 9:00 - 18:00 Uhr

Hotels und Unterkünfte in Qo'qon (Auswahl)
Mittel
Hotel Asmald Palace, Mirishkor ko'ch. 62A, Tel. 541 70 00; int. Stil, großer Pool, Gym, in Standardzimmern nur Duschvorhang

Hotel Silk Road, Turkiston ko'ch. 57A, Tel. 99-363 33 66; schickes Kleinhotel, sehr ordentlicher kleiner Hotelpark mit Pavillons

Hotel Reikartz, Imom al Buxoriy ko'ch. 1, Ecke Istiqlol ko'ch., Tel. 78-113 94 33; recht große Zimmer, angenehm ausgestattet*Günstig*

Günstig
Hotel Istiqlol, Istiqlol 1-tor ko'ch. Tel. 91-140 80 00; recht einfache Zimmer mit AC, sehr günstig gelegen

Hotel Khan, Istiqlol ko'ch. 31 , Tel. 90-059 11 44, vergleichbar mit Hotel Istiqlol

Krankenhäuser
Städtisches Krankenhaus (1-shahar Kasalxonasi), Mirishkor ko'ch. Tel. 543 34 80

Museen
Regionalmuseum (Shahar o'lkashunoslik muzeyi), Istiqlol ko'ch. 2 (im Khanpalast); Bekleidung, Schriften, Münzen, Instrumente und Holzkunst aus der Zeit des Khanates, Geöffnet: tägl. 9:00-17:00 Uhr

Muqimi Hujra Museum (Muqimiy hujra muzeyi), Muqimi ko'ch. 68; persönliche Gegenstände und Schriften Muqimis, Geöffnet: theoretisch tägl. 9:00-17:00 Uhr, meist jedoch

geschlossen
Museum für angewandte Kunst (Jomiy amaliy san'at muzeyi), Hamza ko'ch. 3 (Freitagsmoschee); Textilkunst, Keramik und Holzschnitzereien der Region, Geöffnet: tägl. 9:00-17:00 Uhr

Hamza Hakimzoda Niyoziy Museum (Hamza Hakimzoda Niyoziy uy-muzeyi), Taroqchilik ko'ch.; Wohnräume und Werke Hamzas, Geöffnet: Mo - Sa 9:00 - 17:00 Uhr

Museum der großen Gelehrten (Buyuk Allomalar muzeyi), A. Islamov ko'chasi; Präsentation von Werken bekannter Gelehrter Usbekistans, Geöffnet: tägl. 9:00-16:00 Uhr

Post
Hauptpostamt Qo'qon (Qo'qon pochtamti), O'rta tagi ko'ch. 38, Geöffnet: Mo-Sa 9:00-18:00 Uhr

Restaurants in Qo'qon (Auswahl)
Usbekisch / Türkisch
Teehaus Karvon, nahe Ko'kat Basar, Tel. 91-698 21 22; schönes Teehaus mit Tischen und Tapchanen

Restaurant Payitaht, Turkiston ko'chasi, Tel. 91-141 14 53, türkische Spezialitäten, schönes Ambiente, guter Service, gutes Essen

Pizza / Fast Food
Bellissimo Pizza, Turkiston ko'chasi, Ecke Hamza ko'chasi, beliebte Rizzakette

Mini Food, Turon ko'ch. 10, Tel. 91-124 22 26; neben Hot Dog, Pizza und Burger auch Norin Salat mit Pferdewurst!

Telefon, SIM Karten für Handys
Ucell, Istiqlol ko'chasi 32A
Beeline, Hamza ko'chasi 12

Vergnügungsparks
Island Aquapark, Turkiston ko'chasi, mehrere Rutschen, ein Schwimmbecken, ein Planschbecken, Geöffnet: tägl. 8:00-23:00 Uhr

Vorwahl von Qo'qon
73

Sprachenführer

Auf dem Staatsgebiet Usbekistans gibt es historisch bedingt viele Sprachen und Dialekte. Zwar ist Usbekisch vorherrschend, es wird jedoch in in zahlreichen Dörfern und Wohnvierteln auch Tadschikisch, Kasachisch, Turkmenisch, Kirgisisch oder Karakalpakisch gesprochen. Bis auf Tadschikisch sind dies alles Turksprachen, die jedoch untereinander recht stark differieren. Insbesondere in den Städten Buxoro und Samarqand wird zumindest zuhause noch vorwiegend Tadschikisch gesprochen. Die tadschikische Sprache ist dem Persischen ähnlich, und gehört damit einer ganz anderen Sprachfamilie an. Dennoch enthält auch sie einige turksprachliche Elemente. Die Ethnienpräsenz in Zentralasien entspricht heute weitgehend der gesprochenen Sprache. Die größte usbekische Minderheiten außerhalb Usbekistans lebt im Norden Afghanistans.

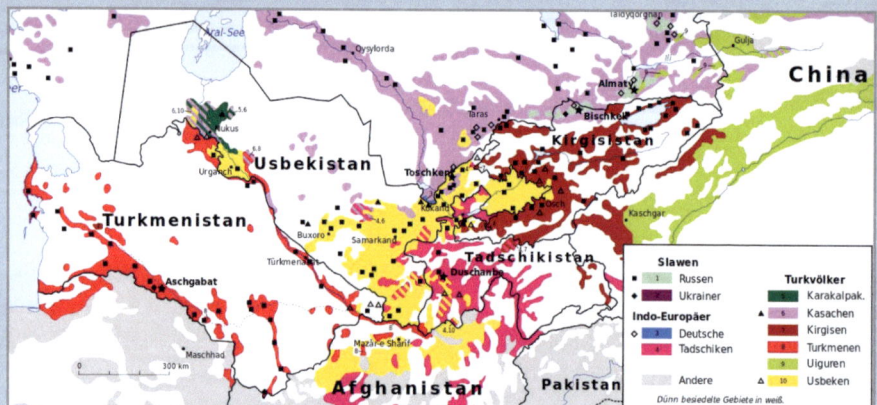

Russisch ist in weiten Teilen der ehemaligen Sowjetunion zwar eine "Fremdsprache" wie bei uns Englisch, dennoch spielt sie im Wirtschaftsleben nach wie vor eine bedeutende Rolle. Insbesonder bei der Stadtbevölkerung gilt es zudem als schick, sich in Russisch zu unterhalten. Man will damit einen hohen Bildungsstand gegenüber der ländlichen Bevölkerung zeigen. Russisch ist eine slawische Sprache und ähnelt damit ganz und gar nicht den Turksprachen oder dem Tadschikisch. Dennoch fanden in der Sowjetzeit viele russische Begriffe Eingang in die Sprachen der ehemaligen Sowjetrepubliken. Als man nach der Unabhängigkeit für moderne, technische Dinge neue Begriffe in den Nationalsprachen schuf, wurden diese von der Bevölkerung kaum übernommen. Gerade für Touristen ist Russisch daher noch immer die Schlüsselsprache, zunehmend wird aber auch Englisch, Französisch oder sogar Deutsch gesprochen.

Trotzdem ist es oft sehr praktisch, einige Begriffe und Redewendungen in Usbekisch parat zu haben. Deshalb werden in diesem kleinen Sprachenführer neben der russischen auch die usbekische Sprache erläutert. Die Sätze sollen helfen, auch schwierige Situationen, z.B. mit der Miliz zu meistern. Individuell Reisenden ist unbedingt ein Grundkurs in Russisch z.B. an einer Volkshochschule zu empfehlen. Auch um mit dem kyrillischen Alphabet vertraut zu werden.

Usbekistan hat bereits 1995 ein lateinisches Alphabet eingeführt, dennoch schreiben viele ältere Menschen noch immer in kyrillscher Schrift. Die Umstellungsphase wird wohl noch einige Generationen andauern.

Tipp: Neben dem Goethe-Institut in Toshkent gibt es auch in kleineren Städten Fremdsprachenschulen oder -fakultäten. Die dortigen Schüler und Studenten freuen sich, Ihnen bei einer einer Museums- oder Stadtführung als Übersetzer behilflich zu sein.

Aussprache des usbekischen Alphabetes

Die im Buch verwendeten Orts-, Gebäude- und Personennamen folgen der usbekisch-lateinischen Schreibweise. Hier eine Aussprachehilfe für das im Buch verwendete usbekische Alphabet:

Lateinischer Buchstabe	Aussprache	Beispiele	Kyrillischer Buchstabe
A a	a	Mama, Samarqand	А а
B b	b	Bad, Buxoro	Б б
V v	w	wie, viloyat	В в
G g	vorderes g	Gerste, gapirish	Г г
D d	d	Dach, daxma	Д д
E e	kurzes, schwaches e	Bitte, eshik	Е е, Э э
Yo yo	jo	Jochen, yoshlik	Ё ё
J j	stimmhaftes dsch	Dschunke, Jeiran	Ж ж
Z z	stimmhaftes s	Seide, biz	З з
I i	i	Kind, kirish	И и
Y y	j	Jahr, yil	Й й
K k	vorderes k	Käfer, kitob	К к
L l	l	Limone, gilam	Л л
M m	m	Markt, men	М м
N n	n	Nonne, Namangan	Н н
O o	offenes o	Koch, bozor	О о
P p	p	Pulver, pul	П п
R r	Zungen-r	Rucksack, mozor	Р р
S s	stimmloses s	Wasser, salom	С с
T t	t	Tablett, tabrik	Т т
U u	u	Schuh, xudo	У у
F f	f	Fisch, fayz	Ф ф
X x	ch	Fach, Xiva	Х х
Ch ch	stimmloses tsch	Tschechien, Uchquduk	Ч ч
Sh sh	stimmloses sch	Schrank, Toshkent	Ш ш
Yu yu	ju	Jugend, yulduz	Ю ю
Ya ya	ja	Japan, jaxshi	Я я
Oʻ oʻ	ö	Möhre, Toʻrtkoʻl	Ў ў
Q q	hartes k	Kokon, Qoʻqon	Қ қ
Gʻ gʻ	gehauchtes r	Rasen Fargʻona	Ғ ғ
H h	gehauchtes h	Himmel, bahor	Ҳ ҳ

Der Vokal **a** wird vor oder nach Konsonanten als **ä** wie in Mädchen oder kalit ausgesprochen. Beim **oʻ** gibt es Aussprachevariationen die von einem klaren **ö** über einen Laut zwischen **ö** und **u** bis zu einem **o** reichen.
Am schwierigsten für die deutschsprachige Zunge ist das korrekte Aussprechen der Buchstaben **r, q** und **gʻ**.

Die jeweilige deutsche Übersetzung auf den nachfolgenden Seiten wurde so geschrieben, wie sie in etwa von einer deutschsprachigen Person ausgesprochen wird.

Usbekisch

Begrüßung, Abschied, Redewendungen

Friede sei mit dir .... assalom alaikum
Hallo .... salom
Auf Wiedersehen .... hajir
Ja, natürlich! .... ha, albatta!
Nein / kein(e) .... jock
Wie geht es ihnen? .... jachschimisiz?
gut/schlecht .... jachschi/jomon
Bitte .... iltemos
Danke .... rachmat
Ich bin glücklich .... men bachtliman
Alles klar .... bopte jachsche
Guten Appetit .... jokomli ischtacha
Freund .... doost
Frau .... ajol
Mann .... ärkak
Danke für die
Gastfreundschaft .... Mechmondöstlik
utschun katta rachmat

Verständigung

Sprechen sie Deutsch? .... nemistscha
gaprasizme?
Sprechen sie Englisch? .... ingliztscha
gaprasizme?
Ich verstehe nicht .... men tuschenmadem
Gibt es einen Übersetzer? ... tartschimon
borme?

Zeitangaben

Wieviel Uhr ist es? .... soat netsche?
Wann? .... khatschon?
gestern .... ketscha
heute .... bügün
morgen .... ertaga
Um 6 Uhr .... soat olte-da
morgens .... ertalab
mittags ....peschin
abends .... ketschkurun
Tag .... kün
Nacht .... tun
Montag .... düschanba
Dienstag .... sejschanba
Mittwoch .... tschorschanba
Donnerstag .... pajschanba
Freitag .... dschumma
Samstag .... schanba
Sonntag .... jakschanba
Feiertag .... baijram küni
Monat .... oj
Jahr .... jil
Jahrzehnt .... on jil
Jahrhundert .... asr

Orientierung

Wo ist...? .... kajerda?
Eingang .... kirisch
Ausgang .... tschikisch
nach links .... tschopga
nach rechts .... onga
geradeaus .... togriga
nach Westen .... garbga
nach Osten .... scharkga
nach Norden .... schimolga
nach Süden .... dschanubga

...mit dem Flugzeug

Ticketverkauf .... chipta kassasi
mein Sitzplatz .... bu mene dschojim
Flugzeug .... taijora, samalot

...mit dem Zug

Bahnhof .... Temir yol vakzal
Bahnsteig .... platforma
Gepäckaufbewahrung .... jük kamerase
Abteil .... kuppe
Schlafwagenticket .... platzkard

...mit dem Bus, Taxi, Auto

Busbahnhof .... avtobekat
Haltestelle .... bekat, stajanka
wie weit? .... uzoghme?
wie lange? .... nitsche soatli jol?
wieviel Geld? .... nitsche pul?

...in der Stadt

Straße .... kötscha
Ausfallstraße .... jol, schosse
Stadtmitte .... markaz
Altstadt .... eski schachar
Markt .... bosor
Apotheke .... dorichona
Krankenhaus .... kasalchona
Toilette .... hodschatchona
Hauptpostamt .... potschda markase
Museum .... muzeji
Hotel .... mechmonchona

...in der Landschaft

See .... köl
Fluß .... darijo
Wasserfall .... scharschara
heiße Quelle .... issykh bulock
Berg .... togh
Tal .... vodi
Gebirge .... tisma
Höhle .... rror
Wüste .... tschöl
Grenze .... tschegara

Im Hotel / in der Unterkunft
Einzelzimmer .... birr kschlik chona
Doppelzimmer .... icki kschlik chona
Nichtraucherzimmer .... zigaret tschekmaldi-
gan chona
Bettdecke .... odijol
Kissen .... jostikh
Matratze .... matratz
mit Badzimmer .... wanna bilan
mit Frühstück .... nonuschta bilan
Schlüssel .... kalet

Handel/Einkauf
Gibt es ... . borme?
Das ist teuer! .... bu dschuda
kimmat!
Wieviel kostet es? .... bu kantscha
turadi?
Preis .... narch
Geld wechseln .... pul almaschteresch
Wie ist der Kurs? .... kurs kantscha?
Briefmarken .... markalar
Ladengeschäft .... dökon

Getränke und Lebensmittel
Schwarzer Tee .... khora tschoj
Grüner Tee .... kök tschoj
abgekochtes Wasser .... kajnatilgan suu
Sprudel .... gazlangan suu
stilles Wasser .... gazlanmangan suu
Fladenbrot .... non
Reis .... gürütsch
Nudeln .... ugra, makaron
Fleisch .... gösch
Gemüse .... sabzavot
Salat .... salat
Vegetarier .... vegetarian

Beim Arzt
Schmerzen .... oriatagan dschoilar
Bauchschmerzen .... khoren santschi-
khlari
Übelkeit .... khöngil ajnische
Erbrechen .... khusisch
Duchfall .... ponos
Kopfschmerzen .... bosch oghrighi
Schwindelgefühl .... esankiramokh
Zu hoher Blutdruck .... baland khon
bosime
Zu geringer Blutdruck .... past khon bosime
Kreislaufprobleme .... bosch ajlanisch
muammolare
Ohnmacht .... ödschizlik
Schlafstörungen .... ujkhusizlik

Zahlen
0 .... nol
1 .... birr
2 .... icki
3 .... ütsch
4 .... tört
5 .... besch
6 .... olte
7 .... jette
8 .... sackiz
9 .... tockiz
10 .... on
11 .... on birr
12 .... on icki
13 .... on ütsch
14 .... on tört
15 .... on besch
16 .... on olte
17 .... on jette
18 .... on sackiz
19 .... on tockiz
20 .... jigirma
21 .... jigirma birr
30 .... ottiz
40 .... kirk
50 .... ellik
60 .... oltmisch
70 .... jetmisch
80 .... sakson
90 .... tokson
100 ...... (bir)jüz
1 000 ... ming
10 000 . on ming
$\frac{1}{4}$ .... tschorak
$\frac{1}{2}$ .... jarim

Kontrollen, bei der Miliz, an der Grenze
Ich komme von Buxoro ...... Men Buchorodan
kelijapman
Ich gehe nach Buxoro .... Men Buchoroga
ketjapman
Für was ist die Gebühr? .... Bu pul nimaga?
Wo muß ich jetzt hin? .... Ende khajerga
borischim kerak?
Ich habe nur Dinge für den persönlichen Ge-
brauch .... Bu mening schachsiy narsalarim
Ich möchte dass ein Protokoll gemacht wird ....
.... Men pratakol tajorlanischini istajman
Wo ist der Vorgesetzte? .... Nasoratschi
khajerda?
Ich möchte den Vorgesetzten sprechen ....
... Men natschalnik bilan gaplaschne chochlajman
Ich werde jetzt meine Botschaft kontaktieren ......
.... Men hozir eltschichonam bilan boghlanaman

Notfälle
Ich brauche einen Arzt .... Menga schifokor
kerak
Hospital/Krankenhaus .... kasalchona
Hilfe !! .... jordam!!
Feuer!! .... olow!!

Russisch

Begrüßung, Abschied, Redewendungen
Guten Tag .... sdrastwujtje
Hallo .... priwet
Auf Wiedersehen .... daswidanja
Ja, natürlich ! .... da, kaneschna
Nein / kein(e) .... njet
Wie geht es ihnen .... kack waschi djela?
gut/schlecht .... charascho/plocha
Bitte .... paschalstwa
Danke .... spasiba
Ich bin glücklich .... ja stschastliv
Alles klar .... vsjo charascho
Guten Appetit .... prijatna appetita
Freund .... drug
Frau .... schenna
Mann .... musch
Danke für die
Gastfreundschaft .... spasiba sa goste-
priimstwo

Verständigung
Sprechen sie deutsch? .... wü gawaritje pa
nimetzki?
Sprechen sie englisch? .... wü gawaritje pa
angliski?
Ich verstehe nicht .... ja nje panimaju
Gibt es einen Übersetzer? ... Jest li perewotschik?

Zeitangaben
Wieviel Uhr ist es? .... katorüj tschass?
Wann? .... kagda?
gestern .... ftschira
heute .... siwodnija
morgen .... saftra
Um 6 Uhr .... w schest tschasov
morgens .... utram
mittags .... obed
abends .... wjetschiram
Tag .... denh
Nacht ....notsch
Montag .... panidjelnick
Dienstag .... ftornick
Mittwoch .... srida
Donnerstag .... tschitwerg
Freitag .... pjatniza
Samstag .... subota
Sonntag .... waskrisenje
Feiertag .... prasdnik
Monat .... mesjatz
Jahr .... god
Jahrzehnt .... desjatiletije

Jahrhundert .... weka

Orientierung
Wo ist...? .... gdje ...
Eingang .... wchod
Ausgang .... wüchod
nach links .... na lewa
nach rechts .... na prawa
geradeaus .... prijama
nach Westen .... na sapad
nach Osten .... na wastok
nach Norden .... na sewer
nach Süden .... na jug

...mit dem Flugzeug
Ticketverkauf .... awiakassa
mein Sitzplatz ....maja mesto
Flugzeug ....samalot

...mit dem Zug
Bahnhof .... vakzal
Bahnsteig .... platforma
Gepäckaufbewahrung .... kamera chranenija
Abteil .... kuppe
Schlafwagen .... spalni waggon

...mit dem Bus, Taxi, Auto
Busbahnhof .... avtovakzal
Haltestelle .... stajanka
wie weit? ....kak daleko?
wie lange? ....kak dolgo?
wieviel (Geld)? .... skolka (denge)?

...in der Stadt
Straße .... ulitza
Ausfallstraße .... schosse
Stadtmitte .... zentr
Altstadt .... stari gorod
Markt .... rünok
Apotheke .... apteka
Krankenhaus .... balnitza
Toilette .... tualet
Hauptpostamt .... potschta
Telekomgebäude .... telegraf
Museum .... muzeji
Hotel .... gastinitza

...in der Landschaft
See .... oosera
Fluß .... reka
Wasserfall .... wadapad
heiße Quelle .... garjatschi istotschnik
Berg .... gora
Tal .... dolina
Gebirge .... chrebet
Höhle .... pedschara
Sandwüste .... peski
Grenze .... granitza

Im Hotel / in der Unterkunft

Einzelzimmer .... odnomestni komnata
Doppelzimmer .... dwuchmestni kom-
nata
Nichtraucherzimmer .... komnatu dlja nekurja-
schich
Bettdecke .... pokriwalo
Kissen .... paduschka
Matratze .... matras
mit Bad ....s wannoj
mit Frühstück ....s saftrakom
Schlüssel .... klutsch

Handel/Einkauf

Gibt es ... . jest?
Das ist teuer! .... slischkom darago!
Wieviel kostet es? .... skolka eta stoit?
Preis .... zenna
Geld wechseln .... obmen valjuta
Wie ist der Kurs? .... kakoj kurs?
Briefmarken .... marki
Ladengeschäft .... magazin

Getränke und Lebensmittel

Schwarzer Tee .... tschorni tschaj
Grüner Tee .... zeloni tschaj
abgekochtes Wasser .... kipjatschenaj
woda
Sprudel .... gasirowannaja wada
stilles Wasser ....negazirowannaja
wada
Fladenbrot .... lipjoschka
Reis .... ris
Nudeln .... lapscha
Fleisch .... mjaso
Gemüse .... awaschnoj
Salat .... salat
Vegetarier .... vegetarianetz

Beim Arzt

Schmerzen .... bolh
Bauchschmerzen .... koliki
Übelkeit .... toschnota
Erbrechen .... rwotnoje
Duchfall .... ponos
Kopfschmerzen .... golownije boli
Schwindelgefühl .... wetrenost
Zu hoher Blutdruck ....wüsokoje krawjanoje
dawlenije
Zu geringer Blutdruck ....nisokoje krawjanoje
dawlenije
Kreislaufprobleme ....problemi zirkulatzija
Ohnmacht ....bessilije
Schlafstörungen .... naruschenija sna

Zahlen

0 .... noll		17 .... sjemnatzet	
1 .... adin		18 .... wossimnatzet	
2 .... dwa		19 .... dewjatnatzet	
3 .... tri		20 .... dwazat	
4 .... tschitiri		21 .... dwatzatadin	
5 .... pjatt		30 .... trizat	
6 .... schest		40 .... sorak	
7 .... sjem		50 .... pidisjat	
8 .... wossim		60 .... schestdisjat	
9 .... dewjat		70 ....sjemdisjat	
10 .... djesit		80 .... wosimdisjat	
11 .... adinatzet		90 .... diwinosta	
12 .... dwinatzet		100 ...... sto	
13 .... trinatzet		1 000 ... tisitscha	
14 .... tschirnatzet		10 000 . djesittisitsch	
15 .... pitnatzet		$\frac{1}{4}$ .... tschetwert	
16 .... schüstnatzet		$\frac{1}{2}$ .... palawina	

Kontrollen, Miliz, an der Grenze

Ich komme von Buxoro .... Ja iz Bucharii
Ich gehe nach Buxoro ....Ja jedu w Bucharu
Für was ist die Gebühr? .... Schto eta sa nalock?
Das verstehe ich nicht ....Ja nje panimaju
Wo muß ich jetzt hin? ....Kuda mnje tiper?

Ich habe nur Dinge für den persönlichen Ge-
brauch .... Eta maji litschnije weschi

Ich möchte dass ein Protokoll gemacht wird .....
.... Ja chatschu schtoby sostawili pratakoll

Wo ist der Vorgesetzte? .... Gdje natschalnik

Ich möchte den Vorgesetzten sprechen ....
.... Ja chatschu gawarit s natschalnikom

Ich werde jetzt meine Botschaft kontaktieren ... Ja
swjadschus s moim pasalstvom sejtschas

Notfälle

Ich brauche einen Arzt ....Mnje nuschin
wratsch
Hospital/Krankenhaus .... balnitza
Hilfe !! ....Pomosch!!
Feuer !! ....Pschar!!

Glossar

Alabaster in Innenräumen als Wandverkleidung eingesetzer weicher Dekorationsputz

Amir (arab.) Heerführer

Arabesken (ital.) Ranken mit sich gabelnden Blättern als Dekoration von Schriften

Alfiz (arab.) rechtwinkeliger Rahmen über einem Rundbogen oder Spitzbogen

Archivolte (ital.) Dekorationsband entlang dem Portalausschnitt

Ark (usb.) Zitadelle, Festung oder Stadtburg

Arzxona (usb.) Gerichtssaal

Ayvon (usb.) siehe Iwan

Banna'i (pers.) Muster aus glasierten und unglasierten Ziegeln, meist geom. Schriftzüge

Barbakane (franz.) separater Vorbau am Zugang zu einer mittelalterlichen Festung

Basar (pers.) orientalischer Handeslplatz

Bogenzwickel (dtsch.) dreiseitige Fläche zwischen dem Bogen und seiner rechtwinkeligen Umrahmung

Chortoq (pers.) nach vier Seiten offene Halle

Daxma (usb.) Grabstein oder Grabgewölbe

Darsxona (usb.) Schulungssaal einer Medrese

Darvoza (usb.) Tor, Stadttor

Donjon (franz.) mittelalterlicher Wohnturm

Emir (türk.) Heerführer

Fayence (franz.) Gebrannte Keramik mit auf Metalloxiden basierender Glasur bemalt

Fayencemosaik Muster aus zugeschnittenen farbig glasierte Keramikstücken

Ganch (usb.) Schnitzwerk aus Gips, Stuck

Gewölbezwickel (dtsch.) dreiseitige Fläche am Übergang zur Hängekuppel

Girih (pers.) geometrisches, lineares Flechtwerk in Schmuckpanelen

Guldasta (pers.) Schmuckturm ohne eine funktionale Bedeutung im Sinne des Minaretts

Gumbaz (usb.) Kuppel

Go'rxona (usb.) Hauptraum eines Mausoleums in dem sich das Scheingrab befindet

Haftrangi (pers.) mehrfarbig glasierte Kacheln, relativ preisgünstige Methode

Hammom (arab.) öffentliches oder privates-Bad zur Körperpflege und Erholung

Harem (arab.) Raum oder Gebäudeteil der den Frauen vorbehalten ist, der Zutritt für fremde Männer ist nicht gestattet

Hazarbaf (pers.) Relief aus gemauerten glasierten oder unglasierten Ziegeln

Hovuz (usb.) Wasserbecken, früher öffentl. Waschplatz und Wasserversorgung

Inoq (türk.) Statthalter, Wesir

Iwan (arab.) offene, hohe, tief überwölbte Nische **oder** hohe offene Säulenhalle

Izora (usb.) Panel

Jome Masjid (arab./usb.) Freitagsmoschee

Kalligraphie (griech.) Schriftkunst als Dekorationselement

Karawanserei (pers.) Herberge für Handelsreisende und deren Transporttiere

Kashin (usb.) aus Ton geschnittenes Relief, glasiert und gebrannt

Kenotaph (griech.) Scheingrab in dem kein Toter bestattet wurde, Gedenkstätte

Khan (mong.) Herrschertitel, König

Kielbogen (deut.) spitz zulaufender oberer Abschluß eines Portals oder eines Iwans

Kosh-Ensemble (pers.) Zwei Bauwerke deren Hauptportale sich geometrisch gegenüber liegen, von Koshlar = Augenbrauen

Ko'chasi (usb.) Straße

Ko'rinishxona (usb.) Empfangssaal, Thronsaal

Kufi (arab.) älteste kalligraphische Form der arabischen Schrift, stammt aus dem Irak

Kundal (pers.) Vergoldete Gipsreliefs

Kursi (usb.) Säulenstein

Ko'zagi (usb.) kugelförmige Ausbildung einer Holzsäule am unteren Ende

Laterne (griech.) Aufsatz eines Minaretts Majmuasi

Majolika (ital.) Glasierte Keramik (siehe Fayence)

Mausoleum (lat.) Grabstätte

Madrasa (usb.) siehe Medrese

Maqbara (usb) siehe Mausoleum

Maqsura (arab.) Gebetsraum mit Mihrab Nische, früher den geistlichen und weltlichen Herrschern vorbehalten

Masjid (arab./usb.) siehe Moschee

Maydon (arab./usb.) Platz, Bereich

Mazor (usb.) Gedenkstätte für einen Verstorbenen am Ort des Todesfalls

Moschee (arab.) Gebetsraum oder Gebäude für Muslime zur geistlichen Andacht

Medrese (arab.) Schule in der der Koran als auch naturwissenschaftlich unterrichtet wird

Mihrab (arab.) meist verzierte Nische welche die Gebetsrichtung nach Mekka anzeigt

Minarett (arab.) Turm von dem zum Gebet gerufen wird, teilweise auch Leuchtturm oder Hinrichtungsstätte, heute meist dekorativ

Minora (usb) Minarett

Mionsaroy (usb.) Eingangshalle

Muqarnas (arab.) häufig bemaltes Stalaktitengewölbe aus Gips oder Pappmaschee in einem Iwan oder Portalbogen

Namazgoh (pers.) Gebetsplatz oder offene Moschee ohne Außenmauern

Nashi, Nashki (arab.) kursive arabische Schriftform

Nekropole (griech.) Ansammlung mehrerer Grabstätten, oft auch Pilgerstätte

Panjara (usb.) Fenstergitter

Paxsa (usb.) Stampflehm meist vermischt mit Beschlagstoffen wie Stroh als Baumaterial für den Hausbau und Ofenbau

Pendentif (lat.) dreiseitige Fläche am Übergang zu einer Pendentifkuppel

Pilaster (lat.) dekorative Säulenandeutung

Peshtoq (pers.) meist verzierte Portalwand vor einer Portalnische oder einem Iwan

Quadratkufi (arab.) Kalligraphieform

Qal'a (arab.) Festungshügel oder Burgberg

Qibla (arab.) Gebetsrichtung nach Mekka

Qushi (usb.) Kapitell einer Säule

Rabot (arab) Vorstadt, Stadtteil ausserhalb der Stadtbefestigung

Riwaq/Ravoq (arab.) Arkaden die einer Säulenhalle vorangestellt sind

Sagana (usb.) Grabstein

Sahn (arab.) ummauerter Innenhof

Saroy (pers.) Palast, Residenz

Sardoba (usb.) meist überkuppelte Zisterne zur Wasserversorgung

Sarten (türk.) seßhafte Bevölkerung, Städter

Shahriston (pers.) von einer Stadtmauer umgebener Stadtteil

Spandrille (lat.) dreiseitige Fläche zwischen dem Bogen und seiner rechtwinkeligen Umrahmung

Stupa (ind.) meist halbkugelförmiges buddhistisches Bauwerk teils mit Reliquien

Toq (pers.) Markthalle, Kuppelbasar auf einer Straßenkreuzung

Talar (pers.) säulengestütze Vorhalle/Veranda

Tambour (franz.) meist mit glasierten Ziegeln verzierte Trommel zwischen den Trompen oder Pendentifs und der Außenkuppel.

Tahoratxona (usb.) Raum für rituelle Waschung nahe Moscheen oder Pilgerstätten

Temenos (griech.) heiliger Bezirk der lokalen Aristokratie in der Antike

Tepa (usb.) Hügel, häufig Namenszusatz

Tim (pers.) Markthalle, Kuppelbasar

Trompe (franz.) dreieckiger Übergangsbereich von einem viereckigen Raum auf ein Oktagon

Thuluth (arab.) Kalligraphieform

Tympanon (griech.) meist verzierte Fläche zwischen Türsturz und Spitzbogen

Ustun (usb.) hölzerne Säule

Vassa (usb.) halbrunde Hölzer der Deckenausfüllung zwischen den Tragbalken

Zioratxona (usb.) Pilgerraum zur Andacht, meist Vorraum eines Mausoleums

Zindon (usb.) Gefängnis

Zwickel Zierfläche unter der Kuppel

Chillaxona (usb.) Höhle als Rückzugsort für die Meditation

Chorsu (pers.) Kuppelgebäude an einer Straßenkreuzung mit vier Wegen

Chortoq (pers.) Kuppelraum auf vier Bögen

Xiyobon (usb.) Allee

Xona (usb.) Haus, Gebäude, Raum

Xonaqo (usb.) Pilgerunterkunft einer Sufi-Bruderschaft

Xonaqoh (usb.) überkuppelter Hauptsaal einer Moschee

Xujra (usb.) Zelle eines Studenten oder Pilgers in einer Koranschule oder Pilgerunterkunft

Impressum

Sorg, Gerald
Usbekistan

Herstellung und Verlag:
BOD - Books on Demand, Norderstedt
Hergestellt in Deutschland

Bibliographische Information der Deutschen Nationalbibliothek: Die Deutsche Nationalbibliothek verzeichnet diese Publikation in der Deutschen Nationalbibliographie; detaillierte bibliographische Daten sind im Internet unter www.dnb.de abrufbar.

2. aktualisierte Auflage 2025
© 2020-2025 Gerald Sorg, Alle Rechte vorbehalten

ISBN-13: 978 3 76932627 7

Bildernachweis:
S. 16 Ymblanter
S. 18 Konstantin Nikiforov
S. 35 V. Shevchenko, shevchenkovadim.com
S. 60 US Library of Congress
S. 67 Katja Daniela Hillebrand
S. 85 unten Samarkanda Travel, Toshkent
S. 107 Samarkanda Travel, Toshkent
S. 155 Loggawiggler
S. 160 V. Shevchenko, shevchenkovadim.com
S. 194 V. Shevchenko, shevchenkovadim.com
S. 247 oben Jahongir Askarov
S. 247 mitte Darvaza
S. 263 mitte Jahongir Askarov
S. 291 unten links Carpodacus (bearbeitet)
S. 296 links mitte Urmen19 (bearbeitet)
Umschlag hinten unten Loggawiggler
alle übrige Bilder: Gerald Sorg, Bamberg

Dieses Buch ist erhältlich und sofort lieferbar in jeder Buchhandlung in Deutschland, der Schweiz und Österreich.
Darüber hinaus ist es auch im Internet bei den einschlägigen Buchversendern erhältlich.

Haftungsausschluss:
Trotz aller Sorgfalt ber der Erstellung dieses Buches sind Fehler oder Änderungen die nach Drucklegung nicht auszuschließen. Dafür kann der Verlag und der Autor keine Haftung übernehmen.

Werden Sie Teil dieses Projektes:
Jeder Reisende hat eigene Eindrücke, Erfahrungen und neue Entdeckungen. Lassen Sie andere Leser an diesen Informationen teilhaben und senden Sie dem Autor eine E-Mail:

gerald.sorg@gmx.de

Ihre Einwilligung vorausgesetzt werden Sie gerne an dieser Stelle namentlich erwähnt.

Danksagungen:
Dieses Werk wäre nicht entstanden ohne die Hilfe vieler Menschen die mir mit Rat und Tat zur Hand gingen.
Mein besonderer Dank gilt meinem langjährigen Freund Sherzod Hodjaev der unermüdlich Daten und Fakten gesammelt, Bilder geschossen und Öffnungszeiten ausgespähte und seiner ganzen Familie.
Auch folgende Verwandte, Freunde und Bekannte begleiteten mich und halfen mit einer Übernachtungsgelegenheit, mit Übersetzungen, bei Reparaturen des Autos oder vielen Tips, das Buch mitzugestalten:
Katja Daniela Hillebrandt, Ilyas und Jasgül Joomiev, Nargiza Rysmendieva, Nikolas Glibovskij, Shuhrad Mahmudov, Rustam und Sanobar Badalov, Holmurat Eshmuradov, Venera, Rochatoy Nazirova, Alisher Nazirov, Rustam Usmanov, Yulduz Usmanova, Max Haberstroh, Niyozkul Nematov, Natalia Grinchenko, Ralf Nitz, Valentin und Galina Derevianko, Hermann Brodhage, Zhandiya Zoolshoeva, Yannat Mahanbetova, Erich Weiß, Kutuldu Sulaimanbekov, Shahodat Juldusheva, Gulkara Ibragimova, Rustam Abduammov, Dilnosa Alimova, Roman, Umid Faiziev, Ismat Rachimov, Natalia Haug, Aziza, Barno, Jahongir und Yarkinoi sowie die viele Menschen, deren Namen ich zwar nicht kenne, die mir auf dem Weg jedoch sehr viel halfen.
Die Rekonstruktion des Oq Saroy Palastes auf S. 254 basiert auf der Arbeit von Nilufar Tukhboeva.

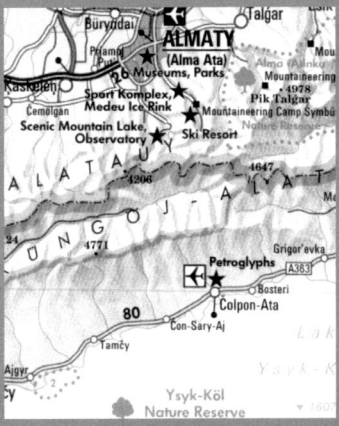

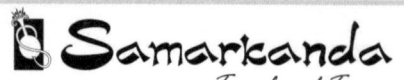

Samarkanda
Travel and Tours

Afrosiab Ko'chasi 4b
100031 Toshkent, Usbekistan
Tel.: (998 71) 140-58-50
     (998 71) 140-58-60
Fax: (998 71) 140-58-70
E-mail: info@samarkanda-travel.com
Web: www.samarkanda-travel.com